© AGE _ PHOTONONSTOP

© WITR - ISTOCKPHOTO.COM

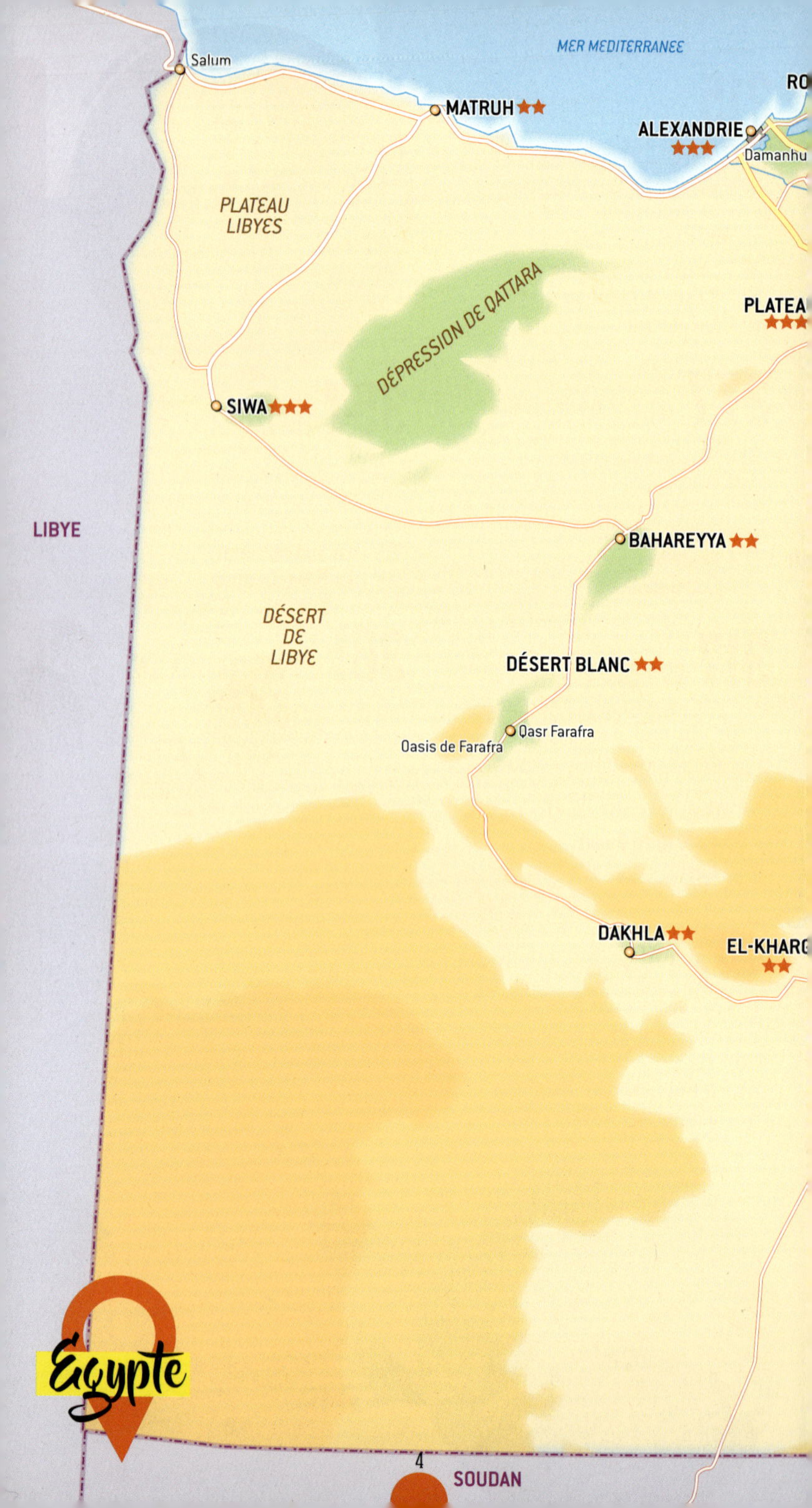
MER MEDITERRANEE
Salum
MATRUH
ALEXANDRIE
Damanhu
RO
PLATEAU LIBYES
DÉPRESSION DE QATTARA
PLATEA
SIWA
LIBYE
BAHAREYYA
DÉSERT DE LIBYE
DÉSERT BLANC
Qasr Farafra
Oasis de Farafra
DAKHLA
EL-KHARG
Égypte
SOUDAN

Égypte

LA MÈRE DU MONDE

Le « Voyage en Egypte » a été, depuis le XVe siècle, l'incontournable aventure que les savants et érudits européens se devaient d'entreprendre afin d'accroître leurs connaissances mais aussi de confronter la légende à la réalité. Ainsi en est-il toujours du visiteur qui s'en va fouler la terre arable du Delta, les berges limoneuses du Nil, le sable brûlant des déserts du pays. Le peuple égyptien vient de vivre une révolution, en ayant versé son sang pour que la démocratie y soit vraie. Après une période d'effervescence politique mais aussi d'instabilité et d'insécurité, le calme est revenu. Au nom de la lutte contre le terrorisme, les espoirs de démocratie et de liberté ont fait long feu. Les portraits d'Hosni Moubarak ont été remplacés par ceux du maréchal Abdel Fattah al Sissi, et le monument des martyrs de la place Tahrir a été détruit.
L'Histoire, qui façonne le pays depuis sept millénaires, poursuit sa marche, inexorablement, comme le fleuve suit son cours et donne vie à ceux qui s'y abreuvent. Certaine d'être « la mère du monde », l'Egypte continue d'accueillir, les bras grands ouverts, tous ceux qui désirent la découvrir. Alors, pas de craintes à avoir ; les Égyptiens sont toujours aussi bienveillants, désireux de faire connaître leur pays à tous ceux qui y viennent, pour sa richesse patrimoniale, ses eaux turquoise et son sable blanc, son chapelet d'oasis et ses montagnes bibliques. Allez, il est temps de faire votre « Voyage en Egypte » !

SOMMAIRE

© BARTOSZ HADYNIAK

© UGURHAN

6 INSPIRER

Les bonnes raisons d'y aller, des idées de séjours, des circuits clef en main en toute indépendance, des fiches pratiques pour appréhender la destination.

33 DÉCOUVRIR

Pour découvrir l'histoire millénaire de l'Égypte, sa géographie, ses richesses naturelles, ses traditions et spécificités culturelles, sociétales, religieuses.

107 LE CAIRE

La capitale bouillonnante, offre une immersion culturelle moderne et cosmopolite, d'innombrables bonnes tables et une ambiance nocturne agitée.

193 LES ENVIRONS DU CAIRE

Les pyramides et le Sphinx, bien sûr. Des immanquables ! Sans oublier le Fayoum, vaste oasis d'environ 4 000 km^2, qui mérite amplement la visite.

Jérusalem
Gaza
Mer Morte
Dumyat
PORT-SAÏD ★
Mansura
ISRAEL
JORDANIE
Zagazig
ISMAÏLIA ★★
Relief (en mètres)
1000
500
300
0
Inférieur au niveau de la mer
Le Caire
SAQQARAH ★★
SUEZ ★
MEMPHIS ★★
SINAÏ ★★★
Eilat
AÏN SOKHNA
RAS ES-SUDR ★
Taba Heights
TABA ★
El-Fayum
NOUEIBA ★★
Beni-Suef
SAINTE-CATHERINE ★★★★
Golfe de Suez
Golfe d'Aqaba
DAHAB ★★★
ARABIE SAOUDITE
MINYA ★
CHARM EL-CHEIKH ★
Beni Hassan
DÉSERT ARABIQUE
PARC NATIONAL DE RAS MOHAMMED ★
EL GOUNA ★
Tell el-Amarna
Assiout
HURGHADA ★★
Nil
SAFAGA ★
Sohag
DENDERA ★★★
Qena
ABYDOS ★★★
EL QUSEIR ★
MER ROUGE
VALLÉE DES ROIS ★★★★
TOMBES DES NOBLES ★★
LOUXOR ★★★★
Isna
El-Kab
Pyramide d'El-Kula
Kom el-Ahmar
Idfu
MARSA ALAM ★★★
Horemheb
KKOM OMBO ★★★
ÎLE KITCHENER ★
ÎLE ÉLÉPHANTINE ★
ASSOUAN ★★★★
PHILAE ★★
Berenice
Ras Banas
LAC NASSER ★
200 KM
ABOU SIMBEL ★★★★
Wadi Halfa

QUAND
Y ALLER

JANVIER	FÉVRIER	MARS
9° / 19°	9° / 21°	12° / 24°
SALON INTERNATIONAL DU LIVRE Grand salon du livre regroupant les éditeurs arabophones du pays, des éditeurs anglophones et le pavillon francophone.		**D-CAF** Festival d'art contemporain multidisciplinaire. Danse, théâtre, musique... par des artistes du monde arabe et d'ailleurs.
$$	$$	$

JUILLET	AOÛT	SEPTEMBRE
22° / 35°	22° / 35°	20° / 33°
MOULED DE SAYEDA ZEINAB Chaque année, la fille du prophète Mohammed est célébrée avec ferveur, notamment au Caire.		**FESTIVAL DE LA CITADELLE (AL-KALAA)** Des concerts de musique classique et traditionnelle arabe à prix réduit. Programmation de qualité.
$$$	$$$	$$

Comme les climats sont très variés d'une région à l'autre, hautes et basses saisons diffèrent également. L'été en Egypte est brûlant. La haute saison débute en octobre et se termine en mars. La basse saison débute en avril et se termine en septembre. Voyager en basse saison offre certains avantages, d'ordre financier, d'organisation et aussi de tranquillité. Evitez la période du Ramadan, durant laquelle le pays est au ralenti, et la plupart des commerces fermés.

AVRIL

14° / 28°

CHAM EL-NASSIM

© ISRAA ELHUSSEINY - SHUTTERSTOCK.COM

Fête nationale célébrée par tous les Egyptiens, toutes religions confondues, qui annonce le début du printemps. Ambiance joviale.

$

MAI

18° / 32°

FESTIVAL INTERNATIONAL DE DANSE CONTEMPORAINE (BY CHANCE FESTIVAL)

Venez découvrir les troupes égyptiennes se confronter aux troupes européennes et internationales. Un festival renversant !

$

JUIN

20° / 35°

$$

OCTOBRE

18° / 30°

$$

NOVEMBRE

14° / 26°

PANORAMA FESTIVAL DU FILM EUROPÉEN

Deux semaines de projections de films européens, débats et conférences dans 10 villes.

$$

DECEMBRE

10° / 21°

FESTIVAL INTERNATIONAL DU FILM

Depuis 1976, c'est le premier festival du film de la région. L'occasion pour le cinéma égyptien de se faire connaître.

$$$

LES BONNES RAISONS D'Y ALLER

© SHARIFF CHE'LAH - FOTOLIA

VOIR UNE DES MERVEILLES DU MONDE

L'esprit des âmes qui les habitent ne laissera personne indifférent. Les pyramides fascinent.

LE NIL À BORD D'UNE DAHABIYA

Laissez-vous transporter par les lumières hypnotisantes des soleils couchants.

© AUTHOR'S IMAGE

© AGE _ PHOTONONSTOP

UNE EXPÉRIENCE SOUS-MARINE UNIQUE

Muni d'un masque et d'un tuba, un univers surprenant vous attend.

© KONSTANTIN AKSENOV - ISTOCKPHOTO.COM

VOYAGER DANS LE TEMPS

Se promener dans les villes, c'est traverser les civilisations qui ont marqué l'Histoire.

© STIGALENAS - ISTOCKPHOTO.COM

UNE POPULATION ACCUEILLANTE

D'un naturel tolérant, les Egyptiens perpétuent une culture de l'accueil ancestrale.

© LUCHEZAR - ISTOCKPHOTO.COM

GOÛTER AUX SAVEURS DE L'ORIENT

Cuisines épicées, cafés relevés et effluves parfumées : venez vivre une expérience unique.

© AUTHOR'S IMAGE

DES HOMMES ET DES DIEUX

Aller sur les traces de personnages dont les noms résonnent partout.

LES BONNES RAISONS
D'Y ALLER

AU RYTHME DES DANSES ORIENTALES

Au son des musiques, le spectateur se noie dans une esthétique passionnée et enivrante.

© ARTHUR LEROY - ICONOTEC

© AROUNDTHEWORLD.PHOTOGRAPHY - ISTOCKPHOTO.COM

LES DUNES DE SABLE

Suivre aveuglement les bédouins et atterrir dans les plus belles oasis du monde.

© ELGUIRI - ISTOCKPHOTO.COM

À LA RENCONTRE DE CULTURES DIVERSES

Qu'ils soient Nubiens ou Amazighs, le pays n'a rien à envier de ses richesses culturelles.

LES 12 MOTS-CLÉS

#ANIMAUX

Ils peuplent les rues des villes et les routes de campagnes. Nombreux sont les chats et chiens qui arpentent les alentours des restaurants, demandant avec plus ou moins d'insistance aux personnes attablées de partager leur repas. Ils sont très rarement agressifs, même si les combats entre bandes rivales peuvent parfois laisser penser le contraire.

© ZULFACHRI ZULKIFLI - SHUTTERSTOCK.COM

#BAKCHICH

Ce pourboire, le plus souvent attendu en récompense d'un service rendu, ne s'applique pas qu'aux touristes. La situation économique et la persistance du travail informel ne garantissent pas un salaire convenable à de très nombreux travailleurs. Les faibles salaires et l'augmentation du coût de la vie rendent donc le bakchich nécessaire.

#CAFÉ [QAHWA]

Plus qu'une simple boisson, le *qahwa* se consomme en groupe, accompagné d'une shisha. Finement moulu et bouilli dans une *kanaka*, le *qahwa* peut être bu *sada* (sans sucre), *masbout* (dose moyenne) ou *sokkar ziyada* (beaucoup de sucre), il est tout le temps parfumé à la cardamome. Le café est également un lieu pour discuter politique (avec prudence).

© MUSTAFA GÜNER - ISTOCKPHOTO.COM

#CROYANCES

La place des superstitions n'est pas négligeable dans le quotidien des Egyptiens. Contre les *djinns* ou les mauvais esprits, le père Saaman, prêtre copte, préconisait l'exorcisme. Encore aujourd'hui, son église du Moqqattam est fréquentée chaque semaine par des centaines de chrétiens et musulmans voulant apaiser leur âme.

#EAU

Si, assis à la terrasse d'un café, un passant désigne le verre d'eau qui est posé devant vous, répondez-lui « *Etfaddal* ! » (je t'en prie), ce qui l'invitera à le boire. L'eau reste encore un bien qui s'offre. Et on trouve encore dans les rues, quelques cruches en terre cuite destinées à abreuver les nécessiteux.

#FOUL [LA FÈVE]

Le *foul* est la base du régime alimentaire des Egyptiens. Mijoter pendant quelques heures dans une marmite à col resserré, on peut y ajouter de l'huile d'olive, des œufs sur le plat, du *basterma* (viande de bœuf séchée) ou de la *tahina* (crème de sésame). Très nutritif – car fort en protéine végétale – il remplace la viande, de plus en plus chère.

#MÉTIERS DE RUE

Cireurs de chaussures, vendeurs de graines ou marchands de pneus de voiture : en Egypte les métiers s'offrent au regard le long des rues. Chacun s'active dans les rues des *souks*. Les vendeurs de patates douces et leurs fours ambulants embaument les rues de leur chaude odeur. Les petits métiers sont légion et peuvent parfois surprendre !

#NUIT

Les villes égyptiennes ne s'éteignent pas une fois le soleil couché. Rien ne vous empêche donc d'aller chez le coiffeur à 21 heures, de trouver un cadeau d'anniversaire après avoir dîné ou bien encore de faire vos courses tard dans la nuit. Le Caire ne s'assoupit jamais complètement, sauf le vendredi matin, avant la prière où le calme règne.

LES 12 MOTS-CLÉS

#PAIN

Le pain est à la base du régime alimentaire égyptien. Rien n'exprime mieux son importance que sa traduction en dialecte égyptien : *'aish*, qui veut également dire « vie ». Le pain égyptien dit *'aish baladi*, est une galette ronde et plate. Il est reconnu pour ses qualités nutritionnelles. N'hésitez donc pas à vous promener pour y goûter.

#RÉVOLUTIONS

L'histoire de l'Egypte est marquée par de nombreux épisodes révolutionnaires : bien avant 2011, la révolution de 1919 a contribué à mettre à bas la domination anglaise, et le coup d'Etat de 1952 fit tomber la monarchie et porta Nasser à la tête du pays. Les problèmes structurels persistants n'écartent pas la possibilité de nouveaux soulèvements.

#TOURISME

Il n'est pas exagéré de dire que le tourisme a été inventé pour l'Egypte. L'essor conjoint de l'égyptologie et de l'orientalisme du XIXe participa fortement au développement des voyages vers des terres jusque-là connues des seuls commerçants. A la fin du XXe siècle, le développement du tourisme de masse va transformer le pays et ses infrastructures.

#URBANISME

La superficie des villes ne cesse d'augmenter et ce sont des constructions qui s'étendent désormais sur ce qui était des champs agricoles il y a quelques années. De nombreuses lois existent pourtant. Mais corruption et négligence permettent aux acheteurs de les contourner. Un problème majeur dont les autorités ne semblent pas avoir pris la mesure.

VOUS ÊTES D'ICI, SI...

- **Vous utilisez le terme « maalich »** (*ce n'est pas grave*) de manière abusive. Tant, lorsque vous manquez d'écraser quelqu'un que quand vous passez devant un client qui fait la queue.
- **Vous avez toujours, sur vous,** votre embout en bois pour fumer la chicha dans les cafés populaires !
- **Au petit déjeuner,** vous mangez du *foul* (fèves), que vous achetez dans une des camionnettes (*'arabiyât foul*) stationnées dans les rues, qui proposent sandwichs ou assiettes à déguster sur place.
- **Vous emportez une veste** et une écharpe toujours sur vous, même la chaleur atteint les 45 °C, car dans les cafés et transports la climatisation est fixée à 16 °C.
- **Vous mettez 3,** voire 4 cuillères à café de sucre dans votre thé, et si le sucre vient à manquer, le pays tout entier entre en crise majeure.
- **Le klaxon** est un moyen pour vous d'exprimer vos sentiments lorsque vous voulez utiliser votre voiture.
- **Vous connaissez par cœur** le répertoire d'Oum Kelthoum.

IDÉES DE SÉJOUR

L'Egypte est un vaste pays. Il est « *Oum ed-Dounia* » (la mère du monde) ; celle qu'Isis arpentera pour retrouver les morceaux épars de son doux Osiris ? Longue quête amoureuse, telle celle du voyageur touché par l'égyptomanie avant d'en avoir foulé le sol, et qui, une fois l'eau du Nil goûtée, y reviendra, une deuxième fois, et puis souvent... C'est donc avec modestie qu'il faut entreprendre son « voyage en Egypte », et prendre le temps de découvrir le pays, quand on le peut. Sur ces terres variées ont brillé de grandes civilisations ; le profil de Pharaon coiffé de la double couronne de Haute-Egypte et de Basse- Egypte projette toujours sa magnificence sur le pays. C'est dense, mais on prend aussi le temps de sentir le pays au rythme sept fois millénaire de ses civilisations, dont les habitants d'aujourd'hui sont le parfait exemple de sérénité face au temps : tout coule, tel le Nil, la vie, la mort, et puis après...

8 JOURS SUR LE NIL

« L'Égypte ★★★★ est un don du Nil », estimait à l'époque l'historien grec Hérodote. Selon l'image traditionnelle, descendre le Nil c'est suivre du sud vers le nord la sève d'une longue tige de lotus (1 200 kilomètres) et aboutir à sa fleur épanouie : le delta. Celui-ci a son embouchure au Caire et ses pétales frôlent la Méditerranée. Cette croisière vous emportera vers les plus belles merveilles d'une civilisation d'exception.

› De l'avion au bateau

Arrivée à **Louxor** ★★★★ (p.226), accueil et transfert à bord de votre bateau, dîner et nuit à bord.

› Dans la nécropole de Thèbes

Après le petit déjeuner à bord, visite de la nécropole de Thèbes sur la rive Ouest du Nil, suivie de la **Vallée des Rois** (p.245) et de la **Vallée des Reines** (p.248), où se trouvent les tombes de nombreux pharaons du Nouvel Empire, ainsi que leurs familles et nobles en faveur. Les visites se poursuivent avec les **Colosses de Memnon** (p.240), derniers vestiges du temple d'Amenhotep III et Deir el Bahari, le **temple funéraire** (p.242) de la reine Hatchepsout. Creusé à même le roc dans la montagne de Thèbes, déesse protectrice des femmes Hatchepsout est l'une des quatre pharaonnes à avoir gouverné l'Égypte ★★★★. En soirée, spectacle son et lumière aux temples de **Louxor** ★★★★ (p.226) et **Karnak** (p.230).

› Temple d»Esna

Tôt le matin visite de la partie Sud de l'ancienne Thèbes avec les **temples de Karnak** (p.230) et de **Louxor** (p.232). Les deux temples sont reliés par un **dromos** (p.228), une longue allée bordée de **sphinx** (p.203), et sont dédiés à **Amon** (p.327). Le temple à trois enceintes de Karnak fait lui-même partie du complexe religieux de Karnak, un ensemble qui comprend les ruines d'autres temples, bâtiments, et pylônes. Dîner et nuit à bord.

› Edfou Le temple de dieu Horus

Arrivée à **Edfou** (p.254), excursion en calèche jusqu'au temple d'Edfou, plus loin dans les terres. Ce temple du dieu faucon **Horus** (p.255) est à la fois le plus grand temple de la dynastie des Ptolémées et le second sanctuaire d'Égypte en taille après Karnak. À l'intérieur, les peintures, inscriptions et reliefs intacts en font le temple le mieux conservé d'Égypte. Retour au bateau et remontée du fleuve vers **Kom Ombo** ★★★ (p.254).

› Kom-Ombo - Assouan

Direction le **temple de Kom-Ombo** (p.256), dédié aux dieux Sobek et Haroeris. Érigé sur une colline par trois Ptolémées, le temple est entouré d'un mur d'enceinte couvert de reliefs. À l'intérieur, l'espace se divise en deux parties : celle du Nord consacrée à Haroéris le dieu à tête d'épervier et celle du Sud à Sobek, le dieu crocodile. Retour au bateau et navigation vers **Assouan** ★★★★ (p.257).

› Assouan

Arrivée à **Assouan** ★★★★ (p.257) au petit matin, puis départ pour la visite du **temple d'Isis** (p.268) de l'île de **Philaé** ★★ (p.267). Commencé par le pharaon Nectanébo Ier durant la XXXe dynastie et achevé par les Romains, il s'agit du principal sanctuaire dédié à Isis. Après Philaé les visites se poursuivent jusqu'au haut barrage et l'obélisque inachevé.

Dans la carrière de granite, vous trouverez l'**obélisque** (p.260) le plus grand connu à ce jour (41,75 m), dont la taille a été abandonnée suite à une fêlure dans la roche. Après midi, promenade en felouque autour de l'**Ile Éléphantine** ★ (p.265), qui servait autrefois de forteresse.

› Temple d'Abu Simbel

Excursion en car ou en avion pour visiter les temples d'**Abou Simbel** ★★★★ (p.273), bâtis par Ramsès II. En fin d'après-midi, navigation vers Louxor ★★★★ (p.226) en passant par Kom-Ombo ★★★ (p.254), Edfou (p.254) et Esna (p.253).

› Débarquement, embarquement

Petit déjeuner à bord, débarquement et transfert à l'aéroport de Louxor ★★★★ (p.226). Embarquement pour Paris.

L'ÉGYPTE EN 7 JOURS : SURVOL DU PAYS

Remontez le temps, à l'époque de l'Égypte ancienne, lors d'une semaine d'excursions. Admirez les Grandes Pyramides de Gizeh et le Sphinx (p.203), la Nécropole de Sakkara et l'ancienne capitale, Memphis ★★ (p.202). Il est possible d'être accompagné d'un guide égyptologue pour animer les visites privées, vous pouvez décider librement du temps que vous souhaitez passer sur chacun des sites.

› Plateau de Guiza et de Saqqarah

Journée sur le plateau de Guiza ★★★★ (p.199) et sur celui de Saqqarah ★★ (p.204). 8h, Guiza, temple de Képhren, sphinx (p.203), pyramide de Képhren (p.200). 9h30, Guiza, pyramide de Chéops (p.200), barque solaire (p.199). 11h-12h, transfert. 12h, Saqqarah ★★ (p.204), pyramide de Djoser et alentour. 13h, Saqqarah ★★ (p.204), mastaba de Ti (p.206), tombeaux de Merekouka et d'Ankhmahor, pyramide de Téti. 16h, retour au Caire. 20h, derviches tourneurs dans leur théâtre (p.144) du Caire islamique.

› Une journée chez les Coptes

Journée musée et Le Caire ★★★★ (p.107) copte. 8h, Musée égyptien (p.149). 14h, déjeuner au souk Al Foustat, visite du quartier copte, Musée copte (p.139), église suspendue (p.127). 21h, film égyptien dans une des salles de cinéma de la rue Emad Ed-Din ou Talaat-Harb.

› Le Caire islamique

Journée Le Caire ★★★★ (p.107) islamique. 8h, musée Gayer Anderson, mosquée Ibn Touloun (p.136), mosquée El-Rifaï (p.135), mosquée Sultan Hassan (p.138). 14h, déjeuner de fitir à l'Egyptian Pancakes Restaurant au Khan El-Khalili (p.129). 15h, Khan El-Khalili (p.129), Bab Zoueila (p.122), mosquée Al-Mouayyed, Dar Al-Asfar, Beit El-Sehemi (p.122). 18h, thé et chicha au café El-Fishawi. 21h, décollage de l'avion pour Louxor ★★★★ (p.226).

› Direction Louxor

Journée à Louxor ★★★★ (p.226) rive ouest. 8h, après location de vélo, colosses de Memnon (p.240). 9h, Ramesseum (p.241). 10h30, temple de Ramsès III (p.241). 12h, vallée des Artisans ★★ (p.252). 13h, vallée des Reines (p.248). 14h30, déjeuner face au temple de Ramsès III. 17h, promenade en felouque vers l'île aux Bananes.

› Au pays des Pharaons

Journée à Louxor ★★★★ (p.226) rive ouest. 8h, vallée des Nobles. 10h30, temple d'Hatshepsout (p.242). 12h30, vallée des Rois ★★★★ (p.245) par la montagne. 20h, son et lumière au temple de Karnak (p.230).

› Entre temples et musées

Journée à Louxor ★★★★ (p.226) est. 8h, Temple de Karnak (p.230). 14h, temple de Louxor ★★★★ (p.226). 19h, musée de Louxor ★★★★ (p.226). 21h, souk aux épices.

› C'est déjà fini...

Journée à Abydos ★★★ (p.223) et Dendera ★★★ (p.225). 6h, Départ. 10h, Abydos ★★★ (p.223). 14h, Dendera. 20h, décollage retour.

DANS LES PROFONDEUR DE L'ÉGYPTE

Partir à la découverte des pyramides reste une émotion intense la première fois. Mais l'Égypte ★★★★regorge par nature de sensations fortes. Une croisière en amoureux sur le Nil permet de découvrir l'Égypte sous un autre jour, et offre des points de vue imprenables. La célèbre Vallée des rois ★★★★ (p.245) reste, de siècle en siècle, une merveille qui ne peut laisser indifférent. Ce voyage de 15 jours vous emportera au cœur de la civilisation qui a ébloui le monde pendant des générations. Bienvenue au pays des pharaons.

› Une journée aux Pyramides

Journée sur le plateau de Guiza ★★★★ (p.199) et sur celui de Saqqarah ★★ (p.204). 8h, Guiza, temple de Képhren, sphinx (p.203), pyramide de Képhren (p.200). 9h30, Guiza pyramide de Chéops (p.200), barque solaire (p.199). 11h-12h, transfert. 12h, Saqqarah ★★ (p.204), pyramide de Djoser et alentour. 13h, Saqqarah ★★ (p.204), mastaba de Ti (p.206), tombeaux de Merekouka et d'Ankhmahor, pyramide de Téti. 16h, retour au Caire ★★★ (p.107). 20h, derviches tourneurs dans leur théâtre (p.144) du Caire islamique ★★★.

› Dachour et de Meïdoum

Journée des pyramides de Dachour ★ (p.207) et de Meïdoum (p.207). 8h, pyramide rouge (p.208). 9h30, pyramide rhomboïdale (p.208). 12h, pyramide de Meïdoum (p.207) et mastaba attenant. 14h, retour au Caire par la route de la palmeraie, pyramide de Licht.

IDÉES DE SÉJOUR

› Le Caire copte
Journée musée et Le Caire ★★★★ (p.107) copte. 8h, Musée égyptien (p.149). 14h, déjeuner au souk Al Foustat (p.144), quartier copte, Musée copte (p.139), église suspendue (p.127). 21h, film égyptien dans une des salles de cinéma de la rue Emad Ed-Din ou Talaat-Harb.

› Journée Le Caire islamique
Journée Le Caire islamique. 8h, musée Gayer Anderson, mosquée Ibn Touloun (p.136), mosquée El-Rifaï (p.135), mosquée Sultan Hassan (p.138). 14h, déjeuner de fitir à l'Egyptian Pancakes Restaurant au Khan El-Khalili (p.129). 15h, Khan El-Khalili (p.129), Bab Zoueila (p.122), Dar Al-Asfar, mosquée Al-Mouayyed, Beit El-Sehemi (p.122). 18h, thé et chicha au café El-Fishawi.

› Les lumières du phare...
Journée à Alexandrie ★★★ (p.282). 9h, départ en train, gare Ramsès. 12h, arrivée à Alexandrie ★★★ (p.282). Déjeuner au restaurant Mohammed Ahmed. 14h30, catacombes de Kôm El-Chougafa (p.284). 16h, odéon romain et thermes. 18h, promenade dans la ville turque, les quartiers des immeubles Art nouveau et Art déco. 19h, chicha face au vieux port et à la citadelle de Qaïtbay (p.287). 20h, dîner de poisson dans un des restaurants donnant sur la mer.

› Alexandrie, le cœur de l'histoire égyptienne
Journée à Alexandrie ★★★ (p.282). Petit déjeuner dans l'un des nombreux cafés alexandrins. 10h, visite du Musée national (p.308). 12h, Bibliotheca Alexandrina (p.284), déjeuner sur place. 15h, train vers Le Caire ★★★★ (p.107) avant de prendre un vol nocturne pour Louxor ★★★★ (p.226).

› Au pays des colosses de Memnon
Journée à Louxor ★★★★ (p.226) rive ouest. 8h, après location de vélo, colosses de Memnon (p.240). 9h, Ramesseum (p.241). 10h30, temple de Ramsès III (p.241). 12h, vallée des Artisans ★★ (p.252). 13h, vallée des Reines (p.248). 14h30, déjeuner face au temple de Ramsès III. 17h, promenade en felouque vers l'île aux Bananes.

› Cap sur la Vallée des rois
Journée à Louxor ★★★★ (p.226) rive ouest. 8h, vallée des Nobles. 10h30, temple d'Hatshepsout (p.242). 12h30, vallée des Rois ★★★★ (p.245) par la montagne. 20h, son et lumière au temple de Karnak (p.230).

› Temple de Karnak et musée
Journée à Louxor ★★★★ (p.226) est. 8h, temple de Karnak (p.230). 14h, temple de Louxor ★★★★ (p.226). 19h, musée de Louxor. 21h, souk aux épices.

› Direction Assouan
Journée de Louxor ★★★★ (p.226) vers Assouan ★★★★ (p.257). 6h, départ. 9h, visite du temple d'Edfou (p.254). 11h, visite du temple de Kôm Ombo. 13h, arrivée à Assouan ★★★★ (p.257).

› Croisière en felouque
Journée à Assouan ★★★★ (p.257). 9h, départ de la felouque. 9h30, visite du monastère Saint-Siméon (p.258). 11h, visite de l'île Kitchener ★ (p.265). 12h, remontée vers la première cataracte. 14h, visite de l'île Eléphantine ★ (p.265). 15h, déjeuner à Beit El-Nubi. 16h, Musée nubien (p.259). 18h, thé à la terrasse du Old Cataract. 21h, son et lumière au temple de Philae ★★ (p.267).

› Une croisière au lac Nasser
Journée de croisière sur le lac Nasser ★.

› Les Temples de Kalabcha
Temples de Kalabcha et de Seboua

› Abou Simbel
Admiration des temples d'Abou Simbel ★★★★ (p.273).

› Fin du voyage
Départ

5 JOURS DE PLONGÉES DANS LE PLUS BEL AQUARIUM DU MONDE
La baie se trouve au sud de Marsa Alam ★★★ (p.355) à la hauteur de Samadaï. Elle possède de magnifiques house-reefs extrêmement riches en corail et poissons de récifs. Peu profonde au départ (10 m), elle descend en pente douce jusqu'à des profondeurs de 40 à 50 m.

› Le Caire, Marsa Alam
Arrivée au Caire ★★★ (p.107)ou Louxor ★★★★ (p.226), vol intérieur à destination de Marsa Alam ★★★ (p.355). Transfert en écolodge. Briefing et prise de matériel de plongée. Possibilité de prendre des cours ou de passer un niveau de plongée.

› Je suis sous l'eau ...
Petit déjeuner et départ en bateau pour une première immersion. Dans l'immense aquarium de cette zone protégée, il est possible tout au long de l'année de faire des rencontres inoubliables : requins-baleines et raies mantas de mars à juin,

marteaux en juillet et août, pointes blanches et longimanus en novembre… et bien d'autres espèces qui elles sont présentes tout au long de l'année.

› Comme un poisson...

En fonction de son niveau et de ses envies, les sites sont très variés et offrent plusieurs types de plongée et profondeurs. Vous découvrirez les jardins de corail, les tombants vertigineux ou les Panorama Reef, la fameuse « Anémones & Clowns City » de Panorama Reef, Tobia Arbaa et sa colonie de rascasses, mais aussi des épaves ensevelies. Les conditions de visibilité sont le plus souvent exceptionnelles. Vous évoluez dans une eau allant de 22 °C (l'hiver) à 30 °C (l'été).

› Coraux et épaves

Dernier jour de plongée dans ce parc marin qui abrite l'un des plus remarquables écosystèmes du monde comprenant entre autres plus de 200 espèces de coraux et environ 1 000 espèces de poissons. Parmi les sites de plongée, certains vous offriront le magnifique spectacle de bancs de poissons évoluant au milieu des gorgones géantes. Un peu plus loin, vous apercevez peut-être l'épave du Yolanda (cargo chypriote échoué en 1980) avec sa cargaison de baignoires qui gît actuellement à 50 m de profondeur.

› Sous l'eau et dans les airs

Remise du matériel, validation des plongées, farniente sur les plages. Après-midi, transfert vers l'aéroport. Vol retour pour la France.

10 JOURS ENTRE TERRE ET CROISIÈRE

À bord d'un sandal – voiliers traditionnels des anciens convoyeurs de pierre réaménagés pour conserver leur authenticité et un certain parfum d'aventure. Le plaisir de voguer sur le Nil est immense, mais quelques petites escapades à terre complètent merveilleusement cette croisière entre Esna (p.253) et Assouan ★★★★ (p.257) (et sens inverse) : balades dans les villages et les oasis ★★★, incursions dans le désert, et découverte de sites pharaoniques sont au menu.

› Les trésors des musées

Après le petit déjeuner, visite du Musée du Caire (p.149), notamment les trésors découverts dans la tombe de Toutankhamon (p.247). Après-midi, route vers le Plateau de Guizeh ★★★★ (p.199) pour admirer le Sphinx (p.203) et les trois célèbres pyramides de Kheops (p.200), Kéfren (p.200) et Mykérinos (p.200).

› Vol intérieur Le Caire / Louxor

Arrivée, accueil et transfert sur le bateau. Début de la navigation sur le Nil en direction de Louxor ★★★★ (p.226). Le soir, spectacle Son & Lumière à Karnak.

› Louxor (rive thébaine)

Après le petit déjeuner, découverte de la Nécropole thébaine sur la rive ouest du Nil.

Visite de Tombes dans la Vallée des Rois ★★★★ (p.245) et des Reines (p.248) puis découverte du Temple funéraire (p.242) de la reine Hatshepsout à Deir el Bahari. Après-midi, visite de la Vallée des Nobles où se trouve la tombe de Ramosé (p.251). Au retour, arrêt devant les deux colosses de Memnon (p.240). Visite du Temple de Louxor (p.232), situé en bordure du fleuve, à proximité de l'embarcadère. Retour au bateau et reprise de la navigation vers Esna (p.253) et passage de l'Écluse.

› Edfou - Assouan

Petit déjeuner buffet à bord. Transfert en calèches au Temple d'Edfou dédié au Dieu Horus. Visite guidée de ce temple, l'un des mieux conservés des temples égyptiens. Retour au bateau et navigation vers Assouan ★★★★ (p.257).

› Assouan

Après le petit déjeuner, transfert et visite du Temple de Philae ★★ (p.267) autrefois recouvert par les eaux du Nil et aujourd'hui reconstruit « à l'identique » sur une petite île à laquelle on accède avec des petits bateaux à moteur. Découverte du Haut Barrage et d'une carrière de granit. Le soir, promenade en felouque autour de l'Ile Eléphantine ★ (p.265)

› Assouan Kom Ombo

départ et excursion à Abou Simbel ★★★★ (p.273), en avion ou en autocar selon votre choix.

› Kom Ombo / Esna

Visite du Temple de Kom Ombo, dédié au dieu Sobek. C'est le seul temple égyptien édifié sur une acropole qui surplombe les courbes du Nil. Navigation vers Esna (p.253) et soirée égyptienne sur le bateau.

› Esna / Louxor

À l'heure du petit déjeuner, traversée de l'Écluse puis navigation vers Louxor ★★★★ (p.226) dans des paysages de carte postale. Temps libre autour de la piscine sur le pont du bateau. Après-midi, visite du Temple de Karnak (p.230), site impressionnant qui s'étend sur plus 600 ha. Soirée spectacle de « Son & Lumières » à Karnak.

› Vol intérieur Le Caire / Louxor

Envol vers Paris *via* Le Caire ★★★★ (p.107) ou sur vol direct (selon les dates).

SE REPÉRER / SE DÉPLACER

DE L'AÉROPORT AU CENTRE-VILLE

Le pays compte cinq aéroports principaux desservant les grandes régions touristiques : Le Caire, Louxor, Borg el-Arab [Alexandrie] Hurghada et Charm el-Cheikh. Le moyen le plus usité pour rejoindre son hôtel reste le taxi : veillez à ce que le chauffeur enclenche son horodateur, s'il n'en dispose pas, négociez le prix avant la course. Renseignez-vous également auprès de votre hôtel, nombreux sont ceux qui proposent le transfert depuis l'aéroport.

ARRIVÉE EN TRAIN

C'est la formule la plus sûre et la plus économique pour voyager dans la vallée du Nil, entre Alexandrie et Assouan. Autant que possible et compte tenu de l'écart de prix, mieux vaut voyager en première classe, surtout pour un long trajet. En période d'affluence, il faut s'y prendre très tôt pour réserver [deux ou trois jours à l'avance au moins]. Si vous décidez de vous rabattre sur la deuxième classe, assurez-vous que les voitures sont climatisées, bien que désormais les voitures réservées aux touristes le sont toutes [attention, certains horaires ne sont destinés qu'aux Égyptiens, il n'y a aucune surveillance policière]. Compte tenu de la durée du voyage [plus de 12 heures], des couchettes sont disponibles sur les trajets Le Caire-Louxor ou Le Caire-Assouan [cher, 90 € pour Assouan]. Le dîner et le petit déjeuner, frugaux et insipides, sont inclus dans le prix.

ARRIVÉE EN BATEAU

Il existe deux moyens de se déplacer sur le Nil : en bateau à voile [dahabeya, sandal ou felouque] ou en bateau de croisière. Peu rapide, la voile est un moyen agréable de passer de trois à six jours sur le fleuve avec quelques amis choisis. Elle permet généralement de faire quelques étapes entre Assouan et Louxor. La nuit, on campe dans la barque ou au bord de l'eau. Les croisières sont naturellement plus rapides et plus confortables. Renseignez-vous auprès des agences de voyages. La plupart d'entre elles disposent de places à l'année sur différents bateaux. Les croisières, depuis longtemps, ne font que Louxor-Assouan, et le lac Nasser ; des vols réguliers relient Le Caire pour compléter le séjour avec les pyramides. Il est possible, si vous désirez naviguer entre Louxor et Assouan, dans un sens ou dans l'autre, de chercher des places directement à bord des bateaux à quai. On en trouve, surtout en basse saison, mais vous devez discuter les prix. Il est préférable de vous rendre dans les agences qui vous dénicheront toujours de bons plans et s'occuperont de tout.

TRANSPORTS EN COMMUN

Les bus vont partout et sont d'une remarquable efficacité, battant le train en matière de rapidité. Mais ce gain de temps s'accompagne souvent d'un surplus de fatigue étant donné la conduite sportive des chauffeurs, un rien stressante. La plupart des liaisons sont assurées par deux

© SYLVAIN GRANDADAM

Croisière sur le Nil.

sortes de bus : le *baladi*, sorte d'omnibus qui transporte les locaux d'un point à un autre [délabré, à l'état d'épave ambulante, ce qui vous préserve au moins de l'excès de vitesse], et les *tourist bus*, plus chers et pourvus de l'infernale vidéo casse-tête et de l'air conditionné. S'ils sont rarement complets, tâchez tout de même de réserver la veille pour les longs trajets, ne serait-ce que pour vous faire confirmer les horaires. Les prix, pour une même destination, sont très variables en fonction des horaires, de la compagnie et du confort du bus. Comptez en moyenne 20 LE pour effectuer 100 km. Soyez, une fois de plus, sur vos gardes : certains guichetiers vous demanderont pour un même bus, en tant que touriste, trois fois le prix du passager égyptien. Ce n'est pas toujours le cas, mais attention. Si cette éventualité se présente, vous ne pourrez rien faire à moins de préférer un microbus s'il en existe dans cette direction [moins confortable mais exotique !]. Le microbus, aussi appelé « Serviss », est extrêmement souple et peu cher. Les véhicules attendent à des points de rendez-vous précis. Dès que l'un d'eux est complet, il part ! Sur des trajets comme Le Caire-Alexandrie ou Le Caire-Suez, les départs se suivent sans discontinuité. Pour la route des oasis, moins fréquentée, il n'y a parfois qu'un microbus par jour, qui part de bonne heure le matin.

Pratique sur les petites distances, le taxi collectif est déconseillé pour des trajets de plus de 300 ou 400 km. En Haute-Égypte, il arrive que ces transports soient interdits aux étrangers, pour des raisons de sécurité. En principe, on ne négocie pas un trajet en taxi collectif. Le prix est fixé par le gouvernement. En revanche, si le véhicule n'est pas complet, il faut payer pour les places vides.

VÉLO, TROTTINETTE & CO

De plus en plus d'aventuriers parcourent à vélo la vallée du Nil et partagent leurs photos enthousiastes sur les réseaux sociaux. Ce mode de locomotion reste néanmoins suspect pour la police, qui ne manquera pas de ralentir votre périple. Certains racontent aussi avoir été la cible de projectiles par des groupes d'enfants désœuvrés. Le Sinaï et le delta étaient, jusqu'à récemment, les endroits les plus sûrs et les plus agréables pour les cyclistes, mais compte tenu de la situation sécuritaire grandement dégradée, il ne reste guère plus que la côte de la mer Rouge à sillonner pour les inconditionnels de la bicyclette.

AVEC UN CHAUFFEUR

En ville, c'est bien simple, les taxis grouillent autant que la police. Il y en a partout. N'en cherchez pas, c'est eux qui vous trouvent. Suivant l'endroit, ils arborent différentes couleurs. Une chose ne change jamais : ils ne connaissent pas le nom des rues et ne savent pas toujours par où passer. Ayez bien soin de trouver un point de repère sur un plan, demandez ce lieu et vous finirez à pied. C'est le plus simple. Au Caire, par exemple, prenez les grandes places, les mosquées ou les grands hôtels comme point de ralliement. Les chauffeurs balbutient quelques mots d'anglais. Le français est rarement parlé. Surtout, ne leur montrez pas un plan, car cartes et plans ne font pas partie de la culture égyptienne, tout le monde interroge tout le monde pour se diriger. Une fois que vous connaîtrez bien une ville, pas de problème ; avec les mains, on arrive au bon endroit, ou avec « alatoul » [tout droit], « yemin » [droite], « shemel » [gauche] et « hena » [ici], tout sera parfait. Au Caire, la plupart des taxis sont équipés de compteurs, n'hésitez pas à dire au chauffeur de le mettre en marche. Dans les autres villes, on paye plus un forfait que le prix réel de la course.

EN VOITURE

Conduire en Égypte relève peut-être de l'inconscience. Sachez que, néanmoins, le permis international est théoriquement obligatoire si vous envisagez de tenter l'aventure. Pensez à vous le faire délivrer avant de partir. Il est désormais gratuit [votre permis de conduire français, deux photos, votre passeport et un justificatif de domicile vous seront demandés dans toutes les bonnes préfectures de France et de Navarre, car aucune administration n'est en mesure de vous en faire un sur place]. Dans la pratique, on se rend compte que dans 90 % des cas, les policiers ne vous font pas d'ennuis même si vous n'avez qu'un permis national. La conduite peut s'avérer déroutante. Les réflexes des automobilistes égyptiens n'ont rien à voir avec les nôtres. En Égypte, c'est bien de le savoir, on roule à droite normalement. La principale règle est la priorité accordée au plus fort ou au plus rapide, une règle légèrement tempérée à certains carrefours par la présence de policiers. Ne vous fiez surtout pas aux feux tricolores [ils fonctionnent toujours, mais peu les respectent, sauf si un policier est dans les parages], ni à votre conception européenne des règles de coexistence sur la route.

Certaines pratiques vous perturberont forcément, comme celle, curieuse, d'éteindre les phares avant de croiser un autre véhicule, dans le noir complet !
Conducteur de votre propre véhicule, soyez très prudent. Surtout, ne roulez pas la nuit, c'est trop risqué ! Si vous voulez vraiment tenter l'expérience, allez-y à vos risques et périls ! Il ne faut jamais oublier qu'il y a aussi sur la route des vélos dans tous les sens, des ânes avec ou sans charrette, même en pleine ville (même au Caire !), des piétons – ils n'aiment pas les trottoirs trop surélevés –, des taxis qui zigzaguent continuellement pour gagner du temps et, enfin, des bus d'où descend ou monte une flopée d'individus parfois au beau milieu de la rue. Défoulez-vous et jouez du klaxon. C'est strictement interdit, mais tout le monde le fait. Il y a même un code spécifique des klaxons, les différentes combinaisons signifiant différentes insultes plus ou moins fleuries ! Il n'y a personne : on klaxonne pour prévenir de sa présence. On croise quelqu'un : on klaxonne pour se saluer ou s'apostropher. On s'arrête, on klaxonne avant de couper le moteur de peur qu'il se grippe pendant le repos si toutefois on coupe le moteur.
Le réseau routier est très inégal. Sur les routes de campagne, la conduite est plus reposante. Cependant, restez vigilant, car tout peut surgir à chaque instant. Il est dangereux, quand la route semble bonne, de ne plus contrôler sa vitesse. On ne sait jamais sur quoi on peut tomber : une ornière, un troupeau de chameaux, un camion en travers de la route…
Les principaux axes sont bien entretenus, raison de plus pour être prudent. Habitués à faire beaucoup avec peu, les Égyptiens n'ont pas leur pareil pour inventer une troisième voie là où la signalisation routière n'en indique que deux.
Les voitures arrivant dans les deux sens serrent bien à droite pour laisser un grand espace au milieu et permettre à une autre de doubler. Certaines ne font pas que doubler, mais s'installent durablement sur cette troisième voie, jusqu'à ce qu'une autre voiture arrive en face.
Certains axes sont à péage et les contrôles sont fréquents. Les mesures de protection du touriste ont rendu les longs trajets compliqués. Il est bon de se renseigner, avant de louer un véhicule, sur les possibilités d'utilisation dans le secteur. S'il est impératif de rouler en convoi, mieux vaut prendre un transport en commun ! Les carburants sont bon marché en Égypte (environ 3,65 LE le litre).

LES PHRASES CLÉS

Bonjour, comment puis-je me rendre à…
Hello, how can I get to…

Est-ce loin à pied ? Y a-t-il le métro ou un bus... pour y aller ?
Is it far on foot? Is there a tube or a bus I can take to get there?

Pouvez-vous me montrer cet endroit sur la carte s'il vous plait ?
Can you show me this place on the map please?

Où puis-je acheter les tickets de transport ? Est-ce que je peux payer en carte de crédit ?
Where can I buy transport tickets? Can I pay by credit card?

Où est la sortie ? A gauche, à droite ou tout droit ?
Where is the exit? Left, right or straight on?

Je suis perdu et je suis en retard, s'il vous plait, aidez-moi ! Merci beaucoup !
I'm lost and I'm running late, please help me! Thank you very much!

HORAIRES

La plupart des sites touristiques ouvrent entre 9h et 16h de façon continue, parfois ils ouvrent plus tôt vers 7h du matin et ferment un peu plus tard mais rarement après 18h.

A RÉSERVER

Cela dépend des sites et des régions, certains ne sont accessibles qu'avec réservation, d'autres pas. Renseignez-vous au préalable car il y a des lieux qu'on ne peut visiter que sur rendez-vous.

BUDGET / BONS PLANS

L'Egypte mise beaucoup sur son tourisme culturel, et si l'on peut manger et se loger sans se ruiner, il faudra prévoir un budget « visites ». Comptez entre 60 et 300 LE pour accéder aux sites majeurs. Certains jours sont à éviter pour programmer ses visites, notamment les jours fériés tels que la fête de fin de ramadan, l'Aïd el-Kebir, le Cham al-Nessim, le 6 octobre. Les vendredis sont aussi à proscrire si vous avez envie de visiter certains sites comme les pyramides de Guiza ou de Saqqarah, le Musée égyptien, les corniches du Nil. Les habitants profitent de ces jours pour se rendre en masse sur ces sites et lieux publics et vous ne les apprécierez pas pleinement.

LES ÉVÉNEMENTS

L'Egypte n'est pas un pays de festivals ou de manifestations récurrentes, sinon quelques foires et biennales. Le festival international du film, en fin d'année, permet néanmoins de voir les nouveautés égyptiennes et de croiser quelques acteurs. Bien entendu, les fêtes religieuses sont importantes, et notamment le mois du ramadan, durant lequel les nuits sont extrêmement joyeuses et où tous les centres culturels, l'opéra, les maisons restaurées du Caire islamique accueillent de nombreux concerts. Il vaut mieux alors se munir d'un hebdomadaire en français ou en anglais afin de faire son choix.

©SYLVAIN GRANDADAM

Femmes et enfants en habits de fête.

VISITES GUIDÉES

Elles sont conseillées voire nécessaires pour certaines régions. Conseillées pour en apprendre davantage sur les sites et, accessoirement, pour décourager les nombreux rabatteurs ! Nécessaires et notamment dans certaines parties du désert accessibles qu'en présence d'un guide. Pour trouver un guide, vous pouvez vous fier à l'Egyptian Travel Agents Association qui recense les principales agences touristiques égyptiennes, au total plus de 2 500 à travers tout le pays. Son site Internet dispose des noms et coordonnées des agences validées par l'association : c'est un gage de confiance si vous organisez votre voyage par vous-même. Homologuée par le ministère du Tourisme d'Egypte, l'EETA ou ETTA est certainement la plus avertie quant à la législation et aux tarifs en cours.

LES ATTRAPE-TOURISTES

Ou l'impression que cela donne alors qu'ici le bakchich est plus qu'un pourboire, c'est plutôt une économie informelle dans un pays où les salaires sont très faibles. La crise politique et économique a amplement développé la pauvreté, et le bakchich est malheureusement devenu plus une nécessité pour tous qu'un jeu pour certains. C'est aussi une autre façon de « pratiquer » l'aumône en donnant un stylo, un bonbon, un petit billet à quelqu'un qui n'a que ses yeux à offrir et sa main à tendre.

LES PHRASES CLÉS

Bonjour, puis-je avoir deux entrées adultes et un enfant s'il vous plait ?
Hello, can I have two adult and two child tickets please?

Le tarif enfant est jusqu'à quel âge ? Et pour les seniors, est-ce qu'il y a une réduction ?
What age counts as a child? Is there an OAP discount?

Est-ce qu'il y a des visites guidées en français ou un audioguide ?
Is a guided tour in French or an audioguide available?

Combien de temps faut-il pour faire la visite ?
How long does the visit take?

J'ai du mal à monter les escaliers, avez-vous un ascenseur ?
I struggle with stairs, do you have a lift please?

Excusez-moi, pouvez-vous me dire où sont les toilettes ? Merci beaucoup.
Excuse me, can you tell me where the toilets are please? Thank you very much.

SE RÉGALER

HORAIRES

Les Égyptiens mangent à toute heure et jusqu'à tard dans la nuit : vous bénéficierez donc d'une large amplitude horaire pour vous rassasier, d'autant que certaines enseignes restent ouvertes 24h/24.

BUDGET / BONS PLANS

Les restaurants abondent en Egypte, du boui-boui au restaurant de luxe : vous n'aurez que l'embarras du choix. En général, les plats les moins chers sont ceux à base de fèves cuites : il s'agit du foul ou du *taamiya*, sorte de falafel où la fève remplace les pois chiches. Le foul est le petit déjeuner favori des Egyptiens en vertu du proverbe suivant : « Foul du matin repas de roi, foul de midi repas de pauvre, foul du soir repas de l'âne. » Reste que pour un Occidental, le foul passe mieux à midi qu'à l'heure du café et des croissants !

Autre option économique et nourrissante : les *kouchary*, un mélange de riz, pâtes, lentilles, pois chiches, le tout relevé d'une légère sauce tomate et de beaucoup d'oignons grillés. Il y a trois « tailles » de *kouchary* : petit, moyen et grand. Les prix s'étalent de 1 LE à 2 LE. Il est même possible d'emporter ce festin en mode *take away*.

Misez également sur les marchands de sandwichs, c'est une excellente option pour les petits budgets. Des petits pains plats et presque ronds (*eish shami*) sont fourrés à votre choix de *shakshouka* (œufs à la tomate), de *taamiya*, de foul, de kebab, de kofta, de pommes de terre, de beignets de chou-fleur, de salade, etc. Comptez de 1 à 1,50 LE, selon l'accompagnement. Il y a aussi le chawarma : on fait frire des lamelles d'agneau ou de poulet (cuit d'abord au tournebroche) avec des tomates et des oignons et l'on fourre abondamment un shami avec cette préparation. Encore des repas bon marché, rapides donc pratiques, mais aussi délicieux et parfumés.

EN SUPPLÉMENT

Les hôtels et les restaurants ajoutent 12 % de service et 10 % de taxe nationale, soit 23,20 % sur les prix qui sont toujours indiqués nets. Des taxes municipales de 2 % sont parfois ajoutées en plus, dans les hôtels. L'Egypte pratique une TVA importante sur les objets manufacturés. Les pourboires sont une pratique courante, voire attendue. On laisse 5 à 10 LE au café baladi, et 10 % de l'addition au restaurant.

© SYLVAIN GRANDADAM.

Femme vendant du pain.

C'EST TRÈS LOCAL

La cuisine égyptienne n'a rien de léger. Tout bon Egyptien qui se respecte aime dans un même repas avoir du riz et des patates ou du riz et des pâtes ou des pâtes et des patates. Les frites font décidément le tour de la terre pour s'arrêter au pays de Râ. L'Egyptien commencera néanmoins son repas avec de la salade, mais ne le terminera pas systématiquement par un dessert. Il ne boit pas pendant qu'il mange, mais prend un grand verre d'eau pour finir et son inévitable thé. Trois repas par jour, beaucoup d'en-cas. C'est l'une des explications du fort taux de personnes affectées par une surcharge pondérale importante (30 kg et plus) : près de 70 % de la population adulte, soit à peu près 56,5 millions de personnes.

Le petit-déjeuner est plutôt salé, à base d'œufs, de fromage blanc salé, de fromage sec, de salades de crudités, de pain, de foul (féculent). Le déjeuner est souvent rapide, à base de viandes grillées ou frites, de riz ou de pommes de terre, peu de légumes. Le menu du dîner est comparable à celui du déjeuner. Le goût égyptien est très marqué par les fritures ou les ragoûts de viande dans lesquels des graisses ont été ajoutées. Les desserts sont extrêmement sucrés, de même que les sodas.

A ÉVITER

Si l'hygiène vous semble douteuse, ne vous attardez pas dans un établissement, vous pourriez avoir de sérieux problèmes de digestion.

ENFANTS

Les enfants sont reçus et chouchoutés dans tous les établissements.

FUMEURS

Au pays de la chicha, les fumeurs sont rois ! Il est autorisé de fumer dans les bars et les restaurants.

LES ATTRAPE-TOURISTES

Comme pour tout et partout, il y a des profiteurs aux abords des sites touristiques. Comparez les cartes et n'hésitez pas à faire quelques pas de plus : parfois cela se joue à une rue !

LES PHRASES CLÉS

Bonjour, je voudrais réserver une table pour deux personnes pour ce midi ou ce soir.
Hello, I'd like to book a table for two for today at lunchtime or in the evening.

Avez-vous un menu en français ou en anglais ?
Do you have a menu in French or English?

Je suis végétarien, y a t-il des plats sans viande ?
I'm vegetarian, are there any dishes that don't contain meat?

Je n'ai vraiment plus faim mais avez-vous une carte des desserts ?
I'm full now but can I see the dessert menu just in case?

Puis-je avoir l'addition s'il vous plait ? Je peux payer par carte ou en espèces ?
Can I have the bill please? Can I pay by card, or do you need cash?

C'était très bon, nous reviendrons. Merci et à bientôt.
It was delicious, we will be back. Thank you, see you soon.

HORAIRES

On peut boire un verre ou grignoter une douceur tout au long de la journée de 8h à 23h, voire bien plus tard pour les bars de nuit.

BUDGET / BONS PLANS

Si l'accès aux cafés traditionnels de quartier n'est pas réglementé dans les grandes villes, beaucoup de cafés plus chics pratiquent la politique du « minimum charge », souvent fixé à 50 LE, poussant à la consommation et faisant d'emblée un tri dans leurs clients.

A PARTIR DE QUEL ÂGE

Il faut évidemment être majeur pour consommer dans les bars. La bière et le cidre seront servis aux plus de 18 ans, les vins, spiritueux et alcools forts aux plus de 21 ans.

C'EST TRÈS LOCAL

La pause douceur dans une pâtisserie ! De l'extérieur, on croirait des boutiques de fleuriste ou de robes de mariée avec des tas de rubans et de dorures qui dégoulinent le long de la vitrine. A l'intérieur, vous trouverez des pâtisseries orientales délicieuses : *kounafas* (à la pâte vermicelle), *basboussas* à base de semoule, *baklawas* (feuilleté aux amandes), mais aussi d'énormes gâteaux pleins de crème, et des petits-fours. Les portions sont pantagruéliques, il n'y a qu'à voir la grosseur des croissants pour s'en rendre compte. Elles ont aussi un rayon glaces qui méritent, pour certaines, d'être dégustées. Les jus de fruit frais sont à goûter impérativement, dans l'une des nombreuses petites échoppes en ville. Selon la saison, on presse des mangues, des goyaves, des oranges, des fraises ou même de la banane (délicieuse avec du lait, sous le nom de *maouz billaban*). Toute l'année, les petits citrons seront passés à la centrifugeuse et donneront de savoureux *lamoun*. Les Egyptiens raffolent du jus de canne à sucre (*assab*) et d'une préparation à la réglisse (*ersous*), très désaltérante. Ces échoppes sont reconnaissables de loin. Toutes carrelées, elles donnent un air de fraîcheur au quartier. Chacun y met sa patte en matière de décoration, parfois surprenante.

Pâtisserie El Zahraa.

Franchement, cela ne vaut pas le coup de s'en priver, c'est trop bon. Le café [*qahwa*] est un café turc. Il est excellent, même si le marc au fond de la tasse déroute au début. Au moment de la commande, vous devez préciser si vous le voulez sans sucre [*saada*], raisonnablement sucré [*mazbout*] ou généreusement sucré [*ziada*].
Le *carcadé*, une infusion rouge sang de pétales d'hibiscus, se boit indifféremment glacé ou chaud, généralement sucré. Les avis divergent sur les vertus qui lui sont attribuées : pour certains, il empêche de dormir, pour d'autres, il est sédatif. Tout le monde s'accorde cependant à dire qu'il est délicieux et parfumé, ce qui n'est déjà pas si mal. Le *sahlab*, drôle de boisson sucrée à l'aspect laiteux, vous sera surtout servi en hiver. Il s'agit d'un mélange de farine de riz et de lait parfumé à la noix de coco, à la noix de cajou, aux amandes, le tout agrémenté de quelques raisins secs. Reconstituant !

LES PHRASES CLÉS

Bonjour, quelle est la spécialité de la maison ? Nous voulons découvrir.
Hello, what's the speciality here? We want to try it.

Avez-vous de la place en terrasse ?
Do you have any room on the terrace?

Quel est votre nom ? Je m'appelle… Ravi de vous rencontrer !
What's your name? I'm... So pleased to meet you!

A votre santé ! Zut, j'ai renversé mon verre… pouvez-vous m'aider ?
Cheers! Oh no, I've knocked over my drink...can you help me?

C'était très bon. Nous allons reprendre la même chose s'il vous plait.
It was delicious. We'll have the same again please.

PRATIQUE

(SE) FAIRE PLAISIR

HORAIRES

Beaucoup de commerces pratiquent la journée continue, de 10h à 22h, voire 23h. Certains ferment pour une pause médiane entre 13h et 17h. Mieux vaut faire ses courses ou aller chez le coiffeur le soir, après 18h. Les magasins sont souvent fermés le dimanche, tandis que les banques et les administrations sont fermées le vendredi et le samedi.

BUDGET / BONS PLANS

L'Egypte n'est pas la destination « trendy » du shopping ! Néanmoins, c'est un pays d'artisans et l'on peut trouver des pièces intéressantes, dont le prix dépendra essentiellement de votre capacité à marchander, notamment dans les souks ! A noter que dans certains souks, au Caire par exemple, les associations humanitaires ont leurs étals pour des prix plus justes et surtout une juste rétribution aux petites mains. Les Égyptiens nourrissent une grande passion pour les *malls*, grands centres commerciaux, vous en trouverez dans les grandes villes avec des enseignes locales et internationales.

C'EST TRÈS LOCAL

L'art du marchandage ! Les prix déclarés, à défaut d'être affichés, n'ont pas vocation à être payés. On peut imaginer, dans les souks, pouvoir diminuer de 50 à 60 % les prix sans pour autant fâcher les marchands. Vous ne perdez d'ailleurs rien à essayer.

La technique : avancez votre prix ; évidemment le marchand va y répondre par de nombreuses gesticulations et vociférations qui sont faites pour vous impressionner et stimuler votre culpabilité ; ne changez rien et quittez le magasin en disant « tant pis ! ». Dans 90 % des cas le marchand vous rattrapera et après une autre discussion, voire un second départ et retour dans son échoppe, vous obtiendrez ce que vous voulez.

Il peut arriver de mal évaluer le marchand et sa capacité à accepter le rabais que vous escomptez juste ; vous n'obtiendrez alors rien. Le conseil futé est de vous essayer au marchandage avec des objets dont vous ne voulez pas : vous garderez alors la tête froide et au bout de trois ou quatre essais vous aurez senti les marchands et leurs manières.

LES PHRASES CLÉS

Bonjour, c'est superbe, mais combien ça coûte ?
Hello, that's stunning, but how much is it?

Vous auriez ma taille ? Où se trouvent les cabines d'essayage ?
Do you have it in my size? Where are the changing rooms?

Est ce que je pourrai vous le rapporter et l'échanger si ça ne va pas ?
Can I exchange it if it doesn't fit?

J'ai trop dépensé aujourd'hui, pouvez-vous me faire une réduction sympa ?
I've spent too much today already, any chance of a discount?

Je prendrai celui-ci. Pouvez-vous me faire un paquet cadeau ?
I'll take this one. Can you gift-wrap it for me?

Vous prenez la carte de crédit ? Où puis-je trouver un distributeur de billets ?
Do you take credit cards? Where can I find a cash point?

HORAIRES
La vie des divertissements des villes commence vers 20h ; il est branché de dîner à minuit dans les endroits à la mode. Les bars et clubs commencent à se remplir bien après minuit et généralement la fête bat son plein jusqu'à l'aube.

BUDGET / BONS PLANS
Des soirées spectacles aux discothèques branchées, des séances cinéma aux shows de danse du ventre : les prix varient en fonction du standing de l'établissement.

A RÉSERVER
Indispensable pour les spectacles, la réservation est de plus en plus recommandée pour une table dans un bar ou un club « select ».

TRANSPORTS NOCTURNES
Vous trouverez facilement un taxi pour vous reconduire à votre hôtel dans les grandes villes.

A PARTIR DE QUEL ÂGE
Il faut évidemment être majeur pour consommer dans les bars et les discothèques. La bière et le cidre seront servis aux plus de 18 ans, les vins, spiritueux et alcools forts aux plus de 21 ans.

C'EST TRÈS LOCAL
N'entre pas en discothèque qui veut ! Une femme seule ou un groupe de femmes pourront rentrer sans difficulté, de même qu'un couple hétérosexuel.
Un homme seul aura toutes les peines du monde à rentrer, et un couple d'hommes encore plus, surtout s'il est composé d'un étranger et d'un Egyptien.

FUMEURS
Au pays de la chicha, les fumeurs sont rois ! Il est autorisé de fumer dans les bars, les clubs et les restaurants.

LES PHRASES CLÉS

Bonsoir, comment puis-je me rendre à...
Good evening, how can I get to...

Est ce que cet endroit est tranquille ? Il n'y a pas de problème de sécurité ?
Is it a calm place? Are there any safety issues?

J'aimerais voir un spectacle typique ! Qu'est-ce qu'il y a en ce moment ?
I'd love to see a traditional show! What's on at the moment?

Je ne comprends pas... pouvez-vous répéter s'il vous plait ? Merci.
I don't understand, can you repeat please? Thank you.

Est-ce que je peux vous offrir un verre ? Quel est le meilleur cocktail de la maison ?
Can I buy you a drink? What's the best house cocktail?

J'ai la gueule de bois, auriez-vous quelque chose pour que j'aille mieux ?
I'm hungover, do you have anything that might help?

SE LOGER

BUDGET / BONS PLANS

A qualité égale, le prix des hôtels est bien moins élevé en Egypte qu'en France. Une chambre double, impeccable et coquette, dotée de tout le confort moderne, se loue environ de 300 à 900 LE dans un hôtel moyen, soit le prix d'une nuit dans un hôtel de nos banlieues. De plus, l'Égypte dispose de nombreux hôtels bas de gamme, n'ayant pas d'équivalent en France. Le temps où il était possible de se loger pour à peine plus de 5 LE est révolu. Les hôtels meilleur marché proposent maintenant des chambres à partir de 100 LE, mais la propreté et le service se sont aussi améliorés. Juste au-dessus, une autre catégorie d'hôtels, entre 200 et 300 LE par personne, propose un service déjà plus intéressant, parfois même très intéressant lorsque le propriétaire propose une formule tout compris. Ce sont même des adresses à retenir. Même s'ils sont vieillots, moches, poussiéreux peut-être, ces établissements sont suffisamment bien tenus pour que vous y passiez une bonne nuit, dans des draps propres, et avec une salle de bains en état de fonctionner. Au-dessus de 300 LE par personne, nous avons affaire en principe à des hôtels plus confortables. A ce prix, vous devez avoir une salle de bains impeccable dans votre chambre et une literie irréprochable.

A RÉSERVER

La réservation est de mise pour éviter de se retrouver le bec dans l'eau, surtout aux abords des sites touristiques. La réservation par Internet est également conseillée pour les offres et les tarifs souvent plus avantageux que sur place.

FUMEURS

Il existe des chambres fumeurs dans quasiment tous les hôtels.

LES PHRASES CLÉS

Bonjour, avez-vous de la disponibilité pour une chambre double pour ce soir ou demain soir ?
Hello, do you have a double room available tonight or tomorrow?

Avez-vous un code wifi… les enfants ne tiendront pas sans !
Do you have a Wi-FI code... otherwise my kids will go nuts!

C'est bruyant, est ce que je peux changer de chambre ?
It's noisy, can I move to a different room?

Jusqu'à quelle heure est-ce que nous pouvons aller à la salle de sport et à la piscine ?
What time do the swimming pool and gym close?

Est-ce que je peux laisser mon bagage et revenir plus tard le récupérer ?
Can I leave my luggage and come back later to pick it up?

Est-ce que vous pouvez nous appeler un taxi ? Merci beaucoup.
Can you call us a taxi? Thank you very much.

ALLO ?

La majorité des Egyptiens ont des portables. Ceux qui tiennent péniblement dans la paume d'une main ont beaucoup de succès. La 4G fonctionne parfois mieux que le wifi public ! Tous les numéros commencent par 01. Les lignes en revanche sont quelque peu capricieuses. Dans les oasis, inutile de grimper en haut du palmier, on capte rarement bien... Pour utiliser son téléphone mobile, il faudra, avant de partir, activer l'option internationale (généralement gratuite) en appelant le service clients de votre opérateur. La règle est la même chez tous les opérateurs. Lorsque vous utilisez votre téléphone français à l'étranger, vous payez la communication, que vous émettiez l'appel ou que vous le receviez. Dans le cas d'un appel reçu, votre correspondant paie lui aussi, mais seulement le prix d'une communication locale. Tous les appels passés depuis ou vers l'étranger sont hors forfait, y compris ceux vers la boîte vocale.
Pour téléphoner de l'étranger vers l'Egypte : 00 20 + le numéro de votre correspondant (indicatif régional compris, non précédé du 0 local).
Pour téléphoner d'Egypte vers la France : 00 33 + les 9 derniers chiffres de votre correspondant, sans le 0 initial donc.
Régions géographiques. 02 (Le Caire) – 03 (Alexandrie) – 066 (Port-Saïd) – 064 (Ismaïlia) – 062 (Suez) – 069 (Charm el-Cheikh) – 068 (El-Arich) – 046 (Siwa) – 086 (El-Minya) – 095 (Louxor) – 097 (Assouan) – 011 (Bahareyya) – 092 (Kharga) – 065 (Hourghada) – 084 (Fayoum).
Réseaux de téléphones portables : Mobinil, Vodafone et Etisalat.
Coût du téléphone. D'un fixe vers un portable, 75 PT la minute ; d'un fixe vers un fixe, dans la même ville, 25 PT la minute ; d'Egypte vers la France, environ 8 LE la minute.

ACCESSIBILITÉ

L'Egypte n'est pas un pays facile pour les voyageurs à mobilité réduite. Il y a peu de facilités, sauf dans les hôtels de qualité. Les musées, à part celui de Mahmoud Khalil et le musée Copte, ne sont pas aménagés.

SANTÉ

En Egypte, en plus du soleil, c'est la pollution atmosphérique qui est un risque pour vous si vous souffrez d'allergie, d'asthme ou de problèmes respiratoires. Equipez-vous également de répulsif afin de ne pas vous faire piquer par les moustiques, porteurs de maladies virales. L'Egypte fait partie des pays touchés par l'épizootie de grippe aviaire. Faites attention.
Assurez-vous que vos vaccins obligatoires en France sont à jour (D.T. Polio par exemple). La vaccination contre l'hépatite A est recommandée. Il vous faudra également vous faire vacciner à titre préventif pour un séjour prolongé et où les conditions peuvent être précaires contre un certain nombre de maladies comme la typhoïde, la rage et l'hépatite B. Il n'y a plus de paludisme en Egypte.

URGENCES SUR PLACE

En cas de gros pépin, mieux vaut s'adresser à un établissement privé, comparable dans ses prestations à une clinique de chez nous. En cas d'urgence absolue et si le rapatriement est impossible, partez pour Israël où les équipements sont excellents, mais très chers. Si vous avez un accident de plongée, il existe deux caissons de décompression au centre de santé de Charm el-Cheikh, deux sur la mer Rouge à Hurghada et un autre à Marsa Alam.
Un réflexe : contacter le consulat de France. Il se chargera de vous aider, de vous accompagner et vous fournira la liste des médecins francophones. En cas de problème grave, c'est aussi lui qui prévient la famille et qui décide du rapatriement. Pour connaître les urgences et établissements aux standards internationaux, consulter les sites www.diplomatie.gouv.fr et www.pasteur.fr

SÉCURITÉ

Début 2018, au regard du contexte sécuritaire régional (développement du terrorisme), le ministère des Affaires étrangères (MAE) rappelle que les déplacements dans la zone désertique depuis la frontière égypto-libyenne jusqu'à la frontière égypto-soudanaise sont formellement déconseillés. Cette zone était classée en rouge lors de notre enquête, tout comme la Péninsule du Sinaï (à l'exception de la bande côtière allant de Charm el Cheikh à Taba).
Sans céder à l'inconscience ou à la paranoïa, soyez informé et responsable. Vous partez pour un pays qui est ponctuellement la victime de soubresauts, et il faut reconnaître que la situation sécuritaire s'est un peu dégradée depuis la révolution de 2011. La sécurité aux abords des hôtels a été particulièrement renforcée, et les

grands établissements sont très barricadés. Ne vous laissez pas impressionner, c'est pour votre bien après tout. Ne rechignez pas au contrôle des sacs auquel on vous demandera de vous soumettre à l'entrée de chaque musée et de votre hôtel. Vous devez donc impérativement vous tenir informé dans les semaines qui précèdent votre départ sur une possible recrudescence des actes terroristes et sur les régions où ils sont commis. Le territoire égyptien est suffisamment vaste pour que vous puissiez y passer un séjour agréable, en évitant les zones dangereuses. De son côté, le gouvernement égyptien fait tout son possible pour assurer votre sécurité en Haute-Egypte. Cela se traduit par une présence policière impressionnante, mais aussi par des contraintes qui rendent le voyage individuel dans cette région de plus en plus difficile. Vous n'en aurez pas conscience tant que vous resterez à Louxor ou à Assouan, mais si vous avez l'intention de vous éloigner de ces villes, renseignez-vous auprès de la police touristique sur les moyens de transport que vous pourrez emprunter. On peut vous imposer une escorte policière plus ou moins discrète (celle entre Louxor et Assouan a été supprimée). Parfois, il vous faudra attendre le départ d'un convoi pour prendre la route. D'autres fois, on mettra à votre service une protection particulière digne d'un (petit) chef d'Etat.
Autrefois, les trains qui n'avaient pas de surveillance policière à bord n'étaient pas autorisés aux touristes. Bien que cette interdiction ait été abolie récemment, il est fréquent que les touristes se voient refuser la vente d'un billet pour ces trains-ci aux guichets des gares. Le meilleur moyen est donc de monter dans le train choisi et d'acheter son billet au contrôleur.

LGBTQ

L'Egypte n'est pas officiellement *gay friendly* et il serait mal venu d'y faire une revendication homosexuelle. Afin de protéger les Egyptiens gays et lesbiennes, ce guide ne fournira aucune liste d'endroits de rencontre qui peuvent être également des endroits à la mode. Le Moyen-Orient, en ce qui concerne l'homosexualité, est plus subtil que l'Occident : tout s'y passe à condition que la discrétion soit observée. C'est la règle commune à suivre. Pousser de jeunes homosexuels à s'affirmer publiquement, c'est parfois les condamner à l'ostracisme, voire à pire. A l'automne 2017, une soixantaine de personnes soupçonnées d'homosexualité ont été arrêtées et emprisonnées. Nombre d'entre elles ont été interpellées dans des cafés et via des applications mobiles de rencontre pour homosexuels. Grindr et autres sont donc à éviter en Egypte, vous risqueriez de vous mettre en danger et encore plus dramatiquement les Egyptiens rencontrés par ce biais.

POSTE

La fiabilité de la poste égyptienne s'est nettement améliorée ces dernières années. Il faut cependant toujours compter environ dix jours pour qu'une lettre arrive. Le timbre postal pour l'étranger coûte 3 LE pour une carte postale ou une lettre ordinaire. Les postes sont ouvertes de 8h à 14h tous les jours, sauf le vendredi. Il vaut mieux coller ses timbres soi-même, ainsi ils ne risquent pas de s'envoler…

MÉDIAS LOCAUX

L'Egypte est un leader dans la production des médias au Moyen-Orient. Sa presse est très lue et son industrie de la télévision et du cinéma a l'une des plus grosses influences dans la région. La plupart du monde arabe consomme les productions qui sont réalisées dans la Media City.
Les journaux égyptiens appartiennent soit à des groupes d'Etat, soit à des groupes privés. La censure est très présente dans les deux. Il n'est pas rare que la une d'un journal soit saisie avant d'être publiée.

Omar Makram.

Le quotidien papier indépendant le plus connu a été créé en 2004 : *El-Masriel-youm*. *Sawtel-Umma* est aussi réputé pour ses enquêtes et ses articles polémiques. Le quotidien gouvernemental le plus prestigieux s'appelle *El-Ahram* ; ses principaux concurrents, liés également à l'Etat, sont *El-Akhbar* et *Gomhourya*. Du côté de l'opposition, on a par exemple *El-Wafd*, organe du parti historique Ouel-Ousbou, nationalo-islamiste. *El-Watani* est un journal copte. Après la révolution, de nombreux sites d'information indépendants ont fait leur apparition sur Internet. En anglais, *Mada Masr* – bien que bloqué et accessible uniquement sur sa page Facebook en Egypte – produit des enquêtes et analyses très fouillées et sérieuses.

Deux titres égyptiens sont publiés en langue française. *Le Progrès égyptien* est le plus ancien. C'est un quotidien d'Etat qui reprend, dans notre belle langue, la propagande officielle, ainsi que des articles sur l'actualité internationale. Pas cher du tout, il permet de se tenir au courant et d'avoir les programmes de spectacles.

L'autre publication en français s'appelle *El-Ahram Hebdo*.

Comme son nom l'indique, ce titre est publié chaque semaine par le groupe El-Ahram. Plus épais et plus approfondi que le précédent, Il est aussi bien plus impartial. On y trouve, entre autres, des articles sur les grands problèmes de la société égyptienne. L'hebdo n'hésite pas à aborder des sujets sensibles.

L'Egypte dispose de deux chaînes nationales de télévision et de plusieurs chaînes régionales. La première chaîne, nationale, est exclusivement en arabe. La deuxième, en revanche, diffuse des journaux en français le matin et le soir à 19h. On y trouve à peu près les mêmes informations que dans le *Progrès égyptien*.

Bien entendu, TV5 Moyen-Orient vous offre sa grille de programmes en français, tout comme France 24.

On peut aussi écouter Radio Le Caire (94.5 FM) de 9h à 10h, de 14h à 15h et de 21h à 22h, périodes pendant lesquelles les émissions sont en français.

LES PHRASES CLÉS

Bonjour, mon téléphone ne fonctionne pas, pouvez-vous m'aider s'il vous plait ?
Hello, my phone isn't working, can you help me please?

Je ne me sens pas bien, pouvez-vous m'amener à l'hôpital le plus proche ?
I don't feel well, can you take me to the nearest hospital?

Est-ce que vous avez un médecin qui parle français ?
Do you have a doctor who speaks French?

Je viens de me faire voler mes papiers, où est le poste de Police le plus proche ?
My passport has just been stolen, where is the nearest police station?

Est-ce un quartier dangereux ou je peux y aller sans crainte ?
Is this area dangerous or can I walk around without worrying?

Avez-vous des timbres pour une carte postale à envoyer en France ? C'est combien ?
Do you have any stamps for a postcard to France? How much is that?

DÉCOUVRIR

Le profil de Pharaon coiffé de la double couronne de Haute-Egypte et de Basse-Egypte projette toujours sa magnificence sur le pays. Sur ces terres variées ont brillé de grandes civilisations. C'est dense, mais on prend aussi le temps de sentir le pays au rythme sept fois millénaire de ses civilisations, dont les habitants d'aujourd'hui sont le parfait exemple de sérénité face au temps : tout coule, comme le Nil, fleuve créateur et nourricier qui, depuis des millénaires, alimente le pays. Des fonds marins de la mer Rouge aux oasis du désert, rencontre avec un peuple, sage et paisible : sa religion, ses valeurs, ses différents patrimoines – architecturaux, musicaux, culinaires. L'Egypte vous invite à découvrir ses mille et une facettes. Longue quête amoureuse, telle celle du voyageur touché par l'égyptomanie avant d'en avoir foulé le sol, et, une fois l'eau du Nil goûtée, y reviendra une deuxième fois, et puis souvent...

MYTHOLOGIE ÉGYPTIENNE

La mythologie égyptienne est, du fait de sa longévité extraordinaire, d'une incroyable complexité. Son panthéon protéiforme et ses cultes variés ont organisé la vie spirituelle et quotidienne en Égypte pendant plus de trois millénaires ! Il n'est pas étonnant qu'elle exerce encore aujourd'hui une influence si forte sur les imaginaires, agrémentée d'une fascination pour les temples et tombes des anciens Égyptiens. Le mythe d'Osiris, véritable condensé d'intensité dramatique mêlant inceste, meurtre et vengeance dans le pays du Nil, est encore très populaire en Occident. L'histoire d'Osiris, d'Isis, d'Horus et de Seth symbolise désormais pour beaucoup la mythologie égyptienne. Celle-ci a par ailleurs subi des évolutions considérables qui rendent difficile son étude comme un phénomène unique. Toutefois, ces quelques pages ont pour but de fournir aux visiteurs novices des bases pour la compréhension de cette religion complexe mais fascinante.

Les mythes

Les égyptologues identifient trois cosmogonies, ou mythes créateurs, sur lesquels repose la philosophie de l'Égypte antique. Selon le mythe héliopolitain, au commencement des temps, existait le Noun, ou Eaux primordiales, qui contenaient l'astre solaire, Atoum-Rê. Celui-ci fit surgir un tertre des eaux et s'y posa. Il donna naissance au dieu de l'air et à la déesse de l'humidité. Eux-mêmes engendrèrent le dieu de la terre et la déesse du ciel, qui enfantèrent à leur tour d'Osiris, Isis, Seth et Nephtys. Osiris et Isis donnèrent naissance à Horus.

Le mythe hermopolitain ajoute à cela huit grenouilles primordiales qui représentent l'espace infini, les eaux infinies, l'errance et les ténèbres. Elles firent surgir le tertre initial, y déposèrent un œuf d'où sortit le soleil, Atoum-Rê.

Le mythe de Memphis est similaire au précédent, à la différence que les huit grenouilles sont des émanations de Ptah, dieu primordial. Celui-ci créa l'univers par sa pensée, son cœur et son verbe.

Les cycles

La mythologie égyptienne et la vie quotidienne des habitants s'organisent autour de trois cycles primordiaux.

Le cycle du jour et de la nuit, avec la renaissance quotidienne du soleil, incarné par Rê et sa course dans les cieux, puis son combat souterrain avec le serpent Apophis.

Le cycle de la vie et de la mort est basé sur le mythe d'Osiris, le *Livre des morts* et sur le concept de l'immortalité de l'âme. La momification a ici un rôle primordial puisqu'elle permet à l'âme de cheminer vers l'au-delà sans encombre, tel Osiris, le dieu des morts.

Le cycle des saisons est d'une importance considérable dans une société majoritairement rurale, rythmée par les crues du Nil. Centrale dans la religion comme dans le quotidien, la crue est espérée et redoutée car elle peut amener bienfaits ou destruction sur la terre d'Égypte.

Résumé du panthéon égyptien

Amon. C'est l'une des principales divinités égyptiennes, son nom signifie « le caché ». C'est un dieu surtout vénéré à Thèbes. Il est associé à d'autres dieux comme Rê, et est alors représenté sous les traits d'un bélier, ou encore Min, dieu ithyphallique. Il forme, avec sa femme Mout et leur fils Khonsou, la triade thébaine, particulièrement vénérée à Karnak et à Louxor.

Anubis. Dieu à tête de chacal, il est lié aux rites d'embaumement et de passage dans l'au-delà. Il est l'assistant d'Osiris, le premier des embaumeurs. Lorsqu'il accompagne Pharaon vers le tribunal de Maât, il a alors le titre de psychopompe, d'accompagnateur de l'âme. Il porte une clé. C'est à Assiout que son culte est particulièrement développé.

Aton. Le dieu Aton est une divinité unique voulue par Aménophis IV-Akhénaton. Il n'a ni parenté, ni parèdre. Son nom signifie « globe solaire » et sa manifestation, dans les représentations que l'on a de lui, se fait sous la forme des rais de l'astre du jour, terminés par des mains. Aton est une énergie pure qui est à l'origine de tout. Aton n'impose pas de lois aux hommes, sinon une harmonie générale.

Bastet. Prenant la forme d'un chat, cette divinité est l'une des plus populaires du panthéon égyptien. Paradoxalement, cette déesse n'est jamais représentée dans les temples et les tombes, à l'exception de ceux retrouvés à Boubastis, dans le Delta. Elle est l'une des filles de Rê, dont elle incarne l'œil. Elle est la protectrice de la musique, de la joie, de la maternité. Elle protège les foyers et les villes.

Hâpy. Il est le dieu du Nil dont il est le gestionnaire des eaux. Du fait de la centralité du fleuve dans la vie quotidienne, Hâpy est une divinité particulièrement importante. Il habite deux lieux en particulier : Éléphantine au niveau de la première cataracte, et Memphis en amont du Delta. Il est représenté sous les traits d'un androgyne aux seins pendants, et parfois sous les traits de jumeaux portant sur leur tête les roseaux de la Basse-Égypte et les papyrus de la Haute-Égypte. Aucun temple ne lui est consacré mais les hymnes du Nil n'étaient chantés que pour lui.

Hathor. Elle est la fille de Rê et l'épouse d'Horus. Son nom signifie « demeure d'Horus ». Représentée sous la forme d'une vache, elle conserve les cornes et les oreilles dans sa représentation anthropomorphique et porte aussi le soleil d'Horus. Elle est la déesse de la fécondité et elle assiste aussi les hommes dans leur renaissance après la mort. Le temple de Dendérah lui est entièrement consacré mais une large place lui est dédiée dans le temple d'Edfou, consacré à Horus.

Horus. Son nom signifie « le lointain », il est représenté sous la forme du faucon. Il est à la fois la manifestation de Rê lorsque le soleil est à son zénith, mais il est également le fils orphelin d'Osiris, élevé par sa mère Isis. Lorsque son œil est arraché par Seth, c'est Thot qui le reconstitue sous la forme de l'« œil oudjat », l'amulette protectrice la plus portée par les Égyptiens. Pharaon porte toujours le titre de « fils d'Horus ». Ses quatre fils veillent sur les viscères des défunts et chacun des vases canopes est dédié à l'un d'eux. C'est surtout à Edfou qu'un culte majeur lui est voué.

Isis. Son nom signifie « trône ». Elle est la sœur de Seth, de Nephtys et d'Osiris. Ses parents sont Gheb et Nout, tous deux enfants de Shou et Tefnout, enfants de Rê. Isis est l'épouse de son frère Osiris avec qui elle engendre Horus. Elle est représentée sous des traits humains, portant des cornes et l'astre solaire sur la tête. On la voit souvent allaitant Horus. L'attachement d'Isis à son époux est exemplaire, ce qui explique le culte qui lui a longtemps été voué. Des temples comme ceux de Kalabshah, de Dabod, et surtout de Philae, lui sont dédiés. Le culte d'Isis s'étendra à une grande partie du bassin méditerranéen et sera l'un des derniers cultes païens à subsister face à la montée du christianisme.

Khnoum. C'est un autre démiurge du panthéon égyptien : Rê créa le monde et Khnoum créa la vie. Tout ce qui est vivant sur terre est sa création. Il dispose du Nil pour dispenser la vie, la maintenir sur terre et c'est donc à Éléphantine qu'il demeure, au niveau de la première cataracte. Il ordonne à Hâpi d'apporter les eaux du Nil aux Égyptiens. On le connaît sous le nom de « façonneur du monde », ou de potier. Avec Satet et Anouket, ils forment la triade d'Éléphantine. Il est représenté sous les traits d'un bélier puissant aux cornes retournées. Son temple principal est celui d'Esna, bien qu'on trouve des traces de son culte à Éléphantine.

Maât. Son nom signifie « vrai ». Elle est à la fois une déesse et un concept. Symbole de la vérité, de la justice, elle est l'équilibre naturel du monde parfait tel que Rê l'a créé. Elle est garante de l'équilibre du monde, présente chaque jour dans la manifestation du jour et de la nuit, de la vie et de la mort. C'est en son nom que Pharaon rend la justice sur terre et c'est elle qui procède à la pesée des âmes des défunts. Les portes de la vie éternelle sont ouvertes à l'homme bon, tandis que la Dévorante se tient prête à manger le cœur de l'homme mauvais. Elle est représentée sous la forme d'une femme portant une plume sur la tête, parfois à côté ou sur une balance.

DÉCOUVRIR

Représentation du dieu Anubis.

Tête de la déesse Isis.

Nekhbet et Ouadjet. Respectivement déesses protectrices de la Haute et Basse-Égypte. Elles symbolisent l'union du pays et entourent souvent Pharaon. Nekhbet est un vautour aux mille couleurs et Ouadjet est un serpent. Elles sont très souvent représentées dans les temples, notamment au-dessus des portes en signe de protection. Elles peuvent être représentées par des femmes portant la couronne de Basse-Égypte (Ouadjet) et de Haute-Égypte (Nekhbet).

Osiris. Son nom signifie « le siège de la puissance ». Avec Isis, dont il est le frère et l'époux, Osiris forme le couple le plus romantique du panthéon égyptien ; leur histoire alliant la vie, l'amour, la mort, la quête de l'autre, la résurrection, la vengeance de leur enfant. Osiris, qui devint roi terrestre, se maria à Isis, s'attirant la jalousie de son frère Seth. Celui-ci l'assassina puis découpa son corps en quatorze morceaux et les dispersa. Isis et sa sœur Nephtys retrouvèrent et reconstituèrent Osiris grâce à des bandelettes. Il devient le souverain des morts et règne sur l'au-delà. Il est représenté, assis en majesté, coiffé de la couronne d'Égypte, tenant le sceptre et le fléau, ou en position dite « osiriaque », debout et droit, enveloppé dans ses bandelettes. Son culte principal avait lieu à Abydos.

Ptah. Son nom signifie « le façonneur ». Ce dieu est parfois vu comme supérieur à Rê dont certains cultes ont voulu qu'il soit le Créateur ! La réponse à cette contradiction est, comme souvent, politique. L'ascendance de Ptah est souvent consacrée par des dynasties originaires de Memphis, où il est adoré. Au contraire, Rê garde son titre de démiurge incontesté sous le gouvernement des personnalités de Thèbes, où il est vénéré. Ptah est alors relégué au statut de protecteur des artisans et des architectes. Il est représenté sous les traits d'un homme à la peau verte, coiffé d'un bonnet et vêtu d'une étoffe serrée.

Rê. Son nom signifie « celui qui se lève ». C'est le plus important dieu du panthéon égyptien. C'est lui qui, selon la mythologie, est à l'origine de tout. En tant que démiurge, il s'est aussi créé lui-même. C'est le dieu soleil, créateur de la plupart des dieux non démiurges. Il forme avec ses descendants le groupe le plus important du panthéon égyptien. Amon est indissociable de Rê et on l'appelle Amon-Rê, honoré à Thèbes. On le représente sous la forme d'un homme ayant la tête d'un faucon, surmontée du globe solaire autour duquel s'est enroulé le cobra. Il fut célébré à Héliopolis et dans l'Égypte entière.

Sekhmet. Son nom signifie « la puissante ». Elle est l'épouse de Ptah et la mère de Néfertoum, les trois formant la Triade de Memphis. Sa puissance est à double tranchant : elle protège mais parfois, dans sa rage, elle ravage le pays ! Pour cela, elle peut parfois être assimilée à la crue. Elle est représentée sous la forme d'une lionne coiffée du disque solaire. Elle fut vénérée partout en Égypte, et particulièrement à Karnak et à Memphis.

Seth. Son nom signifie à la fois « celui du Sud » et « celui des bandelettes ». C'est le frère d'Osiris, d'Isis et de Nephtys. Il est particulièrement utile à Rê puisqu'il se tient à la proue de la barque solaire qu'il protège du serpent Apophis, lorsque celle-ci traverse les ténèbres de la nuit. C'est un dieu à la fois craint et vénéré par les Égyptiens. Sa représentation la plus répandue est celle d'un homme au visage d'un animal imaginaire, doté d'un long museau qui rappelle celui du chien ou du tapir.

Thot. Représenté sous la forme d'un ibis ou d'un babouin, il est celui qui organise le monde, et est notamment responsable du calendrier. Il est organisé et équilibré, à tel point qu'on le dit à l'origine de Mâat. Il intervient souvent pour régler les différends avec les dieux et il est le patron des scribes.

PLONGÉE EN MER ROUGE

La mer Rouge est le joyau turquoise de l'Égypte. Elle est la porte vers l'océan Indien qui lui confère une importance stratégique, commerciale et culturelle exceptionnelle. Sa biodiversité extrêmement riche et la concentration de magnifiques récifs coralliens le long de ses côtes en ont fait une destination touristique majeure ces dernières décennies. Après la luxuriante vallée du Nil, la mer Rouge offre des eaux azur et un climat très agréable qui permet la plongée toute l'année. Les voyageurs viennent nombreux y découvrir les fonds marins, les coraux et leurs nombreux habitants. La côte recèle de nombreux spots de plongée sous-marine, dont une dizaine figurent parmi les meilleurs au monde ! Il n'est donc pas étonnant que la mer Rouge soit l'un des endroits favoris des plongeurs amateurs et confirmés. Les agences proposant initiations et certifications de plongée sont nombreuses et souvent très bon marché.

Près de 1 500 km² de côtes

La mer Rouge borde l'Égypte sur environ 1 500 km² de côtes, depuis le triangle de Shalateen au sud jusqu'à la péninsule du Sinaï, et les golfes de Suez et d'Aqaba au nord. C'est une mer tropicale presque fermée, liée au golfe d'Aden et à l'océan Indien par le détroit de Bab el Mandeb, la Porte des Lamentations. D'après une légende arabe, ce nom se réfère aux lamentations des victimes noyées lors du tremblement de terre qui aurait séparé l'Asie de l'Afrique. La région est montagneuse : on y trouve notamment les hautes montagnes du Sinaï en Égypte et du Hedjaz en Arabie saoudite. La mer Rouge est le résultat de l'éloignement des plaques arabique et africaine. C'est en fait un véritable océan en formation !

Une des mers les plus chaudes au monde

La mer Rouge bénéficie d'un climat aride et désertique, agréable en hiver mais très chaud en été. Les pluies sont extrêmement rares, la région est plutôt sujette aux tempêtes de sable ! Ce climat et les échanges d'eau restreints avec l'océan en font une des mers les plus chaudes au monde. Sa température ne descend jamais en dessous de 22 °C et peut monter jusqu'à 30 °C en été. Ces faibles variations de température en font un des meilleurs endroits pour profiter de la baignade, même au cœur de l'hiver. Les marées y sont en général très faibles mais elles se font sentir plus fortement dans les « impasses » que sont les golfes d'Aqaba et de Suez. Les voyageurs doivent en tenir compte, notamment lors des sorties en snorkeling, puisque la marée basse, même limitée, peut rendre la nage compliquée au-dessus des récifs coralliens. Les côtes du Sinaï sont particulièrement ventées et appréciées par les amateurs de windsurf.

Les meilleurs endroits pour plonger... et se reposer !

La côte égyptienne a de nombreux sites exceptionnels pour la plongée sous-marine. Les plus connus d'entre eux sont pour les plongeurs aguerris mais les débutants y trouveront leur compte : initiation, cours de plongée et certification mais aussi snorkeling au-dessus de magnifiques massifs coralliens. Les types de séjours possibles sont nombreux et chacun pourra en trouver un à son goût et selon son budget.

Pour allier relaxation et plaisir de la plongée, privilégiez Charm el-Cheikh, Hurghada ou bien El Gouna. Ces villes proposent des solutions à des prix et standings très variés et on y trouve toujours des agences de plongée qui pourront planifier le meilleur séjour avec les voyageurs. La plupart des hôtels disposent de piscines, voire de spas luxueux. De nombreuses agences proposent des séjours en pension complète pour ne plus avoir à se préoccuper de rien ! Pour les plus aventureux, Dahab et les campements du Sinaï sont une expérience magique et les plus sportifs privilégieront les croisières qui permettent l'accès à de nombreux sites éloignés des côtes.

▶ ***Dahab et Charm el-Cheikh.*** Ce sont les deux principaux sites de plongée dans le Sinaï, Charm el-Cheikh à la pointe de la péninsule, et Dahab plus au nord sur la côte du golfe d'Aqaba. Charm el-Cheikh dispose d'un aéroport et de nombreux hôtels aux standings variés. La construction de nombreuses infrastructures hôtelières en fait le centre touristique majeur de la mer Rouge égyptienne. Au croisement de la mer Rouge et des golfes d'Aqaba et de Suez, la ville et ses alentours offrent un très grand nombre de sites de plongée pour tous les niveaux. C'est surtout la réserve naturelle de Ras Mohamed qui attire les plongeurs du monde entier.

Les Shark Reef et Yolanda Reef sont réputés pour être parmi les dix meilleurs sites de plongée au monde ! Situé à la jonction des deux golfes, le site abrite une biodiversité exceptionnelle : tortues, thons, poissons napoléon, requins à pointes noires, dauphins et raies. La liste des espèces est aussi impressionnante que les magnifiques couleurs qui s'offrent à la vue des plongeurs, sous la surface. Entre deux jardins de corail, quel étonnement de se retrouver nez à nez avec des dizaines de cuvettes de toilettes, intactes ! C'est la cargaison du *Yolanda*, navire cargo qui a sombré en 1980 et dont seule la cargaison est facilement identifiable.

Les récifs du détroit de Tiran sont également réputés pour leur grande beauté et pour la présence de nombreuses espèces pélagiques.

Dahab, petite ville construite au bord d'une anse, offre un cadre de vie moins urbain et plus relaxant. Ici, pas d'immenses hôtels mais de petits établissements, de nombreux restaurants et bars et des commerces. Au nord de Dahab et jusqu'à la frontière israélienne, on trouve des campements qui proposent des séjours rustiques mais inoubliables. Ils sont installés sur les plages désertes de la péninsule et profitent donc d'un isolement parfait pour une déconnexion totale ! Ils sont très appréciés des jeunes Israéliens qui viennent en masse surtout lors des périodes de fêtes comme Pessa'h.

Le snorkeling y est extraordinaire et très facile. Le Blue Hole, pour les plongeurs plus expérimentés, est situé juste au nord de Dahab. C'est l'un des sites de plongée les plus exceptionnels au monde ! C'est un vertigineux puits de plus de 100 mètres de profondeur dans le massif corallien. Il attire de nombreux plongeurs du fait de sa beauté mais aussi du challenge que représente la traversée du tunnel, situé à 55 mètres de profondeur, qui lie le puits à la haute mer à travers le corail. Malheureusement, c'est également le site de plongée le plus dangereux au monde et de nombreux plongeurs expérimentés y ont perdu la vie. Ce n'est donc pas un site à aborder à la légère et vous pouvez également vous contenter d'admirer les coraux qui bordent le puits et la nombreuse faune qui y réside.

▸ ***Hurghada, El Gouna et les îles Giftoun.*** Le petit village de pêcheurs de Hurghada est devenu en quelques décennies l'un des plus importants centres touristiques en Égypte, avec Charm el-Cheikh. Tout comme cette dernière, Hurghada offre une très grande diversité d'hôtels. La ville est particulièrement recommandée pour les plongeurs débutants qui peuvent s'exercer sur de nombreux sites protégés des courants forts mais avec une biodiversité toujours exceptionnelle. Véritable petite ville, Gouna offre un cadre agréable où l'on peut se promener et se relaxer dans l'un des nombreux restaurants et bars branchés. Les îles Giftoun offrent un environnement moins urbanisé et à la beauté exceptionnelle ! Snorkeling et plongée y sont magnifiques. C'est de Hurghada que partent la plupart des croisières de plongée qui raviront les voyageurs plus sportifs. Elles proposent de nombreuses plongées pour tous les niveaux de certification et permettent d'allier le plaisir de la plongée au calme et à la beauté d'un séjour en mer.

L'épave du *SS Thistlegorm* repose dans le détroit entre Charm el-Cheikh et Hurghada. Ce bateau englouti est réputé pour être la meilleure plongée sur épave au monde ! Cet ancien bateau de transport britannique fut coulé par un raid aérien allemand en 1941. Long de 128 mètres, il repose désormais par 30 mètres de fond. La vie marine qui s'y est développée est magnifique : vivaneaux, barracuda et bans de caranges côtoient les poissons habituels de la mer Rouge. Découverte en 1952* par Jacques-Yves Cousteau, l'épave renferme d'incroyables trésors ! Deux chars, deux locomotives, camions, jeeps

Plongeurs passant près des récifs coralliens au parc national Ras Muhammad.

© TUNATURA - ISTOCKPHOTO.COM

Plongeurs à la découverte de l'épave du SS Thistlegorm.

et motos ainsi que des fusils et de nombreuses pièces détachées, reposent dans les cales du bateau qui sont accessibles aux plongeurs. C'est une véritable plongée dans l'Histoire.
Hurghada et El Gouna sont également proches du récif de Sha'b Abu Nuhas, très populaire auprès des plongeurs amateurs d'épaves. En effet, il n'y en a pas moins de sept, jonchant les fonds marins autour du récif. Les plus chanceux pourront même observer l'immense requin-baleine – inoffensif, c'est le plus grand des poissons – qui fait régulièrement son apparition près des côtes égyptiennes.

Port Safaga. Situé au sud de Hurghada, Port Safaga est également très apprécié des plongeurs pour ses magnifiques murs et jardins de corail. Les sites de Ras Abu Soma, Tobias Reef, sont très réputés et ainsi que le spectaculaire Panorama Reef avec son mur de 200 mètres de profondeur ! Le Middle Reef est célèbre quant à lui pour ses magnifiques jardins de corail. C'est dans les eaux de Port Safaga que se trouve l'une des plongées les plus particulières de la mer Rouge : l'épave du *Salem Express*. Dans la nuit du 17 décembre 1991, ce ferry de pèlerins revenant de La Mecque a sombré en quelques minutes après avoir heurté le récif de Hyndman. Plus de 490 personnes perdirent la vie dans le bateau surchargé. Couché sur le flanc, l'épave repose à 30 mètres de profondeur. La plongée y est possible mais il est formellement interdit de pénétrer dans le navire, véritable sépulture maritime. La plupart des corps ont été extraits de l'épave après le naufrage mais les nombreux effets personnels des passagers y reposent toujours.

El Quseir et les Deux Frères. Contrairement aux autres villes du littoral, Al Quseir est un centre de peuplement depuis 5 000 ans ! Il était connu durant l'Antiquité comme le port blanc, *Leucus Limen*. Relativement épargné par le développement touristique, c'est un endroit plus calme et préservé. La côte offre de très belles plongées mais ce sont surtout les lointaines îles des Deux Frères qui attirent les plongeurs expérimentés. Situés à plus de 60 km des côtes dans une zone de forts courants, ces deux îlots ne sont accessibles qu'en croisière. Plusieurs épaves jonchent les flancs des îlots, notamment les magnifiques *Numidia* (coulé en 1901) et *Aida* (coulé en 1956). Ces récifs éloignés sont l'endroit parfait pour rencontrer de grands poissons pélagiques. Les requins-marteaux sont le clou du spectacle mais l'on croise également des requins-renards, des bans de barracuda et autres grands poissons.

Marsa Alam. Encore plus au sud se trouve la petite ville de Marsa Alam. Elle est réputée pour la qualité de ses coraux et surtout pour le très couru Elphinstone Reef. On peut notamment y croiser les grands requins longimane mais aussi des requins-marteaux ! Les plus chanceux croiseront peut-être des raies manta, voire des requins-tigres. Il ne faut pas manquer le Marsa Abu Dabab où de grands Dugong broutent paisiblement les fonds marins. À 80 km au large, le Daedalus Reef est seulement accessible en croisière. Y vivent de grands poissons : requins et raies manta ne sont donc pas rares !

Saint John's et le Sud. En s'approchant de la frontière soudanaise, les sites de plongée se font encore plus beaux car plus préservés. La plupart ne sont accessibles qu'en croisière. Le récif le plus connu est Saint John's, dont la biodiversité et la variété des paysages sous-marins sont à couper le souffle. Son incroyable réseau de grottes sous-marines est très apprécié des plongeurs débutants ou confirmés. Sur les sites plus éloignés de Zabargad et Rocky Island, l'on croise surtout des requins et autres grands poissons pélagiques.

CROISIÈRE SUR LE NIL

Que l'on préfère le luxe, le repos ou l'aventure, les sites archéologiques ou les marchés aux chameaux, les croisières sur le Nil offrent un incroyable éventail de possibilités et il y en a pour tous les goûts ! C'est tout d'abord la meilleure façon de découvrir la vallée du Nil et ses trésors : quitte à voyager lentement, il est préférable d'admirer la végétation luxuriante d'une felouque ou du pont d'une dahabeyya. Et quel bonheur de découvrir l'Égypte en voyageant sur le fleuve créateur et nourricier qui, depuis des millénaires, alimente le pays et ses habitants. La croisière sur le Nil permet au voyageur de prendre son temps, d'admirer le fleuve et ses rives, ses temples et ses villages, tout en coupant avec le rythme parfois effréné de certains voyages, seuls ou organisés. La saison préférable pour effectuer une croisière va de novembre à mars, la chaleur étant insoutenable durant l'été, particulièrement dans le sud de l'Égypte.

Le Nil, à travers l'Égypte

Jusqu'au XIXe siècle, le Nil était presque la seule voie permettant de relier les différentes parties du pays. Les déplacements routiers étaient minimes et tous les transports de marchandises ou de personnes se faisaient sur des bateaux naviguant sur le fleuve. Plus sûr et plus rapide, le trafic fluvial était déjà très intense sous le règne des pharaons qui utilisaient le fleuve aussi bien pour le commerce que pour la guerre ou pour acheminer les matériaux nécessaires aux immenses constructions. Le granit d'Assouan, tant aimé des rois d'Égypte pour leurs statues et monuments, était acheminé du sud par bateau. Durant l'Antiquité, ceux-ci étaient fabriqués en bois ou en tiges de papyrus. Les vents venant du nord permettaient la navigation vers le sud et le courant du fleuve ainsi que la force des rames transportaient hommes et marchandises vers le nord et le Delta. La navigation sur le fleuve sacré était également l'objet de cérémonies importantes. Lors de la fête de l'Opet, les statues des dieux Amon, sa femme Mout et leur fils Khonsou, la triade de Thèbes, étaient transportées en bateau du temple de Karnak au temple de Louxor, accompagnées de somptueuses célébrations populaires. Le corps momifié de pharaon traversait le Nil dans sa barque royale avant de trouver le repos sur la rive occidentale. Enfin, c'est bien dans sa barque solaire qu'Amon-Rê effectuait son voyage quotidien à travers le ciel. Aujourd'hui, le transport fluvial est beaucoup moins important mais il subsiste néanmoins, et ce, en partie grâce au tourisme. À l'exception des bacs qui permettent de le traverser, il n'existe plus vraiment de transports en commun sur le fleuve, le bus, le train et les microbus ayant remplacé le transport fluvial. Mais le Nil, c'était aussi et surtout la crue, aujourd'hui disparue. C'est elle qui donnait au fleuve son caractère créateur et nourricier. En déposant le précieux limon sur les terres alentour, c'est lui qui a donné la vie à ce pays extraordinaire. La construction du haut barrage d'Assouan, dans les années 1960, a mis fin à ce cycle millénaire et a ainsi totalement transformé la navigation sur le fleuve. Toutefois, les besoins en eau de l'agriculture forcent les autorités à libérer beaucoup plus d'eau durant l'été, les paysages se transforment donc toujours un peu, au gré du niveau du fleuve. C'est particulièrement frappant à Assouan.

Les Égyptiens naviguent surtout à bord de felouques, petits bateaux à grande voile trapézoïdale. Leur profil gracieux est une partie incontournable du paysage de Haute-Égypte. Quel plaisir d'y passer quelques heures (ou quelques jours) et de profiter du silence inégalé qu'offre la navigation à voile. Si vous n'êtes en Égypte que pour un court passage, n'hésitez pas à consacrer quelques heures de votre voyage à une sortie en felouque, que cela soit au Caire, à Louxor ou à Assouan. Vous y passerez un moment magique.

Quelle croisière choisir ?

La variété des croisières sur le Nil est importante, il y en a pour tous les goûts, de la plus aventureuse à la plus luxueuse. La plupart des croisières se font entre Louxor et Assouan où se trouvent de nombreux sites archéologiques d'importance, comme les temples d'Edfou, d'Esna ou de Kom Ombo. Ces sites sont les grandes étapes de la plupart des croisières, toutefois il est possible de personnaliser le voyage en fonction du type d'embarcation.

- **Les bateaux-hôtels** : la plupart des croisières qui sont proposées se font dans ces bateaux de grande taille. Ils sont dotés de tout le confort : cabines individuelles, toilettes et salles de bains privatives, piscine, bars, salons et restaurant.

Dahabeyya sur le Nil.

DÉCOUVRIR

Des animations sont également souvent proposées durant la journée et le soir. Ce sont les bateaux qui sont proposés par la plupart des agences grand public. Tous les bateaux n'ont toutefois pas le même standing et l'on pourra trouver chaussure à son pied, même avec un budget limité. Souvent les croisières durent sept jours durant lesquels le bateau fait l'aller-retour entre Louxor et Assouan mais de nombreuses agences proposent également un séjour au Caire et une visite de ses monuments avant la croisière.

Les felouques : la navigation à la voile est beaucoup plus lente et dépend du vent. Toutefois l'expérience est magnifique ! Le voyage est long et silencieux et l'on peut s'arrêter dans beaucoup d'endroits hors des sentiers battus. Beaucoup de felouques sont très rudimentaires et on y dort sur le pont. Toutefois il en existe des grandes avec douche et toilettes et un double pont. De jolies petites plages ponctuent le trajet et l'on peut s'arrêter dans les villages qui longent le Nil. Parfois, un membre de l'équipage propose d'aller visiter son village, d'aller marcher dans les champs et les palmeraies ou de s'aventurer un peu dans le désert. Un arrêt au marché aux chameaux de Daraw, près de Kom Ombo, est souvent possible. C'est une véritable plongée dans la vie quotidienne des habitants de Haute-Égypte, qui permet la découverte d'une Égypte bien souvent oubliée. Pour une petite croisière, on peut se contenter de trois jours entre Assouan et Kom Ombo mais il est possible d'aller jusqu'à Louxor ! Il est très facile d'approcher un felouquier à Assouan et d'organiser le voyage sur place, mais l'on trouve également de petites agences qui organisent ce type de voyage en avance.

Les dahabeyyas : c'est le nom des bateaux à fond plat, et qui ont souvent deux mâts, un à l'avant et l'autre à l'arrière. Très courues, elles étaient déjà utilisées au XIXe siècle pour transporter les touristes et les célébrités le long du Nil. À vrai dire, ce sont les premiers bateaux de croisières à avoir sillonné les eaux du fleuve ! À cette époque, il fallait compter 55 jours pour relier Le Caire à Assouan ! En 1869, Thomas Cook introduisit les bateaux à vapeur qui pouvaient faire le voyage en 28 jours seulement. Les dahabeyyas devinrent alors l'apanage des touristes pour qui ne manquaient ni le temps ni l'argent. Aujourd'hui, plusieurs agences proposent des croisières luxueuses sur ces magnifiques bateaux au départ de Louxor, d'Esna ou d'Assouan. Les croisières durent généralement entre 5 et 8 jours. Ces bateaux sont dotés de charmantes cabines revêtues de bois et offrent tout le confort et le luxe auquel l'on est en droit de s'attendre d'un tel standing. Malheureusement, il arrive que les dahabeyyas doivent être remorquées à l'aide d'un bateau à moteur lorsque le vent n'est pas favorable.

Des bateaux à vapeur, qui parcouraient le Nil à la Belle Époque, il ne reste désormais que le *Sudan*, magnifique exemple de l'art de voyager du début du XXe siècle. C'est sûrement le plus beau bateau à encore parcourir le fleuve. Il offre des croisières de grand luxe dans un cadre particulièrement romantique qui vous transportera pour quelques jours dans une époque désormais révolue. Chaque cabine a le nom d'un illustre voyageur ou d'une personnalité qui a parcouru l'Égypte en son temps : Auguste Mariette, Ferdinand de Lesseps, Hérodote ou encore Gustave Flaubert. Seule Agatha Christie a vraiment occupé la suite qui porte son nom, lors de son voyage de 1933 avec son mari. On peut y admirer le fleuve et ses rives depuis son beau pont en bois, se reposer dans les magnifiques cabines ou bien profiter du restaurant français haut de gamme.

Les croisières du *Sudan* relient Louxor à Assouan en 6 jours et 5 nuits ou en 5 jours et 4 nuits. Les séjours proposés incluent également les visites des temples d'Abydos et de Denderah, au nord de Louxor. La plus connue de toutes ces croisières reste bien entendu celle des personnages de *Mort sur le Nil*, le roman d'Agatha Christie. Le fameux détective Hercule Poirot voit ses précieuses vacances perturbées par le meurtre d'une riche et belle héritière à bord d'un bateau de croisière. Huis clos jouissif et angoissant, *Mort sur le Nil* est considéré comme un de ses plus grands romans. La reine du crime s'est inspirée de plusieurs voyages en Égypte, effectués avec son mari Max Mallowan, un archéologue spécialisé dans le Moyen-Orient antique. Contrairement à la légende, elle n'a pas rédigé le roman à Assouan mais à Alep ainsi qu'à bord de l'Orient Express, qui est également le décor d'un de ses romans les plus connus. Il est certain que les amateurs de la grande romancière auront un malin plaisir à naviguer sur les traces des personnages de son roman. L'adaptation au cinéma de *Mort sur le Nil* de 1978 est particulièrement belle. C'est en effet un des rares films à avoir été tourné presque entièrement en Égypte, notamment au Old Cataract et sur le magnifique bateau à vapeur *Sudan* sur lequel vous pouvez toujours naviguer.

Poursuivre le voyage

Pour compléter une croisière sur le Nil, certains voyageurs se laissent tenter par une croisière sur le lac Nasser. Créé après l'inauguration du barrage d'Assouan en 1970, le lac Nasser est une immense étendue d'eau douce qui occupe toute la vallée du Nil, depuis Assouan jusqu'au Soudan. Ses eaux bleues cristallines lèchent les magnifiques dunes orangées des déserts de Nubie et les montagnes de roches noir et rouge. Les paysages y sont époustouflants et le silence et la solitude qui y règnent sont dignes des plus beaux voyages dans le désert. Quasiment inhabité, on y rencontre quelquefois des pêcheurs venus du Nord pour attraper le délicieux tilapia notamment. Le lac est également le paradis des oiseaux, on peut y voir des pélicans, des cigognes et des bergeronnettes. Parfois le très rare ibis montre le bout de son bec recourbé. Les crocodiles y vivent encore, mais sont très rarement aperçus. Une flotte de quelques bateaux-hôtels effectue la croisière en trois jours, s'arrêtant sur les sites de Wadi es-Seboua et d'Amada où sont regroupés les temples nubiens sauvés des eaux. Le temple d'Amada est une petite merveille, construite par trois des plus grands pharaons de la XVIIIe dynastie. Les deux temples construits par Ramsès II à Ouadi es-Seboua et à Derr (désormais déplacé sur le site de Ouadi es-Seboua) sont d'extraordinaires témoins de l'empreinte du grand pharaon en Nubie, préfigurant l'arrivée à Abu Simbel. La croisière s'achève généralement par ces temples grandioses où Ramsès II et Nefertari attendent les voyageurs, adossés à la montagne. D'autres types de croisières, plus sportives ou plus aventureuses, mais toujours inoubliables, sont également possibles. Des embarcations plus petites permettent de faire du canotage pendant 6 jours d'Assouan à Abu Simbel. Ces croisières plus personnalisées permettent de profiter des paysages du désert, notamment grâce à de très belles randonnées. Il est également possible de pêcher et de se baigner. C'est sûrement la meilleure façon de profiter des magnifiques couchers de soleil, du calme des nuits sur le lac et de beaux ciels étoilés. Certains bateaux n'ont pas de cabines et l'on y dort sur le pont, à la belle étoile. D'autres proposent tout le confort dans de grands bateaux de croisière mais dans un cadre plus intimiste au charme incontestable !

Bateaux sur le lac Nasser.

GÉOGRAPHIE

Vue du ciel, la situation géographique du territoire égyptien est marquante : une longue bande verte qui sinue dans un désert jaune et orange et s'ouvre en un large delta avant de se jeter dans la Méditerranée. Au moins autant que par son histoire, l'Égypte frappe par sa géographie. Le Nil, son fleuve mythique, ses déserts, ses oasis et ses deux mers, la Rouge et la Blanche (en arabe il est courant d'appeler la mer Méditerranée la « mer blanche »). En termes de superficie, l'Égypte occupe est le 30e rang de trentième pays le plus grand pays au monde. Ce territoire de 1 001 450 km² est à cheval entre les continents africain et asiatique. Les frontières naturelles que sont les côtes de la mer Rouge et de la Méditerranée s'étendent sur 2 540 km. Elles contrastent avec les frontières rectilignes qui coupent le désert entre l'Égypte, le Soudan au sud, la Lybie à l'ouest, Israël et la Bande de Gaza à l'est de la péninsule du Sinaï.

Le Nil

Le Nil est la principale source d'eau du pays qui s'étend sur 1 280 km. Au sud, le lac Nasser en retient les eaux, puis il coule jusqu'au Delta où il se divise en deux branches qui se jettent dans la mer Méditerranée. L'agriculture se développe le long du Nil, dans le Delta ainsi que, à moindre échelle, dans les oasis du désert libyque. Le fameux cycle des crues du Nil a été interrompu avec la construction successive de deux barrages au niveau de la première cataracte, à Assouan. Le petit barrage construit en 1902 avait déjà modifié le cycle du fleuve, mais c'est la mise en eau du haut barrage d'Assouan, à la fin des années 1960, qui donne à l'homme le contrôle total sur le fleuve et ses aléas. Depuis que les crues ne déposent plus le limon nourricier sur les terres arables, l'agriculture s'est rationalisée avec l'accroissement de la mécanisation et l'usage des pesticides et des engrais.

Sous l'influence de Gamal Abdel Nasser, une entreprise de reconquête des terres sur le désert a été lancée dans le but d'agrandir les surfaces cultivables et de nourrir une population grandissante. Tout au long du Nil, mais surtout aux marges du Delta, sont créés des « terres nouvelles » grâce aux méthodes d'irrigation et d'enrichissement des sols désertiques. De grands travaux sont également lancés dans les années 1990, avec moins de succès. Le projet immense de « Nouvelle Vallée » devait donner naissance à une vallée fertile à l'ouest du Nil, grâce à la construction d'un canal apportant les eaux du lac Nasser, de la station de pompage de Toshka vers le nord pour rejoindre la région des Oasis, à l'est. Il semble que le projet ait été réduit à la conquête des terres proches du canal et de la station de pompage.

Ces projets de conquête des terres sont également liés à l'enjeu démographique auquel est confronté le pays. Les gouvernements successifs depuis deux décennies se sont lancés dans la construction de nombreux développements urbains dans les terres désertiques avoisinant les centres urbains préexistants. Ce phénomène s'est fortement accentué ces dernières années comme solution à la forte pression démographique sur les ressources et les services. La construction d'une nouvelle capitale administrative dans le désert, à l'est du Caire, a pour but officiel de désengorger la capitale égyptienne, souvent paralysée par les embouteillages et marquée par une croissance urbaine incontrôlée. Cette nouvelle ville devrait pouvoir accueillir plus de 7 millions d'habitants ainsi que le siège du pouvoir, les ministères et les ambassades. Ces projets gigantesques sont toutefois confrontés à des problèmes de financement ainsi qu'à la raréfaction des ressources naturelles disponibles, et notamment l'eau. C'est là que se joue en ce moment une partie de l'avenir du pays.

Les sources du Nil. À proprement parler, le Nil, long de 6 500 km, prend sa source dans deux lacs, le lac Victoria donnant naissance au Nil Blanc, et le lac Tana donnant naissance au Nil Bleu. Il est le plus grand des grands lacs africains avec 68 100 km². Il est alimenté par les pluies qui l'arrosent en avril et en septembre ainsi que par différents fleuves.

Le lac Tana, en Éthiopie, est contenu dans une dépression formée par les laves durant l'ère tertiaire. Il est plus petit que le lac Victoria, avec 3 600 km², et est également peu profond, puisqu'il ne dépasse pas 14 m. Il est alimenté par les pluies dont la recrudescence a lieu de juin à septembre. Si l'apport des pluies est le plus important, plusieurs petits cours d'eau l'alimentent aussi.

Le Nil Blanc, long de 3 700 km, est un effluent du lac Victoria qu'il quitte au nord pour traverser l'Ouganda sous le nom de Nil Victoria. Il afflue dans le lac Kioga, à la frontière de l'Ouganda et du Kenya, puis suit son cours avec les impressionnantes chutes de Murchison.

500 km après avoir quitté le lac Victoria, il se jette alors dans le lac Albert. Il rejoint ensuite le Soudan du Sud, où il forme une immense zone humide qui a longtemps été la limite d'exploration du Nil. Ces marais couvrent presque 60 000 km², soit l'équivalent du lac Victoria. Depuis le début du XXe siècle le projet du canal de Jongleï est discuté afin de canaliser les eaux du fleuve pour diminuer le taux d'évaporation très important du marais à des fins d'irrigation. Le Nil est alors rejoint par le fleuve soudanais Sobat qui, par les sédiments blancs qu'il charrie, a donné son nom au Nil Blanc. Il continue sa route jusqu'au Soudan où il rejoint le Nil Bleu à Khartoum.

▶ **Le Nil Bleu**, long de 1 450 km, prend sa source dans le lac Tana, en Éthiopie. Il s'écoule au sud puis poursuit son cours dans 400 km de gorges parfois très profondes, et tranche avec la verdure exubérante des paysages qu'il traverse. Les fameuses crues du Nil étaient dues principalement à la saison des pluies qui faisaient gonfler le Nil Bleu et ses affluents. C'est également des hauts plateaux éthiopiens que provenait le limon fertile, pierre angulaire de l'agriculture en Égypte ancienne et jusqu'aux années 1960. Aujourd'hui, ces sédiments sont retenus par les barrages éthiopiens et par le haut barrage d'Assouan. La question du partage des eaux du Nil, depuis la construction par l'Éthiopie du barrage Renaissance, est source de tensions diplomatiques très fortes entre les pays que borde le Nil. Cette question met en lumière la redéfinition des rapports de force dans la région dans la période post-Printemps arabe.

▶ **Le Nil égyptien**, ou Grand Nil, est long de 3 000 km. Il est la réunion du Nil Bleu et du Nil Blanc qui confluent à Khartoum au Soudan. En moyenne, 59 % de ses eaux proviennent du Nil Bleu mais ce taux peut atteindre 80 % lors de la saison des pluies.

L'Atbara est l'affluent le plus important du Nil égyptien ; il fournit 25 % de l'eau du fleuve en août, au paroxysme de la saison des pluies. Le long du Nil on trouve six rapides, appelés les cataractes. Elles se situent toutes entre Khartoum et Assouan. Elles sont souvent formées de blocs de granite qui créent des remous et entravent la navigation. Le barrage de Méroé a en partie submergé la quatrième cataracte et la seconde est désormais submergée par les eaux du lac Nasser. Celui-ci s'étend sur environ 480 km, de la frontière soudanaise jusqu'à Assouan où se trouve la première cataracte. Ce lac immense, aussi appelé mer de Nubie, représente pour l'Égypte une réserve d'eau douce de plus de 162 milliards de m³ ! S'il est nécessaire à l'irrigation et à la régulation des crues, il retient également le limon fertile du fleuve, qui s'agglomère au fond du lac.

Celle-ci donne à la ville d'Assouan ses paysages grandioses où le Nil coule, désormais tranquillement, entre les énormes blocs de granit rose. Le Nil poursuit alors son cours jusqu'au Caire, puis à l'entrée du Delta. C'est sur ces rives que l'on trouve les plus beaux monuments de la civilisation égyptienne : Éléphantine, Edfou, Louxor, Karnak, Memphis.

Ses rives font le charme de la Haute-Égypte ou le Saïd, comme l'appellent les Égyptiens. Le fleuve traverse des cultures luxuriantes de palmiers, bananiers et de cannes à sucre, surplombé par le jaune des montagnes qui encadrent la vallée.

▶ **Le Delta du Nil**. En forme de lotus, le delta a une superficie de 24 000 km², et sa partie nord qui borde la Méditerranée atteint une largeur de 250 km. Durant l'Antiquité, le Nil, dont le cours est unique en Haute-Égypte, se divisait en sept branches au nord de Memphis, dans son delta. N'existent aujourd'hui plus que deux branches :

Les terres irriguées au bord du Nil.

Le mont Sinaï.

la branche bolbitine qui se jette à Rachid (Rosette) à l'est et la branche phatnitique qui se jette à Damiette, à l'ouest. Les autres ont disparu au fur et à mesure de l'intervention de l'homme et des changements de lit du fleuve dans cette zone marécageuse. C'est une région particulièrement fertile du fait de l'accumulation de limon. Le delta est désormais soumis à une érosion accrue du fait de la diminution de l'apport en limon depuis la construction du barrage d'Assouan. Ce phénomène s'accompagne d'une augmentation inquiétante de la salinisation des terres les plus proches de la côte. Cette fertilité en fait la région agricole la plus importante du pays et une zone particulièrement peuplée du pays.

Le désert libyque et les oasis

Entre la rive ouest du Nil et la frontière libyenne s'étend le désert libyque. Cette prolongation du Sahara couvre les deux tiers du pays. Il est formé de plateaux de faible altitude et il est couvert de dunes de sable parfois hautes de 300 à 400 m. Des dépressions le creusent par endroits. La plus grande d'entre elles est celle de Qattara, à 134 m au-dessous du niveau de la mer et couvre 18 000 km^2. Les sources qui affleurent au fond de ces dépressions, et qu'alimente une nappe phréatique, ont conduit à l'émergence d'oasis : du nord au sud se succèdent celles de Siwa, du Wadi Natroun, de Bahareyya, de Farafra, de Dakhla et de Kharga. Le Fayoum, également situé dans une dépression, ne peut être considéré comme une vraie oasis puisque l'eau présente ne provient pas de la nappe phréatique mais du Nil, qui y débordait à chaque crue annuelle. C'est dans le désert libyque que se trouvent les déserts blanc et noir, prisés des visiteurs pour ses impressionnantes formations géologiques et ses sublimes paysages.

Le désert arabique

Sur la rive orientale du Nil, le désert arabique repose sur un fragment de la plaque continentale africaine, relevé en bordure de la mer Rouge et du golfe de Suez par le jeu de la tectonique des plaques. Il s'élève, depuis la vallée du Nil, jusqu'à une altitude de 610 m à l'est et se hérisse, le long de la côte de la mer Rouge, de pics abrupts et déchiquetés culminant à 2 135 m d'altitude. Région très peu habitée jusqu'à récemment, elle fait désormais l'objet d'un intense développement de villes touristiques sur les bords de la mer Rouge.

Le désert de Nubie

À l'extrême sud, le long de la frontière avec le Soudan, le désert de Nubie est une vaste région de dunes et de plaines de sable. Ses gisements d'or ont été longtemps exploités et permettaient d'alimenter le trésor des pharaons. Les nomades Bedjas y vivent avec leurs troupeaux. La région du triangle de Hala'ib est le lieu d'un contentieux géopolitique entre le Soudan et l'Égypte. Le Soudan le revendique mais, depuis 2000, le territoire est sous administration égyptienne.

Sinaï

Le Sinaï est une péninsule située géographiquement sur le continent asiatique. Encadré par les fosses tectoniques de Suez et d'Aqaba, la péninsule est rattachée au désert arabique par l'isthme de Suez. Le Sinaï est constitué, dans sa partie septentrionale, d'une étendue sablonneuse, qui se prolonge par un plateau central. Le sud de la péninsule est dominé par des montagnes rocailleuses culminant à 2 642 m avec le mont Sainte-Catherine. Si le Sinaï offre des paysages variés et magnifiques, il est également difficile d'accès pour des raisons sécuritaires.

NATURE

Les espèces animales emblématiques de l'Égypte pharaonique ont pour la plupart disparu. Toutefois, cela ne signifie pas que la faune égyptienne est pauvre. Certes, les crocodiles ne sont plus visibles sur le cours du Nil, et encore moins les babouins, les hippopotames et les lions, mais la faune y est encore riche. Si l'on en croit le nombre de plongeurs qui viennent admirer les eaux de la mer Rouge, la faune marine reste exceptionnelle à voir. Sur la route des migrations annuelles, plus de 430 espèces d'oiseaux peuplent l'Égypte. Ceux que vous croiserez le plus souvent sont les animaux domestiqués tels les ânes, les buffles et les chiens. Le Caire regorge également de chats des rues qui souvent causent la frayeur des passants, en sautant des poubelles. La multiplication des parcs nationaux et des réserves naturelles devrait aider le pays à maintenir sa faune sauvage, dont le voyageur ignore souvent l'existence.

Dans le désert et le Sinaï

- **Chacal doré.** Le chacal doré, très présent, de la taille d'un loup mais inoffensif, vit en meute.
- **Cobra à cou noir.** Cobra cracheur d'origine africaine, capable de cracher son venin à distance. Particulièrement dangereux.
- **Dromadaire.** Ne porte qu'une bosse qui contient de la graisse, dont il fait usage pour se nourrir lorsque la nourriture manque. La graisse peut être aussi transformée en eau (les 40 kg de graisse peuvent être transformés en plus de 40 litres d'eau). Le dromadaire peut ainsi marcher 8 jours en plein désert. Il était très courant en Égypte lorsqu'il était utilisé dans les caravanes marchandes.
- **Fennec.** De la famille des renards, possède de plus grandes oreilles. Typique des sables, où il est capable de se creuser une tanière en quelques secondes, ses oreilles lui sont utiles à repérer ses proies, mais surtout à dissiper la chaleur en surplus. Il est courant de les voir lorsque vous passez une nuit dans le désert.

© MICHEL VIARD - ISTOCKPHOTO.COM

Fennecs.

- **Gazelle dorcas.** Elle parvient à ne pas boire pendant de longues périodes et tire des plantes et de la rosée l'eau dont elle a besoin.
- **Gerbille.** Petit rongeur qui passe ses journées dans sa tanière et ne sort qu'après le coucher du soleil pour éviter la chaleur et les rapaces.
- **Scorpion.** Fréquent en Égypte, surtout très actif la nuit, il est difficile à repérer le jour parce qu'il est capable d'un mimétisme parfait sur le sable ou au milieu des cailloux.

Le long de la vallée du Nil

- **Crocodile.** Le crocodile du Nil n'a pas disparu. On le trouve encore, et en assez grand nombre, dans le lac Nasser… et dans des vivariums de Nubiens habitant Assouan. L'animal assure aux familles un gage de bonheur, sur la base de croyances anciennes.
- **Gamousse.** Introduit en Égypte au XVIIIe siècle, le buffle au pelage noir est utilisé pour les travaux des champs, pour tirer des charrues ou le *chadouf*. Le soir, il est de coutume que la gamousse prenne place au rez-de-chaussée de l'habitat traditionnel, apportant chaleur l'hiver.
- **Héron garde-bœufs.** Cet oiseau blanc à tête ronde niche en colonie dans les arbres et les buissons, le long du fleuve ou des lacs d'Égypte. Il est aussi appelé « l'ami des paysans » car on le voit très souvent dans les champs aux côtés des agriculteurs. Il se nourrit des parasites sur les gros animaux.
- **Huppe.** On l'appelle *houdhoud* en arabe, du cri qu'elle lance. Elle aime se promener dans les herbes coupées.
- **Perche du Nil.** Elle peut ressembler à un sandre. Sa capacité à se reproduire est telle qu'on l'a introduite jusqu'en Europe.

Deux crocodiles du Nil.

Poisson-chat. Le poisson-chat du Nil préfère les habitats marécageux, peu profonds, pauvres en oxygène. Parce qu'il aime les eaux boueuses, on croyait qu'il guidait le bateau solaire lorsqu'il naviguait la nuit sur le fleuve du monde.

Varan du Nil. Le varan du Nil adulte peut mesurer de 1,50 m à 2 m. Il ne pèse que 3 kg à 6 kg. On le distingue par son cou assez long. Son corps est d'une couleur vert-gris foncé et noir avec des taches et des lignes jaunes. Il est solitaire, sauf en période de reproduction. Il est carnivore et détritivore.

Dans les eaux de la mer Rouge

Barracuda. Poisson de forme allongé, aux dents redoutables. Claude François en parle dans *Alexandrie, Alexandra*.

Dugong. C'est une espèce menacée. Mammifère qui peut atteindre 3 m de long, et que l'on peut voir paresser, notamment à Quseir.

Mérou rouge. Gros poisson dont la robe rouge est tachetée de bleu ; il mène une vie paisible entre les rochers.

Murène grise. Poisson long et mince, ondulant, à la mâchoire dangereuse, qui aime se blottir dans les rochers en guettant sa proie.

Poisson-ange. Poisson particulièrement beau. Sa saveur à goût de corail en fait un mets difficile à manger. Attention, son opercule est muni d'une pointe aiguë.

Poisson-clown. Parmi le plus connu des poissons, il est souvent à proximité d'une anémone de mer avec laquelle il forme une symbiose parfaite, l'un protégeant l'autre. Sa robe est orange, rayée de blanc.

Poisson-perroquet. Ce poisson herbivore mange des algues et du corail qu'il peut broyer avec ses mâchoires puissantes. De couleur bleu profond, il peut atteindre 60 cm. Sa robe est bleue.

Raie manta. Cette raie particulièrement rare pèse environ 1 360 kg. Elle mesure de 3 à 6 m. Sa robe est bleu foncé sur le dos et d'habitude blanche sur le ventre.

Requin. On trouve des requins-marteaux, des requins blancs et des requins-léopards en mer Rouge. La prudence veut qu'on ne bouge pas en sa présence.

Tortue imbriquée. Espèce protégée en voie d'extinction. Cinq cents tortues imbriquées seulement pondent, chaque année, en Égypte.

La flore

Pays du roseau et du lotus qui symbolisaient la Haute et Basse-Égypte, le pays, par les eaux du Nil qui le baignent, présente au voyageur une flore assez diversifiée.

Le paysage égyptien est marqué par ses hauts palmiers, ses sycomores et ses sombres manguiers. Louxor et Assouan sont particulièrement propices à l'observation d'essences florales multiples. Aux couleurs éclatantes s'allient les parfums enivrants des jasmins et frangipaniers.

Henné (*Lawsonia inermis*) : lythracée. Arbuste de 2 à 3 m, parfois épineux quand il est âgé. Écorce blanchâtre. Feuilles persistantes, ovales. Fleurs blanches ou roses disposées en grappes, à l'odeur suave. On utilise les feuilles qui colorent en orange roux depuis la Haute Antiquité. On a retrouvé des momies dont les ongles étaient teintés de henné. Cela se pratique encore aujourd'hui, lors de la cérémonie du mariage notamment.

Tamarinier (*Tamarindus indica*) : légumineuse. Arbre de 15 m de haut. Feuilles pennées à nombreuses folioles vert pâle. Fleurs jaunes veinées de rouge, disposées en grappes. Fruit marron, en gousse de 15 cm. À l'intérieur, les graines sont entourées d'une pulpe acidulée aux propriétés laxatives, antiscorbutiques et utilisée contre l'hypertension. On en tire une boisson très appréciée, appelé *tamar hindi*, consommée notamment durant le mois de Ramadan.

Papyrus (*Cyperus papyrus*) : roseau pouvant atteindre 4 m de haut, dont la tige est triangulaire et l'inflorescence filamenteuse. Les jeunes tiges et les rhizomes étaient consommés grillés sur le feu. Appliqué sur les blessures, il accélérait la cicatrisation.

Sésame (*Sesamumindicum*) : petite herbe annuelle dont la tige est triangulaire, les feuilles lancéolées et les fleurs grandes et blanches. Le sésame entre dans la préparation de plusieurs plats et pains en Égypte. Une huile en est extraite ainsi qu'une pâte, la *tahina*, utilisée en pâtisserie notamment dans le *halwa*.

Canne à sucre (*Saccharum*) : poaceae. Grande graminée d'une hauteur allant de 2,5 à 6 m. Tiges pleines d'un diamètre de 1,5 à 6 cm. Feuilles alternes réparties en deux files opposées. Cultivée principalement en Haute-Égypte, elle sert à la production de sucre. Fréquemment consommée en jus.

Frangipanier (*Plumeria acutifolia*) : apocynacée. Petit arbre à feuilles caduques, atteignant 6 m de haut, à rameaux épais et ramifiés deux par deux. Fleurs odorantes, pétales blancs étalés en étoile, apparaissant de juin à septembre. Il est très implanté dans les régions tropicales.

Palmier dattier (*Phoenix dactylifera*) : palmacée. Vigoureux palmier atteignant 30 m de haut. Feuilles pennées légèrement bleutées. Les dattes en sont le fruit. D'abord jaunes lorsqu'elles sont fraîches, elles brunissent avec le temps. Cet arbre est d'une importance économique irremplaçable dans les régions désertiques.

Palmier doum d'Égypte (*Hyphaene thebaica*) : palmacée. Palmier à tronc souvent ramifié, atteignant 10 m de haut. Feuilles raides, dressées, en éventail, de couleur vert bleu. Fruit ovale orangé, à saveur de pain d'épice. On en trouve beaucoup dans la plantation du wadi Dom, au sud d'Aïn Sokhna.

Bananier (*Musa acuminata*) : musacée. 1,50 à 3 m, de forme caractéristique, avec ses longues feuilles vert clair. Les fleurs sont entourées d'une grande écaille violette. Le bananier n'est pas un arbre, mais une plante herbacée, qui meurt quand le régime de bananes est mûr. Il se reproduit par tiges souterraines. Il en existe des centaines de variétés.

Caroubier (*Ceratonia siliqua*). Arbre à feuilles persistantes pouvant atteindre 4 m de haut. Les feuilles sont composées, épaisses, ovales et vernissées. Les fruits sont des grosses gousses brunes de 20 cm de longueur. On en fait des boissons. Les graines étaient utilisées comme unité de mesure : un karat est le poids d'une graine de caroubier.

Figuier commun (*Ficus carica*). Arbuste à feuilles caduques, à bois souple. Feuilles épaisses, ovales avec trois lobes. Il donne des fruits deux fois par an, en été et en automne. Les figues étaient liées aux déesses : on les trouve très souvent sur les tables d'offrandes avec le sycomore. La figue est mentionnée dans les *Textes des pyramides*. On en fait une liqueur : l'arak.

Flamboyant (*Delonix regia*) : légumineuse. Il atteint 15 m de haut, ses branches sont largement étalées. Feuilles caduques, finement découpées, ressemblant à celles d'une fougère. Magnifiques fleurs écarlates, disposées en grappes, apparaissant en avril, quand l'arbre est dénudé de ses feuilles. Fruits en très longues gousses aplaties, de 45 cm de longueur.

Grenadier (*Punica granatum*) : punicacée. Arbuste ou petit arbre de 6 m de haut, parfois épineux. Feuilles caduques, allongées, vert foncé, brillantes. Fleurs rouges, apparaissant en même temps que les premières feuilles. Le fruit est utilisé pour son jus et en mélasse dans la cuisine. Dans la poésie amoureuse de l'Égypte ancienne, les grenades figuraient la poitrine des femmes.

Jacaranda (*Jacaranda mimosifolia*) : bignoniacée. Arbre de taille moyenne, de 15 à 20 cm de haut, à large couronne aérée. Les feuilles, très découpées comme celles d'une fougère, tombent à la fin du printemps. Ensuite vient la floraison constituée de grosses grappes pyramidales de fleurs en clochettes bleu lavande. Fruits aplatis, ressemblant à des castagnettes.

Manguier (*Mangifera indica*) : anacardiacée. Grand arbre de 18 à 30 m de haut, à cime étalée. Feuilles vert foncé, luisantes et allongées. Le manguier fut importé en Égypte au XIXe siècle. Il est aujourd'hui implanté dans tout le pays. Les mangues de Ismaïlia se distinguent par leur goût particulièrement sucré. Ses multiples variétés sont très appréciées des Égyptiens.

Sycomore (*Ficus sycomorus*). Grand arbre à feuilles persistantes, pouvant atteindre 15 m de haut, très résistant à la sécheresse. Ses branches et ses feuilles forment une couronne majestueuse et sphérique. La déesse Hathor était appelée la dame du sycomore. Son bois était utilisé pour fabriquer des sarcophages.

CLIMAT

L'Égypte est un pays étendu et connaît donc des variations sensibles de climat en fonction des endroits et des saisons. Le climat égyptien est, comparé à nos contrées tempérées, beaucoup plus instable. À l'exception de la côte méditerranéenne en hiver, le pays bénéficie d'un climat sec agréable et la pluie y est rare, voire presque inconnue, en Haute-Égypte par exemple. Les tempêtes, fréquentes à Alexandrie durant l'hiver, sont toutefois très rares le long de la vallée du Nil. Toutefois, les pluies peuvent paralyser le pays qui n'est pas équipé pour cette éventualité. L'été est brûlant, dans tout le pays ! Si vous êtes effrayé par les chaleurs intenses, évitez les visites entre juin et septembre, les températures peuvent atteindre des niveaux assommants. La période la plus agréable pour aller en Égypte, quelle que soit la destination et surtout si vous en avez la possibilité, se situe de fin septembre à mai.

Les quatre saisons

Le pays peut être divisé en quatre zones aux climats sensiblement différents. La côte nord bénéficie du climat méditerranéen classique. Les étés y sont chauds et humides et les tempêtes et la pluie rythment les hivers. Le climat désertique prévaut évidemment sur les grandes étendues à l'est et à l'ouest de la vallée du Nil et sur les oasis qui parsèment les déserts. Celle-ci bénéficie également du climat désertique mais la présence du fleuve et de ses berges gorgées d'eaux augmente l'humidité et la fraîcheur du climat. Les rives de la mer Rouge sont également désertiques mais les vents y sont souvent forts et de fortes tempêtes frappent parfois, notamment les montages du Sinaï. L'usage d'épaisses briques de terre crue permettait aux habitants de se protéger à la fois des intenses chaleurs de l'été et des nuits hivernales particulièrement froides. Toutefois, depuis le XXe siècle, ces techniques de construction sont remplacées par les briques cuites et le ciment et les nouveaux bâtiments se transforment rapidement en four l'été et l'on peut y avoir très froid l'hiver !

- **L'automne** en Égypte est très agréable avec des températures entre 25 et 35 °C sur tout le territoire, un ensoleillement quasiment ininterrompu et très peu de précipitations. Si les journées peuvent être chaudes dans le sud du pays, les nuits sont très agréables ! Après le long et brûlant été, c'est également un vrai retour à la vie pour le pays tout entier !
- **L'hiver** (de mi-décembre à fin février) est très agréable en Haute-Égypte que le soleil ne quitte jamais et où les températures en journée sont comprises entre 25°C et 30 °C. Il faut toutefois se méfier des nuits qui peuvent être très fraîches. Alexandrie et la côte méditerranéenne sont arrosées par des tempêtes régulières qui apportent des températures fraîches. Toutefois les précipitations restent inférieures à la Côte d'Azur en France. Les nuits dans le désert sont parfois glaciales. Au Caire, il convient de prévoir des vêtements chauds, d'autant plus que les chauffages sont pratiquement inexistants.

DÉCOUVRIR

Tempête à Alexandrie.

Tempête de sable aux Pyramides.

Le printemps est une saison assez instable et qui dure peu. Si les températures peuvent être agréables, on est souvent surpris par des pics de chaleur ou des pluies torrentielles à Alexandrie. C'est également la saison du *khamsin*, un vent de sable qui parcourt le pays deux à trois fois par saison. Son nom signifie « cinquante » car il est censé souffler par intermittence pendant 50 jours. Il était symbolisé par Seth durant la période antique et fut souvent une calamité pour les armées étrangères, que ce soit les Français en 1798 ou les Allemands et les alliés durant la Seconde Guerre mondiale. Il se caractérise souvent par un ciel orangé et une atmosphère lourde et chargée en poussière mais peut parfois se transformer en vraie tempête de sable, empêchant les activités extérieures pour plusieurs heures.

L'été en Égypte est brûlant. Les températures caniculaires sont la norme et nécessitent des précautions lors des visites : démarrer tôt le matin et faire une pause en milieu de journée pour éviter les heures les plus chaudes. En Haute-Égypte, les températures sont souvent insupportables, atteignant les 50 °C. Il faudra donc bien faire attention lors des visites de temples ! Le Nord et Alexandrie sont moins chauds mais très humides. De très nombreux Égyptiens essayent alors de passer le plus de temps possible au bord de la mer, sur la côte nord ou dans le Sinaï.

Précipitations

Si la pluie reste très rare, les épisodes pluvieux se font de plus en plus réguliers ces dernières années, notamment en hiver et au début du printemps. Presque inconnue durant l'Antiquité, elle était même interprétée comme un mauvais présage par les Égyptiens. Au Caire, la pluie est tout de même plus rare. Elle est rarissime en Haute-Égypte (1 mm par an), mais peut avoir des conséquences désastreuses. Des épisodes de pluies violentes ont entraîné des crues soudaines dans les montagnes aux alentours. Certaines ont endommagé des tombes de la vallée des Rois et des habitants témoignent de cimetières ravagés et de corps déterrés par des pluies particulièrement violentes dans les années 1980. Si par malheur il en tombait beaucoup, soyez prudent, car les Égyptiens ne sont guère équipés contre les méfaits occasionnés par la pluie. Le Caire notamment peut être parfois totalement paralysé par des pluies intenses mais très courtes. Les Cairotes déploient alors des trésors d'ingéniosité pour se rendre au travail ou pour aller faire des courses.

Hygrométrie

L'Égypte bénéficie d'un climat désertique sur la plupart de son territoire, caractérisé par un climat sec. Toutefois les taux hygrométriques varient fortement en fonction des régions. La côte méditerranéenne est particulièrement humide en hiver mais surtout en été. L'humidité au Caire peut parfois être étouffante, notamment l'été lorsqu'elle est combinée à la chaleur et à la pollution. En Haute-Égypte et dans le désert, le climat est toujours très sec.

Température de l'eau

De janvier à avril, l'eau de la mer est environ à 20 °C. À partir de mai, la température augmente pour atteindre 26 °C, entre juillet et septembre, voire jusqu'à octobre. La mer Méditerranée est sujette à des variations de température plus importantes que la mer Rouge. Cette dernière étant l'une des mers les plus chaudes au monde, il est assez rare que l'eau soit trop froide pour s'y baigner. La température moyenne en hiver ne descend pas en dessous de 22 °C.

ENVIRONNEMENT

Une palette de milieux naturels remarquables s'offre au voyageur en partance pour l'Égypte : la vallée du Nil, qui abrite l'ensemble des terres fertiles, les déserts, qui représentent 94 % du territoire, et les littoraux. Chacun recèle une biodiversité exceptionnelle mais extrêmement menacée. Dans le collimateur, les activités humaines, dont le tourisme. Si l'ibis sacré et les champs de papyrus, symboles de l'Égypte ancienne, ont disparu depuis longtemps, le visiteur pourra cependant découvrir au sein d'aires protégées, des espèces rares et endémiques. Il devra également se préparer à affronter une autre réalité, celle d'une pollution bien visible : déchets le long de la vallée du Nil, fumées dans le ciel des villes. Le pays doit encore relever tout un florilège de défis pour se « verdir » et traiter les questions de pollution de l'air, du sol et de l'eau. Au rang des bonnes nouvelles, le Gouvernorat de la mer Rouge a interdit en 2019 l'utilisation de plastique à usage unique.

Parcs nationaux et espaces protégés

Le Parc national de Ras Mohammed. Que vous soyez naturaliste passionné, ou simple observateur épris de beauté, la visite ce parc est simplement incontournable. Situé dans l'extrême-sud de la péninsule du Sinaï, à environ 25 km de la station balnéaire de Charm el-Cheikh, il a pour objet la protection de trois écosystèmes remarquables : désert, mangrove et milieu marin. Préservé de toute construction, c'est d'abord un panorama exceptionnel sur la mer Rouge qui s'offrira à vous. Chaque milieu naturel abrite une biodiversité unique et fragile, qui appelle des comportements respectueux de la part du visiteur. Plongeur, vous pourrez admirer en toute quiétude les trésors des fonds marins : murènes, tortues vertes ou imbriquées, mais aussi plus de 1 000 espèces de poissons, 40 espèces d'étoiles de mer, et une diversité corallienne parmi les plus riches du monde. Les grands mammifères marins (requins) peuvent quant à eux s'observer depuis la falaise de Shark Observatory. Le site est aussi un point d'étapes des oiseaux migrateurs et vous pourrez y admirer, selon la saison, des hérons et cigognes blanches en route vers l'Afrique, mais également des espèces qui vivent toute l'année dans le parc. Botanistes, n'oubliez pas la zone des mangroves, ses palmiers et acacias mais aussi toute la caractéristique de ce milieu humide.

Le Parc national de Wadi El-Gemal. Signifiant « vallée des chameaux, il s'agit d'une réserve naturelle, classée parc national en 2003, et située dans le sud du désert oriental égyptien, entre Nil et mer Rouge. Culminant avec le « Mont des Émeraudes » (Gebel Hamata) à 1 977 mètres d'altitude, le parc est constitué de dunes et de roches, mais sa frange côtière, le long de la mer Rouge, abrite lagunes, mangroves, îles et massifs coralliens.

DÉCOUVRIR

© MOHAMED RAMEZ - SHUTTERSTOCK.COM

Mangrove au parc national de Wadi el Gamal.

Un centre d'accueil ou des visites peuvent vous aider dans la découverte de ce « hot spot de biodiversité », et également vous présenter les aspects ethnographiques du parc, liés aux modes de vie des populations nomades (qui utilisèrent notamment toute une pharmacopée liée aux plantes médicinales locales).

D'autres espaces naturels remarquables font l'objet d'une protection en Égypte. On évoquera ainsi la réserve de la Biosphère d'Omayed, située dans le désert côtier, à l'ouest d'Alexandrie, les dunes côtières de Ras El Hekma, l'oasis de Siwa, le golfe de Sollum, l'aire protégée de Nabq.

Les Zones importantes pour les plantes (ZIP)

Il s'agit d'un réseau de sites, porté par un programme mondial, visant l'identification et la protection des plantes. L'Égypte compte 21 ZIP. Parmi elles, on citera le massif de Sainte-Catherine qui présente la plus grande variété floristique du pays, avec près de 500 espèces et 50 % de la flore endémique du pays.

Des sujets environnementaux sensibles : biodiversité,eau, air et déchets

Si la situation géographique de l'Égypte lui confère des ressources naturelles et une biodiversité exceptionnelle, celles-ci font l'objet de nombreuses pressions liées aux activités humaines. Une prise de conscience des conséquences environnementales et sanitaires de la dégradation des milieux, et de la perte de la biodiversité a bien eu lieu. L'Égypte a ainsi accueilli en 2018 à Charm el-Cheikh le Sommet de l'ONU sur la Nature et la Culture. Depuis 2003, le pays a également mis en place un plan d'action national en environnement (PANE). De nombreux efforts restent cependant à faire, notamment sur la gestion de l'eau, la qualité de l'air et les déchets.

Enjeux environnementaux et sanitaires en vallée du Nil

La vallée du Nil abrite les terres fertiles du pays. La concentration de la population et les activités humaines affectent grandement les ressources et la qualité des milieux. Les prélèvements d'eau pour l'agriculture sont importants et aggravés par le phénomène d'évaporation. Les activités humaines (agriculture, industrie, et résidentielles) émettent des effluents aqueux qui contribuent à la pollution des eaux du fleuve. D'autre part, la construction du haut barrage d'Assouan induit des impacts environnementaux importants. Mis en service dans les années 1960-1970, il résulte d'une volonté de maîtriser les crues du Nil et de faciliter l'agriculture et l'irrigation des terres. La contrepartie, c'est qu'en réduisant le débit du fleuve, il a diminué le volume de sédiments jusque dans le delta, favorisant l'appauvrissement nutritif des terres et l'érosion, justifiant par là une utilisation accrue des intrants pour l'agriculture, ce qui induit une charge en polluant plus importante dans les eaux et les terres. La salinisation du Nil et la remontée des nappes phréatiques, l'apparition d'espèces invasives liée aux échanges d'eau entre mer Méditerranée et mer Rouge, résultent également de la construction du barrage. Un autre point est la surconsomma-

Sycamores figuiers au mont Saint-Catherine.

tion de l'eau. L'urbanisation et l'accroissement démographique rendent ces enjeux encore plus cruciaux.

Biodiversité : chasse, pêche et tourisme

La chasse et la surpêche sont responsables de la disparition d'espèces ou de leur mise en péril. Ainsi les déserts du pays, autrefois peuplés de grands mammifères ont vu leur population de guépards, léopards ou hyènes rayées diminuer de manière alarmante. L'ensemble des activités humaines menace la biodiversité, en détruisant les milieux naturels (constructions, agriculture, surpâturage), mais aussi par une pollution diffuse, notamment des eaux et des sols (effluents aqueux plus ou moins traités se rejetant dans les rivières, notamment le Nil, puis les mers). La pollution de l'air est également très prégnante et nocive (émissions atmosphériques issues de l'industrie, de l'agriculture, du brûlage des déchets et des activités résidentielles, dont le chauffage et les transports). Le tourisme a également sa part de responsabilité, puisqu'il exerce à la fois des pressions sur le milieu et les ressources (urbanisation des zones littorales notamment, consommation d'eau) et engendre des pollutions. On ne saurait trop enjoindre les visiteurs à adopter un comportement responsable durant leur séjour : modération des consommations d'eau et d'énergie, tri des déchets, etc.

Crèmes solaires et blanchiments des coraux

Saviez-vous que certains gestes peuvent contribuer à la mise en danger des coraux ? En effet, les filtres chimiques présents dans certaines crèmes solaires contiennent des agents toxiques responsables du blanchiment et donc, à terme, de la mort des coraux. Dans certaines régions, des réglementations visent à bannir l'utilisation de ces produits. Pas de panique, des alternatives existent, protection vestimentaire ou produit solaire excluant les composés nocifs pour l'environnement. Avis aux consom'acteurs !

Villes : des efforts à conduire sur tous les fronts et notamment la qualité de l'air

Ce qui surprend le visiteur en arrivant dans les villes et principalement au Caire, c'est une pollution bien perceptible par la vue et l'odorat : la pollution de l'air forme ainsi un couvert parfois épais sur la capitale égyptienne où les taux de polluants (particules, plomb, dioxyde d'azote et de soufre, CO_2) dépassent plus que largement les valeurs recommandées par l'Organisation mondiale de la santé. La pollution atmosphérique serait responsable de 20 000 décès par an au Caire. Elle est due principalement au trafic routier, aux activités industrielles et au brûlage de déchets dont certains d'origine agricole, comme les pailles de riz. Au voyageur sensible aux maladies respiratoires, on déconseillera de sillonner la ville le long des grands axes routiers, ou lors d'épisodes de grande chaleur. La pollution atteint également le sol (associé à une gestion déficiente des déchets) et l'eau (suspicion de contamination au mercure). Au Caire, l'une des villes les plus polluées du monde, ce sont des monticules de déchets qui jonchent les rues de la ville.

Des actions… et des efforts à poursuivre

▸ **Gestion des déchets.** En matière de gestion des déchets, la municipalité du Caire a lancé une action visant à favoriser le recyclage. Il s'agit de points de collecte permettant aux habitants de déposer certains déchets valorisables, contenant des métaux (aluminium, cuivre, fer) contre une rémunération immédiate. Cette démarche incitative semble bien fonctionner et les kiosques à déchets installés en ville permettent à la fois un complément de revenus aux habitants et l'amélioration de la collecte des déchets. Avec l'aide de bailleurs internationaux, un centre d'enfouissement des déchets industriels a été construit, afin d'apporter une solution concrète à l'entreposage de déchets de manière anarchique ou au brûlage de ceux-ci à l'air libre. Les bateaux de croisière gardent désormais leurs déchets – au lieu d'augmenter le volume des décharges sauvages – avant de les envoyer dans des filières de traitement.

▸ **Qualité de l'air.** Poumons sensibles s'abstenir : la qualité de l'air, autre sujet plus qu'alarmant fait aussi l'objet de mesures, telles que la suppression de l'essence contenant du plomb et le développement de véhicules fonctionnement au gaz (en lien avec la découverte récente de gisements gaziers). Des programmes d'actions internationaux et des exigences au niveau national se mettent en place pour réduire les émissions polluantes industrielles, mais beaucoup d'efforts restent encore à faire pour atteindre une qualité de l'air acceptable. Que cela ne vous fasse pas passer votre chemin. On trouve aussi des îlots de verdure dans les villes, pour qui sait sortir des sentiers battus et écouter les habitants. Précisément, c'est bien dans la rencontre de l'Autre que se trouve une certaine « qualité environnementale », comme le célébra le cinéaste Youssef Chahine. Dans le documentaire *Le Caire*, celui-ci déclare ainsi : « J'aime Le Caire. Si profondément, que quand on me pose la question "comment", je me trouve cherchant les mots […], tu vois, moi, c'est les gens que j'aime. Pas les pierres. »

HISTOIRE

L'Histoire de l'Égypte marque de son empreinte l'imaginaire des voyageurs qui s'y rendent depuis des millénaires. Des témoignages de visiteurs nous parviennent déjà du Ve siècle av. J.-C. Hérodote notamment nous livre une des premières descriptions du pays et de ses monuments. L'expédition de Bonaparte en 1798, et sa Description de l'Égypte, marquent le début de l'égyptomanie moderne. La naissance simultanée de l'égyptologie et de l'orientalisme européen combine la fascination pour les trésors de l'Égypte antique et celle pour un Orient imaginaire, essentialisé. Cet Orient mystérieux et sensuel devient alors un thème récurrent de la littérature et de la peinture occidentales. Or quel endroit plus indiqué que Le Caire, joyau du monde islamique et véritable ville des *Mille et Une Nuits*, pour se laisser aller à la rêverie ? Loin des fantasmes, nous reviendrons ici sur les épisodes et les personnages qui ont façonné le pays.

8000 AV. J.-C. - 3175 AV. J.-C.

Poussés par la désertification de ce qui est désormais le Sahara, les humains migrent vers les terres fertiles du Nil et du Delta. Les premières structures néolithiques apparaissent dans le Fayoum et dans le delta où l'agriculture et l'élevage prospèrent. C'est la période prédynastique. À la fin de celle-ci l'Égypte est divisée en deux royaumes : la Haute et la Basse-Égypte.

3150 AV. J.-C

Les deux royaumes sont unifiés sous le règne du roi Narmer, fondateur de la Ire dynastie. Memphis est fondée à la jonction des deux royaumes, elle restera une ville majeure du pays jusqu'à l'avènement d'Alexandrie au IVe siècle av. J.-C. Le cœur de l'État égyptien prend forme : le Delta, la vallée du Nil jusqu'à la première cataracte au sud. À l'est, ce qui est désormais le désert du Néguev, et à l'ouest les étendues arides du Sahara. Le royaume des pharaons s'agrandira parfois vers le sud (la Nubie, le pays de Koush) et vers l'est (le Levant jusqu'à l'actuelle Turquie) mais seulement provisoirement.

2691-2625 AV. J.-C.

Règne de Djéser/Djoser, premier roi de la IIIe dynastie et de l'Ancien Empire. Construction de la pyramide à degrés de Saqqarah. Début de la période des pyramides.

2700-2200 AV. J.-C.

La période de l'Ancien Empire où se forment les caractéristiques de la civilisation égyptienne, est souvent considérée comme son âge d'or. Les canons de l'art égyptien prennent forme et l'architecture monumentale atteint des sommets avec les pyramides de Gizeh. La pyramide de Khéops, construite vers -2560, restera la construction humaine la plus haute jusqu'au XIVe siècle ! L'administration se met en place. Des centres religieux dédiés aux différentes divinités du panthéon égyptien se forment dans tout le pays. Cette organisation va durer près de trois millénaires !

2200-2030 AV. J.-C.

Première Période intermédiaire. Délitement du pouvoir central au profit de l'influence grandissante des gouverneurs locaux.

2065-1735 AV. J.-C.

Originaire de Thèbes, Montouhotep II réunifie le pays. Début du Moyen Empire. Thèbes émerge comme centre spirituel et politique. Début des sépultures creusées dans la roche à Thèbes. Intensification des relations avec le Proche-Orient. Expéditions militaires contre la Nubie.

1735-~
1580
AV.
J.-C.

Deuxième Période intermédiaire. Contrôle du pays par un peuple étranger : les Hyksos.

© SOCHA - ISTOCKPHOTO.COM

Hiéroglyphes représentant des Hyksôs prisonniers lors de leur expulsion.

1550-~
1351
AV.
J.-C.

Victoire d'Ahmôsis Ier sur les Hyksos. Début du Nouvel Empire et la XVIIIe dynastie, considérée comme la plus glorieuse de l'Égypte antique. Apogée territorial sous Thoutmôsis III. De magnifiques temples et palais sont construits, notamment à Thèbes et sur la rive ouest du Nil. Le règne d'Hatchepsout, une des rares femmes pharaons, est marqué par les conquêtes qu'elle mène en Syrie et en Nubie et par son « Temple des millions d'années » sur la rive ouest de Thèbes. Amenhotep III construit le temple de Louxor. Les magnifiques monuments témoignent du faste de cette époque et de la puissance de ses dirigeants.

© SYLVAIN GRANDADAM

Musée de Louxor, haut-relief calcaire représentant le pharaon Thoutmôsis III.

Akhénaton (règne 1353-1336)

Fils d'Amenhotep III, il lui succède vers -1355 sous le nom d'Amenhotep IV. Rapidement, il rend public sa vénération d'un nouveau dieu, Aton. Il abandonne le culte des dieux traditionnels et surtout, d'Amon, dieu majeur du panthéon égyptien. Les arts se transforment fortement sous son règne. La représentation du pharaon lui-même est particulièrement fascinante : ses formes androgynes et la représentation de son visage est en rupture totale avec la tradition égyptienne. Néfertiti, sa femme, a probablement joui d'un grand pouvoir et est connue du grand public par son magnifique buste exposé à Berlin. Si les historiens sont partagés sur son règne, ses successeurs le sont moins. Son nom et son image sont martelés, effacés de l'histoire. Considéré comme hérétique, sa tombe, son sarcophage et sa momie seront saccagés. Le culte d'Amon est rétabli.

© AKIMOV KONSTANTIN - SHUTTERSTOCK.COM

Représentation du pharaon Akhénaton.

1296-1186 AV. J.-C.

Prise de pouvoir de Ramsès Ier, début de la glorieuse XIXe dynastie. Le centre du pouvoir se déplace vers l'est du Delta d'où est originaire la dynastie. Création de Pi-Ramsès, nouvelle capitale pour un pharaon mythique : Ramsès II. Son règne de 66 ans est marqué par un nombre de constructions incroyables ! Agrandissement du temple de Karnak, nombreux temples le long du Nil et bien sûr, les extraordinaires temples d'Abu Simbel dédiés à lui-même et à Néfertari, son épouse principale. Il fortifie l'emprise égyptienne au sud par l'affirmation de sa présence en Nubie et à l'est avec les campagnes au Proche-Orient et le traité de Qadesh conclu avec les Hittites.

© AUTHOR'S IMAGE

Temple de Louxor, statue de Ramsès II.

DÉCOUVRIR

1186-1069 AV. J.-C.

XXe dynastie et fin du Nouvel Empire, marquée par le règne des Ramessides (de Ramsès III à Ramsès XI). Leurs règnes marquent l'effritement du pouvoir royal et les pertes progressives des conquêtes égyptiennes. L'insécurité gagne la région thébaine, et la Vallée des Rois est pour la première fois victime de pillages de masse.

1069-664 AV. J.-C.

Troisième Période intermédiaire, division du pays.

664-332 AV. J.-C.

Basse Époque

Le pays est réunifié mais soumis à plusieurs vagues d'invasions, l'instabilité devient chronique. Les Nubiens conquièrent le pays. Ils sont repoussés au sud par les Assyriens et les Égyptiens reprennent le contrôle du pays. L'Égypte est conquise par les Perses achéménides à deux reprises entre -525 et -332. Cette Basse Époque est une période sombre pour l'Égypte mais il est intéressant de noter que tous les envahisseurs adoptent les traditions égyptiennes et n'imposent pas de rupture religieuse ou culturelle au pays. Ceci est un signe du pouvoir symbolique que conserve l'Égypte.

332 AV. J.-C.

Conquête de l'Égypte par Alexandre le Grand

Alexandrie, la ville qu'il fonde à l'ouest du Delta, devient le centre politique du pays. C'est ici que son corps est rapporté de Babylone après sa mort.

© RAYMOND ALBERT - SHUTTERSTOCK.COM

Statue d'Alexandre le Grand à Alexandrie.

323 AV. J.-C. Avènement de la dynastie lagide fondée par Ptolémée, général d'Alexandre. Âge d'or d'Alexandrie, construction du phare et de la bibliothèque. La ville est le centre intellectuel du monde antique et de nombreux savants y résident : Archimède, Euclide et Ératosthène notamment.

© WIKIMEDIA COMMONS

Buste de Ptolémée Ier.

30 AV. J.-C. Défaite de Cléopâtre VII et de Marc-Antoine à la bataille d'Actium. L'Égypte devient une province romaine. Mort de Cléopâtre, dernier pharaon d'Égypte.

40 Fondation supposée de l'Église d'Alexandrie par l'évangéliste Marc.

50-150 Période de prospérité en Égypte. Fondation par l'empereur Hadrien de Antinoupolis du nom de son amant Antinoüs, mort noyé dans les eaux du fleuve. Période des magnifiques portraits funéraires dits de Fayoum.

180 Alexandrie devient un centre important de la chrétienté avec la création de l'école théologique d'Alexandrie.

391 Destruction du Serapeum et de tous les temples païens d'Alexandrie par Théodose Ier. Celui-ci s'efforce d'affaiblir le paganisme au profit du christianisme.

395 Mort de Théodose et division de l'Empire romain. L'Égypte appartient désormais à l'Empire d'Orient, ou Empire byzantin.

451 Naissance de l'Église copte orthodoxe suite au concile de Chalcédoine.

530 Fermeture définitive du temple d'Isis.

619-629 L'Égypte est contrôlée par les Perses sassanides.

641 Conquête arabe par Amr Ibn el As. Fondation de Fostat qui préfigure Le Caire et qui s'organise autour de la mosquée de Amr, première mosquée construite sur le continent africain. La conquête – facile – est aidée par les populations locales coptes, en conflit ouvert avec les Byzantins.

© GEORGEATEF - SHUTTERSTOCK.COM

La mosquée d'Amr Ibn el As a été restaurée au XVIIIe siècle.

661-750 Règnes des **Omeyyades** qui gouvernent depuis Damas. Lente islamisation du pays, la langue arabe s'impose petit à petit comme langue de gouvernement et de communication. Révoltes coptes contre les taxations nouvelles.

750-868 **Les Abbassides** prennent le pouvoir. Bagdad, leur capitale, devient le centre politique et intellectuel du monde musulman. L'Égypte est en marge de ce monde et ne tient pas encore un rôle déterminant. C'est vraisemblablement au IXe siècle que la population musulmane surpasse en nombre la population chrétienne.

868 Prise de pouvoir par **Ahmad Ibn Tulun,** mercenaire turc. Fondation de sa dynastie, indépendante du pouvoir abbasside. Elle préfigure la perte d'autorité des Abbassides au profit des mercenaires turcs qu'Ahmad Ibn Tulun utilise pour sa protection et ses campagnes militaires. De cette période reste la mosquée d'Ibn Tulun au Caire, à l'architecture unique et au minaret si particulier.

© 1360CODE - ISTOCKPHOTO.COM

La mosquée Ibn Touloun et son minaret.

DÉCOUVRIR

969 L'Égypte est conquise par **les Fatimides**, venus d'Ifriqiyya (actuelle Tunisie). Dynastie chiite qui gouverne un État qui s'étend sur une très grande partie de l'Afrique du Nord, sur le Proche-Orient ainsi que sur une partie de la péninsule arabique, le long de la mer Rouge. L'Égypte est désormais indépendante du califat abbasside.

970 Fondation du Caire par les Fatimides, au nord de Fostat. Le Caire et l'Égypte deviennent le centre culturel et politique du monde islamique. Le Caire est alors le siège du pouvoir fatimide chiite. Les Égyptiens, en majorité sunnites, habitent surtout la ville de Fostat, très proche.

972 Fondation de l'université d'El Azhar et de sa mosquée. Centre religieux chiite sous les Fatimides, elle deviendra l'une des institutions de savoir théologique sunnite les plus importantes du monde islamique.

1171 Saladin s'empare du pouvoir et instaure sa propre dynastie, les Ayyoubides. L'Égypte revient sous le giron abbasside. Construction de la Citadelle. Guerres contre les croisés qui ravagent le Proche-Orient. Reconquête de Jérusalem en 1187.

(?-1257)

Shajar Ed Dur

Shajar Ed-Dur est une esclave d'origine turque ou arménienne au destin unique ! Devenue la favorite puis la femme d'un des derniers sultans ayyoubides, Al Salih Ayyoub, elle va avoir un rôle déterminant dans le destin du pays. Son mari meurt alors que le pays est attaqué par la Septième Croisade. Les Francs, menés par Louis IX (futur Saint Louis) ont capturé Damiette et s'approchent de Mansourah. Shajar Ed Dur cache la mort du sultan pour permettre à son héritier, Turanshah, de prendre le trône sans conflit. Après l'assassinat de Turanshah, la dynastie des Ayyoubides prend fin. Les Mamelouks qui contrôlent désormais le pays, la nomment sultane et commandeure des croyants. Toutefois, les Abbassides refusent de reconnaître sa souveraineté et c'est le Mamelouk Aybak qui prendra le pouvoir. Shajar Ed Dur l'épouse, mais ses ambitions sont intactes. Après 7 ans de règne, elle fait assassiner le premier sultan Mamelouk mais elle est à son tour assassinée par son successeur.

1250 Les Mamelouks prennent le pouvoir. Grands bâtisseurs, ils agrandissent la ville considérablement et construisent de nombreuses mosquées et madrasas. L'Égypte s'impose comme centre politique et intellectuel du monde islamique, spécialement après les invasions mongoles et le sac de Bagdad en 1258. La première dynastie à régner sur l'Égypte sont les Mamelouks bahrites, d'origine turque kiptchaque.

1260-1277

Règne du sultan Baybars Ier. Il sauve l'Égypte mamelouk des périls croisé et mongol. Fin diplomate, il noue des relations amicales avec la Horde d'or. Il est le personnage d'un roman épique traditionnel très populaire dans toute la région.

© BODA ART WORKS - SHUTTERSTOCK.COM

Buste de Baybars dans la citadelle du Caire.

3 SEPTEMBRE 1260

Bataille de Ain Jalut, les Mamelouks arrêtent les armées mongoles au Proche-Orient.

1356

Construction de la mosquée-madrasa du sultan Hassan, chef-d'œuvre de l'art mamelouk.

1382

Prise de pouvoir du sultan Barquq qui instaure la dynastie mamelouk burjite, d'origine circassienne. Ils s'installent à la Citadelle (la tour, *burj* en arabe).

1393

Alliance avec le sultan ottoman Bayezid Ier contre Tamerlan qui menace la Syrie mamelouk.

1430

La famine et la peste ravagent l'Égypte qui voit sa population décroître drastiquement.

1468-1496

Long règne du sultan Qaytbay. Grand bâtisseur, il marque de son empreinte Le Caire mais aussi la Syrie, Jérusalem et La Mecque.

22 JANVIER 1517

Bataille de Ridaniya, mort du dernier sultan mamelouk. L'Égypte est intégrée à l'Empire ottoman.

1631-1656

Longs affrontements entre factions mamelouk pour le contrôle du pays. L'alternance au pouvoir de la Fakariyya et de la Kasimiya se fait le plus souvent de manière violente. En 1718, c'est la Fakariyya qui s'impose définitivement.

1798-1801 Expédition d'Égypte de Bonaparte. 55 000 soldats et marins français débarquent en Égypte et chassent les Mamelouks qui administrent le pays pour le sultan ottoman. De nombreux scientifiques étudient le pays et publient la *Description de l'Égypte*. Battus par les Anglais alliés aux Ottomans, les troupes quittent l'Égypte en 1801.

© PAULVINTEN - ISTOCKPHOTO.COM

Artillerie napoléonienne abandonnée au fort d'El Quseir.

1805 Mohamed Ali, un général d'origine albanaise, est nommé pacha d'Égypte. Il va autonomiser l'Égypte vis-à-vis de l'Empire ottoman, fonder sa propre dynastie et amorcer un cycle de réformes modernisatrices déterminantes.

1er mars 1811 Massacre des Mamelouks, fin de leur domination sur le pays.

1811-1828 Mohamed Ali vient en aide à l'Empire ottoman dans le Hejaz et en Grèce.

1820 Conquête du Soudan et fondation de Khartoum.

1831-1840 Guerre contre l'Empire ottoman, les troupes égyptiennes conquièrent le Proche-Orient et s'approchent de l'Anatolie. Seule l'intervention des puissances occidentales sauve l'Empire ottoman.

1863

Début du règne d'Ismaïl, petit-fils de Mohamed Ali. Il reçoit le titre de khédive, la dynastie issue de Mohamed Ali est officialisée. Création du musée égyptien par Auguste Mariette et construction du centre-ville du Caire.

© MIDOSEMSEM - SHUTTERSTOCK.COM

Statue d'Ismaïl Pacha.

1869

Inauguration du canal de Suez. Les Britanniques, profitant de l'endettement colossal de l'État égyptien, rachètent la majorité des parts et s'emparent du canal.

1876

Création de la Caisse de la dette publique qui permet aux créanciers étrangers du pays de diriger son économie.

1879

Paris et Londres forcent Ismaïl à la démission et le remplacent par Tewfiq.

11 JUILLET 1882

Bombardement d'Alexandrie par la flotte anglaise. Début de la tutelle britannique, stationnement de troupes dans tout le pays.

1902

Inauguration du premier barrage d'Assouan.

1918-1922

Les nationalistes égyptiens, dirigés par Saad Zaghloul, mènent la contestation contre le protectorat britannique. En 1922 l'indépendance est déclarée mais les Britanniques gardent de facto le contrôle sur le canal de Suez et une influence forte sur la politique du pays.

© MIDOSEMSEM - SHUTTERSTOCK.COM

Statue de Saad Zaghloul à Alexandrie.

1923

Victoire du parti Wafd aux élections législatives. Le parti libéral et laïc de Saad Zaghloul va dominer la vie politique égyptienne jusqu'à la fin des années 1930.

1928	Création de la confrérie des Frères musulmans par Hassan al-Banna. Le parti s'oppose à l'occidentalisation du pays et milite pour une réislamisation.
4 JUIL-LET 1946	Les Britanniques évacuent Le Caire, Alexandrie et le Delta face à la contestation violente du peuple égyptien.
1948-1949	Première guerre israélo-arabe et défaite des forces arabes. 10 000 soldats égyptiens sont mobilisés. Les troubles sociaux atteignent leur paroxysme. Les Frères musulmans assassinent le chef de la police et le Premier ministre. Hassan al-Banna est lui-même tué en 1949.
1951-1952	Guérilla contre les forces anglaises, notamment dans la zone du canal. Les forces anglaises massacrent une quarantaine de policiers le 25 janvier 1952.
23 JUILLET 1952	Coup d'État des « Officiers libres » contre la monarchie. Le roi Farouk est exilé.
9 SEP-TEMBRE 1952	Lancement de la réforme agraire qui limite la propriété des terres et redistribue les excédents.
1953	Dissolution des partis politiques. Création d'un parti unique et proclamation de la République.
28 MARS 1954	Gamal Abdel Nasser évince Mohamed Naguib de la présidence et devient le maître incontesté de l'Égypte. Dissolution de la confrérie des Frères musulmans.
26 JUILLET 1956	Nasser annonce la nationalisation du canal de Suez.
OCT-OBRE-NOV-EMBRE 1956	Agression tripartite de la France, du Royaume-Uni et d'Israël contre l'Égypte. Militairement vainqueurs, les agresseurs doivent se retirer après le désaveu des États-Unis et de l'Union soviétique. Victoire politique majeure pour Nasser.
1956-1957	Les étrangers et de nombreux juifs sont forcés à quitter le pays après la guerre. Les villes cosmopolites se vident : Alexandrie, Port Saïd, Ismail… Les entreprises appartenant aux étrangers sont nationalisées.
1958-1961	L'Égypte et la Syrie se lient sous la République arabe unie, tentative d'État panarabe. L'expérience échoue après 3 ans avec le retrait de la Syrie.
1966	Répression des Frères musulmans. Exécution de Sayed Qotb, intellectuel majeur du mouvement. Il donnera une dimension nouvelle au *jihad* à travers la notion de *hâkimiya* qu'il développe dans ses écrits en prison.

5-11 JUIN 1967

Israël, se sentant menacé, prend l'initiative de ce qui deviendra la guerre des Six Jours. L'aviation égyptienne est anéantie au sol dès le premier jour, la débâcle est totale. Début de l'occupation israélienne dans la péninsule du Sinaï.

JUILLET 1970

Ouverture du haut barrage d'Assouan, construit avec l'aide des Soviétiques. La mise en eau du lac Nasser engloutit la Nubie égyptienne. Les efforts de l'UNESCO permettent de sauver de nombreux vestiges antiques de l'engloutissement, notamment les temples d'Abu Simbel.

© GRAFICAM AHMED SAEED - SHUTTERSTOCK.COM

Vue sur le barrage d'Assouan.

28 SEPTEMBRE 1970

Mort de Nasser, des millions d'Égyptiens suivent le cortège funéraire dans les rues du Caire.

15 OCTOBRE 1970

Anouar El Sadate accède au pouvoir et annonce *l'infitah*, sa politique d'ouverture économique, qui marque une rupture de la politique socialiste de Nasser. Cette libéralisation va bouleverser la situation économique et sociale du pays dans les années qui suivent. Sadate amorce un rapprochement avec Washington et s'éloigne des anciens alliés soviétiques.

6 OCTOBRE 1973

Guerre du Kippour, les Égyptiens traversent le canal de Suez et avancent rapidement dans le Sinaï. Israël reprend le dessus dans les jours qui suivent mais les pressions internationales obligent les belligérants à signer un cessez-le-feu.

19 NOVEMBRE 1977

Sadate se rend à Jérusalem et donne un discours devant la Knesset. Il s'engage à signer un accord de paix à condition qu'Israël rende le Sinaï et reconnaisse le droit à l'existence d'un État palestinien.

17 SEPTEMBRE 1978

Signature des accords de Camp David entre l'Égypte et Israël. Un accord de paix sera signé l'année suivante et la péninsule du Sinaï rétrocédée à l'Égypte en 1982.

6 OCTOBRE 1981

Sadate est assassiné par un groupuscule islamiste. Hosni Moubarak, alors vice-président, devient président de la République.

1992-1997 Série d'attaques terroristes visant la communauté copte et des lieux touristiques. L'industrie du tourisme est durablement touchée.

2005 Réélection de Hosni Moubarak et élection massive des Frères musulmans à l'Assemblée du Peuple.

25 JANVIER – 11 FÉVRIER 2011 Dans un contexte de difficultés économiques et de répression policière continue, un mouvement contestataire se forme dès décembre 2010. En janvier, le mouvement révolutionnaire embrase tout le pays. Les mots d'ordre sont liberté, justice sociale et dignité. Face à la pression de la rue, Hosni Moubarak quitte le pouvoir le 11 février. La transition est assurée par le Conseil supérieur des forces armées jusqu'aux élections de 2012.

© JOEL CARILLET - ISTOCKPHOTO.COM

Les drapeaux égyptiens de la place Tahrir lors des contestations en 2011.

JUIN 2012 – JUILLET 2013 Présidence de Mohamed Morsi, membre de la Confrérie des Frères musulmans. Il est le premier président civil à être élu démocratiquement. Il sera destitué par l'armée, dans un contexte de mécontentement massif. Le mouvement Tamarrod (rébellion) de contestation du régime des Frères, s'est d'abord exprimé en ligne puis a été un des instigateurs des manifestations monstres du 30 juin et de la chute du président le 3 juillet.

MAI 2014 Après quelques mois d'un gouvernement transitoire chargé de rédiger une nouvelle constitution, le président Abdel Fatah Al-Sissi est élu à la présidence. Ancien ministre de la Défense sous M. Morsi, il impose jusqu'aujourd'hui une gouvernance autoritaire. Il a à son actif des milliers de prisonniers et disparus partout dans le pays.

MARS 2018 Al-Sissi est réélu avec 97 % des voix. Il élargit le rôle de l'armée qui prend le contrôle de la majorité des secteurs économiques du pays, mais également les domaines de la culture et de l'information, imposant un contrôle strict sur les médias.

2019 L'Égypte prend la direction de l'Union africaine, pour un an.

TOP 10

PERSONNAGES HISTORIQUES

L'Égypte, pays tampon situé entre les continents asiatique et africain, a connu un destin et une histoire qui ont marqué plusieurs époques et civilisations. Sa richesse et son développement s'inscrivent dans l'histoire de la région. L'examen des personnages historiques montre l'ancrage et le rôle de leader que joua ce pays durant des siècles.

EL NASIR MOHAMED

Sultan de l'âge d'or des Mamelouks, il repoussa les Mongols et empêcha la destruction de l'Égypte.

RAMSÈS II

Réputé pour avoir été un grand guerrier et conquérant. Il fit bâtir parmi les plus grands monuments de l'Égypte ancienne.

© YUELAN - ISTOCKPHOTO.COM

HATCHEPSOUT

Reine-pharaon de l'Égypte antique, son règne fut marqué par sa politique étrangère et ses stratégies commerciales.

© MAREANDMARE - ISTOCKPHOTO.COM

MOHAMED ALI

Vice-roi d'Égypte entre 1804 à 1849. Il est généralement considéré comme le fondateur de l'Égypte moderne.

© BODA ART WORKS - SHUTTERSTOCK.COM

GAMAL ABDEL NASSER

Dirigeant influent du XXe siècle. Il organisa le renversement de la monarchie et promeut le socialisme panarabe.

© VLADIMIRHERZ - SHUTTERSTOCK.COM

SAAD ZAGHLOUL

Grande figure de la lutte contre l'occupation des Anglais. Il fonde le 1er parti politique du pays, al-Wafd.

© ROOK76 - SHUTTERSTOCK.COM

ALEXANDRE LE GRAND

Le conquérant de l'Orient entre en libérateur en Égypte. Il se fait consacrer demi-dieu par l'oracle de Siwa.

© MIDOSEMSEM - SHUTTERSTOCK.COM

CLÉOPÂTRE

Célébrité de l'Égypte antique, femme politique et fine stratège. Elle fut l'amante de Marc Antoine.

© KONSTANTIN YOLSHIN - SHUTTERSTOCK.COM

OMAR MAKRAM

Il fut leader des nobles d'Égypte et devint une figure nationale, suite à ses luttes contre l'occupation française du XVIIe siècle.

© ROOK76 - SHUTTERSTOCK.COM

HODA SHARAWY

Une des pionnières du mouvement féministe égyptien et arabe, elle fonde en 1923 l'Union Féministe Égyptienne (UFE).

LE PAYS AUJOURD'HUI

Après l'effervescence et l'instabilité des années 2011, 2012 et 2013, l'Égypte semble être revenue dans des eaux en apparence plus calmes, depuis l'accès au pouvoir du général Abdel Fateh al-Sissi. C'est toutefois un tableau simpliste, sinon trompeur. L'armée tient le pays d'une poigne de fer mais les causes de mécontentement sont nombreuses pour ce pays de 100 millions d'habitants. La situation politique, économique et sociale du pays fait face à de fortes tensions, et si des améliorations macroéconomiques sont à prévoir, elles n'ont guère d'impact pour le moment sur les conditions de vie des Égyptiens. La crise économique fragilise des conditions de vie déjà dégradées, la situation politique est stable mais très verrouillée, souvent étouffante. Le pays fait face à des tensions sans précédent avec certains de ses voisins, l'Éthiopie et la Turquie notamment, et les évolutions au Soudan et en Libye remettent en cause la position égyptienne au niveau régional.

Économie et société

La chute vertigineuse du pouvoir d'achat frappe de plein fouet les ménages des classes moyennes notamment. L'inflation est revenue à des niveaux assez bas mais la forte montée des prix entre 2017 et 2019 n'a pas été compensée par l'augmentation des salaires. La population – surtout les jeunes – fait toujours face à un manque de perspectives professionnelles et personnelles. De plus en plus de personnes doivent cumuler plusieurs emplois précaires pour subvenir aux besoins du foyer. De nombreux diplômés d'université se voient contraints de trouver un travail bien en deçà de leurs qualifications. Toutefois, selon de nombreux économistes, les réformes lancées par le gouvernement devraient avoir un effet bénéfique sur l'économie égyptienne, à long terme. La suppression du système de subventions sur un certain nombre de produits devrait permettre à l'État de réformer son système de redistribution pour le rendre plus juste et plus efficace. Des réformes sont prévues pour doter le pays d'un système social moderne.

Politique

Depuis juillet 2013, l'armée a repris le contrôle du pays. Abdel Fatah al-Sissi ex-ministre de la Défense du président Mohamed Morsi, prend la présidence du pays à l'été 2014. Sa présidence est marquée par un fort retour aux pratiques autoritaires. Le contrôle des médias et de la production artistique est presque total. La coalition qui a gagné la majorité des sièges au Parlement, valide sans les discuter des lois répressives mises en œuvre par le gouvernement. Le pouvoir fonde sa légitimité et son autoritarisme sur sa capacité à protéger le pays des menaces du terrorisme et du chaos. Le pouvoir exploite la crainte réelle de la guerre civile pour renforcer son contrôle sur le pays. Les grands projets sont nombreux : une nouvelle capitale administrative, de nouvelles villes, de nombreuses routes… Marqués par le gigantisme, ils sont entièrement décidés et contrôlés par les forces armées et leurs réseaux, sans consultation populaire. Il est difficile de quantifier le soutien ou l'opposition au régime en Égypte : aucun sondage n'est réalisé et les chiffres officiels ne brillent pas par leur crédibilité. Lors des dernières élections présidentielles de 2018, le taux de participation a péniblement atteint les 41 % après 3 jours de scrutin. Des personnes ont témoigné de pressions au vote dans leur milieu professionnel, voire même dans la rue. La réélection du président avec 97 % des voix ne convainc donc pas beaucoup et les affaires de corruption qui planent au-dessus du régime n'améliorent pas la donne. De nombreux activistes disparaissent et sont emprisonnés, sans jugements et souvent même sans charges. Le régime ne laisse place à aucune contestation et à aucune remise en question.

L'Égypte à l'international

Face à l'émergence des très influents Émirats arabes unis et de l'Arabie saoudite, l'Égypte a perdu l'influence régionale qu'elle détenait jusqu'aux années 1980. Elle reste toutefois impliquée dans des sujets majeurs de politique internationale. La question du partage des eaux du Nil a fait monter les tensions entre l'Égypte, le Soudan et l'Éthiopie. Cette dernière construit un gigantesque barrage sur le Nil, et les négociations peinent sur la question du temps de remplissage du lac de barrage, pendant lequel le débit annuel arrivant en Égypte sera fortement réduit. En parallèle de la forte répression des Frères musulmans, l'Égypte a développé des relations très tendues avec le Qatar et la Turquie, soutiens de la confrérie.

En Libye, l'Égypte soutient le général Haftar, homme fort de l'Est libyen, contre le gouvernement de Tripoli, reconnu par la communauté internationale. Malgré une rhétorique anti-américaine au niveau national, le régime est fortement dépendant de son alliance avec Washington dont elle reçoit une aide militaire de plus d'un milliard de dollars. Il faut également noter qu'Abdel Fatah el-Sissi et Donald Trump semblent entretenir des relations très cordiales. Les relations avec Israël sont assez constantes depuis la paix de 1978. Le gouvernement israélien a même mené des frappes aériennes dans la péninsule du Sinaï contre des positions djihadistes ces dernières années. La France reste un grand fournisseur d'armes au régime égyptien et c'est principalement une diplomatie économique qui est entretenue par les deux pays. L'Égypte s'est fortement rapprochée de la Russie depuis 2013, surtout en matière de coopération économique et militaire. Il a été annoncé que la Russie participerait à la construction du premier réacteur nucléaire égyptien.

Une nouvelle capitale

Les projets de nouvelles villes ne sont pas nouveaux en Égypte. De nombreux quartiers du Caire sont les résultats de rêves des dirigeants de façonner une nouvelle capitale. La plupart de ces projets ont toutefois échoué. Le centre-ville du khédive Ismaïl a perdu sa splendeur passée, le Madinet Nasr de Nasser a subi les ravages du non-respect des règles d'urbanisme... Qu'en sera-t-il de la nouvelle capitale administrative en construction depuis quelques années ? L'avenir nous le dira. Sous l'impulsion du président al-Sissi, la ville voit le jour à 40 kilomètres du centre du Caire, en direction de Suez. Elle devrait compter 7 millions d'habitants et abritera un palais présidentiel, l'assemblée nationale, les ministères, les ambassades et des quartiers résidentiels à prix variables. L'objectif affiché est de faire respirer Le Caire en la débarrassant des administrations qui seraient la cause principale de l'engorgement de la mégalopole. Mais le régime souhaite également extirper les lieux stratégiques du pouvoir d'une ville qu'il craint depuis le soulèvement populaire de 2011. Il est frappant de noter que, si les travaux sont loin d'être finis, la nouvelle capitale administrative est déjà dotée d'un mur d'enceinte. Le financement de ce projet titanesque fait également polémique. En effet, très peu d'informations sont disponibles sur ce sujet alors que le coût annoncé du projet est de 45 milliards d'euros. À travers un mécanisme de prêt, une des plus grandes entreprises de construction publique chinoise finance un tiers du projet. Très présente sur des projets africains, la China State Construction Engineering a notamment participé à la construction de nombreux édifices en Algérie. Les questions qui entourent la construction de cette ville restent nombreuses : les problèmes d'approvisionnement en eau et le prix prohibitif des logements proposés notamment. La construction de la nouvelle capitale est toutefois le projet phare de l'Égypte d'aujourd'hui.

Le président égyptien Abdel Fattah el-Sissi.

ARCHITECTURE

L'Égypte est un territoire mystérieux, que l'on associe souvent à sa longue histoire et à ses monuments incontournables dont font indéniablement partie les pyramides. Emblèmes du pays et très largement représentées partout à travers le monde, elles donnent au territoire un caractère unique, quelque chose d'inégalable. Mais il faut sortir de ces représentations pour comprendre que l'Égypte, c'est aussi un pays où les hommes ont façonné des villes et des villages. Au-delà des tombeaux, des temples et des palais, les habitations ont longtemps été des huttes de boue. Le développement des villes et l'accroissement de la population ont dû faire prendre aux gouvernants des décisions importantes, notamment celles de construire des habitats collectifs, pour répondre au besoin urgent de loger tout le monde. Si l'architecture en Égypte peut apparaître comme quelque chose d'uniforme, en dehors des monuments phares, elle est en réalité pleine de subtilités et répond à une multitude de styles qui symbolisent sa riche histoire.

Le gigantisme égyptien

Pour bien comprendre l'architecture de l'Égypte, il convient de séparer les édifices en deux groupes distincts, avec d'une part, les habitations, qui sont vues comme des bâtiments aussi éphémères que la vie, et donc construits à base de matériaux fragiles comme l'argile et le bois, et d'autre part les édifices de culte, avec les tombeaux et les temples. Ce sont ces derniers monuments qui témoignent de ce que l'on nomme le « gigantisme ». En se rendant à leur pied, on remarque tout de suite à quel point leur taille peut être impressionnante. Comment ne pas s'émerveiller devant la grandeur de la grande pyramide Rouge et de celle de Khéops. La taille de cette dernière est tout simplement faramineuse. Couvrant un terrain de 5 hectares, il a fallu à ses constructeurs près de 6 millions de tonnes de pierres pour l'achever. Il faut également mentionner le Sphinx de Gizeh, qui, avec sa tête humaine et son corps de lion en position allongée, est l'un des plus mystérieux monuments au monde, le temple de Karnak sur la rive orientale du Nil, l'un des plus grands complexes religieux de l'Antiquité avec son 1,5 km de long et ses 700 m de large ou bien encore les colosses de Memnon, les deux statues monumentales de 18 m de hauteur qui représentent Aménophis III dans la position assise, les mains posées sur les genoux. De plus, les Égyptiens n'ont pas hésité à construire des obélisques colossaux et des statues gigantesques pour relier les temples entre eux, comme l'allée des sphinx longue de plus de 2,5 km qui relie le temple de Karnak à celui de Louxor. Tous ces monuments, qui sont souvent des lieux que les visiteurs s'empressent d'aller voir, témoignent du goût de l'Égypte ancienne pour le grandiose, l'imposant.

L'Égypte, des styles d'une grande variété

Il faut se balader dans villes du Caire, d'Alexandrie et des environs pour remarquer que l'architecture des cités regroupe un ensemble complet des différents styles que le pays a connus depuis la Ire dynastie.

L'architecture copte

C'est au IVe siècle après Jésus-Christ que l'Église d'Égypte connaît son apogée. La diffusion du christianisme favorise la création d'un art chrétien égyptien. On parle alors de l'art copte. En parallèle se développe une architecture copte, avec des monuments comme les églises du Vieux-Caire ou bien encore l'église du Deir el-Abiad, à Sohag, que l'on pense avoir été construite en 440 par l'abbé Chenouté. Les monastères du Wadi Natroun et de Haute-Égypte témoignent aussi de la prolifération de ce style, et sont remarquables avec leurs murailles défensives en pisé, fermées de petites portes. À l'intérieur, on retrouve des bâtiments conventuels bâtis du même matériau, et protégés des intempéries par de la chaux.

Les styles qui font référence à l'islam

L'islam a également influencé l'architecture de l'Égypte, au travers de différents styles. Au cours d'une balade au Caire, différents édifices témoignent de cette influence. À commencer par le style toulounide, dont l'emblème est la mosquée d'Ibn Touloun, qui fut construite entre 876 et 879. Les Touloun sont originaires de Samarra, et on retrouve de ce style dans la construction du monument, avec un plan au sol carré, plutôt simpliste, des colonnes réalisées en brique et des merlons qui alternent avec des créneaux, une construction typique de l'art mésopotamien.

Les décors floraux de stuc que l'on retrouve sur les piliers révèlent un style byzantin et le minaret est lui aussi une construction de type Samarra.

La dynastie des califes fatimides, qui régna sur l'Égypte de 969 à 1171, a marqué elle aussi l'histoire architecturale de la région. Pour illustrer le style fatimide, dont on dit qu'il est le plus raffiné des styles architecturaux arabes, mentionnons les grandes mosquées construites au Caire et que l'on reconnaît par des décors en stuc, des boiseries travaillées et l'insertion d'éléments comme l'ivoire et l'os. À Al-Azhar ou à Al-Salih Talaï, les mosquées sont soutenues par des colonnes fines et en ce qui concerne cette dernière, comment de ne pas faire état de son portique extérieur, remarquable. Un autre élément symbolique de cette période est le dôme en melon, que l'on retrouve sur le mausolée de Sayyeda Ruqaya.

Si le règne des califes abbassides puis fatimides a été marqué par la réalisation de grandes constructions urbaines, les princes ayyoubides, qui prennent le pouvoir au XIIe siècle, développent de leur côté au Caire une architecture militaire, religieuse et civile. C'est une ère nouvelle qui s'installe. L'architecture militaire est reconnaissable lorsque l'on rejoint les murailles de l'enceinte nord de la citadelle du Caire ou bien que l'on longe le mur qui relie le Caire fatimide à la citadelle, le long du Dar el-Ahmar. C'est alors la pierre qui est utilisée, elles proviennent des petites pyramides du plateau de Giza ou bien encore des carrières du Moqqatam. Quant à l'art civil, il mélange des briques et des pierres taillées. Un bel exemple se trouve dans le cimetière sud du Caire, avec le mausolée de l'imam El-Chaféi, dont les *mouqarnas*, ces célèbres ornements alvéolés en stalactites, et les voûtes colorées illustrent parfaitement l'art ayyoubide. Dans la rue Al-Zahir, c'est la mosquée de Baybars qu'il faut aller voir.

L'ère mamelouke

La domination mamelouke en Égypte, de 1250 à 1517, s'est caractérisée par l'essor d'un art et d'une architecture encore visibles de nos jours. L'affirmation du style mamelouk est faite avec Nasir ibn Qalaoun et Barquq, deux sultans qui imposent le style dans leur cité avec le mausolée de Qalaoun où l'on remarque des plafonds à caissons peints, des mosaïques de nacre et de

Le monastère copte Deir el Abiad près de Sohag.

marbre. De son côté, le Khangah de Baybars est un parfait exemple pour les figures géométriques que l'art mamelouk a développées pour l'ornement de ses bâtiments. Cet édifice témoigne aussi de l'intérêt des Mamelouks pour des éléments issus de l'art islamique comme les minarets et les dômes. Les Mamelouks utilisent également de plus en plus la calligraphie naskhi sur les mosquées, notamment au niveau des entrées pour indiquer la date de leur érection. La coupole richement décorée de bleu et d'or de la mosquée du sultan Barquq maîtrise pleinement l'art des motifs floraux. Le raffinement de l'art mamelouk dénudé se trouve dans la mosquée du sultan Hassan, où les arches à cintres donnent une élévation particulière à l'édifice qui, à l'instar des autres monuments mamelouks, s'élance plus vers le ciel que les mosquées fatimides, moins hautes et plus étalées en largeur. Les constructions mameloukes sont aussi ornées d'écus ronds, la première héraldique de la région. Si l'on veut toujours plus s'émerveiller de la splendeur mamelouke, la madrassa de Qaïtbay, dans le cimetière nord, est un bel exemple de la façon dont des éléments comme le marbre, le bois et vitraux ont aussi servi à l'élaboration de certains monuments ; à Alexandrie, c'est lui qui a construit la forteresse gardant le port. Enfin, la wakala du sultan Ghouri et le palais de l'émir Taz, que l'on a le plaisir d'admirer dans le centre médiéval du Caire, parfont le tour de l'art mamelouk.

La présence architecturale des Ottomans

On sait qu'après la victoire de Sélim Ier sur Asraf al-Guri en 1507, avant-dernier sultan circassien, l'Égypte tomba sous la domination des Ottomans, également présents en Asie Mineure et en Perse. Pendant quatre siècles, les Ottomans ont laissé trace de différents styles. Les premières constructions sont assez semblables au style mamelouk, avec des plafonds à caissons décorés et peints avec des motifs géométriques et des calligraphies. Un bel exemple est la maison de Gamal el-Din el-Dhahabi. Dans l'enceinte sud de la citadelle du Caire, la mosquée Soliman Pacha, représente elle l'architecture d'un style ottoman pur. Dans la mosquée Aqsunqur dans le Darb el-Ahmar, cette fois, on reconnaît l'intérêt des Ottomans pour l'art de la céramique d'Iznik, avec la représentation de pins, de tulipes et d'œillets. Les Ottomans ont aussi réalisé de vraies prouesses architecturales, avec l'alternance de pierres de différentes couleurs, assemblées de manière complexe, comme on le distingue pour l'arc cintré du Sabil Kuttab Abdel-Rahman Katkhuda. Autres monuments à mettre en avant, les deux maisons Kiridliya et Amna Bint Salim, finement décorées, et la mosquée de Mohamed Ali, dans la citadelle, dont les minarets effilés et la grande coupole dévoilent une pure inspiration turque.

Quand l'Europe s'importe en Égypte

En 1867, le khédive Ismaïl rentre de l'Exposition universelle de Paris et souhaite intégrer l'architecture haussmanienne au Caire, mais dans un style moins rigoureux et avec des décorations plus proches des standards italiens. C'est ce qu'il souhaite pour les bâtiments du nouveau centre-ville. C'est ainsi que de grands noms français réalisent des constructions et des plans pour Le Caire : Barillet-Deschamps dessine le jardin de l'Ezbekieh, quand le grand Gustave Eiffel construit un pont dans le jardin zoologique en 1873. D'autres folies sont érigées à l'époque et reflètent l'envie d'introduire divers éléments de l'Occident. Il s'agit de la synagogue de la rue Adli, d'inspiration autrichienne, du palais de la famille Sakakini, que l'on trouve dans le quartier de l'Abbaseya, et de grands immeubles du centre-ville tels le tribunal de la rue du 26-Juillet, le magasin Tiring de la place Attaba, la coupole du magasin Sednaoui de la place Khazindar, le salon de thé Groppi et son Art nouveau et l'Université du Caire, à Giza.

D'anciens styles reviennent à la mode

Aux XIXe et XXe siècles, l'Égypte fait à nouveau référence dans certaines de ses constructions à des styles anciens, voire très anciens. Entre 1869 et 1911, la mosquée Al-Rifai arbore un style néo-mamelouk, tout comme le pavillon de Gezira à Zamalek, aujourd'hui le cœur de l'hôtel Marriott. Dans le même quartier, il faut aussi mentionner l'Opéra du Caire, construit en 1987 et qui s'inspire aussi du style néo-oriental, mais dans des lignes plus épurées. Certains monuments qui se trouvent à Héliopolis rappellent eux, une inspiration néomauresque, et le palais du Baron Empain en est le plus bel exemple. Cette inspiration andalouse se remarque aussi au musée d'Art islamique. Si l'époque des pharaons a marqué l'histoire du pays, le style néopharaonique n'est peut-être pas le style le plus attrayant en Égypte. Néanmoins, on note la présence de cette architecture avec le tombeau de Saad Zaghloul, construit en 1924, et de la Cour constitutionnelle, construite en 1999 et dont chacun peut apprécier son rendu avec ses propres critères.

Le modernisme présent au Caire

Il faut prendre la direction de la place Tahrir au Caire pour apercevoir des édifices faisant référence au modernisme. On pense au Nile Hilton, premier hôtel moderne de la capitale égyptienne, ou bien au siège de la Ligue Arabe, construit entre 1955 et 1960 et qui présente une sobriété qui n'est pas dans les habitudes du pays. Enfin, en 1961 fut construite la Tour du Caire, qui représente un tressage en osier et dont le sommet symbolise une fleur de lotus. Elle fait 187 mètres de haut et la salle de restaurant rotative qui se trouve à son sommet permet une vue panoramique sur l'ensemble des horizons du Caire.

La tour du Caire.

BEAUX-ARTS

L'art égyptien fascine le monde entier pour sa beauté. Cependant l'Égypte antique était loin des préoccupations esthétiques qui sont les nôtres. Les œuvres, rarement signées, répondaient à un objectif utilitaire : garantir la prospérité de l'Égypte et la survie des souverains. Les impératifs étaient alors de nature métaphysique ou symbolique. Pour cette raison, les productions étaient régies par des normes strictes. Ces notions aident à comprendre pourquoi une statue parfaitement travaillée était conservée dans un lieu clos, ou pourquoi les tombeaux renferment des trésors de statues, de peintures et de joyaux d'orfèvrerie. Ces vestiges de la civilisation des pharaons ont attiré les premiers photographes du XXe siècle. Témoin de la parenthèse glamour du XXe siècle, Van Leo a photographié toutes les célébrités de son temps. Désormais, un art porteur de messages politiques s'impose en digne héritier de la civilisation égyptienne.

Caractéristiques de l'art de l'Egypte antique

L'art de l'Égypte antique s'étend de la période Nagada, entre 3800 et 3000 av. J.-C. à l'art amarnien, vers -1300 av. J.-C. Durant ces millénaires, l'artiste, qui a un statut d'artisan, doit reproduire les traits essentiels de la réalité. Une profusion de détails aurait suggéré la fragilité du réel. Or le peuple égyptien niait farouchement l'éphémère. On estime que 95 % des œuvres actuellement conservées sont des reliefs sculptés et 5 % seulement des fresques ou des dessins. Les conventions strictes imposées à l'artiste furent établies durant l'Ancien Empire. Voici quelques-unes de ces lois : organisation des thèmes en registres superposés, rejet du naturalisme dans les représentations d'arrière-plan, utilisation de la perspective hiérarchique, recours à des styles variés en fonction des personnages.

Sur le plan graphique, l'art égyptien se caractérise par des lignes nettes, des formes simples et des aplats de couleur. Malgré l'absence de perspective traditionnelle, les représentations étaient d'un réalisme surprenant. En effet, les artistes avaient une connaissance approfondie de l'anatomie et un sens aiguisé du détail. Par chance, l'art égyptien a magnifiquement résisté à l'épreuve du temps grâce au climat très sec de cette partie du monde.

Il faut savoir que l'art égyptien était doté d'une forte valeur symbolique et sociologique, sa fonction étant de refléter le statut social, religieux ou politique de son sujet. Ainsi, plus un personnage était important, plus il était représenté grand. Un nombre limité de couleurs était admis : blanc, noir, les trois couleurs primaires ainsi que leurs combinaisons (vert, brun, rose et gris). Il faut attendre la période amarnienne pour voir apparaître de subtils dégradés.

Un art symbolique

L'art égyptien se veut résolument allégorique. Ainsi les animaux représentent les divinités, comme Horus à la tête de faucon, ou Anubis à la tête de chacal. De même, la couleur a un sens métaphorique : le blanc représente la joie mais aussi la pureté rituelle, et en tant que rappel de l'aurore, le blanc évoque la victoire de la lumière sur les ténèbres. Le bleu clair symbolise l'air et le ciel. C'est la couleur d'Amon, dieu de l'atmosphère ; le bleu sombre représente le ciel nocturne et les abysses ; le turquoise, l'univers du Nil, d'où émerge la vie. Le brun est réservé à la peau, foncé pour les hommes, ocre pour les femmes. Le jaune est l'or, le soleil et son immortalité, la couleur des dieux. Le noir de la nuit et du royaume des morts est avant tout symbole de renaissance et de fertilité. Le rouge, couleur du dieu Seth, le destructeur, évoque la violence, le feu et le sang, mais aussi la victoire. Le vert, couleur de la végétation, est aussi celle de la jeunesse et du renouveau.

Le besoin universel d'expliquer le mystère de la mort conduisit les Égyptiens à croire en une vie dans l'au-delà. C'est pourquoi l'art égyptien est profondément marqué par la religion. Les sculpteurs et les peintres reproduisaient tous les objets que le commanditaire souhaitait retrouver après la mort car dans l'au-delà, le défunt continuait d'avoir besoin de nourriture, de jeux pour se distraire et de domestiques. Les formes de l'art ont très peu évolué tout au long de l'époque dynastique. Ce n'est que sous le règne d'Akhénaton que les artistes se détachèrent des traditions.

Les défunts sont idéalisés, comme les rois et les dieux, présentés dans une attitude sereine et digne : la loi de la frontalité divise le corps en deux parties symétriques. Les objets étaient pareillement symboliques.

Le cartouche, de forme oblongue, protège le nom des pharaons. Les accessoires, les coiffes et les sceptres informent sur l'identité du sujet. La barbe postiche est réservée au pharaon (barbe droite) et aux dieux (barbe recourbée). Le sceptre divin (Ouas), sorte de longue canne fourchue, est spécifique aux dieux. Le sceptre sekhem, en forme de papyrus, est réservé aux dignitaires.

Les amulettes permettent d'introduire des symboles comme le pilier Djed, la colonne vertébrale d'Osiris, symbole de stabilité et de résurrection. Ou encore le scarabée symbole de renaissance, le vautour synonyme de protection et la colonne Ouadj qui indique la fertilité agricole.

Peintures et reliefs

La lutte contre l'éphémère et le souci de l'ordre influencèrent aussi bien la peinture que les reliefs. Les Égyptiens maîtrisaient de nombreuses techniques mais leurs plus grandes réalisations demeurent les décorations murales des tombes, comme celles de la Vallée des Rois ★★★★ (p.245) à Thèbes. Les frises servirent également à raconter les guerres, à glorifier le pouvoir royal, à montrer les divinités et à leur rendre un culte. Leur principale fonction reste cependant d'assister le défunt outre-tombe. Les splendides scènes du tombeau de Menna (nécropole de Cheikh Abd el-Gournah), montrent le défunt heureux, pêchant dans des bateaux de papyrus avec sa famille.

La technique de détrempe fut la seule utilisée en peinture. La couleur est obtenue en mélangeant eau, adhésifs (blanc d'œufs ou gomme végétale) et pigments en poudre. Nombre de bas-reliefs et de sculptures étaient peints, aussi les techniques de sculpture et de peinture sont-elles complémentaires. Concernant le relief, on dénombre trois méthodes distinctes. Le bas-relief : les figures sont sculptées en légère saillie dans la pierre. Ensuite le relief en creux ou à l'égyptienne : les figures sont modelées en creux sans se détacher du fond. Et enfin, le relief gravé consiste à évider le contour des figures.

Le relief peint, technique privilégiée par les anciens Égyptiens, obéit lui aussi à des normes. Jouer avec les échelles permet de moduler l'importance relative de chaque personnage. Combiner les angles de vue permet de mettre en avant un détail précis ou de présenter l'objet selon un angle significatif. Concernant les figures humaines, les épaules et l'œil apparaissent systématiquement de face. Le reste du personnage, le corps comme le visage, est vu de profil. Le relief peint, de même que toutes les techniques d'art égyptien, fait abstraction de la notion de temps étant donné qu'il vise l'éternité. Raison pour laquelle les matériaux les plus résistants sont sélectionnés pour bâtir les monuments et sculpter les reliefs. Cet impératif dicte également les poses compactes qui, étant moins fragiles, évitent les détériorations.

Durant le Moyen Empire, les modèles hérités de l'Ancien Empire perdurent, bien qu'ils soient copiés dans un style plus sophistiqué et plus varié. Les *oushebti*, petites statuettes de serviteurs funéraires, font leur apparition.

Pendant le Nouvel Empire, l'essor des œuvres picturales s'explique par la démocratisation des rites mortuaires. Les artisans assistent à une prolifération d'édifices et donc de surfaces à peindre. En plus des fresques, ils multiplient les illustrations sur papyrus destinées à être déposées dans les sarcophages. Peu à peu, la hausse de la production se traduit par un style plus schématique. Influencés par les contacts avec l'Asie, les artistes accordent davantage d'attention aux détails dans les cheveux, l'ornementation, les bijoux. Le sens du mouvement se précise. Les demi-teintes font leur apparition pour apporter, par exemple, de la transparence aux vêtements. De nouveaux thèmes se répandent : les combats, le spectacle des vainqueurs et des vaincus, mais aussi les fêtes et les fastueux banquets.

La sculpture égyptienne

La sculpture tient un rôle prépondérant dans le monde égyptien. La complexité idéologique et culturelle de la société s'y reflète aussi bien dans les matériaux employés que dans les techniques d'exécution. La pierre est bien entendu favorisée pour sa résistance à l'usure.

Les Égyptiens sont célèbres pour leurs gigantesques sculptures. Les exemples les plus grandioses sont le mystérieux Sphinx de Gizeh, les statues de Ramsès II aux temples d'Abu Simbel et la sculpture en diorite du pharaon Khephren retrouvée dans la nécropole de Gizeh. En parallèle, les Égyptiens ont façonné une statuaire plus petite et plus ornée, faisant preuve d'une excellente maîtrise de matériaux variés comme l'albâtre, l'ivoire, le calcaire, le basalte, la dorure sur bois et même parfois l'or.

La statuaire est, elle aussi, funéraire (la statue est considérée comme le réceptacle de l'âme du défunt) ou bien divine (représentations du pharaon, dieu sur terre et dans l'au-delà). La statue est cependant un portrait, probablement ressemblant, sa fonction étant de fixer l'esprit du défunt. La symbolique des sculptures était extrêmement forte : elles servaient à guider les morts dans l'éternité ou leur permettaient de revivre des moments de leur existence passée.

Autre thème de la statuaire, le bonheur familial. Les statues des époux Rahotep et Nefret conservées au Musée égyptien (p.149) du Caire sont très révélatrices de cette symbolique. Ils sont tous deux représentés assis sur un siège à dossier, cependant Nefret semble plus effacée que son époux. Rahotep est évoqué dans un souci d'affirmer sa position hiérarchique dans le couple. Sa silhouette anguleuse le campe solidement tandis que sa carnation ocre tranche sur le dossier blanc du siège. Plus pâle, Nefret apparaît tout en rondeur, vêtue de blanc et parée de bijoux.

Peinture murale représentant les divinités Ra et Maat au tombeau de Taousert dans la vallée des Rois.

Troisième thème, la sculpture est symbole de pouvoir. Elle exprime les hautes qualités du pharaon ainsi que ses responsabilités suprêmes. La statue en grès peint de Montouhotep II, qui provient du complexe de Deir el-Bahari à Thèbes, représente le roi sur son trône, les bras croisés dans l'attitude d'Osiris. Son corps massif qui exprime toute sa puissance marque un tournant dans l'art du Moyen Empire. Le sphinx est bien entendu le modèle le plus célèbre et mystérieux de représentations royales. Il symboliserait l'union solaire du dieu Rê et du pharaon.

La période amarnienne

La période amarnienne (de -1353 à -1336) révolutionne les canons artistiques mis en place depuis des siècles. Le style amarnien naît sous le pharaon Amenhotep III et s'affirme sous son successeur Akhénaton. Ce dernier démystifie le pharaon en se faisant représenter dans des scènes du quotidien.

L'art amarnien se caractérise par sa délicatesse, son abondance de végétaux et d'oiseaux et ses scènes de genre. La sculpture officielle adopte des traits atteignant un réalisme en totale opposition avec la production des règnes antérieurs. Si la tradition se retrouve dans les poses ou les formes générales de la statuaire, les portraits semblent réalisés d'après nature, et non plus à partir d'un modèle officiel. Les hommes arborent des traits adoucis et des lèvres charnues. Les points communs entre la statue d'Akhénaton du Musée égyptien du Caire et les célèbres bustes de son épouse Néfertiti sautent aux yeux.

Plus généralement, l'art se détache des anciens tabous. Ainsi les frises de la tombe d'Amarna ont plus à voir avec le quotidien de la famille royale qu'avec la future vie du roi dans l'au-delà. Le pharaon dressé sur son char et suivi de ses serviteurs se rend au grand temple d'Aton. Il apporte en offrande au dieu une abondance d'animaux qui n'auraient jamais trouvé leur place dans un tombeau antérieur. D'autres tableaux dépeignent la famille royale dans des scènes privées, notamment en train de manger, avec une fluidité inédite dans leurs mouvements. Toutes ces représentations vont à l'encontre de l'image classique du pharaon immuable et impénétrable.

Après Akhénaton, la religion reprend sa place d'autrefois et les artistes reviennent à un style conservateur.

ART ET RÉVOLUTION

QUELLE QUE SOIT L'ÉPOQUE, LES ÉGYPTIENS ONT LAISSÉ ÉCLATER LEUR CRÉATIVITÉ SUR LES MURS.

Les citoyens d'aujourd'hui ne dérogent pas à la tradition. La révolution de 2011 a vu éclore des fresques et des graffitis dans tout le Caire, exprimant la vive émotion d'un peuple courageux. Brimés par la censure, les artistes redoublent d'inventivité pour manifester leur désaccord. Les œuvres de street-art étant rapidement recouvertes, seuls quelques artistes sont parvenus à se faire un nom tels que Alaa Awad, Hazem Taha Hussein ou Hossam Dirar. À l'occasion, un trait traditionnel se révèle dans une peinture à caractère politique comme une silhouette égyptienne ou la répétition des motifs. Non sans ironie, les œuvres urbaines sont vouées à un destin éphémère. Certaines y échappent par l'intermédiaire de la photographie. Il est certain que la jeune génération nous livre une image très différente de l'Égypte.

Quand l'émotion d'un peuple s'exprime sur les murs de la liberté

Désormais l'art ne répond plus à une commande royale mais reflète les idéologies des artistes. C'est peut-être pour cela que la plupart des œuvres sont vite effacées. Le masque au sourire ironique des Anonymous coiffé du némès s'affiche fièrement en couverture de *Walls of Freedom*, un magnifique livre d'art engagé publié par la designer égyptienne Basma Hamdy en collaboration avec Don Stone Karl, artiste de rue et éditeur berlinois. Riche en illustrations, il retrace l'histoire de la révolution égyptienne jusqu'à l'ascension du général Sissi. Sur un pochoir de 2011 barbouillé dès le jour suivant, un soldat s'apprête à jeter un nourrisson dans un brasier. Plus loin, sur un haut mur construit en cubes de béton, le rempart peint en trompe-l'œil vole en éclats.

Au Caire, l'artiste franco-tunisien eL Seed a imaginé en 2015 une fresque géante dans le quartier des chiffonniers. Cette anamorphose n'est visible dans son ensemble que des hauteurs de Manshiyat Nasr. Durant trois semaines et avec la collaboration de trente locaux, il a peint sur une cinquantaine d'immeubles un « calligraffiti », mélange de calligraphie arabe et de graffitis. « Le challenge artistique était grand mais l'expérience humaine plus grande encore », confie eL Seed. Le dernier soir, son « projet de paix » a été illuminé d'une lumière noire, faisant briller le quartier d'un éclat bienvenu.

La création contemporaine à la rencontre d'une civilisation ancestrale

Le musée du Caire a affirmé sa volonté d'inscrire l'art contemporain dans l'histoire en organisant en 2017 l'événement « Une nuit avec l'art dans le Musée égyptien ». Entre les hiéroglyphes et les trésors pharaoniques, étaient exposées des œuvres de jeunes artistes égyptiens reconnus tels qu'Adel el Siwi, Ghada Amer, Farouk Hosni ou encore Hoda Lotfi. À cette occasion, le ministre des Antiquités Khaled al-Anani a souligné l'importance de participer à la préservation du patrimoine égyptien « parce que les antiquités appartiennent au monde entier ».

Des projets photo entre témoignages du quotidien et désir de mémoire

Dans un environnement peu propice à la photographie documentaire, la jeune génération parvient à traduire un quotidien fait de combats. Mai Al Shazly, Roger Anis, Mohamed Anwar, Fathi Hawas, Eman Helal, Karim El Hayawan, Ebrahim El Moly, Nada Elissa, Hesham Elsherif, Fatma Fahmy, Ahmed Gaber, Hana Gamal, Amina Kadous, Heba Khamis, Mohamed Mahdy et Fares Zaitoon ont été réunis dans l'exposition « *Hawaki*, Récits d'une Égypte contemporaine » produite par l'Institut français. À travers leurs images emplies d'espoir, ils clament qu'ils ne renoncent pas à s'inspirer de leur pays.

Photographe, artiste multimédia et sculptrice égypto-libanaise, Lara Baladi vit au Caire. Née en 1969, elle expose dans le monde entier. Une grande partie de son travail reflète ses préoccupations sur la situation socio-politique de l'Égypte. Au cours de la révolution égyptienne de 2011, elle s'est engagée dans deux initiatives : la Radio de la place Tahrir et le cinéma de la place Tahrir. La Radio, première radio en ligne du pays, a été créée suite à l'importation du matériel nécessaire à une radio pirate. Le cinéma, cofondé avec le média à but non lucratif Mosireen, sert de plateforme pour créer et partager une vidéo d'archive autour de la révolution. Suite à ses actions, Baladi reçoit une bourse de l'Institut de Technologie du Massachusetts (MIT) qui lui permet de concrétiser son projet *Vox Populi*. Ce documentaire multimédia regroupe les images qu'elle a réunies depuis le 25 juin 2011 dans le but de préserver ces moments éphémères pour le moins décisifs.

MUSIQUES ET SCÈNES

Au carrefour de trois continents et héritière d'une civilisation millénaire, l'Égypte bénéficie d'un rayonnement culturel sans pareil dans le monde arabe. Pays gigantesque, dont chaque région possède une culture spécifique, l'Égypte est un régal pour les amateurs de tous les arts du nord au sud et d'est en ouest. Mais au-delà de son aspect patrimonial, les musiques en Égypte ont évolué au gré des courants et des diverses vagues provoquées par les mouvements de la société. Cela vaut aussi bien lors de son essor économique au XIXe siècle que lors des « Printemps arabes » en 2011. Comme souvent, les tourments sociaux allument le feu du bouillonnement créatif et en Égypte, l'électro chaabi en est un exemple criant. Une décennie plus tard, si l'emballement s'est éteint sous la pression d'un régime autoritaire, la musique, la danse et le théâtre résistent et vivent, souvent investis comme terrains de lutte.

La musique classique et savante

Impossible d'évoquer la musique savante égyptienne – et la musique égyptienne dans son ensemble à vrai dire – sans d'abord parler de la « Nahda ». Tout au long du XIXe siècle, sous les règnes de Muhammad Âlî Pacha (1805-1848) et du khédive Ismaïl (1863-1879), l'Égypte connaît un essor économique et culturel marqué par des relations entretenues avec l'Europe. Dans ce contexte, se développe une importante effervescence intellectuelle et artistique qui permet à la Nahda (« renaissance culturelle arabe ») d'éclore au Caire. Mouvement transversal, il touche tous les domaines, aussi bien la philosophie que la religion et la littérature. Ou encore la musique qui, à cette époque, va synthétiser des traditions musicales égyptiennes et les marier aux influences turques et persanes. C'est aussi durant la Nahda que va se populariser le *takht*, petite formation traditionnelle de chambre de musique savante comprenant *oud*, *qanûn* (cithare sur table), violon, *ney* (flûte en roseau) et *riqq* (tambour sur cadre à cymbalettes). Une grande caractéristique musicale de la Nahda est la *wasla*. Signifiant « lien » ou « enchaînement », le mot désigne une suite musicale de pièces vocales et instrumentales semi-composées et improvisées. La musique du duo Tarek Abdallah, grand oudiste, et Adel Shams El-Din, percussionniste traditionnel, donne de très bons exemples de wasla. Autre grand spécialiste de la période de la Nahda, Mustafa Saïd est un des plus grands compositeurs de musique classique contemporaine arabe et un oudiste réputé. Mais le nom égyptien le plus illustre de la musique classique est sans conteste Omar Khairat.

Orchestre de la célèbre danseuse du ventre Asmirah lors d'un mariage.

Sa production très riche est marquée par la composition de grandes fresques pour l'État égyptien mais surtout de musiques de films, des ballets, des opérettes et des symphonies pour lesquels il a tenté de tirer un trait d'union entre musiques arabe contemporaine et occidentale. Autre incontournable Égyptien du classique – au sens européen du terme cette fois-ci –, Gabriel Saab (frère de l'écrivain Andrée Chedid) est l'auteur d'une œuvre importante influencée par Tchaïkovski et Sibelius. Moins connu, Sherif Mohie Eldin demeure un chef d'orchestre et compositeur de classique contemporain remarquable.

Fait notable, il y a en Égypte une grande tradition d'opéra. L'histoire du genre est d'ailleurs marquée par *Aïda*. Commandée à Verdi par le khédive Ismaïl Pacha pour célébrer l'inauguration du canal de Suez, la pièce n'est pas achevée à temps et c'est finalement *Rigoletto* qui est présenté sur scène ce soir-là à l'Opéra du Caire (d'ailleurs construit pour l'occasion). Premier Opéra d'Afrique, il est détruit par un incendie en 1971 avant de renaître de ses cendres en 1988. Depuis sa création, le pays cultive une vraie tradition lyrique jusqu'à devenir un vivier de voix (féminines) remarquables : Ratiba El-Hefny (la pionnière), Amira Selim (soprano colorature très présente en France), Gala El Hadidi (mezzo de l'Opéra de Dresde), Fatma Said (qui à son jeune âge chante déjà dans les opéras majeurs du monde), et enfin Farrah El Dibany, la « Carmen égyptienne » formée et adoubée à l'Opéra de Paris. Hormis leur nationalité et leur talent, toutes ont en commun d'être passées par l'Opéra de Paris. Hormis leur nationalité et leur talent, toutes ont en commun d'être passées par l'Opéra du Caire. Une vénérable institution en Égypte et dans le monde arabe qui propose une programmation très riche. Il est conseillé d'y voir l'Orchestre symphonique du Caire interpréter les classiques du répertoire européen ou l'Orchestre de l'Opéra du Caire jouer les plus belles heures du registre oriental. À noter aussi à Alexandrie, l'Opéra Sayed Darwish- piloté par son cousin du Caire -dont la programmation peut valoir celle de la capitale.

Les musiques traditionnelles et folkloriques

Le pays fut un tel acteur de l'âge d'or de la chanson arabe au début du XXe siècle que l'on oublie parfois la richesse de ses musiques traditionnelles et folkloriques. À l'instar de nombreux pays, l'Égypte, souhaitant cerner les contours d'un « style national », entreprit dans les années 1950 la collection des folklores de différentes régions. Parmi elles, on trouve les musiques nubiennes ou du Saïd, au nord du pays. Les premières ont quelque chose d'un blues hypnotique aux racines subsahariennes quand les secondes sont des musiques de danse très puissantes. Si l'on s'intéresse un tant soit peu au genre, il est indispensable d'écouter le prince de la musique nubienne Hamza El Din. Adoré par Grateful Dead, Joan Baez et Bob Dylan, célébré par les minimalistes Steve Reich et Terry Riley, ce grand artiste tristement méconnu a produit quelques chefs-d'œuvre dont *Escalay : The Water Wheel* en 1968. Un grand moment de Nubie. Transe toujours, le « zâr » est – bien que cousin du gnaoua marocain – singulier à l'Égypte. Cette cérémonie de désenvoûtement accompagne l'exorcisme avec un ensemble d'instruments à vent (dont l'*arghoul*) et de percussions (*darabukka*, *târ*, *riqq* et *sâgât*). Aujourd'hui cantonnée au folklore, on peut entendre la musique du zâr au Centre Makan pour la culture et les arts au Caire.

Un trait d'union entre musiques traditionnelle et populaire serait le *mawal*. Cette lente et (douloureusement) sentimentale pratique vocale arabe est un chant de lamentations précédant généralement la chanson en elle-même. Traditionnellement, les orchestres les accompagnant sont composés d'instruments typiquement égyptiens comme le *raba* (violon à deux cordes), le *kawala* (flûte de bambou à six trous) et l'*arghoul* (une ancienne clarinette double à deux tuyaux de longueur inégale). Aujourd'hui encore, il est plus que fréquent d'entendre un chanteur de variétés entonner un mawal sur scène avant une chanson.

La musique populaire

Au début du XXe siècle, tandis que la musique savante décline, la variété fait son apparition en Égypte sous l'impulsion du chanteur Abdu el-Hamouli (dont raffolait le khédive Ismaïl). En mettant la musique à la portée du public, ce dernier chamboule ses habitudes et va ouvrir la porte à un monde nouveau dans la musique locale. Dans les années 1930, une génération de jeunes musiciens instaure les fondements de la modernité musicale égyptienne avec une variété gorgée de musique savante. Cette musique populaire sophistiquée est d'ailleurs souvent accompagnée du *takht* – l'ensemble de musique savante égyptien –, complété d'instruments classiques occidentaux. C'est à cette époque dorée qu'apparaissent trois grandes voix, trois grands artisans de la « renaissance égyptienne » : le « Sinatra du Nil » Abdel Halim Hafez, Mohammed Abdel Wahab, premier chanteur de charme égyptien et surtout l'immense Umm Kulthûm (ou Oum Kalsoum). Cette dernière est « la voix de l'Égypte ». Et plus de 40 ans après sa disparition, dans les rues égyptiennes résonnent encore la voix inimitable et les chansons aussi longues que langoureuses de celle que l'on surnommait « l'Astre de l'Orient ». Comme le résumait l'écrivain égyptien Naguib Mahfouz (prix Nobel en 1988), « les Arabes ne s'entendent en rien, sauf à aimer Oum Kal-

© VICTOR V. HOGUNS ZHUGIN - SHUTTERSTOCK.COM

L'opéra du Caire.

soum ». Durant les années 1950, tous les premiers jeudis du mois, du Caire à Bagdad, la vie du monde arabe s'arrêtait et toutes les oreilles se suspendaient au poste de radio. Pourquoi ? Un rituel : la diva égyptienne chantait une nouvelle création, ornée des longues improvisations qui l'ont rendue célèbre (un même morceau pouvait durer entre quarante minutes jusqu'à… plusieurs heures). Mythique de son vivant, elle a exporté l'Égypte, son accent, son style dans le monde arabe et le reste du globe. Si Le Caire est un véritable Hollywood de la chanson arabe jusque dans les années 1970, c'est en grande partie grâce à elle (et Mohammed Abdel Wahab ainsi qu'Abdel Halim Hafez).

À partir des années 1980, une nouvelle génération de musiciens plus pop, aux styles « occidentalisés », fait irruption dans le paysage musical égyptien. Parmi les plus importants, Amr Diab, surnommé « le père de la musique méditerranéenne » est une superstar du monde arabe battant régulièrement des records de vente. Autre figure emblématique, Mohammed Mounir est la grande voix moderne de la Nubie, connu pour sa musique fusion de traditions égyptiennes et de blues, soul ou reggae. N'oublions pas non plus Hakim, immense pop star du monde arabe et grand représentant d'un style on ne peut plus égyptien, le *shaabi*. Signifiant « populaire », le genre est la chanson des rues du Caire. Datant des années 1970, elle modernise la chanson populaire dans le texte et surtout l'instrumentation (adoption de l'accordéon, batterie, synthétiseur, saxophones, etc.). Un précurseur du genre est Ahmed Adawiya, célèbre pour ses textes parfois subversifs ou provocateurs, proches de la rue égyptienne. Plus rapide, dansant et occidental, un cousin du shaabi est le *jeel* (« génération »), genre pop et mélodramatique à souhait et dont la rythmique est souvent marquée par des claquements de main. Deux styles dont découlera par la suite le raï.

Délicat de ne pas mentionner le tribut de l'Égypte à la chanson populaire francophone. Native d'un quartier modeste au nord du Caire, Yolanda Gigliotti, de son nom de scène Dalida, devient « Miss Égypte » en 1954 avant de partir pour Paris la même année et de connaître le succès qu'on lui connaît. L'interprète d'*Alexandrie, Alexandra*, Claude François, est lui aussi un enfant du pays (bien qu'inconnu des Égyptiens). Né en 1939 à Ismaïlia d'un père employé par la compagnie du canal de Suez, il quitte l'Égypte en 1956 lors de la nationalisation de ce dernier.

Les musiques actuelles

Le soulèvement populaire de 2011 a connu un écho très fort dans la production artistique égyptienne et nombre des artistes iconiques de la révolution sont aujourd'hui des têtes d'affiche. C'est le cas de Cairokee, groupe de rock particulièrement politique qui enchaîne les succès populaires depuis son hymne dédié à la place Tahrir, *Ya Al Medan*, en 2011. Même histoire du côté du groupe de rock Massar Egbari à Alexandrie, engagé jusqu'à la moelle, ou de Dina Al-Wedidi et son jazz-folk langoureux, devenue une icône féminine après que les manifestants ont entonné ses chansons en 2011. En ouvrant les esprits autant que la musique, le « printemps égyptien » a permis non seulement l'émergence de nouveaux artistes, mais aussi de nouvelles esthétiques. Bien que sa naissance soit antérieure à la révolution, l'électro chaâbi (ou *mahraganat*, par ses paroles rebelles et sa nature sauvage, a pris un essor phénoménal au moment du Printemps arabe.

Venant des bidonvilles de la capitale égyptienne, ce mélange nerveux et répétitif d'électro, rap et shaabi se danse dans des espaces de fête improvisés, dans les rues, sur les toits, tout en offrant un micro à la jeunesse pour s'exprimer. Un vrai porte-voix de la société dont les figures sont Islam Chipsy (pionnier et pro du synthétiseur), Oka & Ortega (devenus des stars), Mc Sadat ou Amr Haha (aux textes conscients). Le genre connaît mille variantes et sous-genres, chaque quartier du Caire possédant son propre style et ses sonorités. Mais l'électro chaâbi n'est que la partie visible de l'iceberg. Aux antipodes de l'électronique, on trouve dans le pays une scène électronique underground importante et très avant-gardiste. Ils s'appellent Kareem Lotfy, Zuli, Rami Abadir, Mostafa Onsy, Maryam Saleh, Maurice Louca ou Tamer Abu Ghazaleh et ils font mieux que survivre face à un gouvernement sévère, à la censure et l'absence de subventions ou de maisons de disques (ils sont d'ailleurs pratiquement tous signés sur des labels étrangers). De très beaux artistes dont l'écoute permet de prendre le pouls de la jeune création contemporaine.

L'électro chaâbi vient de la rue et… c'est encore sa meilleure scène. Pour en écouter, il n'y a qu'à tendre l'oreille. Sinon, un des meilleurs endroits en ville pour écouter de la musique reste le très dynamique Centre culturel El Sawy. Installé dans le quartier branché de Zamalek, l'endroit a réussi le pari d'être à la fois un lieu incontournable pour la jeunesse cairote et les musiques actuelles, tout en valorisant régulièrement la musique traditionnelle. Autrement, l'autre belle scène en ville, c'est le Cairo Jazz Club. Ne vous fiez à son nom, on y entend de tout – absolument tout –, et certains soirs, c'est même plutôt branché.

La danse et le théâtre

Les scènes de danse dans la peinture antique égyptienne le prouvent : elle est présente dans le pays depuis l'ère pharaonique. Aujourd'hui, cela dit, les conceptions du genre ont un peu changé. Lorsque l'on pense à la danse en Égypte, viennent rapidement en tête des images de danse orientale – autrement appelée « danse du ventre ». Si ces spectacles ont longtemps fait partie de l'image de marque du pays, le retour d'un certain puritanisme menace leur représentation. Sans compter que les danseuses égyptiennes sont concurrencées dans leur propre pays par des jeunes filles venues des pays de l'Europe de l'Est. Mais pour séduire le public égyptien, il ne suffit pas de maîtriser parfaitement ces mouvements du bassin et lancers de jambes. Dans la danse orientale, les expressions et jeux du regard sont aussi essentiels pour séduire et captiver les spectateurs. À ce jeu, les Égyptiennes ont une longueur d'avance, notamment grâce aux films de Samia Gamal ou Tahia Carioca qui ont bercé leur enfance. Une des voix les plus sonores défendant la danse orientale face au retour de l'austérité morale, est celle de Dina, danseuse célèbre et auteure d'un livre militant sur le sujet, *Ma Liberté de Danser*. Toujours active, on peut la voir au Haroun Al-Rashid Sémiramis Intercontinental, lieu unique au Caire où tous les amateurs de la sensualité des danses arabes seront comblés. D'un autre côté, les amoureux de danse classique ne sont pas abandonnés dans la capitale, loin de là. Le corps de ballet de l'Opéra du Caire est à l'image de l'institution dont il est membre : unique dans la région mais inégal dans ses prestations. Autrefois pourtant, il baignait dans une aura prestigieuse. Fondé en 1953, le corps de ballet de l'Opéra du Caire est à l'origine calqué sur le modèle du Bolchoï, des interprètes de ce dernier entraînant même les danseurs locaux. Mais au fil du temps, la qualité a décliné, bien que l'on assiste depuis quelque temps à sa renaissance. Aujourd'hui, on y va essentiellement pour voir les grands classiques du répertoire occidental. La danse moderne et contemporaine n'est pas en reste. Introduite doucement dans les années 1990, elle s'épanouit autour de la figure centrale de Karima Mansour. Formée essentiellement à la London School of Contemporary Dance, elle crée, à son retour au Caire en 1999, MA'AT, première compagnie de danse contemporaine établie en Égypte. Puis, en 2012, c'est aussi elle qui fonde et dirige le Cairo Contemporary Dance Center, la première école de danse contemporaine locale, cherchant à tisser un réseau de danseurs et chorégraphes dans le pays. Si l'on peut voir de la danse classique (fréquemment) comme contemporaine (plus rarement) à l'Opéra du Caire, deux événements intéressants ont lieu en Égypte : D-CAF, festival d'art contemporain multidisciplinaire (danse, théâtre, musique, arts visuels), pendant trois semaines chaque printemps, et le Festival international de danse contemporaine durant une dizaine de jours en mai, chaque année.

En parallèle d'une littérature nationale très riche, le théâtre égyptien connaît quelques belles plumes. On pense bien sûr à Andrée Chedid, célèbre en France, et ses pièces *Bérénice d'Égypte* ou *Les Nombres*, et à Adel Hakim qui a dirigé le Théâtre des Quartiers d'Ivry et a composé une œuvre lucide et humaine. Mais tout aussi importants sont Salah Abdel Sabour et Ahmed Chawqi, sommets de la dramaturgie poétique locale, Tawfiq al-Hakim et son immense œuvre sur l'Égypte et la nature humaine, ou Youssef Idriss, partisan d'un style théâtral national.

LITTÉRATURE

Quel étrange pays que l'Égypte, l'un des premiers, voire le premier, qui voit naître l'écriture et pourtant se laisse oublier durant des siècles avant que les hiéroglyphes ne commencent à passionner les chercheurs et à attiser la curiosité des foules. Un pays où la littérature est restée en sommeil jusqu'à ce que l'expédition d'un Français incite à une vraie prise de conscience intellectuelle mais, dans le même temps, une contrée qui a su se nourrir des influences extérieures avant de créer ses propres styles. Qui veut aujourd'hui découvrir cette littérature aura fort à faire, et devra se partager entre les textes anciens, miraculeusement conservés et traduits, le naturalisme du XIXe siècle qui a laissé place au réalisme du XXe, et les voix contemporaines, parfois censurées à l'intérieur même des frontières, qui ne cessent d'interpeller sur les dérives et autres chamboulements que connaît aujourd'hui la société égyptienne.

Les temps anciens

Il serait impossible de ne pas commencer cette courte présentation de la littérature égyptienne sans rappeler que ce pays est l'un des premiers foyers de civilisation où l'écriture est apparue. Les hiéroglyphes, qui amusent tout autant les enfants qu'ils intriguent les adultes, sont des dessins figuratifs ou abstraits que l'on retrouve gravés dans les cartouches qui ornent les temples et tombeaux. Les plus anciens sont datés de plus de 3 000 ans avant Jésus-Christ, et cette écriture sacrée, qui serait un don du dieu Thot fait aux hommes, n'a pas fini de livrer tous ses secrets. Sur papyrus, sans doute pour gagner du temps, les scribes préféraient utiliser des caractères simplifiés et stylisés : l'écriture hiératique, puis le démotique, l'une des trois langues figurant sur la célèbre « pierre de Rosette ». En 392, l'empereur Théodose signe l'interdiction des cultes païens et avec cet édit s'enclenche la disparition de l'écriture hiéroglyphique au profit de l'arabe égyptien. Ce n'est que mille ans plus tard, à la Renaissance, que des cardinaux de Rome découvrent des obélisques couchés, et que les savants décident de déchiffrer ces étranges caractères. Que nous reste-t-il à proprement parler de ces temps anciens ? Finalement pas mal de textes qui font le bonheur des égyptologues et des papyrologues. Des autobiographies, notamment celle d'Ouni, exposée au Musée du Caire, dont la vie – cela est vertigineux – nous est racontée plus de 4 000 ans après sa mort, mais, bien sûr, également des textes religieux. Parmi les plus anciens, les *Textes des pyramides* sont découverts à la fin du XIXe siècle par Gaston Maspero sur le site d'Ounas ; ils seront complétés quelques décennies plus tard par les *Textes des sarcophages* collectés par Adriaan de Buck. Ces formules d'accompagnement des défunts se retrouvent dans les papyrus placés près des momies, à l'instar du *Livre pour sortir au jour*, plus connu sous le nom de *Livre des morts des anciens Égyptiens*. Au-delà des rites funéraires, l'écriture sert aussi à figer la tradition. *L'Enseignement de Ptahhotep* est l'un des plus anciens livres de sagesse à nous être parvenus. Alors très âgé, le vizir demande l'autorisation au pharaon de transmettre à son fils ce qu'il a compris de la vie. Ce traité des règles morales que se doivent d'observer les honnêtes hommes, reflète une haute conception humaniste. À partir du Moyen Empire, l'usage du papyrus devenant plus courant, apparaissent des textes véritablement littéraires. Citons par exemple *Les Contes des magiciens à la cour de Khéops* qui avaient pour vocation de divertir le roi, une touche fantastique venant agrémenter ces histoires aux thèmes toujours si familiers de l'amour et de l'infidélité. Les grands mythes et les fables donnent la part belle à la poésie qui devient très en vogue durant le Nouvel Empire. Mais il nous faut désormais laisser les morts à leur repos et nous accorder une ellipse millénaire.

L'avènement de la littérature égyptienne

Quand Bonaparte s'offre une expédition égyptienne à la toute fin du XVIIIe, il ne se doutait certainement pas qu'il laisserait derrière lui une interrogation qui deviendrait un leitmotiv auprès des penseurs du pays, constat que Boutros al-Boustani mettra en mots quelques années plus tard sous la forme d'une question inquiète et dubitative : « Pourquoi sommes-nous en retard ? » Car cette confrontation avec l'Occident ouvre les vannes d'une véritable remise en cause intellectuelle, la Nahda, renforcée par l'indépendance acquise en 1805 et encouragée par l'arrivée au pouvoir de Méhémet Ali (ou Mohammed Ali), vice-roi, résolument réformiste et considéré comme le fondateur de l'Égypte moderne. Il décide d'envoyer en France des émissaires, dont Tahtâwî qui ramènera de ses cinq années de voyage *L'Or de Paris*, à découvrir aux éditions Sindbad-Actes Sud en version française.

Ce récit savoureux s'étonne tout autant des mœurs locales, féminines ou culinaires, qu'il s'enrichit de la pensée des philosophes des Lumières. L'auteur s'intéresse également à la syntaxe de la langue arabe, qu'il a tendance à simplifier pour la rendre lisible par le plus grand nombre, préfiguration du fabuleux travail qu'il accomplira à son retour au pays, notamment en créant une école de langue en 1835 et un bureau de traduction en 1841. En ce XIXe siècle, l'influence occidentale et l'entremêlement des cultures se ressentent également dans le théâtre. Ainsi, Yaqub Sannu, né au Caire en 1839, n'hésite pas à revendiquer l'inspiration qu'il trouve chez ses maîtres, de Molière à Goldoni, voire à adapter leurs œuvres en égyptien. Son engagement politique et sa lutte contre la domination anglaise qui se cristallisera lors de la guerre de 1882, le poussent à l'exil pendant une trentaine d'années. À Paris, il lancera le premier journal satirique arabe.

Chaque pays revendique son « Prince des poètes » et celui d'Égypte porte le nom d'Ahmed Chawqi. Après des études de droit en France et quelques séjours à l'étranger, il devient poète officiel de la cour du kédhive jusqu'en 1914, date à laquelle les Anglais l'exilent en Andalousie. Six ans plus tard, il retrouve son pays où sa précieuse contribution à la littérature égyptienne est totalement reconnue. La nostalgie, tout autant que l'éloge de sa patrie, sont au cœur de son œuvre, toujours très appréciée aujourd'hui, il est l'un des précurseurs du courant néoclassique. Dans le même temps, le genre romanesque lui aussi se développe, et il est habituel de citer *Zaynab* comme le premier roman moderne à thème social. C'est à Paris que Muhammad Haykâl (1888-1956) l'achève en 1914. L'auteur, qui publia dans un premier temps sous couvert d'anonymat au Caire, fit ensuite une belle carrière en tant que journaliste ; il est le fondateur de la revue *al-Siyasa*, puis en tant qu'homme politique en devenant président du Sénat en 1945, après avoir occupé la fonction de ministre de l'Éducation. *Zaynab* conte l'histoire, fort triste, d'une ouvrière agricole, et si le ton est plutôt larmoyant, Haykâl a néanmoins le mérite de mettre pour la première fois sur le devant de la scène la condition paysanne. Son quasi-contemporain, Taha Hussein, naît en 1889 dans une famille pauvre de la Moyenne Égypte, ce qui ne l'empêchera pas, lui aussi, de faire une brillante carrière politique, bien qu'il souffre de cécité depuis sa prime jeunesse. Bénéficiant d'une bourse d'État, il étudie à la Sorbonne et entre en littérature, comme beaucoup, par le biais de la traduction, se passionnant pour Sophocle et Racine aussi bien que pour André Gide. Sa biographie romancée en trois tomes (*Le Livre des jours* suivi de *La Traversée intérieure*) connaît un rayonnement universel par l'entremise, à son tour,

© GALYNA ANDRUSHKO - SHUTTERSTOCK.COM

Hiéroglyphes au Musée égyptien.

DÉCOUVRIR

des traductions (en français chez Gallimard), mais c'est son livre critique, *De la poésie préislamique*, qui lui vaut notoriété, et quelques hostilités, dans le monde arabe. Au tournant du XXe siècle naît une autre plume incontournable : Tawfiq al-Hakim, le « géant du théâtre arabe ». Avant-gardiste talentueux, plus ou moins compris, il abandonne sa carrière juridique pour se consacrer à l'écriture jusqu'à son décès survenu en 1987. Clairement novateur, on lui doit la création du « théâtre mental » et si ses pièces n'avaient pas forcément vocation à être jouées, elles constituent, sous des abords symboliques, une virulente critique de la société. Ses sources d'inspiration sont nombreuses, de l'ère pharaonique aux références mythologiques, du vaudeville à l'absurde, et ses quelques romans prennent parfois des accents autobiographiques, à l'instar de son *Journal d'un substitut de campagne.*

La littérature contemporaine

Le XXe siècle s'annonce mitigé : d'une part la littérature touche de plus en plus de lecteurs, grâce à une alphabétisation en hausse et à des auteurs, parfois journalistes, qui ont l'envie forte de faire montre de la réalité et de combattre les inégalités, d'autre part elle traverse des périodes obscures pendant lesquelles la censure morale est de mise. C'est pourtant ce siècle qui voit naître Naguib Mahfouz, en 1911, le premier écrivain arabe à recevoir le prestigieux prix Nobel de littérature en 1988. De son œuvre foisonnante, quelquefois inégale, il faut retenir sa *Trilogie du Caire* qui raconte, via les aventures d'une famille bourgeoise d'un quartier où il a lui-même vécu, un demi-siècle de l'histoire de son pays, et découvrir *Les Fils de la Médina* qui fut frappé d'interdiction au motif de blasphème. Si les positions politiques de l'écrivain ont longtemps donné lieu à polémique, ce qui est d'autant plus vrai avec le très court *Karnak Café* qui peut se lire comme une allégorie critique du régime de Nasser, dont le coup d'État de 1952 semblait pourtant avoir recueilli l'adhésion de Mahfouz, une femme, Nawal el Saadawi, née en 1931, n'a, pour sa part, pas hésité à risquer la prison pour faire connaître la terrible condition des femmes en Égypte. Son roman, partiellement autobiographique, *Mémoires d'une femme docteur*, devient en 1958 l'un des premiers textes féministes ; il sera suivi de beaucoup d'autres, de plus en plus engagés. Engagement également du côté de Sonallah Ibrahim, qui dresse dans *Les Années de Zeth* (Actes Sud, 1993) le portrait édifiant d'un pays phagocyté par la corruption et la religion. En 2016, aux éditions Cambourakis, le bédéiste et scénariste français Thomas Azuélos a fait paraître une adaptation de son roman quasi kafkaïen, *Le Comité*.

Tour à tour reporter de guerre et fondateur d'un hebdomadaire littéraire, Gamal Ghitany (1945-2015) était pour sa part peut-être moins affirmé d'un point de vue politique et éventuellement considéré comme plutôt mystique, néanmoins son œuvre, traduite en français principalement par les éditions Seuil, regorge d'humour et de tendresse quand il évoque son peuple à travers les siècles. Un autre écrivain a permis au lectorat français de découvrir les écrivains égyptiens contemporains, le succès de *L'Immeuble Yacoubian* d'Alaa al-Aswany, pourtant paru en 2002 chez Actes Sud, étant toujours actuel aujourd'hui en librairie. La faculté de l'auteur d'associer écriture classique et thèmes d'importance, à l'exemple de l'homosexualité ou de la révolution, a fait de lui un homme très en vue.

Statue d'Ahmed Shawqi.

Enfin, il ne serait pas possible de conclure sans évoquer ceux qui ont fait le choix d'écrire en français, voire de s'installer en Europe. Ainsi, c'est avec une infinie tristesse que Paris a assisté en 2011 aux funérailles d'Andrée Chédid, humaniste récompensée par le Goncourt de la nouvelle en 1979 et par celui de la poésie en 2002, et c'est la capitale française encore qui avait accueilli en 1969 Robert Solé dont la carrière au *Monde* a marqué tout autant que ses multiples publications. Gilbert Sinoué, né au Caire en 1947, est, quant à lui, reconnu pour ses romans policiers et historiques, auxquels il a décidé de se consacrer pleinement après avoir interrompu sa carrière de parolier.

TOP 10

LECTURE

Une vie ne suffirait sans doute pas à découvrir les mystères de l'Égypte ancienne ou la plume des auteurs contemporains reconnus qui ont la chance de voir leurs romans traduits en français. Petit florilège de lectures à considérer comme une minuscule porte d'entrée vers un pays toujours aussi fascinant.

ROMAN RÉALISTE

En 2001, 52 homosexuels sont inculpés d'outrage aux bonnes mœurs. Un roman âpre récompensé par le Prix de la littérature arabe en 2019.
La Chambre de l'araignée, Mohammed Abdelnabi, Sindbad Actes Sud.

CARTES POSTALES

De ses multiples séjours au Caire, le dessinateur a ramené des fragments d'histoires et de paysages, composant une mosaïque tendre et puissante.
Cairo Blues, Pino Creanza, Rackham.

APPRENDRE

© PUF

Que sais-je ? Faire le point sur une écriture qui émeut toujours autant et compléter ses découvertes avec *L'Égypte ancienne*, de Sophie Desplancques, paru dans la même collection.
Les Hiéroglyphes égyptiens, Jean Winand.

UN INCONTOURNABLE

Sur fond de mobilisation populaire, celle qu'a connue la place Tahrir en 2011, un jeune couple connaît ses premiers émois. Un roman choral censuré en Égypte.
J'ai couru vers le Nil, Alaa El Aswany, Actes Sud.

BANDE DESSINÉE

© CAMBOURAKIS

Pendant trois ans, l'auteure a recueilli les souvenirs de son père, Kosta, né en Égypte dans une famille grecque. À travers ses yeux se dessine l'histoire du XXe siècle.
L'Arbre de mon père, Émilie Saitas, tomes 1 et 2, Cambourakis.

ROMAN HISTORIQUE

© SEUIL

Le plus français des écrivains égyptiens signe son septième roman et une grande fresque sur le périple de l'obélisque de Louksor.
Les Méandres du Nil, Robert Solé, Seuil.

UN BEAU LIVRE

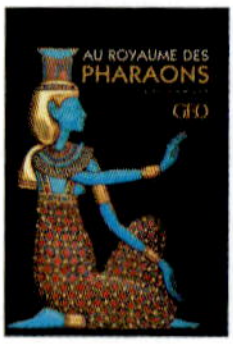

Un ouvrage qui livre tous les secrets de l'Égypte ancienne et offre la chance de visiter les pyramides en visiteurs privilégiés.
Au royaume des pharaons, Zahi Hawass [auteur] et Araldo De Luca [photographies], Géo.

ROMAN GRAPHIQUE

© P.O.L

Le Caire comme vous ne l'avez jamais imaginé, avec ses palaces, ses casinos, ses chanteuses, ses intrigues… Un siècle au Proche-Orient en 576 pages et 400 illustrations.
Ô nuit, ô mes yeux, Lamia Ziadé, P.O.L.

RÉALITÉ OU FICTION

© ÉDITIONS DE L'AUBE

L'auteure s'inspire de sa propre expérience pour livrer un portrait sans concession d'un pays dans lequel une femme a encore besoin d'un mari pour exister.
Cherche mari désespérément, Ghada Abdel Aal, Éditions de l'Aube.

UN CLASSIQUE

Entre onirisme et érudition, l'auteur français dresse un merveilleux portrait d'un ailleurs qui continue d'enchanter les lecteurs.
Voyage en Orient, Gérard de Nerval, Garnier Flammarion.

A L'ÉCRAN

L'Égypte peut être considérée comme le premier pays ayant véritablement participé au développement du cinéma du Moyen-Orient. Aux prémices du cinéma égyptien, une quarantaine de films sont tournés en vingt ans, souvent avec une simple toile peinte comme décor. Dans les années 1910 et 1920, de nombreuses salles de cinéma sont décorées dans un style « égyptisant ». Par ailleurs, avec l'arrivée du cinéma parlant, des comédies musicales et de la construction de nombreux studios, le cinéma égyptien tend vers un cinéma à l'américaine. L'Égypte se distingue aussi par sa prédilection pour un genre important du 7e art : le réalisme, porté par des réalisateurs comme Salah Abouseif ou Youssef Chahine. Les années 1990 et 2000 sont un désastre pour le cinéma égyptien, en raison de la censure qui a pris une place considérable. Ces dernières années, les artistes féminines reprennent en main cet art, comme elles l'avaient si bien fait à ses débuts.

Débuts féminins

Le cinéma arrive en Égypte un an seulement après son invention par les frères Lumière. Les premières projections cinématographiques égyptiennes se déroulent au Caire et à Alexandrie. Dès sa naissance, le 7e art a le coup de foudre pour l'Égypte. En 1917, on compte déjà plus de 80 salles de cinéma dans tout le pays. Vers 1915, on remarque quelques scènes tournées en Égypte, montrant le quotidien égyptien. En 1927, l'Égypte donne naissance à son premier long-métrage, *Laila* réalisé par Wadad Orfi. Situé dans un village au-dessus des ruines de Memphis, ce film nous raconte l'histoire de Laila, dont le fiancé s'éprend d'une touriste et abandonne la jeune Égyptienne. Le rôle principal est interprété par l'une des figures légendaires du cinéma égyptien, Aziza Amir (1901-1952), qui produit également le film. Femme de conviction et véritablement moderne, Amir sélectionne sa filmographie, que ce soit en tant que scénariste, réalisatrice, actrice ou productrice. Les œuvres auxquelles elle participe tendent à sensibiliser le grand public aux problèmes sociaux de l'Égypte, avec des thèmes comme le monde ouvrier ou les traditions du mariage. Les artistes égyptiennes participent véritablement à la naissance et au développement du cinéma égyptien, comme la comédienne de théâtre Fâtma Rouchdi, qui produit et joue dans le film *El zowaje* (*Le Mariage*, 1933).

Hollywood-sur-Nil

Le début des années 1930 amène la création de plusieurs studios cinéma comme le studio de Togo Mizrahi (situé à Alexandrie, il est le plus grand producteur de films égyptiens à l'époque) ou les studios Misr. Ceux-ci, construits en 1935, participent considérablement au développement du cinéma égyptien, au même titre que l'arrivée du cinéma parlant.

Affiche d'un film classique égyptien.

En raison du contexte social et politique du pays, le cinéma croît plus vite en Égypte que dans d'autres pays du Moyen-Orient. L'Egypte se calque sur Hollywood, le cinéma devient le deuxième secteur économique le plus fructueux du pays (après le coton). Avec l'arrivée du cinéma parlant, un genre fait son entrée dans le cinéma égyptien : la comédie musicale. Mario Volpe, un réalisateur napolitain réalise la première comédie musicale égyptienne *el-Fouad* (*La Chanson du cœur*, 1932).

Les années du réalisme et Youssef Chahine

À l'aube des années 1940, le réalisateur autodidacte égyptien Abd al-Ghani Kamal Salim nous offre l'œuvre *el Azima* (*La Volonté* avec comme actrice principale Fâtma Rouchdi), premier film réaliste dans un cinéma égyptien qui jusque-là, comporte presque exclusivement des comédies ou mélodrames. Salim est également connu pour avoir réalisé l'adaptation égyptienne des *Misérables* de Victor Hugo (*al-Bu'asa'*, 1943) ainsi que celle de *Roméo et Juliette* (*Shuhada'al-Gharam,* 1944). Le début des années 1950 suit dans la lancée du cinéma réaliste, avec des réalisateurs tels que Salah Abouseif ou Youssef Chahine. Abouseif situe une bonne moitié de ses films dans sa ville natale, Le Caire, et plus exactement à Boulaq. En 1960, Abouseif tourne, d'après une œuvre de Mahfouz, *Morts parmi les vivants* avec Omar Sharif, acteur égyptien renommé. Ce dernier fait sa première apparition au cinéma dans *Ciel d'enfer* en 1954 de Youssef Chahine. Il enchaîne en 1956 avec *Les Eaux noires* de Chahine également. En 1989, il retrouve les studios cairotes pour tourner *Le Marionnettiste* de Hani Lachine et en 1991, *Le Citoyen Masri* de Salah Abouseif. Youssef Chahine passe sur le devant de la scène cinématographique en 1958 avec *Gare centrale* qu'il réalise et interprète. Tensions et passions dans ce lieu fixe que peut être une gare, la gare centrale Ramsès. Poursuivi, harcelé par la censure, il s'installe au Liban mais revient en Égypte en 1969 avec *La Terre*. Suivra *Alexandrie pourquoi ?* qui lui vaudra en 1978 un Ours d'argent et le grand Prix du jury au festival de Berlin. *L'Émigré* avec Michel Piccoli (1994) est, à son tour, interdit en Égypte. Chahine obtient le Prix spécial du jury à Cannes avec *Le Destin* en 1997, sur le philosophe musulman Averroès, et entre définitivement dans le cœur des Français. Citons *L'Autre Sort* (1999) puis *Silence, on tourne* (2001) avant *Alexandrie — New York* qui est présenté au Festival de Cannes en 2004.

© FEATUREFLASH PHOTO AGENCY - SHUTTERSTOCK.COM

Youssef Chahine lors du festival de Cannes de 1997.

Les années 1990 et 2000

Les années 1990 et 2000 portent un coup dur au cinéma égyptien, qui est opprimé par une censure extrême de la part de la police (qui met en mal les droits de tournage), de la télévision (premiers subsides aux productions) mais aussi des autorités qui poursuivent les réalisateurs et les producteurs pour motif religieux. La saga *La Momie* (Avec Brandon Fraser et Rachel Weisz, 1999) dont l'intrigue se passe pourtant en Égypte antique, se tourne au Maroc, en raison du climat politique égyptien très tendu. Les scènes du film sont finalement tournées à Marrakech et dans le Sahara marocain. Quelques jeunes cinéastes parviennent néanmoins à émerger de cette période difficile pour le 7e art égyptien, notamment Radwane Al Kashef avec *La Sueur des palmiers* (1998) ou Atef Etata et *Les Portes fermées* (1999). Certaines grosses productions internationales passent parfois par l'Égypte pour tourner certaines scènes de leur film. C'est le cas de *Syriana* (2005), thriller réalisé par Stephen Gaghan avec Georges Clooney et Matt Damon. Dans une société égyptienne toujours aussi conservatrice et oppressive, la seule progression est l'ascension des femmes artistes dans le monde du cinéma. Asma El-Bakri, réalisatrice originaire du Caire, commence sa carrière en étant l'assistante de Youssef Chahine et Salah Abouseif. Elle reçoit le premier Prix de la Biennale du cinéma arabe en 1992 pour son film *Mendiants et orgueilleux*. Ces dernières années, sur le petit écran égyptien, ce sont les trois réalisatrices de la série égyptienne *Le Septième Voisin* (*Saba'a gar*) qui font couler beaucoup d'encre. Cette série, que nous pouvons comparer à *Plus belle la vie* en France, traite de la vie de sept familles égyptiennes habitant toutes dans le même immeuble. Elle aborde des thématiques importantes de la vie quotidienne comme le conflit parents-enfants, les relations hors mariage ou l'avortement. Une partie de l'Égypte voit dans ce programme une « volonté de corrompre la jeunesse » et demande l'arrêt du programme. L'audace des réalisatrices paie néanmoins car *Le Septième Voisin* réunit près de deux millions de spectateurs par épisode.

POPULATION

Avec plus de 100 millions d'habitants, l'Égypte est le troisième pays le plus peuplé du continent africain, après le Nigeria et l'Éthiopie. Sa population se caractérise par sa jeunesse puisque l'âge médian y est de 24 ans ! En effet, avec un taux d'accroissement naturel élevé, le pays voit sa population augmenter extrêmement rapidement. Selon les estimations, la population atteindra 200 millions dans 30 ans, si ce rythme perdure. L'Égypte vit sa transition démographique avec un taux de mortalité en forte diminution à 5,8 ‰ et un taux de natalité qui reste haut à 24,5 ‰. Dans un pays aux ressources très limitées, un tel phénomène peut s'avérer une bombe à retardement si rien n'est fait pour le contrôler. Or aucune politique démographique digne de ce nom n'a été pour le moment lancée par les différents régimes, ces dernières années. Le défi démographique est assurément la problématique centrale de l'Égypte d'aujourd'hui et de demain.

Une mosaïque d'identités et de langues

L'identité arabe, complexe et multiforme, est souvent résumée à une donnée ethnique floue et non pertinente. Quelle origine ethnique unique pourrait rassembler des pays aussi divers que la Mauritanie, le Maroc, Le Liban, l'Égypte et l'Irak ? De plus, l'Égypte a été maintes fois conquise par des « étrangers » : Hyksos, Arabes, Turcs, Français, Anglais… Tous ont laissé une marque, culturelle, génétique, linguistique, sur la terre d'Égypte.

Les enjeux qui entourent la représentation des identités sont complexes et doivent être abordés en connaissance de cause. Les termes que nous utilisons ici sont donc les termes que les populations elles-mêmes utilisent pour se désigner.

Les Égyptiens composent 99 % de la population du pays. Qu'ils soient musulmans ou chrétiens, leurs ancêtres sont installés sur le territoire égyptien depuis plusieurs siècles. Leur langue maternelle est l'arabe. De temps en temps, comme expression d'une minorité qui a parfois du mal à trouver ses marques, les Coptes déclarent être les vrais Égyptiens, ceux « d'avant la conquête arabe ». C'est toutefois faire peu de cas des mariages qui eurent lieu depuis, entre musulmans et chrétiens, conquérants arabes et peuples « indigènes » ainsi que des conversions. Si l'on désigne l'Égypte comme un pays arabe, c'est avant tout en référence à la langue qui dirige la majorité des échanges et communications. L'arabe égyptien est parlé par toute la population du pays avec une diversité d'accents immense ! L'accent du Caire, si caractéristique, diffère grandement des accents d'Assouan, de Louxor, d'Alexandrie ou de Damiette. Dire que chaque ville a son accent propre n'est pas une exagération. Ces changements affectent la prononciation même de certaines lettres. Ce qu'un habitant de Louxor prononcera « j » sera prononcé « gu » au Caire ; une lettre que l'on ne prononce pas au Caire ou à Alexandrie se prononce « gu » en Haute Égypte… Et évidemment les expressions et références culturelles locales ponctuent une langue riche et variée.

Les Nubiens sont la minorité ethnique la plus importante d'Égypte. Plus qu'une appartenance ethnique, ils revendiquent l'appartenance à un peuple à part entière avec une langue différente et une culture particulière. Historiquement, la Nubie s'étend entre la première cataracte du Nil, à Assouan, et, le long du Nil, jusqu'à ce qui est désormais la capitale du Soudan, Khartoum. Toutefois, la Nubie est multiple et on y parle au moins cinq types de langues nubiennes. Le tracé des frontières et la submersion de la Nubie égyptienne par les eaux du lac Nasser a séparé les Nubiens d'Égypte des Nubiens du Sud. Ils revendiquent l'héritage d'une civilisation millénaire, toujours en contact avec l'Égypte : parfois vassaux, parfois voisins. Ils ont également dirigé l'Égypte, comme lors de la XXVe dynastie. Principalement installés dans la région d'Assouan et de Kom Ombo depuis la construction du haut barrage, l'exode rural ne les a toutefois pas épargnés et nombre d'entre eux habitent désormais au Caire ou dans le Delta. Au Caire, ils ont souvent été favoris pour les emplois de domestiques et de concierges pour les familles riches, rassurées par leur réputation d'honnêteté… Les Nubiens sont victimes de discrimination liée à leur couleur de peau ou à leurs pratiques culturelles. Si les préjugés les plus répandus dans la société égyptienne sont parfois vus comme « positifs », ils ont toutefois un impact considérable sur les relations entretenues avec la majorité. Le paternalisme et le mépris qui l'accompagne ne sont pas rares. Leur langue maternelle est le nubien, jusqu'au déplacement de 1964. L'arabe était cependant parlé par beaucoup, surtout par les hommes, qui entretenaient des relations économiques avec les populations du Nord du pays.

Depuis, l'usage de ces langues a fortement diminué, principalement à cause du déplacement des populations vers des zones moins isolées et majoritairement égyptiennes. Kom Ombo, Assouan et les villages qui bordent le Nil jusqu'au barrage sont désormais le centre de la culture nubienne. Certains essaient de préserver et de dynamiser le patrimoine culturel, qu'il soit architectural, artisanal ou musical, avec succès souvent ! Symbole des transformations récentes de la culture nubienne, le chanteur Mohamed Mounir a connu un immense succès en Égypte et à l'étranger. Sa musique est souvent marquée par les sons et instruments de sa région natale.
Au nord-ouest du pays, à quelques kilomètres de la frontière libyenne, les Berbères d'Égypte peuplent les oasis de Siwa. Ils sont entre 20 et 30 000 et parlent le siwi, une langue berbère très proche du rifain marocain. Longtemps resté très isolée de l'État central égyptien, Siwa peut être considérée comme indépendante, jusqu'à ce que l'armée de Mohamed Ali occupe l'oasis et y impose l'influence du jeune État égyptien. Ce n'est que dans les années 1990 que les Siwis sont rattachés au reste du pays par une route goudronnée. Depuis, un processus certain d'« égyptianisation » a lieu, sans qu'aucune étude n'en analyse l'ampleur. Tout comme les Nubiens, la plupart des Siwis sont bilingues arabes. Si les institutions égyptiennes ont pied dans l'oasis, les populations sont toujours gérées majoritairement par les institutions traditionnelles tribales, comme c'est le cas dans certaines régions de Haute Égypte. La justice y est rendue par le chef de village ou d'autres personnalités légitimes. La justice étatique n'intervient qu'en cas de crimes.
L'Égypte, avec l'Arabie saoudite, la Jordanie et Israël, est un des rares pays ayant une importante population de Bédouins. Ils seraient 380 000 selon des chiffres de 2007 et habitent principalement la péninsule du Sinaï. Ils parlent un dialecte arabe bien distinct. L'identité bédouine ne se réfère pas à une appartenance ethnique mais à l'appartenance aux tribus bédouines historiques, créant donc une identité complexe et mouvante. Les tribus se réfèrent généralement à un ancêtre commun, souvent issu de la péninsule arabique, et qui donne son nom à la tribu. L'identité bédouine était marquée par un mode de vie nomade et l'élevage de caprins, d'ovins et de camélidés. Toutefois, depuis le XXe siècle, leurs sociétés ont subi des bouleversements majeurs et la plupart des Bédouins égyptiens sont désormais semi-nomades ou sédentarisés. Leur intégration au système étatique égyptien est difficile du fait des difficultés à allier mode de vie bédouin avec les contraintes et devoirs imposés par les États modernes et leurs frontières. C'est ce qui explique en partie les nombreuses révoltes contre l'État central qui secouent le Sinaï depuis plusieurs décennies.
Au sud de l'Égypte habitent différents peuples nomades, principalement entre la mer Rouge et les rives du Nil et du lac Nasser. Les Bedjas, notamment, habitent un territoire à cheval entre l'Égypte, le Soudan et l'Érythrée. Ils seraient plus d'un million en Égypte et parlent le bedja, une langue d'origine couchitique originaire de la corne de l'Afrique.

© SYLVAIN GRANDADAM

Marchands coptes.

Terre de refuge, d'émigration et mouvements de population récents

L'Égypte, proche de nombreuses zones de conflit, accueille un nombre important de réfugiés et de demandeurs d'asile. Depuis le début du XXe siècle, l'Égypte a accueilli des victimes de tous les conflits régionaux. Fuyant l'Empire ottoman, de nombreux Arméniens ont trouvé refuge en Égypte à partir de 1915. Certaines études estiment le nombre d'Arméniens à 40 000 en 1952, nombre d'entre eux ont quitté l'Égypte après la chute de la monarchie. À partir de 1948, environ 50 000 Palestiniens ont quitté leur pays natal pour l'Égypte face à la guerre qui a suivi la déclaration d'indépendance d'Israël, la plupart y habitent toujours. Plus récemment, de nombreux Irakiens ont quitté leur pays en proie à des guerres sans fin et se dirigent vers l'Égypte. Ce sont désormais les Syriens qui constituent le gros du contingent de réfugiés en Égypte. Ils ont ouvert de nombreux restaurants, principalement au Caire et s'intègrent malgré des conditions de vie pénibles et un difficile accès à la régularisation. Soudanais, Éthiopiens et Érythréens sont également nombreux, principalement au Caire.

© EMAD OMAR FAROUK - SHUTTERSTOCK.COM

Jeune fille nubienne à Assouan.

L'Égypte héberge un grand nombre de personnes qui fuient des conflits ou des situations de grande misère. Toutefois, l'État égyptien ne fournit qu'un service minimum et ce sont principalement les institutions onusiennes qui fournissent un appui institutionnel aux réfugiés. Mais l'Égypte a également connu des déplacements de population internes qui ont bouleversé de nombreux territoires. L'exode rural a évidemment fait exploser la population des zones urbaines à partir des années 1960, mais les conflits ont également entraîné des déplacements importants. De nombreux habitants des villes de la zone du canal de Suez ont afflué vers Le Caire et le Delta durant les conflits qui ont touché ces zones en 1956, 1967 et 1973. Port Saïd notamment a été le théâtre de lourds combats en 1956 et 1967. La population a été également entièrement évacuée avant la guerre de 1973 ! Beaucoup de ces déplacés internes sont venus s'installer dans les faubourgs informels du Caire qui fleurissaient alors. En 1964, 50 000 Nubiens ont été déplacés suite à la construction du haut barrage d'Assouan, principalement vers Kom Ombo et Assouan, mais également au Caire, à Alexandrie et dans le reste du pays. Ces dernières années beaucoup d'habitants du nord du Sinaï ont pris la route de l'exil intérieur pour échapper aux groupes djihadistes et aux combats qui font souvent rage entre le gouvernement et les groupes armés. Selon certains scientifiques, ce ne sont pas loin de six millions de personnes qui pourraient être déplacées par la montée des eaux de la mer. En effet, Alexandrie et son agglomération sont particulièrement vulnérables à la montée des eaux due au réchauffement climatique.

Les Nubiens et leur combat

50 000 Nubiens ont été déplacés en 1964, quittant pour toujours leur terre natale, submergée par les eaux du Nil, retenues par la construction de barrage. Depuis, la culture nubienne, et notamment sa langue, s'est diluée dans la culture « globale » égyptienne. Toutefois, et depuis 1964, des activistes combattent pour la préservation des droits culturels et économiques des Nubiens, et notamment des descendants des déplacés de 1964. Récemment, les nouvelles générations portent de nouvelles revendications et réactivent l'activisme nubien. En effet, plusieurs manifestations ont eu lieu ces dernières années pour un droit au retour des Nubiens vers les rives du lac, droit inscrit dans la nouvelle constitution égyptienne de 2014. Pourtant, l'armée continue de saisir des terres pour de gigantesques projets agricoles, interdisant *de facto* le retour des populations. Ces manifestations sont une exception dans le contexte politique actuel de répression violente. Arrêté en septembre 2017 après une manifestation pour le droit au retour, l'activiste nubien Gamal Sourour est décédé dans sa cellule des suites d'une grève de la faim.

SOCIÉTÉ

La société égyptienne est une société de classes où les inégalités sont fortes et croissantes. En 2018, 32,5 % de la population était considérée comme « pauvre ». Ce chiffre est en augmentation depuis plusieurs années. Le reste de la population peut être classé sous le terme de « classe moyenne inférieure ». Ces gens ont un emploi, voire deux, peut-être un appartement à loyer modéré bloqué. Ils n'ont pas de voiture, vont rarement en vacances et sortent peu. Un peu mieux placée, la « classe moyenne supérieure » est composée de vieilles familles vivant de leurs rentes, d'ingénieurs, de médecins revenus des pays du Golfe en ayant amassé des devises qu'ils ont réinvesties en partie dans l'économie égyptienne. Certains d'entre eux atteignent la classe supérieure. La classe sociale la plus élevée représente 8 millions d'habitants, soit 10 % de la population, et concentre 25 % des revenus du pays.

Naissance et enfance

Le taux d'accroissement naturel de la population est de 1,87 %. Le taux de mortalité infantile est de 26,2 ‰. Dans un pays ou encore beaucoup de naissances se font à la maison et où le suivi de la grossesse est réservé à une population qui en a les moyens, le taux de mortalité infantile est très élevé. L'indice de fécondité est de 3,5 enfants par femme. Pour la plupart des familles égyptiennes la naissance est un don de Dieu qu'il convient d'accueillir. Malgré cela, des associations de planification familiale tentent d'expliquer aux femmes les enjeux de la gestion des naissances. Pour le moment, elles ont peu d'impact sur la population et aucun soutien gouvernemental.

Les enfants reçoivent un prénom, qui est suivi du prénom du père et du prénom du grand-père. Le nom de famille est peu utilisé. Les garçons sont circoncis, qu'ils soient chrétiens ou musulmans. C'est une tradition à la fois religieuse et sociale. De très nombreuses petites filles subissent encore des mutilations génitales. Malgré l'interdiction de l'excision en 2008 et les actions du gouvernement et des associations, l'Égypte a l'un des taux de prévalence les plus élevés dans le monde. Les chiffres avancés par l'UNICEF sont alarmants : on estime que 91 % des femmes égyptiennes mariées âgées entre 15 et 49 ont été mutilées – 72 % d'entre elles par des médecins. L'origine de cette pratique est confuse : religieuse, traditions familiales… L'excision est pratiquée aussi bien chez les musulmans que chez les coptes.

Relations entre hommes et femmes

La société égyptienne est basée sur des valeurs conservatrices sociales et religieuses qui influent fortement la vie de la population, du berceau jusqu'à la tombe. Les relations entre hommes et femmes ne sont pas exemptes de ce traditionalisme qui encadre et guide les relations sexuelles, maritales et amicales. La tradition veut que l'homme soit en charge d'assurer un revenu à la famille et que la femme s'occupe du foyer et des enfants. Toutefois cette distribution traditionnelle des rôles est de plus en plus remise en question, en particulier dans les milieux urbains. De nombreuses femmes travaillent et sont indépendantes financièrement. Le haut taux de divorce (environ 40 %) fait qu'il n'est plus exceptionnel d'avoir des familles monoparentales. Toutefois de graves problèmes persistent et les cas de harcèlement sexuel ne sont pas rares, même si peu font l'objet d'une plainte. Il est très difficile pour un célibataire d'habiter seul. Difficile pour les hommes, c'est presque impossible pour une femme, en dehors du mariage. La mixité restreinte, les tabous qui entourent la sexualité et les grandes difficultés à avoir des relations sexuelles avant le mariage contribuent à l'ignorance de l'autre genre. Sur beaucoup d'aspects, les femmes restent considérées comme inférieures dans la société égyptienne. Cet état de fait est entretenu par des lois discriminantes, notamment concernant la succession.

Éducation

En Égypte, l'école est obligatoire entre 6 et 14 ans. Elle est gratuite jusqu'à l'obtention du baccalauréat. Néanmoins, beaucoup d'enfants échappent au système scolaire obligatoire, principalement pour travailler et participer au revenu de la famille. La loi égyptienne interdit le travail pour les moins de 14 ans, mais permet des stages à partir de 12 ans, « dans le but de participer à la période des récoltes agricoles ». D'autres enfants très jeunes travaillent malgré l'interdiction. L'éducation des enfants coûte cher aux parents et les redoublements ne sont donc que très rares. Beaucoup d'élèves accumulent des difficultés qui rendent leur éducation de plus en plus compliquée, les bases n'ayant pas été acquises. La vie scolaire égyptienne est rythmée par de nombreux examens qui condi-

© SYLVAIN GRANDADAM

Le métro cairote, certaines voitures sont réservées aux femmes seulement.

tionnent le passage en classe supérieure. Ce système culmine avec l'équivalent du baccalauréat, système complexe qui détermine l'orientation des étudiants en fonction de leurs résultats. Ce système exacerbe la compétition et met une pression très forte sur les enfants dès leur plus jeune âge. Le classement des bacheliers se fait au niveau national et détermine leur entrée dans les universités du pays, classées par facultés et villes, par ordre de mérite. Le prestige accordé à certaines sections, la honte dévolue à d'autres, et le blocage des pourcentages a souvent pour conséquence de former des médecins sans vocation, des ingénieurs sans génie, et de briser des talents artistiques et toute expression créative. Les frustrations sont nombreuses parmi la jeunesse qui se voit souvent privée de tout choix par des parents ambitieux ou par des résultats décevants. Les cours privés « du soir » sont un phénomène très courant. Face aux mauvaises conditions d'enseignement dans le public, de nombreux parents paient des cours particuliers ou en petits groupes à leurs enfants. Or ce sont souvent les mêmes professeurs qui les assurent, pour améliorer leur salaire, souvent très mauvais. Deux millions d'étudiants sont inscrits dans l'enseignement supérieur général. La majorité des étudiants arrêtent leurs études au niveau licence qui s'obtient en quatre années. À part quelques facultés renommées (médecine, ingénierie, sciences politiques...), les diplômes obtenus dans le public ont peu de valeur. Les meilleurs et les plus riches poursuivent généralement leurs études à l'étranger. Depuis quelques années, des universités privées à dénomination étrangère proposent des diplômes de meilleure qualité et une coopération avec des universités européennes pour un diplôme reconnu dans ces pays, mais contre des frais d'inscription prohibitifs, surtout au regard du niveau de vie moyen. L'université égyptienne la plus cotée demeure l'American University of Cairo, créée en 1919 et dont le campus historique se situe place Tahrir, en plein cœur du Caire. Un nouveau campus a ouvert récemment à l'extérieur du Caire, il a coûté presque un demi-milliard de dollars. La German University of Cairo lui fait concurrence et, à moindre échelle, l'Université française.

La famille

Elle constitue le noyau de la société égyptienne ; elle lui donne tout son sens, et prédomine en cela sur l'individu. Dans la plupart des couches sociales, c'est la famille – transformée en conseil – qui va déterminer les choix importants de la vie des individus : orientation universitaire, carrière professionnelle, fiançailles, mariage.

La mère y a un rôle capital ; la maison est son domaine, et c'est en son sein que les rencontres sociales décisives se passent. Dans les familles moyennes, le salon est conçu à la manière d'un sas conventionnel qui ne laisse rien entrevoir de la vie réelle de la famille mais permet de recevoir les gens extérieurs à la famille. Les arrangements matrimoniaux s'y tiennent, ainsi que les dîners entre collègues de travail. La mère se doit d'avoir préparé un espace irréprochable, une cuisine classique parfaite, et d'avoir endimanché ses enfants. La mère sera jugée sur les descendants qu'elle aura donnés à son mari, raison pour laquelle donner naissance à un garçon est indispensable ; c'est presque une faute pour la mère, dans certains milieux, de commencer par mettre une fille au monde. Le mari ne s'occupera pas de l'éducation de sa progéniture, sa responsabilité étant de pourvoir aux besoins financiers de son petit monde.

Les rapports entre une mère et son fils sont très forts et très marquants de la place de l'homme dans la société et dans la vie d'une femme en Égypte. La place des personnes âgées est au sein de la maison familiale ; le devoir des enfants est de leur procurer toute l'aide nécessaire à bien vivre leurs jours de retraite, en remerciement des années d'éducation reçues. Ce retour de balancier pallie également à la quasi-absence de politiques sociales. La place de la famille est tellement importante que les amis proches sont appelés par les mêmes termes : on dira facilement *Oncle* au proche ami du père ou *Tante* à l'amie intime de la mère, aux beaux-parents des frères et sœurs, etc. Lors d'un mariage, la famille entière est présente, jusqu'aux plus éloignés des parents. Le mariage est un poste de dépenses très important pour les familles qui se doivent d'impressionner leurs invités, souvent très nombreux. Lors d'un décès, c'est toutes affaires cessantes que l'on accourt pour soutenir la famille endeuillée. Les condoléances sont un exercice indispensable, et l'on vient présenter sa sympathie, soit à la maison, soit dans des salons aménagés à cet effet près des mosquées et des églises. Pour ceux empêchés par l'éloignement, le « quarantième jour » est organisé : quarante jours après l'inhumation, une commémoration est organisée, généralement dans les mêmes lieux. La structure familiale forte sied à la plupart de la société, d'autant que ses valeurs sont affirmées par les religions musulmane et copte. L'individu y a une place réduite, mais le respect des valeurs familiales, tel qu'il a été inculqué aux enfants, fait que peu de revendications personnelles éclosent. Ce n'est que dans certaines familles des classes moyenne et supérieure que l'individu a la possibilité d'exprimer des choix personnels.

La santé

La première loi d'assistance sociale a été promulguée en 1950, complétée depuis par un fonds d'assurance sociale et reformée plusieurs fois. L'adhésion au système est théoriquement obligatoire et à la charge de l'employeur et de l'employé (à partir de 18 ans, ou de 16 ans pour les employés du secteur public). Cependant, la plupart des employés du secteur privé étant des manœuvres journaliers, ne disposent pas de contrat de travail et ne peuvent donc adhérer au fonds de sécurité sociale. Parmi les hôpitaux publics, la qualité du système de santé est très inégale d'un établissement à l'autre.

On compte treize centres hospitaliers universitaires (les CHU) et 18 autres établissements ou instituts spécialisés de bon niveau. Toutefois de nombreux établissements privés, aux soins de plus ou moins bonne qualité, ont ouvert face à l'engorgement des services publics et à leur mauvaise réputation. L'espérance de vie en Égypte est de 71,5 ans. La population est sujette à de nombreuses épidémies que le manque de politiques de santé publique aggrave. L'Égypte a le taux d'obésité le plus haut au monde et le diabète touche quant à lui 16 % de la population. L'hépatite C, inoculée massivement dans les années 1960 lors d'une campagne de vaccination, est presque entièrement éradiquée grâce à une campagne de masse. Les chiffres officiels sont rassurants vis-à-vis des contaminations du virus HIV mais ils sont sûrement largement sous-évalués du fait du stigmate social que porte la maladie. Si les traitements sont disponibles et gratuits, aucune campagne de prévention ne sensibilise la population aux dangers de la contamination.

Mariage égyptien.

RELIGIONS

L'Égypte est un berceau millénaire de religions et de cultes variés. C'est en Égypte que les juifs reçoivent de Dieu les Tables de la Loi, les lois fondamentales des trois monothéismes. Une fois la grande religion antique éteinte, le pays devient l'une des cinq Églises fondatrices de la chrétienté, membre de la Pentarchie. Des siècles plus tard, les armées musulmanes conquièrent l'Égypte. D'abord province marginale, l'Égypte deviendra le centre d'un État musulman riche et prospère. Pendant longtemps, ces trois religions ont cohabité en paix, œuvrant souvent ensemble à la prospérité du pays. L'émergence des nationalismes et la chute de l'Empire ottoman précipitent la dissolution de ce monde et sa recomposition autour d'identités parfois à vif. Toutefois, musulmans et chrétiens cohabitent toujours en paix en Égypte, malgré l'existence de discriminations et les actions criminelles de groupes extrémistes.

Islam

La religion est centrale en Égypte et représente une part fondamentale dans la construction des identités individuelles et collectives. L'article 2 de la Constitution inscrit l'islam comme religion d'État et l'article 46 autorise la liberté de culte. Les chiffres concernant le nombre de fidèles en Égypte sont l'objet d'intenses tractations politiques et sont très contestés. Les personnes de confession musulmane représenteraient entre 90 et 95 % de la population, les chrétiens entre 5 et 10 % et les autres religions (juifs, bouddhistes et autres) moins de 1 %.

L'islam est né dans la péninsule arabique, à La Mecque, après que le Prophète Mohamed a reçu la révélation de l'archange Gabriel. Il recueille alors la parole de Dieu dans le livre sacré, le Coran. Rejetés par l'élite mecquoise païenne, Mohamed et ses disciples fuient et s'installent à Médine. C'est l'Hégire, en 622, qui marque le début du calendrier musulman. Les quatre successeurs de Mohamed sont tous issus de son entourage direct, ce sont les califes « bien guidés » Abu Bakr, Omar, Osman et Ali. Ils vont étendre le règne de l'islam de l'Indus jusqu'à la péninsule ibérique. C'est sous le calife Omar que l'Égypte est conquise et que la première mosquée du continent africain est construite, la mosquée 'Amr Ibn El 'As.

L'islam est basé sur l'unicité de Dieu, Mohamed est seulement son messager. L'islam le plus orthodoxe ne reconnaît donc pas l'existence de saints, même s'ils sont nombreux à être révérés dans certains pays. Dieu est également inimaginable et ne peut être représenté. La pratique du croyant est organisée autour de cinq piliers principaux : l'attestation de foi et reconnaissance de l'unicité de Dieu (*Chahada*) ; les cinq prières quotidiennes (*Salât*) ; l'aumône (*Sadaqa*) ; le jeûne (*Sawn*) durant le mois de Ramadan et le pèlerinage à La Mecque (*Hajj*). L'islam est composé de très nombreux courants et les pratiques sont très variées suivant les régions. Toutefois on identifie généralement deux courants principaux : le sunnisme, le chiisme.

L'islam s'installe dès 642 avec la conquête du pays par les armées arabes, dirigées par Amr Ibn al-As. Dès lors, elle est la religion des dirigeants ; il faudra toutefois deux siècles pour qu'elle devienne majoritaire parmi la population. L'islam pratiqué par la majorité des Égyptiens aujourd'hui est d'obédience sunnite et appartient aux écoles malékite ou chaféite. Mais l'Égypte a longtemps été gouvernée par des dynasties chiites comme les Fatimides qui fondent la mosquée-université Al-Azhar en 970. C'est désormais une des plus importantes institutions intellectuelles du monde sunnite. De nombreux Égyptiens pratiquent le soufisme, branche ésotérique et mystique de l'islam, populaire notamment dans les mondes perse et turc. Aux grandes fêtes traditionnelles (*'eïd al-fitr* et *'eïd al-adha*, appelés aussi petit et grand *Eïd*) s'ajoutent en Égypte les *mouled*, célébrations de l'anniversaire de saints. Au Caire, ce sont le petit-fils du Prophète, Hussein, et sa sœur, Zeinab, qui sont célébrés chaque année. Ces célébrations, qui se rapprochent fortement de rites chiites, illustrent la perméabilité qui existe entre les pratiques. La mosquée représente un lieu de culte mais également un important espace de socialisation. Autrefois, elle pouvait également être un endroit d'études, lorsque lui était attachée une *madrasa*. Les jeunes garçons y apprenaient la lecture de l'arabe, la récitation du Coran et les préceptes de la religion. Le Caire compte un nombre incalculable de mosquées et Le Caire islamique recèle des exemples de l'architecture la plus fine des époques fatimide, mamelouke et ottomane entre autres. L'islam est un rouage essentiel de la société égyptienne qui structure les relations familiales, les mariages et les divorces, l'héritage et une partie des relations économiques.

Au début du XXe siècle, l'Égypte devient le centre intellectuel et politique de l'islam politique, avec la création en 1928 de la confrérie des Frères musulmans par Hassan el Banna. Face à l'occidentalisation revendiquée par les dirigeants égyptiens, ce mouvement prône un retour aux principes islamiques qu'ils veulent être la base de la société et de l'État. C'est la première fois qu'une organisation politique moderne prend l'islam comme base idéologique. Le succès du mouvement est souvent considéré comme précurseur des bouleversements qui vont voir, durant la seconde moitié du XXe siècle, les mouvements islamistes prendre une place politique de plus en plus importante.

Christianisme

C'est en l'an 40 que, d'après la tradition, Marc l'Évangéliste crée l'Église d'Alexandrie. Elle fait partie de la pentarchie originelle avec les Églises de Rome, Constantinople, Antioche et Jérusalem. Suite aux différents schismes qui fracturent la religion chrétienne durant ses premiers siècles, l'Église d'Alexandrie s'éloigne du reste de la chrétienté et se divise elle-même : l'Église copte orthodoxe, l'Église grecque orthodoxe d'Alexandrie et l'Église catholique copte. Pour les chrétiens, l'Égypte est également le lieu d'exil de Jésus, Marie et Joseph lors de leur fuite face au roi Hérode. Avec l'arrivée de l'islam, la majorité des habitants du pays vont petit à petit se convertir mais une minorité très importante perdure, surtout au sein de l'Église copte orthodoxe. Les relations avec les musulmans sont en général pacifiques, les coptes occupant notamment des activités commerciales vitales à la prospérité du pays. Les chrétiens et les juifs habitant en terres musulmanes sont soumis au statut de *dhimmi* : un impôt spécial est prélevé en échange de la liberté de culte et de la protection du calife ou du sultan. Ils sont également tenus à l'écart de certaines professions, militaires notamment. Certaines périodes sont toutefois marquées par des discriminations intenses à leur encontre. C'est le cas du règne du calife fatimide Al-Hakim (996-1021) qui détruit de nombreux monastères et églises, multiplie les mesures discriminantes et renforce la répression contre la production d'alcool et sa consommation. La période des croisades, puis des invasions mongoles, va mettre encore plus à mal cette relation particulière. En effet, le soutien des chrétiens d'Irak et de Syrie aux envahisseurs entraîne une méfiance accrue des califes d'Égypte et de Syrie.

Mohamed Ali, le fondateur de l'Égypte moderne, donne l'accès à l'armée aux chrétiens et abolit l'impôt de la *jizya*, symbole majeur du statut de *dhimmi*. Aujourd'hui, les coptes sont intégrés dans la société égyptienne mais font toujours face à des discriminations. Les autorités rendent souvent difficile la construction de nouvelles églises en imposant des retards considérables dans la délivrance d'autorisations. Il leur est également presque impossible de faire carrière dans l'armée. Les coptes sont également victimes d'attaques répétées de groupes extrémistes islamistes, surtout depuis la fin des années 1990. La fin 2016 et l'année 2017 ont été particulièrement meurtrières avec l'attentat contre l'Église Saint-Pierre-et-Saint-Paul au Caire en décembre 2016, puis les attentats du dimanche des Rameaux en avril 2017, suivis par l'attaque de bus de pèlerins à Minya en mai 2017.

L'Église copte possède sa propre langue liturgique, le copte, héritée de la langue des Égyptiens de l'Antiquité. Les coptes ne reconnaissant pas le pape de Rome, ils sont dirigés par le pape – ou patriarche – de l'Église copte.

Imam de la mosquée el-Azhar, fondée par des chiites fatimides en 926.

DÉCOUVRIR

© SYLVAIN GRANDADAM

Lecture et chant en langue copte ancienne, monastère Theodoros El-Morhab.

La communauté copte est très croyante et les prescriptions de la religion sont fortement suivies par les membres de la communauté. La vie des fidèles est rythmée par les fêtes ainsi que par le jeûne. Les fêtes importantes comme Pâques et Noël sont évidemment très suivies. Elles donnent lieu à des messes gigantesques et sont suivies par des périodes de jeûne. Celui-ci n'est pas une privation totale de nourriture, il s'agit en fait de retirer certains mets de son alimentation : la viande, le lait, les œufs, le fromage… Le Noël copte est le 7 janvier, comme pour les autres Églises orthodoxes, et a été reconnu jour férié en 2002.

Durant le XXe siècle, on compte plusieurs Premiers ministres et ministres appartenant à la minorité copte et les gouvernements récents ont souvent inclus des chrétiens dans leurs rangs. L'homme le plus riche d'Égypte, Naguib Sawiris, est également copte. Sa famille est l'une des plus puissantes du pays.

Judaïsme

Plus encore que pour l'islam ou le christianisme, l'Égypte est au centre du récit fondateur du judaïsme, le plus ancien des monothéismes. Dans le livre de la Genèse, il est indiqué que les Hébreux, suivant Joseph, se sont établis en Égypte où ils prospérèrent. Dans le livre de l'Exode, la situation a fortement changé et les Hébreux ont été réduits en esclavage par Pharaon. Guidés par Moïse, ils se libèrent de la tyrannie et fuient le pays à travers le désert du Sinaï où ils reçoivent de Dieu les Tables de la Loi. Ce mythe fondateur millénaire est l'une des bases des trois monothéismes et continue encore d'inspirer croyants et artistes. Selon les données archéologiques, plus terre à terre, la présence des juifs en Égypte remonte à l'époque biblique. Ils s'y seraient réfugiés pour éviter les représailles des Babyloniens lors d'un conflit avec le royaume de Juda. Si des traces d'implantations juives ont été découvertes sur l'île Éléphantine, c'est Alexandrie qui est le centre de la communauté. Celle-ci est écrasée par Trajan après une révolte majeure en 115 – 117. La vie des juifs s'améliorera considérablement sous le règne des dynasties musulmanes où le statut de *dhimmi* leur garantit une protection qui n'existait pas sous le règne des Byzantins. En dehors des périodes rigoristes, ils participent à la vie du pays et accèdent parfois à de hauts postes administratifs, notamment sous l'Empire ottoman. Au tournant du XXe siècle, les juifs sont bien implantés en Égypte et on retrouve même plusieurs personnalités juives, comme Yaqub Sanu, parmi les premiers nationalistes égyptiens qui combattent la tutelle britannique. La dégradation de la situation en Palestine mandataire n'épargne pas l'Égypte où les tensions sont vives. L'indépendance d'Israël en 1948 est une fracture majeure dans les relations entre les juifs égyptiens et le reste de la société. La communauté juive est désormais perçue comme une cinquième colonne et la méfiance se mêle à la rancœur. De nombreux juifs quittent alors le pays pour l'Europe, les États-Unis ou Israël. L'intervention militaire de la France, le Royaume-Uni et Israël contre l'Égypte suite à la nationalisation du canal de Suez en 1956 scelle le destin des dizaines de milliers de juifs qui habitent encore le pays. Ils sont désormais tous considérés comme sionistes et ennemis de l'État et sont presque tous expulsés et voient leurs biens confisqués, tout comme la majorité des Européens qui habitaient encore le pays. Aujourd'hui la communauté juive d'Égypte se compose d'une petite centaine de personnes et une association s'efforce toujours de faire vivre le patrimoine de cette communauté disparue.

QUE RAPPORTER ?

L'Égypte, terre de tourisme, propose un éventail de produits au visiteur. La qualité varie grandement et les bustes de Toutankhamon en résine ou plastique abondent dans les marchés destinés aux touristes, au Caire, à Louxor, Assouan ou Hurghada. L'Égypte offre également des produits locaux de bonne qualité. Il faut toutefois s'armer de patience et ne pas hésiter à s'aventurer en dehors des marchés touristiques. Il est plus facile de trouver des produits locaux dans les marchés du Caire et d'Alexandrie, moins soumis au tourisme de masse que ceux de Louxor ou de la mer Rouge, par exemple. La plupart des reproductions d'artefacts pharaoniques, costumes de danseuses du ventre, écharpes et galabeya vendus sur les artères touristiques ne sont pas issus de la production locale, et souvent d'une qualité moindre. Il est facile de faire de bonnes affaires mais rappelez-vous qu'un produit au prix très bas est rarement authentique ni de bonne qualité.

Les souks

Les *souks* (mot arabe pour « marchés ») permettent de mêler la balade au shopping. Le quartier du Khan el-Khalili au Caire et les rues avoisinantes ont un charme indéniable et vous permettront de découvrir le patrimoine historique entre deux achats. Il existe également des établissements spécialisés dans le commerce équitable, comme les magasins Fair Trade Egypt dans lesquels vous pourrez trouver des produits locaux de qualité. Le centre-ville possède un nombre incalculable de boutiques de vêtements et de chaussures, vous y trouverez facilement un costume ou des chemises pas chers. Parfois les prix sont indiqués, sinon demandez la moitié du prix proposé puis augmentez petit à petit jusqu'à atteindre un juste milieu avec le marchand. Feindre de partir ou de se fâcher fait également partie de la négociation, mais toujours avec cordialité et un bon sens de l'humour !

▸ **La marqueterie traditionnelle** : boîtes de formes et de tailles variées, jeux d'échecs ou backgammon allient nacre, os et bois. Vous en trouverez beaucoup dans les rues les plus fréquentées des souks, souvent de mauvaise qualité. Le quartier de Darb El-Ahmar, autour de Bab Zuweila au Caire, cache des ateliers où vous pourrez acheter des produits authentiques de meilleures qualités.

▸ **Les produits en albâtre** et pierres taillées sont très nombreux dans les marchés de Louxor et d'Assouan, vous en trouverez également au Caire. Souvent en résine ou en poudre de pierre, certains magasins à Louxor et au Caire offrent toutefois une production de belle qualité. Faites confiance à votre toucher pour distinguer le faux du vrai.

▸ **Les bijoux** sont de qualité variable, vous en trouverez pour tous les goûts. Les magasins sont nombreux dans les souks, restez attentifs aux poinçons lorsque vous achetez de l'or ou de l'argent. Les marchands proposent également un large choix de bagues pour hommes et femmes.

▸ **Le textile** : l'Égypte était autrefois renommée pour la qualité de sa production de coton. Si l'âge d'or de la production textile est terminé, on peut toujours trouver des tissus de très bonne qualité. Les magasins Fair Trade proposent de belles serviettes, écharpes et couvertures de lits. Les magnifiques châles brodés Abu Ghazala sont très populaires en Haute Égypte et se trouvent facilement dans tous les souks.

▸ **Lampes et luminaires** : souvent cuivrés et percés de multiples trous, parfois en mosaïques de verre de couleur, vous en trouverez très facilement dans tous les souks que vous rencontrerez à travers le pays.

▸ **Les produits en verre soufflé** : souvent en verre de couleurs (bleu, vert, marron) ou transparents, les vendeurs proposent une large production de verres, carafes et objets décoratifs. Les magasins sont aussi parfois des ateliers et la production est souvent faite à partir de verre recyclé à partir de bouteilles. Au Caire, vous en trouverez un certain nombre autour de Bab Zuweila ou à côté du mausolée du sultan Qaytbay.

▸ **Poterie** : l'Égypte bénéficie d'une production de poteries locales et originales. Le centre de la production est le village de Tunis dans le Fayoum mais vous pourrez trouver des produits dans des magasins de commerce équitable, ainsi qu'à Louxor où une école de poterie a ouvert récemment.

▸ **Les *galabeyas*** : cet habit traditionnel (équivalent égyptien de la djellaba d'Afrique du Nord) existe pour hommes et pour femmes. Vous en trouverez de partout mais surtout en Haute Égypte où la majorité des habitants la portent encore souvent.

© TAWFIK DEIFALLA - SHUTTERSTOCK.COM

Tissus égyptiens.

Les tapis : souvent dotés de beaux motifs bédouins, vous en trouverez en laine et en coton dans les souks et les grands magasins spécialisés des villes touristiques. Si vous êtes de passage par Saqqarah, vous pouvez vous arrêter dans les nombreuses écoles de tapisserie qui longent la rue menant au site archéologique.

Les produits d'hygiène et de beauté peuvent également être des souvenirs originaux à rapporter chez vous. Certains magasins spécialisés, comme la marque Néfertari, propose de nombreux produits de beauté à base d'ingrédients naturels. Savons, huiles essentielles et crèmes peuvent également faire de jolis souvenirs. De nombreuses boutiques proposent également des *fouta*, serviettes fines en coton qui sont parfaites pour la douche comme pour la plage !

Pour les amoureux de la fripe, rendez-vous dans le quartier de Boulaq et son souk Wikalât-al-Balah. Les rues proches du pont du 26-Juillet sont entièrement dédiées à la vente d'habits de seconde main. En cherchant bien vous tomberez sûrement sur une pièce qui vous intéresse, pour un prix modique ! C'est également l'occasion de se balader dans un quartier populaire de la capitale, dont le charme des petites rues est mis en danger par le délabrement avancé de certains immeubles.

Antiquités : le grand souk du Khan el-Khalili au Caire propose également de nombreux magasins d'antiquités. Vous pourrez y acheter des artefacts divers et variés : cadres, vieilles radios, lampes, affiches et bijoux. L'authenticité n'est pas assurée mais on y trouve de beaux souvenirs originaux.

Alimentation

Les épices : elles abondent dans tous les souks du pays. Cumin, poivre noir, sumac et mélanges spéciaux, vous trouverez sûrement votre bonheur dans l'un des multiples magasins. Les fleurs d'hibiscus séchées nécessaires à la préparation du *carcadet* (ou *bissap*) peuvent être un souvenir original et facile à ramener dans les valises !

Les magasins d'épices proposent souvent aussi du henné, réputé pour le soin des cheveux. Le vrai safran est rare en Égypte et très cher. Ce qu'on vous vendra comme du safran est souvent du faux safran, ou carthame des teinturiers.

Les dattes : l'Égypte en est le premier producteur au monde ! Suivant les saisons vous pouvez les consommer fraîches ou à différents stades de séchage. Vous trouverez facilement un grand nombre de variétés à la qualité variable, le prix est généralement un bon indicateur. Elles se conservent très bien séchées et sont faciles à transporter.

Café turc : si vous aimez le café turc vous trouverez facilement des paquets à rapporter à la maison, ainsi que la *kanaka* dans laquelle on le prépare. Des magasins spécialisés existent où vous pouvez choisir votre café, la finesse de la moulure et la proportion de cardamome à y ajouter.

Pâtisseries : les pâtisseries égyptiennes comme la *basboussa* (gâteau de semoule) ou les gâteaux sablés sont faciles à trouver et se conservent très bien.

SPORTS ET LOISIRS

L'Égypte est une nation phare du football africain, l'un des trois pays du continent (avec le Maroc et le Nigeria) à avoir atteint le top 10 du classement FIFA, celui des meilleures équipes du monde. Et avec la superstar de Liverpool Mohamed Salah dans leurs rangs, les Pharaons (le surnom de l'équipe nationale) n'ont pas fini de faire parler d'eux. Comme les joueurs de squash, qui squattent les meilleures places mondiales. Côté activités, on se rend surtout en Égypte pour balader ses palmes dans la mer Rouge et profiter des incroyables fonds sous-marins qu'elle offre. Mais même plus confidentielles, d'autres activités sont possibles au pays des pharaons. Golf, tennis ou équitation dans les terres, kitesurf, sports nautiques motorisés et pêche au gros sur l'eau ou encore quad et 4x4 dans le désert, il y a quand même de quoi transpirer un peu.

Le football, le sport no 1

Même si comme dans d'autres pays africains, vous ne verrez pas de matchs de foot improvisés sur toutes les places, les Égyptiens sont de vrais passionnés du ballon rond. Il faut dire qu'ils ont de quoi s'enflammer. Les « Pharaons », le surnom de l'équipe nationale, ont été la première équipe africaine à disputer la Coupe du monde en 1934. Plus récemment, la sélection a régné sans partage sur le continent en remportant trois Coupes d'Afrique des nations en 2006, 2008 et 2010. Finalistes en 2017, ils n'ont pas réussi à gagner l'épreuve malgré la présence dans leurs rangs de Mohamed Salah, l'attaquant star du pays (et de Liverpool avec qui il a remporté la Ligue des Champions 2019) et l'un des meilleurs joueurs de la planète actuellement.

Du côté des clubs, Al-Ahly et Zamalek SC (deux équipes domiciliées au Caire) sont les plus grandes équipes du pays et brillent régulièrement au niveau continental.

Champions du monde de squash !

On ne le sait pas toujours, mais l'Égypte est tout simplement la meilleure nation du monde de squash. Arrivé dans le pays lors de l'occupation britannique à la fin du XIXe siècle, le squash s'est imposé comme une activité phare vers les années 1930. Avant que les Égyptiens ne deviennent des maîtres de la discipline dans les années 1990 et trustent les places d'honneur dans toutes les grandes compétitions internationales. Pour se rendre compte de la domination égyptienne, il suffit de jeter un œil au classement mondial en février 2020 : 6 joueurs du pays font partie du top 10 mondial, dont 4 occupent les… 4 premiers rangs.

Et l'influence *british* ne s'est pas arrêtée là puisque les Égyptiens sont également de redoutables joueurs de croquet et boulingrin, une sorte de pétanque sur herbe. *So british, isn't it* ?

Des jeux de société très populaires

Si vous êtes amateur de dominos, de tric-trac (le backgammon local) ou d'échecs, vous aurez l'occasion de vous y adonner. Cela semble être l'occupation favorite des hommes qui fument la chicha dans les cafés, lorsqu'ils ne regardent pas un match de football à la télévision bien sûr.

Équitation ou golf ? Toujours chic !

Arpenter les étendues désertiques à cheval, du moins aller du plateau des pyramides de Guiza à celui de Saqqarah ? Il est possible, au Caire et ailleurs, de monter à cheval sur des sites splendides. Le long du Nil, à Louxor, au bord de la mer Rouge, vous en prendrez plein les yeux. De nombreuses agences proposent des excursions aux quatre coins du pays. Quant au golf, il s'est développé en Égypte à la fin des années 1980, date à partir de laquelle les parcours ont poussé sur le désert, les grandes étendues vertes flirtant avec les mers de sable. Outre les trois golfs historiques du Guezira, du Mena House et d'Alexandrie, le pays possède de plus en plus de parcours très récents, alliant beauté et difficultés.

Dans l'eau, il n'y a pas que la plongée !

Mondialement célèbres pour la plongée, les stations balnéaires de la mer Rouge proposent aussi quelques activités motorisées, principalement du ski nautique, du wakeboard, du jetpack et du jet-ski. Le kitesurf, sport mêlant glisse sur l'eau et envolées vers le ciel, se développe de plus en plus en Égypte. Quelques destinations sont particulièrement courues, telles que Ras es-Sudr, Dahab, Port-Safaga. Quant aux amateurs de pêche au gros, ils pourront se faire plaisir au large de Hurghada notamment.

GASTRONOMIE

Malgré un territoire en très grande partie désertique, l'Égypte a pu, grâce au Nil, établir l'une des plus anciennes civilisations du monde. D'expérimentations en expérimentations, les anciens Égyptiens ont ainsi pu créer des produits du quotidien aussi divers que le pain, la bière ou le fromage. Cependant les siècles ont permis d'enrichir la cuisine égyptienne de nouveaux produits venant des quatre coins du monde. Une cuisine savoureuse qui n'est pas sans rappeler la gastronomie de ses voisins du Moyen-Orient. Légumes, céréales, légumineuses et autres féculents y tiennent une place importante. On consomme également de la viande, notamment de l'agneau, ainsi que du poisson et des fruits de mer pêchés le long des quelque 2 500 km de côtes du pays. En dessert, on savoure de nombreuses pâtisseries orientales classiques avec du thé noir, que l'on sirote à toute heure et que l'on sert à n'importe quel invité, en guise de bienvenue.

Les produits de base de la cuisine égyptienne

Bien qu'une grande partie de son territoire soit situé sur le continent africain, la cuisine égyptienne partage un grand nombre de similitudes avec les pays du Levant comme le Liban, la Palestine ou la Syrie, et plus largement avec les régions de Méditerranée orientale. Les influences du Maghreb – séparé de l'Égypte par l'immense désert libyen – sont moins importantes. Le pain pita (*eish baladi*) est un aliment de base. La cuisine égyptienne fait un usage intensif de légumineuses, de légumes et de fruits de la riche vallée et du delta du Nil.

Les viandes les plus cuisinées dans la cuisine égyptienne sont l'agneau et le bœuf, la plupart du temps utilisés pour les grillades. Les abats – généralement bon marché – constituent des en-cas populaires, notamment dans les souks. Le poisson et les fruits de mer sont courants sur les bords de côtes de l'Égypte, notamment à Alexandrie. Sans oublier le foie gras qui – ça peut surprendre – est produit en Égypte depuis des millénaires.

Les épices ont une place essentielle dans la cuisine égyptienne, les ports égyptiens de la mer Rouge ayant été depuis toujours les principaux points d'ouverture vers l'Europe. Le cumin est l'aromate le plus commun. Parmi les autres épices et herbes aromatiques répandues, on peut citer la coriandre, la cardamome, le piment, le laurier, le gingembre, l'anis, le persil, l'aneth, la menthe, la cannelle ou encore les clous de girofle.

Un aliment très consommé en Égypte est le fromage. Des égyptologues ont retrouvé, dans des tombes, des poteries portant des traces de fromage, ce qui laisse à penser que les Égyptiens ont fait partie des premiers peuples à en avoir produit.

DÉCOUVRIR

© ONFILM - ISTOCKPHOTO.COM

Marché d'épices de Charm el-Cheikh.

Le *mish* est un fromage fermenté, crémeux et très salé. Bien qu'il existe encore des productions artisanales, les fromages industriels sont de plus en plus courants. On retrouve le fromage dans tous les repas de la journée, y compris au petit déjeuner ou encore dans certains desserts, ce qui peut être surprenant. Parmi les plus répandus, on trouve le *domiati* (fromage frais), l'*areesh* (proche d'une mozzarella), le *laban rayeb* (à mi-chemin entre fromage frais et yaourt) et le *rumi* (à pâte dure, salée et affinée, proche du pecorino). Beaucoup de fromages sont à base de lait de bufflonne, mais aussi de brebis, voire de chamelle. Les desserts sont à l'image de la pâtisserie orientale : très sucrés, assez gras mais aussi très savoureux. Miel, eau de rose, fleur d'oranger, pistaches, amandes, orange, citron et dattes sont les ingrédients de base de nombreuses douceurs, que l'on déguste en sirotant un thé, la boisson nationale.

Une cuisine essentiellement végétarienne (mais peu équilibrée)

La cuisine égyptienne est principalement végétarienne, la viande ayant toujours été vendue à un prix élevé, mais aussi car le régime alimentaire de la communauté chrétienne copte (qui représente presque un tiers du pays) est essentiellement à base de produits végétaux pendant une majeure partie de l'année. Ainsi, elle est idéale pour les végétariens et végétaliens. On consomme quantité de légumineuses (fèves, lentilles, pois chiches, haricots, pois cassés, etc.), mais aussi des légumes (tomates, poivrons, aubergines, pommes de terre, carottes, choux, betteraves, potirons, concombres, etc.), le tout souvent accompagné de riz et d'autres céréales. Côté habitudes alimentaires il est vrai que, malgré une proportion généreuse de légumes et de céréales, les Égyptiens mangent assez gras. La journée se découpe en trois repas, avec beaucoup d'en-cas pris entre les repas, ce qui explique un pourcentage assez inquiétant de personnes en surpoids dans le pays. Le petit déjeuner est plutôt salé, à base d'œufs, de fromage blanc salé, de fromage sec, de salades de crudités, de pain et de féculents. Le déjeuner est souvent rapide, à base de viandes grillées, de riz, de pommes de terre et de légumes. Le menu du dîner est comparable à celui du déjeuner.

Parmi tous les plats à base de légumes et de féculents dont raffolent les Égyptiens, le *ful medames* est souvent considéré comme le plat national. Ces fèves cuites sont servies avec de l'huile d'olive et garnis de cumin. Il est toujours consommé avec du pain. Autre plat très populaire, le *kushari* se compose d'un mélange de riz, de macaronis et de lentilles, il est garni d'une sauce tomate épicée à l'ail, de pois chiches et d'oignons frits croustillants. Peu coûteux et nourrissant, c'est un aliment populaire.

Le repas et la religion

Bien que le ramadan soit un mois de jeûne pour les musulmans en Égypte, c'est généralement un moment où les Égyptiens accordent également beaucoup d'attention à la variété et à la richesse des aliments, car rompre le jeûne est une affaire familiale, souvent avec des familles entières réunies à table juste après le coucher du soleil. Il existe plusieurs desserts servis presque exclusivement pendant le ramadan, qui sont souvent très riches, pour regagner des forces après la journée de jeûne. Durant ce mois, de nombreux Égyptiens préparent une table spéciale pour les pauvres ou les passants, très souvent dans une tente dans la rue, appelée *Ma'edet Rahman*, qui se traduit littéralement par « Table du Miséricordieux », se référant à l'un des 99 noms de Dieu dans l'islam. Ceux-ci peuvent être assez simples ou assez somptueux, selon la richesse et l'ostentation du fournisseur. Les chrétiens – entre 10 et 25 % de la population – pratiquants ont eux aussi leurs périodes de jeûne selon le calendrier copte ; celles-ci peuvent couvrir plus des deux tiers de l'année pour les plus extrémistes et les plus observants. La population copte plus laïque ne jeûne principalement que pour Pâques et Noël. Le régime copte pour le jeûne est essentiellement végétalien. Pendant ce jeûne, les croyants mangent généralement des légumes et des légumineuses frits dans l'huile et évitent la viande et les produits laitiers, y compris le beurre.

Les classiques de la cuisine égyptienne

Les entrées et hors-d'œuvre sont assez proches de ce que l'on retrouve par exemple au Liban, avec le classique *houmous*, une purée de pois chiches parfumée d'ail, de cumin et de *tahini* (crème de sésame). Le *baba ghanoush* est une purée d'aubergines rôties parfumée également de *tahini*, d'ail, de coriandre et d'huile d'olive. Le *tahini* rentre d'ailleurs dans la préparation du *tehina*, un *dip* que l'on assaisonne aussi de jus de citron et d'ail. Plus fraîche, la *salata baladi* est une simple salade à base de tomates, concombres, oignons et piment, garnie de persil, cumin et coriandre. Le *torshi* (légumes marinés) est un classique en Méditerranée orientale (Turquie, Grèce, etc.). Pour déguster la *duqqa,* il faut d'abord tremper son morceau de pain dans l'huile, puis le rouler dans un mélange sec de noix, graines et d'épices en poudre. On retrouve également les fameux falafels, que l'on appelle *taamiya* en Égypte. À la différence de ceux que l'on trouve au Liban, ils sont ici à base de fèves et non de pois chiches.

On retrouve également divers types de viennoiseries salées et autres sandwichs, comme le *feteer* ou *fitir*, une sorte de galette feuilletée aussi bien salée que sucrée selon les garnitures. Le *hawawshi* est un chausson fourré de viande hachée marinée dans des oignons, du poivre, du persil et parfois des piments forts. Le *gollash* ou *goulash* (rien à voir avec la soupe hongroise) est une tourte en pâte filo, fourrée de viande ou de fromage. À emporter, vous trouverez toute sorte de sandwichs. Ils sont remplis au choix de *shakshouka* (œufs à la sauce tomate), de *taamiya*, de fèves, de kebab, de *kofta* (boulettes de viande), de pommes de terre, de beignets de chou-fleur, de salade, etc. Le plus connu de tous est le *chawarma*, composé de lamelles d'agneau ou de poulet (cuits au tournebroche) avec des tomates et des oignons et l'on garnit abondamment un *shami* (pain plat) avec cette préparation. Parmi les autres entrées, les Égyptiens adorent l'*eggah*, un type d'omelette à base de persil et de farine, semblable à une *frittata*, qui est cuit au four dans une poêle profonde. Ou encore le *keshk*, un *dip* salé à base de yaourt, de boulgour, d'ail et de menthe. Dans le même genre, le *besarah* est une crème de fèves, servie avec des oignons frits. Enfin, la *molokhiya* est une soupe préparée à base de feuilles de mauve (cousine de l'hibiscus), très finement hachées et mijotées avec de l'ail et de la coriandre, généralement dans un bouillon de volaille, avant d'être mixée, donnant un potage vert sombre, très populaire.

Des plats principaux qui tiennent au corps

En plat principal, les Égyptiens cuisinent de nombreux ragoûts comme le *bamia*, préparé avec de l'agneau, du gombo et des tomates, ou le *fattah*, un plat dégusté traditionnellement lors d'occasions festives, en particulier l'Aïd al-Adha. C'est un mélange de riz, de morceaux d'agneau, d'*eish baladi* (pain plat) coupé en morceaux et précuit au four, recouvert d'une sauce tomate légèrement vinaigrée. Le classique *kabab* (*kebab* en turc) se présente sous la forme de brochettes d'agneau haché, grillées au charbon de bois. Dans le même genre, le *kefta* ou *kofta* sont des boulettes de viande (bœuf et/ou agneau) richement assaisonnées, que l'on fait griller. Le *hamam mahshi* est une spécialité de pigeon farci de riz ou de blé et d'herbes. Il est d'abord bouilli jusqu'à ce qu'il soit tendre, puis il est rôti ou grillé. Côté bœuf, le *kamounia* est un ragoût parfumé au cumin qui contient parfois les abats de l'animal, dont les testicules. Le *kaware* est une recette de pied de vache, dont le bouillon est tout particulièrement apprécié comme aphrodisiaque en Égypte. Le *mombar* est une spécialité d'intestins de mouton farcis d'un mélange de riz et frits dans l'huile. Enfin, le *kersha* est simplement un ragoût de tripes avec de la tomate et des pois chiches. Vous l'aurez compris, les abats sont populaires en Égypte. Les sandwichs au foie, une spécialité d'Alexandrie, sont un en-cas populaire dans les villes. Des morceaux de foie hachés et frits avec des poivrons, du piment, de l'ail, du cumin et d'autres épices sont servis dans un pain de type baguette appelé *eish fino*. Le cerveau des vaches et des moutons est mangé en Égypte.

Côté poissons et fruits de mer, l'Égypte est bien dotée et possède l'une des plus grosses flottes de pêche du continent africain. Beaucoup de produits de la mer sont simplement grillés et/ou accompagnés d'une sauce tomate épicée. On pourrait citer le *sayadiya*, un riz à l'oignon et à la tomate, généralement servi avec du poisson frit. Il existe néanmoins des spécialités plus étranges comme le *fesikh*. Au moment de la fête de Cham el-Nessim, au printemps, il vous arrivera forcément d'être incommodé par l'odeur très puissante de ces poissons conservés dans du sel. Même si l'odeur devrait suffire à vous décourager, il est fortement déconseillé d'y goûter. Chaque année, la journée de Cham el-Nessim est endeuillée par la mort de plusieurs personnes, mort causée par le botulisme, maladie provoquée par une bactérie qui se développe dans des poissons mal conservés.

Inspiré des lasagnes italiennes, le macaroni béchamel est composé de *penne* recouvertes de sauce béchamel, de couches de bœuf haché, d'oignons et de sauce tomate, le tout recouvert à nouveau d'une fine couche de sauce béchamel, puis cuit au four à la perfection. Certains y ajoutent du *rumi*, un fromage salé proche du pecorino. Le *mahshi* est simplement une recette de légumes, poivrons, aubergines, courgettes, feuilles de chou ou de vigne, farcis de riz à la tomate. La *mesaqa'ah* ou *musaga* se compose d'aubergines tranchées légèrement grillées et placées dans une casserole avec des oignons, des poivrons verts et des piments. Le tout est recouvert d'une sauce tomate épicée avant d'être grillé au four. Le *torly* est un assortiment de courges, de pommes de terre, de carottes, d'oignons et de sauce tomate, le tout cuit au four. Enfin, le *sabanekh*, un ragoût d'épinards, généralement servi avec du riz, sert parfois à la confection de chaussons.

Les desserts orientaux

De l'extérieur, les pâtisseries égyptiennes font penser à des boutiques de fleuristes ou de robes de mariées avec des tas de rubans et de dorures qui dégoulinent le long de la vitrine. À l'intérieur, vous trouverez des pâtisseries orientales délicieuses. La pâtisserie El-Abd au Caire vaut par exemple le détour. Les desserts égyptiens sont semblables à d'autres douceurs communes en Méditerranée orientale.

Le *basboussa* est un dessert de semoule trempée dans du sirop. Il est généralement garni d'amandes, présenté traditionnellement coupé de biais, en forme de diamant. Le *baklava* se compose de multiples couches de pâte filo, d'un assortiment de noix/pistaches/amandes, recouvert d'un sirop sucré.

Les *ghorayeba* sont des sablés friables très riches en beurre et parfois parfumés de cardamome noire. Autre biscuit, le *kahk* est servi le plus souvent lors de l'Aïd al-Fitr en Égypte, saupoudré de sucre glace et parfois farci de dattes ou de noix.

Typique du Levant, le *kunafa* se compose de deux couches de cheveux d'anges (sortes de vermicelles) qui contiennent une couche de fromage doux fondant (proche de la mozzarella), le tout imbibé de sirop à l'eau de rose et garni de pistaches. Également imbibés de sirop, les *luqmet el qadi* sont de petits beignets en forme de boules, souvent servis avec de la cannelle en poudre. Le *roz bi laban* est un pudding de riz au lait parfumé de vanille que l'on sert parfois accompagné de cannelle et de fruits secs concassés. Dans le même genre, l'*umm ali* est un pudding au pain imbibé de lait, de noix de coco et des raisins secs. Enfin, la *mahalabiya* est une sorte de flan égyptien à la noix de coco. En Égypte, le fameux *halwa* (nougat) est parfumé au *tahini* et garni de pistaches. Le *malban* est une confiserie proche d'un *loukoum*, confectionné à base de jus de raisin. Il contient également des pistaches.

Le thé, le café et autres boissons

Le thé est un élément essentiel de la vie quotidienne et de l'étiquette populaire en Égypte. Il accompagne généralement le petit déjeuner dans la plupart des ménages, et boire du thé après le déjeuner est une pratique courante. Visiter le foyer d'une autre personne, quel que soit le niveau socio-économique ou le but de la visite, implique une tasse de thé obligatoire ; il en va de même pour un rendez-vous d'affaires. Bref, le thé est la boisson nationale en Égypte, suivi de loin par le café. Le thé égyptien est dégusté dans un verre, noir et aigre, parfois avec du lait. La quasi-totalité du thé emballé et vendu en Égypte est importée du Kenya et du Sri Lanka. On retrouve deux variétés : le *kushari* et le *sa'idi*.

Le thé *kushari*, populaire en Basse Égypte, est préparé en suivant le traditionnel trempage du thé noir dans de l'eau bouillante que l'on laisse infuser. Il est quasiment tout le temps adouci avec du sucre et mélangé avec des feuilles de menthe fraîche. Le thé *kushari* est de couleur claire et a une saveur légère, avec moins d'une demi-cuillère à café de thé par tasse. Il est considéré comme proche du haut de gamme. Le thé *sa'idi* est courant en Haute Égypte. On commence par faire bouillir du thé noir avec de l'eau quelques minutes sur une flamme forte. Le thé *sa'idi* est particulièrement puissant, avec en général près de deux cuillères de thé par tasse. On y ajoute énormément de sucre, ce qui est une nécessité, car seul, le thé est très amer et noir comme du café. Mais il existe aussi diverses infusions, comme le *karkadeh*, un thé de fleurs d'hibiscus séchées, très populaire. La plupart du temps, le thé est servi extrêmement sucré et froid mais on peut aussi le boire chaud. Il aurait même été une des boissons préférées des pharaons et on trouve des vendeurs de *karkadeh* à tous les coins de rue en Égypte. Il est recommandé comme solution médicinale afin d'abaisser la tension artérielle lorsqu'il est consommé en abondance. Les infusions de menthe, de cannelle, de gingembre séché et d'anis sont également courantes, tout comme le *sahlab*. Cette boisson sucrée à l'aspect laiteux vous sera surtout servie en hiver. Il s'agit d'un mélange de farine de riz et de lait parfumé à la noix de coco, à la noix de cajou, aux amandes, le tout agrémenté de quelques raisins secs.

Le café (*qahwa*) – originaire d'Éthiopie et du Yémen – a été amené en Égypte par les Ottomans qui l'ont diffusé également à travers l'Europe. Bien que moins populaire que le thé il est néanmoins largement consommé dans le pays. Il est la plupart du temps préparé dans une petite cafetière appelée *dalla* ou *kanakah*, puis bu dans une petite tasse à café appelée *fengan*. Vous devrez préciser si vous le voulez sans sucre (*saada*), raisonnablement sucré (*mazbout*) ou généreusement sucré (*ziada*). Dans les hôtels – même haut de gamme –, au petit déjeuner, on vous servira généralement en guise de café un sachet de café soluble. Il est bien rare, en dehors du café turc qui se boit à petites doses, de trouver notre « vrai » café.

Parmi les autres boissons, on retrouve une multitude de jus de fruits comme le jus de canne

Thé à la menthe servi au Caire.

Dattes fraîches murissant sur un palmier.

à sucre (*aseer asab*), très populaire et servi par presque tous les vendeurs de jus de fruits, partout en ville. Une boisson fraîche et aigre à base de tamarin, appelée *tamr hindi*, est très appréciée en été. Enfin, le *sobia* est traditionnellement servi pendant le ramadan. C'est une boisson sucrée au lait de coco, généralement proposée par des vendeurs de rue.

Religion majoritaire du pays, l'islam interdit la consommation d'alcool. Néanmoins les boissons alcoolisées sont facilement disponibles dans le pays, la bière représentant 50 % de ce marché. Un type de bière connu sous le nom de *bouza* est confectionné avec de l'orge et du pain depuis la période prédynastique, soit plus 3 000 ans av. J.-C. En dehors des marques internationales, on retrouve également des bières égyptiennes au nom souvent assez imagées telles que Pharaohs, Luxor ou encore Sakara. En outre, l'Égypte a une industrie viticole petite mais naissante. Quelques vins du pays ont été récompensés de plusieurs prix internationaux ces dernières années. La plupart sont élaborés à partir de fruits provenant de vignobles d'Alexandrie et de Moyenne Égypte.

Voyage culinaire dans l'Égypte ancienne

Avec une histoire s'étalant sur plus de 6 000 ans, l'Égypte est l'une des plus anciennes civilisations du monde. Grâce aux eaux fertiles du Nil, ce pays a pu entretenir une population importante qui n'a cessé de grandir. Ainsi, de nombreux produits que l'on consomme aujourd'hui descendent de ce que les premiers Égyptiens ont concocté, entre fermentation, maturation, salage et bien d'autres techniques de conservation.

De nombreux historiens pensent, par exemple, que le fromage est originaire du Moyen-Orient entre l'Égypte et la Mésopotamie. Deux pots d'albâtre trouvés à Saqqara, datant de la première dynastie d'Égypte, contenaient du fromage. Ceux-ci ont été placés dans le tombeau vers 3 000 av. J.-C. Il s'agissait probablement de fromages frais coagulés avec de l'acide ou une combinaison d'acide et de chaleur. Une tombe antérieure, celle du roi Hor-Aha, pourrait également avoir contenu du fromage qui, d'après les inscriptions hiéroglyphiques des deux pots, semble provenir de la Haute et de la Basse Égypte.

Le pain égyptien était fabriqué presque exclusivement à partir de blé dur, qui était plus difficile à transformer en farine que la plupart des autres variétés de céréales que nous cultivons aujourd'hui, dont le blé tendre qui possède une teneur en gluten bien plus élevée, offrant une mie bien plus aérienne que les pains denses et compacts que l'on consommait à l'Antiquité. Cependant, la fermentation due aux bactéries présentes naturellement dans les céréales permettait au pain de lever légèrement, créant ainsi ce que nous appelons aujourd'hui le levain. Les arômes utilisés pour le pain comprenaient des graines de coriandre et des dattes, qui étaient utilisées uniquement chez les classes les plus aisées. En dehors du blé, l'orge était cultivée pour produire du pain et était également utilisée pour faire de la bière.

En effet, la bière était la principale source de nutrition et était consommée quotidiennement. Contrairement à la bière européenne moderne, elle était très trouble, avec beaucoup de particules solides, mais aussi très nutritive, rappelant presque de la bouillie. C'était une source importante de protéines, de minéraux et de vitamines et elle était si précieuse que l'on se servait des pots de bière comme mesure de valeur et on l'utilisait même en médecine.

Des trouvailles archéologiques montrent que la bière a été fabriquée en faisant d'abord « du pain de bière », un type de pain levé, légèrement cuit, mais pas assez pour tuer les levures. Il était ainsi émietté sur un tamis, lavé à l'eau dans une cuve, puis laissé à fermenter. Les enzymes commençaient à consommer l'amidon pour produire du sucre. On y ajoutait également un peu de levure pour accélérer la fermentation. C'est toujours un procédé commun dans les zones rurales d'Afrique.

Concernant les fruits et les légumes présents dans l'Égypte antique, on était bien loin de la diversité que l'on connaît aujourd'hui, d'autant que beaucoup de végétaux étaient semi-sauvages et donc très différents en termes de saveur, de taille et d'aspect, comparativement à ce que l'on retrouve de nos jours. De plus, les poivrons, pommes de terre, tomates, maïs ou encore potirons – venant d'Amérique – n'existaient pas en Égypte. Le sucre de canne, originaire d'Inde, n'avait pas encore fait route jusqu'en Afrique, les desserts étaient sucrés alors avec du miel. On consommait cependant de l'oignon, de l'ail, des laitues, du céleri et certains types de melons et de courges. Les animaux les plus importants étaient les bovins, les moutons, les chèvres et dans une moindre mesure les porcs. Les gibiers à plumes étaient appréciés comme la perdrix, le canard et l'oie. D'ailleurs le foie gras a été inventé par les anciens Égyptiens. On suppose que les premiers palmipèdes ainsi chassés avaient naturellement un foie plus gras car ils se nourrissaient abondamment avant les périodes de migration. Il fallut peu de temps aux Égyptiens pour comprendre qu'ils pouvaient recréer ce phénomène artificiellement en gavant les oiseaux, une technique qui remonte à 2 500 av. J.-C.

L'art de la table, un savoir ancestral

Des représentations de banquets peuvent être trouvées dans des peintures de l'Ancien et du Nouvel Empire. Ils commençaient généralement dans l'après-midi. Hommes et femmes étaient séparés sauf s'ils étaient mariés. Selon les classes sociales, les convives avaient ainsi droit ou non de s'asseoir sur une chaise. Avant que la nourriture ne soit servie, on allumait des cônes de graisse parfumée pour diffuser des odeurs agréables ou pour repousser les insectes. D'après les fouilles, les banquets débordaient de nourriture et d'alcool : bœufs rôtis entiers, canards, oies, pigeons ou même poissons. Les plats se composaient souvent de ragoûts servis avec de grandes quantités de pain, de légumes frais et de fruits. Pour les sucreries, il y avait des gâteaux cuits aux dattes et sucrés au miel. Hathor, déesse de l'amour, de la maternité et de la musique, était souvent invoquée lors de ces fêtes.

Shakshouka.

LE CAIRE

Sur les rives du Nil, à l'exact commencement des terres fertiles du delta, Le Caire est la seconde plus grande ville du continent africain (après Lagos, au Nigeria), bien que son parfum soit celui d'une ville pleinement arabe. Selon le dernier recensement de 2017, près de 18 millions d'habitants y vivent. On parle bien entendu du grand Caire, comprenant les deux gouvernorats administratifs du Caire (rive droite) et de Giza (rive gauche). Tout espace inhabité finit par être occupé, qu'il s'agisse des cimetières ou de secteurs destinés à l'activité agricole, artisanale et industrielle. La clameur incessante des klaxons, des ronflements de moteurs et des climatiseurs s'insinuera dans votre tête. Rassurez-vous, on s'habitue. Au bout de quelques jours, on s'étonne même de sa résistance à la pression étourdissante du Caire. L'anarchie de l'activité cairote résiste à toute explication rationnelle.

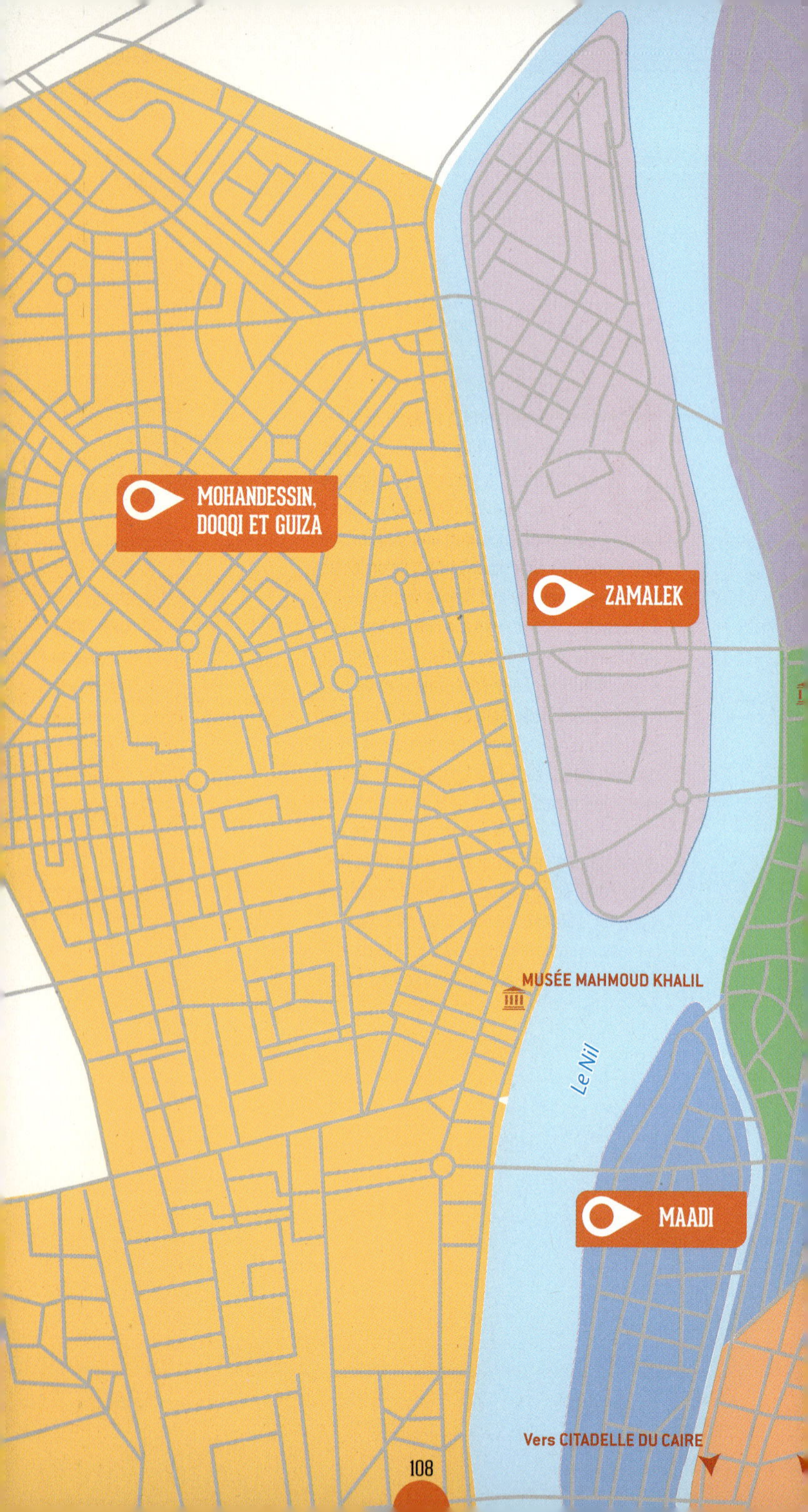
MOHANDESSIN,
DOQQI ET GUIZA
ZAMALEK
MUSÉE MAHMOUD KHALIL
Le Nil
MAADI
Vers CITADELLE DU CAIRE

Quartiers du Caire
HÉLIOPOLIS, MEDINAT NASR
ET NEW CAIRO
CENTRE-VILLE
ET GARDEN CITY
YPTIEN
KHAN EL-KHALILI
MUSÉE D'ART ISLAMIQUE
MOSQUÉE EL-AZHAR
MOSQUÉE SULTAN HASSAN
MOSQUÉE EL-REFAI
CITADELLE DU CAIRE
MOSQUÉE MOHAMMED ALI
MOSQUÉE IBN TOULOUN
MAISON DE GAYER ANDERSON
LE CAIRE ISLAMIQUE
ET LE VIEUX CAIRE
ÉE COPTE
500 M

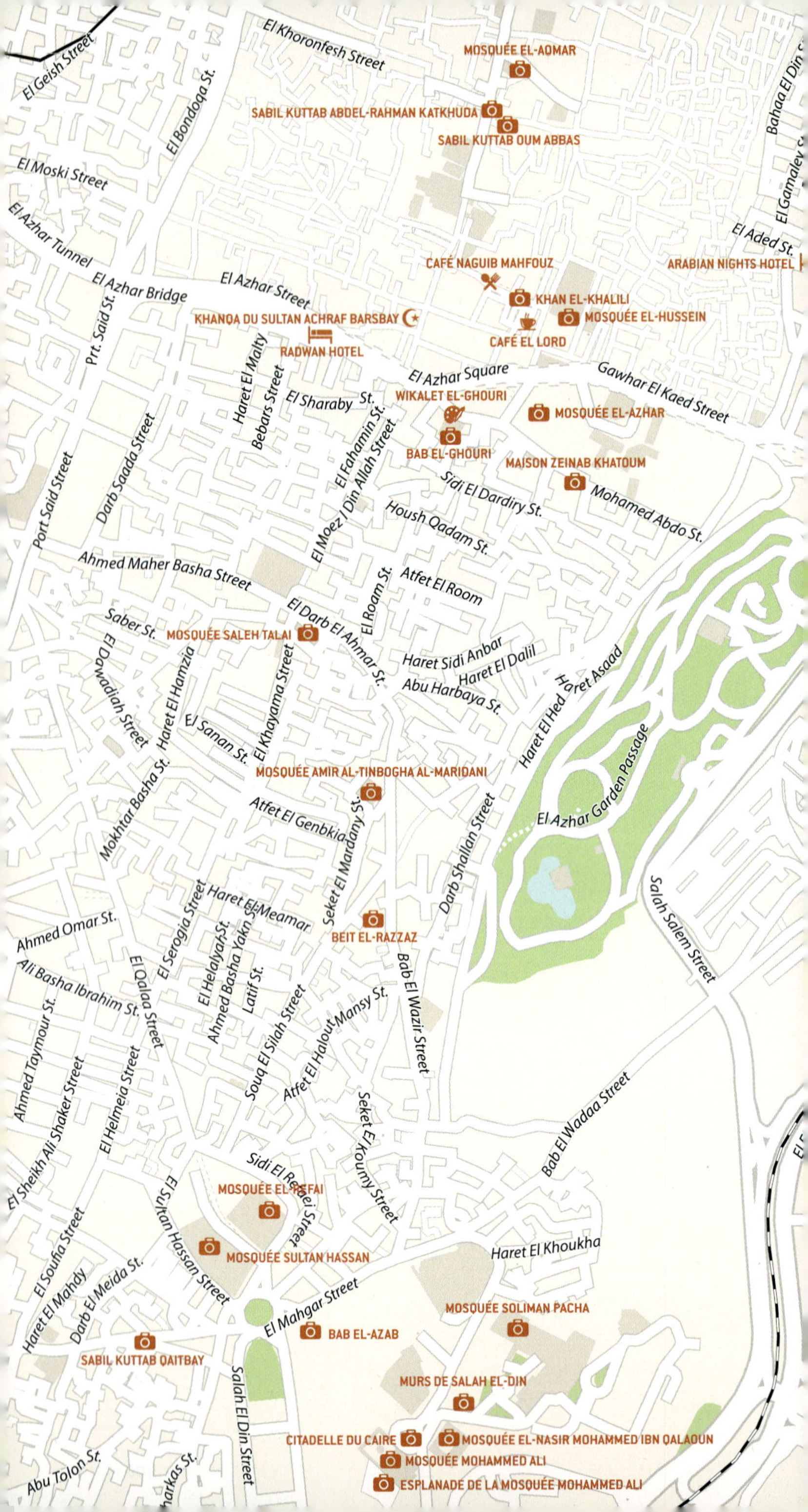

MOSQUÉE EL-AQMAR
SABIL KUTTAB ABDEL-RAHMAN KATKHUDA
SABIL KUTTAB OUM ABBAS
CAFÉ NAGUIB MAHFOUZ
ARABIAN NIGHTS HOTEL
KHAN EL-KHALILI
MOSQUÉE EL-HUSSEIN
CAFÉ EL LORD
KHANQA DU SULTAN ACHRAF BARSBAY
RADWAN HOTEL
WIKALET EL-GHOURI
MOSQUÉE EL-AZHAR
BAB EL-GHOURI
MAISON ZEINAB KHATOUM
MOSQUÉE SALEH TALAI
MOSQUÉE AMIR AL-TINBOGHA AL-MARIDANI
BEIT EL-RAZZAZ
MOSQUÉE EL-REFAI
MOSQUÉE SULTAN HASSAN
MOSQUÉE SOLIMAN PACHA
BAB EL-AZAB
SABIL KUTTAB QAITBAY
MURS DE SALAH EL-DIN
CITADELLE DU CAIRE
MOSQUÉE EL-NASIR MOHAMMED IBN QALAOUN
MOSQUÉE MOHAMMED ALI
ESPLANADE DE LA MOSQUÉE MOHAMMED ALI
El Khoronfesh Street
El Geish Street
El Bondoqa St.
Bahaa El Din St.
El Gamaley St.
El Moski Street
El Azhar Tunnel
El Aded St.
El Azhar Bridge
El Azhar Street
Prt. Said St.
Haret El Malty
Bebars Street
El Sharaby St.
El Azhar Square
Gawhar El Kaed Street
El Fahamin St.
El Moez l Din Allah Street
Darb Saada Street
Port Said Street
Sidi El Dardiry St.
Mohamed Abdo St.
Housh Qadam St.
Ahmed Maher Basha Street
Atfet El Room
El Roam St.
El Darb El Ahmar St.
Saber St.
Haret Sidi Anbar
Haret El Dalil
Abu Harbaya St.
Haret El Hed
Haret Asaad
El Dawadiah Street
Haret El Hamzia
El Khayama Street
El Sanan St.
El Azhar Garden Passage
Mokhtar Basha St.
Atfet El Genbkia
Seket El Mardany St.
Darb Shallan Street
Haret El Meamar
El Serogia Street
Ahmed Omar St.
Salah Salem Street
Ali Basha Ibrahim St.
El Qalaa Street
El Helalyah St.
Ahmed Basha Yakn St.
Latif St.
Souq El Silah Street
Atfet El Halout
Mansy St.
Bab El Wazir Street
Ahmed Taymour St.
El Sheikh Ali Shaker Street
El Helmeia Street
Seket El Koumy Street
Bab El Wadaa Street
Sidi El Refaei Street
El Sultan Hassan Street
El Soufia Street
Haret El Khoukha
Haret El Mahdy
Darb El Meida St.
El Mahgar Street
Salah El Din Street
Abu Tolon St.

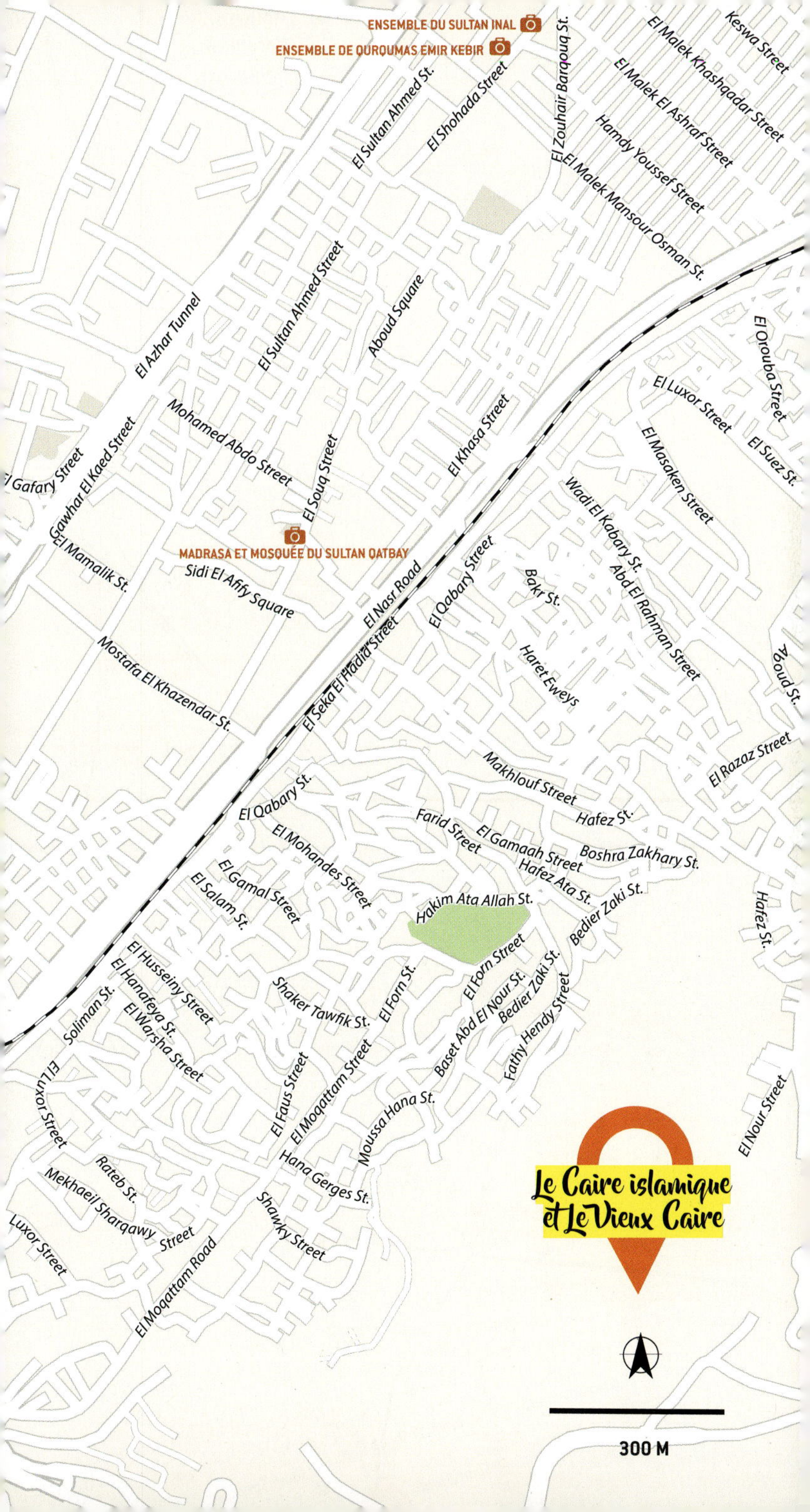
ENSEMBLE DU SULTAN INAL
ENSEMBLE DE QURQUMAS EMIR KEBIR
MADRASA ET MOSQUÉE DU SULTAN QATBAY
Keswa Street
El Malek Khashqadar Street
El Malek El Ashraf Street
Hamdy Youssef Street
El Zouhair Barqouq St.
El Malek Mansour Osman St.
El Shohada Street
El Sultan Ahmed St.
El Sultan Ahmed Street
Aboud Square
El Azhar Tunnel
Mohamed Abdo Street
El Souq Street
El Khasa Street
Gawhar El Kaed Street
El Gafary Street
El Mamalik St.
Sidi El Affy Square
Mostafa El Khazendar St.
El Nasr Road
El Seka El Hadid Street
El Qabary Street
El Oroubа Street
El Luxor Street
El Suez St.
El Masaken Street
Wadi El Kabary St.
Bakr St.
Abd El Rahman Street
Haret Eweys
Aboud St.
Makhlouf Street
El Razaz Street
Hafez St.
El Qabary St.
Farid Street
El Gamaah Street
Boshra Zakhary St.
Hafez Ata St.
El Mohandes Street
El Gamal Street
El Salam St.
Hakim Ata Allah St.
Bedier Zaki St.
Hafez St.
El Husseiny Street
El Hanafeya St.
El Warsha Street
Soliman St.
Shaker Tawfik St.
El Forn St.
El Forn Street
Baset Abd El Nour St.
Bedier Zaki St.
Fathy Hendy Street
El Luxor Street
El Faus Street
El Moqattam Street
Moussa Hana St.
Hana Gerges St.
Rateb St.
Mekhaeil Sharqawy Street
Luxor Street
El Moqattam Road
Shawky Street
El Nour Street
Le Caire islamique et Le Vieux Caire
300 M

Hegazy St.
Haret Qoldus
Badiea Street
El Masra Street
El Khalat Street
Nashaty Street
Ali Amin Abdo Street
Ibn Matrouh St.
El Teraat El Boulaqia Street
El Attar
Talaet Street
Abu El Farag Bridge
El Seka El Togary Street
Ibn El Rashid Street
TALISMAN HOTEL DE CHARME
Ibn El Kawarany Street
El Engliziya St.
Shoubra St.
Ahmed Badawy St.
Gezirat Badran Street
El Basaa Street
El Azizy St.
Ayad Basha Street
Qeshta St.
El Teraat El Boulaqia Street
Gad St.
Zain El Din St.
El Tawil St.
Cornish El Nile Street
Moharm Bek St.
El Zananiry Street
El Saqi Street
El Sabteya Street
Seket Koshk Street
Abbas St.
Soug El Asr St.
El Matbaah El Ahliah Street
El Wousta Street
El Mozin St.
El Laymoon Br.
GARE CENTRALE
Hana Khalil St.
Azab Street
Metwally Eweys Street
El Qulali Street
Shanan Street
Merza St.
Boulaq El Gedida Street
Saidna Naser St.
Gafar Street
El Qanatara St.
El Sherifa St.
El Sabteya Tunnel
El Galaa Street
Kamel Sedqi
Soug El Asr Street
Tal Nasr St.
El Sahafa Street
El Gomhoria Street
THE EGYPTIAN NIGHT
15 May Bridge
El Adawia Street
Ent. St.
26 July Street
El Aelat Street
AFRICAN HOUSE HOSTEL
HAPPYTON HOTEL
Orabi Street
Zakaria Ahmed Street
Emad El Din Street
Bostan El Dekka St.
Nagib El Rihani
El Mahdy St.
Ali El Kassar
THE GRILL
CARLTON HOTEL
Gezira Club Tea Garden
GRAND HOTEL
Abu Taleb Street
Ramsis Street
WINDSOR HÔTEL
26 July Street
26 July St.
El Jazeera Street
El Khalij Street
Sahel El Ghelal St.
SYNAGOGUE SHAAR-HASHAMAIM
EISH WA MALH
El Galaa Street
Talaat Harb Street
CHESA
Shambliuan Street
Abd El Khaleq Tharwat Street
El Azhar
INVITATION HOTEL
ZAWYA
GALERIE TOWN HOUSE
El Dabtya St.
DAHAB HOSTEL
CAFÉ RICHE
El Zohria Garden
GRILLON
Qasr El Nile Street
Roshdy Basha St.
Abd El Aziz St.
MUSÉE ÉGYPTIEN
Cornish El Nile Street
HAPPY CITY
Sherif Basha Street
El Gomhoria Street
SUN HOTEL
THE NILE RITZ CARLTON
Talaat Harb Street
Abd El Salam Aref Street
SIÈGE DE LA LIGUE ARABE
El Jazeera Street
PLACE TAHRIR
SARA INN HOSTEL
El Tahrir Street
Samir El Barudi
PONT QASR EL-NIL
SEMIRAMIS INTERCONTINENTAL HOTEL
MOGAMMA
MUSEE DU PALAIS ABDINE
El Falaki Street
El Gendy Street
El Gameia Street
SOUK BAB EL-LOUK
EL-HORREYA
Bar Street
Nile River
Lazoghly Street
TABOULA
El Qasr El Ainy Street
Magles El Shaeb Street
El Saqaien St.
Ahmed Ragheb St.
Saad Zaghloul
Bar St.
Samir Street
PENSION ROMA

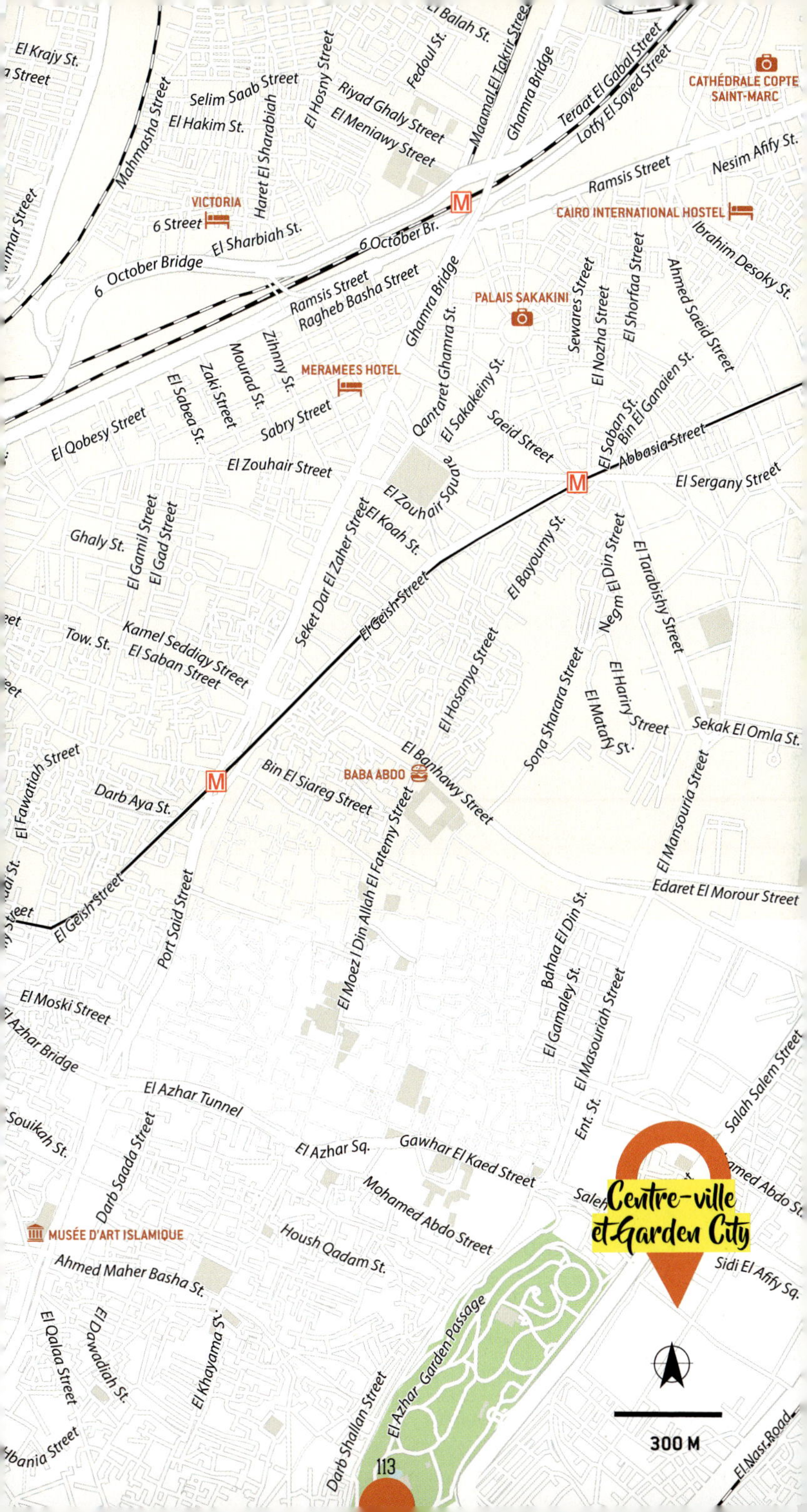
Centre-ville et Garden City
CATHÉDRALE COPTE SAINT-MARC
CAIRO INTERNATIONAL HOSTEL
VICTORIA
PALAIS SAKAKINI
MERAMEES HOTEL
BABA ABDO
MUSÉE D'ART ISLAMIQUE
El Balah St.
Fedoul St.
Maamal El Takrir Street
Ghamra Bridge
Teraat El Gabal Street
Lotfy El Sayed Street
El Krajy St.
Selim Saab Street
El Hosny Street
Riyad Ghaly Street
El Meniawy Street
Mahmasha Street
El Hakim St.
Haret El Sharabiah
6 Street
El Sharbiah St.
6 October Bridge
6 October Br.
Ramsis Street
Nesim Afify St.
Ibrahim Desoky St.
Ahmed Saeid Street
El Shorfaa Street
El Nozha Street
Sewares Street
Ramsis Street
Ragheb Basha Street
Ghamra Bridge
Qantaret Ghamra St.
Zihnny St.
Mourad St.
Zaki Street
El Sabea St.
Sabry Street
El Qobesy Street
El Sakakeiny St.
Saeid Street
El Saban St.
Bin El Ganaien St.
Abbasia Street
El Sergany Street
El Zouhair Street
El Zouhair Square
El Koah St.
Seket Dar El Zaher Street
Ghaly St.
El Gamil Street
El Gad Street
El Geish Street
El Bayoumy St.
Negm El Din Street
El Tarabishy Street
Tow. St.
Kamel Seddiqy Street
El Saban Street
El Hosanya Street
Sona Sharara Street
El Matafy St.
El Hariry Street
Sekak El Omla St.
El Fawatiah Street
Darb Aya St.
Bin El Siareg Street
El Banhawy Street
El Mansouria Street
El Moez l Din Allah El Fatemy Street
Edaret El Morour Street
El Geish Street
Port Said Street
Bahaa El Din St.
El Gamaley St.
El Masouriah Street
El Moski Street
El Azhar Bridge
El Azhar Tunnel
Souikah St.
Darb Saada Street
El Azhar Sq.
Gawhar El Kaed Street
Ent. St.
Salah Salem Street
Mohamed Abdo Street
Housh Qadam St.
Ahmed Maher Basha St.
El Khayama St.
El Qalaa Street
El Dawadiah St.
Sidi El Afify Sq.
El Azhar Garden Passage
Darb Shallan Street
El Nasr Road
300 M

QALYOUBIA
GIZA
Nile River
Gezeerat Waraq El Hadar
Mehwar Rod El Farag
Cornish El Nile Street
Orabi Bridge
Aboud Bridge
135 St.
Teraat El Ismailia Street
Port Said Street
Mogamaa El Masanea Street
Saeid Salem Street
INTERCONTINENTAL CITYSTARS
Doletan St.
El Zawya El Hamra
MERIDIEN HELIOPOLIS
Manshiet El Gamal Street
Port Said Street
Cornish El Nile Street
El Sahel
Gesr El Bahr Street
Shoubra Street
Ahmed Helmy Street
Port Said Street
El Cornish Street
Roud El Farag
El Teraat El Boulaqia Street
6 October Bridge
Ghamra Br.
Lotfy El Sayed St.
Shoubra
El Shrabia
TOMBEAU DU SOLDAT INCONNU
Cornish El Nile Street
El Sabteya Street
Ramsis Street
Boulak
HOLIDAY INN CAIRO CITYSTARS
El Ahmadine
El Sahafa St.
El Galaa St.
Port Said Street
El Geish Street
El Tarabishy St.
El Fardous Street
Bab El Shaeria
El Azbakia
26 July Street
Orabi St.
Gmalia
El Galaa Street
Shambliuan Street
Talaat Harb St.
Adly Street
El Mosky
Koum El Shikh Slama
El Azhar Bridge
El Masouriah Street
Bab El Louk
Abdeen
El Tahrir Street
El Gomhoria St.
Haret El Room
Kasr El Dobara
Kaser El Nile
El Darb El Ahmer
Salah Salem Street
CHANTILLY
BELLINI COCKTAIL LOUNGE
PETIT PALMYRA
Cornish El Nile Street
Mansour St.
Kayrat St.
El Ebageah Bridge

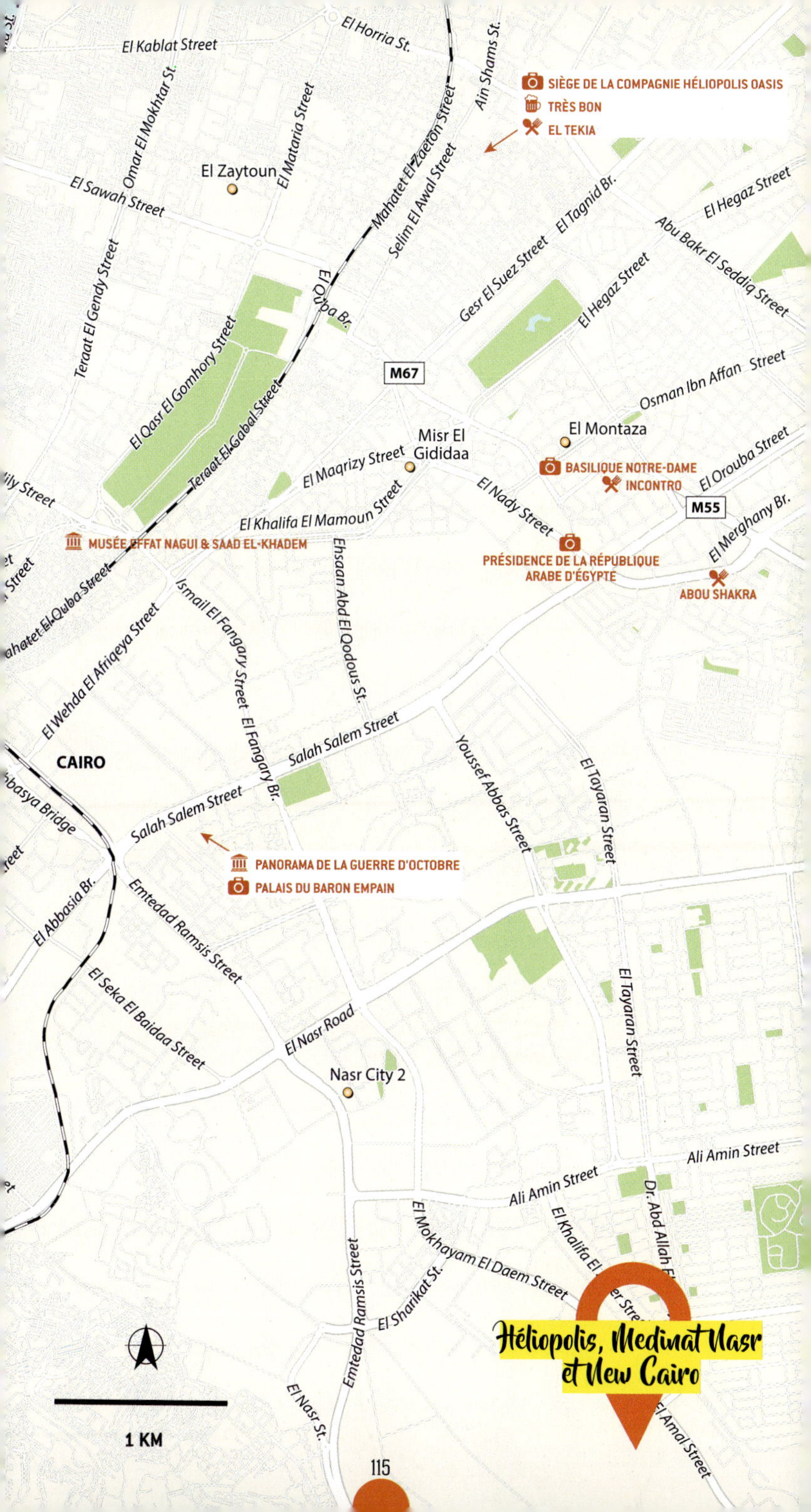
Héliopolis, Medinat Nasr et New Cairo
SIÈGE DE LA COMPAGNIE HÉLIOPOLIS OASIS
TRÈS BON
EL TEKIA
BASILIQUE NOTRE-DAME
INCONTRO
MUSÉE EFFAT NAGUI & SAAD EL-KHADEM
PRÉSIDENCE DE LA RÉPUBLIQUE ARABE D'ÉGYPTE
ABOU SHAKRA
PANORAMA DE LA GUERRE D'OCTOBRE
PALAIS DU BARON EMPAIN
CAIRO
El Zaytoun
Misr El Gididaa
El Montaza
Nasr City 2
M67
M55
El Kablat Street
El Horria St.
Ain Shams St.
Omar El Mokhtar St.
El Mataria Street
Mahatet El Zaeton Street
Selim El Awal Street
El Sawah Street
Teraat El Gendy Street
El Quba Br.
El Qasr El Gomhory Street
Teraat El Gabal Street
Gesr El Suez Street
El Tagnid Br.
El Hegaz Street
Abu Bakr El Seddiq Street
Osman Ibn Affan Street
El Maqrizy Street
El Khalifa El Mamoun Street
El Nady Street
El Orouba Street
El Merghany Br.
Mahatet El Quba Street
El Wehda El Afriqeya Street
Ismail El Fangary Street
El Fangary Br.
Ehsaan Abd El Qodous St.
Salah Salem Street
Youssef Abbas Street
El Tayaran Street
El Abbasia Br.
Emtedad Ramsis Street
El Seka El Baidaa Street
El Nasr Road
Ali Amin Street
El Mokhayam El Daem Street
El Sharikat St.
El Nasr St.
Dr. Abd Allah El
El Amal Street
1 KM

Mohandessin, Doqqi et Guiza
Mehwar Rod El Farag
Gezeerat Waraq El Hadar
Cornish El Nile Street
Orabi Bridge
Aboud Br.
Saeid Salem St.
Ashrah St.
El Tel St.
Teraat El Sawahel Street
El Cornish Street
El Bohy Street
El Qawmia El Arabia St.
El Nasr Road
FIRST MALL
AURA
Mamdouh Salem Street
Cornish El Nile Street
Gesr El Bahr Street
Shoubra
Ahmed Helmy Street
El Luxor Street
El Bohy Street
Cornish El Nile St.
El Cornish Street
Bashtil Street
Ahmed Orabi Bridge
El Matar Street
El Sudan Street
Mohamed Mazhar St.
Cornish El Nile Street
Abu El Feda St.
El Sabteya Street
Ramsis Street
CAIRO JAZZ CLUB
15 May Br.
26 July St.
Mehwar 26 July
KANDAHAR
15 May Bridge
Om Kalthoum Street
26 July St.
Gamaat El Dewal El Arabia Street
oria Street
KADOURA
El Galaa St.
Shambliuan St.
Adly St.
El Azhar Bridge
El Borg St.
STATUE LE RÉVEIL DE L'ÉGYPTE
El Tahrir Street
MUSÉE DE L'AGRICULTURE ET DU COTON
SYRIANA
Mosadak Street
El Doqi Br.
SHERATON CAIRO HOTEL
El Tahrir Street
El Giza St.
MUSÉE MAHMOUD KHALIL
SAFIR CAIRO HOTEL
Kayrat St.
Port Said Street
El Sudan Street
Teraat El Zomour St.
El Qasr El Ainy Street
Cairo University Street
FISH MARKET
THE PHARAOHS
ZOO
Rawdat El Manial
FOUR SEASONS HOTEL CAIRO AT FIRST RESIDENCE
Cornish El Nile Street
Magra El Oyoun Street
Mourad St.
Giza Br.
El Rawda St.
Salah Salem Street
1,25 KM
PHARAONIC VILLAGE

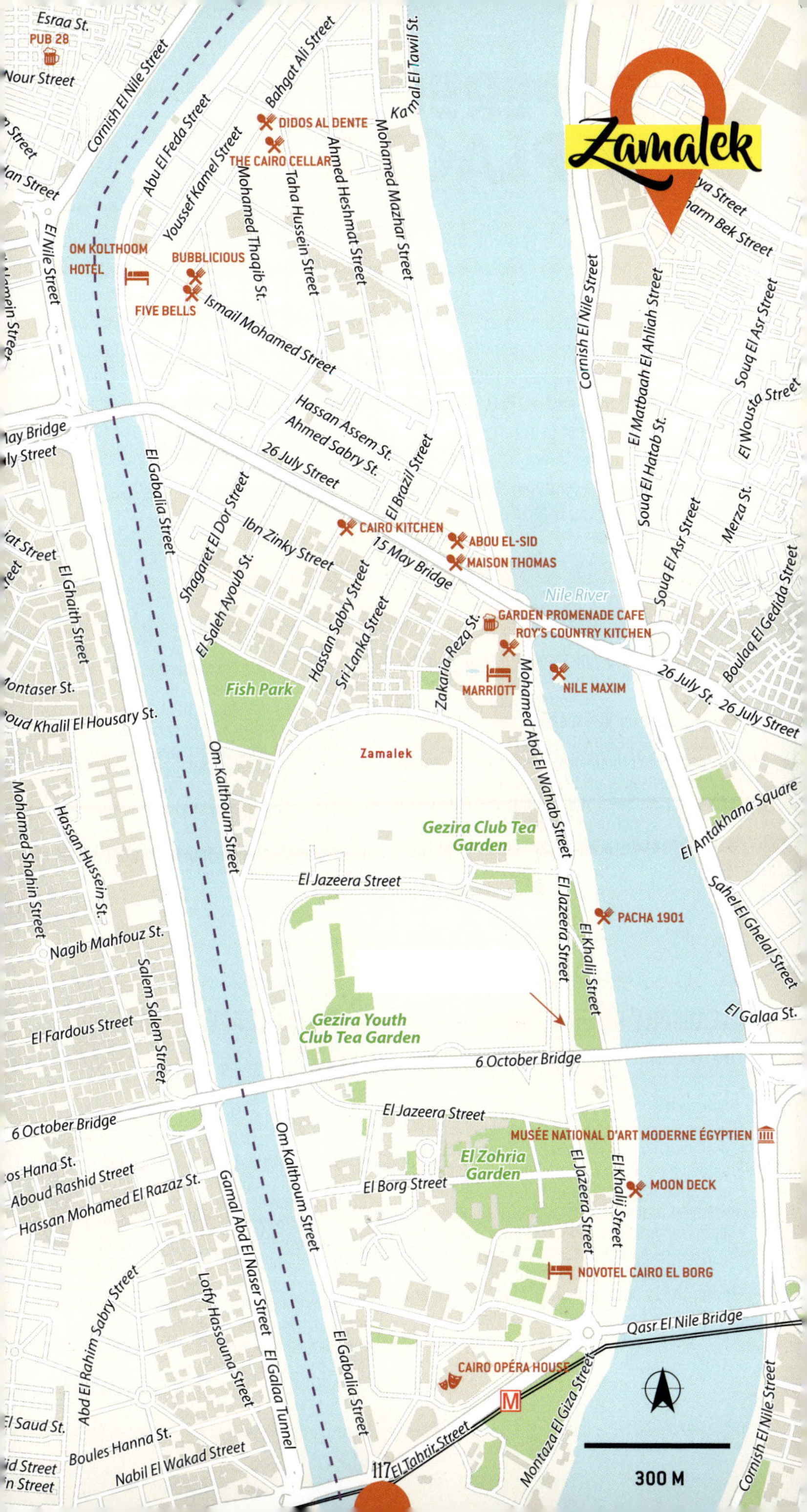
Zamalek
Esraa St.
PUB 28
Nour Street
Cornish El Nile Street
Bahgat Ali Street
Kamal El Tawil St.
DIDOS AL DENTE
THE CAIRO CELLAR
Abu El Feda Street
Youssef Kamel Street
Mohamed Thaqib St.
Taha Hussein Street
Ahmed Heshmat Street
Mohamed Mazhar Street
El Nile Street
OM KOLTHOOM HOTEL
BUBBLICIOUS
FIVE BELLS
Ismail Mohamed Street
Cornish El Nile Street
El Matbaah El Ahliah Street
Soug El Asr Street
El Wousta Street
Hassan Assem St.
Ahmed Sabry St.
26 July Street
El Brazil Street
El Gabalia Street
Soug El Hatab St.
Merza St.
Soug El Asr Street
Shagaret El Dor Street
Ibn Zinky Street
CAIRO KITCHEN
ABOU EL-SID
MAISON THOMAS
15 May Bridge
El Ghaith Street
Boulaq El Gedida Street
Nile River
GARDEN PROMENADE CAFE
ROY'S COUNTRY KITCHEN
El Saleh Ayoub St.
Hassan Sabry Street
Sri Lanka Street
Zakaria Reza St.
Montaser St.
Fish Park
MARRIOTT
NILE MAXIM
26 July St.
26 July Street
Zamalek
Om Kalthoum Street
Mohamed Abd El Wahab Street
El Antakhana Square
Mohamed Shahin Street
Hassan Hussein St.
Gezira Club Tea Garden
El Jazeera Street
El Jazeera Street
El Khalij Street
PACHA 1901
Sahel El Ghelal Street
Nagib Mahfouz St.
Salem Salem Street
El Fardous Street
Gezira Youth Club Tea Garden
El Galaa St.
6 October Bridge
6 October Bridge
El Jazeera Street
MUSÉE NATIONAL D'ART MODERNE ÉGYPTIEN
Om Kalthoum Street
Aboud Rashid Street
Hassan Mohamed El Razaz St.
Gamal Abd El Naser Street
El Zohria Garden
El Borg Street
El Jazeera Street
El Khalij Street
MOON DECK
NOVOTEL CAIRO EL BORG
Abd El Rahim Sabry Street
Lotfy Hassouna Street
El Galaa Tunnel
El Gabalia Street
Qasr El Nile Bridge
CAIRO OPÉRA HOUSE
M
Montaza El Giza Street
Cornish El Nile Street
Boules Hanna St.
Nabil El Wakad Street
El Tahrir Street
300 M

SE REPÉRER SE DÉPLACER

Voiture, bus, taxis ou métro, il existe différents moyens de transport pour se déplacer au Caire. Le métro est un moyen très pratique de circuler entre Tahrir (station Sadate) et Ramsès (station Al-Shohadaa, anciennement Mubarak) ou de se rendre au Caire copte (station Mar Girgis) ou à Maadi. Les bus qui assurent le transport public dans la ville, à un prix défiant toute concurrence, sont quasiment inutilisables pour les touristes, à cause de leur numéro de route indiqué en chiffres persans. Pour découvrir le reste du pays, outre le bus, le train et le taxi, la voiture de location est la solution la plus pratique : plusieurs agences internationales vous accueillent au Caire. Quant à la felouque, elle est sans doute le meilleur moyen d'oublier, pendant une heure ou deux, les bruits de la ville, de prendre un peu le large et d'observer sous un jour nouveau la jungle oppressante de buildings et d'auto-ponts.

AÉROPORT DE LA NOUVELLE CAPITALE ADMINISTRATIVE

Nouveau Caire

Inauguré en 2020, cet aéroport est situé à l'est de la capitale. Il permet d'accueillir 300 passagers par heure. Son architecture s'inspire du temple d'Angkor Vat, mêlée à des touches hindoues et européennes. Il se trouve à 45 km de la capitale et réalise des liaisons entre l'est du Caire et les villes de Shorouq, Héliopolis, Badr, et le canal de Suez. Vous y trouverez loueurs de voitures, distributeurs de billets, boutiques de souvenirs et de quoi vous restaurer ou prendre un verre.

AÉROPORT SPHINX

Gizeh

www.civilaviation.gov.eg

L'aéroport Sphinx est situé à 45 km des pyramides de Gizeh, à l'extrême-ouest de la capitale, sur la route du désert Le Caire-Alexandrie. Il contribue au développement du tourisme dans la région du Caire, notamment Gizeh, Saqqarah et le Grand Musée, mais aussi Hurghada, Charm el-Cheikh, Louxor et Assouan. Ayant vocation à désengorger l'aéroport international, il peut accueillir 300 passagers par heure. Vous y trouverez loueurs de voitures, distributeurs de billets, boutiques de souvenirs et de quoi vous restaurer ou boire un verre.

AÉROPORT INTERNATIONAL DU CAIRE

✆ +20 2 22 65 50 00

www.cairo-airport.com

C'est le plus grand aéroport du pays et il dispose de toutes les prestations requises : wifi, ATM, restauration, duty free... Il se situe à une vingtaine de kilomètres du centre-ville. Attention, il faut bien préciser au chauffeur de taxi, à votre départ, si vous partez du terminal 1 ou 3 (*sala*, en arabe). Le terminal 3 est dorénavant le point principal de départ pour l'Europe. Il s'agit bien du terminal 3 et non pas du hall 3 (*beb* 3, en arabe) du terminal 1 : à préciser absolument !

GARE CENTRALE

Place Ramsès

✆ +20 2 25 74 82 79

https://enr.gov.eg

Trains entre 6h et 1h.

L'endroit, pas tout à fait étranger aux cinéphiles, a servi d'unique décor à *Gare centrale*, un des films les plus célèbres de Youssef Chahine. Le grand bâtiment, construit au XIXe siècle est plutôt élégant pour une gare. Elle demeure le point de jonction entre le chemin de fer et le métro. La statue colossale de Ramsès II qui s'élevait au milieu des passerelles a été déplacée, souffrant de la pollution. Au milieu du grand hall, le kiosque d'information de la gare ferroviaire vous indiquera à quel guichet vous pourrez acheter le billet pour votre destination.

WATANIA TRAIN COUCHETTES

Gare du Caire
✆ +20 100 52 455 26
www.wataniasleepingtrains.com
Du Caire à Louxor ou Assouan : 110 US$ dans une cabine individuelle, 80 US$ dans une cabine double.

Vous pouvez obtenir des informations par mail mais il vaut mieux se déplacer ou téléphoner. N'attendez pas pour réserver votre place car il faut parfois s'y prendre trois jours à l'avance. Si vous êtes vraiment pressé et que les trains affichent complets, tentez votre chance sans réservation. Une photocopie de votre passeport vous sera demandée. Trains en général : n°86, départ à 19h45 de la gare centrale du Caire et à 20h15 de la gare de Giza ; arrivée à 5h45 à Louxor et 8h50 à Assouan. Train supplémentaire circulant uniquement le jeudi à 19h30 (19h55 Giza).

GARE ROUTIÈRE DE CAIRO GETAWAY

Sharia al Gisr

Cairo Getaway (anciennement Turgoman) est la gare routière principale du Caire. De là on part pour Alexandrie et la côte méditerranéenne, la région du canal de Suez, le Sinaï, les déserts et la vallée du Nil. Il est prudent d'acheter son billet un ou deux jours à l'avance et de se faire confirmer l'heure et le lieu de départ. Les prix varient quelque peu en fonction de la compagnie choisie, mais comptez en moyenne une vingtaine de livres égyptiennes pour effectuer 100 km.

GO BUS

Midan Abdel Moneim Riad
✆ +20 19567
www.go-bus.com

Cette compagnie de bus ultra confortables dessert toute l'Égypte à partir de plusieurs gares routières du Caire. Il faut réserver son billet au plus tard 2 heures à l'avance, et demander à quelle gare se rendre en fonction de la destination choisie. Vous pouvez réserver votre billet via Internet, les prix diffèrent selon la catégorie de bus. Quel que soit le temps de trajet initial, prenez en compte qu'il y a souvent des retards dus aux points de contrôles sur la route. Néanmoins, cette compagnie reste fiable dans ses estimations.

GROUPE DE TAXIS WHATSAPP

✆ +20 1 15 55 63 202

Face à la concurrence des applications de chauffeurs privés (Uber, Careem), une centaine de taxi blancs du Caire ont créé un groupe via l'application *whatsapp*. 30 minutes avant de vouloir partir, vous envoyez le point où vous êtes au numéro du groupe *whatsapp* et votre demande sera ensuite transmise au taxi le plus proche. Pour être acceptés dans ce groupe, les chauffeurs de taxi doivent passer un entretien et avoir une voiture en bon état. Un bon moyen d'avoir un service de qualité tout en soutenant l'activité (et une rémunération décente) des taxis.

NILE TAXI

✆ +20 128 011 8888
Service de taxi-bateau entre 30 et 60 LE la course.

Lancé au départ par la compagnie de chauffeurs privés n°2 au Moyen-Orient, Careem, le service est aujourd'hui indépendant. On réserve sa course par téléphone plusieurs heures à l'avance. On peut embarquer à Maadi, Agouza, Dokki, Zamalek (sur la rive du Sequoia), Garden City (en face du Four Seasons), Manyal. Il vous emmène où vous souhaitez, y compris sur l'ile méconnue et verdoyante de « Dahab » au sud du Caire. Un moyen pratique et confortable de traverser la ville ; le service est professionnel, voire zélé quand le chauffeur met sa casquette de guide !

TRAVERSÉE NORD/SUD DU CAIRE EN FELOUQUE

La felouque est sans doute le meilleur moyen d'oublier, pendant une heure ou deux, les bruits de la ville, de prendre un peu le large et d'observer sous un jour nouveau la jungle oppressante de buildings et d'autoponts. Bercé par les flots, vous apprécierez la fraîcheur de l'air au-dessus du fleuve. Vous pouvez faire la sieste, écouter de la musique, voire déboucher une bouteille, mais seulement une fois éloigné de la rive… A faire impérativement au coucher du soleil, les couleurs passent du rose au bleu et, quand il fait presque nuit, la clameur des muezzins rend cette balade très orientale. Entre 200 LE et 250 LE pour une heure, et minimum 20 LE de bakchich au pilote.

À VOIR / À FAIRE

Décrire l'état actuel du Caire revient souvent à aligner les sempiternels clichés sur le monstre urbain, tentaculaire, grouillant et pollué. Vous en prendrez brutalement conscience lors de votre premier contact avec cette ville troublante, hérissée de gratte-ciel et de minarets. L'adaptation se fait tout doucement, sans que l'on s'en aperçoive. La ville ouvre ses portes à tous les amoureux d'architecture, d'histoire, de nature et à tous les curieux qui souhaitent la connaître. Sa découverte nous plonge en un instant dans son histoire prestigieuse, du musée égyptien qui renferme le trésor du jeune pharaon Toutankhamon, à la découverte du vieux Caire et ses églises millénaires, en passant par les mosquées du Caire islamique ou la fameuse place Tahrir. On appréciera aussi de déambuler dans ses souks animés, à commencer par le khan el-Khalili, où l'on peut s'amuser à marchander des souvenirs kitsch.

OFFICE DE TOURISME

5 Sharia Adli
✆ +20 2 23 91 34 54
Ouvert de 9h à 17h.

D'une très grande gentillesse, les employés disposent des informations générales mais pas de programmes très détaillés, ni de renseignements pratiques sur les lieux touristiques. Ils vous donneront en revanche une jolie carte de l'Egypte et des fascicules en français, ce qui n'est pas négligeable. De surcroît, ils pourront vous aider à vous orienter et à comprendre d'où partent les bus et comment prendre le train pour rejoindre les principaux points d'intérêt dans le pays. Passez-y si vous vous sentez un peu perdus dans une ville aussi bouillonnante que le Caire.

EGYPTIAN TRAVEL AGENTS ASSOCIATION

92 sharia el Tahrir
✆ +20 2 33 35 6443
www.etaa-egypt.org

C'est l'organisme officiel qui regroupe les principales agences touristiques égyptiennes, au total plus 2 500 à travers tout le pays. De fait, vous trouverez sur son site Internet les noms et les coordonnées des agences validées par l'association : c'est un gage de confiance si vous organisez votre voyage par vous-même. Homologuée par le ministère du Tourisme d'Egypte, l'EETA ou ETTA est certainement la plus avertie quant à la législation et aux tarifs ayant cours.

EGYPTE TOUR

✆ + 20 122 37 977 57
www.touregypte.fr
Ouvert du dimanche au jeudi de 11h à 17h. Appelez avant de visitez le bureau.

Agence de tourisme francophone qui appartient à *Amricatain Travel* et propose des circuits et visites guidées en français au Caire, sur le plateau des pyramides, Fayoum, dans toute la vallée du Nil, ainsi que sur la mer Rouge et dans les oasis. Court ou séjour, culturel, balnéaire, safari ou croisière : il propose diverses formules à des prix corrects. Ils ont également des partenariats avantageux avec des hôtels. Possibilité de réaliser un programme sur mesure en les contactant. A noter que leur site Internet est un peu fouillis, mieux vaut se rendre à l'agence.

STAR SHINE TOURS

3 Midan Tahrir
✆ +20 233 82 14 74
www.starshinetours.com
Assistance via chat internet 24/24h.

Cette agence d'origine chinoise a su gagner la confiance du tourisme international grâce à ses prestations fiables et de qualité. Vous pouvez faire appel à elle pour des services « secs » (location de voiture, réservation d'hôtel, excursion à la journée...) ou pour des séjours complets de type croisières. Leur site est très clair, vous pouvez tout organiser depuis le web. Mais vous pouvez également vous rendre à l'agence : ils vous donneront toutes les informations nécessaires pour organiser des excursions, même la veille du départ !

BAB EL-AZAB

Bab al-Azab protégeait l'entrée initiale de la Citadelle, elle a été reconstruite en 1754 et dotée des portes en bois et en laiton actuelles. Elle est flanquée de deux tours massives qui reprennent le style de Bab el-Foutouh. Elle mène à la citadelle. Elle est connue pour avoir été le théâtre d'une scène sanglante au début du XIXe siècle. C'est ici que Mohammed Ali prit au piège les Mamelouks qu'il avait conviés à une réception amicale, et qu'il les fit massacrer dans ce passage étroit une fois les festivités terminées. Elle est aujourd'hui fermée.

BAB EL-FOUTOUH

Construite en 1087, Bab el-Foutouh (Porte des conquêtes) est reconnaissable à ses deux tours arrondies. Une longue voûte mène alors à l'intérieur de l'enceinte du Caire fatimide. Le sol actuel est situé à 5 m au-dessus du sol originel. L'entrée est couverte d'une coupole et les tours sont couvertes de voûtes d'arêtes, avec un médaillon sculpté au centre représentant une tête de bélier. Son architecture militaire est particulièrement soignée. C'est par cette porte qu'entraient en ville les caravanes de pèlerins de retour de La Mecque.

BAB EL-BADISTAN ★

Au milieu du khan el-Khalili, la porte el-Badistan, attribuée au sultan el-Ghouri, est encore debout, à deux pas de la mosquée el-Hussein. Initialement nommée Bab al-Ghouri, elle a été rebaptisée Bab al-Badistan, Badistan signifiant coton en turc. Son arche est ornée d'un magnifique décor sculpté dans la pierre. Le linteau est décoré de motifs géométriques en marbre blanc et noir, au milieu duquel figure le blason du commanditaire. Un arc trilobé couronne l'ensemble avec de superbes motifs végétaux. Trois moucharabiehs, ou panneaux ajourés, masquent les fenêtres.

BAB EL-GHOURI ★

10 ou 20 LE pour le gardien.

A l'entrée du souq populaire, où les Egyptiens vont marchander des vêtements et linges de maison principalement. Moyennant quelques pièces pour le gardien à qui vous laissez vos chaussures, vous pouvez visiter la jolie mosquée dite « Al Ghuri » logée à l'intérieur de la muraille sur la droite. Les colonnes à l'angle de la mosquée ont des chapiteaux de style copte et byzantin. Ensuite vous pouvez continuer dans la rue principale encombrée de tuk-tuk pour atteindre le marché des tentures et bab Zoueila, en n'oubliant pas de récupérer vos souliers évidemment !

LE CAIRE

© EDUARD CONSTANTIN - SHUTTERSTOCK.COM

Bab El-Badistan.

BAB EL-NASR

Ce sont les murailles construites en 1087 par Badr el-Gamali que l'on peut encore admirer de nos jours. Faites de pierre, elles ont remplacé les premières murailles de briques construites en 969 par Jaouhar. La mosquée el-Hakim avait d'ailleurs été construite à l'extérieur de la première enceinte, et comprise dans la deuxième. Bab el-Nasr (Porte de la Victoire) est reconnaissable à ses deux tours carrées massives (8 m de largeur) qui l'encadrent. La partie supérieure de la tour comprend des chambres de tir. Un écu fatimide y est sculpté : un écu et une épée.

BAB ZOUEILA ★

Ouvert de 9h à 17h. Entrée : 20 L£.

© SOWAR ONLINE - SHUTTERSTOCK.COM

A l'instar des portes el-Nasr et el-Foutouh, Bab Zoueila a été érigée en 1092, pour ouvrir au sud les murailles défensives de la ville fatimide du Caire. C'est au-dessus de ses créneaux que les têtes de suppliciés étaient exposées au bout de lances. On peut accéder aux remparts de la porte Zoueila et monter au sommet des deux minarets de la mosquée el-Mouayyed, d'où la vue sur Le Caire est imprenable. Durant le ramadan, c'est rue Darb el-Ahmar, devant la Bab Zoueila, que de nombreuses lanternes décoratives, confectionnées à l'occasion du mois sacré, sont exposées.

BEIT EL-RAZZAZ

Le Palais est activement restauré par le fonds de recherche américain et son chantier, bien qu'avancé, risque de durer plusieurs années. Le site a été inscrit à la World Monuments Watch en 2014 pour assurer sa réhabilitation devenue délicate depuis le début de 2011... Cette maison ne se visite pas encore, néanmoins il est toutefois de s'y promener, en sollicitant le gardien.

Le palais, construit au XVe siècle et transformé au XVIIIe siècle par el-Razzaz, s'étend dans un vaste quadrilatère au devant du carrefour formé par la jonction de la rue Bāb al-Wazīr et de la rue Sūq al-Silāḥ (côtés Est et Nord-Ouest). Deux voies secondaires complètent l'entourage de l'îlot (côté Sud), les ruelles Mazhar Pacha et al-Kāšif. Il est scindé en deux partie distinctes. Celle donnant sur la rue date de l'époque de Qaïtbay ; à l'étage, deux qaa remarquables par leurs plafonds de bois peint, sont en mauvais état, celui donnant sur la rue est mieux conservé et les énormes baies fermées de moucharabiehs sont impressionnantes.

La deuxième partie du palais donne sur la rue el-Saleh (des armuriers). C'est là que se trouvent deux pièces architecturales extraordinaires : un qaa aux dimensions parfaites et aux boiseries délicates, ainsi qu'un maqead (terrasse d'été) de grande dimension.

Avec sa cour gigantesque, son portail monumental et ses pièces intérieures richement décorées, le palais el-Razzaz, quand il sera totalement rénové, sera l'un des fleurons de l'art islamique du Caire. La madrassa Oum sultan Chaaban, construite en 1368, jouxte la maison.

BEIT EL-SÉHÉMI ★★

Ouvert de 9h à 17h. Entrée : 50 L£.

Cette superbe maison, construite durant des périodes successives entre 1648 et 1796 par Ahmed el-Séhémi et restaurée en 2003, propose à ses visiteurs une grande série de salles de réception. On y pénètre par une petite ruelle, et les premières salles sont la salle de réception des hommes, le salamlek, et la salle de réception des femmes, le haremlek. Le second étage réservé à l'époque aux femmes, la salle renferme de belles porcelaines et les ancêtres des talons aiguilles... en bois ! On peut aussi y admirer une terrasse d'été (maqead) ouverte vers le patio sud.

BEIT EL-SENNARI ★

Entrée : 40 LE.

Cette maison construite en 1794 par le prince Ibrahim Katkhouda el-Sennari et restaurée dans les années 1990 par une mission archéologique française, a hébergé les savants français qui ont accompagné Bonaparte lors de sa campagne d'Egypte, entre 1798 et 1801, et ceux qui restèrent par la suite, sous la direction de Gaspard Monge. Après des travaux de rénovation, la maison s'est reconvertie en Institut des arts appliqués, elle est animée par des expositions de verrerie, de textile, de poterie ainsi que par des œuvres d'artistes locaux.

BEIT HARAOUI ★★

Ouvert de 9h à 17h. Entrée : 40 LE.

Cette maison bourgeoise construite en 1731 a été restaurée en 1993. Une succession de pièces s'articule autour d'une cour intérieure. A droite, les communs puis un couloir d'accès qui débouche sur la salle de réception, surplombée à l'étage de la qaa, réservée aux femmes. A mi-étage se trouve la mandara ou salle de réception des hommes, qui possède une superbe pièce d'eau en mosaïques de marbre, la durqaa, au-dessus de laquelle un lanterneau vient ventiler la pièce, à 14 m de hauteur. La maison est riche de plafonds et de placards en bois peint de toute beauté.

MOSQUÉE EL-NASIR MOHAMMED IBN QALAOUN

Unique construction mamelouke de la Citadelle, cette mosquée a été érigée en 1335 par le sultan el-Nasir Mohammed. Ne vous fiez pas à son aspect extérieur, l'intérieur est magnifique. Les merlons sont splendides et donnent à l'édifice une force rare. Une colonnade intérieure entoure la cour centrale, la salle de prière est couverte et un superbe dôme vert en surmonte le mihrab. Arabesques, rosaces, entrelacs : soyez attentifs à ses ornements sculptés tout en finesse.

CITADELLE DU CAIRE ★★★

Entrée : 180 LE, étudiants : 90 LE.
Mosquées fermées durant l'heure de la prière, le vendredi.

Construite par Saladin entre 1176 et 1207, cette forteresse avait pour fonction de résister aux croisés et d'assurer la domination de son armée sur les quartiers de Foustat, d'Ibn Tulun et d'El-Qahira. Les Mamelouks y installèrent leurs quartiers, un palais et bon nombre de bâtiments usuels. Ils relièrent le Nil à la citadelle par un aqueduc dont on voit encore la majeure partie, et qui s'étend sur 3,4 km. Mohammed Ali en fit sa résidence et le siège de l'Etat, de même il construisit une mosquée inspirée du style ottoman.

La citadelle est traditionnellement divisée en trois parties distinctes. On n'a pas accès à la partie basse de la citadelle, ouverte sur la ville par Bab-el-Azab, où Mohammed Ali fit exterminer les principaux leaders mamelouks avant de prendre le contrôle du pays. C'est par l'enceinte sud que l'on accède à la citadelle, du parking qui fait face au Moqqatam. L'enceinte sud abrite l'ancien palais de Mohammed Ali et sa mosquée aux allures ottomanes qui domine la ville. D'un point de vue architectural, la mosquée Al-Nasir Mohammed ibn Qalaoun est un joyau qu'il faut visiter. On rejoint l'enceinte nord par Bab-el-Qullah construite au XVIe siècle. Au-delà se tenait la garnison de la citadelle. A l'extrémité, la mosquée de Soliman Pacha conserve encore un très bel appareillage de céramiques d'Iznik et un mausolée toujours honoré. Un petit tour sur les murailles, non loin, permet de se faire une idée des protections de la citadelle qui demeurait pour Le Caire, l'un de ses éléments défensifs majeurs.

LE CAIRE

ESPLANADE DE LA MOSQUÉE MOHAMMED ALI ★★

© ALBERTO LOYO - SHUTTERSTOCK.COM

Plusieurs constructions datant de l'époque mamelouk ont été rasées pour dégager l'esplanade et construire la mosquée devant laquelle se trouve un sahn ou fontaine aux ablutions. On aperçoit à côté une tour abritant l'horloge offerte par le roi Louis-Philippe à Mohammed Ali en 1846. Pendant longtemps cette horloge n'a pas fonctionné. C'est en 2003, grâce à une coopération avec l'ambassade de France en Egypte, qu'un investisseur privé a permis au mécanisme de se mouvoir à nouveau.

MOSQUÉE SOLIMAN PACHA ★

Moins connue que la mosquée Mohamed-Ali, cette mosquée est pourtant de toute beauté. Elle a été construite en 1528 par le gouverneur ottoman qui lui donna son nom. Sa salle de prière, coiffée de quatre coupoles, dont une très grande, est décorée de marbre et de céramiques fines. Une cour intérieure mène au fond au mausolée de Sariyat el-Gamil, saint de l'époque fatimide, et, à droite, sur une petite madrassa. Cette mosquée retirée est entourée d'un jardin toujours entretenu qui expose divers objets. Visite magnifique et paisible.

MURAILLES

Il est intéressant de se promener sur les murailles nord de la ville, qui font face au Moqqatam, et qui surplombent le tout nouveau parc d'el-Azhar. Une ambiance particulière règne dans l'enceinte de cette ancienne forteresse. A l'étage inférieur, les couloirs ajourés de meurtrières ou de bouches destinées aux canons, sont encore des témoignages de la fonction défensive de la citadelle du Caire. On termine ici la cinquième promenade dans Le Caire. Il est possible d'aller s'aventurer, un peu plus loin sur l'avenue Salah Salem dans la cité des morts.

MUSÉE DES CALÈCHES

Inauguré en 1983, ce petit musée est agencé en une seule et même salle où huit calèches de l'époque du khédive Ismaïl y sont fièrement exposées. C'était jadis des carrosses royaux qui transportaient les plus hautes personnalités du pays. Chaque calèche a servi à un épisode historique : celle-ci fut utilisée pour l'inauguration du canal de Suez en compagnie de l'impératrice Eugénie, celle-là à la cérémonie d'ouverture du premier Parlement égyptien. Outre l'intérêt historique de la visite, elle permet aussi d'échapper un instant au tohu-bohu de la ville.

PALAIS DU HAREM

Le palais-harem de Méhémet Ali se situe dans le quartier nord et abrite désormais le Musée militaire. Il a été construit en 1827, selon le modèle ottoman, pour servir de résidence à la famille royale jusqu'en 1874. Il devint un hôpital militaire pendant l'occupation britannique avant d'occuper son actuelle fonction. Il est intéressant de s'attarder dans le hammam, dont les murs sont plaqués d'albâtre. Juste derrière le palais, on peut voir la tour el-Turfah, qui est une des plus grandes des tours carrées construites par Al-Kamil en 1207.

MOSQUÉE MOHAMMED ALI ★★★

Sa construction fut ordonnée en 1830 et fut achevée en 1857. Son style vient de la mosquée Sainte-Sophie d'Istanbul, et reprend le goût ottoman de l'époque. Le vice-roi d'Egypte se devait de rivaliser avec la Sublime Porte, et cette mosquée fut prise comme un acte d'arrogance. La mosquée est plus impressionnante par ses dimensions, son volume, son emplacement, que par la qualité de sa décoration. Les coupoles furent d'ailleurs démontées dans les années 1930 pour des restaurations. Mohammed Ali est enterré dans la mosquée, à gauche en sortant.

Église Saint-Georges.

PALAIS GAWHARA

Situé au sud-ouest de l'esplanade. Egalement appelé le palais des bijoux, le Palais Gawhara – du nom de Gawhara Hanem, dernière épouse de Mohamed Ali – a été construit en 1814 et servit de résidence personnelle de Mohamed Ali. La visite dévoile certaines pièces dont l'étonnante Watch Hall (salle de la montre), où la décoration des murs est basée sur la forme d'une montre. On admire également les meubles d'origine et les inscriptions en or qui ornent les murs du palais. Son architecture d'influence ottomane a requis le travail d'artisans venus de plusieurs pays.

ÉGLISE SAINT-GEORGES ★★

C'est une très vieille église édifiée au Xe siècle qui a été reconstruite tardivement, au XIXe siècle. Certes impressionnante par sa taille mais sa plus grande particularité réside dans le fait que ce soit la seule église ronde d'Égypte. Sertie d'une coupole flamboyante aux couleurs vives, on y admire toujours la salle des mariages du IVe siècle qui a préservé la décoration d'époque. Ce lieu de culte est dédié à Saint-Georges, un saint très populaire du Moyen Orient qui fut exécuté en 303 pour avoir désobéi à un décret interdisant la pratique du christianisme.

PUITS DE JOSEPH (BIR YOUSSEF)

Grande œuvre du génie militaire de Salah el-Din en 1183, ce puits profond de 80 m abreuvait la citadelle grâce à un système de double pompage, actionné par la force d'animaux qui faisaient tourner la traditionnelle « sakieh », la roue dentelée. On dit que les bœufs qui s'employaient à faire tourner la roue y restaient jusqu'à leurs morts, triste sort... Légèrement salée, l'eau qui en sortait était précieuse en cas de siège ou d'incendie. Un escalier y mène.

ÉGLISE SAINT-SERGE ★★

L'église Saint-Serge (Abu Serga) est bâtie sur les lieux où, selon la tradition, la Sainte Famille aurait trouvé refuge durant sa fuite en Egypte. C'est un lieu de pèlerinage pour nombre de coptes et chrétiens du monde entier. Selon St Marc, les Egyptiens convertis au christianisme se servirent de cette crypte comme chapelle. Le bâtiment actuel date du XIe siècle pour ses parties les plus anciennes. A l'intérieur, de magnifiques iconostases incrustées ainsi que quelques icônes très anciennes en bois. Les 12 piliers représentent chacun un apôtre.

ÉGLISE SAINTE-BARBARA

L'église copte Sainte-Barbara est d'une structure comparable à celle de l'église Saint-Serge. Elle a été construite aux IVe et Ve siècles, détruite et reconstruite au XIe siècle. Elle contient les reliques de sainte Barbara, martyre chrétienne assassinée par les mains de son père qui était païen. A 10 m de Sainte-Barbara, un portail métallique donne accès au cimetière copte, un havre de paix aux allées ombragées par des eucalyptus, avec des tombes proches de l'architecture pavillonnaire, où les familles aiment passer un après-midi en compagnie de leurs morts.

ÉGLISE SUSPENDUE (OU « MOALLAQA ») SAINTE-MARIE ★★★

© ORHAN CAM - SHUTTERSTOCK.COM

Bâtie sur un ancien temple romain, l'église fut plusieurs fois agrandie, le dernier remaniement datant de 1775. Le plafond, entièrement en bois, est d'un effet remarquable. La chaire centrale, supportée par de minces colonnes, est incrustée de marbres de différentes couleurs et date du XIe siècle. Les iconostases des sanctuaires sont finement ciselées et incrustées d'ivoire. Certaines icônes qui ornent les murs datent du début du Xe siècle. Une des plus belles églises du Caire.

ENSEMBLE DE QURQUMAS EMIR KEBIR

C'est sans doute le plus bel ensemble mamelouk que l'on trouve hors les murs du Caire, hormis le complexe du sultan Ghoury. Jouxtant le mausolée d'Inal au nord, il regroupe un palais, un mausolée, une mosquée, un sabil, un kuttab et une madrassa, dans un style architectural de grande finesse qui forme un tout harmonieux. Il a été construit en 1507 par le prince Qurqumas, qui fut l'un des Mamelouks les plus puissants parmi les sultans Qatbay et Ghoury. Mort en 1510 à l'âge de 60 ans, il était alors le commandant en chef des armées et jouissait d'une considération sans égal notamment grâce à son courage et son intégrité.

On sera surpris par les larges proportions de la mosquée : la cour carrée est bordée de quatre iwans de deux dimensions différentes. Celui de la qibla (direction de La Mecque) est le plus grand des quatre, il donne accès au mausolée du prince Qurqumas. Les parements en marbre des murs, le dallage au sol constitué des mêmes couleurs de marbre, s'allient avec finesse avec les arches des deux grands iwans, soutenues à leur base par des stalactites sculptées.

Le sabil, bien que très endommagé, possède encore une vasque creusée en marbre par laquelle on faisait descendre les seaux pour puiser l'eau de la citerne située à l'étage inférieur. Le kuttab, situé à l'étage, bien que de petites dimensions, possède un très beau balcon de bois ouvragé. Le minaret est également superbe avec ses losanges sculptés et ses torsades en zig-zag.

ENSEMBLE DU SULTAN INAL

A côté de l'ensemble de Qurqumas, se trouve construit l'ensemble du sultan Inal, beaucoup moins bien conservé. Il a été terminé en 1456. Il ne reste aujourd'hui de l'ensemble que la mosquée dessinée selon les mêmes plans, et possédant des iwans de dimensions différentes. Son minaret est d'une grande beauté, de même que son entrée dominée par une chute de stalactites rouges. Le mur extérieur de la mosquée fait paraître un vitrail rond, encadré par une très jolie frise de style mamelouk. On voit encore les murs de la khanqah des soufis.

LE CAIRE

HOSH EL-PACHA ★★

C'est l'un des endroits les plus romantiques d'Egypte. Hosh el-Pacha, « le jardin du pacha », est un ensemble funéraire où sont enterrés la plupart des descendants de Mohammed Ali Pacha. Construit en 1854, on entre par une porte monumentale, suivie d'une allée couverte qui mène à une salle surmontée d'une coupole. Sur la gauche, différentes salles toutes surplombées de coupoles ornées et peintes dans le goût ottoman, se déploient. Les tombeaux, richement sculptés, peints, surmontés de turbans figurés ou d'autres coiffes, sont encore dans leur jus, intacts.

KHANQA DU SULTAN ACHRAF BARSBAY

Pour rappel, une khanqah était un lieu qui, à l'origine, abritait les savants religieux puis au fil du temps les soufis. Elle comprenait généralement une mosquée et les lieux de vie destinés aux fidèles, c'est grosso-modo l'équivalent de nos couvents. La khanqah du dernier des grands sultans mamelouks, Achraf Barsbay, est un petit bijou décoratif. La porte d'entrée en bois possède encore ses ferronneries de bronze d'époque, mais ce sont surtout les deux salles et le vestibule qui méritent toute votre attention. Cette khanqah, toujours consacrée au culte de nos jours, est connue pour ses sols et parements muraux de marbre. Le sol sera sans doute recouvert de tapis modernes destinés à la prière, mais les murs, notamment ceux du mausolée, sont un enchantement : alternance de marbres de couleurs variées avec des inclusions de plaquettes de nacre tout le long de la pièce carrée. Le mirhab (ou niche de prière) du mausolée est exceptionnellement bien conservé et sa marqueterie de marbre est un ravissement. Dans la salle principale de la mosquée, le minbar (chaire en bois destinée au prêche), est aussi un chef-d'œuvre de sculpture. Les incrustations étoilées et florales d'ivoire sont intactes et les motifs sont remarquables. De même, en levant un peu la tête, on se laisse séduire par le plafond à caissons rehaussé de couleurs vives. A l'extérieur, seule la base du minaret est d'époque (1431), tandis que sa partie supérieure est un ajout malheureux.

KHANQA DU SULTAN FARAG IBN BARQUQ

La rue Farag Ibn Barquq mène à la khanqah du même nom.

Pour trouver la rue Farag Ibn Barquq depuis les ensembles de Qurqumas, reprenez la route qui les borde et marchez 500 m vers le sud, puis tournez à gauche. La façade ouest est grandiose et on y comprend la disposition des lieux : vestibule, ***sabils*** et ***kuttabs*** à l'étage, mosquée et madrasa, avec au fond les mausolées reconnaissables aux coupoles qui les coiffent, la ***khanqah*** des soufis et le jardin médicinal. Cette ***khanqah*** a fini d'être édifiée en 1411, par le sultan Ibn Farag Barquq, à qui succédera le sultan el-Mouayyed qui a fait construire sa mosquée en remerciement d'avoir été libéré de la prison où l'avait fait enfermer Ibn Farag Barquq.

La porte d'entrée principale, ornée de stalactites, est contiguë à un ***sabil*** et à son ***kuttab*** dont on voit encore les boiseries finement dessinées. Le plafond du vestibule alterne des motifs géométriques rouges et blancs, à l'instar des pierres utilisées pour la façade extérieure. Un réemploi d'époque pharaonique sert de marche de séparation avec le couloir qui mène à la cour de la mosquée ; on distingue encore la représentation de cartouches et de hiéroglyphes.

La cour de la mosquée est bordée de quatre portiques dont les architraves sont rehaussées d'un motif mamelouk. A gauche se trouve le mausolée du sultan Ibn Farag Barquq et de l'un de ses fils. Le dôme est de toute beauté, et ses motifs géométriques à chevrons rouges, blancs et noirs sont sublimes.

Jouxtant le tombeau du sultan, qui lui-même possède toujours ses inscriptions polychromes, a été érigée une colonne commémorative au sommet de laquelle on voit un vase sculpté d'où tombent deux fleurs, de papyrus semble-t-il, qui symbolisent le prophète Mohammed, Hassan et Hussein. A droite se trouve le mausolée des filles du sultan, dont le dôme est aussi magnifiquement sculpté. Les deux mausolées sont fermés par des jalousies de moucharabieh finement découpées. On remarque aussi la qualité des vitraux qui donnent à l'intérieur des mausolées une riche lumière tamisée.

A l'opposé, par un escalier à vis, on accède au ***kuttab*** nord de l'édifice, et plus haut encore à la terrasse d'où s'élèvent les deux minarets. On peut y admirer le détail des deux dômes des mausolées, les créneaux mamelouks qui coiffent les portiques, et voir aux alentours les toits et les minarets de Qurqumas et d'Inal au nord, de Barsbay et de Qatbay au sud. Il règne dans cet édifice un calme rare propice à la méditation et à l'étude que viennent encore y chercher des étudiants en islamologie.

KHAN EL-KHALILI ★★★

Un khan est un marché de grande importance regroupant divers étals et des marchands de toutes sortes. Celui d'el-Khalili a été construit en 1380 par le prince Djaharks el-Khalili.

Le mieux est de se laisser porter par le flot de chalands sans trop écouter les appels polyglottes des marchands du souk. Si vous êtes tenté par une babiole à acheter, n'hésitez pas à faire baisser le prix qu'on vous propose 500 % plus cher ; on s'écriera que la vie est dure, que la monnaie égyptienne ne vaut plus rien, etc., mais tenez bon, et affectez de partir, vous verrez que votre vendeur commencera à baisser ses prix. Recommencez ce manège plusieurs fois jusqu'à ce que vous obteniez le prix que vous désirez payer. Arrêtez-vous, bien entendu, au café el-Fichaoui, où des intellectuels égyptiens viennent encore le matin, pour trouver l'inspiration du maître, Naguib Mahfouz, qui y venait quotidiennement ; on y voit toujours son fils spirituel, Gamal-el-Ghitany.

Si vous désirez des objets plus anciens, prenez la ruelle el-Badistan, passez la porte du même nom, et tournez immédiatement à gauche. Dans cette ruelle couverte, à 10 m sur votre gauche, vous trouverez un escalier ; montez les quelques degrés et vous parviendrez à l'étage d'un wakala (le nom attribué aux caravansérails égyptiens), où vous trouverez votre bonheur. Entre les étameurs de cuivre, sur la gauche, trois brocanteurs proposent des objets de moins de cent ans : appareils photographiques et leur pied, gramophones, portes tarbouches, fioles pour khôl, etc.

KHANQAH CHEIKHOU

Six ans après avoir construit sa mosquée, le prince Cheikhou décide d'ériger une khankaq juste en face. Les deux bâtiments partagent de nombreux éléments architecturaux, formant ainsi un tout reconnaissable. Il s'agit de la plus ancienne khanqah-madrasa connue de la période mamelouke. L'inscription sur le minaret reprend un passage du Coran dédié au pèlerinage, il semblerait ainsi que cette khanqah ait été utilisée pour accueillir les pèlerins en route vers La Mecque. Le prince Cheikhou y sera enterré après avoir été assassiné d'un coup d'épée.

MADRASSA ET MARISTAN MANSOUR QALAOUN ★★

Dit « Complex Qaloun ». Ouvert de 9h à 17h. Entrée : 100 LE (billet incluant tous les sites de Bein al Qasreen).

C'est en 1284 que le sultan Mansour el-Qalaoun fit construire un ensemble superbe comprenant une madrassa, une mosquée, un mausolée et un maristan (hôpital). L'agencement de l'espace de la mosquée est classique : cour carrée, quatre iwans. La particularité de la façade est que le portail de la madrassa est d'un style du plus pur gothique : il a été démonté par le vainqueur Qalaoun, lors d'une bataille à Saint-Jean-d'Acre, et remonté au Caire. Les créneaux de l'édifice sont superbes.

MADRASA ET MOSQUÉE DU SULTAN QATBAY ★★

Pour se rendre à la madrasa et à la mosquée du sultan Qatbay, on passe d'abord devant un abreuvoir pour chevaux, avant d'arriver à l'escalier qui mène à la mosquée surélevée. Difficile de la manquer, son minaret à trois galeries est le plus haut de toute la ville avec une hauteur estimée à 81 mètres. A gauche du vestibule se trouve le *sabil*, surmonté à l'étage du *kuttab* traditionnel.

Le vestibule donne le ton de l'édifice tout entier ; on reconnaît le symbole monogramme du sultan Qatbay sur les murs. L'intérieur de la mosquée, édifiée en 1472, est composé d'une cour recouverte, desservie par quatre iwans de dimensions différentes. Le sol de marbre est splendide, et l'on remarque la disparition des parements muraux. Les vitraux qui ajourent la partie supérieure des murs laissent diffuser à l'intérieur du lieu de culte une lumière bleue et jaune.

Cette mosquée est principalement connue pour ses boiseries et la qualité de leur décoration. Le plafond de la *durqaa*, qui recouvre la cour centrale est un vrai bijou éclairé par des fenêtres fermées de croisées mamelouks. Les plafonds des iwans n'en sont pas moins beaux, celui de la qibla en particulier. Il faut également prêter attention aux détails en nacre et en ivoire du minbar de bois, vous pourrez les percevoir distinctement en vous asseyant à même le sol, sur les tapis.

Aux alentours de la mosquée de Qatbay se trouve un verrier souffleur ainsi qu'un petit palais malheureusement fermé à la visite.

MAISON ZEINAB KHATOUM

Entrée : 30 LE.

En remontant vers la mosquée d'el-Azhar, on accède à une petite place renfermant deux bijoux architecturaux. Au passage, vous trouverez deux boutiques : un relieur d'art et la boutique el-Khatoun qui propose un artisanat de bon aloi. La maison Zeinab Khatoum, quant à elle, est une habitation construite en 1468 durant la période mamelouk, et remeublée en 1713. La salle principale, le qaa est imposante par sa hauteur sur deux étages. Le maqead, ou terrasse d'été donne sur une jolie cour intérieure, au nord du bâtiment. Les plafonds de bois sculpté sont remarquables.

MAUSOLÉE DE L'IMAM EL-CHAFÉI ★

Fondateur de l'une des quatre écoles juridiques de l'islam, l'imam El-Chaféi était un homme vénéré par les Musulmans. ESalah ed-Din entame la construction de Mausolée en 1176 que son fils terminera en 1211. Le bâtiment mêle les styles ayyoubide, fatimide et mamelouke. Le mausolée, de base carrée, est surmonté d'une splendide coupole peinte, les deux éléments étant reliés par de gigantesques *mouqarnas*. Le tombeau est protégé par une clôture en bois offerte par le khédive Abbas.

© BALONCICI - SHUTTERSTOCK.COM

Madrassa et Maristan Mansour Qalaoun.

MAUSOLÉE DE CHAGARET EL-DOR ★

Rue Abd el-Megid el-Laban

Histoire incroyable que celle de Chagaret el-Dor, dont le nom signifie « l'arbre aux perles » ! Elle épouse le dernier sultan ayyoubide, El-Saleh Ayyoub, qui combat Louis IX et meurt dans le delta en 1249. Elle cache la mort de son mari durant trois mois pour laisser le temps à son fils, Turan Shah, de rentrer de Mésopotamie afin de pouvoir succéder à son père. Elle fait poursuivre le combat contre les croisés et enferme saint Louis à Mansourah après la bataille du même nom en 1250. Les soldats mamelouks qui reviennent de cette campagne n'acceptent pas Turan Shah, le tuent, avec la complicité de sa mère… Féministe avant l'heure, Chagaret el-Dor s'autoproclame sultane et dirige le pays durant 80 jours, au terme desquels elle se marie avec Aybak, qui commande les Mamelouks. En 1257, apprenant que son époux désire prendre une deuxième femme, elle le tue. De rage, sa rivale et ses suivantes la tuent au sortir de son bain, avec des sandales en bois, ces sandales que l'on porte encore dans les hammams. Sa rivale fait d'ailleurs un gâteau que l'on mange encore de nos jours, le *Oum Ali*. Le corps sans vie de Chagaret el-Dor est jeté d'une tour de la citadelle, laissé aux chiens durant trois jours. Enfin, elle est dignement enterrée dans le mausolée qu'elle avait elle-même fait construire à son intention. Ce monument est le dernier bâtiment de style ayyoubide, qui s'inspire aussi d'éléments abbassides. La mosaïque intérieure représente un arbre à perles.

MEDRESSA IBN TAGHRI

Mamelouk du sultan Farag ibn Barquq et secrétaire de Gaqmaq, c'est le prince Tagui Bardi qui a élevé cette mosquée en 1440. Elle se trouve à l'angle d'une rue et offre deux belles vues sur ses façades, c'est d'ailleurs le premier bâtiment religieux qui forme un grand angle en coin de rue. L'entrée principale est superbe avec ses stalactites de pierre. L'architecture intérieure est de forme cruciforme. Le minaret est de grande finesse, et on aperçoit aussi de l'extérieur le dôme au-dessous duquel le mausolée du prince a été aménagé.

MONASTÈRE SAINT-GEORGES

C'est, en fait, à l'intérieur de la tour romaine qui jouxte le musée copte, l'église du couvent Saint-Georges, de confession grecque orthodoxe, qui n'en est d'ailleurs éloignée que de quelques mètres. Le monastère a été fondé à la fin du VIIe siècle et au début du VIIIe. Depuis le début du XIXe siècle, il est la résidence des patriarches d'Alexandrie et de tout le continent africain : de fait, elle n'est pas ouverte au public. Saint Georges devint martyr au IVe siècle quand il aurait été décapité pour avoir refusé de renier sa foi.

MAISON DE GAYER ANDERSON ★★★

Ouvert de 9h à 16h, le vendredi interruption à l'heure de la prière. Entrée : 70 L£.

L'ensemble, situé à l'angle sud-est de la mosquée Ibn Touloun, est composé de deux maisons jointes. Une rue privée les sépare au rez-de-chaussée, mais les étages communiquent entre eux. Ces maisons datant du XVIIe siècle ont été aménagées au XIXe siècle par le major anglais Gayer Anderson qui avait un goût prononcé pour l'orientalisme.

L'accès de la visite se fait par la maison de gauche. A droite vient d'être restaurée la salle d'eau, au-dessous de laquelle se trouve la citerne ; le puits est dissimulé par un meuble de bois que le guide s'amusera à faire pivoter devant vous. La cour intérieure est entièrement pavée de marbre ; la fontaine centrale devait bercer la maison d'une musique douce d'eau et permanente. Par un escalier on accède au maqead, la terrasse d'été tournée vers le nord, pour éviter les méfaits du soleil. Il mène à un joli qaa qui devait être le salamlek, le parloir réservé aux hommes, dans lequel Gayer Anderson a collectionné de très beaux objets et plateaux d'argent. Aux étages supérieurs se trouvent la salle à manger britannique, un véritable musée de curiosités. On arrive à la terrasse supérieure où sont posés de nombreux moucharabiehs qui ont vue sur la mosquée Ibn Touloun.

En quittant le cabinet de curiosités, on accède à la deuxième maison, plus intéressante notamment grâce à son ameublement oriental. Une chambre riche d'un lit de jour, où le maître des lieux aimait à se prélasser, débute la deuxième partie, suivie d'une autre petite chambre surélevée au milieu de laquelle un lit d'origine syrienne a été placé. En redescendant, on arrive à la partie supérieure du qaa principal. Une galerie fermée de moucharabiehs permettait aux femmes de participer aux conversations sans être regardées ; une petite loggia secrète est d'ailleurs dissimulée derrière une étagère d'angle. Toujours à ce même étage a été aménagé un exceptionnel qaa pour les femmes, aux meubles rares, et dont il faut admirer les armoires de bois peint, dont les motifs représentent des scènes d'amour ou de chasse. On redescend au rez-de-chaussée pour accéder au qaa des hommes, pavé de marbre, où une fontaine à degrés a été aménagée ; en levant la tête, outre le plafond à caissons de bois, on voit les moucharabiehs derrière lesquels les femmes se dissimulaient. On arrive dans la cour de la deuxième maison où les communs ont été aménagés en petit musée d'objets insolites. On ressort par la porte opposée, dans la rue privée, enchanté d'avoir partagé le quotidien imaginaire d'une maison de ville du Caire du XVIIe siècle.

MOSQUÉE AMIR AL-TINBOGHA AL-MARIDANI

Plus loin, la mosquée Al Tinbogha el-Maridani, construite en 1324, est beaucoup plus intéressante que la mosquée Inel-El-Youssoufi. Sa cour est composée de rangées d'arcades soutenues pas des colonnes antiques réemployées. Il faut s'attarder devant le mihrab (niche de prière) dont l'incrustation de marbres flamboyants est admirable, de même que la qibla (mur indiquant la direction de La Mecque) qui est d'une grande finesse décorative. Le minaret, d'époque mamelouk, est plus tardif.

MOSQUÉE AMR

Aux yeux de l'Islam, la mosquée d'Amr est investie d'une haute signification symbolique. De l'édifice original construit en 642 par le général Amr, il ne reste absolument rien, et la structure actuelle date de la dernière restauration effectuée en 1798 (seules les colonnes proviennent d'éléments anciens). L'Egypte était copte sous la domination byzantine. Le général Amr édifia la première mosquée d'Afrique, et libéra en même temps les fidèles coptes de la persécution. Son camp Foustat (les tentes) devint la capitale du pays.

MOSQUÉE CHEIKHOU

La mosquée fut construite entre 1349 et 1355 par le prince Cheikhou qui obtint des pouvoirs plus importants que ceux de son maître, le sultan Hassan. La forme cruciforme de la mosquée est remarquable. On pénètre par un vestibule dans lequel des vitres noires ont été incrustées dans les murs, servant à écarter les mauvais esprits du lieu dédié à la prière. La qibla, qui n'était pas orientée exactement vers La Mecque est formée d'un mur en diagonale. Le minbar (la chaire), toujours constitué de bois, est précédé d'un joli portique de pierre sculptée.

MOSQUÉE EL-AQMAR ★★

Cette superbe mosquée de période fatimide a été achevée en 1125, là où se tenait une église copte. Les symboles chiites qui se trouvent au-dessus de la porte principale sont remarquables. Passé cette porte, à gauche, on admire un vase représentant le prophète Mohammed contenant deux fleurs, l'une étant pour Hassan et l'autre pour Hussein ; une étoile à cinq branches dont celles-ci représentent le prophète Mohammed, Ali, Hussein, Hassan et Fatma ; et enfin sept niches pour les six prophètes majeurs, le septième attendu étant Ali.

ORTYN - SHUTTERSTOCK.COM

MOSQUÉE EL-AZHAR ★★★

© ITZAK NEWMANN - ICONOTEC

C'est la plus ancienne des mosquées fatimides de la ville, construite en 971 par le général Gaouhar. La porte d'entrée principale est d'époque XVIIIe. Elle ouvre sur une cour donnant accès à deux madrassas des XIIIe et XIVe siècles. Seule la cour principale a préservé les dimensions de la première mosquée fatimide d'el-Azhar. La salle de prière a conservé ses décorations en stuc du XIIe siècle. Le mur de la qibla (en direction de La Mecque), ainsi que la niche du mihrab sont d'époques plus récentes. Les minarets sont de construction mamelouk.

MOSQUÉE EL-HAKIM ★★

Construite entre 990 et 1013 par el-Aziz et son fils el-Hakim. C'est la deuxième mosquée fatimide construite après el-Azhar, sur un modèle à arcades intérieures. Elle appelait à l'origine al-Anwâr, « la brillante », un nom relié à la symbolique de la lumière, omniprésente dans l'idéologie chiite. Beaucoup plus tard, on la rebaptisa le El-Hakim en hommage aux importants travaux réalisés dans le bâtiment par le calife. Les minarets à l'allure imposante doivent leur base en forme de trapèze à un renforcement de leur architecture primitive trop frêle. Leur sommet n'est pas fatimide mais d'art mamelouk. El Hakim voulait être le seul à pouvoir admirer le minaret de près, c'est pourquoi il est entouré d'un mur et rendu inaccessible. Fondateur méprisé de la famille musulmane druze a été honni à sa mort, sa mosquée a été reléguée à des fonctions autres que celles de la prière. Sa restauration récente a été financée par la secte Bahaï, dans les années 1980. Les Bahaï, au nombre de 10 000 en Egypte, ne sont pas reconnus comme religion par les autorités égyptiennes. En 2006, ils ont défrayé la chronique en obtenant le droit de voir mentionner leur nom de secte sur la carte d'identité du pays. Mais depuis l'informatisation des cartes d'identité et la nouvelle constitution de 2012 (qui ne reconnait que les trois religions monothéistes), les bahaïs n'ont pas d'existence officielle et sont discriminés. Pour son immense cour intérieure d'un blanc éclatant et pour son ornementation riche et variée, cette mosquée vaut le détour.

MOSQUÉE EL-FAKAHANI

En prenant la rue Muezz el-Din Allah, on voit apparaître sur sa gauche une jolie mosquée datant de 1735, érigée sur les ruines d'une mosquée fatimide construite en 1148 par le Khalif al-Zafirdont. Elle a d'ailleurs préservé deux des portes d'origine, magnifiquement sculptées. La mosquée El-Fakahani, « la mosquée des marchands de fruits », a été bâtie par l'officier des janissaires Ahmad katkhuda al-Kharbutl selon une structure ottomane, ouverte sur une cour au-dessus des boutiques. Les 12 colonnes de marbre qui la soutiennent lui donnent toute sa prestance.

MOSQUÉE EL-HUSSEIN ★★

Les non-musulmans ne peuvent pas entrer dans cette mosquée.

Cette mosquée est des plus tardives. Elle fut construite par le khédive Ismaïl en 1837 sur un cimetière d'époque fatimide qui venait terminer le khan el-Khalili au sud. Elle n'a pas d'intérêt historique ou architectural majeur. Pour accéder à la suite de la promenade, il faut traverser la rue el-Azhar, qui est une percée du XIXe voulue par le khédive Ismaïl. Il faut soit emprunter le souterrain qui mène devant la mosquée el-Azhar, soit la passerelle qui mène devant l'ensemble des bâtiments du sultan el-Ghouri, qui continue la rue Muezz el-Din Allah.

© NICKOLAY VINOKUROV - SHUTTERSTOCK.COM

Mosquée El-Hakim.

MOSQUÉE EL-MOUSTAHFIZAN

C'est sans doute aussi sous deux autres noms que cette mosquée, restaurée en 1652 par Ibrahim Agha el-Moustahfizan, est connue : sous le vocable de son fondateur, le prince Chams el-Din Aqsunqur ou bien sous son surnom de « mosquée bleue ». L'intérieur de cette mosquée est distribué en une cour entourée des quatre iwans traditionnels. C'est à el-Moustahfizan que l'on doit les faïences bleues qui recouvrent son intérieur et qui ont valu à la mosquée ce qualificatif de couleur. Trois mausolées sont répartis à l'intérieur de la mosquée.

MOSQUÉE EL-REFAI ★★★

Entrée couplée avec la Mosquée du Sultan Hassan : 60 LE.

Des deux mosquées qui trônent au centre de la place Salah el-Din, celle-ci n'est pas la plus intéressante. Construite en 1819, et achevée en 1912, elle se trouve à l'emplacement historique de la zaouïa du cheikh el-Refaï, construite en 1122. Le chantier de la mosquée a été quelque peu chaotique, interrompu à maintes reprises et laissé à l'abandon pendant un quart de siècle. Elle abrite de nombreuses sépultures dont celles du roi Fouad d'Egypte, de sa mère et de Mohammed Reza Pahlavi, dernier shah d'Iran. Des riches « tarkîba » marquent leurs tombes sous le dôme.

MOSQUÉE ET MADRASSA INAL-EL-YOUSSOUFI

Il faut passer devant la mosquée Saleh Talaï et tourner à droite dans le Darb el-Ahmar pour l'atteindre.

Les deux monuments ont été élevés entre 1392 et 1393. Il ne possède que deux iwans dans sa cour intérieure. Sur les montants de la porte se trouvent écrites les invocations divines, ainsi que la date de construction de l'édifice et le nom de son commanditaire Inel-el-Youssoufi. Les plafonds sont peints. La petite madrassa qui lui est jointe et qui se trouve de l'autre côté de la rue est composée au rez-de-chaussée d'un sabil et d'un kuttab à l'étage.

MOSQUÉE ET MAUSOLÉE SALAH SANGAR

L'ensemble a été construit en 1304 par le prince el-Din Sangar el-Gaouli et son ami le prince Seif el-Din Salah. Cette mosquée ne comporte qu'un seul iwan. Prêtez attention aux étages sud et ouest du sahn, les chambres percées de fenêtres sont particulièrement remarquables. Un escalier mène aux deux mausolées des deux princes et amis, dont les tombes sont chacune surmontées d'une coupole monumentale. Les deux amis se sont donc ainsi liés jusqu'à la mort.

MOSQUÉE ET PALAIS EL-GHOURI ★★

Entrée : 30 LE.

Face à la rue Muezz el-Din Allah, se font face, à l'ouest, la mosquée madrasa el-Ghouri, et à l'est un ***sabil kuttab*** et un ***maqead*** constituant ce que l'on appelle le palais Ghouri. Le sultan el-Ghouri est le dernier grand prince de la dynastie mamelouke qui a laissé au Caire un très bel ensemble architectural. A noter qu'il accéda au trône à l'âge de 60 ans et que la première initiative fut de demander un versement anticipé de dix mois des impôts pour restaurer les forteresses du Caire. Certainement pas le meilleur coup de Com envers la population mais cela atteste de toute sa passion pour l'architecture !

A l'ouest, la mosquée a été élevée en 1504 ; son agencement comporte les mêmes quatre iwans dans sa cour intérieure. On y accède par un superbe porche orné de stalactites. La mosquée est suspendue ; des échoppes avaient été aménagées sous celle-ci, et servaient de source de revenus à la mosquée, comme le système des *waqf* le recommandait. Ainsi, l'entretien des bâtiments, le paiement de l'eau destinée aux ablutions et à la distribution aux plus pauvres, était assuré par ce système financier licite. Le minaret a quatre étages, c'est la réplique exacte du minaret original de la mosquée Aqsunqur (la Mosquée bleue). A l'est, le ***sabil kuttab*** et le ***maqead***, construits entre 1503 et 1504, font partie d'un *khanqah*, c'est-à-dire un théâtre de tradition soufi, où il est encore possible d'admirer les danses et les chants religieux, trois fois par semaine.

MOSQUÉE IBN TOULOUN ★★★

Ouvert de 8h à 16h. Entrée gratuite.

En légère surélévation, comme bâtie sur un tertre, et abritée des regards extérieurs par une imposante enceinte en brique, elle vous apparaîtra soudainement au sortir d'une route défoncée d'où que vous arriviez. Sa construction, entre 876 et 879, marque une étape dans le développement de la ville. Cette mosquée, la plus ancienne d'Egypte, est la seule à avoir préservé son apparence d'origine, c'est d'ailleurs le plus vieux monument islamique du pays tout entier. Sa visite vous fera vraisemblablement une très forte impression. Une fois franchie la double enceinte percée tous les 20 m de massives portes en bois et surmontée d'élégants créneaux, vous serez saisi par la sobriété et la simplicité de son architecture, ainsi que par l'atmosphère de calme et de quiétude qui y règne. On en garde un sentiment diffus de noblesse et d'humilité qui s'éveille au contact d'une œuvre parfaite. La cour, qui respecte le tracé d'un carré parfait de 92 m de côté, est bordée de portiques à deux nefs ; seule la salle de prière en compte cinq. Les arcades sont sculptées de motifs floraux et de versets coraniques du plus bel effet. Au centre de la vaste cour s'élève une fontaine de pierre polie par l'usage et le temps, qui servait aux ablutions des croyants. On accède au curieux minaret, qui n'est pas sans rappeler celui de Samarra en Irak (c'est ici un ajout ultérieur) par un escalier en colimaçon, un cas unique en Egypte. Admirez la chaire aux côtés du mihrâb, l'une des plus belles du Caire. On est saisi par la spiritualité qui s'en échappe.

Mosquée Ibn Touloun.

MOSQUÉE ILLIGAY EL-YOUSSOUFI

Cette mosquée mamelouk construite au XIVe siècle est une réplique en petit de la madrassa du sultan Hassan, remarquable à son entrée décentrée, à sa cour centrale dotée de quatre iwans en arcs gothiques. Il ne s'y trouve plus de fontaine pour les ablutions, mais le tombeau d'Illgay el-Youssoufi dans une tour surmontée d'un dôme. C'est au début de la rue du souk el-Saleh (marché aux armes) que se trouve cette mosquée de belle facture, non loin d'un bâtiment d'époque mamelouk.

MOSQUÉE MADRASSA SERGHAMISH

Cette splendide petite madrassa a été construite en 1356 par le prince Seif el-Din Serghamish. On y accède par un très beau portail en stalactite de pierre, qui donne sur une cour centrale distribuée en quatre iwans. Le sol de marbre de la cour intérieure est superbe, de même que le sahn, surmonté d'un splendide dôme. La décoration architecturale de la madrassa est remarquable par ses nombreuses chutes de stalactites et par les blasons mamelouks, de forme ronde, qui sont sculptés.

MOSQUÉE MAHMOUD PACHA

Mosquée construite en 1567 par Mahmoud pacha, gouverneur du Caire sanguinaire qui se faisait toujours accompagner de son bourreau. Il lui suffisait d'un seul geste pour désigner à son bras droit la personne qu'il fallait occire sur le champ. Il fut finalement assassiné et mourut d'une balle dans la mâchoire. Les présentations étant faites, sachez que la construction de la mosquée a été terminée à quelques mois d'intervalle de sa mort. Cette mosquée est agréable et intéressante à visiter de par son ancienneté et le mélange des styles mamelouk et ottoman.

MOSQUÉE SALEH TALAI

C'est en 1160 que le vizir Saleh Talaï entreprit de construire une mosquée d'inspiration perse, à l'extérieur des murailles. Elle est élevée et sa partie inférieure accueillait des boutiques dont la location servait à financer l'entretien des bâtiments. Les façades extérieures sont intéressantes, notamment l'entrée principale agrémentée d'une terrasse extérieure dont le plafond en caissons de bois est admirable. Sa porte en bronze est exposée au musée d'art islamique ; c'est une copie assez médiocre qui la remplace. C'est la dernière mosquée fatimide construite.

MOSQUÉE SAYEDA ZEINAB ★

La ville du Caire est placée sous la protection votive de Sayeda Zeinab, petite-fille du prophète Mohammed, dont le sanctuaire, contemporain de Hussein, a été élevé à cet emplacement. La mosquée que l'on voit aujourd'hui a été restaurée et modifiée quatre fois en quatre siècles. La façade et le minaret répondent aux canons mamelouks d'architecture. L'intérieur est joliment décoré avec son plafond de bois peint. Le mausolée qui abrite le sommeil éternel de Sayeda Zeinab est surmonté d'une coupole et est décoré de stalactites impressionnantes.

MOSQUÉE SOLIMAN AGHA EL-SILAHDAR ET SABIL

Entrée comprise dans le billet d'entrée pour le Complexe Qalaoun (11 sites).

Exemple rare d'un monument datant de la fin du règne de Mohamed Ali Pacha, cette mosquée, ainsi que le *sabil* qui la jouxte sont de construction récente, au milieu du XIXe siècle. Elle reprend la mode architecturale turque de l'époque, avec ses panneaux de marbre et son surplomb en bois. L'ornementation mélange plusieurs styles dont les formes baroques européennes. Le *sabil*, récemment restauré, est une belle réalisation dans le goût ottoman. On visite aussi la citerne.

MOSQUÉE SULTAN EL-MOUAYYAD

Cette mosquée a été érigée entre 1415 et 1420 par le sultan el-Mouayyed. Elle s'adosse à l'enceinte fatimide de la ville, ses minarets s'élancent sur les deux tours de la porte. On y accède par un joli escalier ; la mosquée est fermée d'une lourde porte de bronze, empruntée à la madrassa du sultan Hassan. La cour de la mosquée a été transformée en jardin. On peut y admirer un splendide mihrab (niche de prière) en incrustations de marbre, et le minbar est rehaussé de nacre et d'ivoire.

MURS DE SALAH EL-DIN

Devenu vizir, Salah el-Din poursuit les fortifications fatimides désirant que Le Caire soit réuni à Foustat par une muraille défensive. En 1192, un fossé est d'abord creusé le long de la muraille, entre Bab el-Foutouh jusqu'à Bab el-Barqiya. Les successeurs de Salah el-Din poursuivent les travaux de protection de 1200 à 1218.

C'est à l'occasion du début des travaux d'aménagement du parc d'el-Azhar, en 1999, que des pans de la muraille ayyoubide sont mis au jour, et qu'il est décidé de commencer des fouilles qui sont confiées à une mission archéologique française.

MOSQUÉE SULTAN HASSAN ★★★

Entrée couplée avec la Mosquée El Refai : 80 LE.

Si l'histoire de l'Egypte n'a pas retenu le règne du sultan Hassan, l'architecture du pays lui doit ce joyau de l'art religieux mamelouk : la madrasa qu'il a fait construire de 1356 à 1363. La cour carrée de la mosquée est flanquée de quatre iwans gigantesques. Au centre trône une fontaine de marbre couverte. De l'iwan principal « descendent » des lampes accrochées au plafond, et s'élève une plateforme soutenue par huit piliers de marbre. Le mausolée auquel on accède par une porte creusée au fond de l'iwan principal renferme les corps des deux fils du sultan.

MUSÉE DES TEXTILES

121 Sharia Muezzel Din Allah

Ouvert de 9h à 16h30. Entrée : 35 LE.

Rétrospective de 250 tissus et de 150 tapis de différentes périodes de l'histoire de l'Egypte. Ce petit musée est néanmoins très intéressant, il expose des textiles de l'Egypte ancienne et des époques romaine, copte et islamique. Châles, pagnes, tuniques coptes, tapis, giswat, couvre-lit, linceuls... tout l'art et l'artisanat des différentes époques sont représentés et expliqués en anglais (des tablettes tactiles donnent des informations en français). Le musée dévoile également les instruments utilisés jadis pour nettoyer et blanchir les vêtements.

LE CAIRE

Mosquées Sultan Hassan et Er-Rifaï.

MUSÉE COPTE ★★★

Mar Guirguis Street
✆ +20 2 23 63 97 42
Ouvert tous les jours de 9h à 16h. 100 L£, 50 L£ pour les étudiants.

Il se cache derrière l'imposante tour circulaire, vestige de l'enceinte romaine, au bout d'un agréable jardin. La splendide construction qui l'abrite comporte des éléments architecturaux prélevés sur divers édifices coptes voués à la destruction. Ce musée expose la collection d'objets coptes la plus complète du monde. Sa visite, en plus du cadre très agréable, est très intéressante pour comprendre l'art copte. De salle en salle, on découvre quelques somptueuses boiseries chargées d'incrustations de nacre ou d'ivoire, quantité d'icônes, de manuscrits et de papyrus, ainsi que des textiles anciens.

La première présentation de pièces coptes est faite dans la salle copte du premier musée de Boulaq. En 1907, le patriarche copte de l'époque ordonne un inventaire des pièces archéologiques coptes conservées dans les églises et les monastères. C'est en 1910 que les premières salles de ce qui est encore aujourd'hui le musée d'Art copte sont inaugurées avec l'aide de Marcus Simaika Pacha.

Rez-de-chaussée

▸ **Salle 2.** Grande tapisserie du IVe ou Ve siècle, venant d'Antinoé en Moyenne-Egypte, scènes de fête qui tranchent dont les Coptes étaient aussi coutumiers dans les tissus de lin brodés de laine. Frise en calcaire, venant du monastère de Saint-Jérémie à Saqqarah, motifs décoratifs floraux et animaliers d'inspiration romaine. Frise peinte représentant quatre saints nimbés.

▸ **Salle 3.** Les éléments sculptés de cette salle présentent parfaitement les influences hellénistiques du IVe siècle sur l'art copte. Chapiteau en calcaire noirci, représentation d'un homme ressemblant au dieu Dionysos, buvant du vin. Buste d'Aphrodite remarquable avec un large collier, des cheveux au vent. Hercule et le lion de Némée. Niche en forme de coquille mais entourée d'une frise hellénistique. Apollon et sa lyre. Orphée domptant un lion. Le dieu Pan reconnaissable à ses jambes animales. Orphée et Eurydice. Et plus amusant, une croix soutenue par deux Eros nus.

▸ **Salle 4.** Les éléments présentés dans cette salle mettent en valeur les influences des croyances de l'Egypte ancienne dans le nouvel art chrétien. Stèle funéraire de Pétros, représentant une barque. Stèle funéraire décorée d'une croix et d'un aigle, à la fois motif chrétien de résurrection et symbole égyptien. Fonds baptismaux creusés dans un chapiteau antique, rehaussé de décors en panier tressé et de croix.

▸ **Salles 5 à 6 et cour intérieure.** Art chrétien dans les monastères du désert. Niche peinte représentant le Christ en majesté, entouré d'anges souriant. Autre niche présentant une peinture du Christ en majesté. Jarres en poterie, décorée de poissons, symbole dont l'acrostiche de sa traduction en grec, ΙΧΘΥΣ, peut signifier « Jésus-Christ, Dieu le Fils, Sauveur ». La cour intérieure contient différents chapiteaux provenant du monastère Saint-Jérémie à Saqqarah.

▸ **Salles 7 à 9.** Pièces provenant du monastère Saint-Paul à Bawit. Voûtain représentant saint Apollo, ou Paul, fondateur du monastère, entouré de ses moines Phib et Anoup. Dans la salle 8, un splendide ensemble d'une niche peinte reconstituée, présentant la Vierge Marie tenant son enfant dans les bras et sur le voûtain, le Christ en majesté entouré des signes des quatre évangélistes et d'anges en adoration. Ainsi qu'une autre fresque représentant le buste du Christ, aux traits particulièrement égyptiens. Dans la salle 9, une fresque inattendue de souris tenant des fleurs dans leurs pattes et demandant la paix à un chat près à l'attaque, appelé « chat de la ville de Buto » (dans le Delta).

Premier étage

▸ **Salle 10.** Superbe cimier en bronze, IIIe ou IVe siècle, représentant un aigle, d'inspiration romaine, retrouvé dans les ruines de Babylone. Série de bas-reliefs en calcaire représentant les vendanges. Frise en calcaire portant trois animaux sous des feuilles d'acanthe ; il s'agit de deux lions chassant une antilope domestique colletée.

▸ **Salle 11.** Pièces évoquant des épisodes de la Bible. Fresque de couleur rouge venant de Nubie, de l'église d'Abdallah Nirqi, représentant la Nativité. Superbe peigne en ivoire représentant sur une face des anges entourant un guerrier, et sur l'autre la résurrection de Lazare entouré de bandages de momie. Frise peinte provenant du monastère de Tebtunis, dans le Fayoum, représentant Adam et Eve, nus puis se cachant le sexe après l'épisode du péché originel.

▸ **Salles 12 à 14.** Splendide collection de tissus coptes. Les tuniques sont généralement en lin, tandis que les éléments décoratifs sont en laine. Les représentations humaines furent interdites par la hiérarchie copte dès le IVe siècle mais l'habitude perdura jusqu'à l'invasion arabe. Certains tissus étaient réalisés dans le seul but d'en vêtir les défunts. Les décors sont très figuratifs et symboliques.

▸ **Salle 15.** Bibliothèque de Nag Hammadi. Ensemble de treize codex rassemblés dans une jarre trouvée en 1945 par un chamelier. La plupart des ouvrages datent de la seconde moitié du IVe siècle. Les codex ont remplacé les rouleaux antiques et leurs feuillets sont de papyrus et de parchemin, conservés à plat dans des étuis de cuir.

Salles 16 et 17. Collection de livres. Les Evangiles, manuscrit enluminé à Damas, en 1340, en langue arabe. Lectionnaire de la semaine sainte, manuscrit enluminé réalisé en Egypte en 1342. Salle 17, un psautier du IVe siècle, en parchemin, provenant d'el-Mudil.

Galerie. Ensemble d'éléments décoratifs provenant des cellules des moines du désert. Peinture selon la technique *tempera*, texture réalisée à base de jaune d'œuf et destinée à imprégner le plâtre et le bois enduit. Croix rouge stylisée provenant de Qusur el-Rubayat, VIIe siècle. Plat en poterie décorée de poissons, et retrouvé dans une cellule de Qusur el-Hegella, VIe siècle.

Salle 18. Scènes nilotiques. Frises en bois représentant des perches du Nil et des crocodiles. Voûtain en calcaire représentant des canards, des papyrus stylisés et des hommes en embarcations. Buste du Nil en calcaire, IIIe ou IVe siècle, sous les traits d'une homme barbu, entouré de fleurs de lotus.

Salle 19. Objets en bois. Panneau représentant l'attaque d'un lion sur une antilope, provenant d'Aphroditopolis. Jouets en bois du 6ème siècle, représentant des chevaux. Peignes stylisés de période byzantine.

Salles 20 à 22. Collection d'icônes. Il n'y a pas de statues dans les églises coptes, mais des icônes peintes sur bois, selon la même technique *tempera*. Triptyque de la semaine sainte, XIIIe siècle, représentant au centre la crucifixion du Christ, à gauche trois scènes de l'entrée dans Jérusalem, du lavement des pieds et de la Cène, à droite la descente de la croix, la mise au tombeau et la résurrection. Une icône des deux saints Antoine et Paul de Thèbes, provenant du monastère de Mercure : un corbeau apporte du pain à saint Antoine qui mourrait de faim, et deux lions apparaissent à la mort de saint Paul de Thèbes. Icône de la fuite en Egypte, par la Sainte Famille, dont la présence a généré une série de vénérations dans beaucoup de localités dans l'ensemble du pays.

Salle 23. Objets en métaux. Plat de Bible en argent, XIIIe siècle, représentant la Vierge nimbée portant son fils dans ses bras ; les mentions écrites sont en langue arabe. Lampes à huile suspendues, en bronze, de période byzantine, ayant la forme d'un colombe et d'une volaille. Série de clefs en bronze et en fer, du monastère blanc de Sohag.

Salles 24 et 25. Poteries, céramiques. On notera une gourde de saint Ménas, ou Mina, provenant du monastère éponyme qui se trouve sur le côté ouest d'Alexandrie. Les pèlerins rapportaient de ce lieu saint, ces gourdes en terre cuite produites à des milliers d'exemplaires.

Salle 26. Palanquin ottoman en bois, ivoire, os, nacre. Les dimensions de ce palanquin sont impressionnantes : 1,95 m de longueur x 1,12 m de haut x 1,05 m de largeur. Il appartenait à une dame chrétienne aisée, qui avait commandé cet objet décoré de motifs chrétiens.

Rez-de-chaussée

Trois salles contenant des objets décoratifs des églises du Vieux Caire. Autel du Ve siècle, en pin, provenant de l'église des Saints-Serge-et-Bacchus. Eléments sculptés d'une porte en sycomore (le figuier d'Egypte) venant de l'église Sainte-Barbara. Ecrin de blible en bois, argent, placages d'or, verre coloré, du XVe siècle, venant de l'église de la Vierge-Marie.

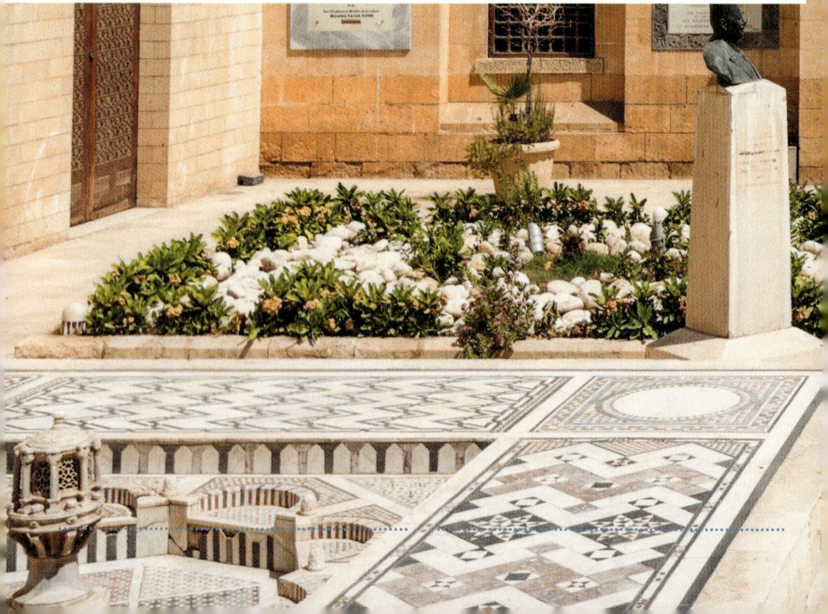

Musée Copte.

Parc Al-Azhar.

PALAIS EMIR TAZ

17 Sharia Suyuyfiyya
Ouvert de 9h à 16h. Entrée gratuite.

Construit en 1352 par le gendre du sultan mamelouk Mohammed Qalaoun, qui n'habita jamais vraiment les lieux, car un complot le chassa du Caire, et qui finit ses jours entre Damas et Jérusalem. Le palais se divise en deux parties, l'une à l'ouest, moins intéressante qui abrite des expositions temporaires et qui devait servir de communs, l'autre à l'est où se suivent d'innombrables pièces à la magnificence répétée. La cour intérieure est de superbe dimension. Au sud, par une grande arche, on accède à l'entrée du hammam privé de la demeure, constitué d'une dizaine de pièces à dômes ajourés, comportant toujours les bains et les sièges de marbre. Au premier étage, le maqead (terrasse d'été) est somptueux, son plafond à caissons de bois peint est de grande facture. On accède par une porte arrière à une roue à aubes qui apportait l'eau de la citerne inférieure jusqu'au premier étage ; le système de canalisation, bien restauré, est intéressant à observer. Au deuxième étage, la qaa principale est de parfaites dimensions, ses murs et son plafond disposent encore de leurs boiseries. Il est intéressant de monter sur les terrasses pour avoir une vue sur le quartier. Les communs de la cour intérieure abritent une exposition permanente sur l'histoire du prince Taz, tandis que le lavoir héberge une présentation des travaux de restauration du site. Aujourd'hui, le palais est également un centre culturel qui abrite diverses expositions. A noter qu'au début du XIXe siècle, il a servi d'école pour filles : la première de la ville !

PARC AL-AZHAR ★★

Sharia Salah Salem
www.azharpark.com
Ouvert de 9h à minuit. Entrée : 15 LE.

Inauguré en 2005, ce parc est situé entre el-Azhar, la muraille ayyoubide, la cité des morts et la citadelle du Caire. Il offre un point de vue unique sur la ville historique et islamique. Les anciens remparts de la ville datant du XIIe siècle offrent un panorama sur Le Caire absolument remarquable, ainsi qu'un circuit en plein cœur du quartier islamique. Vous entrez via le parc à la porte Bab al-Mahruq, pour une demi journée de balade. Il vaut vraiment le détour, le parcours est fléché, vous trouverez un plan sur place au parc.

PORTE OTTOMANE HARET EL-MOUBAYYADIN

Une des rares portes ottomanes à persister dans Le Caire historique. Elles correspondaient à des divisions administratives de la ville, les « haras », qui étaient dirigés par un « cheikh el-hara », une sorte de notable et juge de paix qui était chargé de prélever l'impôt et de faire respecter l'ordre social. Toutefois il y avait entre les habitants d'un même hara une grande solidarité. La nuit, ces portes se refermaient pour ne rouvrir qu'au petit jour.

SABIL KUTTAB ABDEL-RAHMAN KATKHUDA

9h-16h. Entrée : 100 LE (billet incluant tous les sites de Bein al Qasreen).

Construit au XVIIIe siècle, ce sabil d'inspiration ottomane et turque est l'un des plus élégants de la ville. A l'intérieur, dans la salle du bas, des faïences raffinées représentent, entre autres, le pèlerinage à La Mecque. Au-dessus, le kuttab est joliment ouvragé et fermé de moucharabieh de bois. Des céramiques et artisanat fabriqués au Souq al Fustat y sont vendus à des prix raisonnables. Voir également le « gift shop » dans le Palais d'Amir Bashtak.

SABIL KUTTAB OUM ABBAS

C'est la mère du khédive Ismaïl, la princesse Bambah Qadim qui fit ériger ce sabil de facture ottomane en 1867. Elle était connue pour sa grande foi et on l'appelait « oum el-mohsenin », c'est dire « la mère de la charité ». Sa façade de marbre travaillée, ses arabesques recherchées, sont du plus pur style ottoman. De toute beauté, il est souvent représenté dans l'iconographie cairote. Récemment rénové, le sabil se trouve au début de la rue Souyoufeya où se trouvent deux autres monuments remarquables, le palais du prince Taz et le théâtre Derwish.

SABIL KUTTAB QAITBAY ★

C'est en 1479 que le sultan Qaïtbay construit ce superbe édifice de pierre rouge, à la décoration soignée et parée de plaques de marbre polychrome. Le sabil, au rez-de-chaussée, est séparé de l'extérieur par une grille massive. A l'étage du kuttab, la façade offre une vue sur des balcons de bois ouvragé dont les fenêtres sont fermées par des moucharabiehs finement dessinés. On déplore dans la restauration de ce sabil que seule la citerne soit ouverte à la visite, et pour 30 LE ! Les étages ont été transformés en salles modernes qui n'offrent aucun intérêt.

SABIL MANASTERLY

Construit en 1851 par Mohammed Fouad pacha el-Manasterly, à la même époque qu'il a fait bâtir son palais, sa mosquée et son mausolée sur l'île de Roda, à côté du nilomètre. Comme tous les sabils, ce monument était une œuvre de charité ordonnée par le puissant pacha pour alimenter les plus démunis en eau, il était directement relié au Nil et fonctionnait par un ingénieux système de citerne. Il été transformé aujourd'hui en centre culturel musical avant d'être fermé pour rénovation. Si vous vous promenez non loi, passez y jetez un coup d'oeil.

SABIL MOHAMMED ALI

Ouvert de 9h à 17h. Entrée : 20 LE. Visite guidée gratuite le samedi et mercredi.

Ce sabil se trouve aujourd'hui en contrebas de la rue qui a gagné 1,50 m de hauteur en moins de deux siècles. Sa façade de marbre blanc de Turquie, son style ottoman, et sa dédicace au sultan Mahmoud, en font un pur produit de l'art ottoman du début du XIXe siècle. La coupole est décorée dans un pur style de verdure et de paysages. On peut de nos jours descendre dans la citerne qui se trouve en dessous, dont le plafond, constitué de huit dômes, est soutenu par trois piliers imposants de 9 m de hauteur. Sa capacité est de 455 000 litres.

SOUK COUVERT DES KHAYAMEYA ★★

Ce souk couvert, seul exemple architectural connu au Caire, a été construit au XVIIe siècle. Entre les deux immeubles se trouve posé un joli plafond de bois ajouré de fenêtres horizontales qui donne à la rue davantage de lumière naturelle. C'est ici qu'a pris place la corporation des khayameyas, ces tisserands spécialistes en confection de motifs appliqués sur tissus. Le vrai nom de ce marché couvert, bien que peu connu, est la « qasaba » Radouan.

SOUK EL-FOUSTAT ★★

Sharia Mar Girgis

Le Souk el-Foustat est ouvert tous les jours de 10h à 19h.

Dans un espace architectural s'inspirant des constructions du vieux Caire, le souk el-Foustat rassemble au gré de quarante-huit boutiques, le plus beau de l'art traditionnel égyptien, de même que le village des potiers attenant, où 32 artisans travaillent et vendent leur production in situ.On y retrouve les tissus imprimés de la maison Tanis, les créations en cuivre et tissus d'Al khatoum, les cosmétiques, savons et khôl de la boutique Néfertari, l'argenterie d'Atef Wassef... A noter que les associations humanitaires y ont des boutiques.

SYNAGOGUE BEN IZRA ★★

Edifiée au XIIe siècle à l'emplacement d'une église (Saint-Michel), la plus ancienne synagogue du Caire a été récemment restaurée. Son architecture est chrétienne, ses arabesques sont islamiques, ses ornements et inscriptions hébraïques mais ce synchétisme forme un tout étonnamment harmonieux. Selon la tradition juive, le prophète Jérémie y serait enterré. On dit aussi que c'est l'endroit où la fille du pharaon a découvert Moïse flottant sur le Nil. C'est la seule synagogue du Caire ouverte au public, qui plus est magnifique, ne la ratez pas !

THEATRE DERWISH ★★

« Tekaya el Maoulaweya » (en arabe).
Ouvert le matin uniquement. Entrée gratuite.

Ce théâtre soufi datant du XVIIIe siècle est intéressant la qualité de préservation de ses parties en bois. Construit sur les ruines de la madrassa Sounqour Saadi, dont on voit encore le mausolée, son rez-de-chaussée présente un théâtre au centre duquel une piste de danse ronde, délimitée par des balustrades de bois. C'est ici que les derwishs soufis dansaient en chantant le nom d'Allah. La loggia en bois, protégée du regard par des moucharabiehs, était destinée aux femmes. La décoration de la frise qui soutient la coupole est du plus pur style ottoman.

WIKALET EL-GHOURI

Ouvert de 9h à 17h. Entrée : 15 LE. Spectacle de tannoura (derviches tourneurs) le samedi, lundi et mercredi.

Un peu plus vers el-Azhar, se dresse la wakala el-Ghouri, construite entre 1504 et 1505. Les salles sont extraordinairement bien conservées. Un centre culturel y a pris place, destiné à la promotion des arts musicaux, notamment. Les chambres supérieures sont devenues des ateliers pour les artistes, les anciennes écuries ont été transformées en boutiques d'artisanat et la cour en salle de spectacles à ciel ouvert. De nombreuses représentations de danse et théâtre y sont données par la troupe de danse traditionnelle Al Tannoura.

© DEREJE - SHUTTERSTOCK.COM

Cathédrale copte Saint-Marc.

CATHÉDRALE COPTE SAINT-MARC ★★

Avenue Ramsès

La cathédrale copte orthodoxe Saint-Marc a été inaugurée en 1968 par le patriarche Cyrille VI. C'est là où résidait le pape orthodoxe Chénouda III, mort en mars 2012. On y vénère les reliques de saint Marc qui ont été rendues aux coptes d'Egypte par le pape Paul VI. On peut y admirer les vitraux d'Isaac Fanous, l'un des grands maîtres verriers du XXe siècle, qui est mort en 2007. La sécurité à l'entrée du site est renforcée depuis les évènements du 11 décembre 2016.

MAUSOLÉE DE SAAD ZAGHLOUL

Rue Abdallah al-Falaky

Entrée : 10 LE. De 9h à 14h.

Situé à côté de la station de métro Saad Zaghloul et marché aux légumes du même nom, ce mausolée de style néopharaonique a été construit de 1928 à 1931 par l'architecte Moustapha Fahmi. Construit en granit, il reprend les lignes, colonnades et corniche des temples pharaoniques parées de calligraphique arabe : ce fut le premier monument de ce style qui n'a pas rencontré grand succès. Saad Zaghloul a été premier ministre en 1924 et a servi la cause de l'Egypte libre.

COUR SUPRÊME

Rue du 26 juillet

Les bâtiments qui abritent la Cour suprême de justice égyptienne ont été construits de 1925 à 1934, par les architectes Léon Azéma, Max Edrei et Jacques, suite à un concours international. De style néoclassique, la façade donne une impression de puissance à l'institution qu'elle cache aux yeux des passants. Le sol de la salle des pas-perdus est de style Art déco. Le président Abdel Fattah Al-Sissi a pour projet de transférer la Cour Suprême dans la nouvelle capitale qu'il construit à une cinquantaine de kilomètre du Caire : Sissi City.

MOSQUÉE OMAR MAKRAM

Rue Omar Makram

Situé sur la place Tahrir, l'édifice de Mario Rossi, architecte également de la grande mosquée Abou el-Abbas el-Morsi à Alexandrie, a été érigée en 1940. La mosquée porte le nom du héros de l'expédition d'Alexandrie en 1807, résistant à l'occupation française. De style néo-arabe, ce lieu de culte reçoit les prières lors des obsèques des grands dignitaires de l'Etat et des personnes de notoriété publique. Placée aux premières loges lors des manifestations et confrontations, la mosquée a servi d'hôpital et de lieu de repli à diverses reprises.

MUSÉE D'ART ISLAMIQUE ★★★

Midan Bab el Khalq

Ouvert de 9h à 16h30. 150 LE, 80 LE pour les étudiants. Visites guidées gratuites de 10h à 13h et 15h à 16h.

Inauguré en 1903, il abrite la plus grande collection mondiale d'œuvres de l'art islamique. Le 24 janvier 2014, la façade et 180 vases et lampes en verre avaient été gravement endommagés dans l'explosion d'un camion piégé, qui visait l'hôtel de police en face du musée. Après trois ans de rénovation, le musée a finalement rouvert début 2017. En grande partie revisitée, sa muséographie est très bien fléchée et s'est enrichie de nouvelles salles, comme celles consacrées à la vie quotidienne. La visite commence par le hall central, en haut des marches, et se poursuit dans l'aile droite qui reprend la chronologie des cinq dynasties qui ont dirigé l'Égypte : Omeyyades, Abbassides, Fatimides, Ayyoubides, Mamelouks jusqu'au père de l'Égypte moderne, Mohammed Ali. Vous tomberez ensuite naturellement sur l'aile gauche qui comprend les salles thématiques et l'exposition temporaire. Les écriteaux dorés signalent les chefs d'œuvre à ne pas manquer. Demandez une visite guidée.

▶ **Hall 0.** La nouvelle direction a voulu mettre en avant cinq objets révélateurs de l'évolution et de la diversité des arts islamiques. Le Coran datant du VIIIe siècle après J.-C. est le plus ancien, trouvé à ce jour, qui utilise les *tashkil*, c'est-à-dire les accents servant à distinguer les voyelles et indiquer la prononciation. La clé en bois du XVIIIe siècle est elle aussi rare et sacrée pour les musulmans. Elle permet d'ouvrir la Kaaba, le cube au centre de la mosquée de La Mecque. Une seule autre copie existe dans le monde et est exposée en Turquie. Sur l'aiguière perse de la dynastie Qajar, on remarque les représentations détaillées de figures de femmes et hommes, interdites dans la tradition sunnite mais autorisée chez les chiites. La lampe de mosquée est remarquable surtout par ses inscriptions coraniques qui témoignent de l'importance de l'écrit dans la diffusion de la religion musulmane. Enfin la porte de la mosquée Sayeda Zeinab qui est exposée illustre la diversité religieuse qui existait durant l'empire ottoman. On sait que son créateur était juif grâce à sa signature qu'il a gravé sous un des motifs en argent, « Yaoud Aslan ».

▶ **Hall 1 : Omeyyades et Abbassides**. Quelques pièces remarquables dans cette salle couvrant la période de 661 à 1258 et enchevêtre deux dynasties prolifiques s'étendant sur une vaste aire géographique allant du sud de l'Espagne à l'actuel Afghanistan. Les assiettes en céramique importées de Chine témoignent des échanges importants qui existaient alors avec l'Asie. Leurs inscriptions marquent également les débuts de la calligraphie. Dans la vitrine, on peut voir les cicatrices qu'a laissé l'attentat sur les vases restaurés. Le visiteur occidental ne manquera pas de relever la petite pique qui lui est destinée, sur la pancarte moquant les Européens « et leur sombre Moyen-Âge ». Car une des ambitions du musée est aussi réhabiliter l'importance de la civilisation islamique pour l'Humanité et la mémoire collective.

▶ **Hall 2 à 4 : Fatimides**. La dynastie chiite dirigea son empire depuis l'Égypte jusqu'à sa chute, en 1171. Ici pléthore de reproductions de visages et de corps humains s'adonnant à des plaisirs terrestres comme la musique, l'alcool et la fête. Voyez dans la vitrine, ces mini-mihrab portatifs qu'ils calaient entre leur tête et le sol, pour ne pas le toucher. Entre chaque salle, les kelga sont des fontaines ingénieuses étudiées pour rafraîchir les humains (récipient du haut) comme les animaux (le bas). L'assiette du terrifiant commandant Ghabn serait « la plus large du monde ». Dans la dernière salle, observez la finesse des motifs sculptés sur le minbar en bois. Conçu spécialement pour le souverain fatimide qui dirigeait la prière du Vendredi, il était rangé au placard les autres jours de la semaine.

▶ **Hall 5 à 7 : Ayyoubides**. Très marquée par les guerres et les conquêtes, cette dynastie n'a pas eu le temps de produire beaucoup d'objets d'art et le musée n'a pas souhaité lui consacrer plus qu'une succession de mini-salles. C'est l'époque des croisades et de Saladin qui unifie la Syrie et l'Égypte pour mieux affronter les Francs. Une céramique représentant la Vierge Marie est exposée à dessein au milieu des objets islamiques, pour insister encore une fois sur la présence ancienne de communautés chrétiennes au sein des différents califats.

▶ **Hall 8 à 10 : Les Mamelouks**. Cette armée d'esclaves formée par les Ayyoubides créèrent leur propre sultanat en prenant le pouvoir au Caire en 1250. Pour les conservateurs égyptiens, il s'agit « de l'âge d'or » de la civilisation islamique. L'Égypte rayonne en effet sur le reste de la région et renforce son rôle de carrefour dans le commerce international. Une des icônes Mamelouk est le chevalier Baybars 1er dont on retrouve le blason à tête de lion, symbole de puissance. Mais il n'y a pas que les chefs de guerre qui comptent ! Regardez le soin apporté aux décorations en ivoire qui ornent les coffres, divisés en trois casiers pour ranger les 30 parties du Coran. N'oubliez pas de vérifier votre mise en pli dans la vitrine qui expose des miroirs, peignes et crayons de khôl. Avant de basculer dans l'Empire ottoman, jetez un coup d'œil à la massive porte de bronze. De loin, on ne voit que des motifs de végétaux, alors que de près, on découvre des animaux gambadant entre les branches.

▶ **Hall 11-12 : Des Mamelouks aux Ottomans**. En réalité, il est toujours question plus des Ma-

Musée d'art Islamique.

melouks que des Ottomans, réduits à quelques céramiques florales bleu azur, appelées « lalla ». Le clou du spectacle est ce minbar, datant du XIVe siècle, commandé par Tatar al Higaziya, la fille du sultan Nasir. C'est pourquoi vous trouvez un moucharabié à travers lequel les femmes étaient autorisées à observer le reste de la société, sans être vues. Afin d'imprimer sa trace dans l'Histoire, Tatar fit graver sur sa mosquée : « Ordonnée par une érudite de la nation de Mohammed ».

▶ **Hall 13 : Des Ottomans à Mohammed Ali**. Ne ratez pas la « bonbonnière » rococo sertie de diamants qui appartenait à Mohammed Ali, le souverain qui s'entoura de conseillers européens et notamment de Français pour transformer l'organisation de l'Égypte et asseoir une nouvelle élite bureaucratique.

▶ **Hall 14 : Monnaies et armes.** Cette salle marque le début de l'aile thématique qui rassemble les objets qui ne rentraient pas dans la conception un peu égypto-centrée de la civilisation musulmane. Comme cet échantillon d'épées turques, yéménites et même indiennes. Les dinars d'Abdel Malik ibn Marwan (41 avant J.-C.) sont les premiers à être frappés en Terre d'islam et à posséder des inscriptions en arabe.

▶ **Hall 15-16 : Monde islamique de l'Est**. Cette salle, qui mélange des trésors de l'art indien et iranien, en dit plus long sur la perception arabe de ces civilisations (vues comme périphériques) que sur leurs apports au monde musulman.

▶ **Hall 17 à 19 : Calligraphie**. C'est dans ce sous-sol que furent entreposés tous les objets brisés par le souffle de l'explosion de 2014. Un jeune conservateur, Mahmoud Abdel Raouf, prit en charge les opérations de recensement et de « sauvetage » des vases, aujourd'hui pour la plupart restaurés. A travers les épitaphes des pierres tombales, on découvre l'évolution des styles d'écriture. Commencez par celle du VIIe siècle, distinguée par un écriteau doré, et regardez ensuite celles qui l'entourent.

▶ **Hall 20-21 : Textiles et tapis**. Les tampons présentés en vitrine sont les mêmes que ceux encore utilisés à Ispahan (Iran) pour imprimer les motifs floraux sur les tapis et tentures.

▶ **Hall 22-23 : Vie quotidienne et jardins**. Cette nouvelle salle met en valeur la vie des femmes, même si elle présente un peu en vrac des bijoux, trousseau de maquillage et contrat de mariage. Le collier en or, dans la première vitrine à gauche, appartenait à Shagaret el Dor, seule sultane de l'Histoire égyptienne, et seconde monarque du monde musulman après l'Indienne Razia Sultana.

▶ **Hall 24-25 : Science et médicaments**. Après les astrolabes et sabliers géants, on tombe nez à nez avec une ample chemise blanche parsemée de citations du Coran et de noms de djinns (les mauvais esprits dans la tradition musulmane). Ce « t-shirt magique », cousu en Iran, était prescrit comme remède aux malades du diabète ou encore aux femmes ne trouvant pas d'époux.

MUSEE DU PALAIS ABDINE

Place Goumhoreyya

Ouvert de 9h à 17h. Entrée : 40 LE.

C'est ici que s'est transportée la famille royale en 1874, abandonnant la citadelle. Depuis la chute de la monarchie en 1952, le palais sert uniquement à d'occasionnelles réceptions du Président égyptien. Les cadeaux et médailles du roi Farouk y sont conservés. Argenterie, porcelaine, cristal rutilent sous vos yeux... et les riches décorations et ornements des palais royaux sont un total ravissement. On y visite également quelques salles consacrées à l'armement où sont exposés les épées, dagues et poignards de toute la famille royale de Mohamed Ali.

PALAIS MANIAL ★★

Ile de Roda

Ouvert de 9h à 17h. Entrée : 100 LE.

En mars 2015, le Palais Manial a rouvert ses portes après dix ans de rénovation. Cette imposante bâtisse ottomane fut construite au début du XXe siècle par Mohamed Ali. Le mur d'enceinte dissimule un vaste jardin à la végétation luxuriante. On y trouve plusieurs bâtiments, dont la résidence royale, la salle du trône et une mosquée. A l'intérieur, des bijoux, des tapis, des exemplaires du Coran évoquent la splendeur de la dynastie d'antan. Dans cet écrin de verdure, le musée de la Chasse du roi Farouk et ses collections hétéroclites ne manque pas de surprendre.

MUSÉE POSTAL

Place Attaba ✆ +20 2 23 91 00 11

Ouvert de 10h à 15h sauf le vendredi et samedi.

Inauguré en 1940, ce petit musée est situé au deuxième étage de la poste centrale. Il expose une collection de timbres émis par l'Egypte de courriers de voyageurs mais également des photos et documents qui illustrent les moyens d'envoyer des messages en Egypte tout au long des siècles. Scindée en dix espaces distincts, la visite relate différentes périodes au moyen d'un bric-à-brac d'objets de toutes sortes : anciennes boîtes à lettres, tampons, uniformes de facteurs ou encore le bureau du premier directeur de la poste égyptienne qui était... italien !

PALAIS SAKAKINI

Midan Sakakini

Ne se visite pas.

Drôle de petit palais construit en 1897 par Habib Sakakini, et qui se trouve sur la place du même nom, dans le petit quartier de Fagalla, extension du centre-ville. Ce petit palais a plus ou moins la forme d'une étoile, et est extrêmement chargé. Il a été construit par des architectes italiens qui l'ont affublé de différents styles architecturaux avec une prédominance rococo. Aujourd'hui en restauration, il est le premier monument à avoir reçu un ascenseur au Caire. Le gouvernement envisage de l'utiliser pour y organiser des activités culturelles.

NILOMETRE ET PALAIS MANASTERLY ★

A la pointe de l'île de Roda

Ouvert de 9h à 15h45. Entrée Nilomètre : 20 LE.6 LE pour le musée Oum Kalsoum.

Creusé en 715, cet édifice a été reconstruit en 861 sous Mohammed Ali. Ce nilomètre n'a plus d'utilité depuis que le barrage d'Assouan a été construit. A côté se trouve le palais Manasterly où des concerts publics ont lieu. On peut y visiter un petit musée consacré à l'icône de la chanson arabe, Oum Kalsoum. A travers ses photos d'archive, contrats, et robes qu'elle porta lors de ses concerts, on ressent la ferveur qui entourait chacune de ses apparitions scéniques et radiophoniques.

PLACE EL-OPERA ★

« Midan al Opera » fait référence à l'ancien opéra qui se trouvait à cet emplacement, et qui fut détruit par un incendie en 1971. C'est ici que *Rigoletto* avait été joué pour l'inauguration du canal de Suez. Sur la place se dresse une magnifique statue de bronze d'Ibrahim Pacha. Cette œuvre est à la fois celle de Cordier qui a créé le personnage tandis que Jacquemard a dessiné la monture. Sur le piédestal, des bas-reliefs en bronze de Cordier complètent le monument. Les restes du parc de l'Ezbekieh se trouvent derrière cette place.

MUSÉE ÉGYPTIEN ★★★★

Midan Tahrir

Ouvert tous les jours de 9h à 16h30. Entrée : 200 L£, étudiants : 90 L£. 100 L£ en plus pour la salle des momies.

A l'image du reste du pays, le Musée égyptien est à l'étroit dans ses murs. La bâtisse néoclassique de la place Tahrir n'est plus en mesure d'exposer les découvertes qui s'accumulent dans les réserves, à la faveur de la moindre tranchée creusée en Egypte.

Si vous êtes un passionné, une seule visite ne suffira pas pour faire le tour des quelque cent mille antiquités présentées. D'autant que le manque d'espace et la profusion vertigineuse de pièces mettront vos nerfs à rude épreuve et qu'au-delà de deux heures, plus rien ne saurait fixer votre attention : on promène un regard las sur des merveilles qui mériteraient une attention plus soutenue. Après cette visite, les temples et les tombes de Haute-Egypte vous paraîtront bien vides !

La façade et les jardins. On peut dire que cet édifice construit en 1896 par Marcel Dourgnon est le premier vrai musée égyptien du Caire. Auguste Mariette, à qui Mohammed Ali a confié la direction du premier service des antiquités, a l'ambition d'ériger ce musée et il consacre une partie de sa vie à ce projet. Il meurt en 1881 et son successeur commande à Dourgnon le bâtiment que l'on connaît, où Gaston Maspero transfère les collections en 1902, année d'inauguration du musée.

Aujourd'hui cerné par des immeubles dont la hauteur dépasse son dôme élégant, le musée a été construit dans ce nouveau quartier de Boulaq, autrefois marécageux et inondé par les crues du fleuve, que le khédive Ismaïl transforme en quartier chic et d'inspiration occidentale à la fin du XIXe siècle. La façade néoclassique de l'édifice correspond aux goûts du khédive dont le cœur balance entre la France et l'Italie. Dans les jardins, à l'ouest, un homme de bronze coiffé d'un tarbouche veille sur son mausolée : il s'agit d'Auguste Mariette auquel la protection patrimoniale des antiquités égyptiennes doit beaucoup. Le visiteur arpente le jardin jonché de statues monumentales et agrémenté d'un bassin planté de papyrus.

Indication pour la visite. Les salles qui sont présentées contiennent les pièces les plus remarquables du musée qu'un visiteur éclairé doit avoir admirées s'il ne dispose que de deux heures de temps. Les autres salles du rez-de-chaussée qui ne sont pas déclinées renferment la statuaire hellénistique, tandis que les salles du premier étage non mentionnées conservent des sarcophages et des objets rituels ou du quotidien. Ces objets d'art du premier étage, moins impressionnants si l'on ne considère que la magnificence de l'orfèvrerie royale, sauront toucher les amateurs de céramique et de bois travaillé, et la sensibilité de tout un chacun qui y reconnaîtra l'expression du génie créatif humain, façonné il y a quelques millénaires. La visite des salles est rythmée par la cadence des battements du cœur. Ici, on ne visite pas une succession de pierres façonnées et amassées, on va à la rencontre de quasi-dieux sous la forme de statues quasi vivantes.

Le rez-de-chaussée : période prédynastique (4000 – 3000) et période protodynastique (2920 – 2770). Salle 43. On connaît peu d'objets prédynastiques de Nagada I et Nagada II et III sinon quelques stèles gravées sur ivoire et des bols en terre cuite dont un remarquable exemple décoré de crocodiles en relief. La grande exception existe avec la plaque de Narmer, que l'on place à la charnière des deux périodes en lui attribuant la dynastie « 0 », bizarrerie de l'égyptologie. Cette plaque de schiste à double face est gravée d'une représentation très élaborée de Pharaon, avec des symboles de puissance et d'autorité très pensés. Ce n'est néanmoins pas la première image de Pharaon que l'on possède – contrairement à ce que les guides déclameront devant la plaque de Narmer – et l'on peut se référer à l'exposition « Pharaon » de 2003 à l'Institut du Monde Arabe qui avait présenté une statuette en schiste de Nagada I d'un homme barbu portant la couronne de Haute-Egypte (Musée de Lyon).

La plaque votive de Narmer, qui célèbre la réunification des deux royaumes, décline les symboles de Pharaon tels qu'ils seront réemployés par la suite par toutes les dynasties. Sur une face, on reconnaît Pharaon barbu, coiffé de la couronne de Haute Egypte (le bonnet), tenant dans sa main droite une masse d'arme qu'il s'apprête à fracasser sur la tête d'un ennemi à genoux devant lui. Un dignitaire, de taille bien plus petite, se tient derrière lui et porte ses sandales. Sur l'autre face, Pharaon est coiffé des attributs de la Basse-Egypte et domine des ennemis décapités. Sur les deux faces, les têtes de taureau sont la représentation de la déesse Athor et entourent le nom de Pharaon.

La période protodynastique avec ses deux premières dynasties est plus riche de ces objets qui sont présentés dans cette première salle du musée.

Il est intéressant pour les amateurs d'art et pour les visiteurs de noter que les matériaux utilisés seront les mêmes que les successeurs de ces premiers pharaons emploieront : or, faïence brute ou vernissée, cornaline, améthyste pour les bijoux ; ivoire, bois, argile pour les objets quotidiens ; schiste, stéatite, albâtre, calcaire, granite rose pour les statues.

LE CAIRE

Ancien Empire (2649 – 2065). Salles 31, 32, 36, 37, 41, 42, 46, 47, 48. Les œuvres exposées dans ces salles transcendent par leur force et leur beauté simple et inspirée, les événements politiques de l'Ancien Empire, période scandée en huit dynasties puissantes qui vont donner à l'Egypte une position régionale dominante. Les figures de Pharaon les plus retenues pas l'histoire sont Djoser, Khéops, Unas, Téti, Pépi 1er.

47. Djoser, constructeur du complexe funéraire de Saqqarah, qui fut aidé en cela par Imhotep, génial architecte, est représenté assis, coiffé de la perruque et portant la fausse barbe, en statue de calcaire peint. Pharaon est ensuite représenté au milieu de trois triades en schiste vert de Menkaura. Pharaon, le torse gonflé, tient dans sa main droite celle de la déesse Athor, et dans sa main gauche celle d'un *nôme* du pays, c'est-à-dire d'une juridiction.

Les mastabas de Saqqarah renfermaient des statuettes en calcaire peint de Pharaon et de sa famille dont les couleurs ont été extraordinairement épargnées par l'usure du temps.

46. Il y a dans la statuaire égyptienne de l'Ancien Empire une volonté de montrer l'humanité des personnes représentées, qu'il s'agisse de Pharaon et de sa famille, ou de simples ouvriers qui sont sculptés, comme ce jeune porteur de vanneries colorées. Les sculptures funéraires nous touchent par leur proximité : Ak, assis sur un siège de calcaire peint en noir, est entouré du bras droit de son épouse, et l'éternité ne retient d'eux que cet amour tendre et intime qui n'a jamais dû s'éteindre. Le scribe assis montre sans gêne un ventre replet et une poitrine d'homme qui mange bien ; il n'y a pas de recherche artificielle destinée à camoufler l'être humain.

41. Au milieu de bas-reliefs en calcaire peint extraits des mastabas de Meïdoum, près de la pyramide du même nom, est exposée la statue en albâtre du même Menkaura assis sur son trône, dont on voit la nervure propre à cette pierre qui est très sensible à la chaleur et qui peut noircir facilement à son exposition.

42. Le visage de Képhren est l'un des plus connus des rois d'Egypte puisque c'est le sien qui orne les billets de 10 LE, de couleur rouge, qui sont dans toutes les poches. Mais la rencontre avec l'original est bouleversante. Le musée laisse à la contemplation une statue assise du roi. La maîtrise de son art par le sculpteur côtoie la perfection. Par ce biais, on admire à la fois l'œuvre et le modèle. Il ne manque que le souffle à Képhren ainsi représenté pour qu'il se lève, vivant. Revêtu d'un simple pagne de lin et couvert de sa coiffe, il est presque nu. Cependant, sa majesté s'impose, naturellement. La pierre ainsi travaillée sait à merveille exprimer l'humanité du roi. Horus, le dieu faucon, est sculpté dans le prolongement de la tête ; on ne l'aperçoit que de profil. Il protège Pharaon. La statue en bois de Ka-Aper, à qui l'on a donné le surnom de « maire du village » ou « oumda » en égyptien, car la statue ressemblait au notable de Saqqarah où elle a été trouvée, est tout autant touchante. Elle a été réalisée il y a plus de 4 500 ans…

32. La variété des œuvres exposées n'en dépare pas la qualité diverse. Les statues assises de Rahotep et son épouse Nofret, en calcaire peint, semblent avoir été réalisé la veille tant les couleurs en sont fraîches. On admire la représentation du collier composite que Nofret porte et la moustache de son mari n'est pas sans nous rappeler les visages des jeunes Egyptiens du Delta du Nil. Que dire de l'humour du sculpteur et de ses modèles lorsque le nain Seneb, sa femme et ses enfants ont été représentés ? C'est une photographie familiale : Seneb est assis en scribe sur un banc, tandis que l'enlace sa femme ; trop petit pour avoir les jambes ballantes, ce sont sa fille et son fils qui sont sculptés à leur place ! Les oies de Meïdoum ont été dégagées du mastaba de la pyramide du même nom, à cent kilomètres de Guiza. Ce plâtre peint est exceptionnel par ses couleurs.

37. Cette salle est particulièrement consacrée au règne de Khéops. Dans une vitrine, se trouve exposée, seule, une statuette en ivoire trouvée à Abydos, du roi, constructeur de la grande pyramide du plateau de Guiza. Le mobilier funéraire de la salle n'appartient pas à Pharaon dont on recherche toujours la chambre, mais à sa mère, enterrée dans une petite pyramide avoisinante.

Moyen Empire (2040 – 1550). Salles 26, 21, 22, 16, 11. Les œuvres d'art du Moyen Empire s'inspirent de la période précédente et en affinent les traits. Thèbes devient la capitale politique et religieuse de l'empire et les artistes ont de nouveaux palais, temples et tombes à orner de statues et d'objets. Les troubles politico-religieux ont des répercussions sur l'art qui devient plus encore un moyen d'affirmer l'autorité de Pharaon. Les tombes de la vallée des Rois se creusent et accueillent des monarques puissants qui se font inhumer avec des trésors de plus en plus somptueux. On peut aussi admirer dans le grand hall du musée, une statue monumentale de Sésostris III, en granite rose.

26. La statue monumentale de Mentouhotep II, en grès peint, provient du temple funéraire de Dar al-Bahari, sur la rive Ouest de Thèbes. Sa position assise, typique, est aussi celle d'Osiris, les bras croisés. Il porte la double couronne, imposante et semble ne pas avoir été achevé. La couleur noire de la peau de Pharaon est peut-être aussi une référence à la mort d'Osiris.

21. Cette salle contient différents trésors de bas-reliefs. Le pilier de Sésostris 1er, en joli calcaire dont on devine encore des parties peintes, provient du temple d'Amon à Karnak. Pharaon, sur chacune des faces du pilier, est embrassé par un dieu différent, Horus, Amon, Aton, Ptah.

Trésor de Toutankhamon au Musée égyptien du Caire le trône.

Trésor de Toutankhamon au Musée égyptien du Caire le masque d'or.

Ce pilier a été découvert dans la cour de la cachette. La stèle funéraire de Dedusobek, également en calcaire peint, montre une scène familiale courante où le pharaon, portant son héritier sur les genoux, offre des libations aux personnes décédées. La statue en calcaire de Sésostris Ier, outre la plastique parfaite de Pharaon, est intéressante pour les deux côtés du trône où sont représentées la Basse et la Haute-Egypte réunies de manière figurative.

22. Le même roi est représenté, cette fois-ci en bois de cèdre du Liban peint et couvert d'or. L'artisan a su lier le bois doré du cèdre à la peinture blanc mordoré du pagne et du bonnet du souverain, rendant un ensemble très harmonieux.

On admire aussi le petit naos de Nakht, qui contenait une statue de ce dignitaire ; cet objet était particulièrement devenu à la mode durant la XIIe dynastie.

16. Des statues imposantes en granite noir sont les joyaux de cette salle, et notamment le sphinx d'Amenemhat III. Ce sphinx appartient à un groupe de sept pièces trouvées à Tanis, ancienne capitale de la Basse-Egypte. La coiffe inhabituelle, la fausse barbe et le visage rond et fermé de Pharaon lui confèrent une puissance immanente forte. Un groupe représentant le même pharaon avec la personnification du dieu Nil, assis l'un à côté de l'autre, ne manque pas de surprendre par la maîtrise de la symétrie des deux personnages.

11. Un seul objet d'art mérite de s'attarder dans cette salle, la statue en bois du ka. Cette extraordinaire statue en bois, couverte de feuille d'or et de pierres semi-précieuses possède encore sa chapelle funéraire du même bois blond.

C'est à Dachour qu'elle a été trouvée, dans le complexe funéraire d'Amenemhat III. La foi de l'époque considérait que chaque personne était constituée de cinq éléments : l'ombre, la forme spirituelle ou akh, la puissance ou ba, le nom, la force vitale ou ka. C'est à ce dernier élément qu'étaient destinées les offrandes au pharaon décédé, sous forme de nourriture. Cette statue d'Amenemhat III servait donc à la force vitale de Pharaon de perdurer dans la mort.

Nouvel Empire (1550 – 664). Salles 12, 11, 7, 8, 3, 13, 9, 10, (14, 15, 20, 25). Si le Nouvel Empire est diversement et artistiquement riche, c'est sans doute que les monarques de la 18e et de la 19e dynastie ont souvent été des personnages au caractère marqué : Hatchepsout, Aménophis IV, Seti Ier, Ramsès II. Le trésor de Toutankhamon, bien qu'exceptionnel, est une autre histoire. Les dynasties qui suivront, de la troisième période intermédiaire (1075 – 664), ne présentent plus d'intérêt artistique majeur pour les antiquités égyptiennes, et encore moins la Basse Epoque, ainsi tristement nommée, et qui précède la période hellénistique.

12. Le style du Nouvel Empire n'oublie pas la tendresse de la statuaire des temps plus anciens, comme en témoigne le groupe assis de Touthmosis IV avec sa mère, en roc granitique noir où l'on observe le croisement des bras entre le roi et sa mère. Cette statue est posthume en ce qui concerne la mère, morte au moment de la réalisation de l'œuvre, comme le décrivent les hiéroglyphes. La statue de Touthmosis III, en diorite, trouvée aussi dans la cour de la cachette par Legrain, égyptologue français, présente les traits d'un jeune roi au visage ouvert et souriant. C'est dans cette salle que se trouve la chapelle et la statue votive d'Hathor, en grès peint. Parmi beaucoup d'autres chefs-d'œuvre, on peut s'arrêter devant la statue monumentale de Toutankhamon, en roc granitique noir ; il est alors jeune et n'est pas monté sur le trône comme le montre la natte de sa chevelure.

11. La tête majestueuse de la reine Hatshepsout, en calcaire peint, vient du temple qu'elle a construit à Dar al-Bahari et complète la série de piliers osiriaques qui en ornent la troisième façade désormais restaurée. C'est un très bel exemple de l'utilisation de l'art à des fins politiques et religieuses ; la souveraine étant très largement contestée alors qu'elle ne devait être que régente du royaume en attendant la majorité de Touthmosis III.

3. Cette salle rend un bel hommage à l'art amarnien tel qu'il a été décliné sous le règne d'Aménophis IV qui prendra pour second nom de règne celui d'Akhenaton. Les visages de Néfertiti en bas-relief sur calcaire, ou d'Aménophis IV avec les piliers colossaux en grès, répondent aux nouveaux canons de la statuaire de cette parenthèse monothéiste de l'histoire de l'antiquité égyptienne. Fou ou génie, entouré de parents et de conseillers qui l'ont encouragé dans le choix de la rupture avec la foi de ses pères, il est extraordinaire de constater qu'un nouveau style artistique s'est immédiatement imposé et collé au nouvel ordre religieux. On dit que le ballonnement d'Aménophis IV ainsi que ses traits faciaux allongés et décharnés étaient la marque d'une maladie dont était atteint le monarque. La stèle montrant Pharaon, Néfertiti et leurs filles adorant Aton est complète : les raies du dieu solaire unique n'ont pas été brisées, alors que beaucoup de représentations similaires ont été maudites de la sorte.

9 et 10. Ces deux salles contiennent différentes statues de Ramsès II et de son père Seti Ier. Ce dernier a donné à l'Egypte ancienne un certain nombre de bas-reliefs parmi les plus élégants, tant dans son temple sur la rive ouest de Thèbes, que dans certaines salles d'Abydos. Son fils a continué cette œuvre en lui donnant un style plus martial, mais en conservant une pureté des formes. On peut admirer un buste en roc granitique noir de Ramsès II, alors qu'il est encore jeune ; sa robe de lin est d'une rare délicatesse.

Un peu à la manière de Narmer dont on a dit qu'il avait créé les symboles artistiques du pouvoir de Pharaon, un fragment de bas-relief en calcaire peint montre Ramsès II, deux fois plus grand que ses ennemis, les tenir par la chevelure, tandis qu'il tient un fléau de l'autre main. Dans la même salle, Ramsès II est représenté en tant qu'enfant, accroupi devant le dieu Horus qui semble l'envelopper de ses ailes protectrices.

Le hall. Les pièces qui sont exposées ici correspondent à toutes les époques mais ont en point commun d'être monumentales et ont donc été placées dans cet espace central gigantesque à la manière des statues et sarcophages de pierres montrés.

Un groupe colossal d'Aménophis III et de sa femme, haut de sept mètres domine la pièce. Le calcaire blond présente à nouveau Pharaon enlacé par le bras droit de son épouse. Leurs filles sont à leur pied.

Deux sarcophages en grès de la reine Hatshepsout sont exposés. Pourquoi deux caveaux pour une seule et même personne ? Le premier a été construit alors qu'elle était épouse royale, le deuxième quand elle est devenue reine. Un troisième avait aussi été taillé et devait contenir la régente.

Le magnifique tombeau en granite rose de Merenptah, qui fut refusé par Psusennes Ier est aussi exposé. C'est dans ce tombeau rapporté de Tanis qu'a été trouvé le sarcophage en argent et en or exposé au premier étage du musée, dans le trésor de Tanis.

Le premier étage : le trésor funéraire de la tombe de Toutankhamon (18e dynastie, 1333 – 1323). Salles 45, 40, 35, 30, 25, 20, 15, 10, 9, 8, 7, 13, 3. Bien que tous les souverains égyptiens aient été enterrés avec un certain nombre d'objets rituels destinés à leur vie éternelle, aucune tombe du Nouvel Empire n'a été retrouvée avec l'ensemble de son contenu comme l'a été la tombe de Toutankhamon, en 1922, dans la vallée des Rois. Les deux galeries qui sont consacrées à la tombe de ce jeune monarque sont fascinantes par la magnificence de leur contenu et par l'enseignement qui nous est donné sur ce qu'était le mobilier d'une tombe royale.

45. Deux statues en bois doré, représentant le ka (force vitale) du défunt étaient placées dans la première chambre mortuaire. Elles en gardaient l'entrée et étaient destinées à recevoir les offrandes rituelles. Découvertes aujourd'hui, elles étaient entourées d'un tissu de lin qui s'est décomposé. Deux autres statues en bois doré se trouvent exposées dans cette salle. L'une représente Pharaon coiffé de la couronne de Basse-Egypte, le bonnet, l'autre avec la couronne de Haute-Égypte. Dans les deux cas, Pharaon tient dans ses mains les insignes de sa dignité, dont le fléau. Le tombeau renfermait aussi un bouclier votif en bois doré représentant Pharaon tenant un lion par sa queue – les ennemis – tandis qu'il s'apprête à le frapper d'une épée.

40. Toutankhamon est représenté soit sur un léopard, qui représente la voie lactée ou bien le monde souterrain que domine Pharaon, assimilé au soleil ; soit sur un bateau de papyrus, en position de chasse, prêt à frapper un hippopotame de son javelot : l'animal que l'on devine symbolise le mal. Cette salle, entre autres trésors, contient un très beau coffre de bois peint représentant Pharaon sur son char et combattant des ennemis. Les *ouchebtis*, ces petites statues à l'effigie du pharaon, qui étaient placées dans la tombe, étaient destinées à doubler le roi dans ses tâches quotidiennes durant l'éternité.

35. Plusieurs dizaines d'ouchebtis en faïence bleue sont exposées dans cette salle où se trouve aussi le trône du roi. Cette splendide réalisation en bois couvert de feuilles d'or épaisses, d'argent, de pâte de verre et de pierres semi-précieuses est accompagnée d'un repose-pieds de même facture. Le dossier du trône représente le roi assis, tandis que son épouse, debout, lui touche tendrement le bras. Les attributs du pharaon sont tous représentés : vautour, serpent, lion. Le repose-pieds est décoré de corps d'ennemis que Pharaon domine symboliquement. On peut aussi s'arrêter devant un naos en bois plaqué d'or et d'argent dont la somptuosité laisse sans voix.

20. Des objets plus rares sont montrés dans cette salle. On peut remarquer un ensemble d'albâtres dont une lampe en forme de coupe dont l'intérieur gravé et coloré représente Pharaon et son épouse, ou bien encore un récipient à parfum, un petit bassin et son bateau, des coupes et des vases. L'albâtre le plus pur, non veiné, a été sélectionné pour réaliser ces objets parmi les plus fins du trésor.

Par ailleurs, on peut admirer dans la même salle quelques éléments de la flotte miniature en bois doré composée de 18 bâtiments que Pharaon devait emporter avec lui dans son périple vers l'éternité, et qui devaient transporter l'ensemble du trésor que renfermait la tombe royale.

10 et 9. Une collection de trois lits funéraires en bois doré y est exposée. Leur forme zoomorphe est différente les uns des autres. Le lit à forme de lion ne comporte que les éléments de ce félin, de même que le lit à forme de vache qui représente le Tertre originel de la vie sur terre. Le troisième lit est hybride et est composé de têtes d'hippopotames, d'un corps de léopard et de queues de crocodiles ; il symbolise le dévoreur de cadavres qui apparaît au moment de la pesée des âmes. Dans la même salle sont exposés un mannequin sans bras de Toutankhamon, ainsi qu'un superbe chien aux allures d'Anubis, dieu des morts, dont la statue en bois noir et doré a été retrouvée à l'entrée de la tombe. Enfin, on peut admirer le coffret et ses quatre vases canope en albâtre qui conservaient les viscères du roi, et qui étaient entreposés dans la boîte en bois doré exposé à ses côtés, qu'entourent

LE CAIRE

quatre déesses dont les bras ouverts forment un lien de prière pour Pharaon.

▶ **8.** Quatre châsses en bois doré, qui couvraient le sarcophage à la manière de poupées russes ont été retrouvées dans la chambre funéraire du pharaon. Elles sont exposées l'une à la suite de l'autre. Il a fallu quatre-vingt-quatre jours aux archéologues, en 1922, pour les démonter. La première châsse avait déjà été ouverte par des pilleurs qui n'ont pas eu le temps de continuer leur vol ; les sceaux demeuraient sur les trois autres châsses. On pense que ces châsses ont des formes symboliques : la première est la tente où le roi recouvre ses pouvoirs dans l'au-delà, la deuxième et la troisième sont à l'image des temples prédynastiques du Sud, la quatrième à l'image des temples prédynastiques du Nord. On peut admirer les parois couvertes d'inscriptions magiques tirées du *Livre des Morts*.

▶ **13.** Parmi les objets de Pharaon, dans l'antichambre du tombeau, se trouvait un char de cérémonie en bois, couvert d'or, de pierres semi-précieuses et de pâtes de verre. L'arbre du char est décoré de deux têtes d'ennemis pour magnifier la puissance de Pharaon.

▶ **3.** Les pièces d'orfèvrerie contenues dans le sarcophage et le trésor en or. C'est dans cette salle que n'éclaire plus qu'une lumière artificielle qu'est principalement exposé le masque funéraire de Toutankhamon, en or, en lapis-lazuli, en cornaline, en quartz, en obsidienne, en turquoise et en pâte de verre. Pharaon porte le *nemes*, le cache perruque de lin blanc et bleu que ceint un orle supportant les images du serpent et du vautour ; ils sont les gardiens des deux Egypte. On peut remarquer que les oreilles du roi sont percées, ce qui est un reste de la période amarnienne et de ses canons esthétiques.

On remarque différents pendentifs. Le premier en forme de deux cartouches d'or était destiné à contenir des onguents. Pharaon jeune est aussi représenté de manière similaire, deux fois, en or et en pâte de verre bleue, assis par terre, mangeant. Un collier d'or supporte un faucon d'or et de pierres. Ce collier était collé aux bandages de la momie, de même qu'un collier représentant d'un côté trois scarabées de lapis-lazuli et Pharaon choisi par Amon-Râ.

Pharaon portait aussi un large sautoir représentant le dieu Horus et était entouré d'un corset en or et en maille de pierres. D'un côté une scène le représente face à Amon, d'un autre côté on observe une curieuse représentation d'un scarabée ayant le corps d'un faucon et portant un soleil en cornaline. Il est entouré des couronnes de Haute et de Basse-Egypte. Le fléau et le sceptre de Pharaon sont faits de bronze, d'or, de pâte de verre et de bois.

Deux des trois sarcophages en bois doré de Pharaon sont exposés au musée, le troisième étant dans la tombe de Pharaon, dans la vallée des Rois. On admire ici le sarcophage intérieur entièrement en or, ainsi que le deuxième sarcophage en bois doré et entièrement recouvert d'une mosaïque de turquoise, de cornaline, de lapis-lazuli.

▶ **Les pièces d'orfèvrerie.** Salle 4. Cette petite salle située à côté de la salle du masque de Toutankhamon contient une collection de pièces d'orfèvrerie de deux princesses, Sarthathor et Mereret, trouvées à Dachour.

La majorité des pièces exposées n'ont pas été portées par les princesses durant leur vie ; elles ont été réalisées pour leur tombe et drapées dans les bandages de la momie qui était alors scellée dans le sarcophage.

On admire entre autres une tête d'Horus en or et en obsidienne, un somptueux miroir en argent porté par un manche en or, obsidienne et pierres semi-précieuses.

La collection de colliers, bracelets, sautoirs et pendentifs donne un aperçu précieux de l'art de la joaillerie royale de l'époque. On peut aussi admirer des pièces de vaisselle en or et en argent.

▶ **Le trésor de Tanis.** Salle 2. La ville de Tanis, aujourd'hui située dans le Delta du Nil hébergeait différents temples et tombes où de nombreux objets ont été retrouvés en 1929. On doit à Ramsès II la majeure partie du temple principal.

On connaît bien le masque de Psusennes Ier qui fit la couverture et l'affiche de l'exposition « Pharaon » en 2003 à l'Institut du Monde Arabe, fait d'or, de lapis-lazuli et de pâte de verre. Il porte le *nemes* de lin blanc et bleu ainsi que l'*uraeus* protecteur de la Basse-Egypte. Une autre pièce majeure est le sarcophage en argent du même roi, qui est une pièce d'orfèvrerie remarquable.

▶ **Les bois travaillés :** salles 12, 17, 22, 27, 32, 37.

▶ **Les sarcophages :** salles 21, 31, 36, 37, 48.

▶ **Yuya et Tuya :** salle 43.

▶ **La vie quotidienne :** salle 34.

▶ **Les ostraka et les papyrus :** salle 24.

▶ **Les dieux de l'Egypte ancienne :** salle 19.

▶ **Les portraits du Fayoum.** Salle 14. Le musée du Caire contient un certain nombre de portraits dits du Fayoum, cette oasis située au sud-est de la capitale égyptienne, riches de monuments de l'antiquité égyptienne et d'un passé romain dont témoignent les portraits funéraires, peints sur du bois, et placés sur la tête du défunt emmailloté dans des bandages tressés en forme de losanges.

▶ **Les momies.** Salles 52 et 56. Les momies royales présentées au musée du Caire sont les rescapées de pillages qui ont été retrouvées dans deux cachettes où les défenseurs des pharaons les avaient regroupées. L'une d'elle était à Dar al-Bahari, à flanc de montagne, l'autre dans la tombe d'Aménophis II qui avait été contraint de partager sa tombe. On peut admirer les momies d'Aménophis Ier, de Touthmosis II et IV, de Seti Ier et de son fils Ramsès II, et de Merenptah.

PLACE RAMSÈS

Place Ramsès

Il est amusant de regarder un plan du Caire du *Guide Joanne* de 1900, ou un bon vieux *Baedeker* de 1908, pour retrouver la correspondance entre Le Caire d'aujourd'hui et la ville d'il y a un siècle. A cette époque, la place Ramsès, de même que l'avenue Ramsès qui part de derrière le Musée égyptien et s'en va vers la cathédrale copte orthodoxe, n'existent pas. A la place se trouve un canal, le canal Ismaïleya, que le khédive a fait creuser de 1864 à 1866 afin d'apporter de l'eau douce au creusement du canal de Suez. Du côté sud du canal se trouve une petite place appelée Bab el-Hadid. On comble finalement le canal en 1921 alors que les quartiers adjacents de Fagalla, Abbasseyah, sont déjà construits.

- **La gare**, la première, a été inaugurée en 1856, au moment où l'on finissait de construire la première voie de chemin de fer entre Le Caire et Alexandrie et un pont reliait les deux rives du canal. La gare centrale actuelle a été construite de 1891 à 1893, et est de style néo-arabe, décorée de céramiques bleues ; elle est proche du musée des chemins de fer. En 1958, elle servit de lieu de tournage à Youssef Chahine pour son film *Gare centrale*. La gare a été de nouveau rénovée en 2011.
- **Le terminus du tramway** allant jusqu'à Héliopolis est du même côté de l'avenue ; la ligne a été créée en 1909 pour relier Le Caire à la nouvelle cité construite par le baron Empain.
- **La mosquée el-Fath** a été achevée en 1990. Elle est proche de bâtiments à arcades, de la fin du XIXe siècle, qui encadrent la rue Clot Bey, du nom du célèbre médecin du pacha d'Egypte, et qui est percée dès 1872 pour relier la gare à l'avenue Mohammed Ali.
- **La place et l'avenue Ramsès** ont perdu le sens de leur nom en juillet 2006, après l'enlèvement de la statue monumentale du pharaon, gravement menacée par la pollution de la rue et de l'auto-pont du 6-Octobre construit en 1970, par lequel passent des centaines de milliers de voitures chaque jour. La statue de Ramsès II avait été placée là en 1954 ; elle est désormais à Guiza, dans le grand musée d'Art égyptien dont une partie devrait ouvrir dans le courant de l'année 2021.
- **A l'est de la place Ramsès,** dans le quartier de Fagalla, se trouvent de nombreuses églises et le siège des patriarcats arménien, grec catholique, et des écoles francophones renommées comme la Sainte-Famille tenue par les Jésuites et la collège du Daher dirigé par les Frères des Ecoles chrétiennes.
- **Le long de l'avenue Ramsès** et de la rue el-Galaa qui lui est parallèle, vers le Nil, les grands journaux d'Egypte ont élu domicile : *El-Goumhorreya*, *El-Ahram*, *El-Akhbar*.

PLACE TAHRIR ★★

Place Tahrir

Cette place a été redessinée pendant l'époque de Nasser qui lui a donné le nom de Tahrir, qui signifie « libération ». Elle est beaucoup plus étendue que la petite place Ismailieh qui se cantonnait au début de la rue Talaat Harb. A l'époque, entre le musée égytien et le pont Qasr el-Nil, se trouvait justement la caserne Qasr el-Nil où une garnison militaire assurait la protection de cette partie de la ville. Aujourd'hui, autour de cette place se trouvent le siège de la Ligue Arabe, le siège du parti politique PND qui a brûlé pendant la révolution de janvier 2011, le musée égyptien, (derrière l'hôtel Ramsès Hilton, se dresse le siège de la télévision et de la radio), l'Université américaine du Caire, la Société géographique (qui a aussi brûlé en 2011 !), le mogamma, la mosquée Omar Makram, un reste du palais Ismailieh dont la plus grande partie a été détruite. Au centre de la place s'élève la statue du cheikh Omar Makram, l'une des grandes figures de Mohammed Ali Pacha, qui a été réalisée en 2002 par le sculpteur Farouq Ibrahim, dans le style des grands sculpteurs tels Jacquemard et Cordier qui ont livré des statues monumentales au Caire. C'est sur cette place que les plus grandes manifestations de la révolution de 2011 ont eu lieu, utilisant le symbole de la libération, mais cette fois-ci voulant signifier au président Moubarak qu'il fallait qu'il parte ; ce qu'il fit. Depuis, les Egyptiens ayant vite pris l'habitude de manifester s'y retrouvent pour y démontrer leur opposition de façon très régulière...

MOGAMMA

Place Tahrir

Ouvert aux heures administratives.

Ce grand édifice qui domine la place Tahrir a été construit de 1950 à 1952, dans un style architectural soviétique, du temps où l'URSS avait le soutien de l'Egypte et des contrats avec le pays, comme le haut barrage d'Assouan. Toute l'administration égyptienne y est représentée, avec sa lenteur et cette capacité infinie à renvoyer d'un bureau à l'autre. Les Egyptiens aiment à s'en moquer et racontent que des agents répondent aux questions en écossant des petits pois. Un film comique imaginant une prise d'otage y a même été tourné (*Le Terroriste et le kebab*).

SOCIÉTÉ DE GÉOGRAPHIE

109 Rue Kasr el-Aïni

Ouvert du samedi au mercredi, de 9h à 14h. 20 LE.

Située dans le complexe du Sénat égyptien, la Société de Géographie d'Egypte a été fondée par le khédive Ismaïl qui l'a inaugurée en 1875. Elle était destinée à accueillir des chercheurs et des explorateurs, et de grands ouvrages y ont été publiés depuis sa création. Un petit musée se rapportant aux explorations y était ouvert, mais malheureusement il a péri dans les flammes lors de incendie de 2011. Cependant, en 2013, la Société de Géographie d'Egypte a reçu le prix de l'Institut des lettres et manuscrits lui permettant la réfection complète de l'établissement.

SIÈGE DE LA LIGUE ARABE

Place Tahrir

Ne se visite pas.

Le siège de la Ligue arabe a été construit de 1955 à 1960 par l'architecte Mahmoud Ryiad, dans un style très simple et élancé. La Ligue arabe a été créée en 1945 et regroupe l'ensemble des Etats arabes ; cette organisation régionale possède le statut d'observateur de l'ONU et 22 Etats en sont membres. Elle a également pour mission de développer la coopération dans différents domaines entre les pays membres, de coordonner l'action politique et la défense des intérêts des pays arabes. Les conflits au Moyen-Orient sont au coeur de ses préoccupations.

SOUK BAB EL-LOUK

Midan al-Falaky

Ouvert tous les jours.

Le souk de Bab el-Louk est situé dans le quartier éponyme, au centre-ville. Le souk existe de tout temps et est d'ailleurs pillé en 1494 lors de grandes émeutes. Le quartier, en 1600, accueille les tanneries de la ville. Il a bénéficié des restructurations du khédive Ismaïl en 1874 et des premières lignes de tramway dans les années suivantes. Ces halles couvertes s'inspirent des anciennes Halles de Paris. Légumes, boucherie, poissons frais, épices et droguerie : vous trouverez l'essentiel pour la maison. Nez sensibles, s'abstenir.

PONT QASR EL-NIL ★★

Place Tahrir

Le premier pont dont la structure était en fer a été livré en 1872 par la société française Fives-Lille. Premier pont moderne du Caire, il reliait Gezira au nouveau quartier que le khédive Ismaïl commençait à construire. Le pont actuel a été inauguré par le roi Fouad en 1933 comme l'indique la plaque qui est apposée sur un des piliers. Les quatre lions de bronze réalisés par Jacquemard ont été livrés pour le premier pont ; ils étaient alors placés sur des piédestaux plus hauts qu'ils ne le sont maintenant. C'est un lieu où les jeunes gens aiment à flâner le soir.

SYNAGOGUE SHAAR-HASHAMEIM ★

21 Rue Adly

Fermée aux visiteurs.

La synagogue de la rue Adly a été construite de 1905 à 1907 par l'architecte Edouard Matasek. Son style « fin de siècle » présente des airs Art nouveau qui donnent à sa façade un fort caractère. Il est interdit de la prendre en photo de face et depuis les balcons voisins : des policiers veillent sur les toits. Seule Magda Haroun, une des dernières femmes juives d'Egypte, possède la clé de cette synagogue. Elle se consacre à présent à la préservation du patrimoine juif égyptien.

BASILIQUE NOTRE-DAME

Avenue al-Ahram

La basilique a été construite de 1911 à 1913 sur les plans d'Alexandre Marcel, et sur les indications du baron Empain qui voulait une église byzantine. L'église a donc la forme d'une croix, et est surmontée de coupoles qui veulent évoquer Sainte-Sophie à Istanbul. Son nom s'est transformé de Notre-Dame-de-Tongre en Notre-Dame-de-Fatima. Après la mort du baron Empain en 1929, sa dépouille fut transportée en Egypte ; il est inhumé dans un caveau de la basilique. Les Héliopolitains ne l'appellent pas Notre-Dame, mais kinissat el-baron : « l'église du Baron ».

MUSÉE EFFAT NAGUI & SAAD EL-KHADEM

12 Sharia el-Karim

✆ +20 2 22 58 37 03

Ouvert du dimanche au jeudi, de 9h30 à 14h30. Entrée : 10 LE.

Musée principalement consacré à la peinture d'Effat Nagui, peintre de la deuxième génération, contemporaine des frère Wanly, et à son mari, le sculpteur Saad el-Khadem. Ses dessins et peintures charrient sa fascination pour les légendes et contes de la société égyptienne. Dans la villa, où sont exposées leurs œuvres très expressives et colorées, on trouve également la bibliothèque du couple riche de nombreux manuscrits de thèses. Le musée organise régulièrement soirées culturelles.

PALAIS DU BARON EMPAIN ★

Avenue Oruba

Ne se visite pas.

Ce palais de style hindou tranche avec le style néomauresque propre aux grands édifices que le baron Empain a fait élever à Héliopolis. Il confie la réalisation de sa villa à l'architecte Alexandre Marcel qui la construira de 1907 à 1910. Le baron voulait que le soleil entre toute la journée dans sa chambre. Pour réaliser ce miracle, on lui a dessiné une chambre circulaire… qui tournait sur elle-même pour suivre l'exposition solaire (avec l'aide d'ouvriers qui moulinaient sous le plancher !). Le palais a été acquis par l'Etat égyptien en 2005.

PANORAMA DE LA GUERRE D'OCTOBRE ★

Avenue Oruba

✆ +20 2 24 02 23 17

Entrée : 30 LE. Fermé le mardi. Visites guidées avec effets spéciaux à 11h, 12h30, 18h. Se renseigner en hiver.

Le musée a été ouvert au public en 1989. Il est consacré au 6 octobre 1973, qui marque le début de la guerre de Yom Kippour déclenchée par plusieurs pays arabes contre Israël. Cette attaque surprise est considérée comme une victoire par les Egyptiens et enseignée comme telle à l'école. La guerre s'achève le 25 octobre, l'affront de 1967 est lavé : l'Egypte récupère le désert du Sinaï qui était alors occupé par Israël. Différents avions, des chars, des armes de la guerre sont exposés.

PRÉSIDENCE DE LA RÉPUBLIQUE ARABE D'ÉGYPTE

El sayed el Merghany

Le palais présidentiel (al Ittehadiya) a été aménagé dans le Palace Hotel construit en 1911 par Ernest Jaspar et Alexandre Marcel. Le faste de ce magnifique hôtel, sans doute le plus grand de sa catégorie à l'époque, dans le monde, a beaucoup marqué les esprits. Dans les années qui ont suivi la révolution de janvier 2011, plusieurs manifestations ont été violemment réprimées à ses abords. Le président et la première dame n'y résident plus depuis lors.

TOMBEAU DU SOLDAT INCONNU ★

Sharia Nasser

C'est en 1974 que le président Sadate a voulu élever ce monument pyramidal en mémoire des soldats morts pour l'Egypte durant la guerre de 1973 contre Israël. Inauguré en 1975, c'est devant ce mémorial qu'est assassiné Anouar el-Sadate le 6 octobre 1981. Le monument est en béton gravé de 71 noms de soldats pris au hasard, tandis que le tombeau du soldat inconnu est en basalte, pierre dure que les Egyptiens utilisaient déjà durant l'antiquité pour leurs monuments funéraires.

Palais du Baron Empain.

JARDIN ORMAN

Entrée : 5 LE. Ouvert de 9h à 16h.

Le plus ancien des jardins botaniques du Caire, au nord de l'avenue majestueuse qui mène du Nil à l'université du Caire. A l'époque de sa construction, à Guiza, seuls s'étendaient les jardins et la campagne. Il préserve des arbres centenaires et des espèces rares notamment d'étonnantes collections de cactées et de plantes succulentes. Le jardin est divisé en trois zones et dispose d'un petit musée botanique abritant un herbier. Le jardin Al Orman est réputé pour les festivals des fleurs organisés pendant les fêtes de Cham Al Nessim.

MUSÉE MAHMOUD KHALIL ★★★

1 Sharia Kafour

✆ +20 2 33 36 23 79

Entrée : 35 LE. De 10h à 18h, fermé le lundi.

Ancien ministre et président du Maglis el-Choura (Sénat), mort en 1953, Mahmoud Khalil avait rencontré son épouse Émilienne Hector en France, où il faisait ses études. Au fil des années, le couple a acquis une collection impressionnante d'objets d'art, et surtout d'œuvres d'artistes européens : Van Gogh, Gauguin, Degas, Corot, Courbet, Renoir, Delacroix, Rodin… A la mort de Khalil, en 1960, son épouse fit don de la collection à l'Etat égyptien, à la condition que le musée porte leur nom. Déplacée à Zamalek du temps du président El-Sadate, la collection n'a réintégré la demeure du couple qu'en 1995. Entre-temps, une partie des œuvres a fait l'objet d'une exposition au musée d'Orsay, sous le titre « Les oubliées du Caire ». C'est sans doute le plus beau musée d'art de la ville, il réunit quelque 300 peintures et sculptures du XIXe siècle européen sur trois étages. On passe sans transition du soleil couchant de la Meuse de Jongkind, au Nil si lumineux à travers les fenêtres ! L'œuvre la plus marquante du musée demeure *La Vie et la mort* de Gauguin, magistrale interprétation qu'on ne se lasse pas de contempler. C'est un petit Orsay à taille humaine : à ne surtout pas manquer ! C'est ici qu'a été dérobée la toile *Les Fleurs de pavot* de Van Gogh, en plein jour durant l'été 2010, tableau qui n'a pas encore été retrouvé. Le musée accueille aussi l'impressionnante collection de vases chinois, turcs et persans de la famille Khalil ainsi que des œuvres orientalistes dont une magnifique, *Nil*, signée Eugène Fromentin.

THE PHARAONIC VILLAGE

3 Al-Bahr Al Aazam Street

✆ +20 2 35 71 86 75

www.pharaonicvillage.com

Ouvert tous les jours de 9h à 20h30. 50 LE.

« Tout ce que vous devez savoir sur l'Égypte ancienne, résumé en 3h » annonce ce parc d'attractions. 10 musées retracent l'histoire du pays et sont consacrés respectivement à la construction des pyramides, à la momification de Toutankhamon, aux arts égyptiens, à Napoléon, à Nasser, à Sadate, à la culture hellénistique, aux Égyptiens chrétiens (les coptes), à l'islam ou encore à la construction des bateaux pharaoniques. La qualité de la documentation et le souci du détail de certaines représentations historiques y sont remarquables.

UNIVERSITÉ DU CAIRE

Rue Nahdat Misr

Ouvert tous les jours. Se munir de papiers d'identité.

L'Université du Caire, actuelle, a été construite de 1935 à 1937 par l'architecte Eric George Newnum. Sa façade à deux colonnes donne sur un grand amphithéâtre où le président américain Obama a prononcé son discours du Caire en 2009, en faveur du rapprochement avec les pays arabes. L'Université compte actuellement environ 155 000 étudiants dans 20 facultés. Elle a le grand honneur de compter trois lauréats du prix Nobel parmi ses diplômés et est l'un des 50 plus grands établissements d'enseignement supérieur du monde par le nombre d'inscriptions.

ZOO

Guiza

Ouvert de 8h30 à 17h. Entrée : 20 LE.

Une sortie idéale pour ceux qui sont en manque de chlorophylle : 21 hectares de nature et de tranquillité, en plein cœur de la ville, bien que le zoo soit assez mal entretenu. C'est le rendez-vous des amoureux qui y passent de longs moments, la main dans la main. Le zoo présente de nombreuses espèces exotiques différentes. L'été, certains animaux donnent quand même l'impression d'avoir un peu trop chaud. Prenez un verre à la cafétéria qui se trouve à côté de la grande fosse aux singes. Pour la curiosité, on y voit encore un pont construit par Eiffel.

MUSÉE MOKHTAR

5 Sharia Tahrir

✆ +20 2 27 35 11 23

Ouvert de 9h à 14h30, sauf le lundi et vendredi. Entrée : 10 LE.

Mort en 1934, Mahmoud Mokhtar est l'un des plus grands sculpteurs égyptiens du XXe siècle, il est d'ailleurs considéré comme le père de la sculpture égyptienne moderne. Il est l'auteur de l'immense statue de Saad Zaghloul, devant le pont Qasr el-Nil. Le musée, construit par Ramsès Wissa Wassef (celui des tapisseries de Haranya), présente les œuvres majeures de cet artiste, très inspiré par la réalité égyptienne de son temps. On trouve également des nus de toutes beautés – pour ne pas dire sensuelles –, au total l'exposition dévoile 87 œuvres.

PARC DES POISSONS ★

Entrée : 25 LE.

On y trouve peu de poissons dorénavant, mais l'endroit est charmant : collines artificielles, allées au milieu des herbes grasses... et grotte remplie de chauve-souris ! Une oasis de verdure au milieu de la ville gigantesque n'est pas à négliger. Outre l'intérêt botanique, un jardin public en Egypte est un des rares endroits où les rencontres amoureuses sont possibles à l'abri du contrôle social de la famille ou du quartier. Pour quelques livres payées à l'entrée, l'Eden s'ouvre aux jeunes couples qui pourront se promener avec toute la passion des amours tendres.

MUSÉE NATIONAL D'ART MODERNE ÉGYPTIEN ★

El-Gezirah

✆ +20 2 27 36 66 65

Ouvert de 9h à 13h et de 17h à 21h, tous les jours, sauf le lundi. Entrée : 30 LE.

Rouvert après plusieurs années de fermeture, certaines parties de ce musée semblent encore en installation. Situé face à l'Opéra, il arbore une riche collection d'œuvres d'art égyptiennes des XXe et XXIe siècles, présentant ainsi un panorama complet de l'art moderne en Egypte. Près de mille peintures et tableaux habitent ce bâtiment calme et moderne fréquenté par de nombreux étudiants. Une exposition de statues en plein air termine cette visite originale.

LA TOUR DU CAIRE ★

Ile de Gezirah

Ouvert tous les jours de 9h à minuit. Entrée : 150 LE.

Ce restaurant effectue une rotation de 360 degrés sur lui-même en une vingtaine de minutes, ce qui vous permet d'apprécier le paysage tout en restant assis. Commandée par le président Nasser, elle fut inaugurée le 11 avril 1961, elle est l'œuvre d'ingénieurs égyptiens qui ont utilisé du granit comme dans les anciens temples. La tour mesure 187m de haut. Son ascenseur vous conduit au 15e étage en 45 secondes. Si le temps est clair et sans nuages, vous jouissez, à son sommet, d'un splendide panorama sur l'une des plus grandes villes d'Afrique.

La tour du Caire.

SE LOGER

L'hébergement au Caire, allait du très abordable au très cher, voire trop cher... La « révolution » a bouleversé les échelles de valeur et il est parfois difficile de s'y retrouver. En effet, pour survivre, les petites adresses ont terriblement augmenté leurs prix, les adresses de catégorie supérieure les ont baissés (et offrent maintenant des prestations supérieures aux hôtels classiques de cette catégorie moyenne), et les hôtels de luxe sont redevenus raisonnables. Les hôtels bon marché sont surtout situés dans le centre-ville, au sommet d'immeubles auxquels on accède grâce à des ascenseurs faisant peur. Ils conviennent à une clientèle peu regardante. Les hôtels moyenne gamme sont aussi situés en centre-ville ; ils offrent des espaces plus grands ainsi que des services plus élaborés. Quant aux grands hôtels, ils pratiquent des prix qui correspondent dorénavant au niveau de la ville, après une période d'inflation de leurs tarifs.

AFRICAN HOUSE HOSTEL €

15 Sharia Emad El-Din
✆ +20 2 25 91 72 20
www.africanhousehostel.com

220 L£ la chambre simple avec sdb privée, 280 L£ la chambre double avec sdb privée. Petit déjeuner inclus.

Cette auberge à petit prix, située dans un bâtiment du XIXe siècle, se trouve à 2 km du musée égyptien et de la place Tahrir. Aménagée dans d'anciens appartements, l'auberge comprend 14 chambres réparties sur 2 étages. Les chambres privées sont dotées de hauts plafonds et de planchers de bois et offrent un mélange de salles de bains en suite et d'installations communes. Le gros atout de cet hôtel coloré est de se situer à 5 min à pied de la gare. Cependant, c'est une option à ne conseiller qu'aux moins regardants sur la propreté.

ARABESQUE HÔTEL €

11 Sharia Ramsis
✆ +20 2 25 79 96 81
www.arabesquehostel.com-cairo.com

Chambres simple à 450 L£, double à 550 L£ et triple à 650 L£. Avec climatisation, salle de bains et petit-déjeuner.

L'hôtel Arabesque est situé dans le centre ville du Caire, à quelques minutes à pied de la rive est du Nil et du Musée du Caire. L'hôtel offre un hébergement confortable et une vue plongeante sur le bouillonnement cairote. A voir au coucher du soleil. Les chambres sont toutes équipées d'une salle de bain avec baignoire, TV et air conditionné. L'atmosphère y est agréable, et le staff multilingue peut être pratique pour vous prodiguer des conseils durant votre séjour. L'hôtel dispose d'un restaurant, d'un accès Internet et wi-fi dans les zones publiques.

ARABIAN NIGHTS HOTEL €

10 al Aaded street ✆ +20 2 25 89 42 30
www.arabiannightshotel.com

Chambres avec salle de bains : 250 L£ la chambre simple ; 350 L£ la chambre double ; 450 L£ la chambre triple.

L'hôtel se situe dans un quartier calme et authentique, à 5 minutes à pied de la grande mosquée d'El Azahar, du fameux souk de Kan Kalili et du grand jardin d'El Azzar. Vous serez en contact direct avec la population locale loin des chemins touristiques. Vous pourrez vous détendre en sirotant un thé sur une grande terrasse située au dernier étage ou sous une tente bédouine. L'hôtel Arabian Nights offre 30 chambres confortables avec air conditionné – certaines ont la télévision ainsi qu'un accès gratuit à Internet. Les chambres sont décorées avec sobriété.

BERLIN HOTEL €

2 Sharia El Shawarby
✆ +20 2 23 95 75 02

Chambre simple 25 US$, sdb partagée. Chambre double 35 US$, sdb privée, climatisation.

Cette auberge comprend 23 chambres, dont une chambre quadruple, une chambre double, une chambre triple et une chambre simple. Certaines des chambres de l'hôtel sont équipées d'une connexion wifi, d'une climatisation individuelle, d'un coffre-fort compatible avec un ordinateur portable et d'un balcon privé. Bonnes prestations, l'hôtel est très soucieux du bien-être de sa clientèle et toujours prêt à vous rendre service. Hygiène impeccable. Organisation du transfert aéroport-hôtel. Le personnel est d'une extrême amabilité et le petit-déjeuner est compris.

CAIRO INTERNATIONAL HOSTEL €

34 Sharia Talaat Harb

✆ +20 122 34 83 568

Chambre simple : 350 L£, double : 450 L£. Les salles de bains sont partagées. Petit-déjeuner inclus.

Situé au 4e étage de l'immeuble mondialement connu grâce au roman d'Alaa al-Aswany, cet hôtel à l'atmosphère cossue offre des chambres spacieuses et confortables aux voyageurs ne souhaitant pas se ruiner. Les chambres, simple, double, triple et quadruple, sont chacune équipées de wi-fi gratuit, d'une climatisation, d'un balcon privé, d'un patio et d'un set de repassage. L'hôtel est situé à 20 minutes à pied du centre du Caire. La gentillesse du patron est un plus appréciable.

INVITATION HOTEL €

11 sharia Ramsis

✆ +20 2 25 76 80 01

www.invitationhotel.net

Simple 400 L£, double 550 L£ avec salle de bains. Petit déjeuner inclus.

L'hôtel est un vestige de l'architecture islamique au Caire. Il comprend 14 chambres équipées de climatisation et de Wi-Fi. Il se trouve à moins de 2,7 km du Caire islamique et à moins de 2,6 km du Khan Al-Khalili. A proximité se trouve une variété de restaurants, tels que Koshary Abou Tarek et Arabesque. Il s'agit du même immeuble et de la même vue que l'hôtel Arabesque. Le confort est moindre. Pour les petits budgets qui ne sont pas allergiques à la moquette. Certaines sentent un peu le renfermé, à vérifier avant de s'installer.

DAHAB HOSTEL €

26 Mahmoud Bassiony Street

✆ +20 2 25 79 91 04

www.dahabhostel.com

Chambres : simple 220 L£, double 300 L£ (sans sdb), triple 420 L£ (sans sdb). Wifi gratuit. 20 L£ le petit-déjeuner.

Le Dahab Hotel est l'endroit où aller si vous souhaitez rencontrer d'autres baroudeurs occidentaux. Situé à quelques minutes à pied du Musée égyptien et du musée d'Arts islamiques, il offre toutes les facilités dont vous aurez besoin (Internet, laverie, téléphone international et même cuisine partagée). Certaines peuvent accueillir jusqu'à 4 personnes. Fidèle à l'esprit hippie de la ville de Dahab, le toit a été transformé en terrasse, et petits espaces pour allonger ses jambes engourdies. Un air de plage en plein cœur de la ville.

LUNA HOTEL €

27 sharia Talaat Harb

✆ +20 2 23 96 10 20

www.hotellunacairo.com

Chambres avec salle de bains : simple 250 L£, double 350 L£ ; sans salle de bains : simple 50 L£, double 200 L£. Climatisées.

Cet établissement est l'une des meilleures adresses dans cette gamme de prix. L'hôtel comprend 34 chambres non-fumeurs équipées d'un téléviseur à écran plat et d'un bureau. Les chambres sont toutes climatisées et certaines disposent d'un balcon. Situé en plein centre-ville sur l'une des artères les plus animées de la ville, l'hôtel offre des chambres à l'abri de la bruyante Talaat Harb. Il est possible d'organiser des visites et le transport depuis ou vers l'aéroport est gratuit à partir de trois nuits passées dans l'établissement.

HAPPYTON HOTEL €

10 sharia Ali el-Kassar

✆ +20 2 25 92 86 00

Chambres : simple 180 L£, double 300 L£, triple 400 L£. Salle de bains et petit déjeuner inclus.

Il n'est pas évident de trouver cet hôtel 2 étoiles, situé au centre du Caire, à quelques minutes à pied de la gare de Ramsès. Il dispose de 100 chambres, toutes équipées d'une télévision par satellite, d'une climatisation et d'une salle de bain privée. Bien que son rapport qualité/prix soit imbattable, et que son accueil soit irréprochable, il n'a aucun charme. Il reste néanmoins proche de monuments populaires tels que la mosquée d'Al-Azhar ou la citadelle (Al-Qalaa). Proche du restaurant Saigon, célèbre pour le crabe qu'il propose.

MERAMEES HOTEL €

32 Sabry Abo Alam St.

✆ +20 2 23 96 23 18

Chambre double à partir de 400 L£ (sans sdb), simple à 300 L£ (sans sdb).

L'hôtel se trouve sur une des principales rues commerçantes du centre-ville. A quelques minutes du musée d'Arts islamiques et du Musée national égyptien. A quelques mètres également du fameux café riche au sein duquel Nasser aurait préparé son coup d'Etat contre le roi Farouk, en 1952. Une adresse correcte pour le prix. L'hébergement propose des chambres équipées d'une climatisation, ce qui est indispensable dans un pays comme l'Egypte. Ambiance jeune et sympathique. Transfert aéroport gratuit à partir de deux nuits réservées.

PENSION ROMA €

169 Sharia Mohammed Farid ✆ +20 2 23 91 10 88
www.pensionroma.com.eg

Chambre double sans salle de bains dès 413 L£, avec à partir de 530 L£. Climatisation et petit-déjeuner.

Pension Roma est un charmant hôtel bon marché situé sur deux étages d'un bel immeuble néoclassique, en plein centre du Caire. Son côté Renaissance italienne, avec balcon à colonnes, retiendra déjà toute votre attention dans la rue. L'endroit a beaucoup de charme. Vous avez l'impression d'être reçu dans un appartement cossu. Parquets cirés, meubles anciens, plafonds hauts. Les chambres sont bien tenues, certaines avec une salle de bains privative. L'établissement a ses habitués. Il est préférable de réserver. Personnel amical et disponible pour ses hôtes.

RADWAN HOTEL €

Midan al Azhar
✆ +20 27 86 51 82

Chambre double à partir de 265 L£. « VIP » à 600 L£.

Hôtel qui ne paye pas de mine de l'extérieur mais qui offre des chambres toutes neuves avec salles de bain impeccables. La vue sur la mosquée al Azhar et un bout de la place Hussein n'est pas pour déplaire. Situé dans la vieille ville de Khan Al Khalili au Caire, l'hôtel Radwan est entouré de restaurants traditionnels, cafés et boutiques de souvenirs. Les mosquées Al Azhar et Al Hussain sont à 5 minutes à pied. Les chambres sont simplement meublées. Elles sont climatisées et disposent d'un minibar. Certaines chambres ont une salle de bain privée avec douche.

SARA INN HOSTEL €

21 Youssef El Gendi Street ✆ +20 2 23 92 29 40
www.sarainnhostel.com

Dortoir 150 L£ par personne. Chambre double 550 L£ avec salle de bains et air conditionné. Petit déjeuner inclus.

Hôtel 2 étoiles, situé dans le district de Dokki à quelques minutes du centre ville. Un choix divers de chambres sont proposées pour contenter tous types de budgets. Vous apprécierez de vous détendre dans la salle commune et d'y partager, un thé à la main, les moments forts de votre visite au Caire. Situé au dernier étage de l'immeuble, il est à la fois calme tout en étant très central. Chambres rénovées récemment. Accueil francophone et ambiance familiale. Le père de la propriétaire peut préparer un dîner sur demande. Prix négociables avec un peu de bagout.

SUN HOTEL €

2 Talaat Harb Street
✆ +20 2 25 79 79 77

Chambres avec salle de bains : simple 250 L£, double 300 L£.

L'hôtel est situé à l'entrée de la rue Talaat Harb, donnant sur la partie ouest de la place Tahrir, désormais mondialement connue. La boutique de souvenirs Oum El Dounia est toute proche. Très bon emplacement pour visiter les différents bars du centre ville, dont le plus proche se trouve sur la rue Hoda Sha'raoui. Le Greek Club a quelques mètres est le lieu de rencontre par excellence des jeunes artistes égyptiens. Pensez néanmoins à vous munir de boules quiès, pour les voyages sensibles au bruit des klaxons et de la ville qui ne s'éteint pas la nuit.

THE AUSTRALIAN HOSTEL €

23 Sharia Abd El Khalek Tharwat
✆ +20 2 23 95 88 92
www.theaustralianhostel.com

Dortoir de 4 lits : lit à 150 L£ ; chambre simple avec sdb privée : 500 L£. Double : 600 L£

Située au cœur du centre-ville du Caire, l'auberge est à 10 minutes à pied du Musée égyptien et à 15 minutes à pied de la gare routière. Il dispose de 12 chambres et des dortoirs pour contenter les petits budgets. Les chambres y sont climatisées, équipées d'une cafetière et d'une salle de bain privée ou partagée. Certaines chambres ont un balcon. Une connexion Wifi est disponible. La salle commune de style oriental permet aux voyageurs de se retrouver et d'échanger. Une nouvelle adresse à la mode où les voyageurs internationaux aiment descendre.

CARLTON HOTEL €€

21 Sharia 26 Juillet
✆ +20 2 25 75 50 22
www.carltonhotelcairo.com

Chambre simple entre 30 US$ et 40 US$, double entre 45 et 60 US$, triple à environ 70 US$.

Personnel en tenue, chambres climatisées impeccables, équipées de télévision, de frigo, du wifi. Demander une des chambres du 7e étage, bien plus plaisantes. La terrasse sur le toit est un bar très prisé de la jeunesse ouverte du centre-ville du Caire. Bonne restauration dans une salle agréable pour un prix modique. Une bonne adresse située au-dessus du tribunal du Caire, entre la gare et le Musée égyptien. Néanmoins, sachez que des gros travaux sont menés depuis quelques mois, tout près de l'hôtel, pour ouvrir une nouvelle bouche de métro.

CHEZ MARTINE €€

21 Sharia Bahgat Ali
✆ +20 128 24 50 975
www.chambresdhotes-chezmartine-lecaire.com
Comptez de 30 € à 34 € en chambre simple et de 35 € à 41 € en chambre double.

Une fois n'est pas coutume, indiquons le nom de madame Martine Vey, qui possède également un restaurant. Une hôtesse parfaite pour cette nouvelle formule d'hébergement au Caire. Vue imprenable du 20e étage de l'immeuble sur le Caire, et quand le temps le permet, sur les pyramides de Giza. Ce Bed & Breakfast est un appartement grand et coloré avec une décoration orientale. Il mesure 200 m² et comporte 4 chambres à louer. Les chambres sont spacieuses, claires, équipées d'un bureau, d'une armoire et d'un lit de 140 cm. Un lit supplémentaire peut être demandé.

EL-HUSSEIN €€

Midan Hussein
✆ +20 2 25 91 84 79
Chambres : simple à partir de 410 L£, double à partir de 510 L£. Petit-déjeuner inclus.

Il présente l'intérêt de se trouver sur la place Hussein, en plein khan el-Khalili. C'est également son principal défaut : on y vit au rythme du muezzin et des *mouled*. Certains voyageurs aiment ça, et l'hôtel est relativement bien tenu et les chambres climatisées. Le restaurant de l'hôtel a une terrasse en plein khan, mais vous trouverez d'autres restaurants à proximité, tels que Dona Onesta ou Capricci. A deux pas se trouve la boutique de design Sami Amin et les galeries d'art populaire Old Egypt For Fine Art, et Picasso Art Gallery Egypt,

LOTUS €€

12 Sharia Talaat Harb
✆ +20 2 25 75 06 27
www.lotushotel.com
Chambres avec salle de bains : simple 310 L£, double 440 L£, triple 570 L£. Petit-déjeuner compris.

C'est un hôtel un peu vieillot, mais correct sur toute la ligne : couloirs, sanitaires, literie, draps, et grand balcon pour tout le monde. Installé dans un des plus beaux immeubles art déco du centre ville. La propriété comprend 50 pièces et est située à proximité de Khan Al Khalili, du souk Attaba et du Musée égyptien. La mosquée d'Ibn Tulun et le Caire islamique peuvent être atteints en 25 minutes à pied et 25 minutes à pied respectivement. Plusieurs restaurants se trouvent à proximité de l'hôtel. Au Falfala vous découvrirez la cuisine égyptienne typique.

MERCURE CAIRO LE SPHINX €€

1 Alexandria Desert Road
✆ +20 2 33 77 64 44
www.mercure.com
Chambre simple à partir de 60 €, double à partir de 75 €. 270 chambres, 10 suites. Spa. 1 piscine.

Situé non loin du plateau des pyramides de Giza. L'hôtel, construit dans les années 1990, a depuis été reclassé dans la catégorie des nouveaux Mercure de la chaîne. Le lieu est conçu dans un style high-tech. L'hôtel se trouve à 11 km du musée copte. Il comprend un restaurant, un bar et une boîte de nuit. Une piscine intérieure et son salon commun pour se détendre. Comprend également un centre de spa, un Jacuzzi et un sauna ainsi qu'une salle de remise en forme. Les activités comprennent un tennis sur gazon, un ping-pong et une pétanque.

NOVOTEL CAIRO AIRPORT €€

Airport road
✆ +20 111 11 13 822
www.novotel.com/Caire
Chambre simple à partir de 80 €, double à partir de 100 € (taxes et petit déjeuner inclus).

Cet hôtel, construit en 1981, aux normes internationales, est destiné aux escales rapides ou aux anxieux de louper leur avion. Il comporte 209 chambres, et dispose d'une piscine intérieure, d'une aire de jeux pour enfants et d'un service de *babysitting*. Un accès Internet sans fil est disponible pour les voyageurs. Diverses options gastronomiques sont disponibles, dont un restaurant, une salle à manger, un café et un bar. Des boutiques sont également mises à disposition. La plupart des chambres disposent d'un balcon. Des lits supplémentaires peuvent être demandés.

OM KOLTHOOM HOTEL €€

5 Sekat Abou al Feda
✆ +20 2 27 36 84 44
www.omkolthoomhotel.com
Chambre simple : 100 US$; double : 110 US$. Spa et sauna.

L'hôtel est central et bien situé à Zamalek, construit à l'emplacement de la villa de la diva égyptienne ; pour les fans donc. Pas de grands services offerts sinon celui d'être au centre du Caire. L'hôtel dispose de plusieurs salles de bal historique où la diva avait pour coutume de recevoir ses hôtes. Les salles Kawkab Al Shark et Sahebat El Esma sont célèbres pour leur décoration intérieure, qui rappelle le temps passé. Ces salles sont prisées par les Egyptiens voulant célébrer leur mariage, des réceptions ou d'autres évènements importants.

OSIRIS €€

49 Sharia Nobar
✆ +20 2 27 94 57 28
hotelosiris.over-blog.com
Chambres : simple à partir de 30 US$, double à partir de 40 US$, triple à 50 US$ €. Petit déjeuner inclus.

Situé à quelques encablures du palais Abdine, vous y apprécierez l'accueil francophone. L'hôtel comporte 17 chambres d'inspiration orientale et une terrasse (un peu poussiéreuse cependant) où vous pourrez déguster, sur simple demande, boissons et plats locaux. Le restaurant propose des plats traditionnels et familiaux, une chance de goûter à l'authentique cuisine égyptienne. Chambres climatisées et toutes équipées de douche. Un peu cher pour un confort basique. Accès Internet. Organisation de circuits à la carte proposés sur place.

THE EGYPTIAN NIGHT €€

13 Sharia Merit Basha
✆ +20 2 25 76 06 04
Chambre simple 500 LE, double 600 LE, petit déjeuner et wifi inclus. Transport aéroport gratuit à partir de 3 nuits.

Hôtel 2 étoiles dans le district de Gizeh, qui offre une vue imprenable sur le Nil. Fraîchement rénové, ce petit hôtel familial situé dans une impasse a bien trouvé sa place face au musée du Caire. L'immeuble ne paye pas de mine mais l'hôtel, situé sur deux étages, est flambant neuf. La décoration chaleureuse, la literie récente, et les prix très abordables font du Egyptian Night une bonne adresse sans même mentionner la gentillesse du patron ! L'hôtel fournit des salles de bains avec douches et Jacuzzi. Il se trouve à 2,6 km de Khan Al-Khalili.

PARIS HOTEL €€

15 Sharia Talaat Harb
✆ +20 1 00 400 7126
Simple 25 US$ et double 35 US$. Salle de bains comprise. Wifi.

L'auberge de Paris est classée 3 étoiles. Une adresse conviviale. Walid, le propriétaire, propose 8 chambres cosy, munies de climatisation, d'une connexion wifi et de quoi vous préparer un thé ou un café sans sortir de votre chambre. Le dortoir, qui donne sur la rue est un peu plus bruyant. N'hésitez pas à boire un café en compagnie de Walid et de ses amis. Cuisine et machine à laver à disposition. L'hébergement est situé à quelques kilomètres du musée égyptien d'un côté et du Caire islamique où se trouve le Khan Al-Khalili, de l'autre.

VICTORIA €€

66 Sharia Gomhouria
✆ +20 2 25 89 22 90
Chambres : simple 35 US$, double 44 US$. Prix divisés par 2 si faible remplissage.

L'adresse qu'il faut connaître si vous êtes du genre à ne supporter, que, le luxe sans (trop) dépenser d'argent. Impeccable, de la réception au salon de lecture en passant par la salle de restaurant ; ses couloirs et ses chambres spacieuses ont l'air conditionné. Cet hôtel a une centaine d'années, mais il a bien été restauré : son charme a été préservé. L'hôtel comprend 92 chambres, chacune avec un décor colonial. Il dispose d'un salon de coiffure et d'un jardin privé. Le Caire islamique est à 1,6 km tandis que la gare Ramsès est toute proche.

TALISMAN HOTEL DE CHARME €€

38 Sharia Talaat Harb
✆ +20 2 23 93 94 31
Chambre simple : 90 US$, double 120 US$.

Les chambres de cet hôtel de charme, toutes différentes, sont décorées avec goût et parsemées de subtiles touches orientales. La salle à manger où l'on sert le petit déjeuner, peinte d'un jaune soleil et pourvue de mobilier en bois typiquement égyptien pourrait bien vous garder à table plus longtemps que prévu tant son atmosphère est agréable. Le Talisman est peut-être un peu plus cher que d'autres établissements dans cette catégorie, mais on vient ici pour se faire plaisir. L'hôtel est situé au centre du Caire. Bab Zuweila se trouve à 1,9 km.

WINDSOR HÔTEL €€

19 Sharia Alfi Bey
✆ +20 2 25 91 52 77
www.windsorcairo.com
Chambres : simple 50 US$, double 60 US$.

Cet hôtel familial, qui autrefois abritait les bains du khédive puis le club des officiers britanniques, est le plus ancien du Caire. Devenu le Windsor en 1899, il a su garder tout son charme. Vous apprécierez notamment son bar pour son décor antique et l'atmosphère particulière qui y règne. Les chambres sont spacieuses, toutes climatisées et équipées, d'une télévision et de meubles d'origine. L'accueil est à la hauteur de son charme et de son confort. L'hôtel se trouve à quelques minutes du musée égyptien et du palais Abdine.

CONRAD CAIRO HOTEL €€€

1191 Corniche el-Nil
✆ +20 2 25 80 80 00
http://conradhotels3.hilton.com
Chambres à partir de 150 US$. 617 chambres. 52 suites. Casino. Spa. Tennis, Squash. Cinéma. Centre commercial.

Grand hôtel récemment construit au nord du centre-ville, dans le quartier de Bulaq. Il fait partie des établissements de la toute dernière génération qui offre un luxe moderne à ses clients. Un peu excentré du centre, l'hôtel se trouve sur la corniche face au Nil. Il met à disposition de ses clients, un casino et d'autres installations de loisirs, dont une boîte de nuit et une piscine extérieure. L'hôtel propose également un accès Internet sans fil gratuit, un service de conciergerie et un service de garde d'enfants (en supplément).

FAIRMONT TOWERS HELIOPOLIS €€€

Sharia el shaheed Sayed Zakaria
✆ + 20 2 22 67 77 30
www.fairmont.com/towers-heliopolis-cairo
Chambres à partir de 160 US$. 247 chambres, 11 suites. Casino. Spa. 1 piscine. Tennis, squash.

Hôtel récent construit à proximité du terminal 3 de l'aéroport international. Il convient surtout aux voyageurs ne restant qu'une nuit au Caire. L'hôtel comporte 593 chambres climatisées. À proximité de l'hôtel se trouve le *mall* de City Stars (navettes gratuites). À proximité également du Serapium (nécropole antique) et de l'arbre de la Vierge Marie (à Mattariya). Un spa est mis à disposition des voyageurs, avec différentes gammes de massage et de soins du visage.

FLAMENCO GOLDEN TULIP €€€

2 Sharia El Gezira El Wosta
✆ +20 2 27 35 08 15
www.goldentulipflamenco.com
Chambre simple à partir de 120 US$, double à partir de 130 US$.

Cet hôtel est très bien situé à Zamalek, il est possible d'obtenir des chambres sur le « petit Nil » ou sur la rue. Le petit déjeuner est fameux, les pâtisseries réputées. L'hôtel comprend 173 chambres et suites, une sélection de salles de réunion, une salle de bal au dixième étage avec une vue spectaculaire sur le Nil. Mais, pour le prix, il n'y a ni piscine, ni Spa. Il est proche de l'Opéra du Caire, du Musée égyptien, à quelques minutes de route des Pyramides de Gizeh, du Sphinx, de Sakkarah et de nombreux autres sites historiques.

FOUR SEASONS HOTEL CAIRO AT FIRST RESIDENCE €€€

35 Sharia Guiza
✆ +20 2 35 67 16 00
www.fourseasons.com/cairofr
Chambres à partir de 250 US$ + 25% de taxes. Piscine, spa, salon de thé, bar, restaurants gastronomiques.

Superbe hôtel donnant sur le Nil et sur le zoo du Caire. De très bonnes tables. Accès privilégié au First Mall au rez-de-chaussée. L'hôtel se trouve sur la rive ouest du Nil, à quelques mètres du zoo national et de l'université du Caire. Certaines chambres offrent une belle vue sur le Nil, d'autres laissent apercevoir les pyramides. L'hôtel comprend une piscine, un centre de soin et plusieurs restaurants. A bord du First Nile Boat, l'hôtel offre une cuisine internationale.

FOUR SEASONS HOTEL CAIRO AT NILE PLAZA €€€

1089 Corniche el-Nil
✆ +20 2 47 91 70 00
www.fourseasons.com/caironp
Chambres à partir de 350 US$, taxes (25 %).

L'un des plus beaux hôtels du Caire : ses restaurants gastronomiques sont incontournables et son spa est remarquable. Il se situe dans le quartier de Garden City, où vous pourrez embarquer à bord d'une falouqa. Le quartier est paisible et il fait bon s'y promener le week-end. L'hôtel propose plusieurs restaurants de haute qualité. Mais si l'envie vous prend de déjeuner en extérieur, près de l'hôtel vous trouverez le restaurant Tabula qui offre une cuisine libanaise de choix.

GRAND HOTEL €€€

17 Sharia 26-Juillet
✆ +20 2 25 75 75 09
Chambres : simple 730 L£, double 975 L£.

Les parquets vernis, le skaï rouge qui recouvre les banquettes, les tentures bordeaux à galons or donnent un côté kitsch et amusant à cet hôtel qui mérite encore son nom. Le site Internet est en friche. Les chambres sont dotées d'une salle de bains privative, de la climatisation et d'un bureau. Le petit-déjeuner est compris dans le prix. Une salle de billard est mise à disposition. Chaque chambre bénéficie d'une vue sur le jardin. Le Grand Hotel se trouve à 200 mètres de la station de métro Nasser (en travaux) et à un kilomètre du musée égyptien du Caire.

GRAND NILE TOWER €€€

Corniche el-Nil
✆ +20 2 23 65 12 34
www.grandniletower.com
Chambre double à partir de 250 US$ + 25 % de taxes.

C'est l'ancien Grand Hyatt dont la politique sans alcool du propriétaire de l'hôtel a généré la chute... Pourtant, l'hôtel a une vue imprenable sur le Nil, notamment du Revolving, le restaurant panoramique qui se trouve au sommet des 42 étages qui fut un passage obligé. Les 716 chambres sont toutes climatisées et disposent d'un minibar et d'un balcon privé. Dans l'hôtel, le client trouvera quelques divertissements, tels une boîte de nuit, un espace bien-être et une piscine extérieure. Pour les parents fêtards, des services de garde d'enfants sont disponibles.

HOLIDAY INN CAIRO CITYSTARS €€€

Sharia Ali Rashid
✆ +20 2 24 80 30 00
Chambres à partir de 240 US$. 288 chambres, 23 suites. Spa. 1 piscine.

Hôtel d'un standing convenable construit au début des années 2000 dans le grand centre commercial du Caire, City Stars et à 10 min de l'aéroport. City Stars abrite des centaines de boutiques et de restaurants, pour la plupart du fast-food, de très moyenne qualité. De l'hôtel, vous pourrez commander des tickets pour le plus grand parc à thème couvert d'Égypte, Magic Galaxy. Des visites du Caire en voiture, en bateau ou à dos de chameau sont également proposées.

HÔTEL LONGCHAMPS €€€

21 Sharia Ismail Mohamed
✆ +20 2 27 35 23 11
http://hotellongchamps.com
Chambre simple à partir de 100 US$, double : 125 US$.

C'est probablement un des meilleurs rapports qualité/prix de la capitale dans sa catégorie. Voilà une adresse atypique, une vraie oasis au cœur du Caire, située au dernier étage. Hospitalité, confort, charme et service sont de mises et la propreté irréprochable. Vous aimerez vous restaurer sur l'une des deux terrasses de l'hôtel. Établissement qu'il faut absolument découvrir tant pour la qualité des prestations fournies que pour la convivialité de la propriétaire. A recommander. Il y avait un très bon restaurant mais il a fermé il y a quelques années.

INTERCONTINENTAL CITYSTARS €€€

Sharia Omar Ibn el-Khattab ✆ +20 2 24 80 01 00
http://intercontinental-citystars.cairohotelsegypt.net
Chambre simple 220 €, double 250 €. Petit-déjeuner compris.

Hôtel de grand standing, dont le niveau initial a cependant baissé, notamment la restauration. Néanmoins cela reste un bel établissement qui comprend 824 chambres climatisées et dispose de tous les services d'un hôtel de ce standing (casino, voiturier, baby-sitting). Cet hôtel 5 étoiles se trouve à proximité du Centre international des congrès du Caire et du Palais présidentiel égyptien. Il comprend 6 restaurants, 2 cafés et 3 bars, dont un se trouve au bord de la piscine.

MAADI HOTEL €€€

19 Misr Helwan Road ✆ +20 223 58 58 58
www.maadihotel.com
Chambre simple 90 US$, double 100 US$. Petit-déjeuner compris. Deux piscines, un spa.

Construit en 1980, cet hôtel comprend 171 chambres dont 21 de luxe. Toutes les chambres donnent sur le jardin.

Nombreux services : lavage, club de sport, wi-fi. Restaurants. Une bonne adresse avec, qui plus est, un joli panorama. Un petit déjeuner buffet est servi chaque matin. Le restaurant de l'hôtel, Papillon Coffee Shop propose une cuisine végétarienne et un bar bistrot est ouvert jusqu'à tard. On y trouve également une piscine extérieure sur le toit, une salle de sport et un centre de remise en forme. La station de Guizeh se trouve à quelques mètres.

MARRIOTT €€€

16 Sharia Saraya el-Gezirah ✆ +20 2 27 28 30 00
www.marriott.com
Chambres à partir de 150 US$. Un hôtel, un casino, des restaurants, une piscine, un spa, une salle de gym, des tennis.

A l'origine, le palais a été construit à l'intention de l'impératrice Eugénie. Dallage en marbre, cuivres lumineux et *moucharabiehs* ciselés agrémenteront votre séjour quotidien que la famille Sursock, connue aussi pour sa villa à Beyrouth, possédait jusqu'à son rachat par la chaîne d'hôtels internationaux. L'hôtel propose 1 250 chambres. Très belle piscine. Le grand jardin est très agréable et un des lieux de rendez-vous les plus prisés du Caire. Le centre du Caire se trouve à 3 km de l'hôtel, où vous pourrez visiter le musée d'Art islamique et le musée égyptien.

MENA HOUSE HOTEL €€€

Pyramids Road
✆ +20 2 33 77 32 22
www.menahousehotel.com
Chambres à partir de 180 US$. Entrée piscine aux non-clients (day use) : 600 L£.

Hôtel mythique au Caire. Le grand luxe dans un décor oriental au pied des pyramides, et la plus grande piscine du Caire. C'est loin, mais c'est un choix calculé. Il faut néanmoins loger dans le palais, pas dans les chambres du jardin. Il fut construit pour l'inauguration du canal de Suez, afin que le Khédive Ismaïl puisse accueillir ses hôtes, dont l'impératrice Eugénie. On y trouve quatre restaurants et deux salons. L'hôtel dispose d'un parcours de golf 18 trous, d'une piscine extérieure et d'une salle de remise en forme, ainsi que d'un spa.

LE MERIDIEN HELIOPOLIS €€€

51 Sharia El Orouba
✆ +20 2 22 90 50 55
www.lemeridienheliopolis.com
Chambre simple à 135 US$; double à 160 US$. Taxes comprises. Petit-déjeuner inclus.

Hôtel de bon standing, offrant toutes les prestations de la chaîne ; situé idéalement près de l'aéroport pour les départs matinaux. Cet hôtel 5 étoiles situé dans le quartier d'Heliopolis, a été construit en 1987 et présente une architecture égyptienne. Le restaurant 51 met à disposition une variété de plats internationaux. Il propose également un club de remise en forme, un centre de spa et un solarium. Les installations de remise en forme sur place comprennent une salle de sport, des cours de gymnastique et un studio de remise en forme.

LE MÉRIDIEN PYRAMIDS HOTEL €€€

El-Remaya Square ✆ +20 2 33 77 70 70
http://www.lemeridien-pyramids.com
Chambres à partir de 80 € en s'y prenant à l'avance. 498 chambres, 40 suites. Spa. 1 piscine. Tennis.

Institution des années 1980, construit non loin des pyramides que l'on aperçoit de la piscine. Un peu désuet, mais idéal pour les nuits précédant une excursion vers Saqqarah. L'hôtel dispose d'un restaurant italien, d'un restaurant international et d'un café, ainsi que d'un bar à shisha et d'un bar près de la piscine animé avec des DJ le week-end. Il y a également une piscine extérieure chauffée et une piscine pour enfants, ainsi qu'un spa chic et une salle de remise en forme.

NOVOTEL CAIRO EL BORG €€€

3 Sharia Saraya el-Gezirah
✆ +20 2 27 35 67 25
www.novotel.com/gb/hotel-6600-novotel-cairo-el-borg/index.shtml
Chambre à 160 €. Piscine, Spa, gym, restaurant.

El Borg, ou « la tour », est situé au milieu de l'île de Zamalek, entre le Nil et les jardins de la Tour du Nil, et le Gezira Sporting club dont il domine le golf. Une adresse bien située dans une zone relativement calme tout en étant tout proche de la place Tahrir (et du Musée égyptien). Les chambres disposent de climatisation individuelle et d'un espace de travail. Chaque chambre donne sur le fleuve. Le restaurant Le Gout, situé sur le toit, offre des plats de la région. Dans le bar ouvert 24h/24, vous trouverez les boissons alcoolisées.

RAMSES HILTON HOTEL €€€

Kornish al-Nile
✆ +20 2 23 65 12 34
Chambre double : à partir de 250 US$.855 chambres. 28 suites. Casino. Spa. Tennis, squash. 2 piscines.

L'un des plus anciens grands hôtels du Caire, construit dans les années 80. Domine la place Tahrir, le musée égyptien, le Nil. Pas toujours facile d'accès à pied. C'est de cet hôtel que les journalistes faisaient leur point d'information durant la « révolution », la place Tahrir dans leur dos. Le Ramses hôtel comprend 36 étages et 771 chambres lumineuses. Un espace spa, avec Jacuzzi et sauna est mis à disposition des clients pour se détendre après un bain de foule cairote. L'établissement dispose également d'un centre de remise en forme.

SAFIR CAIRO HOTEL €€€

El-Missaha Square

✆ +20 2 37 48 24 24

www.safirhotels.com

Chambre à partir de 100 € (taxes et petit déjeuner inclus). 267 chambres. Spa. Piscine.

Hôtel peu *glamour* et surchargé de marbres, mais bien situé. Un peu trop cher pour sa catégorie et ses prestations, mais il a ses adeptes et ses habitués. La piscine extérieure est chauffée, mais au milieu d'immeubles d'habitation, ne soyez pas étonné d'être le spectacle de certains habitants. La salle de gym est relativement petite, et le sauna et hammam ne sont pas toujours très propres. N'hésitez pas à vous balader au souk Soliman Gohar, à quelques mètre de l'hôtel. Vous pourrez y boire un thé, dans un des cafés populaires de la rue, et vous imprégner de la ville.

SEMIRAMIS INTERCONTINENTAL HOTEL €€€

Corniche el-Nil

✆ +20 2 27 98 80 00

www.ihg.com

Chambre double : à partir de 230 US$ avec vue sur le Nil. 728 chambres, 79 suites. Spa. 1 piscine.

Le lieu a été ouvert en 1987 et rénové en 2011. Une institution du centre-ville du Caire. Belle situation sur le pont Qasr el-Nil et ses lions de Jacquemard, faisant face à l'opéra du Caire. Omar Al Sharif y observait, d'un étage élevé, les premiers jours de la « révolution ». Cet hôtel 5 étoiles comporte 26 chambres design. Il est situé dans un immeuble de 28 étages. Beaux restaurants. A quelques minutes de l'hôtel vous trouverez également les restaurants Birdcage et Tabula.

SHERATON CAIRO HOTEL €€€

El Galaa Square

✆ +20 2 33 36 97 00

Chambre, simple 150 US$, double 200 US$. Réduction de 50% sur la seconde chambre réservée. 650 chambres. 113 suites.

Grand hôtel de la rive ouest donnant sur le Nil et la pointe sud de l'île de Gézira. Construit dans les années 1970-1980, cet établissement reconnu offre toutes les possibilités de sa catégorie. Le Sheraton Cairo Hotel & Casino dispose d'une boîte de nuit, d'un casino. Certaines chambres de luxe donnent sur le Nil d'autres donnent sur le jardin. Chaque chambre est équipée d'un réfrigérateur, d'un plateau/bouilloire, d'un coin cuisine et d'un dressing. L'élégant bâtiment de l'établissement, situé au coeur du Caire, a été entièrement rénové en 2011.

SOFITEL EL-GEZIRAH €€€

Ile de Gezirah

✆ +20 2 27 37 37 37

www.sofitel.com

Chambres à partir de 155 €. Piscine, Spa, Casino, restaurants haut de gamme.

La meilleure vue sur le Nil de la ville, c'est ici ! Idéalement situé à la pointe de l'île de Gezirah et ingénieusement installé dans une tour circulaire, le Sofitel offre la vue sur le Nil depuis toutes ses chambres. Etablissement de qualité aussi bien pour l'hébergement que pour la restauration, on aime particulièrement la piscine à débordement qui donne l'impression de se jeter dans le fleuve mythique, ainsi que la longue promenade le long de ce dernier. L'hôtel se trouve à 3,3 km de la mosquée d'Amr Ibn El et à 11 km des pyramides de Guizeh.

SOFITEL NILE EL GEZIRAH €€€

3 El Thawra Council St Zamalek Downtown

✆ +20 2 273 73 737

www.sofitel-cairo-nile-elgezirah.com

A partir de 250 US$ la chambre. Spa accessible indépendamment de l'hôtel.

L'intérêt principal de cette luxueuse tour, construite à la pointe de l'île de Zamalek, réside dans sa localisation et particulièrement celle sa piscine qui offre une vue exceptionnelle sur le Nil et l'horizon cairote. On peut nager dans l'eau bleu azur de la piscine en se croyant dans le Nil. Ne serait-ce que pour prendre un verre au coucher du soleil, c'est un must du Caire. Cet hôtel comporte 433 chambres ont 50 suites, une salle de bal, que les familles égyptiennes aisées louent pour les mariages et autres grandes célébrations, et des salles de réunion.

THE NILE RITZ CARLTON €€€

1113 Corniche el-Nil

✆ +20 2 25 77 88 99

www.ritzcarlton.com

Chambre double avec vue sur la ville autour de 300 US$, avec vue sur le Nil autour de 400 US$.

L'hôtel historique Nile Hilton, racheté par Ritz Carlton a ouvert ses portes fin 2015 après deux ans de rénovations titanesques. Posé au bord du Nil et bordé par le musée Egyptien d'un côté et par le pont Qasr el-Nil de l'autre, le premier hôtel en Egypte de la luxueuse chaîne s'est trouvé une place de choix, Tout le raffinement que l'on peut attendre d'un établissement de cette envergure est au rendez-vous, aussi bien dans les chambres que dans les restaurants. Le bar sur le toit est un *must* pour déguster des cocktails et admirer le Nil.

SE RÉGALER

Le Caire est une ville où l'on trouve son bonheur en matière de restaurants : cuisine égyptienne traditionnelle, thaïe ou sushis, cuisine française parfois gastronomique, etc. Si l'on mange rapidement, sur le pouce, il n'est pas conseillé de prendre la première friture venue dans un quartier où l'hygiène alimentaire n'est pas toujours assurée. Dans Le Caire islamique, en face de la place El-Hussein se trouvent plusieurs restaurants populaires. On y mange des plats simples (pigeons farcis, kebabs, poulet, molokheya…), mais corrects. Dans le centre-ville, beaucoup de restaurants bon marché les grandes adresses se trouvent majoritairement dans les hôtels 5-étoiles ou à Garden City. Héliopolis offre un bon éventail d'adresses classiques et de qualité, mais également très hipster et pensées sur mesure pour une jeunesse aisée… Quant à Maadi, on peut y apprécier des cuisines variées en étant certains de la qualité.

SHAKSHOUKA. © TANYA_F - ISTOCKPHOTO.COM

CAFÉ NAGUIB MAHFOUZ €€

5 allée Badistan
✆ +20 2 25 90 37 88
Entre 100 et 200 LE par personne. Concert en fin de semaine.

Au cœur de la capitale, Naguib Mahfouz est une oasis au milieu du chaos du grand souk de Khan El Khalili, toujours très animé et fréquenté. Le lieu comprend une section café, où l'on sert des boissons et des shishas, et une section restaurant où sont proposés les plats classiques orientaux. Les intérieurs sont en accord avec la saveur particulière du Khan El Khalili, et l'esprit des écrivains qui fréquentaient ce café se fait encore sentir. Le service est excellent, les choix des repas et des boissons sont supérieurs à la moyenne.

EL-HALWAGI €

Khan el-Khalili
Entre 10 et 30 LE.

Un petit restaurant de *foul* et de *ta'amiyya* (falafels) au cœur du souk. Très bonne ambiance et nourriture excellente, bien qu'un peu grasse. Ils proposent notamment du poulet, des falafels, mais aussi des assiettes végétariennes... Chose peu commune, les prix sont affichés sur le menu, vous n'aurez donc pas de mauvaise surprise. Il est aussi très agréable de venir y prendre un café ou un thé. On peut également y manger sur le pouce. Le service est très avenant. Très bon rapport qualité-prix. L'enseigne est prisée des Cairotes.

SAMAK EL GHANEB €

Haret darb el-asfar
Entre 50 et 75 LE

Un restaurant de poissons et fruits de mer de bonne tenue, qui s'étale principalement dans la ruelle en face de l'ancien hôtel « Le riad » (transformé en studio de cinéma). Les plats de crevette sont notamment très appréciés, tout comme les calmars, et s'il y en a, les préparations de homard. Le personnel est très avenant et est réellement aux petits soins de la clientèle. Côté déco, l'intérieur est soigné, et fait référence à l'univers de la mer. Il s'y dégage une belle atmosphère. Un endroit sympa que nous vous recommandons.

EGYPTIAN PANCAKE HOUSE €

Midan el-Hussein
Ouvert de midi à 23h. Environ 40 LE.

Une institution dans le Khan el-Khalili, où l'on mange des *fettir*, déclinées à tout accompagnement : viande, légumes, fromage, mais aussi chocolat, miel ou sucre. Le lieu se trouve à quelques mètres de la mosquée al-Hussan, à l'entrée du Khan-al-Khalili. Le restaurant est ainsi très vite bondé. Il est néanmoins le meilleur endroit où déjeuner lorsque, finissant de visiter le Khan le matin, vous souhaitez franchir la rue Gohar al-Qaed, pour aller du côté du Caire islamique, en commençant par une visite de la mosquée al-Azhar, qui se trouve en face.

STUDIO MISR ET LAKESIDE €€

Parc d'Al-Azhar
✆ +20 2 25 10 91 51
Compter 300 LE par personne.

Deux adresses dans le rafraîchissant parc Al-Azhar. Le Studio Misr est situé au sommet d'une colline avec une vue imprenable sur la citadelle et les minarets de la cité islamique. A recommander : les grillades « citadelle ». Le soir, il vaut mieux réserver. La deuxième, Lakeside, situé sur les bords d'un plan d'eau artificiel donne une vue panoramique sur la muraille ayyoubide de la vieille ville. Idéal pour prendre une *chicha* à la fraîche et des mezze orientaux, et seulement ça : le reste est très médiocre. Pas d'alcool servi.

8 €€€

Corniche el-Nil ✆ +20 2 27 91 70 00
www.fourseasons.com/caironp/dining/restaurants/8/

Ouvert tous les jours, de 18h à 1h. A la carte entre 200 et 500 L£. Tous les vendredis : brunch de 13h à 16h, 700 L£.

C'est d'après le nombre de la chance chinois que le Four Seasons a choisi de nommer son restaurant de spécialités cantonaises. Avec une décoration moderne et élégante, un service irréprochable et des dims sums concoctés par un chef venu tout droit de Shanghai. Les vrais connaisseurs de cuisine chinoise risquent d'être un peu déçus car les mets sont bons mais pas tous excellents. Dans la capitale égyptienne, le 8 reste néanmoins la meilleure adresse de cuisine chinoise, avec en bonus une vue majestueuse sur le plus long fleuve d'Afrique.

ABOU TAREK €

40 Champollion Street

Plat traditionnel de koshari de 13 à 35 L£.

La maison du koshari au Caire où l'on vient presque en pèlerin. Amusante mention sur la devanture : « *We have no other branches* » (nous n'avons pas d'autres adresses)... Le lieu marque ainsi son caractère unique, conscient de son succès dans la capitale. Ce bâtiment de trois étages n'est pas souvent vide. A chaque recoin est affiché la photo d'Abou Tarek, le créateur de cette institution. On y croise beaucoup de jeunes couples et de groupes d'amis ou de familles égyptiennes. L'ambiance y est très conviviale et le service très satisfaisant.

BELLA €€€

Corniche el-Nil
✆ +20 2 27 91 70 00
www.fourseasons.com/caironp/dining/restaurants/bella

Ouvert de midi et demi à 16h et de 19h à minuit. Compter entre 250 et 400 L£.

Le meilleur restaurant italien de la ville. Logé dans un des plus grands hôtels de la capitale, qui offre une belle vue sur le Nil. Grandes baies vitrées, lustres grandioses et décor digne d'un palace oriental, le lieu revêt une atmosphère très chic et détendue. Il est à noter qu'il propose tous les jours de la semaine une formule de déjeuner d'affaires, jusqu'à 16h, pour une somme modique, comprenant une entrée, un plat et un dessert. Le soir, entre le buffet d'antipasti et les soufflés au gorgonzola ou au parmesan, le palais est comblé !

BIRD CAGE €€€

Corniche el-Nil
✆ +20 2 27 98 80 00

Ouvert de 12h30 à 16h, puis de 19h à minuit. Compter entre 250 et 400 L£ par personne.

Excellente adresse thaïe réputée depuis de nombreuses années. Le restaurant se trouve dans le luxueux hôtel Sémiramis, à quelques mètres de la place Tahrir et du Musée national. Sa positon géographique en fait un endroit stratégique pour faire une pause déjeuner avant de quitter la zone du centre-ville et ses milles et un secrets. Pour digérer, marcher dans le quartier de Manial, peut être une option. Pour cela vous n'aurez qu'à longer la corniche et demander à un des navigateurs de falouka de vous faire traverser le Nil jusqu'au pied du Palais Manial.

LE BISTRO €€

8 rue Hoda Shaarawi
✆ +20 122 542 9082

Ouvert tous les jours, midi et soir. Comptez 300 L£ pour 3-4 mezzé.

Restaurant en sous-sol, sombre mais chaleureux. Décor vintage et discographie francophone. On y mange de très bonnes viandes, cuisinées presque comme en France. Le restaurant est tenu par l'ancien cuisinier, français, de l'Institut Français d'Égypte. Les desserts sont bons. Bref, une des meilleures adresses pour ceux qui sont lassés de la cuisine égyptienne. C'est également l'un des rares établissements qui ne haussent pas les sourcils quand vous demandez un steak cuit à point (une dangereuse hérésie pour les palais égyptiens).

LA CHESA €€€

21 Sharia Adly
✆ +20 2 23 93 93 60

Ouvert tous les jours de 8h à 23h30. Compter 150 L£. Fondue : 310 L£.

Avec sa devanture amusante et son intérieur décalé, voici l'un des rares endroits au Caire où l'on peut manger une fondue savoyarde... Les prix sont certes assez élevés, mais la qualité est là. On peut y venir aussi pour le petit déjeuner, très copieux et qui ravit les papilles. Ambiance feutrée à l'intérieur, on y apprécie la musique douce et discrète. Le lieu a l'avantage également d'être très bien situé dans le centre-ville du Caire, tout en étant à l'abri de l'agitation. Il mériterait toutefois une petite rénovation. Personnel avenant.

CLUB GREC €

Rue Kasr el-Nil
✆ +20 2 25 75 08 22

Entre 50 et 80 LE pour boire un verre, compter 150 LE pour manger. Ouvert le soir uniquement.

Lieu autrefois réservé aux nationaux grecs, ce club s'est ouvert à tout un chacun. On y croise des artistes, des écrivains qui ne font pas la une des journaux, mais qui continuent d'entretenir une atmosphère intellectuelle. Carte basique de petits plats (mezzé) à partager. On y vient surtout pour sa vaste terrasse exceptionnelle et son ambiance authentique où touristes, résidents et Egyptiens se mélangent. La salle intérieure n'est pas désagréable non plus, mais il faut être tolérant vis-à-vis des pianistes et chanteurs plus ou moins inspirés.

CLUB ITALIEN €

40 sharia 26 juillet
✆ +20 128 52 62 792

Compter entre 150 et 200 LE par personne pour manger, avec du vin.

Le Centro Ricreativo Italiano ou Club italien du Caire, fondé en 1946, est une association privée à but non lucratif qui a pour objectif de réunir les Italiens résidant ou travaillant en Égypte et de promouvoir la culture italienne. Cette adresse peu connue des étrangers de passage est une bonne table, simple, pour les inconditionnels de la cuisine traditionnelle italienne. Ouvert aux non-membres, le centre italien, contre un droit d'entrée de 20 LE, propose des antipasti, des pâtes fraîches et des pizzas, délicieux. Une adresse à prix raisonnables et très bonne.

EISH WA MALH €

20 Adly
✆ +20 10 987 440 14

Entre 70 à 150 LE le plat.

Il l'est l'un des rares restaurants méditerranéens du Caire à réussir à mélanger astucieusement cuisines libanaise, grecque et italienne. Si vous hésitez, prenez le risotto, une valeur sûre ici. Plusieurs plats sont sans gluten et végétariens. Tiramisu à se damner et parfums originaux de glaces fait maison (au piment par exemple !). C'est l'adresse incontournable des gourmands et/ou des cinéphiles qui sortent de la Cimathèque juste en face (immeuble à gauche de la synagogue). Seul bémol : l'acoustique bruyante surtout quand il est plein le samedi.

ESTORIL €€

12 Sharia Talaat Harb
✆ +20 2 25 74 31 02

Compter entre 60 et 100 LE.

Situé dans une ruelle sombre entre la rue Talaat Harb et Kasr El Nil, Estoril est l'incarnation du bar cool et *old school* du centre-ville. On ne va pas vraiment dans ce lieu pour y manger de la bonne cuisine, mais pour s'imprégner d'une ville et de ses habitants, des chercheurs, écrivains et artistes, jeunes et plus vieux, qui construisent et déconstruisent l'histoire de ce beau pays. L'endroit est très fréquenté, et souvent très enfumé. Le lieu offre un choix plus important d'alcool. Un peu plus cher qu'ailleurs, mais cela en vaut le coup.

FELFELA €€

15 Hoda Sharawi
✆ +20 2 23 92 28 33

Ouvert de 10h à minuit. Compter entre 100 et 150 LE.

Lieu au décor boisé original, parmi les plus touristiques du Caire. Il se trouve à l'entrée de la rue éponyme d'une des féministes qui a, le plus, marqué l'histoire de son pays, Hoda Sha'raoui. L'atmosphère fait d'ailleurs penser à son Égypte des années 20. Les tables sont disposées en longueur, dans une large salle au très haut plafond. C'est l'endroit idéal pour tester les classiques de la cuisine égyptienne : spécialités de pigeon, kebab, *molokheya* et poissons grillés, pour des prix raisonnables. Les serveurs y sont très aimables.

LE GRILLON €€

8 Sharia Qasr el-Nil
✆ +20 2 25 74 31 14

Entre 80 et 100 LE. 50 LE la bière.

Restaurant-bar situé en plein centre-ville et coupé du brouhaha ambiant grâce à sa cour intérieure au bout d'un petit passage du même nom. Rendez-vous des artistes, des journalistes et des hommes et femmes d'affaires. Bonne aération pour les non fumeurs. L'été, sa deuxième salle climatisée, aux tons rouges et noirs, offre un petit îlot de fraicheur. De très bons mezze libanais et égyptiens idéals pour l'apéro ou les petites faims. Les plus gros appétits trouveront aussi une cuisine de qualité avec spécialités de viandes, pigeons farcis et produits de la mer.

KAZAZ RESTAURANTS €

38 Sharia Sabry Abou Alam
✆ +20 2 23 96 00 34
Plats à manger dans la rue dans un pain baladi, entre 10 et 20 L£.

A l'égyptienne, on prononce « Azaz ». L'un des meilleurs fast-foods égyptiens du Caire où l'on croque dans un sandwich de foul ou de ta'amiyya [falafels] pour un prix dérisoire. La shawarma, à peine plus chère, est excellente. Célèbre dans toute la capitale pour sa soupe de lentilles, parfaite pour vous réchauffer pendant le court hiver cairote. L'endroit est très prisé des Egyptiens, donc attendez-vous à faire la queue, surtout si vous commandez à emporter. C'est d'ailleurs sûrement la meilleure option, la salle à l'étage n'a pas vraiment de charme.

TABOULA €€

1 rue d'Amérique-Latine
✆ +20 2 27 49 73 26
www.taboula-eg.com
Comptez 50 L£ par mezzé, soit environ 150 L£/ personne [hors taxes]. L'arak en plus...

Restaurant en sous-sol, tout en boiseries finement sculptées où l'on se croirait dans un palais. Bonne adresse libanaise au Caire où la ronde des mezze est enivrante [le plateau sur la table tourne pour qu'aucun convive ne soit lésé !]. N'hésitez pas à prendre le *kebbah neyah*, viande hachée crue mélangée à de l'huile d'olive et de l'ail. Les aubergines à la grenade ['romane' en arabe] sont divines. Arrosez le tout d'un peu d'*arak*, et finissez par une *chicha*. Les soirs et le week-end, il vaut mieux réserver si vous êtes plus de deux personnes.

MALEK EL-GAMBARY €€

25 Sharia Choubrah
✆ +20 2 22 02 57 98
Ouvert tous les jours de 11h à 4h. Entre 100 L£ et 150 L£.

Littéralement, « le roi de la crevette » ; alors, évidemment ! En dehors des sentiers battus, cette adresse située dans le quartier populaire de Choubrah est une vraie institution locale. Si la crevette reste la star, on peut également commander du poisson et du calamar, grillés ou frits à votre convenance. Les mezze servis en entrée sont délicieux alors attention à garder de la place pour le plat commandé. On vous recommande les crevettes entourées de kounafa, des cheveux d'ange de pâte à frire : croustillantes à l'extérieur, tendres à l'intérieur... savoureuses.

THE GRILL €€€

Corniche El Nil
✆ +20 2 27 98 80 00
Ouvert tous les jours de 19h à minuit. Compter entre 300 et 800 L£ le plat.

Le restaurant incontournable des amoureux de la cuisine française. Son décor est luxueux mais pas du meilleur goût. Vous y trouverez une large sélection des meilleurs vins égyptiens et vins du monde. Son principal atout réside dans la vue *by night* imprenable sur le Nil, grâce à son immense baie vitrée. Le cadre est chaleureux, la cuisine excellente avec un service de qualité, la plupart du temps. Ce restaurant propose chaque soir une animation musicale : n'hésitez pas à appeler pour connaître le programme musical de la semaine.

THE REVOLVING €€€

Grand Nile Towers Hotel
✆ +20 2 23 65 12 34
Ouvert de 19h à 1h. Menu complet à 800 L£.

Ce restaurant gastronomique propose un point de vue extraordinaire sur la ville du Caire, du 42e étage, la passerelle rotative du restaurant offre aux convives une vue unique sur la ville et son fleuve. Cependant, ce restaurant n'est pas fameux pour sa cuisine, mais bien pour son emplacement et son architecture. Si vous souhaitez goûter les délices du Caire, passez... Il faut réserver et une tenue soignée est requise. Les enfants ne sont pas admis. Le restaurant est fermé pendant tout le mois de ramadan. Et on n'y sert aucun alcool comme dans le reste de l'hôtel.

ZITOUNI €€€

Corniche el-Nil
✆ +20 2 27 91 70 00
www.fourseasons.com
Ouvert 24/24h. Carte entre 150 et 300 L£.

Le restaurant appartient au Four Season's at Nile Plaza. Il propose diverses spécialités libanaises et méditerranéennes. Mais aussi salades, houmous, agneau cuit au feu de bois, sans oublier les desserts. Ne pas manquer les « *Seafood Thursdays* » [tous les jeudis] où l'on choisit son poisson ou ses fruits de mer comme chez le poissonnier avant de les faire cuisiner comme on le souhaite. Bon brunch le vendredi également. Pour ceux qui veulent y mettre le prix, c'est sans conteste l'un des meilleurs restaurants gastronomiques du Caire.

ABOU SHAKRA €

82 Sharia el-Merghany

✆ +20 2 24 17 95 57

Ouvert de 10h à 2h du matin. Compter entre 20 et 50 LE.

Adresse égyptienne traditionnelle où l'on n'est pas déçu par l'authenticité des plats et encore moins par les proportions plus que généreuses. Viandes grillées ou frites, feuilles de vignes farcies, tajines de légumes, tahini, salades composées, gâteaux de riz : on retrouve tout ce qui fait un repas égyptien traditionnel avec, en prime, une vue directe sur le Sphinx et les pyramides à travers les baies vitrées. L'endroit est propre, les tarifs intéressants : seul le service laisse parfois à désirer quand la saison bat son plein.

L'INCONTRO €€

11 sharia Seezostrees

✆ +20 2 419 68 09

Ouvert de 13h à 1h du matin. Comptez entre 200 et 200 LE sans la boisson.

Créé en 2015 par un cuisinier expérimenté qui officia pendant de longues années dans une des meilleures tables du Caire, ce restaurant pourtant discret s'est rapidement fait une réputation grâce à sa carte raffinée et originale. Les tagliatelles de saumons arriveront ici saupoudrées de caviar et vous pourrez déguster un très bon bar en croûte de sel. Les desserts et glaces ne vous décevront pas non plus. Ceux qui veulent prolonger la soirée pourront passer dans le sympathique bar attenant qui appartient au même propriétaire.

LE CHANTILLY €€

11 Sharia Baghdad, El Korba

✆ +20 2 22 90 52 13

Ouvert de 7h à minuit. Compter entre 80 et 150 LE.

Un endroit de la bourgeoisie d'Héliopolis qui propose, entre autres, des spécialités suisses, à déguster à l'intérieur ou sur la jolie terrasse. Tout est frais et de qualité. On plonge ici dans une ambiance surannée, avec des meubles anciens et une décoration des années 1950. N'hésitez pas à tester leurs excellentes pâtisseries, parmi les meilleures du Caire. On peut d'ailleurs en acheter à emporter. Le service est discret et très professionnel. On y sert des bières et de l'alcool. Excellent qualité-prix. Bref, une belle adresse au coeur d'Héliopolis.

PETIT PALMYRA €€

27 Sharia El-Ahram, El Korba

✆ +20 2 24 17 17 20

Piano-restaurant ouvert de 12h à 2h du matin. Compter entre 70 et 200 LE.

Ce restaurant syrien ouvert en 1949 a gardé tout son charme, c'est une adresse authentique et savoureuse. Dans ce décor chic un brin désuet, on sert une très bonne cuisine avec quelques spécialités reconnues comme les escalopes grillées, les foies de volaille et le pigeon. On est presque touchés par les efforts faits en cuisine pour présenter joliment les plats. Le service est courtois et attentif. Un classique très apprécié des Héliopolitains ce qui est révélateur ! Alcool servi avec notamment une bonne carte de vins locaux.

EL TEKIA €

82 Sharia el Merghany

✆ +20 2 24 14 79 65

Compter entre 30 et 55 LE.

Peu connue des touristes, cette adresse de plats typiquement égyptiens est à recommander. Les mets sont soignés, les prix très abordables. Soupes, salades et sandwichs conviennent pour un déjeuner sur le pouce mais on y vient aussi avec plaisir pour des repas plus conséquents. Outre les grillades, on y sert de bons couscous, des currys de viandes et de légumes et un pigeon farci avec beaucoup de saveur. Le service est souriant et attentionné. On trouve aussi ce restaurant à Doqqi, à Alexandrie. Le restaurant ne sert pas d'alcool.

SHOGUN JAPANESE RESTAURANT €€€

Omar Ibn El Khattab Street

✆ +20 2 24 80 01 00

Ouvert de 16h à minuit. Entre 250 et 400 LE.

Si vous sentez comme une overdose de tahini et keftas, aucune hésitation : cette table de haute volée sert d'excellentes créations nippones. C'est certainement le meilleur restaurant japonais de la ville, tout est frais et fait dans les règles de l'art : sushi, maki, yakitoris, gyosas... Le chef signe des spécialités de currys et de rolls absolument étonnantes. Pour ne rien gâcher au repas : la salle agencée autour d'un aquarium est très agréable et le service adorable.

ABOU EL-SID €€

45, rue 7

✆ +20 2 23 80 50 50

www.abouelsid.com

Entre 90 et 150 LE.

Même adresse qu'à Zamalek, le restaurant offre ici un patio où il est très agréable de paresser, une *chicha* à la main et des mezze de l'autre. On retrouve à la carte les spécialités qui font le succès d'Abou El-sid : molokheya, tajines et ragoûts de toutes sortes, des rôtis accompagnés tantôt de vermicelles de riz ou de pommes de terre ou encore un délicieux gâteau de citrouille ! Si vous préférez dîner à l'intérieur vous ne serez pas déçu par la décoration soignée jusqu'au moindre détail. A noter que le restaurant sert de l'alcool.

FISH MARKET €€

Corniche de Maadi

✆ +20 2 23 80 42 50

Entre 150 et 200 LE. de 12h à 1h du matin

L'essentiel de ce restaurant réside en son point de vue magnifique sur le Nil qu'il domine et la palmeraie de Saqqarah en face. La cuisine est de bonne facture et le poisson frais : vous choisissez depuis l'étal ce qui vous ferait plaisir et on vous le prépare à votre convenance, grillé, au four ou frit. La salle est un peu vieillissante mais elle reste un très bon spot pour prendre une *chicha* juste avant le coucher du soleil. On peut aussi louer des felouques, pas très loin. Service parfois distrait... l'établissement sert de l'alcool.

GANDOFLI €€

22 Sharia El-Nasr

✆ +20 2 25 20 22 50

Ouvert de midi à 2h. Compter entre 90 à 200 LE.

Un bon restaurant de poissons et fruits de mer misant tout sur la fraîcheur et la qualité des produits qui sont déclinés en toutes sortes de cuissons : soupe, grill, four, friture... Très honnêtement, on a préféré les poissons, crustacés et coquillages de l'étal aux plats à la carte un peu hasardeux (fajitas de crevettes, spaghettis aux fruits de mer...). Très bon dîner dans une salle calme ce jour-là donc avec un service très attentionné. Les prix sont dans la moyenne, n'oubliez pas que les taxes et le service sont rajoutés en plus à l'addition.

LAN YUAN €€

84 Road 9

✆ +20 2 23 78 27 02

Ouvert de 11h à 23h. De 60 à 90 LE.

Lan Yuan sert une cuisine chinoise authentique et certainement les meilleures nouilles chinoises du Caire ! Ne vous fiez pas à ses allures de Pub, ici on ne sert pas de fish and chips mais plutôt du canard croustillant quand il n'est pas laqué, des raviolis de crevettes des chop-suey de poulet épicé, du boeuf en sauce d'huître et bien sûr des nouilles chinoises déclinées de mille façons. Des formules buffet le week-end où l'une ambiance est assez festive en soirée. Le restaurant propose différentes sortes de bières et une bonne carte de vins.

NILE BUKHARA €€

43 Sharia Misr Helwan

✆ +20 2 23 80 59 99

Ouvert de midi à 1h du matin. De 70 à 120 LE.

Encore une alternative aux kaftas en se rendant à cette adresse qui, sous des allures de tavernes, propose une cuisine indienne de bonne facture. Les plats sont goûtus, bien épicés et si votre palais est un peu sensible au piquant, n'hésitez pas à le signaler au serveur. Naan, samossa, tandoori, dal, curry : on y retrouve la ribambelle de mets traditionnels avec beaucoup de suggestions pour les végétariens (qui ne sont pas toujours très gâtés en Egypte !). L'établissement est propre et le service tout sourire, on y passe un agréable moment.

VILLA 55 €€

55 Road 9

✆ +20 2 23 58 31 86

Ouvert de 10h à 4h du matin. De 50 à 100 LE.

Sous ses airs nostalgiques, cette villa regroupe cinq espaces de vie, en extérieur ou en intérieur, où l'on peut à la fois déjeuner, diner, fumer la chicha, boire un verre et danser. Autant dire qu'elle est bien ancrée dans son temps ! On n'est pas sur de la grande cuisine mais c'est tout à fait correct (pizzas, fajitas, pastas, salades, cordons bleus, viandes et poissons grillés, crèmes glacées : il y en a pour tous les goûts !). Le combo d'une soirée festive est d'y venir pour l'apéro, puis y dîner pour, enfin, enflammer le dance-floor jusqu'à tard dans la nuit.

ANDRÉA MARYOUTTEYA €€

Alexandria Desert Road

✆ +20 100 353 2000

Ouvert de midi à 23h30. Compter entre 60 et 100 LE.

Andréa est une oasis de fraîcheur avec ses tonnelles fleuries qui donnent à sa terrasse un charme fou. Le barbecue installé en plein air fait grillé les grandes brochettes de cailles et poulets tandis qu'à côté, dans le four en pierre, on fait cuire l'irrésistible pain maison. On y mange bien, la viande est goûteuse et les mezze parfaitement cuisinés, le tout à un prix attractif. Végétariens, passez votre chemin ou alors venez pour profiter des soirées animées par des musiciens et des danseuses. Accueil souriant et ambiance familiale.

AURA €€€

35 Giza Street

✆ +20 2 35 67 16 00

www.fourseasons.com

Ouvert de 9h à minuit. Situé au bord de la piscine de l'hôtel. Compter entre 150 et 300 LE.

Le cadre a tout pour plaire aux convives, sur la terrasse du Four Season's autour de la piscine et de ses jeux de lumière la nuit tombée. D'influence libanaise, la carte présente des spécialités de la plaine de la Bekaa et de Zahlé, dont le patrimoine culinaire a été reconnu par l'UNESCO. Pain pizza garni au zaatar, halloumi grillé, hawarma, boulettes de viandes frites : c'est un festival de saveurs que l'on vous sert ici, parfois au son de la musique live. Service courtois et efficace comme on l'attend d'un hôtel de ce standing.

FISH MARKET €€

26 Sharia el-Nil

✆ +20 2 35 70 96 93

Ouvert de midi à 3h du matin. Entre 100 et 250 LE.

Appartenant au même groupe que le restaurant de Gizeh, l'établissement assure une cuisine de la mer de même qualité, autant dire d'une grande fraîcheur ! Outre les propositions de l'étal, Fish Market propose des plats presque introuvables en Egypte (crabe en beurre de citron, paella...) et leur façon de présenter le poisson, cuit au four avec un peu d'huile et de citron par-dessus, est tout simplement renversante. La vue est belle, le service bien rodé, l'hygiène irréprochable : c'est un sans faute pour ce Fish market. A recommander.

LA GOURMANDISE €€

35 Sharia Guiza

✆ +20 2 35 67 16 00

www.fourseasons.com

Ouvert de 10h à minuit du matin. De 100 à 350 LE.

Très bel endroit placé au centre du centre commercial, First Mall. On y trouve les meilleures pâtisseries françaises du Caire orchestrées par le chef pâtissier Benoît Loncle. Le meilleur pain également, certains Français en mal de baguette ou de boule de campagne traversent la ville pour s'approvisionner. Excellente cuisine également avec quelques plats signature : canard du Fayoum à l'orange, fricassée de fruits de mer et une croque-madame de compétition ! Pour les fins gourmets et pour les nostalgiques de cuisine française.

KADOURA €€

66 Sharia Gamaet el-Dowal el-Arabeya

✆ +20 2 33 35 06 22

Ouvert de 11h à 2h. De 50 à 200 LE, selon que l'on prend du mulet ou des cigales de mer...

Ce restaurant est réputé pour ses fruits de mer et ses poissons. Tout est frais et excellent, comme à Alexandrie. On choisit son poisson ou ses crustacés (homard, crevettes, calamars, moules...) ainsi que son mode de cuisson. Ceux-ci seront préparés selon votre goût. N'hésitez pas non plus à goûter leur soupe de fruits de mer et leurs salades. Le service est courtois, mais, petit bémol, ne parle pas français. L'adresse est très appréciée des Cairotes. C'est un lieu populaire, à tester si vous aimez vous mêler à la population locale.

KANDAHAR €€€

3 Sharia Gamaet el-Dowel el-Arabia

✆ +20 2 33 03 06 15

Ouvert de midi à minuit. Compter entre 130 et 200 LE.

Ce restaurant indien, en plein centre de Mohandessin, appartient au groupe Oberoi : le cadre est chic, la cuisine comme il faut, et les prix sont très raisonnables. Qui plus est, le personnel est très avenant : ici les serveurs font tout pour vous mettre à l'aise. Côté plat, pas de surprise : une variété de spécialités indiennes, allant du poulet byriani aux samoussas, en passant par des assiettes végétariennes. Possibilité de réserver l'endroit pour organiser des soirées privées. On peut aussi réserver et venir chercher ses plats à emporter.

RICHOUX €€€

47 Sharia el-Zahraa

✆ +20 2 37 48 98 38

Ouvert de 11h à 1h. De 120 à 300 LE.

Enseigne bien connue à Londres qui vient de s'installer au Caire, et propose une cuisine internationale de bon niveau. On y vient tout au long de la journée, pour le petit-déjeuner tardif avec différentes formules sucrés salées. Les sandwichs, les pâtes et les salades sont parfaits pour le lunch. A l'heure du thé, on cède à la gourmandise d'une pâtisserie ou d'un petit toast de saumon fumé pour accompagner leurs différentes sélections de thé. Les entrées et plats plus élaborés de poulet, de boeuf et de poisson conviennent parfaitement pour le dîner.

ROUGE €€€

7 Sharia el-Hegaz

✆ +20 2 33 37 15 52

Vin au verre à partir de 60 LE ; sushis et makis à partir de 20 LE pièce.

Baigné dans son ambiance lounge, Rouge est le premier bar à vin et un bar à sushis à avoir ouvert en Egypte. Il propose une large sélection de vins égyptiens ainsi que des références internationales, au verre et à la bouteille. Vous pouvez également y déguster des cocktails à base de vins pétillants. Le tout peut être servi avec des sushis en accord mets & vin, avec des mezze ou avec un plateau de fromages suisses ou français. Installé dans l'hôtel Swiss Inn, c'est un lieu calme et agréable, parfait pour une soirée romantique.

STEAK OUT €€

16 Sharia Kamel el-Morsi

✆ +20 2 33 37 90 79

Ouvert de midi à minuit. Entre 150 et 300 LE.

Excellente adresse pour manger de la bonne viande à Mohandessin. Différents morceaux de boeuf, veau et de poulet très bien cuisinés mais également un très grand choix à la carte de burgers, de pâtes, de salades et même quelques poissons. Soyez avertis, les proportions sont très généreuses ! Le dessert Cheese Cake Madness est hallucinant et le Brownies on Ice bluffant, diabétiques s'abstenir ! L'établissement est propre, le service irréprochable avec des serveurs et serveuses très sympathiques. Il y a un côté très américain mais ce n'est pas pour déplaire !

SYRIANA €

139 sharia Tahrir

✆ +20 112 76 76 222

Ouvert 10h à 00h30. Entre 30 et 50 LE.

Ouvert par des Syriens comme son nom l'indique, on y vient surtout pour ses authentiques *manaïch* (sorte de petite pizza feuilletée) au thym, fromage *halloumi*, ou viande. Mais il y a bien sûr d'autres spécialités proposées, des sandwichs de toutes sortes, des fajitas, des hot-dogs, des burgers, du poulet rôti... Beaucoup de monde donc le service n'est pas toujours aussi rapide que pourrait le laisser penser l'apparence « fast-food » de l'enseigne. Néanmoins cela reste une bonne adresse pour casser la croûte tout au long de la journée.

THE MOGHUL ROOM €€€

Pyramids Road

✆ +20 2 33 77 32 22

www.menahousehotel.com

Ouvert tous les jours de 13h à 23h. De 800 à 3000 LE.

C'est un restaurant indien très haut de gamme. On peut aussi apprécier sa carte au bord de la piscine, pour un dîner chic ou romantique. Le touriste de passage est accueilli comme un habitué que l'on choie avec complicité. Les serveurs prennent un soin particulier avec les indécis et ceux qui craignent les épices pour les aider à choisir entre une palette très large de goûts et gamme de plats plus ou moins épicés. Le butter chicken est un incontournable. On n'oubliera pas la vue sur les pyramides et cette impression d'être dans un film !

THE PHARAOHS €€

138 Sharia el-Nil

✆ +20 2 35 70 10 00

www.thepharaohs.com.eg

Croisière de 2 heures. Environ 200 LE sans boisson.

Pour un déjeuner ou un dîner-croisière à bord d'un bateau à 2 étages, d'une capacité de 220 personnes. La décoration est aux couleurs de l'ancienne Egypte et rend notamment hommage au dieu Horus. Sans être inoubliable, le buffet est tout à fait correct avec des propositions de viandes, de poissons et crevettes, des mezze et des pâtisseries en dessert. A vrai dire, on monte à bord davantage pour l'expérience de navigation sur le Nil et pour les spectacles assurés chaque soir par des musiciens et des danseuses du ventre. Très folklorique !

ABOU EL-SID €€

157, rue du 26 Juillet
✆ +20 2 33 00 26 60
www.abouelsid.com
De midi à 1h30. De 60 à 150 L£.

Cet établissement de style « Louis Farouk » (style décoratif entre le Louis XV et le Farouk Ier, roi d'Egypte) est caché derrière une lourde porte de cuivre cloutée. Comme les six autres restaurants de l'enseigne, on y déguste des spécialités égyptiennes et orientales de qualité : tajines, ragoûts, molokheyas, viandes grillées... On peut également y fumer la chicha. Il faut réserver car l'endroit, victime de son succès, est vite plein. C'est le lieu le plus prisé pour qui veut manger de vrais plats égyptiens dans un décor folklorique.

LA BODEGA €€

157 Sharia 26th July
✆ +20 1 05 23 29 23
Ouvert de 16h à 1h du matin. Compter entre 100 et 200 L£ pour un repas. Plus avec de l'alcool.

Cet endroit prestigieux brasse autant d'Egyptiens branchés que d'étrangers en résidence au Caire. A droite, le lounge qui vous proposera des plats italiens et *world fusion* sur une musique du même type ; à gauche, le pub et son restaurant. Au lounge comme au restaurant, la cuisine est savoureuse et soignée. Baigné dans un délicat jeu de lumières, le décor est superbe et l'ambiance toujours très plaisante. Belle carte des cocktails et une cave à cigare pour les amateurs. C'est une très bonne adresse alors mieux vaut réserver le week-end.

L'AUBERGINE €€

5 Sharia Sayyed el-Bakry
✆ +20 2 27 38 00 80
Ouvert de midi à 2h du matin. Compter entre 50 et 100 L£. Cocktails à partir de 120 L£.

Comme son nom le laisse présager, ce resto-bistrot-club propose un choix intéressant de plats végétariens mais également quelques plats de viande pour satisfaire tous les goûts. La cuisine est particulièrement inventive avec une carte qui change très régulièrement et ose des associations très originales. C'est aussi un des *spots* de la nuit cairote avec son night-club agencé à l'étage. DJ lives et bonne ambiance sont au rendez-vous. Attention : c'est un lieu branché très apprécié alors il vaut mieux réserver le week-end pour avoir une place.

BUBBLICIOUS €

6A sharia Ismail Mohamed
✆ + 20 2 27 37 01 75
Brunch à 110 L£. Gaufres à 50 L£. Ouvert entre 7h du matin et minuit.

Le lieu est un tout petit restaurant entièrement dédié à l'œuf, cuisiné sous toutes ses formes avec grand talent. Œufs Benedict à se damner. Idéal pour un brunch, on recommande le petit déjeuner « Bubblicious », composé d'un pancake moelleux, d'une omelette à choisir et d'un jus de fruits fraîchement pressé. Très prisé en fin d'après-midi, mieux vaut y aller vers 13h. Possibilité d'emporter. Bubblicious se veut également être une boutique à thé, boissons chaudes ou froides, le choix est large pour accompagner vos repas ou juste se rafraîchir en se reposant.

BEANO'S €

8 Sharia el-Marsafy
✆ +20 2 27 36 23 88
http://beanoscafe.com
Ouvert de 7h à 1h du matin. Boissons à partir de 30 L£.

Un café snack très à la mode au Caire. A la carte, on trouve des plats légers et équilibrés, ce qui demeure assez rare ! C'est d'ailleurs leur créneau, ils proposent une sélection de salades et sandwichs « healthy » avec même un petit-déjeuner : yaourt, granola et fruits de saison ou toast d'avocat et œuf poché. Mais les gourmands ne sont pas en reste avec un bon choix de pâtisseries allant du Carrot cake au gâteau au chocolat et beurre salé ! Le café est bon, les smoothies également avec en prime le nombre de calories affiché pour chaque composition !

CAIRO KITCHEN €

118 Sharia 26 Juillet
✆ +20 0100 422 8326
www.cairokitchen.com
Ouvert de 10h à minuit. Plat du jour autour de 70 L£.

Une adresse comme à la maison... A la fois buffet et self, l'enseigne propose une grande variété de plats typiquement égyptiens, frais et servis rapidement. Leur spécialité est le kochari qu'ils déclinent de différentes façons. C'est simple, sans chichi, et on adore la décoration : faussement kitsch, du style neo-rétro ! Personnel fort sympathique et addition légère : c'est l'adresse idéale pour une pause avant de retourner braver l'agitation cairote. À tester : l'eau de rose à la menthe-citron, fort désaltérante ou encore le très étonnant jus d'hibiscus.

CHEZ MARTINE €€

3 rue Ismaël Mohamed
✆ +20 2 27 38 24 32
www.chezmartine.over-blog.com

Un Bed & Breakfast situé en plein cœur de Zamalek. Levez les yeux vous apercevrez l'enseigne du restaurant situé au premier étage de l'immeuble. Ici la cuisine française se taille une bonne part du gâteau : salade niçoise, quiches et tartes salées, blanquette de veau... Le tout à des prix vraiment raisonnables. C'est aussi une chambre d'hôtes (le prix du petit déjeuner est inclus). Bref, une bonne adresse avec des prix doux et des produits frais, et à la propreté irréprochable. Accueil très chaleureux de la part de Martine.

FIVE BELLS €€

13 Sharia Ismail Mohamed
✆ +20 2 27 35 89 80
Ouvert de 13h à 2h du matin. Compter entre 100 et 250 L£.

Cadre amusant dans une villa et sa terrasse à l'ouest de Zamalek. Le toit en toile, en forme de chapiteau, dressé au-dessus du jardin vous isole des bruits extérieurs, au point de presque oublier que vous êtes au Caire. Majoritairement égyptienne, la cuisine est de bonne facture avec quelques surprises à la carte : émincé de veau à la zurichoise, fondue bourguignonne et des frites dont certains diront qu'elles sont les meilleures de la ville ! L'ambiance est douce, bercée par les mélodies du pianiste qui joue en live quasiment tous les soirs.

CILANTRO €

157 Sharia 26th July
✆ +20 2 27 36 11 15
Ouvert de 7h à minuit. Compter 30 à 40 L£.

Pour un sandwich végétarien, une salade fraîcheur, un jus de fruit frais ou une carte d'une quinzaine d'arômes de café, l'endroit idéal pour s'arrêter. Cette enseigne offre une véritable pause digestive après autant de keftas ! Mais c'est surtout un lieu parfait pour déjeuner sur le pouce ou pour une pause gourmande puisqu'elle propose des douceurs à tomber : essayez le *chocolate molten cake with ice cream*, il est à se damner... de plaisir ! D'autres Cilantro existent au Caire, en face de l'université américaine, à Maadi, à Héliopolis.

MAISON THOMAS €

157 sharia 26 Juillet
✆ +20 2 27 35 70 57
Ouvert 7j/7, 24h/24. De 60 à 90 L£.

Le « traiteur » chic de Zamalek propose d'excellentes pizzas (à la pâte réellement fine presque comme en Italie !), des salades et un délicieux gâteau au chocolat. On peut manger sur place, autour de quelques rares tables. Atmosphère sympathique. Take away en permanence. On pouvait également acheter ici de la charcuterie (porc) jusqu'à ce que la population prenne l'animal en grippe ! La meilleure pizza y est la plus simple, la Margarita. Il ne vous faut rien d'autre pour continuer vos visites dans la joie et la bonne humeur. A découvrir.

DIDOS AL DENTE €

26 Sharia Bahgat Ali
✆ +20 2 27 35 91 17
Ouvert de midi à 3h du matin. Compter 60 L£.

C'est une amusante petite trattoria du quartier de Zamalek, où l'on peut déjeuner pour pas grand-chose. Le Didos al Dente sert de savantes spécialités italiennes (les pâtes sont délicieuses...) élaborées à partir de produits de première qualité. Les portions sont généreuses, on en ressort le ventre bien rempli. Les amateurs de pizza à pâte fine ne seront pas déçus, testez par exemple la quatre fromages, elle est délicieuse. Service attentionné et ambiance décontractée, une adresse au bon rapport qualité-prix, idéale pour les petits groupes.

MEZZALUNA €€

118, rue du 26-Juillet, Zamalek
✆ +20 2 27 35 26 55
De 25 à 45 L£.

Une des adresses italiennes les meilleures en ville. Les pâtes sont toutes fraîches et on a l'embarras du choix entre une trentaine de manières d'agrémenter raviolis, tortellinis et gnocchis. Les salades pour commencer sont extra, le tiramisu un *must*, les raviolis au chocolat un *super must* et l'expresso exquis. Le petit patio est très agréable l'été tout comme la salle à l'étage propice aux dîners calmes et intimes. Malheureusement, comme pour beaucoup d'adresses au Caire, au fil des années, la qualité y perd... mais cela reste tout de même une très bonne table.

MOON DECK €€€

9a Sharia Saray al-Guezira
✆ +20 2 27 35 31 14
De 150 à 400 L£.

Une belle adresse au clair de lune sur ce bateau amarré sur les quais du Nil. La décoration bleutée des lampes halogènes camoufle aux convives les lumières de la ville qui les entourent. Sur les airs balancés du DJ de la maison, les repas sont très agréables au gré d'une carte qui propose de nombreuses spécialités japonaises et surtout du poisson cru. Le service est attentionné mais si vous n'êtes pas connu du personnel, celui-ci aura tendance à vous placer n'importe où. N'hésitez pas à protester et demander la table libre qui vous plaît.

NILE MAXIM €€€

Sharia Saraya el-Guezira
✆ +20 2 27 38 88 88
www.maximrestaurants.com
Deux départs par soir : à 19h45, retour à 22h ; à 22h30, retour 1h. Minimum de 225 L£ par personne.

Un bateau très élégant pour dîner lors d'une petite croisière de deux heures sur le Nil. La nourriture est de bonne qualité et l'animation se compose de musiciens, de derviches tourneurs et d'une danseuse orientale... française. Avec ses voluptueux déhanchés, Farah Nasri parvient à rendre hommage aux danses traditionnelles de Haute-Egypte tout en offrant un aperçu varié des figures imposées de ce que l'Occidental a rebaptisé « danse du ventre ». Vivement recommandée, cette croisière grand luxe est très prisée : la réservation est obligatoire.

LE PACHA 1901 €€€

Sharia Saray El Gezirah
✆ 19982
www.lepacha.com
Ouvert de midi à 2h. Compter de 150 à 300 L£.

Le Pacha 1901 est à la fois un lieu où l'on peut se restaurer et se divertir. À l'origine, *Le Pacha* était un bateau de commerce du début du siècle puis a été transformé en un endroit nostalgique et magique. Amarré le long des bords du Nil, le long de l'île de Gezira, le bateau comporte 10 restaurants et 2 salles de fonction qui offrent des cuisines internationales délicieuses. Le service est impeccable et vous pourrez profiter d'une vues spectaculaire sur Nil. Vous pourrez également bénéficier d'un service à domicile de qualité.

ROY'S COUNTRY KITCHEN €€

16 Saray El Gezirah St
✆ + 20 2 27 28 30 00
Ouvert de midi à minuit. Entre 150 et 180 L£.

Traverser le jardin luxueux du Marriott pour atterrir dans cette réplique de ranch américain, avec poutres en bois et fausses lampes à huile, vaut le détour. Déco mi-vintage mi-hipster avec des pubs des années 60 pour des liqueurs étrangères. Sur la carte, la variété d'alcools n'est pas aussi large mais les fajitas servies fumantes dans leur plat en fonte et les burgers très copieux raviront les gros appétits. L'ambiance est très sympa, chaleureuse et détendue : on s'y sent bien. Un très bon service de surcroît autant dire une adresse recommandée !

THE CAIRO CELLAR €€

13a Sharia Mohamed El-Marashly
✆ +20 2 27 35 04 70
Ouvert de midi à 11h30. Compter entre 100 et 300 L£.

Un des plus anciens restaurants du Caire, niché au sous-sol de l'hôtel Président. Parfait pour dîner entre amis, autour de petits plats et de bons alcools. La carte est assez classique mais elle a le mérite d'être parfaitement cuisinée. Assez guindée d'apparence, l'ambiance peut basculer en mode « boîte de nuit » quand l'horloge tourne et que les boissons commencent à produire quelques effets dansants sur les colonnes vertébrales jusque-là bien droites. Il y a un petit côté guindé-décontracté très appréciable ! Allergiques à la fumée s'abstenir.

ZÖÖBA €

Shaaria 26 July
✆ +20 102 315 2510
www.zoobaeats.com
Ouvert de 8h à 1h du matin. Sandwichs à partir de 12 L£, plats entre 15 et 20 L£.

Koshari, *foul*, *taamia*, sandwichs Foul-Taameya, patates douces rôties... Zööba propose tout ce qu'il y a de plus traditionnel dans un cadre jeune et funky, et surtout propre. Il surfe sur la tendance « Clean Street Food » avec grand succès. Autour d'une table, on goûte ici une nourriture locale et raffinée. On peut même acheter des parts à emporter sous vide ou se faire livrer. Le pain, préparé sur place, est délicieux accompagnant à merveille le brunch le week-end. A noter que l'enseigne propose de nombreuses spécialités végétariennes à la carte.

FAIRE UNE PAUSE

Que ce soit dans l'après-midi pour une pause entre deux visites ou le soir pour décompresser devant un bon verre de vin ou une bière, Le Caire offre un large choix d'endroits agréables pour boire un verre en famille, en couple ou entre amis. A l'heure du goûter, vous ne pourrez pas échapper à un moment gourmand dans l'un de ses salons de thé où résister aux pâtisseries alléchantes exhibées serait un terrible sacrifice. Vous pourrez les accompagner du traditionnel thé, d'un café turc ou d'un jus de fruits bien frais. L'heure de l'apéro sera propice à s'installer sur l'un de ses rooftops et siroter un bon cocktail. Après dîner, rendez-vous dans l'un des bars branchés et chics de la ville. Si l'accès aux cafés traditionnels de quartier n'est pas réglementé, beaucoup de cafés plus chics pratiquent la politique du « minimum charge », souvent fixé à 50 LE au Caire, poussant à la consommation et faisant d'emblée un tri dans leurs clients.

ART CAFÉ

10b rue 11, Maadi
✆ +20 122 70 50 753
artcafe-egypt.com
Ouvert de 10h à 22h sauf le vendredi.

Situé dans le Maadi vert, les fondatrices Hoda, Rana et Nadia ont décidé de créer cet espace pour fournir aux personnes intéressées un endroit où l'art peut être apprécié et aux artistes un lieu pour s'épanouir. Le Café organise de multiples ateliers artistiques pour adultes et enfants (peinture, mosaïque, fabrication de bijoux, photographie, travail du bois...). Il offre également un endroit où vous pouvez simplement passer pour acheter ou vendre des œuvres d'art. Le Café promeut une atmosphère familiale pour contenter enfants et parents.

BELLINI COCKTAIL LOUNGE

InterContinental Cairo CityStars
✆ +20 2 24 80 01 00
Ouvert tous les jours de 19h à 4h.

Bellini Cockail Lounge est le bar de l'hôtel inter-Continental, qui se trouve tout près du centre commercial CityStars, d'Héliopolis et à quelques minutes du Jardin International. Ses lumières tamisées donnent au lieu une ambiance un peu sereine qui permet de couper avec le rythme infernal de la ville. Bar excellemment fourni en alcools variés. Ouvert jusqu'à 4h du matin, le lieu semble parfait pour les *after party*. Vous pourrez également vous y arrêter également pour un sandwich à l'heure du déjeuner et un verre rapide à l'*Happy Hour*.

CAFÉ EL LORD

Sharia el Dabeeba
Jus à 50 L£. Chicha à partir de 45 L£.

Le plus photogénique et à la fois confortable du Khan. Vous êtes accueillis par une statue de l'icône égyptienne Oum Khalsoum. Dans les fauteuils en velours, vous êtes observés par des portraits amusants de célébrités comme la Joconde, représentée en train de fumer des substances peut-être pas très licites. Sur la maison face à vous, des marionnettes de la taille d'enfants complètent cette atmosphère théâtrale unique en son genre. On peut boire ici des jus faits maison ou du café turc, comme à la maison, en écoutant les sons qui ont marqué le pays.

CAFÉ NAGUIB MAHFOUZ

5 allée Badistan
✆ +20 2 25 90 37 88
Ouvert de 10h à 1h. Pas de « minimum charge ».

Plus qu'un simple café chic à chichas, le café Naguib Mahfouz, a été ouvert pour rendre hommage à l'écrivain et figure emblématique des milieux intellectuels égyptiens. Situé au cœur de Khan el Kahlili, ce lieu de commémoration est un endroit agréable. Les tableaux de Naguib Mahfouz sur les murs, les titres de ses livres gravés sur bois, le décor d'arabesques, les confortables coins salon et une sélection de boissons chaudes et froides orientales invitent à plus qu'un simple casse-croûte. On y passe un moment agréable, même si le lieu est vite bondé de monde.

CAFÉ OUM KALSOUM

Sharia Orabi

Ouvert de 10h à 1h.

Une adresse unique au Caire, pour sa déco, et ses chichas servies en écoutant la diva... Il est situé rue Orabi, au centre du Caire, en face du cinéma « Le Caire » qui était auparavant un théâtre. Un café que la diva avait pour coutume de visiter lorsqu'elle donnait une prestation au théâtre. C'est lors d'une de ces visites que le patron du café alors appelé Café Tawfik, négocie avec Oum Keltoum afin d'utiliser son nom comme enseigne, et lui rendre hommage. C'était en 1948, et depuis le nom de la reine de la musique oriental n'a cessé de résonner à travers le monde.

EL-HORREYA

Midan Falaki

Ouvert de 7h à point d'heure. 40 LE la bière

La grande institution des cafés et bars à bière, à quelques pas de la place Tahrir, du Musée national et du musée d'Arts islamiques. Ici toutes les classes sociales se croisent et au Caire, c'est rare. Du diplomate au chauffeur de taxi en passant par l'étudiante originaire de province, tous se mélangent sans se juger. Milad, le barman truculent qui jette les bières comme on jetterait les dés, est un personnage culte du centre-ville. Un trou de cartouche dans une fenêtre rappelle que les heures sanglantes de la Révolution de 2011 ne sont pas si loin.

LE CAFÉ RICHE

17 Talaat Harb Street

Ouvert de 9h à 1h. On peut aussi y manger des mezzes.

Un établissement mythique fondé en 1908. Sa cave connectée à des tunnels a servi de repaire à de nombreux révolutionnaires qui voulaient mettre fin à l'occupation anglaise. Dans les années 1950, il devient un haut lieu intellectuel, où se retrouvent journalistes, politiques mais aussi espions ! Les photos en noir et blanc et les costumes surannés des serveurs accentuent ce voyage dans le temps. On peut y fumer sans être enfumé. Mezzé, frites et salades pour accompagner la bière. Le service y est toutefois assez lent, donc ne soyez pas pressés en y allant.

GARDEN PROMENADE CAFE

16 Saray El Gezira Street

✆ +20 2 27 28 30 00

www.marriott.com

Ouvert de 7h à 1h du matin.

Boire un verre au Marriott reste le meilleur moyen de se consoler de n'avoir pas retenu une suite à l'hôtel. Le bar, installé en plein air dans le jardin, est vraiment très agréable. Face à la piscine, de l'hôtel, le service y est assez lent. Des centaines de tables sont dressées sur toute la longueur du bâtiment. Le minimum charge y est de 200 LE. On y va donc pour boire un verre, mais aussi pour y grignoter quelques *mezze*, sous un des parasols dressés pour vous protéger du soleil. Les serveurs font tout pour satisfaire la clientèle, assez chic de l'hôtel.

EL-FISHAWY

Khan el-Khalili

Presque ouvert en permanence... Jus à partir de 30 LE

Le café mythique de la ville islamique, où Naguib Mahfouz, qui a reçu le prix Nobel en 1988, et les autres écrivains, penseurs, aiment encore venir comme Gamal El Ghitani. Devenu très touristique, c'est un point de passage obligé pour les vendeurs ambulants de toutes sortes d'artefacts. Si vous le pouvez, passez-y le matin, quand c'est encore calme. Appelé aussi le Café des Miroirs à cause de ses nombreuses glaces. Malgré les rues étroites et sinueuses du Khan, le café est facile à trouver, si vous demandez votre chemin à partir de la mosquée al-Hussein.

GRAND CAFÉ

Corniche el-Nil

✆ +20 2 23 80 70 74

Ouvert de 9h à 2h. Cheesecake autour de 40 LE. Smoothies 40 LE.

Le premier point de vente du Groupe Americana sous l'enseigne Grand Café a ouvert ses portes à Alexandrie, en Égypte, en 1988. Tous les emplacements de la chaîne offrent un cadre en plein air, des vues panoramiques et des boissons et mets de relative bonne qualité. La chaîne s'est propagée dans plusieurs quartiers du Caire. L'adresse est splendide, pour prendre une chicha et siroter un jus de fruits frais, face au Nil, à Maadi. On peut également y grignoter sandwichs et grillades. Préférable de réserver le soir et le vendredi midi.

© PIERRE JUIN

Arena grand café.

HAPPY CITY

92 C sharia Mohamed Farid

Bière à partir de 50 LE avec petites salades gratuites.

Ce *rooftop,* auquel on accède en entrant par la porte de l'hôtel, a un charme particulier avec ses chaises en osier et ses petits mezzé de *fool*, fromage et légumes crus. L'avantage de s'élever un peu en altitude est aussi qu'on y respire mieux. Cet endroit accueille toutes les générations. On y croise jeunes et plus vieux égyptien s, fumant une chicha, accompagnés d'une bière fraîche. Un choix restreint de boissons alcoolisées, mais vous y goûterez quelques vins égyptiens, qui ne cessent de s'améliorer chaque année. C'est le cas du fameux *Omar Khayyam*.

PUB 28

28 Sharia Shagaret el-Dor

✆ +20 2 27 35 92 00

Ouvert de 12h à 1h30.

L'institution fut autrefois fréquentée par le prince Hassan, arrière-petit-fils du khédive Ismaïl. L'endroit ne manque pas de charme. L'entrée, fournie en boiseries et arcs, rappelle les pubs britanniques locaux. La clientèle y est plus âgée que d'habitude. On y croise autant d'Égyptiens que d'Occidentaux. Bonne ambiance, décontractée. On peut aussi y manger très bien, même s'il n'y a pas beaucoup de choix. Les plats de steak semblent le meilleur choix, mais le lieu propose également des plats du jour. Le grand bar est bien fourni.

KING HOTEL CAIRO

20 Abdel Rehim Sabry St Dokki

www.kinghotelcairo.com

Ouvert jusqu'à 1h. 50 LE la bière.

Vaste terrasse et confortables canapés. Bondé les soirs de matchs de foot des championnats européens. Ce *rooftop* est fréquenté par la jeunesse égyptienne qui vient y boire une bière, une fois la journée de travail ou d'étude achevée. Cet hôtel surplombe le siège du mythique parti Wafd. Premier parti politique égyptien créé en 1919, il incarne les vestiges des premiers nationalismes arabes. L'état du bâtiment en dit long sur ce qu'il reste de cette période. Un souvenir de l'effervescence politique qui apporta une démocratie, aujourd'hui malmenée.

TONSI

143 sharia Tahrir

✆ +20 128 52 61 105

Ouvert jusqu'à 2h.

R*ooftop* à la mode pour sa vue imprenable sur les rives du Nil chargés de tours, qui semblent infiniment hautes même depuis le 18e étage. Ce lieu est très prisé de la jeunesse égyptienne qui vient en groupe occuper les grandes tables de la belle terrasse. Si vous souhaitez avoir un siège en extérieur, mieux vaut vous y prendre un peu tôt. Vous pourrez y boire un verre et grignoter quelques *mezze*. Le bar propose également quelques plats froids, mais le choix est assez restreint. Pour éviter un sandwich au repas, mieux vaut prévoir de dîner avant.

POTTERY CAFÉ

5 Sharia Abou el-Feda

✆ +20 2 27 35 79 74

www.potterycafe.net

Ouvert 24h/24. Environ 40 LE la boisson et 50 la pâtisserie.

Bar à chichas donnant sur le Nil, faisant face à Mohandessin. Bien fréquenté. Ce café qui n'a pas de charme particulier, est issu d'une chaîne qui a ouvert un peu partout dans le pays. Toutefois, l'emplacement de ce dernier revêt une caractéristique intéressante. En plus de donner sur une belle vue du Nil, il se trouve à quelques mètres de la statut de Oum Keltoum et de son lieu d'habitation, transformé en hôtel. Cet hommage est destiné à cette chanteuse, qui, à chacune de ses interventions à la radio, transportait les cœurs de toute une population.

TRÈS BON

14 Sharia Gharnata

✆ +20 2 24 54 01 16

Ouvert tous les jours de 10h à 2h du matin.

Très Bon est une chaine de café, restaurant dont le propriétaire, Seif Bakr, a ouvert plusieurs antennes. La nourriture cuisinée est assez diverse, entre égypto-orientale et cuisine italienne et internationale. Les pâtisseries y sont variées pour accompagner votre cappuccino, une fois votre chicha terminée. Un choix varié des chichas est proposé. Jolie terrasse où il fait bon fumer une *chicha*. La maison ne sert pas d'alcool, mais vous pourrez y boire des jus frais, ou des boissons chaudes. Fréquenté par la jeunesse d'Héliopolis.

(SE) FAIRE PLAISIR

Mode, artisanat, objets décoratifs, meubles d'inspiration orientale... les adeptes du shopping seront servis au Caire ! Outre le vieux Caire foisonnant d'échoppes traditionnelles et d'une multitude de souks hauts en couleurs où tout le meilleur de l'artisanat est représenté, la ville a vu fleurir dans le centre des centres commerciaux modernes, accueillants les plus grandes enseignes internationales. Vous pourrez également découvrir des boutiques originales de créateurs, designers et même galeries d'art. Bref, on trouve quasiment tout au Caire. Les magasins sont ouverts de 10h ou 11h jusqu'à minuit. Bon à savoir : les marques étrangères vendues en Egypte, fortement taxées, sont souvent beaucoup plus chères qu'en Europe. Faites bien attention ! A noter aussi que les objets en argent sont de très bonne qualité ; c'est le moment, pour des cadeaux de baptême ou de mariage, de faire vos courses ici.

FIRST MALL

35 Guiza Street
✆ +20 2 35 71 78 03
www.firstmallcairo.com
Ouvert tous les jours de 10h à minuit.

Galerie commerciale du Four Seasons à Guiza, The First Mall regroupe 57 boutiques de marques internationalement connues. Une part belle également pour les jeunes créateurs et artisans égyptiens. Vous apprécierez ainsi l'inspiration orientale des bijoux de la créatrice Azza Fahmy, la boutique officielle du bazar de Khan El Khalili ou les accessoires et objets de décoration des boutiques Tanis et Mabrouk. Une fois parcouru les deux étages du First Mall, venez à La Gourmandise pour apprécier la carte de la brasserie française la plus en vue du Caire.

AZZA FAHMY

15 C Sharia Dr. Taha Hussein
✆ +20 106 66 42 365
www.azzafahmy.com

Les bijoux d'Azza Fahmy sont l'idéal de qualité et de créativité que recherchent les femmes amoureuses de bijoux orientaux. En or ou en argent, avec des pierres précieuses ou semi-précieuses, les pièces uniques sont superbes. Pour les messieurs, des boutons de manchette originaux sont dessinés par le designer. Cette entreprise familiale créée en 1969 est aujourd'hui reconnue à l'international, les talents de la créatrice ont même été sollicités par le British Museum pour reproduire des bijoux pharaoniques, en vue de certaines expositions.

MOBACO

8 Sharia Ahmed Sabri
✆ +20 2 27 38 27 90
www.mobaco.com
Dans toutes les galeries commerciales des hôtels 5-étoiles.

Ces boutiques de confection proposent des vêtements en coton ou en lin d'Egypte mais également en cachemire, en laine ou en soie. Les matériaux sont de bonne qualité et comme à la tradition : les coupes restent plutôt amples quoique l'enseigne ait su évoluer avec la mode de son temps. Initialement réservée pour les hommes, Mobaco habille désormais femmes et enfants, à des prix tout à fait abordables. On trouve une vingtaine de boutiques dans l'ensemble du Caire... et si d'aventure, vous les aviez manquées, il y a quelques enseignes à Paris !

NAGADA

13 Rue Refa'a
✆ +20 2 27 48 66 63
www.nagada.net
Ouvert tous les jours de 10h à 18h30.

C'est la boutique très chic des vêtements ethniques que les étrangères portent au Caire. Les tissus sont réalisés à Nagada, entre Louxor et Qena. Les matières en coton ou en soie sont très soignées, les coloris profonds. Il faut aimer le style ample : les femmes fluettes y nagent, mais cela permet à celles qui portent « plus ample » de se sentir à l'aise. Quelques pantalons et chemises souples sont proposés aux hommes. On y vend aussi des poteries du Fayoum. Cette boutique élégante est aussi... chère. Une vraie adresse « bobo » au Caire.

ATELIER DE RELIURE ABDEL ZAHER

31 Sharia Mohamed Abdou
✆ +20 2 25 11 80 41
www.abdelzaherbinding.com
Ouvert tous les jours de 10h à 22h.

Cet atelier expose le travail d'un relieur traditionnel chez qui l'on trouve des livres et carnets blancs, des albums photos, des boîtes à archives, couverts de papier reliure, ou de chagrin de différentes couleurs. On peut aussi acheter des boîtes à secrets ; faire dorer le dos de ses ouvrages ; relier ses propres livres moyennant quoi un certain délai. C'est ce relieur qui fournit Diwan, ces librairies du Caire où leurs créations sont aussi vendues.

OUM EL-DOUNIA

3 Sharia Talaat-Harb
✆ +20 2 23 93 82 73
Boutique du centre-ville, ouverte 7j/7, de 10h à 21h.

Superbe boutique consacrée à l'Egypte dans ce qu'elle a de plus touchant : tout l'artisanat venant des oasis, de Nubie, du Sinaï et de Haute-Egypte y est présenté (étoles, paniers d'osier, verrerie, poterie, etc.). Un espace librairie y est aménagé, avec tous les indispensables de la littérature égyptienne, orientaliste, les livres d'art. On pourrait y flâner des heures ! A deux pas de la place Tahrir, un salon siwi est installé sur le balcon : on y boit un verre de karkadeh en attendant de se replonger dans le flot du Caire…

GALERIE TOWN HOUSE

10 Sharia El-Nabrawi
✆ +20 2 25 76 80 86
www.thetownhousegallery.com
Ouvert du samedi au mercredi de midi à 18h.

Ce grand hangar qu'on ne soupçonne pas depuis l'extérieur est un lieu résolument ouvert. Résidences d'artistes, expositions temporaires, performances, ateliers culturels, conférences : c'est un lieu de vie et de passage sans cesse animé. Sa petite galerie conviendra à tous les goûts et toutes les bourses : on y trouve des piles de croquis, des grandes toiles murales, des objets et bijoux artisanaux, des livres et photographies anciennes. Une très bonne adresse également pour trouver des cartes postales artistiques qui sortent du lot.

SOUK EL-FOUSTAT

Sharia Mar Girgis
Ouvert de 10h à 18h, avec une pause déjeuner pour certains commerçants.

Le plus beau de l'artisanat réuni : potiers, antiquités, broderie et nappes, savons bio, papiers artisanaux, jouets en bois. Trente-deux artisans travaillent et vendent leur production in situ. On y retrouve les tissus imprimés de la maison Tanis, les créations en cuivre et tissus d'Al khatoum, les cosmétiques, savons et khôl de la boutique Néfertari, l'argenterie d'Atef Wassef... A noter que les associations humanitaires y ont des boutiques. Une visite intéressante en plein centre du Caire. Les prix sont négociables, ne pas hésiter à marchander.

LOFT

12 Sharia Al-Sayed-Bakri
✆ +20 2 27 36 69 31
www.loftegypt.com

Cette boutique de décoration appartient à un jeune garçon qui a su donner du goût à son espace de vente où il présente des objets décoratifs et surtout des meubles d'inspiration orientale que l'on aimerait pouvoir collectionner chez soi. Si une reproduction du lit de jour de Gayer Anderson ne peut pas rentrer dans vos bagages (faites un effort !), laissez-vous tenter par les plateaux traditionnels d'inspiration turque. Particularité, on y trouve aussi des objets à chiner. Restez-y un peu, le chat sur les genoux, on vous proposera sans doute un café masbout.

BOUQUINISTES DE L'EZBEKIEH

Place de l'Ezbekieh
Ouvert tous les jours de 11h à 20h.

Il s'agit d'un regroupement de petites boutiques de bouquinistes où l'on trouve des livres en arabe, français, anglais pour pas cher. Des collectionneurs vendent aussi de vieilles affiches de cinéma, vieux exemplaires de journaux et photos d'archives. A proximité, on pourra faire une pause lecture dans le jardin d'Ezbékieh, récemment réaménagé. Au XIXe siècle, celui constituait pour les Cairotes une véritable oasis de verdure. Nombreux étaient les promeneurs à l'arpenter.

BOUGER & BULLER

L'Egypte a gardé de la colonisation anglaise son goût des clubs sportifs où l'on pratique golf, croquet, boulingrin à l'ancienne, mais aussi natation, squash, tennis, et parfois tir comme au Nadi el-Seid à Doqqi. Le golf s'est beaucoup développé et s'il est toujours intéressant de jouer sur les parcours historiques sous la pyramide de Chéops et au milieu de Zamalek au Guézira Club, beaucoup de 18-trous modernes, par 72 ont ouvert leur fairway sur la route d'Alexandrie et après Maadi. Après une bonne semaine de visites, de bruit, de poussière, il s'avère aussi parfois nécessaire de trouver des instituts capables de vous aider à vous relaxer en trois heures de temps, juste avec un massage, un soin corporel, un sauna et un Jacuzzi. Les salles de gym et de musculation sont aussi nombreuses au Caire. Enfin, si un autre déhanchement, celui de la danse orientale vous intéresse, des centres dispensant des cours se trouvent au Caire.

AQUA PARK

Ismaïlia Road
✆ +20 2 44 77 00 99
Entrée : 220 LE adulte, 195 LE enfant. Ouvert de 10h à 18h (22h en été)

Aqua Parc est un des plus grands parcs aquatiques d'Égypte et du Moyen Orient. Il se trouve à 10 minutes d'Héliopolis. Le parc comprend des chalets de jour, des piscines artificielles à vagues, des piscines appelées 5 étoiles, des toboggans géants, un restaurant de repas chauds, un jardin pour enfants. Le prix du ticket comprend un repas. Mesure imposée par l'entreprise pour inciter les visiteurs à acheter ce qui est proposé dans les boutiques du parc. Les produits vendus gardent d'ailleurs des prix raisonnables. Une piscine pour femmes uniquement est disponible.

GEZIRAH SPORTING CLUB

5 Saray El Gezira Street
✆ +20 2 33 40 60 00
Ouvert de 7h à minuit. Entrée à la journée pour 150 LE pour les étrangers.

Tous les sports classiques sont praticables dans ce club. Piscine olympique. Le golf de 18-trous, par 68 est historique. Un peu vieillissant, il est situé en plein centre du Caire. Le grand désavantage de ce lieu, est sa localisation. En effet, une partie du parc est survolée par le pont du 6 Octobre. En heure de pointe, impossible d'y faire son footing sans s'asphyxier par l'odeur nauséabonde des pots d'échappement. Le meilleur moment pour s'y promener ou se défouler reste le vendredi ou le samedi matin, la ville reste couchée jusqu'au milieu de l'après-midi.

LE CAIRE

CAIRO MARRIOTT

16 Saray El Gezira Street
✆ +20 2 27 28 30 00
www.marriott.fr
Day use : 550 LE. De 7h au coucher du soleil.

Piscine de l'hôtel Marriott, un palace. L'aile centrale a été construite comme Palais Gezirah pour le Khédive Isma'il Pacha en 1869. Il fut converti en hôtel de luxe en 1894. Puis une seconde aile fut ajoutée plus tard, en 1983. La piscine se trouve au milieu du jardin. On ne peut pas y faire de plongeon, car elle est trop petite et trop peu profonde. Ce n'est donc pas non plus le lieu idéal pour pratiquer la nage. Utilisation du Jacuzzi et de la salle de sport en supplément, de même que pour le sauna et le steam. Des chaises longues entourent la piscine.

MENA HOUSE HOTEL GOLF

Avenue des Pyramides
✆ +20 2 33 77 32 22
www.menahousehotel.com
Compter entre 500 et 700 LE pour utiliser la piscine (en fonction des périodes de l'année).

Golf de 18 trous sur 9 faiways, par 68. Site absolument grandiose et historique : sous les pyramides de Guiza ! Le plus romantique des golfs d'Egypte. L'hôtel de luxe, branche de la chaîne Marriott, bénéficie en plus du golf d'une belle piscine, au bord de laquelle pour pourrez chiller, en sortant d'une visite aux pyramides. Mieux vaut se reposer avant de reprendre la route et se noyer dans la vague des embouteillages. Au bord de la piscine, face aux désormais lointaines pyramides, votre imagination remontera le temps, pour revivre un des âges d'or de l'Égypte !

MOHAMMED ALI CLUB

Corniche el-Nil
✆ +20 122 21 13 681
www.royal-club-mohamed-aly.blogspot.com
Le droit d'entrée est de 300 LE. De 8h à très tard. Des spectacles y sont organisés, à voir sur la page facebook.

Cette somptueuse villa, qui brûla, lors des évènements révolutionnaires de 2011, juste après avoir été rénovée par le propriétaire francophone, reste un lieu de villégiature pour les Egyptiens et expatriés. Sa petite piscine et son grand parc, donnant sur le Nil, garde un charme que vous trouverez difficilement ailleurs. Une belle énergie enveloppe ce lieu au sein duquel le propriétaire y accueille des artistes, chorégraphes, chanteurs, comédiens, qui y trouvent un bel espace pour exprimer leur art dans un jardin magnifiquement entretenu.

PISCINE DU GRAND NILE TOWER

Corniche el-Nil
✆ +20 2 23 65 12 34
www.grandniletower.com

La piscine du Grand Nile Tower domine le Nil. C'est l'un des points forts de cet établissement. Vous aurez de quoi barboter à l'ombre des parasols qui bordent ce bassin très instagrammable. Une sensation de privilège dans ce cadre hors du commun, surtout lorsque les températures s'affolent. On peut aussi s'adonner à une séance de gymnastique avec une vue imprenable, au cinquième étage de la tour de l'hôtel. Le lieu dispose d'un espace Spa et massage.

SAQQARAH COUNTRY CLUB

Route de Saqqarah
✆ +20 2 33 81 00 60
www.sakkaracountryclub.com
Le droit d'entrée est de 250 LE. De 10h à 20h.

Le Saqqara country Club est le lieu choisi des étrangers du Caire, pour se détendre une après-midi, sans débourser une grande partie de leur moyen salaire. En effet, cet hôtel, près des pyramides de Saqqara propose un prix bas pour l'accès à sa piscine. A une heure du centre, ce lieu reste très attractif pour se détendre et profiter du calme qu'offre cette vaste nécropole de la région de Memphis. Entourée de palmiers gigantesques, de chaises longues et de tables pour déjeuner ou grignoter, cette belle piscine est suffisamment grande pour faire un peu d'exercice.

FOUR SEASONS HOTEL CAIRO AT NILE PLAZA

1089 Corniche el-Nil
✆ +20 2 47 91 70 00
www.fourseasons.com/caironp
Ouvert de 9h à 22h.

Ce centre de soins réputé fait la joie des expatriés au salaire élevé. L'atmosphère est luxueuse et les prix sont très européens pour un soin d'une heure ou pour un forfait signature... mais il n'y a rien de mieux pour détendre vos muscles des longues heures de marche et de visites. Ce centre est logé dans un des hôtels les plus somptueux de la ville. Après une après-midi de détente et de relaxation, terminez votre journée sur un bon dîner dans un des restaurants de l'hôtel.

PAUL RAYNAULT BEAUTY CENTER

21 Sharia Mansour Mohammed
1er étage
✆ +20 122 64 40 084
Coupes à partir de 400 LE.

Installé au premier étage d'un immeuble résidentiel de Zamalek, le salon de Paul Raynault est caché derrière une grande porte non marquée. Auparavant associé à la Villa 36, le coiffeur français s'est forgé une sacrée réputation. Paul était à l'origine des salons Dessange en Egypte. Il s'est installé au Caire et a ouvert son propre salon qui est l'un des plus chics de la capitale. Véritable créateur, il propose toutes les prestations. Néanmoins, le cheveu bouclé n'est pas son fort.

STUDIO EMAD EL-DIN

18 Sharia Emad el-Din
✆ +20 2 25 92 37 52
Environ 150 LE l'heure pour le cours de danse.

Ouvert en 2005, le Studio Emad Eddin est un projet unique dans la région arabe qui offre un espace de répétition, de formation et de résidence aux artistes. Lieu de rencontre pour les artistes du spectacle, en particulier les indépendants. Il offre un lieu de partage et d'expression d'idées, et sert également de porte d'entrée sur la scène artistique et culturelle, locale et internationale. Une variété d'ateliers est proposée dans différents domaines, allant de la danse, au jeu d'acteur, à la cartographie de projection et aux arts liés aux nouveaux médias.

SORTIR

Même si le côté jet set ou fêtard ne vous attire pas particulièrement, il serait dommage de repartir du Caire sans l'avoir expérimenté. Indéniablement, la vie nocturne fait partie de l'identité cairote et l'ignorer vous empêcherait de vraiment comprendre la ville. Clubs de jazz, discothèques, salles de spectacles et cabaret, il y en a pour tous les goûts. N'hésitez pas non plus à aller faire un tour à l'Institut national d'Egypte, la programmation y est riche. A noter enfin qu'il est possible de louer des yachts privés sur le Nil, pour une, deux, voire plusieurs heures. Une fois le soleil couché, la ville se transforme. La vie ne fait que commencer. Le conseil est de faire la sieste de 18h à 20h, histoire de pouvoir tenir le reste de la soirée, voire de la nuit. On peut réserver les services d'un DJ qui animera la soirée privée sur le fleuve, et d'un traiteur qui réalisera tous vos souhaits.

CAIRO JAZZ CLUB

197 Sharia 26th July
✆ +20 2 33 45 99 39
www.cairojazzclub.com
Ouvert de 17h à 3h.

Excellent club de Jazz où se produisent des musiciens locaux et internationaux. On retrouve l'ambiance calfeutrée des clubs jazzy avec certaines soirées plus festives où la musique aborde d'autres styles plus rock, pop ou électro. D'ailleurs, les soirées du mercredi, du jeudi et du vendredi sont particulièrement courues alors il faut absolument réserver. Faire un passage dans ce club permet de découvrir la scène égyptienne actuelle, ici on laisse volontiers carte blanche aux artistes underground. Entrée réservée aux plus de 25 ans.

UNDERGROUND

23 sharia Souria
✆ +20 100 339 8000
Ouvre à partir de 21h.

Moins select que le Cairo Jazz Club, il a été ouvert par la même équipe qui dirigeait le célèbre After 8 du centre-ville, contraint de fermer en 2016. Les autorités semblaient estimer qu'il y avait un peu trop d'animation et d'émulation artistique dans ce quartier qui incarne plus que tout autre le rêve révolutionnaire de 2011. Même s'il est désormais excentré, Underground ne démérite pas et vous n'aurez pas de mal à trouver la soirée qui sied à vos goûts dans sa programmation éclectique (et de qualité) de groupes musicaux et DJ principalement égyptiens.

MOON DECK

Sharia Saraya el-Gezirah
✆ +20 2 27 35 31 14
Ouvert de 21h à 4h.

C'est avant tout un restaurant, mais on y danse vers 1h du matin. Le conseil est de réserver pour minuit, de manger un dessert, de boire un verre et de se laisser porter par la musique. Des danseuses du ventre connues s'y produisent certains soirs (en général mardi et jeudi). Attention ! Il est de plus en plus indispensable de réserver.

L'emplacement du Moon Deck se trouve sur le bateau du Blue Nil Boat, qui n'a pas bougé depuis des années. La nourriture n'y est pas très bonne, vous apprécierez mieux la piste de danse un verre à la main.

ZIG ZAG

6 sharia kasr el Nil
✆ +20 128 864 7618
A partir de 22h. 150 LE l'entrée.

Les plus anciens le connaissent sous le nom d'Arabesque. Cette petite discothèque mythique a changé plusieurs fois de propriétaire pour s'appeler finalement Zig Zag. Fermée à plusieurs reprises, les autorités ne voyaient pas d'un bon œil la célébrité de cet espace de liberté totale en plein centre (et ex-cœur de la Révolution de 2011). Elle subsiste pour l'instant grâce à une clientèle d'étrangers et de jeunes fortunés qui apprécient de pouvoir danser sans retenue. C'est ici que vous pourrez danser sur les mix les plus créatifs du Caire.

CAIRO OPÉRA HOUSE

Gezira Street

✆ +20 2 27 39 02 99

www.cairoopera.org

Billets : de 20 à 200 LE pour les concerts du samedi soir.

L'Opéra du Caire propose un programme annuel assez riche, alternant les concerts du samedi soir par le Cairo Symphonic Orchestra, des ballets du corps des danseurs du Caire, des représentations de danse contemporaine, et des opéras de théâtres étrangers ou invitant des solistes de réputation internationale. La programmation d'été donne l'occasion aux jeunes talents de s'exprimer. L'Opéra du Caire fait partie du Centre culturel national du Caire. Il est situé dans la partie sud de l'île de Gezira, près du centre-ville du Caire.

CENTRE CULTUREL EL-SAWY

Sharia 26th July

✆ +20 2 27 36 88 81

www.culturewheel.com

50 LE l'entrée lors des évènements.

Installé sous un pont à Zamalek le centre culturel el-Sawy, ouvert en 2003, a réussi son pari : être un lieu incontournable qui attire la jeunesse cairote et bon nombre d'étrangers. Parmi les nombreuses activités, des concerts presque tous les soirs, de la musique traditionnelle à la jeune scène musicale cairote, el-Sawy joue l'éclectisme. Le centre a été créé par Mohamed El-Sawy, en l'honneur de son père – Abdel Moneim El-Sawy, romancier égyptien et ancien ministre de la Culture. Connu pour la série de romans en cinq parties : « El-Sakkia » ou (La Roue).

HAROUN AL-RASHID

Corniche el-Nil

✆ +20 2 27 98 81 88

Danse de Dina le 23h à 4h le mardi, jeudi et samedi.

La plus célèbre des danseuses du ventre, Dina, qui a sorti un livre de défense de son art, *Ma Liberté de danser*, se produit dans ce lieu unique au Caire où tous les amateurs de la sensualité des danses arabes seront comblés. Au vu de la notoriété de la danseuse, les prix sont assez élevés mais les prestations sont de qualité. Une fois le show terminé, la piste est ouverte et se transforme en dance-floor. Renseignez-vous auparavant car certains soirs Dina laisse la piste à d'autres danseuses, certes douées mais the queen is the queen !

INSTITUT FRANÇAIS D'EGYPTE

Rue Madrasset-Al-Houqouq-Al-Frinsiya

✆ +20 2 27 91 58 00

http://institutfrancais-egypte.com

Ouvert tous les jours, de 8h à 21h, sauf les samedis (le vendredi, seulement pour les cours et la médiathèque).

Comme toutes les autres antennes du pays, l'Institut français du Caire propose une programmation culturelle riche : cinéma, théâtre, conférences, performances, concerts, en partenariat avec les plus grands instituts privés et publics du pays. Si vous séjournez quelques temps au Caire, on vous conseille d'y faire un tour pour avoir le programme des manifestations. Chaque année pour la Fête de la musique, il organise carrément un concert en plein air dans la citadelle Salah el Din.

MAKAN

1 Sharia Saad Zaghloul

✆ +20 2 27 92 08 78

www.egyptmusic.org

Ouvert en semaine, en journée, et surtout en soirées lors de manifestations.

Makan est un centre culturel et de création égyptien, dirigé par Ahmed el-Maghrabi, qui a cosigné *Mozart l'Egyptien*, la célèbre rencontre musicale entre Mozart et des chants et instruments égyptiens traditionnels. L'artiste a créé ce centre en 2002 avec pour volonté de sauvegarder le patrimoine artistique égyptien en présentant les différentes formes de musiques traditionnelles. Ces *Mazaher* (groupe musicaux qui viennent de la campagne) jouent en principe le mardi et mercredi. En consultant le site Internet, on a accès à la programmation de ce centre égyptien.

ZAWYA

Sharia Abdel Hamed Shaaban

35 LE la place. Fermé l'été.

Cinéma d'art et essai unique en son genre qui projette des films indépendants de tout le Moyen-Orient mais aussi d'Europe et des Etats-Unis. C'est l'antre du cinéma d'auteur qui redonne ses lettres d'or au cinéma égyptien. Fréquenté par les cinéphiles, il diffuse différents genres de productions : films, documentaires, fictions, courts et longs métrages. Le prix d'entrée est volontairement peu onéreux afin d'inciter un public moins averti à découvrir un autre cinéma qu'à l'accoutumée. Sous-titres en anglais, voire aussi souvent en français.

LES ENVIRONS DU CAIRE

C'est depuis la route des Pyramides (Sharia el-Ahram), large boulevard bordé d'hôtels, de boutiques et de quelques cabarets, que l'on découvre le plus souvent ces constructions qui éveillent la curiosité des hommes depuis quelques millénaires : les pyramides. En approchant, un phénomène étrange se produit : où que vous regardiez, elles surgissent comme par enchantement, immédiatement imposantes. Ces monstres architecturaux majestueux, élevés pour servir de sépultures à des rois, sont pourtant vulnérables. Plus au sud, le Fayoum, vaste oasis d'environ 4 000 km² mérite amplement qu'on lui consacre deux journées. Ainsi, vous pourrez vous familiariser avec ses habitants et ses traditions. Une excellente terre, un réseau d'irrigation très dense et bien entretenu, un ensoleillement maximal et des températures jamais excessives font du Fayoum une sorte d'éden, et de ses paysages un enchantement.

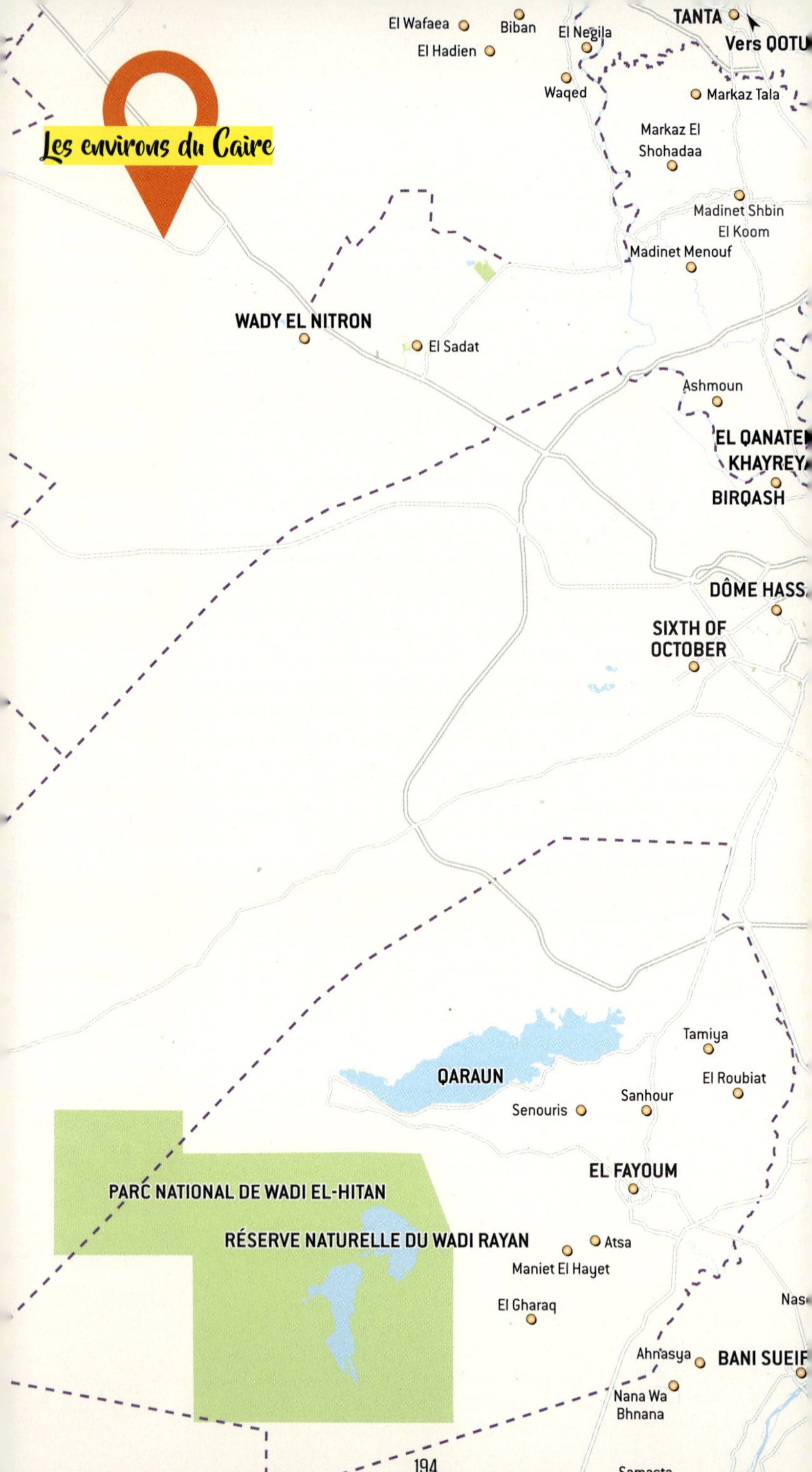
Les environs du Caire
TANTA
Vers QOTU
El Wafaea
Biban
El Negila
El Hadien
Waqed
Markaz Tala
Markaz El Shohadaa
Madinet Shbin El Koom
Madinet Menouf
WADY EL NITRON
El Sadat
Ashmoun
EL QANATE
KHAYREY
BIRQASH
DÔME HASS
SIXTH OF OCTOBER
Tamiya
QARAUN
El Roubiat
Sanhour
Senouris
EL FAYOUM
PARC NATIONAL DE WADI EL-HITAN
RÉSERVE NATURELLE DU WADI RAYAN
Atsa
Maniet El Hayet
El Gharaq
Nas
Ahnasya
BANI SUEIF
Nana Wa Bhnana
Samasta
Beba

Deiarb Negm
Daidamon
El Ibrahimaia
Santmay
El Berom
Madinet Abo Kabear
eit El khah
ZAQAZEQ
El Qureen
Abu Sweer
ISMAILIA
Abu Atwa
El Atawya
Bhtit
Madenet Belbes
El Deer
El Monir
10th of Ramadan
Fanarh
El Salam
E CAIRE
El Qahera El Gididaa
ZA
El Basaten El Gharbaia
SAQQARAH
MEMPHIS
DACHOUR
El Shoubak El Sharqiah
Barnshat
EL AIN EL SOKHNA
Ataqa
Red Sea
El Saff
El Qebabat
DOUN
fih
Wasta
aimoun
50 KM

C'est depuis la route des Pyramides (Sharia el-Ahram), large boulevard bordé d'hôtels, de boutiques et de quelques cabarets, que l'on découvre le plus souvent ces constructions qui éveillent la curiosité des hommes depuis quelques millénaires : les pyramides. En approchant, un phénomène étrange se produit : où que vous regardiez, elles surgissent comme par enchantement, immédiatement imposantes. Ces monstres architecturaux majestueux, élevés pour servir de sépultures à des rois, sont pourtant vulnérables. Au fil des siècles, celles-ci ont été pillées, puis mutilées lorsque leurs blocs ont été utilisés pour la construction d'autres bâtiments et aussi défigurées par les constructions modernes, au pied du plateau.

Vaste oasis d'environ 4 000 km², elle était autrefois entièrement recouverte par les eaux dont le retrait progressif a laissé aux hommes des terres d'une extrême fertilité. Toute sa partie nord se trouve sous le niveau de la mer (45 m maximum). Cette dépression est encore occupée par un lac aux eaux saumâtres, le Birket Qaroun, alimenté par un bras du Nil long de 400 km, le Bahr Youssouf. A perte de vue, ce ne sont que vergers d'orangers, de citronniers, de manguiers et de goyaviers qui embaument l'air d'effluves enivrants à la période de floraison (de mars à mai). D'immenses étendues de blés, d'où émergent des bosquets de palmiers d'un vert brillant, ondulent sous le vent. Au milieu de parcelles plantées de tomates, d'oignons, de concombres, de persil, ainsi que dans les rizières, s'active une population rurale où hommes et femmes se partagent le labeur (particularité de la région). Vous ne pourrez que vous extasier devant cette explosion de couleurs dont se parent les femmes, à l'exception des plus âgées. Il faut croire que la luxuriance de la végétation et la richesse de leurs récoltes, ont incité les paysannes du Fayoum à adopter plus de légèreté et de fantaisie dans leurs coutumes vestimentaires. La population est franche, rustique et rieuse, ce qui peut déconcerter le visiteur fraîchement débarqué en Egypte et encore mal rodé à l'accueil bruyant et agité des villageois. Votre apparition déclenchera certainement un émoi considérable auprès des habitants (surtout des enfants), peu habitués à voir passer des touristes. En fait, et c'est là le problème, la majorité des touristes ne fait que passer, pour se rendre d'ailleurs tous au même endroit, sur les bords du lac Qaroun. Si vous ne prenez pas le temps « d'apprivoiser » un de ces petits gamins farceurs ou de sympathiser avec un paysan du cru, vous n'aurez pas accès à ces vergers dont l'ombre et la fraîcheur exercent un attrait irrésistible. Le Fayoum ne se livre réellement qu'à ceux qui se donnent la peine de l'approcher, de le comprendre en y mettant le prix, c'est-à-dire, du temps. A ceux-là seulement, il offrira plus que ses paysages enchanteurs et bucoliques, leur laissant à jamais le souvenir d'une population accueillante, fière de sa particularité géographique un peu en marge des rives du fleuve tout-puissant. Villégiature très appréciée des Cairotes, le Fayoum est pris d'assaut les vendredis et lors des congés scolaires. Evitez, si vous le pouvez, ces périodes d'affluence.

● ● ROUTE DU DÉSERT

Si l'on pouvait encore appeler, il y a dix ans, « route du Désert », cette autoroute longue de 220 km, qui relie Le Caire à Alexandrie, les constructions qui depuis se développent sans cesse de part et d'autre l'ont rendue beaucoup moins désertique… Du Caire, elle partait à l'origine du plateau de Guiza, et s'élançait alors plein nord. Depuis quelques années, la route du 26-Juillet qui part de la place Ramsès, traverse Zamalek et Mohandessin, a rejoint la route du Désert et permet d'éviter l'avenue des Pyramides, souvent encombrée. On peut rejoindre la ville du 6-Octobre en venant de Mohandessin, ou bien l'on bifurque vers Alexandrie. À mi-chemin, au niveau de la ville nouvelle de Sadate-City, un embranchement vers l'ouest mène au Wadi Natroun et ses monastères coptes centenaires. Du ciel on remarque que certains lacs sont asséchés, comme le Birket Om Risha, tandis que le Birket el-Beda est encore rempli d'eau. Les chercheurs en agronomie développent leurs cultures dans cette partie du désert, proche du delta. Il semble plus facile d'y poursuivre l'agriculture que le long du Nil. Les techniques américaines de récolte en cercle ont été adoptées, et ont remplacé les champs des fellahins traditionnels.

Pyramide de Kheops.

Dromadaire face aux pyramides de Guiza.

PLATEAU DE GUIZA ★★★★

Les pyramides... Des monuments de cette ampleur, les hommes n'en bâtiront plus. Si leur masse n'est pas en danger, le site, lui, l'est. Les pyramides manquent d'espace, de calme et de silence. Les vivants ne sont que trop présents sur ce plateau stérile que les Anciens réservaient aux morts. On aimerait, près d'elles, oublier le présent, croire encore au mystère et à l'énigme qu'elles ont de tout temps été pour l'esprit humain. Les aménagements du site sont très contestables. A l'est, rien n'a été fait pour donner au sphinx un vis-à-vis plus digne que les affreuses boutiques qui le narguent, à 200 m de distance. Au nord, l'accès principal des bus et des voitures est toujours une foire d'empoigne. Au centre du plateau de Guiza, un parking disgracieux oblige le promeneur à couper sa remontée dans les siècles par un passage obligé au milieu des autocars, situé entre les pyramides de Chéops et de Chéphren. Il n'est même plus envisageable de s'éloigner du site vers l'ouest, pour essayer de trouver dans le désert un point de vue « vierge » sur les pyramides : à 3 km, des barres d'immeubles de la cité nouvelle du 6-Octobre viennent rompre le charme. Dans 20 ans, à n'en pas douter, le plateau de Guiza ne sera plus qu'un parc au milieu de la banlieue ouest du Caire. Il est donc urgent d'aller admirer les pyramides de Guiza, car elles figurent au rang des incontournables en Egypte : défi pour le génie humain, magnificence de la royauté de Pharaon, commémoration de la genèse du monde, symbole de pérennité de la course solaire divine, les pyramides en imposent naturellement. Comme c'était généralement le cas pour les colossales entreprises funéraires de l'Ancien Empire, la construction des pyramides s'est effectuée en plusieurs étapes. Le projet initial était souvent jugé trop modeste par le roi qui exigeait qu'on le modifie en multipliant parfois par huit le volume précédemment prévu. Avant de bâtir les pyramides, il fallait niveler la terrasse destinée à les recevoir, un promontoire naturel qui surplombe la vallée de 40 m environ. On estime la durée du travail de terrassement et de préparation des sols à une dizaine d'années. Pour mesurer l'ampleur de cette entreprise et les énormes moyens mis en œuvre, il faut se rappeler que chaque pyramide possède deux temples funéraires, l'un situé à proximité même de l'édifice, l'autre en contrebas dans la vallée. Seul le temple bas de Chéphren, longtemps considéré comme celui du sphinx (le vrai temple, en ruine, se trouve juste à côté) a été reconstruit.

BARQUE SOLAIRE ★★

Entrée seule : 100 LE. 400 LE avec le billet comprenant aussi l'accès au site et la pyramide de Khéops.

La barque royale de Chéops, exposée dans ce petit musée, a 4 500 ans d'existence. Elle a été découverte en 1950 par l'égyptologue Kamal el-Mallakh dans l'une des deux fosses creusées le long de la pyramide, recouverte d'un dallage massif. Elle y avait été déposée, démontée de ses 1 224 pièces qui la constituent. Kamal el-Mallakh entreprit sa reconstruction. Elle fut installée en 1968, là où on l'admire actuellement. Cette barque appartient au mobilier funéraire de Pharaon. Elle mesure 43,3 mètres de longueur et 5,9 mètres de largeur.

GRAND MUSÉE ÉGYPTIEN

Midan al-Remmaya

En construction, ouverture partielle prévue à l'été 2021.

Une fois achevé, il sera le plus grand Museum du monde consacré aux anciennes civilisations égyptiennes allant de la préhistoire à l'époque gréco-romaine. La première pierre a été posée en 2002, mais le projet est tellement pharaonique qu'il mettra probablement plusieurs dizaines d'années à être totalement achevé. Sa construction est financée par le gouvernement égyptien et des prêts de l'agence de coopération japonaise. Comme la plupart des projets architecturaux en cours, il appartiendra principalement à une entité de l'armée égyptienne. Le bâtiment s'étendra sur 168 000 m² et près de 50 000 œuvres seront mises en vitrine. Les premières salles qui seront montrées au public seront consacrées aux trésors de Toutankhamon. Le reste des galeries suit l'ordre chronologique en détaillant l'histoire et les croyances liées à chaque période. Les sous-sols en béton, capable de résister à un bombardement, abritent 17 laboratoires ultra-modernes. L'hydrométrie et la température y sont mesurées en permanence pour préserver ses collections.

- **Galerie de Toutankhamon**. C'est la première fois que l'intégralité des pièces retrouvées dans la tombe de Toutankhamon, découverte le 4 novembre en 1922 par l'archéologue britannique Howard Carter, pourront être rassemblées dans une même salle, ou plutôt dans deux halls de 7 000 m². Soit 70 % de la surface de l'actuel Musée égyptien place Tahrir ! Plusieurs pièces, qui croupissaient dans ses réserves poussiéreuses, ont été restaurées comme l'armure en cuir de Toutankhamon.

PYRAMIDE DE KÉPHREN ★★★

Entrée : 100 L£. Ouverte en alternance avec la pyramide de Mykerinos.

Sensiblement plus petite que Chéops, elle apparaît cependant plus imposante. C'est parce qu'elle est bâtie sur une assise en légère surélévation et qu'elle conserve, sur sa partie terminale, son revêtement calcaire.

Constituée d'une structure interne moins complexe que celle de Chéops. Son entrée est située sur la face Nord, à partir de laquelle un couloir pentu conduit à l'unique chambre funéraire, très basse de plafond. Au sud, il ne reste que les ruines d'une petite pyramide secondaire, réservée au tombeau du double du roi, le *Ka*.

PYRAMIDE DE MYKERINOS ★★★

Entrée : 100 L£. Ouverte en alternance avec la pyramide de Képhren.

Mykérinos (2532-2515 avant J.-C.), fils de Képhren et Khamerernebti, est le cinquième pharaon de la IVe dynastie. Extérieurement très endommagée, sa pyramide semble bien modeste, comparée à Kheops et Képhren. Avec ses 65 m de haut sur 105 m de côté, c'est la plus petite du plateau de Guiza ! Exhumé par des explorateurs anglais, son sarcophage fut malheureusement perdu en mer lors de son transport vers le Royaume-Uni en 1837.

Les temples funéraires. L'intérêt de cette pyramide réside surtout dans son complexe funéraire mieux conservé que ceux de Khéops et Képhren et composé de deux temples reliés par un long couloir. Le temple à proximité de la pyramide abritait les offrandes alimentaires destinées aux offices quotidiens du culte du roi que célébraient les prêtres. Le second temple construit dans la vallée renfermait une série de statues du roi accompagnées de la déesse Hathor et d'une autre divinité personnifiant différentes régions du royaume. Ces *Triades de Mykérinos*, qui le représentent comme un roi athlétique et éternellement jeune, sont exposées au musée du Caire.

Les études poussées de ces monuments funéraires ont montré qu'ils ont été construits en deux phases : commencés sous Mykérinos, ils furent achevés sous son successeur. Un fait qui accrédite la thèse d'une mort prématurée du souverain avant que son tombeau n'ait été complètement achevé.

Côté sud, les trois petites pyramides satellites appartenaient probablement aux reines de Mykérinos. Chacune d'entre elles a son propre petit temple de culte.

PYRAMIDE DE KHÉOPS ★★★★

Ouverte de 8h à 16h, avec une interruption entre 11h et 13h. Entrée : 400 L£.

La plus grande des trois pyramides serait un assemblage de 2,5 millions de blocs, ajustés sur une hauteur actuelle de 137 mètres, contre 146 mètres à l'origine. Chaque bloc pèse en moyenne 2,5 tonnes, les plus importants mesurent 0,90 mètre de côté. Leur taille se rétrécit jusqu'à 0,65 mètre au sommet. A sa base, la pyramide mesure 230 mètres de côté, pour surface totale de plus de 5 hectares ! On estime à une vingtaine d'années la durée des travaux et à cent mille le nombre d'ouvriers qui s'y relayaient.

L'entrée actuelle se trouve à une quinzaine de mètres sous l'accès d'origine. On suit un long goulet, très étroit, creusé par les pilleurs de sépultures jusqu'à un couloir de dimension similaire qui conduit à la chambre funéraire, la première en titre, située à 30 mètres sous le sol. Un autre couloir aboutit à une seconde chambre funéraire, surnommée chambre de la Reine. Egalement inachevée, elle est dans l'axe de la pyramide.

Bien qu'il n'y ait pas grand-chose à y voir, c'est peut-être le moment de réaliser que vous vous trouvez au cœur d'un monument mythique. Une grande galerie au sol poli et usé – haute de plus de 8 mètres et longue de 47 mètres, c'est d'ailleurs la partie la plus remarquable de l'édifice – permet d'accéder à la chambre royale où se trouve encore le sarcophage ouvert. Un système d'aération très efficace permet de renouveler l'air à l'intérieur de la pièce, ce qui est appréciable en période d'affluence. Au-dessus du plafond, composé de neuf blocs de granit d'un poids total de 400 tonnes, se superposent cinq chambres de décharge destinées à soulager le poids phénoménal qu'aurait à supporter la chambre funéraire. Il ne faut pas oublier que la masse totale de la pyramide représente un poids approximatif de 7 millions de tonnes !

A l'est de la pyramide se trouvent trois petites constructions pyramidales, ainsi que de nombreuses tombes, la plupart appartenant à la famille royale. Au sud, un bâtiment abrite la barque solaire, découverte au début des années 1950, reconstruite (elle était en pièces détachées, probablement à cause de son logement trop petit pour elle) et en parfait état de conservation. Cette belle embarcation devait permettre au roi une navigation céleste vers l'au-delà. Cela étant dit, il ne nous reste qu'à déplorer le prix de la visite, prohibitif pour les petits budgets. A noter que pour des raisons de conservation, le site est ouvert seulement à 150 visiteurs le matin et à 150 l'après-midi. Les pyramides de Gizeh sont également fermées chacune leur tour une année pour des travaux de restauration.

© AUTHOR'S IMAGE
Les pyramides de Kheops.

MEMPHIS ★★

La ville de Memphis a été créée par Menès, roi de la Ire dynastie (3100-2900), sans que l'on puisse exactement dater l'événement. On a remarqué que la crue du Nil était particulièrement visible au niveau de Memphis. Le choix de cet emplacement pour y développer une ville n'y a sans doute pas été étranger : le cycle du fleuve est un élément théologique qui détermine certaines décisions politiques. Memphis, est à la fois le nom d'une cité à laquelle l'ensemble des pyramides sont liées, en tant que sites funéraires des souverains de cette cité, et aussi le nom d'un ensemble de dynasties dites memphites. Memphis, qui signifie « le mur blanc », devient, dans l'administration du pays, la capitale du 1er nome de Basse-Egypte. Le palais royal est vraisemblablement construit par Djer, quelques décennies après la création de la ville. Les sépultures des souverains des Ire et IIe dynasties, n'y sont pas toutes érigées : certains rois préfèrent Abydos, près de leur ville d'origine, This, en Haute-Egypte, d'autres Saqqarah. C'est avec la IIIe dynastie (2700-2620), et la figure emblématique du pharaon Djoser pour qui Imhotep construit la pyramide à degrés de Saqqarah, et de Houni qui s'est fait enterrer à Meidoun, puis de la IVe dynastie (2620-2500), et ses pharaons Snéfrou, Chéops, Khéphren et Mykérinos, que Memphis se développe et devient la capitale du royaume. A cette époque, le culte du dieu Ptah en tant qu'architecte de la création du monde, est celui célébré à Memphis. Toutefois, Héliopolis, ville tutélaire du 13e nome de Basse-Egypte, voue un culte à Rê. C'est celui-ci qui, durant la Ve dynastie (2500-2350), l'emporte et devient le culte privilégié du royaume, tout en absorbant Ptah dans sa cosmogonie. La Ve dynastie s'achève avec le règne d'Ounas dont on trouve la sépulture à Saqqarah. Les pharaons de la VIe dynastie (2350-2200), avec Téti, Pépi 1er, continuent d'y faire construire leur sépulture. Memphis restera la capitale du royaume tout au long de l'Ancien Empire, et le redeviendra au début du Nouvel Empire. Les Ptolémées, bien qu'ayant choisi Alexandrie, continuent d'y célébrer des cultes. C'est durant la période byzantine, puis copte, et ensuite avec les constructions ayyoubides, que les monuments de Memphis vont servir de carrière aux architectes de ces époques. Il ne reste, de nos jours, que peu de vestiges.

MUSÉE DE MIT RAHINA

Mit Rahina, Al Badrashin

Ouvert tous les jours de 8h à 16h. Entrée : 100 LE, parking 5 LE.

Le musée en plein air Mit Rahina est une petite diversion entre Saqqara et Gizeh. Il se trouve à côté d'une impressionnante table en albâtre, où se pratiquait l'embaumement des taureaux sacrés Apis, et d'un magnifique sphinx de près de 8 m de longueur, c'est surtout le colosse de Ramsès II qui mérite le coup d'œil. Taillée dans un bloc de calcaire très fin, la statue complète (il manque une partie des jambes) mesure 13 m. La plupart des artefacts exposés semblent être des reliques du Nouvel Empire. La visite du musée prend environ 45 minutes.

Memphis, capitale égyptienne durant l'Ancien Empire.

SPHINX ★★★★

Entrée : 200 LE (comprise dans le billet d'accès au plateau).

Symbole universel de l'énigme existentielle, le Sphinx, demeure l'un des mystères les plus fascinants de l'Égypte ancienne. 4 500 ans après sa construction, il a laissé très peu de traces sur les origines de sa construction. Taillé directement dans la roche, ce colosse est venu bouleverser la tradition des personnages hybrides formés habituellement d'un corps humain et d'une tête humaine. Pour la première fois, le sphinx inverse les codes en posant le visage d'un roi (Képhren) sur un corps de chat, animal sacré et considéré comme une divinité. Non seulement cette créature révolutionne l'iconographie égyptienne mais elle transforme aussi la tradition des mausolées égyptiens en amplifiant leur rayonnement. Son imposante stature devait servir de gardien du temple et décourager les éventuels pillards.

Durant sa longue histoire, le Sphinx a été plusieurs fois restauré et désensablé. Une stèle, placée entre ses pattes, attribue à Thoutmès IV la construction d'un mur destiné à le protéger des sables. Avec l'érosion naturelle, ce sont surtout les Mamelouks qui lui ont fait subir les pires outrages, allant jusqu'à lui emporter le nez durant un exercice de tir au canon. Il a été définitivement dégagé du sable au milieu des années 1920. Sa longueur totale est de 57 m et sa hauteur, de face, est d'environ 20 m. Mais sa roche sculptée sur une nappe phréatique est aujourd'hui en danger. En cause, la remontée du sel à la surface qui fragilise la pierre... la lutte pour sa sauvegarde est désormais lancée.

© PIUS99

SAQQARAH ★★

A 28 km du Caire, au sud du plateau de Guiza. Le ministre des Antiquités annonce en novembre 2018 la découverte de sept nouvelles tombes dans la zone située sur le bord pierreux du complexe de la pyramide du roi Ouserkaf dans la nécropole de Saqqarah. La mission a découvert trois tombes du Nouvel Empire qui avaient été utilisées à la fin de la période comme nécropole des chats, ainsi que quatre autres tombes de l'Ancien Empire, dont la plus importante appartient à Khufu-Imhat, le surveillant des bâtiments du palais royal. Cette tombe peut être datée de la fin de la cinquième et du début de la sixième dynastie. Des dizaines de momies de chats ont également été découvertes, ainsi que 100 statues de chats en bois et une statue en bronze dédiée à la déesse des chats Bastet. Une collection de statues en bois doré représentant les traits physiques d'un lion, d'une vache et d'un faucon a également été déterrée. Des sarcophages en bois peint de cobras avec des momies à l'intérieur ont également été découverts ainsi que deux sarcophages en bois de crocodiles. 1 000 amulettes en faïence dédiées à différentes divinités, dont Tawesert, Apis, Anubis, Djehuty, Horus, Isis, Ptah Patek et Khnoum, furent déterrées, ainsi que d'autres amulettes en faïence en forme d'œil d'Udjat, de couronnes blanche et rouge et de colonne Wadjat. Trois vases canopes en albâtre et des outils d'écriture, tels que des pots à encre avec des stylos, ont été trouvés ainsi que plusieurs papyrus comportant des chapitres du Livre des morts. Les noms de deux dames, Subek Sekt et Mafy, ont également été trouvés gravés sur une fausse porte pour la toute première fois. Une collection de paniers et de cordes en papyrus a également été trouvée avec 30 pots en argile, un appui-tête, et des jarres en albâtre et en bronze à l'intérieur d'un sarcophage en bois. Un grand nombre de reliefs et de blocs de pierre décorés, ainsi que des parties de fausses portes, ont également été trouvés avec deux blocs représentant une partie du linteau de la tombe d'Ankh Mahur, un des vizirs de l'Ancien Empire. Les nouvelles découvertes seront traitées puis exposées dans le grand musée de Guizeh, encore fermé au public.

MASTABA D'IDOUT

Construit par le vizir Ihy qui vécut durant le règne du roi Ounas, ce mastaba fut ensuite usurpé par la princesse Sech-Sechet, connue sous le nom de Idout. Il est constitué de 10 pièces dont cinq seulement sont décorées ; on considère que les autres jouaient le rôle de magasins. Avec celui de Ti, le mastaba de la princesse Idout est le plus finement travaillé de la nécropole. Parmi les représentations murales, l'élément aquatique prédomine largement. On y voit des scènes de chasse à l'hippopotame, de pêche à la ligne ou au filet avec différentes espèces de poissons.

MASTABA DE KAGEMNI

La mastaba de Kagemni est généralement ouvert aux visiteurs mais peut être fermé pour des travaux archéologiques.

Le grand mastaba de Kagemni a été découvert par Karl Lepsius en 1843. Situé sur le côté nord de la pyramide de Téti à Saqqarah dans la nécropole ouest des nobles de la Ve dynastie, le lieu est célèbre pour ses représentations d'oiseaux et d'animaux. Il est immense, avec seulement un petit nombre de pièces décorées. Les bas-reliefs sont de meilleure facture que ceux de Mererouka. Certaines fresques conservent encore un peu de leurs couleurs.

La visite de la pyramide de Téti présente peu d'intérêt, surtout si vous avez déjà vu celle d'Unas.

MASTABA DE MEREROUKA

80 LE

Cet immense mastaba, est situé au nord de la pyramide de Téti à Saqqarah. Véritable labyrinthe de trente-deux pièces, réparties en trois groupes qui s'articulent à l'ouest et au nord, débouchant sur une grande salle dont le plafond est soutenu par six piliers massifs. La mastaba est une sépulture familiale où la femme, Ouatet-Khethor, et le fils, Méri-Téti, occupent la partie sud-ouest (quatre salles) et la partie adjacente nord-est, composée de cinq petites salles. Très grande variété de ses thèmes, certains peu fréquents : pleureuses, danseuses…

COMPLEXE FUNÉRAIRE DE DJOSER ★★★

2700 av. J.-C.

Bien qu'on ne la remarque pas immédiatement, la pyramide à degrés se trouve au centre d'une immense esplanade rectangulaire, ceinte d'un mur de calcaire extrêmement fin et partiellement détruit, de 544 m x 277 m. Une section de ce mur a été reconstruite grâce aux nombreux débris retrouvés dans le sable. Cette reconstitution nous montre que sa hauteur d'origine avoisinait 10 m et qu'il était, sur toute sa longueur, magnifiquement travaillé et ajusté. L'unique entrée (toutes les autres sont des simulacres taillés dans la pierre) donne sur une étroite allée, autrefois pourvue d'un plafond de dalles, soutenues par quarante colonnes cannelées. Cette construction massive, conçue et élevée par Imhotep, l'architecte du roi Djoser, est l'édifice le plus important, ancêtre de toutes les pyramides de ce complexe funéraire. Il le réalisa conformément à l'architecture de la première à la troisième dynastie, néanmoins il remplaça la brique par de la pierre, pour des soucis de préservation. D'une hauteur de 60 m (sa base est un faux carré de 110 m x 120 m), elle résulte d'agrandissements et de rajouts successifs. A l'origine, de forme d'un mastaba carré de 63 m de côté et de 8 m de haut, elle a été plusieurs fois modifiée dans ses proportions, puis surmontée de trois étages de gradins. Plus tard, deux étages supplémentaires ont été ajoutés, donnant à l'ensemble cette allure de pyramide à six degrés que nous lui connaissons actuellement, revêtement en moins. Cet ensemble funéraire couvrait une superficie d'environ 15 ha, la taille d'une grande ville de cette époque.

▸ **Sur l'angle nord-est de l'édifice** se trouve le serdab, petite cellule qui abrite la statue du défunt. Il est percé de deux trous circulaires qui permettent de contempler la copie conforme du buste du roi Djoser (l'original est exposé au musée du Caire). Derrière, se trouve l'entrée de la tombe royale, inaccessible au public. Cette tombe est placée au centre d'un enchevêtrement de galeries, à une profondeur de 28 m.

▸ **Dans la partie sud-est de l'esplanade,** les édifices annexes (maison du nord, maison du sud…) ont été partiellement restaurés. Sans être d'un intérêt extraordinaire, ils sont d'une grande qualité dans l'assemblage et l'ornementation. A l'extrême sud du complexe funéraire, un puits profond de 28 m et large de 7 m recèle un tombeau plus petit, mais de forme identique à celui de Djoser, destiné probablement à entreposer les vases canopes (ou funéraires) contenant les viscères du roi.

© AUTHOR'S IMAGE

MASTABA DE PTAH-HOTEP

Ce mastaba de Ptahhotep l'ancien, père de Akhethotep I et grand-père de Ptahotep II, tous deux propriétaires du mastaba D64. Ptahotep II aura deux fils : Akhethotep et Ptahhotep. Ce dernier Akhethotep aura un mastaba situé au nord de la pyramide d'Ounas et au sud-est de celle de Djoser. Ptahhotep II est celui qui a écrit les fameuses maximes du même nom. Dans le couloir de la mastaba de Ptah-Hotep, le travail d'ornementation, resté inachevé, permet de se faire une idée de la manière dont procédaient les artistes. La petite chapelle mérite toute votre attention.

MASTABA DE TI ★★★

Il est considéré comme un des chefs-d'œuvre de l'art du bas-relief. Si vous n'aviez qu'un mastaba à visiter, ce devrait être celui-ci. Les inscriptions gravées sur les murs, montrent que Ti était un personnage très en vue à la cour du roi. Il occupait la fonction de Directeur des coiffeurs de la Grande Maison, ce qui faisait de lui un proche du souverain. Le serdab n'abrite plus sa statue originale qui est conservée au musée du Caire. Opposée au serdab, la chapelle principale présente une merveilleuse composition de roseaux et de papyrus d'une extrême délicatesse.

PYRAMIDE D'OUNAS ★★

2350 av. J.-C.

Extérieurement très délabrée, elle est néanmoins intéressante pour ses murs couverts de hiéroglyphes à l'usage du défunt, confronté au monde de l'au-delà. La chambre funéraire, aux plafonds décorés d'étoiles, contient encore un sarcophage massif de basalte noir. Plus impressionnantes sont les trois tombes saïtes (600 av. J.-C.), reliées entre elles par un étroit tunnel. Celle du milieu a conservé un superbe sarcophage en parfait état. On y accède par un escalier en colimaçon descendant à 25 m de profondeur. Un petit édifice de pierre en indique l'entrée.

MUSÉE DE SITE IMHOTEP

Ouvert de 8h à 16h. Entrée : 180 LE pour l'ensemble des visites. Il est interdit de photographier les œuvres.

Ce musée inauguré le 20 avril 2006 par les deux premières dames d'Egypte et de France, est le premier du genre « musée de site ». Il est consacré au site de Saqqarah, à l'architecte Imhotep qui a construit la pyramide à degrés, et à l'archéologue français Jean-Philippe Lauer, qui a consacré sa vie entière aux fouilles.

- **Dans la première salle**, sorte de pronaos du musée, trône le roi Djoser sur un piédestal, sur laquelle le nom de son architecte, Imhotep, est inscrit en hiéroglyphes. Un film de 10 minutes retrace l'histoire du site et de la première pyramide érigée en pierres, en 2700 av. J.-C., par Imhotep, vizir, architecte, médecin et grand prêtre de Râ à Héliopolis.
- **La salle principale** présente une très belle reconstruction d'un mur du palais symbolique de Djoser. Il est composé de briques en céramique en glaçure bleue. Elles ont inspiré les architectes de la station de métro Vaneau à Paris qui y ont reproduit les mêmes briques de céramique. On y a reconstitué une tombe comme celles que l'on peut voir sur le site de Saqqarah. Y est mise en valeur la momie de Mesenra (2297-2292 av. J.-C.). On peut aussi admirer une statue miniature d'Imhotep, ainsi que les pieds monumentaux d'une statue qui le représentait. Un harpon et son épui décoré de serpents est particulièrement remarquable.
- Dans la **galerie de droite**, intitulée « Missions de Saqqarah », sont exposés les objets découverts lors des fouilles. On admire un berceau couvert d'or de la XXXe dynastie, des instruments chirurgicaux, une collection d'objets destinés aux cosmétiques. Admirez la délicatesse du visage de la statue du prêtre Akjéma, qui porte une moustache fine que les jeunes Egyptiens modernes portent toujours ; ainsi que devant le raffinement du pagne de lin, sculpté selon deux reliefs, unlisse et un autre plus grossier.
- Dans la **galerie de gauche**, on note l'élégante statue de calcaire du scribe Ptahcheses, faite de muscles saillants, de carnation éclatante, portant une toque en paille tressée. Un bas-relief polychrome des têtes d'Hathor et d'Amkhesempa est extraodinaire de précisions, notamment la délicatesse d'un bec de vautour. On voit aussi une collection de masses d'arme en calcaire de la période de Téti, stylisées en lotus. De même, on est touché par la tendresse et la tristesse du regard du masque de la mommie de Senar.
- La **dernière salle**, à droite avant de quitter le musée, est la reconstitution de la bibliothèque de Jean-Philippe Lauer, montrée au public. A quelques centaines de mètres du musée, les chantiers de fouilles français continuent son œuvre.

SERAPEUM

150 LE

Découvert en 1851 par l'archéologue français Auguste Mariette qui suivit les dires de l'historien grec Strabon mentionnant une allée qui conduisait aux tombes d'Apis. Mariette retrouva l'emplacement de ce complexe consacré au dieu Sérapis. Ici, au temps de l'ancienne Egypte, on venait de loin adorer dans son enclos Apis, le taureau sacré du dieu PTah, divinité tutélaire de Memphis. A sa mort, l'animal divinisé – toujours noir avec un triangle blanc sur le front – était momifié, puis placé dans un de ces énormes sarcophages (entre 60 et 70 tonnes) encore en place.

TOMBE MEMPHITE

Ve et VIle dynasties.

Dérivé du mot arabe mastab signifiant « banquette », le mastaba désigne un type de sépulture égyptienne dont les plus beaux exemples figurent, ici, à Saqqarah. Les mastabas que vous visiterez sur le site sont tous élaborés selon une même conception. Ce sont des constructions massives qui devaient rappeler au défunt la demeure qui était la sienne de son vivant.

L'entrée, surmontée d'un rouleau d'étoffe stylisé (le store qui devait protéger l'habitat de la chaleur), donne sur une antichambre. Les fonctions passées du défunt, ses titres honorifiques ainsi que des textes rituels sont gravés sur les murs. Ces reliefs ciselés comptent parmi les plus accomplis jamais retrouvés en Egypte ancienne.

Il peut y avoir ensuite une ou plusieurs salles, décorées des grands thèmes de la vie quotidienne : repas, parties de chasse ou de pêche, troupeaux, scènes de boucherie, thèmes agricoles, offrandes... Les salles, laissées sans décorations, sont en général réservées aux objets et au mobilier.

La dernière pièce est la chapelle, souvent pourvue d'un serdab, où se tient la statue du défunt. Sur le mur ouest, une fausse porte symbolise le contact entre les deux mondes, elle devait permettre au défunt d'être en contact avec le monde des vivants, chargés de veiller aux offrandes et aux prières.

Un puits, creusé dans la roche jusqu'à une profondeur de 20 m, donne accès au caveau situé juste sous la chapelle. Le corps embaumé et placé dans un sarcophage, le puits était aussitôt comblé pour être préservé des pillages.

MEIDOUN

Meidoun est situé à 70 km au sud du Caire, à proximité de l'oasis du Fayoum. On y accède en taxi, qu'on louera au Caire. Il s'agit d'un site archéologique de Basse-Egypte. Il contient une grande pyramide, l'une des moins connues d'Egypte ainsi que plusieurs mastabas en brique crue datant de l'Ancien Empire. Ces mastabas sont ceux de dignitaires proches de Snéfrou (quatrième dynastie). Le mastaba M15 appartient au prince Rahotep et à son épouse Néfret. Le mastaba M16, découvert par Mariette en 1871, est celui du prince Nefermaat et contient la peinture des *Oies de Meidoun* (exposé au musée du Caire). Ce plâtre peint est exceptionnel par ses couleurs.

PYRAMIDE DE MEIDOUN ★★

Ouverte de 8h à 16h. Entrée : 80 LE.

Aisément reconnaissable à sa silhouette caractéristique à étages, elle fut construite du temps de Snéfrou (2780 av. J.-C.), le fondateur de la IVe dynastie, et représente la première vraie tentative d'élévation d'une pyramide... qui se solda par un échec, car la pyramide s'effondra en partie lors de la construction à cause de son propre poids. Expérience qui servit aux architectes du pharaon pour bâtir les autres pyramides. Restée inachevée, elle présente l'aspect massif d'une tour de deux étages et ne vaut le déplacement que pour les férus d'archéologie.

DACHOUR ★

Dachour se trouve à 10 km au sud de Saqqarah. Pour s'y rendre, il est nécessaire de prendre un taxi, que l'on pourra louer au Caire. C'est à Dachour que se trouvent la pyramide rhomboïdale, la plus spectaculaire, et la pyramide rouge, attribuée à Snéfrou de la IVe dynastie. Ces deux pyramides ont une importance majeure dans la construction de pyramides, puisque leur édification a permis par la suite de passer d'une pyramide à degrés à une pyramide à face lisses, telle la pyramide de Guizeh. On trouvera sur le site d'autres pyramides, remontant aux XVIIe et XIIIe dynasties, mais qui ne sont pas toutes en bon état, inachevées ou fortement endommagées.

PYRAMIDE RHOMBOÏDALE ★★

Le monument le plus spectaculaire de Dachour est la pyramide dite « rhomboïdale », à la silhouette caractéristique, comme tassée. Deuxième pyramide lorsqu'on entre dans le site, on peut en faire le tour, mais elle ne se visite pas pour des raisons de sécurité. En fait, les architectes de l'époque de Snéfrou (Ancien Empire) ont modifié les plans en cours de construction, lesquels, pour une fois, ont été revus à la baisse. A partir d'une large base, on a accentué l'inclinaison et diminué la hauteur du monument, ce qui a économisé une grande quantité de matériaux.

PYRAMIDE ROUGE ★★

Troisième plus haute pyramide, elle représente la première tentative réussie de pyramide à faces lisses. Attribuée à Snéfrou de la IVe dynastie, son nom s'inspire de la teinte de son revêtement actuel. On grimpe à 28 m de hauteur par un escalier avant de s'enfoncer dans un étroit goulet (environ 130 marches) plié en deux. La descente est délicate et le retour en montée très compliqué, surtout si vous croisez quelqu'un au beau milieu du passage. Une fois arrivé à destination se dressent trois salles funéraires hautes de plafond.

BANI SUEF

La ville de Bani Suef n'a pas vraiment d'intérêt pour le voyageur, sinon d'être proche de certains sites. Peu de touristes s'y arrêtent en définitive. Dans cette première grande ville au sud du Caire (elle est située à 100 kilomètres de la capitale, sur la rive droite du Nil), entrée du « saïd », c'est-à-dire la vallée rurale et paysanne du Nil qui s'étend sur des centaines de kilomètres avant Louxor, les habitants sont réputés frustres. Longtemps, lors des attaques dirigées contre les touristes, Bani Suef était le lieu d'une barrière que ne pouvaient pas franchir les étrangers par la route. On accède à cette ville par taxi, autobus ou train.

CITY CENTER HOTEL €€

Elmahatah square
✆ +20 120 860 5050
www.citychotel.net
Chambre double : 390 L£ ; simple : 335L£, avec petit-déjeuner. Wifi et climatisation dans toutes les chambres.

Le meilleur des hôtels de Bani-Suef. Les chambres sont propres, et le lieu est calme. Location idéale, en plein centre-ville. Situé en face de la gare de train. Idéal pour visiter la région durant quelques jours la région. Restaurant avec cuisine égyptienne et internationale. Le personnel est très sympathique. Ne pas manquer de visiter les grottes de Sannour, qui sont des grottes de karst classique créées par la percolation d'eaux souterraines à travers la roche calcaire de l'Éocène du plateau Galala. Le plus bel exemple de ce type de grotte en Égypte.

Pyramide rouge.

MÉDINAT EL-FAYOUM

A 110 km du Caire, la ville la plus importante du Fayoum abrite près d'un million habitants. Ses rues sont envahies de camions, de bus, de motos pétaradantes, fumantes et « klaxonnantes » qui jonglent avec la vie des piétons comme s'il s'agissait de simples quilles. C'est un peu sauvage comme première approche, mais la présence de norias en plein centre-ville est d'un effet apaisant. La campagne n'est pas loin, juste aux portes de la ville. Vous arriverez certainement du Caire, par le bus ou le taxi collectif. Un office du tourisme, une banque, un hôtel, un restaurant. Cette ville est séparée du village de pêcheurs de Shakshouk par une vingtaine de km.

AIN EL-SILIYIN

9 km. Pour vous y rendre, prenez un taxi ou un bus pour Sanhûr et demandez au chauffeur de vous arrêter à Siliyin.

La beauté naturelle près d'Al-Fayyum provient des sources d'eau chaude de Ain el-Siliyin, où vous pouvez vous baigner, ainsi que des chutes de Wadi al-Rayan, à 40 km en direction de Bahariya. En semaine et en dehors des vacances scolaires, à la rigueur. Sinon vous risquez de tomber sur des nuées d'enfants excités qui font peu de cas de l'environnement et jettent allègrement leurs bouteilles et cannettes par terre. Aïn el-Siliyin est une petite source dont on a surexploité les possibilités touristiques en bétonnant tout autour.

FAYOUM ART CENTER ★

Tunis

www.ablamuseum.com

Vers Wadi Al Rayan, après Shakshouk.

Créé en 2006, par le célèbre peintre contemporain, Mohamed Abla, ce centre est un espace de rencontre et de création entre les artistes locaux, nationaux et internationaux. Le centre met à disposition des artistes plusieurs grands espaces de studio, une bibliothèque d'art, des espaces de vie et une salle à manger commune pour favoriser les collaborations. Le centre abrite également le premier musée de la caricature au Moyen-Orient, qui possède une vaste collection de caricatures d'artistes tels que Saroukhan, George El Bahgoury et Ahmed Toughan.

MEDINET DIMAI

2,5 km au nord du lac Qaroun, à peu près à la hauteur de Shakshouk.

Difficile d'accès, cette cité abandonnée mérite vraiment une visite. Du temps des Ptolémée, l'endroit s'appelait l'île de Soknopaios (Isis au beau trône). La ville fortifiée se trouvait au bord du lac avec pour fonction de surveiller la route vers les oasis de l'ouest. Aujourd'hui, les murs d'enceinte en brique sont toujours debout, même s'ils se sont affaissés avec le temps, formant des courbes poétiques. A l'intérieur, on voit encore le tracé des rues et les restes de nombreuses demeures, ainsi qu'un temple Ptolémaïque. Le sol est jonché de débris de poteries.

PYRAMIDES DE LAHUN ET HAWARA ★

Ouvertes de 8h à 16h. Entrée : 80 LE chacune.

Toutes deux très détériorées, elles s'apparentent beaucoup plus à des monticules de terre qu'à l'idée que l'on se fait d'une pyramide. Elles sont situées en retrait de la magnifique route qui relie Médinat el-Fayoum à Beni Suef. Elles ne présentent pas un immense intérêt, mais si vous décidez de vous y rendre, n'hésitez pas une seconde à louer un taxi. En y allant par vos propres moyens, vous vous exposeriez délibérément à une énorme galère qui vous ferait perdre une bonne journée.

VILLAGE DE TUNIS ★★

Sur une colline face au lac Karoun, en allant vers Wadi Rayan.

Ce petit village en hauteur, avec vue plongeante sur le lac, est un petit bijoux méconnu des touristes de passage en Egypte. C'est pourtant l'un des endroits les plus agréables du pays. Dans les années 1980, Evelyne Porret, artiste et spécialiste de la poterie s'y installe, y construit sa maison ainsi qu'un atelier de poterie. Ce sont ses élèves qui ont ensuite développé cet artisanat, qui a fait la renommée du village. Beaucoup ont ouvert leurs propres ateliers et magasins de poterie que vous trouverez aisément en vous baladant dans les ruelles en terre battue.

ZAD AL-MOSAFER €

Village de Tunis, route de Wadi El-Rayan
✆ +20 100 6395 590
Chambre entre 200 L£ et 350 L£. Restauration et boissons à petits prix.

Egalement appelé Ecolodge de Tunis, cet hôtel possède une douzaine de chambres avec matelas posés à même le sol. Mobilier en bois de palmes, pas de toilettes ni de salle de bains dans les chambres (sauf dans les chambres familiales), mais plusieurs à l'extérieur. La propreté laisse à désirer et la nourriture n'est pas toujours à la hauteur mais le grand jardin et le personnel sympathique rattrape ces désagréments. Éviter d'y aller pendant les vacances scolaires égyptiennes. Vous vous retrouverez avec des dizaines d'adolescents brouillants.

NEW PANORAMA €€

Route Ibshaway
✆ +20 84 283 11 15
Chambre simple : 300 L£, double : 600 L£ en demi-pension. Réservation conseillée.

Situé sur le côté tranquille du lac Qaroun dans le Fayoum, avec une belle vue sur le lac où vous pourrez apprécier le paysage naturel. L'établissement bien tenu et décoré avec goût ; des kilims et des tapis bédouins recouvrent les murs en crépi blanc. Les chambres ont toutes un balcon qui donne sur un magnifique jardin avec, au fond, une petite piscine, symbolique dirions-nous. Lieu assez cher et plutôt bruyant, car assez prisé d'une clientèle qui aime à venir en famille. Cet établissement n'est peut-être pas l'idéal pour ceux qui voudraient rester au calme.

SOBEK €€

Route Ibshaway
✆ +20 106 888 5423
Chambre double : 550 L£ le week-end, 450 L£ la semaine. Petit déjeuner inclus.

Charmant écolodge, situé au cœur de Tunis Village. L'hôtel Sobek dispose de 10 chambres dans un jardin verdoyant et paisible, des huttes en feuilles de palmier et une grande piscine qui donne sur une vue imprenable du lac Fayoum. Si vous ne logez pas au Fayoum, vous pourrez y passer pour déjeuner. Le pigeon et le canard y sont particulièrement bien cuisinés. Vous profiterez ainsi d'un paysage magnifique et de la présence très agréable du fondateur du lieu, qui prendra comme toujours son temps pour vous parler de la vie des gens du Fayoum.

BYOUM LAKESIDE €€€

Lac Karoun
✆ +20 121 21 55 551
www.byoum-alfayoum.com
110 € la chambre le week-end, 140 € la semaine.

Byoum qui veut dire « lac » en copte était l'ancien nom de Fayoum. Ce luxueux resort est placé idéalement au bord du lac Qarun et offre un large jardin. Si l'eau est trop salée pour vous, la grande piscine pourra vous rafraîchir, tout en gardant la vue sur les flamants roses du lac. L'hôtel dispose d'un bar dans le hall et d'un bar au bord de la piscine. Il y a également un restaurant avec une terrasse qui donne sur le lac. Le salon de shisha propose une variété de parfums. L'hôtel est situé à 6 km du palais de Qaroun, datant du IVe siècle avant J.-C.

HELNAN AUBERGE HOTEL €€

Lac Karoun
✆ +20 122 006 7551
www.helnan.com
600 L£ la chambre double.

L'hôtel se situe à 130 km au sud-est du Caire et à 1h30 de route du Fayoum, région riche en histoire. Accessible en voiture uniquement, les visiteurs étrangers et locaux découvriront un des secrets les mieux gardés du pays, sans avoir à se déplacer bien loin de la capitale. Avec ses lacs naturels et ses champs verts, ses sites historiques et sa culture locale, ce refuge n'est pas célèbre, mais offre un paradis serein où les visiteurs peuvent vraiment se détendre et apprécier les paysages naturels et l'histoire majestueuse qui s'y trouve.

NEW PANORAMA €€

Route Ibshaway
✆ +20 84 283 11 15
Entre 350 L£ et 600 la chambre double

Bonne table de l'hôtel du même nom, ouverte aux non-résidents de l'établissement. Avec le prix de la chambre, l'hôtel offre un petit-déjeuner continental. Un établissement bien tenu et décoré avec goût, qui donne sur le lac de Qaroun. On y trouve des kilims et des tapis bédouins qui recouvrent les murs peints en crépi blanc. Les chambres ont toutes un balcon qui donne sur un magnifique jardin avec, au fond, une petite piscine, symbolique dirions-nous. Un peu cher et clientèle essentiellement égyptienne, ce qui le rend un peu sonore !

PARC NATIONAL DE WADI EL-HITAN

Accessible en 4x4 uniquement, il est à environ 2h de Fayoum. À quelque 40 km du Wadi Rayan, la vallée des Baleines vous emporte plusieurs millions d'années en arrière. Paysage désertique, falaises modelées par le vent, coquillages qui craquent sous les pieds, le reste du chemin se parcourt à pied. La rencontre avec ces squelettes de cétacés, certains mesurant plus de 20 mètres, est inoubliable. Que s'est-il passé pour que toutes ces baleines se retrouvent « enterrées » à cet endroit ? Une catastrophe écologique, un suicide collectif ? Les avis des spécialistes divergent. La balade est surprenante et magique pour les simples curieux.

RÉSERVE NATURELLE DU LAC QAROUN

A l'origine, une vaste étendue d'eau qui peu à peu s'est asséchée pour des raisons encore mal établies : effondrement géologique, infiltration, forte évaporation due au réchauffement du climat… Aux temps pharaoniques, son niveau baissa tellement qu'Amménémès Ier (2110 av. J.-C.) entreprit des travaux d'irrigation et de drainage qui permirent aux eaux de remonter au niveau que nous leur connaissons aujourd'hui. L'histoire du Fayoum (Pa-Youm en copte signifie « le lac, la mer ») reste évidemment liée à celle de son lac sur les bords duquel proliféraient en grand nombre les crocodiles. Du coup, les habitants vénéraient le dieu crocodile Sobek (les Grecs donnèrent plus tard le nom de Crocodilopolis à l'actuelle Médinat el-Fayoum). Région riche et peuplée depuis la plus haute Antiquité, elle a connu son apogée durant la période Ptolémaïque, servant de lieu de villégiature aux notables de Memphis, et alimentant le royaume en céréales, fruits, légumes et poissons séchés. Avec l'arrivée des Arabes, auxquels les habitants opposèrent une résistance farouche, le Fayoum subit une très forte récession, due notamment à la destruction d'une grosse partie du système d'irrigation. Ce n'est que dans les années 1950 qu'une revalorisation des ressources fut entreprise – avec succès comme vous pourrez le constater – sans pour autant arriver à récupérer ce que le désert gagna sur des terres autrefois fertiles. Dans l'ensemble, le lac Qaroun est peu profond, de 4 m à 6 m en moyenne avec quelques « fosses » d'une dizaine de mètres. Il s'étire d'une rive à l'autre sur 42 km de longueur et son point le plus large n'excède pas 9 km. La salinité de ses eaux, très variable d'un point à l'autre, ne permet pas de l'utiliser pour l'irrigation. D'ailleurs, à son approche, la végétation perd de son exubérance pour laisser place à des plaines mornes et désertiques, la rive nord n'étant qu'un vaste désert. On vous proposera certainement une promenade sur le lac, en barque ou en petit voilier. C'est une excellente occasion de s'y baigner en évitant les rives souvent boueuses. Vous pourrez y admirer le paysage contrasté de cette région : d'un côté, toutes les nuances de vert d'une abondante végétation ; de l'autre, l'aridité crue et vive des jaunes du désert.

QASR QAROUN

Ouvert de 8h à 16h. Entrée : 60 L£.

Il s'agit d'un petit temple d'aspect assez massif, sans aucune fresque ni inscription. Les spécialistes datent sa construction d'environ 150 av. J.-C. Autour du temple subsistent quelques vestiges en brique de l'ancienne Dionysios. Sur un plan strictement architectural, vous risquez de trouver le butin un peu maigre. Mieux vaut y aller en connaissance de cause, c'est-à-dire pour la balade et le site lui-même, qui est superbe. Pour s'y rendre, prenez un bus pour Ibshaway et, de là, un taxi collectif pour El-Shawashra qui vous emmènera jusqu'à destination.

RÉSERVE NATURELLE DU WADI RAYAN

Cette dépression est composée d'une succession d'étangs plus ou moins vastes, reliés les uns aux autres par de petites cascades très agréables. Située dans le sud-ouest du Fayoum, la réserve couvre 1 792 km^2 et comprend le lac supérieur, le lac inférieur, les chutes d'eau qui les joignent, des sources naturelles. Wadi el-Rayan existe en tant que réserve naturelle depuis 1989 afin de protéger la faune et la flore du secteur, constituées entre autre de gazelles leptoceros, de fennecs, de reptiles ainsi que de nombreux oiseaux migrateurs. C'est devenu un lieu de baignade très apprécié. Recommandé aux amateurs de pique-nique au bord de l'eau.

WADI NATROUN

Petite vallée du désert occidental, située à 100 km au nord du Caire, le Wadi Natroun a servi de refuge aux chrétiens d'Egypte dès les premiers siècles de notre ère. Brimés par les autorités de Byzance, puis par le pouvoir musulman du Caire, les Coptes ont souvent eu recours à l'exil pour pouvoir préserver leur foi. Ils vivaient d'abord en ermites avant de s'organiser en communautés. C'est ainsi que près de cinquante monastères ont été établis au IVe siècle au Wadi Natroun. Aujourd'hui, il n'en reste plus que quatre, toujours habités par les moines. Situés un peu à l'écart de la route du désert (Alexandrie-Le Caire), les monastères du Wadi Natroun peuvent faire l'objet d'une étape d'une à trois heures, lors d'un déplacement entre les deux villes. Cela vous donnera l'occasion de saisir une dimension particulière du christianisme en Egypte. Une première route, sur la gauche, conduit à Saint-Macaire. Pour les autres monastères, il faut reprendre la route principale en direction d'Alexandrie sur environ 10 km. L'idéal est d'avoir une voiture. Les couvents se visitent, à condition, toutefois, que cela ne perturbe pas la vie monastique. Vous devez donc impérativement vous renseigner, avant de partir, auprès du patriarcat copte orthodoxe du Caire ou d'Alexandrie. Une exception : le monastère autonome et presque hippie d'Anafoura… La vallée du Wadi Natroun est aussi connue pour sa succession de petits lacs. Asséchés durant une partie de l'année, ces lacs produisent le natron, utilisé dans différentes industries du Caire.

DEIR ANAFOURA ✠

Alexandria Desert Road

✆ +20 100 114 1044

http://anaforaegypt.com

Prix libre. Réservation par mail.

Un monastère entouré de petites maisons blanches à toit rond et bordées de palmiers. L'église en forme de dôme posé sur la terre est tout à fait originale. A l'intérieur, des tapis multicolores mais pas de chaises. Les paysans et religieux du monastère visent l'autosuffisance en se nourrissant principalement des produits biologiques de leur ferme. Ils vendent également leurs produits aux visiteurs et offrent le logis. Vous devrez déjeuner et petit-déjeuner dans la salle commune aux horaires communs. Cette mini-contrainte en vaut largement la chandelle.

DEIR BARAMOS (MONASTERE DES ROMAINS)

Ce monastère copte orthodoxe est situé dans le désert de Nitrie. Les moines qui vivent dans ce couvent, le plus au nord des quatre, suivent la discipline la plus stricte. Du coup, il est parfois difficile de le visiter. Il a conservé un aspect médiéval fort pittoresque. Suite aux attaques des Berbères et des Bédouins, le pape Chenouda Ier d'Alexandrie (859-880) avait fait construire des murs autour des monastères, de onze mètres de hauteur et deux mètres de large.

DEIR ABU MAKAR (MONASTERE SAINT-MACAIRE)

www.stmacariusmonastery.org

Le plus grand des monastères du Wadi Natroun abrite près d'une centaine de moines. Chenouda III, l'ancien pape des coptes y avait été placé en résidence surveillée en 1981. L'aspect extérieur du monastère n'est pas très heureux. Pourtant, sa visite est intéressante. On y vénère les reliques de saint Macaire et de saint Jean-Baptiste. Rendez-vous à l'église Saint-Macaire, la plus ancienne, et montez les trois étages de la forteresse. Les autres édifices sont de construction récente.

EL-DEIR EL-SURYANI (MONASTERE DES SYRIENS)

✆ +20 2 25 90 51 61

www.st-mary-alsourian.com

C'est sans doute le plus joli des quatre monastères, bien qu'il soit entouré d'une enceinte moderne peu élégante. Les fresques byzantines des XIIe et XIIIe siècles sont particulièrement émouvantes. Vous y verrez également de nombreuses icônes et une porte sculptée. Surtout, vous vous trouverez au milieu de fidèles pour qui ces lieux ont une grande valeur symbolique. En sortant de l'église, rendez-vous à la forteresse (qasr). Du toit, vous avez une très belle vue sur le désert.

DEIR AMBA BICHOÏ ★

Le Deir Anba Bishoi est un important monastère copte orthodoxe. On l'appelle aussi monastère Saint-Bishoy. Il fut fondé au IVe siècle (restauré au XIVe siècle). Il est un des premiers et des plus anciens monastères au monde. Bishoy est une déformation du mot copte *Pshoï* qui signifie « haut » ou « suprême ». Ce lieu renferme le tombeau du saint anachorète, né vers 320 dans la région du Delta et qui mourut en 317 à Antinoë, en Moyen Égypte, où il s'était retiré. Sa dépouille demeura à Antinoé jusqu'en 841, avant d'être déplacée par Josef Ier au monastère.

VIGNOBLE GIANACLIS

Abu El Matamer

✆ +20 10 9017 0752

Datant du XIXe siècle, les vignes de Gianaclis sont les plus anciennes en Egypte. Les vignes donnent aux visiteurs l'occasion de voir comment se produisent leurs vins fins. Au programme : invitation à flâner autour des vignes, à explorer les processus de fabrication et faire une excursion du musée des Machines antiques de fabrication de vin. Et, bien évidement, aucune visite d'un vignoble n'est complète sans une dégustation sur place, ainsi les visiteurs peuvent goûter des vins autour d'un déjeuner léger, et réserver une dégustation complète avec le sommelier.

CITÉ DU 6 OCTOBRE

La construction de la ville du 6-Octobre a commencé en 1979, afin de répondre aux besoins urgents de l'expansion démographique de la capitale. La ville a été dessinée au cordeau, et s'étend à 15 kilomètres à l'ouest du plateau de Guiza. Cité dortoir au départ, la ville a développé, comme Héliopolis, Medinat Nasr et Maadi en leur temps, sa vie propre, sa vie indépendante du Caire. Depuis la guerre en Syrie, elle est peuplée en majorité de Syriens de la classe moyenne ayant fui le pays et n'ayant pas les ressources suffisantes pour aller en Europe ou en Amérique. On y accède en taxis et autobus en venant du Caire (Midan Abdel Moneim Riad).

DREAM PARK

Fayoum Road

✆ +20 2 38 55 31 91

www.dreamparkegypt.com

Tickets à 120, 150 et 175 LE selon les options choisies.Ouvert de 10h à 19h, et 21h le vendredi.

Parc d'attractions multiples, le plus à la mode au Caire. Il est déconseillé d'y aller le week-end donc, car il y a vraiment beaucoup de monde. Le parc d'attraction ouvre à 10h officiellement, mais les attractions ne se mettent en route qu'à partir 15h ou 16h. Il n'y a pas vraiment de logique, il faudra s'armer de patience ! Les attractions pour enfants sont souvent payantes même lors de l'achat d'un ticket englobant tout. Plusieurs jeux adultes ou enfants sont fermés à cause des pannes. L'attente pour faire les jeux n'est pas très longue.

HELNAN DREAMLAND HOTEL €€€

El-Wahat Road ✆ +20 2 38 59 50 01

www.helnan.com

Chambre double : à partir de 100 US$. 178 chambres, 20 suites. Spa. 2 piscines. Tennis, squash.

L'Helnan Dreamland Hotel est l'établissement parfait pour les voyageurs souhaitant se ressourcer lors de leur séjour à Gizeh. Les chambres comprennent une télévision à écran plat, une climatisation et un minibar. L'établissement possède également piscine et propose le petit déjeuner. L'hôtel, construit en 2008, non loin du golf, se situe à quelques km des Pyramides de Guizeh. Loin de tout, comme la ville du 6-Octobre, sinon pour les amateurs de calme et de 18-trous. Vous rejoindrez le centre en 1h, voire 2h si vous sortez aux heures de pointe.

MÖVENPICK CAIRO MEDIA CITY €€€

Fayoum Road

✆ +20 2 38 55 50 01

www.movenpick.com

Chambre double : à partir de 132 US$. 360 chambres, 23 suites. Spa. 3 piscines. Tennis.

Cet hôtel 5 étoiles est surtout choisi par les groupes. Il est situé à 45 kilomètres du centre-ville et à seulement 20 kilomètres du plateau de Gizeh, à quelques pas de Dream Park, l'un des parcs d'attractions les plus célèbres du Moyen-Orient. Il y a un terrain de golf de 27 trous. A côté des studios de Media Production City, où les clients pourront revivre l'histoire du cinéma égyptien. Comprend des larges piscines et des jardins paysagers luxuriants.

VALLÉE DU NIL

Le Nil est une résurgence des Eaux primordiales qui existaient avant la création de l'univers. C'est de ces Eaux primordiales que sortirent les éléments, la vie, dont les dieux se partagent les titulatures. Ce que l'on appelle la Vallée du Nil débute à une centaine de kilomètres au sud du Caire, au niveau de Beni Soueif, et remonte jusqu'à Assouan et son premier barrage, au niveau de la première cataracte qui marque le début de la Nubie. Deux grandes villes administratives, Minia et Assiout, se sont développées sur les rives du fleuve. Après Le Caire, elles sont les plus grandes villes universitaires du pays. Les villes de Beni Soueif, Sohag, Mellawi et Qena sont de grands centres urbains du Nil. Quant aux villes touristiques comme Abydos, Louxor, Esna, Edfou, Kom Ombo et Assouan, elles sont particulièrement peu étendues par rapport aux précédentes.

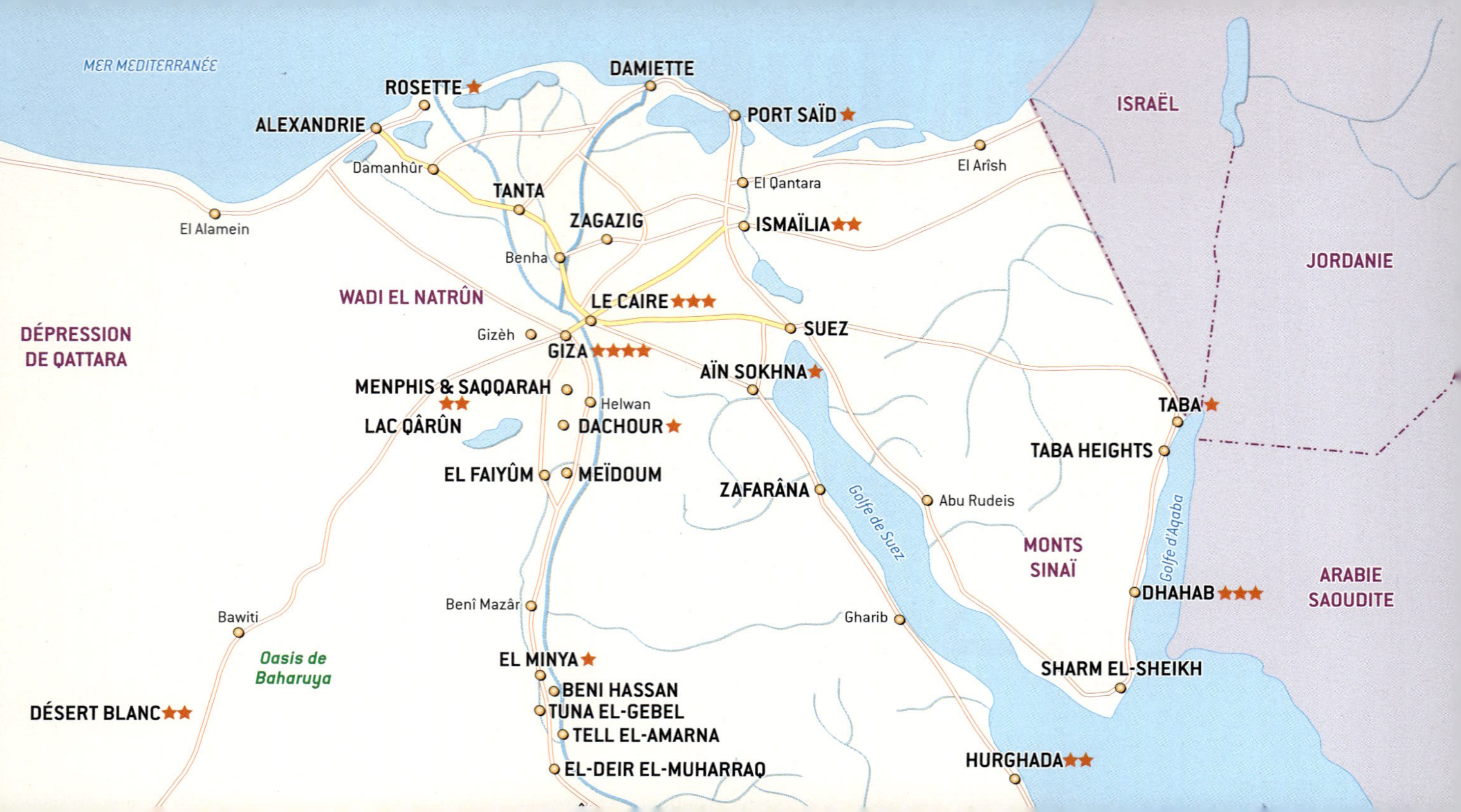
MER MÉDITERRANÉE
ROSETTE
DAMIETTE
ALEXANDRIE
PORT SAÏD
Damanhûr
El Arîsh
El Qantara
TANTA
ZAGAZIG
ISMAÏLIA
El Alamein
Benha
WADI EL NATRÛN
LE CAIRE
SUEZ
DÉPRESSION
DE QATTARA
Gizèh
GIZA
AÏN SOKHNA
MENPHIS & SAQQARAH
Helwan
LAC QÂRÛN
DACHOUR
EL FAIYÛM
MEÏDOUM
ZAFARÂNA
Golfe de Suez
Abu Rudeis
MONTS
SINAÏ
ISRAËL
JORDANIE
TABA
TABA HEIGHTS
Golfe d'Aqaba
DHAHAB
ARABIE
SAOUDITE
Benî Mazâr
Gharib
Bawiti
Oasis de
Baharuya
EL MINYA
BENI HASSAN
TUNA EL-GEBEL
TELL EL-AMARNA
EL-DEIR EL-MUHARRAQ
SHARM EL-SHEIKH
HURGHADA
DÉSERT BLANC

Vallée du Nil
MER ROUGE
AKHMIM
Dandara
QENA
ABYDOS ★★★
DENDÉRAH ★★★
QUSEIR ★
VALLÉE DES ROIS ★★★★
VALLÉE DES ARTISANS ★★
TOMBES DES NOBLES ★★
VALLÉE DES REINES
GOURMA ★★★★
LOUXOR ★★★★
EL KHÂRGA ★★
Mut
ESNA
EL-KAB
Oasis d'El Khârga
EDFOU
MARSA ALAM ★★★
KÔM OMBO ★★★
Kôm Ombo
DARAW
ÎLE KITCHENER ★
ÎLE ÉLÉPHANTINE ★
RÉSERVE NATURELLE DE SALUGA EL-GHAZAL
ASSOUAN ★★★★
ÎLE DE SEHEL
Bérénice
KALABSHA
PHILAE ★★
280 KM
Bir Shalatein
LAC NASSER ★
NEW AMADA
DÉSERT OCCIDENTAL
ABOU SIMBEL ★★★★

PAGES

●● D'EL-MINYA À QENA

C'est la Moyenne-Égypte, qui comprend la partie de l'antique Haute-Égypte située entre Beni Soueif et Qena. Cette grande région, marquée pendant de longues années par le risque terroriste, était brièvement redevenue fréquentable fin 2012, mais les violentes manifestations de sympathisants aux Frères musulmans à peine quelques mois plus tard, ont remis cette région sur la carte des endroits à éviter.

Aujourd'hui, la loi anti-manifestation et la répression d'une main de fer exercée par le régime empêchent tout rassemblement d'ampleur. Pour autant, les attaques de fidèles coptes n'ont pas cessé bien au contraire, dans cette région minée par le sectarisme religieux, l'illettrisme et la faible présence de l'État. Le ministère des Affaires étrangères français déconseille les déplacements, mais précise qu'il est toutefois possible d'utiliser la route de la rive orientale du Nil pour rejoindre la Haute-Égypte. On vous conseille de ne pas trop vous aventurer dans la campagne et de ne vous rendre que sur les sites archéologiques. La police est présente dans chaque hôtel et veille à la sécurité des touristes pendant leur séjour.

●● LOUXOR ET SA RÉGION

●● D'ESNA À ASSOUAN

VALLÉE DU NIL

●● LAC NASSER

Le lac Nasser est un lac artificiel, le plus grand au monde. Plus de 5 000 km², plus de 500 km de long et de 5 km à 35 km de large. Appelé également la mer nubienne, il offre des paysages quasiment irréels, des décors lunaires. Aucun village, aucune âme qui vive sur ces rivages désertiques, excepté oiseaux, gazelles, renards, crocodiles et lézards. Un nombre incalculable d'espèces de poissons ont élu domicile en ces eaux, telle la fameuse perche du Nil qui peut atteindre des tailles phénoménales. La lumière féerique fait varier les plaisirs, changeant à chaque instant les teintes des rives désertiques. La création de ce lac artificiel engendra comme chacun sait, le déplacement des monuments qui allaient être engloutis à tout jamais. Grâce à l'Unesco et à tous les pays qui se sont mobilisés pour venir en aide à l'Egypte, les temples furent sauvés. En témoignage de reconnaissance, le gouvernement égyptien remercia les diverses nations par un legs d'antiquités. La France reçut le buste monumental d'Aménophis IV que l'on retrouve au musée du Louvre, à Paris. C'est ainsi qu'aujourd'hui la croisière sur le lac Nasser permet d'admirer encore et pour toujours des sites uniques.

© SYLVAIN GRANDADAM

Temple d'Hathor et de Néfertari au bord du lac Nasser.

EL-MINYA ★

Longtemps surnommée par les Egyptiens « Aroussa el-Saïd » (la fiancée du Saïd), la ville se trouve à environ 250 km au sud du Caire. Elle peut constituer une étape agréable et reposante si vous envisagez de visiter les sites de Beni Hassan, de Tuna el-Gebel et de Tell el-Amarna. Vous serez très chaleureusement accueilli par la population, qui comporte une forte majorité de coptes. El-Minya plaira à tous ceux qui, intéressés par les monuments pharaoniques, apprécient également la vie estudiantine et les belles demeures coloniales délabrées aux jardins envahis par les bougainvilliers et les chats errants. Pour ceux-là, El-Minya sera une bonne surprise.

BENI HASSAN

Situé sur la rive droite du Nil à une vingtaine de kilomètres au sud de la ville d'Al-Minya, le petit village de Beni Hassan réunit un ensemble de sépultures princières, réalisées il y a environ 2 500 ans avant notre ère. Il est constitué de trente-neuf tombes creusées dans la partie haute d'une roche aride. Le relief et la couleur de cette roche qui surplombe le Nil en font un des plus beaux sites d'Egypte. À proximité, le site d'Antinoé, construit sur le site de l'amant de l'empereur Hadrien, permet d'observer un ensemble de sépultures princières datant du Moyen Empire. La position de la cité, à un coude du Nil, est ici majestueuse.

ANTINOÉ

Sur le lieu du suicide de son amant, l'empereur Hadrien, qui développa la Pax Romana tout le long de son règne, éleva la ville mémoire d'Antinoé, dont il ne reste que quelques murs de briques crues, dessinées par le vent. Le site a servi de carrière pour la construction d'une usine. Néanmoins, la position de la cité, à un coude du Nil, est superbe. Le site se trouve à 18 kilomètres au sud de El-Minya. On y observe un ensemble de sépultures princières datant du Moyen Empire. Trente-neuf hypogées de la nécropole creusées dans la falaise, dont douze présentent des décorations murales qui évoquent des thèmes de la vie agricole et de l'artisanat de l'époque. Ces décors du Moyen Empire, sont visibles en observant le tombeau de Khnoumhotep II, monarque de la XIIe dynastie. On y observe une caravane d'Asiatiques, une récolte de figues et une chasse aux canards. Au sud du cimetière se trouve un temple construit par Hatchepsout et Thoutmôsis III, dédié à la déesse locale Pakhet 1. Il est connu sous le nom de grotte d'Artémis car les Grecs identifiaient par syncrétisme Pakhet avec Artémis et le temple est souterrain.

Les nombreux textiles et 38 momies trouvés lors des fouilles ont été mis à l'étude scientifique par le Louvre dans les années 1990. Elle a révélé que la momification n'était pas l'apanage de l'antique religion égyptienne puisque les premiers chrétiens d'Égypte, les coptes, étaient également momifiés. Si vous désirez approfondir le sujet, regardez l'excellent documentaire : *Le mystère des momies coptes d'Antinoé*.

TUNA EL-GEBEL

L'ancienne nécropole d'Hermopolis s'étend à une vingtaine de kilomètres au sud-ouest de Beni Hassan. Capitale du XVe nome de Haute-Egypte, la cité est tout d'abord connue sous le nom égyptien de Khnoum. On y vénérait le dieu-lune, Thot, représenté sous forme de babouin ou d'ibis. Après une période de déclin, la ville, sous le nom d'Hermopolis, connut une deuxième période de faste, du temps des Ptolémée. Après avoir quitté la route principale, vous traverserez une campagne fertile sillonnée de nombreux canaux d'irrigation et offrant le spectacle quotidien de la vie aux champs. A 5 km du site, un très beau cimetière musulman se signale par ses qubba.

CITÉ ANTIQUE

Il ne reste que quelques ruines de la cité antique, située à Kom el-Ashmuneïm, à 8 km de Tuna el-Gebel. Mais de nouvelles découvertes laissent penser que Tuna el-Gebel ne restera pas longtemps dans l'ombre. En 2017, les autorités égyptiennes faisaient état de la découverte d'une nécropole comportant de nombreux puits funéraires de la fin de la période pharaonique (26e dynastie et après) et du début des Ptolémée, au milieu du IVe siècle. Dans la région de Tuna el-Gebel, en face d'Amarna, et à 60 km au sud de Minya, la mission égyptienne continue les fouilles...

NÉCROPOLE

Ouverte de 8h à 17h. Entrée : 60 LE, 30 LE pour les étudiants.

Situé sur la rive droite du Nil à une vingtaine de kilomètres au sud de la ville d'Al-Minya, le site de Beni Hassan réunit un ensemble de sépultures princières, réalisées il y a environ 2 500 ans avant notre ère. Il est constitué de trente-neuf tombes creusées dans la partie haute d'une roche aride. Le relief et la couleur de cette roche qui surplombe le Nil en font un des plus beaux sites d'Egypte. Douze tombes seulement ont des motifs décoratifs, et parmi celles-ci, quatre sont accessibles au public. Dans l'ordre, vous visiterez celle de Khety (n° 17), Baqît III (n° 15), un peu plus loin Khnoum-Hotep (n° 3) et Amménémès (n° 2). Ces deux dernières sont les plus grandes et les plus belles.

Ces tombes furent creusées au début du moyen Empire, à cheval sur les XIe et XIIe dynasties (2060-1785 av. J.-C.), à l'usage des nomarques, les représentants régionaux du pharaon. Leur pouvoir causa l'effondrement de plusieurs dynasties tout au long de l'histoire de l'Egypte ancienne.

Les vestiges de cette période n'étant guère nombreux, Beni Hassan intéressera principalement ceux qui cherchent à établir une chronologie dans l'évolution de l'art funéraire.

Ils seront séduits par les proportions de ces vastes tombes, d'architecture assez simple, aux peintures surprenantes. Scènes animalières étonnamment vivantes ou représentations de lutteurs en action, on est à la limite de la bande dessinée ou du Kâma-Sûtra. Deux gazelles sont représentées en train de s'accoupler, quant aux lutteurs, ils ne font pas que s'affronter !

NÉCROPOLE

En suivant, droit devant vous, le chemin de dallage qui s'enfonce à travers les sables, vous aboutirez à un petit temple de la période ptolémaïque, en fait une tombe du IVe siècle av. J.-C., celle de Pétosiris et de sa famille. Grand prêtre de Thot, Pétosiris passe pour avoir été un grand réformateur religieux. A sa mort, il serait devenu lui-même l'objet d'un culte.

Très bien conservée, sa tombe mérite le coup d'œil, ne serait-ce que pour ses reliefs (à droite en entrant dans le vestibule) à fort cachet hellénisant. Les gardiens ne manqueront pas de vous proposer de rendre visite à Isadora, une jeune fille momifiée qui se serait noyée dans le Nil. Le spectacle n'est pas particulièrement réjouissant.

En revenant sur vos pas, prenez à gauche et dirigez-vous vers une sorte de mastaba à moitié enterré, pour descendre dans des cryptes creusées à même la roche.

Vous vous promènerez dans une semi-obscurité le long de vastes couloirs parfaitement ventilés et bordés de niches dans lesquelles ont été retrouvées des milliers de momies de babouins et d'ibis. Ce qui n'a rien d'étonnant quand on sait qu'Hermopolis vénérait Thot sous ces deux formes.

En 2018, de nouvelles fouilles ont mis au jour plus de quarante momies en bon état de conservation dans quatre chambres funéraires ptolémaïques (323 à 30 avant J.-C.). Douze d'entre-elles correspondent à celles d'enfants, six d'animaux et le reste d'hommes et de femmes adultes. Il semblerait qu'elles correspondent à une famille de la petite bourgeoisie de la dernière dynastie pharaonique.

TELL EL-AMARNA

Entrée : 60 LE. Malheureusement, le site de Tell el-Amarna n'a pas la douceur de son proche voisin, et la première impression que vous en aurez, risque d'être la bonne : une immense étendue de sable blanc, stérile et inhospitalière, balayée par les vents.

Si l'on exclut les deux ou trois tombes qui conservent encore quelques bas-reliefs de choix, il ne subsiste rien d'Akhenaton ou rien qui puisse intéresser un visiteur non spécialisé en archéologie. De tous les sites touristiques d'Egypte, Tell el-Amarna semble un des plus difficiles à recommander tant par sa situation, son inaccessibilité, le temps qu'il faut lui consacrer, que parce qu'il propose.

EL-DEIR EL-MUHARRAQ

Le monastère est facilement accessible en taxi à partir de Quseya, petite ville desservie par le bus et le train à partir d'El-Minya et d'Assiout. Attention : se renseigner auprès du patriarcat copte du Caire pour être certain de trouver ses portes ouvertes. Le monastère est occupé par une centaine de moines et accueille des milliers de pèlerins lors de cérémonies qui se déroulent en juin et en août. Si vous faites escale dans cette ville, ne manquez pas de visiter son marché couvert. De même, vous pouvez gagner à partir d'Assiout l'oasis d'El-Kharga, bien qu'il soit désormais recommandé d'emprunter la nouvelle route El-Kharga-Louxor.

MONASTÈRE DU DEIR EL-MUHARRAQ

Se renseigner au préalable de l'ouverture du site.

Un important monastère se trouve au pied de la montagne ouest, près de Quseya. C'est l'un des lieux les plus sacrés pour les Coptes d'Egypte. Entouré d'une imposante enceinte médiévale, il s'est construit autour d'une grotte où la Sainte Famille aurait trouvé abri lors de sa fuite en Egypte, avant leur retour en Palestine, à la mort d'Hérode. La plus vieille église du monastère remonterait à l'an 38 de notre ère, et passe pour la plus ancienne du monde chrétien.

ASSIOUT

À 250 kilomètres au nord de Louxor. La population copte d'Assiout a connu une forte progression suite à une apparition de la Vierge Marie (reconnue seulement par l'Eglise orthodoxe copte). Elle constitue donc une étape incontournable du pèlerinage des coptes sur les traces de la Sainte Famille. C'est aussi la plus grande ville de toute la Haute-Egypte, dotée de la troisième université d'Egypte en nombre d'étudiants. Les populations pharaoniques lui donnèrent le nom de Siout, elle fut la capitale avant de perdre son titre au profit de Thèbes au Nouvel Empire. L'un de ses plus grands trésors est la nécropole d'Assiout, située à l'ouest de la ville.

NÉCROPOLE D'ASSIOUT

Ouest d'Assiout

Tombe de Meir : 40 LE, 20 LE pour les étudiants. Ouverte entre 8h et 17h.

A mi-chemin entre Le Caire et Luxor, Assiout était le point de départ des caravanes qui allaient dans les oasis. Anciennement appelé Lycopolis, les Grecs y commémoraient le culte de Oupouaout, qui était vu comme le protecteur de la cité. Cette divinité est représentée sous la forme d'un canidé. Les grottes funéraires, que l'on observe sur le site, sont creusées dans les parois de la montagne et on pense que les tombeaux des pharaons des IXe, X^{e} et XIIe dynasties, tels que Khéty Ier et II, s'y trouvent. Le tombeau de Meir contient le tombeau des princes de Qusseia.

SOHAG

Située à 100 kilomètres au sud d'Assiout, sur la rive gauche du Nil, c'est une ville importante de pèlerinage pour les coptes grâce à ses nombreuses églises et monastères. Le plus connu est celui du pape Chenouda, aussi appelé le monastère blanc (Deir el Abiad), dont l'église remonte au Ve siècle. Comme Assiout, Sohag est aussi un grand centre universitaire. Outre le tourisme, qui ne représente toutefois qu'une petite partie des revenus, l'économie repose sur l'industrie de tapis, de tissage et de sucre. Sohag était le point de départ le plus commode pour deux visites dignes d'intérêt : Akhmim et Abydos (que l'on atteint maintenant de Louxor).

© CORTYN - SHUTTERSTOCK.COM

Le monastère copte Deir el Abiad près de Sohag.

AKHMIM

Impossible de ne pas aller visiter cette ville célèbre pour ses fabriques de pièces de coton ou de soie. Destinés surtout à l'ameublement, les matériaux de tissage et le choix des motifs sont d'une qualité indéniable. Mais Akhmim, c'est aussi, pour les amateurs d'histoire ancienne, un pèlerinage dans la ville de Min, le dieu ithyphallique (c'est-à-dire au sexe en érection) que vous aurez sans doute déjà aperçu sur un bas-relief, dans un temple comme Karnak, par exemple. A l'origine, la ville s'appelait Khem-Min pour devenir chez les Grecs Panopolis. Elle occupait une place importante en tant que capitale du neuvième nome de Haute-Egypte.

ABYDOS ★★★

Selon la tradition, c'est ici que fut retrouvée la tête d'Osiris après que son frère Seth l'eut assassiné, dépecé et jeté dans le Nil. Abydos devint ainsi un lieu de pèlerinage et d'inhumation de première importance. Les fouilles, entreprises depuis la fin du siècle dernier, ont confirmé l'antiquité du site en mettant au jour les tombeaux royaux des deux premières dynasties dont celui de Ménès, ainsi qu'une statuette du roi Chéops, la seule qu'on lui connaisse. Abydos se visite en même temps que Denderah, dans une excursion d'une journée au départ de Louxor, il n'y a plus de convoi mais la police veille au grain grâce aux nombreux check points.

TEMPLE DE RAMSÈS II ★★★

80 LE, de 8h à 17h, billet général pour tous les sites.

Plus à l'ouest de l'enceinte principale, à environ trois cents mètres au nord de celui de son père Séthi Ier, Ramsès II a fait édifier un petit temple composé d'une cour, de deux salles hypostyles et de chapelles latérales. Sur le pylône, le roi a fait représenter sa victoire lors de la bataille de Qadesh. Malgré la perte de l'intégralité des parties hautes de ses murs, les parties basses laissent voir toutefois une décoration des plus remarquables. Son architecture est classique et son plan suit ceux des temples funéraires thébains.

OSIRION-CÉNOTAPHE ★★★

80 LE, de 6h à 17h, billet général pour tous les sites.

L'Osirion-cénotaphe est un curieux édifice, qui a été bâti dans l'axe de la chapelle centrale d'Amon Râ du temple de Séthi Ier, et se trouvait enfoui sous terre. On y accédait par un couloir long d'une centaine de mètres, à l'opposé de la vue actuelle que l'on a du site. Aujourd'hui, on rejoint le temple par un long couloir en pente douce, dont les parois sont couvertes de textes tirés du « Livre des Portes » et du « Livre des Cavernes ». Un cénotaphe n'était pas destiné à contenir un corps, c'est un tombeau symbolique pour les âmes, celui était donc le tombeau spirituel d'Osiris. Il a été conçu comme une île dont le plan sera repris dans *Le Secret de la grande pyramide* lorsque Blake et Mortimer parviennent à la chambre secrète.

▸ **Le vestibule** donnait accès à un fossé rempli d'eau, entouré de 17 niches. Sur l'île symbolique couverte d'un plafond supporté par dix piliers massifs, l'architecte a creusé l'emplacement fictif du sarcophage d'Osiris, ainsi que l'emplacement fictif des vases canopes contenant les viscères du Dieu. En traversant à nouveau le fossé rempli d'eau, on accède au cénotaphe de Séthi Ier. Les thèmes représentés sur les murs sont à la fois une marque de respect envers Horus, la reconstitution du corps divin, et la transmission du pouvoir royal d'Osiris à Horus, et donc à Pharaon. Vous pouvez y descendre si vous le désirez, à condition que le niveau de l'eau le permette. La dernière salle, dite du « sarcophage », possède un plafond astronomique avec une représentation de la déesse Nout.

Osirion-cénotaphe.

TEMPLE DES MILLIONS D'ANNÉES ★★★

80 LE, de 8h à 17h, billet général pour tous les sites.

La construction du temple principal d'Abydos est due à Séthi Ier (1318-1304 av. J.-C.), et fut remaniée et complétée par son fils, Ramsès II, qui acheva la plupart des bas-reliefs décoratifs. Bien avant eux, d'autres monarques firent édifier des temples à Osiris au même endroit. Avec l'Osirion-cénotaphe, ils font partie d'un complexe cohérent du culte d'Osiris, enceint par des murs de brique crue, espace par lequel on accède par un pylône principal au nord-est, ou par un pylône secondaire au sud-ouest donnant aujourd'hui sur le désert.

▶ **Premier pylône et première cour, deuxième pylône et deuxième cour**. Il ne reste rien, sinon les bases architecturales, de ces deux premières cours. Au fond de la deuxième cour, on arrive au premier portique, précédé de douze colonnes carrées. Dans ce portique sont pratiquées 2 ouvertures et 5 niches ; en fait, Séthi 1er avait ouvert 7 portes et Ramsès II en a fait combler 5. Elles menaient aux cinq chapelles intérieures.

Par deux portes latérales situées dans le mur est de celles-ci, on accédait à un espace aujourd'hui vide, où s'élevait les magasins en briques crues.

▶ **Première et deuxième salles hypostyles, chapelles**. 24 colonnes supportent le plafond de la première salle, ouvrant sur la seconde par sept portes. 36 colonnes supportent le plafond de la deuxième salle hypostyle, ancienne salle d'offrandes, qui se décline sur deux niveaux ; le second abrite 7 chapelles aménagées les unes à côté des autres. La chapelle centrale est plus large que les autres et était dédiée à Amon ; à sa gauche celle de Ré, celle de Ptah, puis celle du monarque ; à sa droite, celles d'Osiris qui donne accès à d'autres salles qui font la largeur du temple, d'Isis et d'Horus.

▶ **Salles « logistiques »**. Par deux portes de la seconde salle hypostyle, on accède à deux salles destinées à conserver les barques sacrées, à cinq salles contenant le trésor, et à un ensemble de 5 salles ayant servi d'abattoir sacré ; on note que des jarres sont scellées au sol et que des rigoles avaient été creusées afin que le sang puisse s'écouler plus facilement.

Par un escalier on accède à l'extérieur du temple sur un promontoire permettant d'accéder à l'Osirion-cénotaphe.

▶ **Des fêtes osiriennes** ont toujours été célébrées à Abydos, mettant en scène l'affrontement des deux frères Seth et Osiris, de la recherche par Isis des morceaux du corps de son frère et mari, et de la reconstitution du corps. Jusqu'à nos jours, certains visiteurs d'Abydos vénèrent le culte osirien.

© TOM PEPEIRA - ICONOTEC

DENDERAH ★★★

Au départ de Louxor, vous devrez louer un taxi pour vous y rendre (compter 200 LE l'aller-retour). Le départ peut s'effectuer dès 6h du matin, et le retour à Louxor devra avoir lieu avant 18h ; il n'y a plus de convoi protégé par la police, mais des check points. La ville de Denderah, aujourd'hui simple village, fut autrefois la capitale du VIe nome de Haute-Egypte. Hathor, sa déesse tutélaire à qui le temple est dédié, était assimilée par les Grecs à Aphrodite, la déesse de l'amour et de la beauté. Hathor est le plus souvent représentée sous forme humaine, la tête ornée de deux cornes encadrant le disque solaire ou bien pourvue d'une tête de vache.

QENA

C'est plus un gros bourg qu'une vraie ville. Qena a peu à offrir si ce n'est la gentillesse de ses habitants. Les environs de Qena sont un centre artisanal aujourd'hui de renom bien que depuis des lustres la poterie y soit une activité première. Il n'est pas rare de voir des monticules de jarres, destinées à contenir de l'eau, sécher, sur des longueurs infinies, en plein soleil. Deux adresses intéressantes en matière d'artisanat sur la route de Louxor à Qena. Celle de Pierre Boutros à Hegaza et de son atelier de travail sur bois et celle de Garagos et de son atelier de potier. Leur production, originale et de qualité, sont vendues dans tout le pays.

WADI EL-ASSUTI

Le Wadi el-Assuti, classé aire protégée depuis 1989, est situé au sud de Qena et à 400 kilomètres du Caire. Sur une superficie de 1 000 km², il s'étend à l'ouest pour rejoindre la vallée du Nil sous la forme d'un delta dont la base est parallèle au Nil. Sa grande particularité est la protection des espèces du désert, notamment ses reptiles, et de nombreux invertébrés. Bien que de petite taille, ces espèces jouent un rôle primordial dans l'équilibre environnemental et la fertilité des sols. La réserve comprend également de nombreuses plantes sauvages, des herbes médicinales ainsi que quelques arbres épars d'acacias et de palmiers doum.

TEMPLE D'HATHOR ★★★

Ouvert de 8h à 17h. Entrée : 80 LE.

Comme Abydos son voisin, il s'élève sur un emplacement où déjà Kheops aurait fait construire un temple en 2600 av. J.-C. Les similitudes s'arrêtent là cependant, Denderah n'ayant pas l'aspect monumental du temple de Séthi Ier, ni la qualité de ces bas-reliefs. Sa construction date du Ier siècle av. J.-C. Son élaboration s'échelonne sur plus d'un siècle, jusque dans les premières années de l'ère chrétienne.

▶ **Une enceinte en brique crue** délimite le domaine du temple où, jusqu'au VIe siècle, habitait une importante communauté copte. En entrant, sur la droite, vous remarquerez un édifice assez bien conservé, le Mammisi, dont les fresques relatent la naissance et l'enfance d'Horus. Juste à côté se trouvent quelques vestiges d'une **église copte** du Ve siècle dont il reste peu de chose et, un peu plus loin, un ensemble assez délabré en brique crue qui abritait des thermes à usage médical. En longeant le temple, toujours sur la droite, vous trouverez l'emplacement du lac sacré, asséché, d'où émergent quelques palmiers et, juste derrière le temple principal, une petite construction, partiellement en ruine, dédiée à Isis. Vous pourrez y admirer quelques bas-reliefs de qualité.

▶ **A l'entrée du grand temple** comme à l'intérieur, les colonnes qui soutiennent le toit sont toutes à l'effigie d'Hathor. Elles ont malheureusement été endommagées. Les plafonds sont recouverts de scènes astronomiques où vous n'aurez aucun mal à reconnaître Nout, la déesse du ciel. Les gardiens vous proposeront comme une faveur particulière de descendre dans une des quatorze cryptes que compte le temple. Abondamment décorées, elles servaient à entreposer des objets hautement sacrés, comme les habits de la déesse par exemple, dont on parait les statues lors des cérémonies.

▶ **La cour,** précédée d'un pylône en ruines, donne accès à une **salle hypostyle** contenant 18 colonnes monumentales. Par une porte on accède à la salle des fêtes ou de l'apparition, supportée par 6 colonnes, donnant sur la salle des offrandes, dans son prolongement, puis la salle de l'Ennéade, puis enfin à la chapelle, appelée aussi « **siège vénérable** ». Le siège est entouré d'un « couloir mystérieux » desservant de nombreuses chapelles et pièces logistiques.

▶ **Un escalier permet d'accéder à la terrasse.** Sur les murs, les bas-reliefs représentent une procession religieuse. Sur celui de gauche, vous remarquerez que les personnages se dirigent tous vers le haut. Sur celui de droite, tout le monde redescend ! Le célèbre **zodiaque**, dont l'original se trouve au Louvre, est dans une petite pièce donnant sur la terrasse.

LOUXOR ★★★★

Louxor est la ville pour laquelle le mot « mythe » aurait pu être inventé tant son évocation suscite des passions chez les amoureux de l'Egypte. Louxor a été raconté mille fois lors des « voyages en Egypte » entrepris par ses antiques visiteurs comme l'empereur Hadrien, venu écouter le chant de Memnon ; les explorateurs occidentaux du Moyen Age et de la Renaissance, amateurs d'ésotérisme et de poudre de momie ; les savants de Bonaparte et les créateurs de l'égyptologie moderne, les inventeurs de tombes et les pilleurs de tombeaux ; les touristes de plus en plus nombreux piqués par l'égyptomanie. Thèbes, Louxor... Tellement de mythes. C'est à la faveur des souverains de la XIe dynastie, instaurée par Antef Ier au XXIIe siècle, que la ville de Thèbes dont cette dynastie était originaire, capitale du 4e nome de Haute-Egypte appelé *ouaset* (c'est-à-dire le sceptre), prend de l'importance. Le roi Montouhotep II parachève la réunification des deux pays entre 2030 et 2020, après une trentaine d'années de guerre. C'est le début du Moyen Empire. Le pays est alors restructuré, organisé administrativement et Thèbes développe son influence, qui disparaît pour quelques temps lors de la séparation du pays avec les XVe et XVIe dynasties Hyksos (1650-1540) que Kamosis, lui aussi originaire de Thèbes, battra. Le Nouvel Empire, qui débute avec la XVIIIe dynastie, reste à Thèbes, capitale, d'où, des actions vers la Nubie sont menées. C'est la période des constructions d'Aménophis Ier, des Thoutmosis, d'Hatchepsout, qui sont de grands bâtisseurs de Thèbes. Aménophis IV, lorsqu'il développe son nouveau culte et prend le nom d'Akhenaton, quitte Thèbes pour Amarna, mais son fils, Touthankhamon règne sur Thèbes. Les Ramessides, dès la XIXe dynastie demeurent à Thèbes qu'ils rendent encore plus grandiose sous Séti Ier et Ramsès II, de même que durant la XXe dynastie sous Ramsès III. Avec la XXIe dynastie, Thèbes perd son statut de capitale au profit de Tanis, en Basse-Egypte, vers 1069. A la lecture du panthéon égyptien et des temples qui furent érigés pour ses dieux, on comprend que jamais, dans l'histoire du pays, durant l'antiquité, plus grande ville que Thèbes n'a existé. Pharaon y gère la réunification de l'Egypte, le développement de son administration, y demeure durant les heures sombres, et y génère une nouvelle religion, alliant le mythe cosmogonique de Rê aux grands dieux du Nil avec la triade éléphantine, mais en créant sa propre triade thébaine dominée par Amon, un dieu plutôt obscur jusqu'ici. Rien n'est alors suffisamment beau pour le culte des dieux qui donne sa puissance à Pharaon, et les temples, obélisques montent de plus en plus haut, vers Horus, « Rê à son zénith ». Plus modestement, les palais royaux sont faits de terre, et les tombeaux raffinés se cachent au milieu du sable. Le mythe de Louxor investit le visiteur lorsque l'évocation des dieux prend sa place dans le rythme quotidien de celui qui n'était venu que pour voir des pierres assemblées en pylones ou en colonnes. A la manière de Pharaon, successeur d'Osiris, on ne pense plus au soleil mais à Rê lorsqu'il se couche sur la montagne thébaine, ni plus à un bélier broutant paisiblement de l'herbe mais à Amon le Sage, ni plus à une vache somnolant sous un sycomore mais à Hathor veillant, ni plus à un chien sauvage au milieu d'un cimetière mais à Anubis à la belle prestance, ni plus au Nil aux allures calmes mais à Hâpy qui en gère le dé-

VALLÉE DU NIL

Dédié au dieu Amon-Ré, le temple de Louxor a été construit par Amenophis III.

bit. C'est la magie de Louxor, car ce n'est qu'ici que le panthéon égyptien prend corps, avec force, et qu'il laisse son empreinte au visiteur. A côté des temples et des tombes royales, emprunts de majesté, le visiteur sera aussi attendri par la visite des tombes des vallées des Nobles et des Artisans, d'un style plus libre laissant paraître des détails de la vie quotidienne. Car il ne reste rien ou presque des édifices destinés aux vivants, même ceux du puissant Pharaon ou de ses prêtres. Les arts et les techniques nécessaires à la réalisation des ouvrages merveilleux qui ont résisté au temps étaient destinés à honorer les âmes et les dieux. Aux mortels la brique crue, à Amon et aux dieux la pierre calcaire et surtout le granite rose d'Assouan. La connaissance que l'on a de la vie de l'époque vient des fresques et des objets trouvés dans les tombes. Aux alentours, il faut s'attarder un peu dans la campagne verdoyante : palmiers aux branches ployées sous le poids des dattes, petits canaux boueux irriguant les champs de canne à sucre, ânes pelés transportant des sacs de fourrage… Le décor est semble-t-il le même aujourd'hui que celui dans lequel évoluait quotidiennement ce peuple de paysans. Le quotidien de Louxor, pour le visiteur, est d'éloigner les « marchands du temple » qui risquent, par leur insistance à tout vendre et tout proposer, de gâcher la quiétude que vous y êtes venu chercher. Tout reste bon enfant, mais les racoleurs de devantures, les conducteurs de calèches, les chauffeurs de taxi, les felouquiers et les gamins risquent de mettre votre patience à rude épreuve. Le mieux est de répondre d'un sourire las et de ne pas commencer une discussion qui n'en finit plus.

Tourisme

Quelques conseils avisés pour les visites :

En haute ou basse saison, le soleil est toujours présent à Louxor où il fait beau toute l'année. Si vous craignez la chaleur, il vaut mieux effectuer les visites tôt le matin, dès 7h, et revenir à votre hôtel avant midi. C'est ce que font aussi les groupes touristiques… Vous risquez alors de ne pas être très seul sur les sites !

Si vous craignez moins la chaleur, visitez les temples moins fréquentés le matin (Ramesseum, Medinet Habou, Séti Ier) ou les vallées des Reines et des Artisans, et rendez-vous l'après-midi, après une halte dans un restaurant se situant devant Médinet Habou ou à l'hôtel El Moudira, dans les sites majeurs de la vallée des Rois et du temple d'Hatchepsout.

Profitez aussi des visites nocturnes du temple de Louxor et du musée de Louxor.

© TOM PEPEIRA

A bord d'une felouque.

Transports

Avion. Plusieurs vols relient Le Caire à Louxor, chaque jour. Le trajet dure 1 heure 10 en moyenne et coûte 80 euros environ. A noter : le prix d'une course en taxi entre l'aéroport et un hôtel dans le centre varie entre 50 et 100 LE. Pour se rendre dans un hôtel sur la rive ouest, il faut compter au moins 130 LE.

Train. Des trains normaux ou des wagons-lits relient Louxor au Caire et à Assouan.

Croisière sur le Nil. En gros bateau à moteur, ou en felouque à deux mâts, il est possible de relier Assouan, en trois ou quatre jours, ou en une semaine en prenant son temps.

Taxi. Le trajet entre Louxor et Assouan est facturé entre 700 et 800 LE. Hors des croisières, c'est la seule méthode pour visiter Esna, Edfou et Kom Ombo. Le tarif est très cher et ne comprend pas les tickets d'entrée des sites.

Taxi collectif (micro-bus). Vous reconnaîtrez ces minibus blancs à leurs rayures bleues. La station principale est devant la gare. Au fur et à mesure qu'ils sont pleins, ils démarrent. Il faut savoir que l'office ne vous les conseillera pas pour les longues distances (vers la mer Rouge) et vous dira même que c'est interdit. Cette interdiction n'est pas formelle mais il est sûr que votre présence surprendra. C'est pourtant un moyen de transport comme un autre, qui ne convient toutefois pas aux grandes jambes. Vous ferez sûrement connaissance à cette occasion avec des jeunes qui seront curieux de savoir ce qui vous amène ici. Un autre moyen de découvrir l'Egypte d'aujourd'hui.

OBÉLISQUE CHEZ LES GAULOIS

Le 31 octobre 1831, un des deux obélisques gardant l'entrée du temple de Louxor est abattu. Il ne sera érigé sur la place de la Concorde que le 22 octobre 1836, soit cinq ans après. Pour faire traverser la Méditerranée à ce cadeau de Mohammed Ali, un bateau fut construit dans les arsenaux de Toulon, le *Luxor*. Ce dernier devait répondre à de nombreux critères : être léger et assez plat pour remonter le Nil, mais suffisamment costaud pour affronter la haute mer, être lesté d'une masse de 200 tonnes. La remontée de l'embarcation – ainsi que le passage sous les ponts parisiens – fut également prévue. Finalement, tout se déroula à merveille malgré une Méditerranée déchaînée. En août 1834, l'obélisque arriva sans encombre au pied de la Chambre des députés. Faute de crédits, il fallut attendre deux ans pour voir se dresser dans le ciel parisien cette « aiguille de pierre » représentant, selon les Egyptiens, les rayons du Soleil éclairant la Terre. Pour la petite histoire, le socle d'origine de l'obélisque se trouve au Louvre. Louis-Philippe, trouvant « trop visibles » les sexes des primates qui l'ornaient, ordonna immédiatement d'en construire un nouveau… Nous ne sommes pas les seuls à posséder un tel monument. L'aiguille de Cléopâtre coule des jours heureux sur les bords de la Tamise. Sa jumelle s'élance vers le ciel de Central Park à New York. Rome en possède cinq, dont une sur la place Saint-Pierre.

DROMOS

Le *dromos*, qui veut dire chemin en grec, est une allée de 3,3 km qu'empruntaient parfois les barques sacrées lors de la procession de la cérémonie de l'Opet qui se dirigeait vers le lac sacré et le canal pour rejoindre le Nil. Dallée de gros blocs et bordée par quarante sphynx à corps de lion, certains portent une tête de bélier et d'autres une tête humaine, l'allée est presque entièrement déblayée. Il sera bientôt possible de rejoindre les deux temples de Louxor et de Karnak, à pied, le long de l'allée antique. Inscrit au patrimoine mondial par l'Unesco en 1979.

MUSÉE DE LA MOMIFICATION ★

Corniche el Nile

✆ +20 95 237 00 62

Ouvert de 8h à 17h. Entrée : 100 LE.

Un très beau musée, très bien agencé, où l'on vous présente l'art de la momification, étape par étape. Avec le musée de Louxor, ce musée représente un des musées les plus importants d'Égypte, derrière le musée égyptien du Caire. Inauguré en 1997, par le président déchu, Hosni Moubarak, ce musée explique les 70 jours que nécessitait le processus de momification. Durant votre visite, vous découvrirez les curiosités de ce rite ancestral, telles que l'origine stellaire des instruments ou l'exclusion sociale dont souffraient les travailleurs.

NOUREL-NIL

✆ +44 20 3239 0923

http://nourelnil.com

A partir de 1 500 €/personne la croisière sur le Nil.

Enrique, Eléonore et Memdouh ont bâti leur entreprise, il y a plus de 10 ans, dans le but d'offrir aux voyageurs une manière authentique de découvrir ce pays et son fleuve. Cette société possède quatre dahabieh : le *Méroë*, le *Malouka*, le *Nil*, l'*Assouan*. La croisière a lieu durant 6 jours, outre les arrêts à Esna, Edfou et Kôm-Ombo, des visites de sites inacessibles sinon par le fleuve sont proposés. Les dahabiyas sont toutes construites, sous la supervision de Memdouh, un marin ayant plus de 30 ans d'expérience de la navigation sur le Nil.

AÉROPORT INTERNATIONAL DE LOUXOR

✆ +20 9 52 37 46 55

Arrivée : deux tapis pour les vols locaux, trois tapis pour les vols internationaux. Départ : guichets situés dans le même hall. Situé à 6 km de la ville, un service de bus relie l'aéroport à Louxor. Vous trouverez aisément un taxi, attention toutefois à négocier le prix du trajet avant de monter en voiture si le taxi n'a pas de compteur. Ce petit aéroport rénové au début des années 2000 dispose de tous les services nécessaires (ATM, restauration, Duty free…)

© TOM PEPEIRA - ICONOTEC

MUSÉE D'ART ÉGYPTIEN ANCIEN ★★

Ouvert de 8h à 17h. Entrée : 180 LE

Situé sur la corniche qui mène à Karnak, dans une construction moderne, il abrite une petite, mais splendide collection de pièces d'une rare qualité. L'agencement intérieur, réalisé par une équipe du Brooklyn Museum de New York, est une incontestable réussite : la scénograhie est claire et parfaitement organisée.

▶ **Hall d'entrée**, des œuvres de la XVIIIe dynastie – tête colossale d'Aménophis III en granite rouge d'Assouan ; les traits de cette tête sont particulièrement ronds, donnant à l'ensemble un air doux au roi. – Statue d'Amon en calcaire ; le dieu principal de la triade thébaine est représenté sous les triats du roi Toutankhamon dont on ressent la jeunesse et la vigueur. – Tête d'Hathor en bois noirci réhaussé de cornes en cuivre doré ; cette tête fait partie du trésor de la tombe du roi Toutankhamon dont la majorité des œuvres sont conservées au musée égyptien du Caire.

▶ **Salle de la « cachette »** (rez-de-chaussée) : des oeuvres trouvées ensemble dans la cour d'Aménophis III - Statue monumentale d'Aménophis III en granite rouge ; touchante composition magnifiant la jeunesse et la beauté du roi souriant.

▶ **Grande salle** (rez-de-chaussée) : une majorité d'œuvres de la XVIIIe dynastie – Bas-relief peint de Thoutmosis III en calcaire et pigments ; la fraîcheur des couleurs de ce relief est saisissante et donne une image fidèle de ce qu'étaient les murs colorés des temples. – Statue du dieu Sebek et du roi Aménophis III ; il est rare de voir le dieu Sebek, de la triade de Kom Ombo, représenté, et la mise en scène de la statue inspire effroi et respect. – Tête colossale de Sésostris III (XIIe dynastie) en granite rouge ; un bel exemple de la statuaire égyptienne qui représentait parfois ses souverains sans fards, fatigués, marqués par les ans comme cette tête.

▶ **Nouvelle salle** (rez-de-chaussée) : – Momie d'Ahmosis, fondateur de la XVIIIe dynastie, originaire de Thèbes ; – momie de Ramsès 1er, de retour d'un long périple.

▶ **Grande salle – Mur de Talatat** (premier étage) : ce mur construit par Akhénaton avait été détruit et les pierres avaient servi de réemploi pour le 9e pylone de Karnak ; il a été reconstitué et remonté et représente quatre scènes de la vie domestique, du travail des ateliers, de la procession rituelle et du culte rendu au soleil. – Une vitrine contient d'autres objets ayant été retrouvés dans la tombe de Toutankhamon, dont les touchantes rosettes d'or qui décoraient le drap de son sarcophage. – Têtes monumentales d'Akhénaton.

TEMPLE DE KARNAK ★★★★

Ouvert de 8h à 17h. Entrée : 120 LE, musée à ciel ouvert : 60 LE. L'achat de ticket pour les deux musées coûte 150 LE

« J'allai enfin au palais ou plutôt à la ville de monuments, à Karnac. Là m'apparut toute la magnificence pharaonique, tout ce que les hommes ont imaginé et exécuté de plus grand. [...] tout ce que j'avais admiré avec enthousiasme sur la rive gauche, me parut misérable en comparaison des conceptions gigantesques dont j'étais entouré... Il suffira d'ajouter que nous ne sommes en Europe que des Lilliputiens et qu'aucun peuple ancien ni moderne n'a conçu l'art de l'architecture sur une échelle aussi sublime, aussi large, aussi grandiose, que le firent les vieux Égyptiens. » Jean-François Champollion.

Ses dimensions grandioses (environ 1,5 km de long sur 700 m) et l'enchevêtrement de ses constructions lui donnent plus un air de cité que de simple temple ! Ce temple fut le plus vaste complexe religieux du monde. Les aménagements récents ont voulu redonner un vis-à-vis entre le premier pylône et la montagne thébaine ; les arbres ont été rasés et à la place un dallage immense de granite poli a été posé... On peut se demander si ce dallage est aussi une reconstitution d'époque et où Zahi Hawass en a trouvé trace...

Karnak dans son ensemble vaste, dense et touffu, ne peut pas se révéler d'un seul coup d'œil. Il mériterait, à lui seul, une place qui dépasserait les limites de ce guide. Aussi conseillons-nous vivement aux amateurs de se référer à la notice bibliographique ou encore de s'offrir les compétences d'un guide qualifié. Quant aux autres, qu'ils laissent leur regard s'attarder au gré de leurs préférences sur ces innombrables merveilles, sans chercher à tout voir et à tout comprendre, car en quelques heures, c'est impossible.

Pendant les 1 500 ans qu'ont duré la gloire d'Amon et la puissance de son clergé, le temple n'a été qu'un perpétuel chantier. En effet, chaque pharaon demandait la destruction, la transformation ou l'agrandissement des nombreux édifices qui forment cet ensemble.

▶ **Le temple se compose de trois parties** bien distinctes : au nord Montou (en ruines), au sud Mout et, entre les deux, le grand temple d'Amon, partie de loin la plus intéressante.

▶ **Devant le premier pylône,** précédé de sphinx, se trouvait à l'origine l'embarcadère dont subsistent deux rampes d'accès. Ce premier pylône, jamais achevé, est l'une des dernières constructions entreprises à Karnak. Tous les pylônes que vous rencontrerez sur votre chemin ont été, à un moment donné, les limites extérieures de l'ensemble sans cesse repoussées.

Dans la grande cour, sur votre gauche, le petit temple de Séthi II est dédié à la triade Amon-Mout-Khonsou qui, à l'époque de sa construction, se trouvait à l'extérieur de l'enceinte. A droite se trouve le temple de Ramsès III, avec, sur les murs, quelques bas-reliefs de facture très réaliste.

▶ **Un grand choc survient, une fois franchi le deuxième pylône :** une forêt de cent trente-quatre colonnes apparaît. C'est une œuvre titanesque, commencée sous Aménophis III. Ce pharaon fut à l'origine de l'élévation des douze colonnes de la nef centrale (23 m de haut et des chapiteaux pouvant recevoir plus de quarante personnes debout !). Les rois successifs, Séthi Ier et Ramsès II notamment, parachevèrent le bel édifice. La salle (102 m x 53 m) était, à l'origine, pourvue d'un plafond.

▶ **Entre le troisième et le quatrième pylône** se trouve la cour d'Aménophis III. Un seul des quatre obélisques, autrefois en place, subsiste. En prenant à droite, vous pénétrez dans une cour, dite de « la cachette », où ont été retrouvées des quantités phénoménales de statuettes de pierre ou de bronze (plus de dix mille en tout) qui avaient été déposées là par les prêtres. Il n'était pas concevable de détruire une représentation d'un dieu ou de son fils, Pharaon. La cour suivante conserve la base d'un obélisque aux dimensions impressionnantes de 3,20 m de côté (celui d'Hatshepsout ne mesure « que » 2,60 m). Sur votre gauche, avec en toile de fond les gradins à l'usage du son et lumière, miroitent les eaux verdâtres du lac sacré où se déroulaient les navigations rituelles. Vous ne pourrez faire autrement que de vous arrêter devant le gros scarabée taillé dans le granit, consacré au dieu Atoum-Khepri.

▶ **Au-delà du quatrième pylône,** un obélisque érigé par la reine Hatshepsout domine du haut de ses 30 m les constructions avoisinantes. Ils étaient deux à l'origine, avec leurs sommets recouverts d'or.

▶ **Passé le sixième et dernier pylône,** une petite cour donne accès au sanctuaire, précédé de deux imposants piliers en granit rose, décorés des emblèmes de Basse et Haute-Egypte.

▶ **Le sanctuaire,** également en granit, a été construit assez tardivement sous Philippe Arrhidaïos (323). Il servait de reposoir aux barques sacrées. La cour suivante (ancien emplacement du sanctuaire primitif dont il ne reste rien) aboutit à la salle des fêtes de Thoutmès III. Transformée en église par les chrétiens, un de ses quelques piliers porte encore les traces d'anciennes peintures. Parmi les salles solaires qui se trouvent dans le prolongement, la plus connue est celle, dite du « jardin botanique » à cause de ses représentations de fleurs et d'animaux exotiques.

▶ **Accolé à l'enceinte nord se trouve le petit temple de Ptah** construit par Thoutmès III et dont l'un des trois sanctuaires abrite une statue en granit noir de Sekhmet.

Temple de Karnak.

TEMPLE DE LOUXOR ★★★

Ouvert de 8h à 17h. Entrée : 100 L£.

Sa structure actuelle, pour sa plus grande partie, date d'Aménophis III (1400 av. J.-C.) et de Ramsès II (1235 av. J.-C.). Il est principalement dédié à Amon mais aussi à Mout son épouse et à Khonsou, leur fils. Ce temple connaissait une intense activité durant les festivités occasionnées par l'Opet. Les trois barques sacrées d'Amon, de Mout et de Khonsou, entreposées toute l'année dans leur sanctuaire de Karnak, quittaient le temple sur les épaules des prêtres dans la liesse générale.

Une allée longue de 3 km, appelée dromos, et bordée de sphinx, dont quelques spécimens sont encore visibles, reliait Louxor à Karnak. La majeure partie de cette voie sacrée est aujourd'hui ensevelie sous la ville moderne.

- **Devant le premier pylône** construit par Ramsès, il ne subsiste qu'un seul obélisque. Les deux avaient été offerts à la France en 1831 par Mohammed Ali, mais un seul avait été transporté jusqu'à Paris et il trône depuis sur la place de la Concorde. Symboliquement, dès son élection, le président François Mitterrand, dont on connaissait son attachement à l'Egypte, a rendu l'obélisque resté sur place.

- **Franchi le premier pylône,** sur votre droite, vous découvrirez une chapelle comprenant trois chambres, utilisées comme reposoirs des barques d'Amon, de Mout et de Khonsou. Edifiée par Touthmôsis III, cette chapelle impose une rupture dans le parallélisme des colonnes de la cour. A gauche et surplombant le site, vous remarquerez l'emplacement insolite d'une petite mosquée construite au IIIe siècle, à une époque où les ruines de Louxor étaient encore ensevelies sous les sables. Par la suite, il fut question de la déplacer, mais le sujet ne semble plus à l'ordre du jour. La cour, construite sous le règne de Ramsès II, est ornée d'imposantes statues à son effigie. Elle donne sur une impressionnante allée bordée de colonnes derrière lesquelles vous pourrez observer des scènes processionnelles de la fête de l'Opet. Les bas-reliefs datent de Toutankhamon et d'Horemheb. La cour suivante, celle d'Aménophis III, cernée de colonnes, était autrefois recouverte d'un plafond dont il faut imaginer l'ampleur. Le reposoir qui précède le sanctuaire a été reconstruit sous Alexandre le Grand. Les bas-reliefs le représentent en compagnie d'Amon, ce qui montre bien l'importance persistante de ce dieu au début de l'époque grecque. En été, vu les horaires d'ouverture, vous ne pouvez le visiter que de jour. Retournez-y le soir, c'est grandiose. Tout illuminé, il se détache de la toile de fond noirâtre que la nuit vient de déposer sur la ville. Magique !

BATEAU ROSINA

En face du Old Winter Palace

✆ +20 114 66 17 211

Prix négociables, autour de 200 L£/l'heure.

Beaucoup de travailleurs indépendants du tourisme, dépourvus de piston (*wasta*) dans les grandes agences de voyage, les compagnies de croisières ou hôtels, sont exclus du regain touristique qui s'est enclenché en 2016. Les excursions toutes organisées simplifient certes la tâche aux touristes mais ne sont pour autant toujours un gage de qualité et d'économie. Si vous présentez ce guide touristique (en disant qu'il est français), Mohammed Abdallah, propriétaire de la felouque Rosina, devrait vous faire un bon prix pour une balade au coucher du soleil.

GARE FERROVIAIRE

Rue al-Mahatta

✆ +20 9 52 37 20 15

www.wataniasleepingtrains.com

Trains de jour classiques et trains wagons-lits.

A la gare de Louxor, deux guichets souvent pris d'assaut vendent les billets en trains normaux, tandis qu'un guichet est spécialisé pour les billets en wagon-lit. Il est préférable de demander à l'hôtel d'aller chercher ses billets pour éviter la foule. Distributeur de billets. Train classique : Le Caire/Louxor : 119 LE en 2nde classe, durée 9 heures ; Louxor/Assouan : 62 LE en 2nde classe, durée 3 heures. En wagon-lit : Le Caire/Louxor : 80 US$ en cabine double, départ 19h-arrivée à 6h ; Louxor/Le Caire : 80 US$ en cabine double, départ 22h-arrivée à 8h.

GARE ROUTIÈRE

A côté de la gare

✆ +20 9 52 37 21 18

Pour joindre Hurghada, Safaga, Le Caire et Marsa Alam.

Une dizaine de bus par jour se rend à Hurghada, quatre compagnies différentes proposant chacune deux à trois bus par jour. Pour Assouan mieux vaut privilégier les microbus ou le train. Pour le trajet Louxor/Hurghada et Safaga, comptez 4/5 heures. Louxor/Le Caire : 10h à 12h. Louxor/Marsa Alam (avec une escale) : environ 6h. Il y a des bus qui vont à Charm el-Cheikh et Dahab, mais c'est très long car il y a beaucoup de check points en raison des troubles dans le Sinaï, donc mieux vaut préférer un vol intérieur. qu'un trajet en bus.

Temple de Louxor.

BOB MARLEY PEACE €

Mohamed Farid Street
✆ +20 9 52 28 09 81
www.peacehotelluxor.com
Chambre double avec salle de bains : 350 L£.
Lit en dortoir : 140 L£ avec la climatisation.
Chambre simple 200 L£.

L'hôtel Boomerang et Bob Marley Peace ont fusionné pour proposer un large éventail de chambres qui vont du dortoir pour backpacker à la mini suite pour un couple cherchant le confort. Situé à 2,9 km du temple de Karnak, l'établissement est composé de 17 chambres. Tout est propre comme on en rêverait, on peut prendre des douches chaudes avec de la pression en permanence et le Wifi est gratuit. Cerise sur le gâteau : on y organise également toutes sortes d'excursions pour les sites de Louxor et d'ailleurs, à un prix très abordable.

NEFERTITI €€

Sharia El-Sahaby, via Karnak Temple street
✆ +20 95 225 60 86
www.nefertitihotel.com
Chambre simple à partir de 20 €, double à partir de 30 €, triple 39 €. Prix incluant le petit-déjeuner.

Géré par une joyeuse bande de cousins, le Nefertiti est en plein cœur du Louxor historique, dans le quartier East bank, près de West Mountain et la rivière Nile. Il se situe dans une petite rue qui mène au souk et juste en face de l'allée des Sphinx. Les trente chambres, récemment rénovées, sont décorées de manière sobre et élégante, et les couloirs rappellent vaguement les 1001 Nuits. Cet hôtel confortable est une excellente base pour explorer les trésors de Louxor, et, cerise sur le gâteau, le toit-terrasse offre la plus belle vue de la ville.

NEW EVEREST HOTEL €

Sharia el-Mahattat
✆ +20 122 46 89 271
Lit en dortoir 120 L£. Lit en chambre double : 250 L£. Chambre simple 180 L£.

Petit hôtel familial de 20 chambres, privées et partagées. Certaines chambres disposent d'une salle de bain privée et air conditionné. Les chambres partagées ont un ventilateur au plafond. Internet accessible à partir des chambres. Hall et terrasse au toit pour se détendre, et sociabiliser. L'auberge dispose d'un emplacement très central, à 100 mètres de la gare centrale de train et de bus. A 350 mètres du temple de Louxor, 400 mètres du Nil, 4 min à pied des meilleurs clubs, restaurants, hôtels 5 étoiles, centres commerciaux et galeries d'art.

PHILIPPE HÔTEL €€

Sharia Dr Laheb Habashy
✆ +20 9 52 37 22 84
www.philippeluxorhotel.com
Chambre simple : 350 L£ ; double : 550 L£.

Entièrement rénové, décoration internationale. Très propre. Terrasse intéressante avec piscine, bar, restaurant ; petite vue sur le Nil et grande ouverture sur le centre-ville. Le wifi et climatisation dans les chambres. Piscine sur le toit et petit déjeuner inclus. Plusieurs monuments se trouvent à quelques mètres de l'Hôtel Philippe : Temple de Louxor et musée à moins d'un kilomètre. L'avenue des Sphinx est également tout près. Vous pourrez également vous restaurer dans les restaurants qui environnent l'hôtel. Opter pour Al-Hoot pour les fruits de mer.

MERCURE KARNAK €€

Rue el-Zinia Gebly
✆ +20 100 107 1261
www.accorhotels.com
Chambre double à 60 €, simple 50 €.

Si vous désirez passer un séjour relaxant à Louxor, loin du bruit, face au Nil et à la rive ouest, c'est l'endroit qu'il vous faut. Tout y est prévu pour les familles, ce qui est rare : chambres contiguës, activités à l'hôtel quand les parents sont en visite. Cet hôtel situé à 2 km de Louxor est relié à la ville par des navettes sur eau ou sur roues appartenant à l'hôtel. Logé dans un bâtiment de style ancien, il dispose de 347 chambres, avec des vues imprenables sur le Nil. Le restaurant dans le jardin sert des repas dans une ambiance agréable.

SAINT-JOSEPH HÔTEL €€

Sharia Khaled ibn al-Waled
✆ +20 95 2381707
Chambre simple : 300 L£, double à partir de 400 L£.

L'hôtel Saint-Joseph est situé dans le district East bank, à 1,6 km de musée de la Momification, à côté du Nil, dans une partie agréable de Louxor. À 1,5 km du centre-ville et à 15 minutes de l'aéroport. Cet hôtel possède 75 chambres confortables toutes avec vue sur le Nil, climatisation, balcon, téléphone et télévision. Vous pourrez vous détendre sur le toit de l'hôtel où se trouvent la piscine et le restaurant. À 150 mètres de la propriété, vous trouverez d'autres restaurants tels que, le Ritz Restaurant, Pizza Roma-it ou Gaddis Restaurant and Bar.

HILTON LUXOR RESORT AND SPA €€€

Après le temple de Karnak
✆ +20 9 52 37 49 33
www3.hilton.com
Chambre double à partir de 202 $ et chambre simple à 182 $, avec vue sur le Nil.

Cet hôtel est très beau et confortable. Bon rapport qualité-prix. Il est situé non loin du Mercure Karnak et a les mêmes vues sur le Nil, mais les enfants en moins ! Un hôtel de grand standing. Chambres équipées d'une télévision, d'une climatisation et d'un réfrigérateur. Les restaurants Silk Road et le Yu Shan Fang Royal Chinese, réputés auprès des locaux sont tout près. Les célèbres galeries d'art, El Daly Gallery, Shop Sandouk et Abdin Art Gallery sont aussi à proximité.

MARA HOUSE €€€

Rue Salah El Din Ayyoubi
✆ +20 102 22 43 661
http://marahouseluxor.com
Chambres à partir de 100 US$. Offres pour 3 jours avec visites guidées incluses, sont proposées à 99 US$ par personne.

Cet établissement est tenu par une Irlandaise qui a fait de ce lieu un endroit très charmant à recommander. Il fait partie des nouvelles maisons d'hôtes tenues par des étrangères mariées à des Egyptiens et qui sélectionnent leur clientèle et privilégent les familles. La décoration est jolie, l'accueil agréable. Cette maison d'hôtes comprend 6 chambres. Un restaurant qui offre une cuisine locale. Une terrasse sur le toit, d'où vous pouvez vous servir gratuitement en thé et café. Et une connexion internet. Des voyages sur mesure peuvent être organisés.

PAVILLON WINTER LUXOR €€€

Corniche el-Nil ✆ +20 9 52 38 04 25
www.sofitel.com
Chambre double à partir de 120 US$. Chambre simple 90 US$. Petit déjeuner inclus. Accès à tout le site du Winter Palace.

Le Pavillon du Winter Palace, créé en 1994 dans le parc du plus célèbre des hôtels de Louxor, est un des meilleurs rapports qualité/prix de la ville. Situé en plein centre de la ville, dans le district East Bank à quelques pas du musée d'Art, il est en retrait de la corniche du Nil et de ses bruits. Les 102 chambres de l'hôtel donnent sur le parc et sur la piscine. Le petit déjeuner est servi dans le restaurant du pavillon. Les hôtes du pavillon ont accès à la piscine ainsi qu'aux autres activités du Winter Palace. A ne pas louper !

SOFITEL LEGEND WINTER PALACE €€€

✆ +20 9 52 38 04 25
www.sofitel.com
Chambre double : à partir de 350 US$ en haute saison.

Palace de légende, le nec plus ultra en matière d'hôtels de luxe, situé dans un jardin somptueux, fréquenté autrefois par une clientèle élégante et raffinée qui avait le goût des belles choses. Le restaurant gastronomique Le 1886, qui rappelle la date de construction de l'hôtel, est une bonne table avec des plats autour de 500 LE.. La Brasserie sur la corniche pour des petits prix. Piscine. Central Park lounge dans le jardin, la nuit, près de la piscine.

AKHER SAA €

Mansheya Street
✆ +20 100 78 19 33
Ouvert de midi à minuit. Menu complet : 50 L£.

Il faut passer par la cuisine extérieure de la tenancière avant de pouvoir s'installer dans ce petit restaurant. Une fois à l'intérieur, on a tout le loisir de la voir à l'œuvre, coupant et touillant toutes sortes de mets. Toutes les viandes grillées sont servies avec une soupe, du riz, une salade, et un ragoût de pommes de terre : l'assurance d'être repu en sortant. Une adresse très recommandée si vous souhaitez vous balader du côté des restaurants que fréquentent les locaux. Le menu que vous recevrez sera sûrement sans les prix. Informez-vous avant de commander.

ZAEEME €

Salah el-Din Square
Ouvert 24h/24. Compter 25 L£.

Sans doute l'un des meilleurs *koshari* de Louxor, ce plat traditionnel égyptien qui combine riz, pâtes, lentilles et pois chiches, le tout couronné d'oignons frits. Restaurant constitué de deux entrées. La première sur la rue principale est remplie de rabatteurs. Pour les éviter, empruntez la seconde entrée, qui se trouve derrière le Musée de la Momie. Le personnel de ce petit restaurant est très sympathique et amical. Si le lieu un peu exigu ne vous inspire pas, vous pouvez toujours embarquer votre repas pour le déguster à votre hôtel.

AL-HUSSEIN €€

Hilton Street

+20 95 237 83 35

Ouvert de midi à minuit. Compter environ 200 LE.

Un restaurant vite rempli de touristes, au vu de sa localisation, situé juste derrière le temple de Karnak. Le premier étage est réservé pour les groupes qui arrivent. Cependant, la cuisine y est typique égyptienne, la nourriture est très bonne, locale et les plats copieux. Le cuisinier arrange des plats pour les végétariens. Les prix varient autour de 200 LE le repas complet sans les boissons. Les serveurs peuvent être parfois submergés, mais le restaurant est très propre et offre un très joli cadre. Le service est soigné et le personnel agréable.

AL SAIYAD FISH €€

1 Mansheya Street

+20 95 227 10 11

Ouvert de 11h à 22h30. Compter environ 150 LE par personne.

Abdel Kareem se fait livrer tous les matins en poisson frais depuis le port d'Hurghada, où les pêcheurs se hâtent dès l'aube pour vendre les produits qu'ils ont pêchés la nuit même. Sa soupe de fruits de mer est un must, avec son demi-crabe, ses calamars et ses crevettes, un vrai délice ! Abdel-Kareem ne conserve pas les aliments qui n'ont pas été consommés par les clients. D'ailleurs, s'il a tout vendu avant votre arrivée, fidèle à lui-même, il vous invitera à revenir le lendemain ; c'est à ce prix-là qu'on s'assure de la fraîcheur des ingrédients.

EL SAHABY LANE €€

El Sahaby Street

+20 95 225 60 86

www.nefertitihotel.com

Ouvert de 10h à 23h. Compter entre 50 et 90 LE.

Ici, on choisit de manger soit dans une petite allée typique du souk, soit sur l'incroyable toit-terrasse du Nefertiti Hotel. De celle-ci, on est aux premières loges pour admirer l'avenue des sphinx et apercevoir le Temple de Louxor. La carte propose des plats traditionnels égyptiens, servis par une équipe souriante et dynamique. Ne pas passer à côté de votre chance de goûter le fameux *Chameau Burger*. Les adeptes de viande forte trouveront probablement ce sandwich délicieux. Un restaurant qui vous guide vers de nouvelles découvertes égyptiennes.

SNOBS €€

El Rawda Al Sharifa Street

+20 100 28 02 880

http://snobsrestaurant.com

Ouvert de 15h à 23h. Compter 100 LE. Déjeuner anglais du dimanche 80 LE.

Une autre des adresses anglaises de Louxor. Fait suffisamment rare pour être noté : ici les végétariens ont leur menu attitré ! Un savant mélange de classiques anglais et orientaux composent la carte, ce qui a de quoi ravir les expatriés aussi bien que les locaux. Les plats y sont copieux. Le restaurant est un peu décentré de la corniche, mais c'est un petit qui en vaut le coup. Les propriétaires ont opté pour un décor Art nouveau. Le personnel très aimable est aux petits soins. Petit bémol cependant, on n'y sert pas d'alcool.

SOFRA €€

90 Mohamed Farid Street

+20 95 235 97 52

www.sofra.com.eg

Ouvert de 11h à 22h30. Compter 150 LE par personne.

Quel petit bijou d'adresse ! Ce restaurant sur deux étages jouit d'une magnifique terrasse entièrement meublée à l'ancienne mode arabe et ottomane : chaises et tables en bois sculpté, lustres en métal foncé et toit en feuilles de palme. La carte est tout aussi enchanteresse : grand choix de mezzés chauds et froids, plats traditionnels tels que pigeon ou canard fourré, et bien sûr les très classiques jus de fruit frais et shishas aux parfums variés. Pour les gourmands l'assiette de dégustation de 8 mezzés est une excellente option.

THE LANTERN ROOM €€

El Rawda El Sharifa Street

+20 9 52 36 14 51

Ouvert de 15h à 23h. Compter 120 LE.

Un des nombreux restaurants anglais à Louxor, où l'on mange très bien. Debby, la propriétaire a l'œil sur tout. Ce qu'il y a dans l'assiette, mais également sur l'accueil des clients, qu'elle fait elle-même, le personnel, la carte... Les plats sont d'une très bonne qualité, préparés avec des produits frais. Le poulet au curry est très bon et la tarte au citron délicieuse. Le restaurant se trouve à proximité de l'hôtel Steingenberger. Tout le monde connait, il suffit de donner le nom du restaurant au chauffeur de taxi. Le restaurant est fermé le lundi.

LE 1886 €€€

✆ +20 95 238 04 25

Ouvert de 19h à 23h. Compter entre 240 et 400 L£. Tenue correcte exigée.

Ouvert à tous, il faut réserver et avoir une tenue correcte pour maintenir le niveau de cet endroit où le sommelier vous sert en frac. La veste est obligatoire pour les messieurs, mais si elle n'était pas prévue dans vos bagages, ne vous inquiétez pas ! Le personnel vous en procurera une pour la soirée ! Le chef est français et la carte fait ressortir des inspirations orientales et méditerranéennes. Le restaurant se trouve dans la terrasse du luxueux hôtel Sofitel. Le nom du restaurant correspond à sa date de construction, par les Anglais.

WENKIE'S

Sharia El Gawazat

✆ +20 128 89 47 380

Ouvert du samedi au mercredi, de 14h à 21h30. Compter entre 15 et 20 L£.

Amoureux de Louxor depuis de nombreuses années, Ernst et Babett Wenk ont quitté leur Allemagne natale pour s'y installer et devenir glaciers. A base de lait de buffle d'eau, leurs glaces ne sont élaborées qu'à partir de produits naturels locaux, aussi bien pour le sucre que pour les fruits. Les parfums changent au fil de l'année, mais il y en a toujours une quinzaine de disponibles, dont les savoureux pain d'épice, beurre de cacahuètes ou hibiscus. Les propriétaires sont au moins aussi délicieux que leurs glaces... A essayer absolument !

NUBIAN PALACE CAFE

Sharia al-Souk

✆ +20 106 33 03 768

Ouvert 24/24h. Thé : 10 L£, shisha : 20 L£.

Depuis 1990, cet ahwa typique assouvit les envies de boissons chaudes ou de fumées parfumées, des clients et des marchands du souk, que ce soit de jour comme de nuit. Les propriétaires égyptiens et finlandais du café mettent tout à disposition pour faciliter la venue des clients. Si les bus locaux ne vous conviennent pas, appeler pour que l'on vous envoie un taxi. Et si vous êtes sur l'autre côté de la rive, tout est prévu, le personnel vous commandera un bateau à moteur. Café agréable où vous pourrez siroter votre boisson en jouant au billard, aux dominos...

MAGIC HORIZON

Khaled Ibn El Walid Street

✆ +20 9 52 27 40 60

www.visitluxorinhotairballoon.com

Agence réputée de découverte de Louxor en ballon. Les excursions sont programmées le matin, au lever du soleil qui colore le ciel de mille feux. On survole les ruines des temples, la Vallée de rois, les montagnes, le Nil et la ville pour des panoramas somptueux. Certainement parmi les plus beaux souvenirs de Louxor. Le personnel vous prend en charge depuis l'hôtel et vous ramène, le tout dans une ambiance détendue et plaisante. Les mauvaises langues diront qu'un départ à 4h30 est trop tôt... les autres apprécieront le moment de quiétude et d'émerveillement.

THE KINGS HEAD PUB

Sharia Khaled ibn el-Walid

✆ +20 106 51 02 133

http://kingsheadluxor.com

Ouvert de 12h à 2h du matin. Entre 45 et 50 L£ la bière.

Ouvert en 1994 par un natif de Louxor qui était tombé sous le charme des pubs anglais lors d'un séjour prolongé en Grande-Bretagne, le Kings Head Pub propose bières et cocktails à des prix très raisonnables, et il est possible de se restaurer. Comptez environ 200 LE pour votre repas. Pour un verre de vin égyptien comptez 120 LE, et pour un cocktail 60 LE. Pour l'ambiance on ne lésine pas sur les *happy hours*, les matches de foot en direct et les soirées disco : *so british* ! Vous y danserez aux sons des Beatles ou... de Bob Marley ! Personnel très agréable.

SON ET LUMIÈRE DE KARNAK

3 représentations par soir. Les horaires varient. 200 L£ adulte, 100 L£ de 6 à 12 ans, gratuit moins de 6 ans.

Spectacle son et lumière le plus intéressant d'Egypte. Il retrace toute une période historique de première importance et permet d'apprécier l'ampleur et le faste des festivités célébrant la crue du Nil.

Les gens allergiques à la poussière auront intérêt à se munir d'un foulard. En hiver, il peut faire très froid et en été les moustiques attaquent les spectateurs sur les gradins. Le temple de Karnak sous les projecteurs est encore plus époustouflant ! Il y a en effet un monde fou, mais la pénombre estompe les silhouettes et on se croirait « presque » seul !

GOURNA - THÈBES OUEST ★★★★

La rive ouest de Thèbes a connu un développement plus tardif que la ville elle-même. La XIe dynastie des Antef n'y a guère élevé qu'un petit temple, à flanc de montagne, et il faut attendre Hatchepsout et la XVIIIe dynastie pour que des temples funéraires et la vallée des Rois soient créés. Après la reine, ce sont de grands bâtisseurs tels qu'Aménopis III, Séti Ier, Ramsès II et Ramsès III qui ont laissé leurs temples à la postérité. La rive ouest de Thèbes n'a plus été utilisée après la XIXe dynastie. Le village de Gourna qui s'y était étendu existait depuis la nuit des temps : ne l'appelait-on pas alors « village des artisans », celui-là même dont on visite aujourd'hui les tombes dans la vallée éponyme ? Quelques maisons éparses ont, durant des siècles, été construites le long du Nil, sur la rive ouest, mais c'est l'aménagement de canaux, plus récemment, et les fouilles archéologiques suivies de l'afflux de touristes qui ont développé la présence humaine sur cette rive, où ne s'élevaient que des ruines millénaires... Les visiteurs tels qu'Hadrien, l'empereur, venaient traditionnellement entendre le chant de Memnon, lorsque, au petit matin, la chaleur du soleil naissant faisait crisser les blocs des statues monumentales d'Aménophis III. Marguerite Yourcenar qui ne vint en Egypte qu'à la fin de sa vie, a toujours trouvé que le Ramesseum, le temple de Ramsès II, était le plus romantique temple qu'elle connaissait. Le village de Gourna, avec le développement du tourisme, s'était étendu, trop sans doute, et les maisons situées sur le site de la vallée des Nobles, le long du temple de Séti Ier, et à d'autres endroits, gênaient. Les habitants en ont été délogés et déplacé un peu plus en aval, dans la cité de New Gourna, que vous traversez en sortant du ferry public. Seuls les travailleurs de l'albâtre ont eu l'autorisation de maintenir leurs boutiques in situ. Les quelques maisons délabrées que l'on voit perchées sur la nécropole même sont les derniers vestiges du « Vieux Gourna ». Gourna, c'est aussi le village de Hassan Fathi, construit en pisé, à la manière que l'architecte visionnaire voulait insuffler sur la rive, mais, car nul n'est prophète en son pays, c'est le béton qui a surgi de terre. Ne restent du rêve de Hassan Fathi que la mosquée, le théâtre et l'école, au nord de la grande route menant aux colosses d'Aménophis III. Gourna, c'est aussi la rive que choisissent les esthètes lorsqu'ils résident à Louxor. Depuis une quinzaine d'années, des maisons traditionnelles ont été aménagées en chambres d'hôtes, tandis que du désert s'est élevé La Moudira, le plus beau des palais d'Egypte, riche de ses coupoles en brique, de ses plantes où Memnon continue de chanter, et où il fait bon s'arrêter, vivre et loger.

Balade

Une superbe balade consiste à remonter le chemin muletier qui part du Deir el-Médinat (l'ancien chemin qu'empruntaient les artisans du village pour se rendre au travail), à passer au-dessus du temple d'Hatshepsout et à redescendre par son flanc gauche. La promenade, beaucoup plus facile qu'elle n'en a l'air, ne vous prendra qu'une heure et demie au maximum. En partant vers 15h, vous pourrez visiter au passage le village des artisans et le temple d'Hatshepsout – grandiose et désert – avant le coucher du soleil. Le chemin est facile et la vue splendide. Au nord se

VALLEE DU NIL

Tombe de Ramsès II dans la Vallée des Rois.

trouve le large méandre du Nagada. Au sud, le fleuve se perd dans les brumes de chaleur vers le gros bourg d'Armant. Seule la descente, assez raide, risque de vous donner quelques angoisses si vous êtes sujet au vertige. Si l'envie vous prend de faire un tour dans la campagne égyptienne, vous pouvez suivre le petit chemin de terre qui longe le canal d'irrigation juste derrière l'hôtel Habou. A partir de là, il n'y a plus un seul touriste sur votre route. Prenez le premier pont sur votre gauche et suivez le chemin jusqu'au petit village d'El-Gatar perché sur un monticule (2 km environ). Il existe de nombreuses variantes de cette promenade qu'il vous appartient d'improviser. Vous pouvez y aller à vélo, à condition d'avoir de bons pneus.

Tourisme

Point de vente central des billets au service des Antiquités, un peu au-delà des colosses de Memnon sur la gauche. Pour le temple d'Hatchepsout, la vallée des Rois et la vallée des Reines, achat des tickets in situ. Tous les sites sont accessibles de 6h à 16h30, et les billets ne sont valables que pour le jour même. Attention : n'achetez les tickets que pour les sites que vous aurez le temps de visiter dans la journée.

Transports

Pour rejoindre la rive ouest (West Bank), deux solutions se proposent à vous : prendre un taxi à Louxor et passer par le pont ou emprunter le bac comme la plupart des Egyptiens. 1 LE par personne et par traversée (possibilité de passer avec les vélos).

Arrivé sur l'autre rive, si vous êtes à pied, vous avez de nouveau deux possibilités : le simple taxi ou le taxi collectif. Pour le premier, il faut marchander et vous êtes libre de votre circuit ; pour le second, le prix est fixe mais le parcours imposé. Tout dépend de votre programme et de vos moyens. Si vous êtes groupé, c'est moins cher.
De nombreux chauffeurs de taxi laissent leur voiture à Gourna pour « racoler » sur la rive est. De même, il y a beaucoup plus d'occasions pour louer des vélos à Louxor.

Pour ce qui est des mulets, renseignez-vous auprès de la réception de votre hôtel. Si vous n'avez rien trouvé, rendez-vous directement au point de ralliement des bêtes sur les rives du fleuve, au sud du débarcadère. On y trouve également des « chameaux », mais si vous avez projeté de visiter la vallée des Rois et Reines, optez pour les roues (2 ou 4) plutôt que les pattes. Rappelez-vous que les sites sont déjà éreintants ! L'excursion à dos de mulet commence toujours à l'aube et se termine en tout début d'après-midi. Les animaux gagnent la vallée des Rois par une piste escarpée dans la montagne, à partir de Deir el-Médinat. Sensations garanties !

Vallée des Rois.

Cheval. Que diriez-vous d'une promenade à cheval à travers champs ? Si vous savez monter, renseignez-vous auprès de l'écurie Nobi Arabian Horse Stables, située à 700 m du débarcadère (derrière la station Mobil) : elle propose des chevaux à l'heure pour des prix très raisonnables. Une belle promenade dure de deux à trois heures et réunit trois ou quatre personnes, plus un accompagnateur. Passez les voir au moins un jour avant.

Vélo. Si vous êtes attaché à votre indépendance, c'est sans doute le meilleur moyen de transport pour vagabonder de site en site, en profitant de la nature environnante. Lorsque vous arriverez à Gourna avec votre vélo, des gens soucieux de votre santé vous diront qu'il fait trop chaud pour se déplacer à vélo. Il se trouvera – mais ce n'est bien sûr qu'une coïncidence – que ces personnes attentionnées exercent la profession de chauffeur de taxi ! Elles n'ont d'ailleurs pas tort : les grandes chaleurs de juillet et d'août sont particulièrement éprouvantes. Néanmoins, le reste de l'année, vous êtes mieux placé que quiconque pour évaluer vos capacités physiques.
La seule côte un peu pénible, longue de quelques kilomètres, est celle qui conduit à la vallée des Rois. Pour le reste, tout est plat, et il ne fait pas plus chaud à vélo qu'en 504 Peugeot. Il ne vous reste plus qu'à vous protéger du soleil (chapeau, lunettes et crème solaire), d'emporter de l'eau et d'aller à votre rythme. Autrement dit, n'espérez pas tout visiter en une journée.

COLOSSES DE MEMNON ★★

Gratuit.

Si vous empruntez la route qui conduit au village de Gourna, vous apercevrez deux piliers qui s'avéreront à l'approche deux gigantesques statues, les plus grands vestiges du temple funéraire édifié pour Amenhotep III sur la rive gauche. Initialement taillées en un seul bloc, elles atteignent, sur leur socle, environ 20 m et représentent Aménophis III dans la position assise, mains sur les genoux.

Sa mère et sa femme sont représentées en plus petit à ses pieds. Elles ornaient à l'origine l'entrée de l'immense temple funéraire de ce roi.

Du temple, il ne reste rien – ce qui explique leur insolite présence en plein champ de canne à sucre – bien que le temple ait été gigantesque puisqu'il s'étendait sur 700 m jusqu'au pied de la montagne thébaine. Ebranlée par un tremblement de terre au tout début de l'ère chrétienne, la statue du nord se mit à émettre un son dû, à ce qu'il paraît, au réchauffement de la pierre exposée au soleil, sifflement que les Grecs attribuèrent à Memnon, roi mythique d'Ethiopie, fils de l'Aurore, qui suscita de nombreux pèlerinages. Pendant deux siècles, jusqu'à ce que Septime Sévère fasse restaurer la statue et la prive du même coup de sa particularité sonore, les colosses de Memnon seront une grosse attraction touristique. Parmi leurs visiteurs célèbres, il faut citer l'empereur Hadrien que Marguerite Yourcenar, dans les *Mémoires d'Hadrien*, imagine se reposant à l'ombre de la statue. Une équipe d'archéologues allemands fouille actuellement le site, à l'ombre des colosses si l'on peut dire.

RAMESSEUM ★★

Ouvert de 6h à 17h. Billet 80 L£.

Le temple funéraire de Ramsès II, à l'origine une splendide construction chargée de rappeler à ses descendants la gloire et le prestige de son règne, se présente aujourd'hui sous un aspect assez délabré, mais toujours imposant.

Le voyageur moyennement concerné par l'archéologie en verra presque autant de l'extérieur qu'en pénétrant au sein de l'enclos, et fera ainsi de substantielles économies. Les deux pylônes, en partie détruits, relatent sur leurs façades les exploits guerriers du pharaon contre les Hittites. Tous les ans, du mois d'octobre au mois de janvier, l'équipe de sauvegarde du Ramesseum reprend sa mission de fouilles et de restauration. Vous pouvez participer à sa sauvegarde en achetant le carnet de fouilles du site : les fonds sont reversés à l'association en charge de sa valorisation.

▶ **Dans la première cour qui les sépare,** la partie supérieure d'une colossale statue de Ramsès II gît sur le sol. Elle devait mesurer, avec son piédestal, quelque 18 m et son poids est estimé à 1 000 tonnes.

▶ **La grande salle hypostyle** conserve vingt-neuf colonnes (sur quarante-huit à l'origine) supportant quelques fragments de plafond. Deux chambres lui succèdent dont la première conserve un plafond décoré de scènes astronomiques. Les magasins en brique derrière le temple (que l'on peut très bien apercevoir du monticule qui longe la route) servaient d'entrepôts. Ce sont les seuls vestiges visibles des importantes dépendances qui entouraient le Ramesseum. C'était pour Marguerite Yourcenar le temple le plus romantique de Thèbes.

© TOM PEPEIRA - ICONOTEC

TEMPLE DE RAMSÈS III (MÉDINAT HABOU) ★★★

Ouvert de 6h à 17h. Billet à 60 L£.

Cet ensemble monumental – le plus vaste après Karnak – occupe un site consacré de longue date au culte d'Amon.

Ce que vous en verrez n'est qu'une partie d'un complexe qui regroupait, outre un palais royal, des magasins, des bâtisses administratives, d'autres pour les prêtres, ainsi qu'un lac artificiel alimenté par un canal qui permettait aux pharaons de rejoindre leurs appartements sans mettre pied à terre.

L'ensemble formait une ville, véritable extension de Thèbes située sur l'autre rive, et s'étendait au sud-ouest du temple. L'enceinte en brique crue, qui date de Ramsès III, a abrité une importante communauté chrétienne jusqu'au début du IXe siècle. Cette communauté édifia dans la deuxième cour du grand temple une église, aujourd'hui disparue.

▶ **On pénètre à l'intérieur de l'ensemble par une porte monumentale,** flanquée de deux tours. Immédiatement à gauche, se trouve un petit temple composé de deux chapelles funéraires des divines adoratrices d'Amon, construit vers 700. Sur votre droite, vous remarquerez le petit temple des Thoutmès, dont la construction remonte à Aménophis Ier pour le sanctuaire, et à Thoutmès Ier, II, III pour les six chambres du fond.

▶ **Mais c'est surtout le premier pylône du grand temple qui attire le regard** malgré la destruction partielle de ses parties supérieures. Sur sa façade, vous reconnaîtrez le roi auquel Amon tend une épée et qui s'apprête à achever les prisonniers. La première cour est bordée de sept piliers osiriaques représentant Ramsès III. Le mur de gauche, abrité par un portique, était flanqué d'un balcon d'où le roi pouvait assister aux cérémonies et processions, sans sortir de son palais.

▶ **Une rampe vous conduit au pied du deuxième pylône** et donne accès à la deuxième cour. Ayant pris le Ramesseum comme modèle, Ramsès III a donné à son temple cet aspect massif et imposant qui faisait la gloire de celui de Ramsès II. Cette cour est bordée sur les quatre côtés de portiques soutenus par des colonnes. On peut y relever de nombreuses traces de peintures aux couleurs exquises.

▶ **Sur le pylône de droite, en revenant vers la première cour,** vous verrez un amas de mains coupées mais aussi de sexes. On ne plaisantait pas en ce temps-là !

La salle suivante était soutenue par vingt-quatre colonnes dont il ne reste que la base. Il faut beaucoup d'imagination pour se représenter le lieu à son origine. Le reste du temple est très détérioré. Sur les côtés, plusieurs salles à usages divers présentent quelques bas-reliefs intéressants.

TEMPLE D'HATCHEPSOUT ★★★

Ouvert de 6h à 17h. Billet à 145 LE.

Plus encore que par son architecture, c'est par son emplacement au pied d'une vertigineuse falaise de calcaire que le site risque de vous surprendre. Extrêmement délabré au moment où Auguste Mariette en a entrepris le déblaiement, il est encore en cours de restauration. Désormais, les trois terrasses peuvent être visitées.

Le temple, à l'origine entouré de jardins suspendus, agrémentés de bassins, a été construit par l'architecte Senmout durant le règne de la reine Hatchepsout (1490-1468 av. J.-C.). On y accédait par une allée bordée de sphinx. A la mort de la reine, son successeur, Thoutmès III, tenu précédemment à l'écart du pouvoir, a fait marteler la plupart des bas-reliefs représentant Hatchepsout. A l'époque d'Aménophis IV et de son hérésie, ainsi que durant l'ère chrétienne, le temple a subi d'autres sévices avant de se transformer en monastère. De chaque côté des rampes qui donnent accès aux terrasses supérieures se trouvent de magnifiques bas-reliefs, les plus beaux étant ceux du niveau intermédiaire. Ils retracent l'expédition maritime organisée par Hatshepsout au pays de Pount, identifié aujourd'hui comme la Somalie et l'Ethiopie, et dont on ramena les animaux et des richesses très variées.

- **A l'extrémité du portique de gauche** se trouve une petite chapelle dédiée à la déesse Hathor que vous n'aurez aucun mal à reconnaître en ornement des chapiteaux. Sur le mur de droite défilent des militaires en rangs ordonnés, chaque soldat portant une arme différente : lance, assommoir, hache… Tout à côté, des rameurs se livrent à la compétition. La salle suivante est interdite à la visite. Vous pouvez essayer de scruter l'obscurité à travers le grillage de la porte et tenter d'apercevoir les couleurs qui ornent encore les murs.

- **Sur la droite** subsiste une chapelle d'Anubis, sculptée de splendides bas-reliefs aux couleurs absolument intactes. Le plafond, peint d'un bleu profond, constellé d'étoiles jaunes, est admirable.

- **La troisième terrasse,** dont la restauration a été achevée en 2002, offre une colonnade de piliers osiriaques à l'effigie d'Hatchepsout, dont l'alignement de sourires glacés est sublime. A l'intérieur, une ancienne salle hypostyle désormais sans toit s'ouvre sur plusieurs oratoires, dont celui à gauche de Thoutmosis Ier, père de la souveraine.

Sur la gauche du temple d'Hatchepsout, presque complètement en ruine et bien visibles du haut de la falaise, se trouvent les vestiges du temple de Mentouhotep Ier, construit six siècles auparavant et, derrière, dans un état similaire, le temple de Thoutmès III.

EL FAYROUZ €€

✆ +20 95 231 27 09

Chambre simple à partir de 350 L£, double à partir de 430 L£. Petit-déjeuner compris.

Si les chambres premiers prix sont, certes, moins charmantes que celles des hôtels Sheherazade et Nakhil voisins, elles en demeurent cependant un peu moins chères. Mais conviendra parfaitement aux budgets plus serrés. Les chambres supérieures, sont, quant à elles, toutes pourvues de dômes et peintes de couleurs lumineuses. Plus on est dans un étage élevé, plus la vue est sympathique, il faut donc, si possible, demander une chambre au 3e étage. Le gros plus de cet hôtel est son joli jardin, qui fait office de restaurant et invite à la paresse.

EL MESALA €€

Sharia Memnon

✆ +20 122 351 45 23

Chambre simple : 300 L£, double : 700 L£. Petit-déjeuner compris. Salle de bains et climatisation. Réductions en été.

Grande maison décorée avec goût. Les chambres spacieuses ont toutes un balcon, certaines avec vue sur le Nil. Les salles de bains toutes neuves sont impeccables. On profite également d'une piscine avec un grand jardin et d'un restaurant installé sur le toit-terrasse qui sert de la cuisine locale et un petit-déjeuner continental. Personnel professionnel et attentionné mais surtout une situation géographique parfaite puisque vous êtes à quelques pas de l'embarcadère. Tout ceci réunit à des prix étonnamment bas pour un hôtel de ce standing.

EL NAKHIL €€

✆ +20 122 38 21 007

www.elnakhil.com

Chambre simple 25 € ; double 35 €.

Elle est Allemande, lui Egyptien, ensemble ils ont ouvert el Nakhil (l'oasis en français). Ici les chambres sont toutes pourvues de balcon d'où on peut admirer la palmeraie voisine ou le jardin intérieur. Côté déco, les murs rose framboise et le bois foncé du mobilier se marient étonnamment bien et donnent une touche raffinée au décor. Le restaurant de l'établissement se trouve sur le toit, d'où on aperçoit le Nil au loin. L'hôtel est situé à 1 350 mètres du Colosse de Memnon. L'hôtel se distingue par son bâtiment traditionnel.

GEZIRA GARDEN €€

Face au débarcadère

✆ +20 95 231 25 05

www.el-gezira.com

Chambre simple : 35 €, double : 45 €. petit déjeuner compris.

Cet hôtel a bonne réputation. Il se trouve non loin du Nil et offre une restauration pour les non-résidents. Sa piscine lui donne un agrément supplémentaire. Il convient parfaitement pour les voyageurs qui veulent se reposer après un marathon de visites à Louxor. Vous pourrez profiter du calme du jardin oriental, participer à un des cours de yoga, et/ou de méditation, y lire votre roman ou vous détendre à la piscine. L'hôtel dispose de terrasses sur les toits, d'où vous observerez un magnifique coucher de soleil sur les montagnes de l'ouest.

HOTEL SHEHERAZADE €€

✆ +20 100 61 15 939

www.hotelsheherazade.com

Chambre simple : 25 US$, double : 35 US$. Petit déjeuner inclus. Climatisation dans les chambres.

Il n'y a qu'à lire le nom de cet hôtel pour imaginer à quoi il peut bien ressembler. Construit autour d'un paisible jardin et pourvu d'arches couvrant plusieurs étages, le Sheherazade n'est pas sans rappeler les riads marocains. Les chambres sont décorées avec goût et le personnel est aux petits soins. Un choix idéal pour un voyage en amoureux. L'hôtel est sous une direction égypto-anglaise. La piscine construite en 2016, dans le jardin fait 12,50 m de long. Elle se trouve au bord d'une terrasse verdoyante où vous pourrez vous réfugier du soleil.

NILE VALLEY HOTEL €€

Face au débarcadère

✆ +20 9 52 31 14 77

www.nilevalley.nl

Chambre simple à 32 US$, double 36$ et suite à 45$.

Hôtel bien situé, non loin du Nil. Ses chambres avec air conditionné et wi-fi sont de bon confort avec vue sur le Nil. La piscine est une bénédiction en été et le restaurant fort sympathique avec plats en buffet et spécialités à la carte. A noter que l'hôtel se propose de préparer des paniers-repas pour vos excursions. Le personnel est aux petits soins et vous aidera volontiers pour organiser vos visites. Les chambres sont tout à fait correctes mais préférez celles situées dans la nouvelle aile, bien plus confortables. Très bonnes prestations pour ce 3*.

NOUR EL-BALAD HOTEL €€

✆ +20 9 52 06 01 11

Chambre simple : 27 € ; double à 45 €. Petit déjeuner inclus.

L'hôtel est né d'une idée d'habitants éclairés de Gourna qui ont construit une villa au milieu d'une petite palmeraie, et de champs cultivés. Peu de chambres, mais dans leur jus. Relativement spacieuses, slles disposent toutes d'un petit coin salon, d'une salle de bain (baignoire ou douche) et d'une connexion Wi-fi. Un accueil authentique ; un calme inouï. Un petit déjeuner délicieux. Le Nour el Balade a aussi le gros avantage d'être non loin du temple de Médinet Habou, de la vallée des Reines et du temple d'Hatchepsout. Un emplacement privilégié.

EL FAYROUZ HOTEL & RESTAURANT €

✆ +20 144 42 420 88

Compter entre 50 et 100 LE.

Dans un jardin arboré, les tables et banquettes disséminées ici et là sont une invitation à s'attabler pour déguster une *shakshouka* ou une assiette de mezzés, en parfaite tranquillité. Toutes les spécialités égyptiennes figurent au menu. Alors que la plupart des restaurants se trouvent dans les toits, celui-ci se distingue en prenant place au rez-de-chaussée dans le verdoyant jardin de l'hôtel. Autre singularité, vous pourrez y manger de la purée, ce qui n'est pas très commun ! !

NOUR EL-GOURNA HOTEL €€

A côté du bureau de vente des tickets

✆ +20 95 231 14 30

Chambre simple : 20 US$, double : 25 US$.

Décoration sobre et très recherchée, un lieu parfaitement charmant baigné de nature verdoyante. Ici, on vit à l'égyptienne, avec un confort des plus européens. Un accueil authentique et une cuisine locale particulièrement délicieuse ; d'ailleurs nombre de personnes s'y rendent pour le déjeuner ou le diner ! Les chambres sont propres, spacieuses et équipées. C'est véritablement un petit havre de paix après la cohue des visites, alors ça vaut le coup de traverser le Nil pour venir séjourner dans ce *home sweet home*. Coup de coeur assuré.

NILE VALLEY RESTAURANT €

✆ +20 9 52 31 14 77

www.nilevalley.nl

Compter entre 70 et 120 LE.

Sur le toit de cet hôtel, on se restaure en admirant le Nil et le temple de Louxor au loin. La carte propose un large choix de plats européens tels que salades, pâtes et omelettes, mais surtout, des spécialités égyptiennes, dont le canard et le pigeon farci qui sont à goûter impérativement. Il s'agit là de deux spécialités égyptiennes, qui sont cuisinées avec un certain savoir-faire. Pour ceux qui ne souhaiteraient pas manger, cette terrasse est une bonne adresse pour se désaltérer d'une bière en fin de journée. Des jus frais y sont également servis.

EL MOUDIRA HOTEL €€€

A 5 ou 6 km au sud d'El-Gourna

✆ +20 122 32 51 307

www.moudira.com

Chambre double à partir de 250 €.

La Moudira est l'un des fleurons de l'hôtellerie égyptienne. Etablissement 5 étoiles, La Moudira est atypique dans le paysage. Le domaine a été construit sur le désert, et ce sont 54 chambres possédant chacune d'elle un dôme qui se répartissent par ilôts. L'entrée est grandiose, le patio où l'on prend le petit déjeuner très raffiné. La piscine est d'inspiration italienne. Le menu est constitué de produits très frais, et la carte du soir varie chaque jour. Ne serait-ce que pour y prendre un verre, y passer une seule nuit, c'est l'endroit qui change tout.

EL MOUDIRA HOTEL €€

A 5 ou 6 km au sud d'El-Gourna

✆ +20 122 32 51 307

www.moudira.com

Compter au moins 160 LE. La carte est fixe pour le déjeuner mais varie pour le dîner. L'établissement sert de l'alcool.

On déjeune ou dîne dans le patio ou dans l'une des deux salles de restaurant. Les salades à base de roquette, les tomates au pesto, les falafels sont délicieux. On y trouve des couscous de poulet, différents légumes frais arrangés, etc. Les jus de fruit frais, notamment les jus de pastèque et de goyave, sont un régal. Mais le *must*, c'est la beauté du lieu. Les patios, les fontaines et les bougainvilliers du jardin sont magnifiques. Le personnel très attentionné et le repas bien garni participent à vous faire vivre une belle soirée.

VALLÉE DES ROIS ★★★★

On peut y accéder soit par la route, soit par la crête au nord du temple d'Hatchepsout. De là-haut, le point de vue est exceptionnel. La vallée a servi de nécropole royale à partir des débuts de la XVIIIe dynastie (le premier pharaon à s'y faire enterrer étant Thoutmès Ier) jusqu'à la fin de la XXe dynastie. Pendant quatre siècles de dur labeur, des ouvriers de tous horizons vont charrier, déblayer, creuser, polir des milliers de tonnes de pierres et de gravats dans le seul but d'offrir aux rois une sépulture à l'image de leur pouvoir. L'ampleur de la tâche entreprise nous dépasse complètement – surtout si l'on tient compte des moyens techniques de l'époque (outillage, éclairage) et des conditions de travail (chaleur, poussière). Dans le même temps, en bordure des terres cultivables, se construisait un temple destiné aux offices. La mise au jour du tombeau de Toutankhamon par Howard Carter, en 1922, a permis au monde de découvrir avec émerveillement un mobilier funéraire. A l'origine, chaque tombe royale en était pourvue. Le trait caractéristique de la sépulture thébaine royale, comparée à son homologue memphite, reste la séparation radicale de la tombe et de sa chapelle. Bâties en brique crue, matériau périssable et sensible aux inondations, il n'en reste rien ou seulement quelques vestiges épars comme les colosses de Memnon. En outre, vous trouverez ici uniquement d'interminables rituels en écriture hiéroglyphique, des scènes mettant en jeu des démons, des personnages obscurs ayant trait à la mythologie funéraire. La structure de la tombe reste dans son ensemble la même, si l'on excepte celles de la première « génération » (Thoutmès Ier, Thoutmès III…), à angle presque droit, la forme recherchée étant la ligne droite. Une fois la porte franchie, un escalier généralement très raide conduit, à travers trois couloirs successifs, bordés – pour certains – de niches, à une ou plusieurs salles, la dernière abritant le sarcophage. Un puits destiné à piéger les éventuels pillards sépare parfois les couloirs des salles. Les textes, gravés ou peints, regroupés sous le titre de *Livre des Morts*, sont censés fournir au défunt les clés de l'au-delà. Certaines de ces incantations, dont les litanies du soleil, permettront au roi, grâce à la description détaillée qui en est faite, de s'identifier à Râ et lui fourniront des descriptions du monde des morts (*Livre des Portes*). Les salles destinées à accueillir le sarcophage offrent la plupart du temps, en plus des textes funéraires, des représentations du défunt en compagnie d'Osiris ou d'autres dieux, ainsi que des scènes astronomiques ornant les plafonds. Des soixante-deux tombes que compte la nécropole, seulement une dizaine présentent un réel intérêt. Faites votre choix, en prenant garde aux fermetures inopinées qui ont souvent lieu.

Pratique

La vallée est ouverte de 6h à 17h. Avec le ticket de base de 160 LE, vous pouvez visiter 3 tombes au choix parmi celles des Ramsès III, IV, VII, IX et Merenptah, Séti II, Siptah, Tausert/Setnakht. Cette liste établie est susceptible de changer. Environ tous les six mois, une ou deux tombes sont fermées et d'autres ouvertes à la place. Les tombes de Toutankhamon, de Ramsès V et de Séti Ier ont des billets et des tarifs spécifiques.

VALLÉE DU NIL

© JAKUB KYNCL - SHUTTERSTOCK.COM

Tombe de Ramses VI.

Tombe de Ramsès IX dans la Vallée des Rois.

TOMBE D'AMENOPHIS II

Tombe 35.

La tombe mesure 91 m de longueur. Elle a été creusée pour le fils de Thoutmosis III. On descend dans la tombe en enjambant des trouées rituelles, destinées à écarter les démons. La chambre funéraire est illustrée du *Livre de l'Amdouat*, et son plafond est constellé de l'étoile de Nout. Son sarcophage est encore en place, magnifiquement décoré. Sa momie se trouvait encore dedans au moment de sa découverte. C'est d'ailleurs dans une des annexes de la chambre funéraire que neufs autres momies royales avaient été entreposées, cachées des désirs des voleurs.

TOMBE DE RAMSES IER

Tombe 16. (Fermée fin 2019).

C'est une petite tombe de 49 m de long, tout en profondeur. Elle a reçu le corps de Ramsès Ier, fondateur de la XXe dynastie, et grand-père de Ramsès II. On pense que cette tombe devait avoir des dimensions plus grandes, mais la mort du roi obligea les architectes à se contenter de ce qu'ils avaient eu le temps de creuser ; la chambre funéraire actuelle devait être un premier vestibule selon leur plan initial. Les couleurs de cette tombe sont particulièrement bien conservées. Le règne de Ramsès I fut très bref, moins de deux ans.

TOMBE DE RAMSES III ★

Tombe 11. 160 LE (à choisir parmi 3 tombes, lorsque vous paierez l'entrée à la Vallée des roi).

Cette tombe mesure 188 m de long. Elle a été construite pour le pharaon Ramsès III qui appartient à la XXe dynastie. Il régna durant trente et un ans. Le mystère de sa mort a longtemps intrigué les chercheurs, lui qui s'est toujours battu contre la corruption et les envahisseurs des peuples de la mer... Mais il a été récemment découvert, en 2012, qu'il a été assassiné par une conspiration fomentée par plusieurs membres de son harem, dont sa troisième épouse Tiyi. Un scénario digne d'une Telenovela : le successeur du pharaon aurait du être celui de sa première épouse et non de l'enfant de Tiyi, Pentaour. Le coup d'État visait donc à éliminer Ramsès III pour empêcher la montée sur le trône du futur Ramsès IV, alors âgé de 45 ans...

Néanmoins, c'est lui qui a fait construire le splendide temple dit de Médinat Abou. Ce sont quatre couloirs qui se succèdent avant d'arriver à la chambre funéraire. Au bout du deuxième couloir, les architectes se heurtèrent à une tombe antérieure, celle d'Amenmés, et durent modifier leur trajectoire de manière parallèle pour le troisième couloir. Cette tombe a frappé l'archéologue écossais qui la découvrit à la fin du XVIIIe siècle, notamment pour les représentations des harpistes, qui lui vaut son surnom actuel, « tombe des harpistes ». Le sarcophage en granit du roi Ramsès III est conservé au Louvre. Sa momie a, elle aussi, été retrouvée en 1881 dans la cachette de Deir al Bahari où les prêtres l'avaient dissimulée de crainte des pillages de plus en plus nombreux, menés par les paysans du lieu.

TOMBE DE RAMSES IX ★★

Tombe 6. 160 LE (à choisir parmi 3 tombes).

De 105 m de profondeur, la tombe a été construite pour la dépouille du Pharaon Ramsès IX, avant-dernier souverain de la XXe dynastie. Trois couloirs mènent au vestibule, qui précède la chambre funéraire. Cette tombe est connue pour ses décorations empruntées aux différents livres rituels. Le plafond astrologique du premier couloir est remarquable. La déesse Nout court tout le long des trois couloirs successifs, reconnaissable grâce à son étoile à cinq branches. Le sarcophage a disparu. La momie avait été cachée à Deir al Bahari, où elle fut retrouvée en 1881.

TOMBE DE SETI II

Tombe 15. 160 LE (à choisir parmi 3 tombes).

Située dans l'angle sud-ouest de la Vallée des Rois, la tombe de Séthi II fut creusée à quelques mètres de celle de sa femme Taousert. Elle mesure 75 m de profondeur. Elle est en partie inachevée au moment de sa mort. Elle reprend les mêmes canons architecturaux des autres tombes rectilignes dans lesquelles trois couloirs précèdent un vestibule, une chambre funéraire. Ce n'est sans doute pas Séti II qui y fut enterré, car son nom fut largement effacé des cartouches présents dans la tombe ; l'œuvre jalouse d'Amenmès qui lui succéda.

TOMBE DE RAMSES VI ★

Tombe 9. 80 LE l'entrée.

La tombe mesure 116 m de long. Elle avait été commencée par le frère de Ramsès VI, Ramsès V, qui mourut précocement, et qui précéda de six ans son frère dans ce mausolée. Elle rappelle les murs de la tombe de Ramsès III. Le plafond de la chambre funéraire, par sa complexité inspirée du *Livre de la Terre*, lui valurent d'être nommée « tombe de la métempsychose » par les savants de Bonaparte. Ce livre propre à la dynastie des Ramsès relate le périple du dieu solaire dans l'au-delà et la complexité de son monde caché. Les deux sarcophages n'existent que par morceaux.

TOMBE DE THOUTMOSIS III ★★

Tombe 43.

Cette tombe mesure 76 m de profondeur. Comme celle de son fils Aménophis II, elle est creusée dans l'escarpement de la falaise. Conçues sur le même modèle, la tombe du père est moins décorée que celle du fils, la chambre funéraire comporte une série de graffitis représentant les divinités complètes du *Livre de l'Amdouat* (740 !) qui devaient précéder le travail du peintre. Elle est la plus ancienne tombe de la vallée. Sa chambre funéraire est caractéristique par sa forme en cartouche. Son sarcophage de quartzite rouge est encore en place, magnifiquement décoré.

TOMBE DE SETI IER ★★

Tombe 17. Billet spécifique à 1 000 LE.

La tombe du deuxième roi de la XXe dynastie, Séti Ier, à qui l'on doit parmi les plus beaux bas-reliefs de l'art égyptien, a des dimensions respectables : 137 m de profondeur. Sa tombe est à l'image des autres monuments érigés sous son règne. Une salle à six piliers vient, après une succession de trois couloirs, ornementer une tombe dont les parois sont richement décorées. La chambre funéraire possède un plafond astrologique somptueux qui s'est inspiré du livre de l'au-delà, l'Amdouat. Le sarcophage en albâtre est aujourd'hui à Londres, au musée de sir John Soane.

TOMBE DE TOUTANKHAMON ★

Tombe 62. Billet spécifique à 200 LE.

Cette tombe ne mesure que 30 m de long et ne comporte que trois chambres. Elle renfermait toutefois trois mille pièces qui composaient le mobilier funéraire du défunt. Toutankhamon y a été placé à la hâte, dans la surprise de sa mort. On ne trouve de représentation que dans la chambre funéraire. Les babouins qui sont représentés proviennent du *Livre de l'Amdouat*. Si le trésor est exposé dans les salles du musée du Caire, on trouve encore sur place le sarcophage de quartzite rouge et le premier des sarcophages en bois recouvert d'or.

VALLÉE DES SINGES

À l'ouest de la vallée des Rois, la vallée des Singes n'est pas la plus grandiose des vallées funéraires de Thèbes ouest. On n'y trouve d'ailleurs que peu de tombes, dont une seule peut valoir qu'on la visite. C'est en 1905-1906 que les fouilles entreprises par Louis Charles Émile Lortet permirent d'exhumer plusieurs sépultures de babouins, datant de l'époque gréco-romaine et du Nouvel Empire. Le nom de « singes » vient des motifs décoratifs de la tombe d'Ay – découverte en 1816 par l'explorateur Giovanni Battista Belzoni –, successeur de Toutakhamon, et dont le règne dura quatre ans. On y accède avant l'arrivée sur le parking de la vallée des Rois.

TOMBE D'AMON-HER-KHÉPESHEF ★

Tombe 55. Billet à 80 LE donnant accès à 2 tombes. Il faut un billet spécifique pour celle de Néfertari.

Amon-Her-Khépeshef est un des cinq fils du roi Ramsès III. Il devait succéder à son père mais il est mort à une quinzaine d'années. On y accède au vestibule puis à la chambre funéraire par une rampe descendante. Celle-ci représente le prince précédé de son père qu'il présente aux divinités. On y lit des extraits du *Livre des morts*. Le sarcophage, qui se trouve dans l'annexe du fond, reposait à l'origine dans la chambre funéraire. Les peintures ont conservé une grande fraîcheur.

TOMBE D'AY

Billet spécifique à 40 LE.

Ay est le douzième et l'avant-dernier pharaon. Il monte sur le trône grâce à son mariage avec la veuve de Toutankhamon, la reine Ankhésenamon. La tombe de Ay n'est pas totalement achevée. Ay avait fait creuser un tombeau et, à la chute de la cité et du culte à Aton, il lui fallut creuser un nouveau tombeau en toute hâte à Thèbes. Son court règne ne lui permit pas d'achever plus que la décoration de la chambre funéraire. On y voit Ay chassant l'hippopotame mâle, et douze babouins qui donnèrent le nom à la vallée. Le sarcophage de pierre est toujours *in situ*.

TOMBE DE KHAEMOUASET ★

Tombe 44. Billet à 80 LE (donnant accès à 2 tombes).

Khaemouasat est l'un des fils de Ramsès III. Il est mort lors de la 28e année de règne de son royal père. On accède à un vestibule dominé par un plafond astronomique. Sur la paroi gauche du vestibule, Ramsès III, suivi de ses fils, fait face à Thot et Anubis. Deux annexes se font face au vestibule : le défunt est présenté à différentes divinités. La chambre funéraire succède au vestibule ; ses parois sont décorées d'après le *Livre des morts*. Le sarcophage n'y est plus : retrouvé en pièces, on peut le voir en partie au musée égyptien de Turin.

VALLÉE DES REINES

La plupart des soixante-quinze tombes que compte cette nécropole sont en mauvais état de conservation et d'un intérêt plus que restreint. Cette vallée, en son temps, accueillait les épouses royales, mais aussi des membres de la famille, notamment des princes et des princesses. Quelques tombes seulement sont ouvertes. La plus fameuse (très chère et soumise à un quota de visiteurs) est celle de Néfertari (n° 66), mais il y a aussi celle de la reine Thiti (n° 52), assez bien conservée, et celle d'Amon-her-Khopechef, un des fils de Ramsès III. Dans la salle du fond où se trouve le sarcophage, une vitrine expose la petite momie d'un fœtus d'environ 5 mois.

TOMBE DE NEFERTARI ★

Tombe 66. Entrée à 1 000 LE.

Néfertari, la plus connue des épouses de Ramsès II, est enterrée dans ce magnifique tombeau, retrouvé en 1904. On y accède par un escalier menant à l'antichambre où la reine est représentée, sur le mur de gauche, jouant du sénet. Sur la droite se trouve le vestibule, d'une rare beauté, mettant en scène la souveraine devant Osiris et Amon, Thot et Anubis. Un escalier mène à deux annexes où Néfertari est représentée devant trois génies. On accède enfin à la chambre funéraire, soutenue par quatre piliers massifs, carrés, qui entourent le tombeau plus en place.

TOMBES DES NOBLES ★★

Les tombes regroupées sous cette appellation abritent des hauts fonctionnaires thébains, presque tous de la XIIIe dynastie. La nécropole – toutes tombes confondues – en compte à peu près quatre cent cinquante, d'où cet aspect de gruyère quand on la regarde de loin, car la majeure partie ne subsiste qu'à l'état de traces ou de débris. Par chance, il en reste quelques-unes merveilleusement bien conservées ; ce sont celles que vous visiterez. Regroupées dans un périmètre d'environ 600 m, elles sont faciles à trouver, et les gamins se feront un plaisir de vous les indiquer. Elles ne connaissent pas encore le succès de masse de la vallée des Rois et peut-être sont-elles volontairement omises des circuits de groupe à cause de leur taille modeste qui rendrait toute affluence intolérable. Les motifs qui les décorent – généralement peints – sont d'une fraîcheur surprenante et retracent fidèlement certains aspects de la vie quotidienne. Bien que tous différents, les tombeaux respectent un plan traditionnel. Dans la première salle, ce sont souvent des images de ce que la vie offre de plus agréable, avec des représentations de festin, des offrandes de vin, de nourriture, de fleurs. On y observe également des scènes de travaux : on récolte, on engrange, on comptabilise… La deuxième salle s'orne de thèmes plutôt funéraires, comme l'embaumement, le banquet ou le cortège funéraire, le défunt en présence d'Osiris ou d'Anubis. Seulement treize tombes se visitent actuellement, toutes répertoriées ci-dessous.

TOMBE D'AMENENOPE ★★

Tombe 148. 60 L£, billet incluant les tombes de Menna et Nakht.

Issu d'une prestigieuse famille, il fut Troisième prophète d'Amon pendant la XXe dynastie. Sa grande sépulture, est assez mal préservée et a perdu la majorité de ses décorations, cependant sa première salle est restée intéressante. De grandes statues représentant le défunt sont taillées dans la roche. Les décors muraux conservés, qui représentent notamment des scènes de banquets et les membres de l'influente famille d'Amenenope, ou encore ce dernier étant présenté à Osiris, sont de qualité exceptionnelle et mis en valeur par le blanc des murs.

TOMBE DE BENIA ★★

Tombe 343. 40 L£, billet incluant la tombe de Khonsou.

Pensionnaire de la Nurserie Royale, chef trésorier et surveillant des travaux publics durant le règne de Tuthmosis III. La tombe de Benia, petite et assez simple, de forme classique en T, est assez complète. Dans plusieurs scènes Benia est représenté devant des tables sur lesquelles s'empilent des offrandes. La cérémonie du rituel de l'ouverture de la bouche y est aussi peinte. Dans une niche au fond de la tombe se trouvent des statues, taillées directement dans la paroi rocheuse, représentant le défunt assis entouré de ses parents.

VALLÉE DU NIL

Vallée des Reines, tombe de Néfertari (représentations de Néfertari, Nephtys, Khnoum et Isis).

TOMBE DE DHUTMOSI ★★

Tombe 296. 60 L£, billet incluant les tombes de Neferrenpet et Nefersekherou.

Un passage dans la tombe de Nefersekherou mène à celle de Dhutmosi, qui elle se trouve en mauvaise condition. Mais le hasard a fait que les plafonds de ces deux tombes soient très bien préservés. De beaux plafonds colorés peuvent y être observés. Chacun comporte un ou plusieurs motifs centraux, qui prennent des formes géométriques. Cinq motifs différents se répètent, dont trois se trouvent dans la pièce principale. Les motifs ainsi peints sont séparés les unes des autres par des bandes de couleur et, dans le cas du plafond principal, par des bandes de texte.

TOMBE DE MENNA ★★

Tombe 69. 60 L£, billet incluant les tombes de Menna et Amenenope également.

Haut fonctionnaire, Menna était scribe des champs du seigneur des deux terres, sous Thoutmosis IV. Sa tombe est décorée de scènes champêtres d'un réalisme attendrissant. Certaines de ces scènes ont été reproduites dans de nombreux livres d'art sur l'Égypte ancienne. On y voit par exemple un mauvais payeur être frappé par les hommes du scribe, ou un jeune enfant, portant une antilope sur ses épaules, qui est touchant de vérité, tout comme ce chat qui chipe des œufs dans un nid. Les statues de Menna et de sa femme Henouttaouy se trouvent encore au fond de celle-ci.

TOMBE DE KHAEMHET ★★

Tombe 57. 60 L£, billet incluant les tombes de Ramose et d'Ousirhat.

Khaemhet était scribe royal et inspecteur des greniers royaux à l'époque d'Aménophis III, dont le règne de 38 années, fut marqué par la paix, la richesse et la puissance. Sa tombe, très ornementée, dévoile des scènes champêtres et des représentations religieuses comme celle du sacrifice des oies.

Parmi les bas-reliefs qui ornent les parois de sa tombe, on trouve plusieurs représentations de la déesse agraire Renenoutet, sous les traits d'une femme à tête de serpent allaitant son fils. Khaemhet prit grand soin à ce que celle-ci veille sur sa dernière demeure.

TOMBE DE NAKHT ★★

Tombe 52. 60 L£, billet incluant les tombes de Menna et Amenenope également.

Scribe et astronome d'Amon sous Thoutmès IV, huitième pharaon de la XVIIIe dynastie. La première chambre est aménagée en une sorte de minuscule musée. On y voit des scènes de labour et de chasse aux canards dans des fourrés de papyrus, ainsi que des hommes, pieds nus dans la cuve, en train de fouler le raisin. Ces scènes ont été inspirées par la propriété que Nakht possédait dans le Delta du Nil. La statue du défunt est une copie ; quant à l'original, il gît au fond de l'océan Atlantique, le navire qui le transportait vers les Etats-Unis ayant sombré.

TOMBE DE KHONSOU ★★

Tombe 31. 40 L£, billet incluant la tombe de Benia.

Cette tombe appartient à un fonctionnaire du nom de Khonsou, nom théophore calqué sur celui du dieu-fils de la triade thébaine (Amon-Mout-Khonsou). Il fut également appelé To, premier prophète de Thoutmôsis III, au cours du règne de Ramses II. Précédée d'une cour la tombe présente un plan classique en T inversé. Parmi les nombreuses peintures, la plupart représentent le culte du dieu Montou, et de Thoutmosis III, mais on peut aussi y voir l'adoration du dieu Rê par le défunt et sa famille ou encore des scènes funéraires. Des canards en vol ornent le plafond.

TOMBE DE NEFERSEKHEROU ★★

60 L£, billet incluant les tombes de Neferrenpet et Dhutmosi. Tombe 296.

La petite tombe de Nefersekherou, scribe des offrandes divines et officier du Trésor sous le règne de Ramsès II, est assez similaire de sa voisine. Il serait d'ailleurs envisageable que ce dernier ait succédé aux fonctions de son voisin Neferrenpet. Malgré sa petite taille, elle représente un ensemble caractéristique de l'époque. Elle est très complète et ses peintures ont conservé de vives couleurs. Les plafonds sont finement décorés de motifs géométriques variés aux couleurs très bien préservées. Le monument comporte deux complexes souterrains distincts.

TOMBE DE NEFFERENPET ★★

Tombe 178. 60 L£, billet incluant les tombes de Nefersekherou et de Dhutmosi.

Pendant le règne de Ramses II, Nefferenpet ou Kenro était le *scribe en chef du Trésor du domaine d'Amon-Rê*, une des plus hautes fonctions de l'époque. La tombe est décorée de peintures raffinées. La femme du défunt, Moutemouia, est présente à ses côtés. Les scènes sont essentiellement religieuses, louanges et adoration des dieux, procession funéraire, mais il s'y trouve également des scènes moins formelles qui représentent Neferrenpet supervisant le travail effectué par les hommes au trésor. Les beaux plafonds de cette tombe sont parés de motifs élaborés.

TOMBE DE REKHMIRE ★★

40 L£, billet incluant la tombe de Sennefer. Tombe 100.

Vizir sous Thoutmès III, sa tombe exprime, par ses motifs décoratifs le pouvoir et la puissance du fonctionnaire promu à une haute distinction. Sur le mur, de face en entrant à gauche, sont représentées différentes peuplades chargées de tributs en signe de soumission (Syriens, Soudanais, Ethiopiens…), dont des animaux exotiques comme la panthère, la girafe ou le singe. Sur les murs de la chapelle, très étroite, des scènes d'une remarquable précision montrent Rekhmiré surveillant ses ouvriers, ainsi qu'un banquet funèbre où festoient de jolies convives !

TOMBE DE OUSIRHAT ★★

40 L£, billet incluant les tombes de Khaemhet et Ramose. Tombe 56.

Ousirhat était un scribe royal sous Aménophis II, son tombeau présente les scènes habituelles. Sa tombe se situe au bas de la colline de Gournah, un positionnement qui correspondait à son statut social. Ce monument représente un des sommets de l'art funéraire de l'époque, avec les deux scènes célèbres, celle des barbiers, et celle de la course en char. Elles furent toutes deux reprises dans de nombreux ouvrages sur l'Égypte ancienne.

La tombe a été ouverte au public pendant de nombreuses années, et l'est encore actuellement, mais par intermittence.

TOMBE DE RAMOSE ★★

40 L£, billet incluant les tombes de Khaemhet et d'Ousirhat. Tombe 55.

Vizir sous Aménophis IV qui deviendra Akhenaton, sa tombe n'a jamais été achevée. 32 colonnes soutiennent le plafond du vestibule, et huit autres encore placées dans la salle hypostyle menant à la chapelle du défunt. Les bas-reliefs sculptés sont impressionnants par leur finesse, observez notamment les chevelures et les contours des yeux. Au fond on notera une représentation d'Akhenaton, de sa femme Néfertiti et de leurs enfants présentant une offrande à Aton ; les rais du dieu unique ont été brisés afin que sa bénédiction ne profite plus au Pharaon hérétique.

TOMBE DE SENNEFER ★★

40 L£, billet incluant la tombe de Rekhmire. Tombe 96.

© ITZAK NEWMANN - ICONOTEC

Sennefer fut prince et administrateur des jardins du temple d'Amon durant le règne d'Aménophis III. On accède au profond caveau de sa tombe par un escalier étroit. Cette tombe est également connue sous le nom de *Tombe des vignes*, car une grande partie des plafonds sont décorés de vignes. Bien que le travail manque de finesse, cette tombe vous séduira par son plafond irrégulier, avec les grappes de raisin épousant les creux et les bosses. Sur les murs et les piliers, sont représentés le prince et une de ses épouses, Senetnay.

VALLÉE DES ARTISANS ★★

Le site est ouvert de 6h à 17h. Billet à 80 LE pour 2 tombes + le temple. Ticket séparé pour la tombe de Peshedu : 40 LE. Ce village des artisans, localement connu sous le nom de Deir el-Médinat, constitue un précieux témoignage de l'habitat de l'époque d'Aménophis Ier. Construits sur des monticules au milieu des terres cultivables, tous ces villages ont disparu à cause des inondations successives ou ont été recouverts par les habitations modernes. Le village de Deir el-Médinat ne peut toutefois être considéré comme l'exemple type de cet habitat traditionnel. Il a été créé de toutes pièces pour héberger les ouvriers et les artisans (sculpteurs, peintres, carriers...) qui travaillaient aux nécropoles, notamment à celle des rois. Il ne fait aucun doute que le village à vocation rurale présentait un plan plus confus, moins ordonné. Deir el-Médinat, en revanche, reflète déjà un certain sens de l'urbanisme. Les maisons, elles-mêmes, bien que petites, sont d'une structure moins archaïque que les huttes en pisé et les toits à feuillages des paysans du Nil. Accolées les unes aux autres, elles sont plus longues que larges, avec deux ou trois pièces en enfilade et un escalier menant au niveau supérieur, vers une terrasse. Si le travail de ces ouvriers était difficile, leur statut d'artisan compensait bien des choses en leur accordant certains privilèges, comme de bons salaires et une nécropole à leur propre usage.

TEMPLE D'HATHOR ET DE MAÂT

80 LE l'entrée du temple et de 2 tombes.

Ce petit temple tardif, de style ptolémaïque, dédié à Hathor et à Maât, a donné son nom à la vallée dès lors que des moines coptes y ont implanté un petit monastère. Il n'a guère de prestige néanmoins il mérite une visite. La qualité de ses reliefs et l'intérêt des thèmes abordés en font un lieu important. Plusieurs scènes sont mises en perspective, comme, la représentation du roi Ptolémée IX offrant du lait à un enfant sur les genoux d'Hathor. On y voit Maât lui insuffler la vie.

TOMBE D'INERKHAOU

Tombe 359 de la vallée. 80 LE entrée du temple + visite de 2 tombes.

Inerkhaou était le contremaître de Pharaon, seigneur des Deux-Terres. Il a servi Ramsès III et Ramsès IV. On entre par un vestibule suivi d'un escalier qui mène à la chambre funéraire. On y retrouve des passages du *Livre des morts* illustré sur les parois des deux pièces, le vestibule étant moins conservé que la chambre. On remarquera une belle représentation de l'arbre Ished, en bleu, et du dieu Apophis.

Après la sépulture de Sennedjem, c'est l'un des tombeaux les mieux préservés. Les peintures singulières ne s'inscrivent pas dans le canon artistique de l'époque.

TOMBE DE SENNEDJEM

Tombe 1 de la vallée. 80 LE l'entrée du temple + 2 tombes.

© AUTHOR'S IMAGE

Sennedjem était un artisan particulier : c'était un artiste qui eu l'occasion de travailler sous les règnes glorieux de Séti Ier et de son fils Ramsès II. On entre par le mur latéral dans une chambre unique, voûtée. La richesse de la décoration est singulière pour un artisan, et se rapproche d'une tombe royale, mais son destinataire en était aussi son auteur... Ce sont des scènes du *Livre des morts* qui sont peintes, représentant aussi Sennedjem et son épouse Inyferti. Le mobilier du tombeau est exposé au musée égyptien du Caire.

VALLÉE DU NIL

ESNA

À 60 km au sud de Louxor. Le plus simple pour s'y rendre est de prendre un taxi, soit pour une excursion d'1/2 journée au départ de Louxor, soit sur la route vers Assouan. A quelques pas des berges du Nil, la ville a l'aspect d'une bourgade sans charme. Esna, pour les Grecs, s'appelait Latopolis, la « cité des poissons ». Aujourd'hui, avec sa grande écluse que seuls passent les bateaux à moteur, les poissons sont bloqués, comme souvent les bateaux la nuit, qui passent cette barrière les uns derrière les autres, selon un rythme lent brisé par les danseuses du ventre de la ville qui viennent égayer les lieux en faisant tanguer leurs formes généreuses.

TEMPLE DE KHNOUM ★★

Ouvert de 8h à 17h. Entrée : 60 LE.

Le temple est dédié au dieu Khnoum, représenté avec une tête de bélier, seigneur d'Eléphantine et élément de la triade éponyme qui commandait au Nil, dieu qui créait les êtres vivants sur son tour de potier. On y célébrait aussi les déesses Neith et Héket, la première étant la mère de tous les dieux, et la deuxième ayant participé avec elle à la création du monde.

Il a été construit pendant la période des Ptolémées, au IIe siècle avant JC, et par l'empereur romain Claude entre 41 et 54 de notre ère. La salle hypostyle était alors précédée d'une seconde salle hypostyle, un naos, une chapelle principale et des chapelles latérales, un déambulatoire faisant tout le tour du temple. L'édifice est actuellement situé à 9 m au-dessous du niveau de la rue.

- **Le portique** ajouré laisse apparaître 6 colonnes de la salle hypostyle. Cette structure est caractéristique des monuments ptolémaïques et de leur réédition romaine. La scène représente Titus face à plusieurs divinités. Les deux portes lattérales étaient utilisées par les prêtres.
- **La salle hypostyle** a conservé ses 24 colonnes en forme de lotus dont les scènes narrent la création du monde orchestrée par Neith. Le mur ouest est le plus ancien de l'édifice, on y trouve des scènes d'offrande des périodes de Septime Sévère et de Caracalla. Le mur Est présente une scène de massacre tandis que dans l'angle est inscrit un calendrier des festivités célébrées. Son plafond est parfaitement intact ; il présente des éléments astronomiques qui expliquent la course solaire et les constellations.

EL-KAB

Le site est ouvert de 6h à 17h, et son entrée coûte 60 LE. Le site d'el-Kab (anciennement Nekheb) est situé en retrait des circuits habituels. Il est plutôt accessible aux voyageurs en dahabieh. Néanmoins, sur la route, vous pouvez insister pour vous y rendre. C'est dans cette ville que le culte de la déesse Nekheb a été honoré. On ne lui donne pas de filiation particulière mais elle a deux époux, Horus de Nekhen et le dieu Sebek. Sa représentation est connue puisqu'il s'agit d'un vautour aux ailes parées de mille couleurs. Pharaon, lorsqu'il est roi de Haute-Egypte, porte sur son front la tête du vautour et la déesse Nekhbet le protège ainsi.

CHAPELLE D'AMÉNOPHIS III

La construction de cette petite chapelle consacrée aux déesses Nekhbet et Hathor, est attribuée au roi Aménophis III et à son père Thoutmôsis IV. La chapelle, quasi carrée, est soutenue par quatre colonnes à chapiteaux hathoriques. L'intérieur est décoré de peintures qui ont conservé leur teinte d'origine. Cette petite chapelle servait de reposoir à la statue de Nekhbet, lors de certaines processions. La déesse protégeait les ressources minérales importantes de cette partie d'Egypte. Devant l'entrée existait une petite salle hypostyle avec quatre colonnes.

TOMBE D'AHMÈS

Ahmès fils d'Abana, né d'un père soldat et d'une mère du nom d'Abana, est un militaire qui joua un rôle important sous les ordres de trois pharaons. Sa biographie, sur deux murs de sa tombe, relate tous ses faits d'armes notamment lorsque le nord de l'Égypte était annexé par les Hyksôs. Né sous le règne de Séqénenrê Taâ et mort sous celui de Thoutmôsis I : il participa aux diverses guerres de réunification menées par les pharaons. Il reçu sept fois la décoration honorifique suprême, la décoration de l'or, des mains de trois rois différents.

TOMBE DE PAHÉRY

60 LE entrée sur le site.

Pahéry est peintre et chef des travaux dans la tombe de son grand-père, Ahmnose, fils d'Abana, un héros de guerre. Il devient gouverneur de Elkab et d'Esna. Son statut de nomarque, lui permit de réaliser sa propre tombe. La thématique des copies artistiques servit de documentation de base, pour exprimer son talent artistique. La tombe qu'il occupe avec son épouse présente des peintures bien conservées de scènes de la vie agricole et du rite funéraire rendu au défunt. Au fond, une niche abritant une statue de Pahéry, de son épouse et de sa mère.

EDFOU

Au départ de Louxor ou d'Assouan, Edfou est la visite intermédiaire entre Esna et Kôm-Ombo. On peut s'y rendre en train, en taxi ou en microbus. Situé sur la rive gauche du Nil, Edfou est un petit bourg bordé de terrasses de cafés, réfugiées à l'ombre des arbres où piaillent les oiseaux. Autrefois, la rue principale se transformait, tôt le matin, en une hallucinante chenille de calèches, chargées de touristes et reliant les bateaux de croisière au temple de la ville. Mais depuis la révolution de 2011, les touristes se font rares, ce qui veut dire que les courageux qui s'y rendront auront le temple d'Horus pour eux tout seuls, ou presque.

DJEBEL SILSILAH

C'est l'un des points d'arrêt et de marche qui est proposé lors d'une croisière en dahabieh.

- **Sur la rive ouest du Nil :** de nombreux graffitis et des stèles montrent l'importance de ce lieu de culte où, alors que la crue faisait rage, on célébrait Hâpy et la triade éléphantine qui est considérée comme celle maîtrisant le fleuve. Trois sanctuaires élevés par Merenptah, Séti Ier et Ramsès II subsistent en partie, et les plafonds conservent encore leurs couleurs.
- **Sur la rive est du Nil :** carrières impressionnantes de grès, stèles et ex-voto.

KÔM-OMBO ★★★

Au départ d'Assouan, Kôm-Ombo est la première visite vers Louxor. On peut s'y rendre en train, en taxi ou en microbus (l'option la plus pratique et la plus rapide) pour y passer une partie de la journée. Peuplé principalement de Nubiens, déplacés avec l'édification du haut barrage, on l'appelle aussi Nouvelle Nubie. La ville a conservé un peu de son rôle d'antan : elle sert toujours d'étape aux caravaniers, recyclés maintenant dans le commerce des chameaux, dont le marché de Daraw perpétue la tradition. Vivant essentiellement de la canne à sucre, la ville compte une importante communauté copte, comme l'attestent ses nombreuses églises.

DARAW

La ville se situe à 7 kilomètres au sud de Kôm-Ombo et 30 km au nord d'Assouan. On peut s'y rendre en taxi. Le lieu est réputé pour son marché aux dromadaires, véritable va et vient de camions et de toute la poussière qu'ils transportent. Des symboles sont taillés sur la croupe des dromadaires pour indiquer l'identité de leur propriétaire. Les enchères se font à la criée, à savoir que ce qui fait un bon dromadaire, c'est sa dentition : elle révèle son état de santé. Le marché fonctionne sur la confiance entre acheteurs et vendeurs, des centaines de milliers, voire des millions de livres égyptiennes peuvent passer de main à main avant midi.

MARCHÉ AUX DROMADAIRES

Tous les jours, mais principalement samedi et dimanche.

Tôt le matin, la place se transforme en une gigantesque foire aux bestiaux où, dans une ambiance enfiévrée, les marchands comptent leurs billets et se livrent à une surenchère bruyante. Une vente de fouets en cuir, habilement tressés, est organisée. Le marché aux dromadaires à proprement parler se tient deux fois par semaine, les samedis et les dimanches, le reste de la semaine le lieu se transforme en marché de vaches, moutons, chèvres... Introduits par les Grecs, les dromadaires ne font pas partie des animaux que les Egyptiens, originairement, utilisent.

TEMPLE D'HORUS ★★★

Ouvert de 8h à 17h. Entrée : 100 LE.

Grâce à son exceptionnel état de conservation (le mieux conservé d'Egypte), le temple d'Edfou vous laissera probablement un souvenir durable. Ses dimensions sont impressionnantes ; c'est d'ailleurs le troisième plus grand temple d'Egypte après Karnak et Médinat-Abou. Sa construction, commencée en 237, dura près de deux siècles. Le temple conserve dans son ensemble une parfaite homogénéité tant dans sa structure que dans sa décoration, et restitue, d'une manière saisissante, l'atmosphère qui devait y régner en des temps antiques. Le sanctuaire proprement dit – le saint des saints – n'était accessible qu'au roi et au grand prêtre des lieux. Dédié à Horus, le grand dieu du ciel, il est remarquable pour ses bas-reliefs notamment ceux décrivant la rencontre annuelle d'Horus et d'Hathor et ceux représentant la déesse Nout dans la chapelle du Nouvel An.

▶ **Le pylône,** d'une hauteur de 36 m, a parfaitement conservé les rainures verticales qui servaient à dresser les mâts de bois où flottaient des drapeaux. Après avoir traversé l'avant-cour formée de colonnes au chapiteau en forme de palme, on entre dans une première salle hypostyle aux murs décorés de scènes d'offrandes. L'ensemble évoque une fois encore la nature, un marais ou un bois ; des motifs, aux formes végétales, se retrouvent sur chaque colonne. La salle en compte dix-huit dont six sont enclavées à mi-hauteur par un mur qui cache l'intérieur de la salle. A gauche de l'entrée, vous remarquerez une statue d'Horus, et une autre, brisée.

▶ **Une deuxième salle hypostyle,** plus petite, mais plus élégante, et que supportent douze colonnes, permet d'accéder à plusieurs chambres où l'on entreposait les offrandes et l'on préparait les rituels. Les deux salles suivantes permettent d'accéder à d'autres chambres ou à des chapelles par le biais d'escaliers. Le sanctuaire, qui a conservé son naos taillé dans un seul bloc de granit, date du règne de Nectanibis II. Il comportait à l'origine une porte et abritait la statue sacrée d'Horus. Le petit autel devant la statue supportait la barque du dieu.

▶ **Tout autour du sanctuaire, un couloir ouvre sur dix chambres.** Dans l'une d'elles est reconstituée une barque processionnelle. Un déambulatoire à ciel ouvert permet de faire un tour presque complet de l'édifice. En prenant le temps de décrypter les innombrables scènes représentées, on passe en revue toute la mythologie égyptienne. La visite terminée, on est marqué surtout par les jeux subtils de l'ombre et de la lumière que l'on a volontairement glissés dans l'enceinte de cet édifice.

© AUTHOR'S IMAGE

TEMPLE DE SEBEK ET D'HAROERIS ★★★

Ouvert de 8h à 17h. Entrée : 80 LE.

Le temple ptolémaïque de Kôm-Ombo a été construit sur deux siècles, entre le IIe et le Ier siècle avant J.-C., par les rois Ptolémée VI et Ptolémée XII. La cour et le mur d'enceinte sont plus modernes et ont été construit sous la période romaine. L'utilisation des pierres du temple pour l'édification de monuments coptes, a beaucoup diminué l'aspect de ce temple dédié à deux divinités : Sebek, le dieu crocodile, et Haroeris qui est l'une des manifestations d'Horus.

- **La porte monumentale** a été érigée par Ptolémée XII. Il n'en reste que deux éléments. A quelques pas, la petite chapelle d'Hathor date de Domitien (51 à 96 de notre ère) ; on y admire des crocodiles momifiés.

- **Du pylône**, il ne reste que quelques bases depuis lesquelles on accède au deux parcours cultuels parallèles : à gauche on marche vers Haroéris, à droite on s'avance vers Sebek. On débouche dans la cour de Tibère (14 à 35 avant J.-C.), entourée de 16 colonnes ornées. Au centre de cette cour, l'autel est le seul élément commun aux deux divinités car on y posait leurs offrandes.

- **Le portique** est typique de l'époque ptolémaïque, formé d'un mur se terminant à mi-hauteur et enlaçant les 5 colonnes composites qui appartiennent à la salle hypostyle. Les scènes extérieures représentent Pharaon purifié par Thot et Horus devant Haroéris à gauche, et Sebek à droite.

- **La première salle hypostyle** est soutenue par 15 colonnes dont 5 sont intégrées dans le portique. Elle est commune aux deux cultes et donne accès à **la deuxième salle hypostyle**, plus petite, supportée par 10 colonnes papyriformes. On y trouve Ptolémée VIII représenté face à Haroéris dont il reçoit épée et couronnement. Les deux salles ont conservé de nombreuses traces de polychromie.

- **Les deux chapelles** sont précédées de **trois vestibules** doubles, le premier orné de rites de purification et de consécration, le deuxième d'offrandes. Des deux chapelles, il ne reste plus beaucoup d'éléments, sinon les reposoirs des barques sacrées. De nombreuses chapelles latérales les entourent. Dans le déambulatoire extérieur, des bas-reliefs renseignent sur l'art de la chirurgie tel qu'il était connu à cette époque.

- **A l'extérieur du temple,** à l'opposé de la porte monumentale, se dresse le mammisi de Ptolémée IX (116 à 107), un petit temple secondaire. Il est situé non loin d'un nilomètre et d'un puits.

- **Le musée du crocodile,** situé à mi-chemin entre le temple et la sortie, présente une jolie collection de crocodiles momifiés avec les explications *ad-hoc* à côté.

ASSOUAN ★★★★

Si les Grecs ont appelé Syène cette ville commerçante, c'est surtout au nom d'Elephantine qu'il faut penser, aux temps les plus anciens. Assouan est situé au niveau de la première cataracte, à l'entrée du pays de Kouch, que l'on connaît dorénavant sous le nom de Nubie. C'est une autre Egypte, une charnière avec le Soudan et les pharaons noirs. On habitait alors sur Eléphantine, et sur l'île de Sehel. Les carrières de granite rose servaient à l'ensemble du pays pour orner les temples ou de matière première pour les sculpteurs de statues monumentales. Depuis Kôm-Ombo, la vallée s'est rétrécie, le sable est devenu plus jaune, presque chargé d'or, et les palmeraies, qui bordent la route et la voie ferrée, tranchent par leur verdeur avec la matière minérale qui brûle au soleil. On tourne donc, naturellement, plus les yeux vers le Nil, plus bleu, plus sombre, plus froid. C'est dans les creux des blocs de granite arrondis par les flots qu'Hâpy se cache et qu'il donnait vigueur au fleuve au moment de la crue. La triade éléphantine constituée de Khnoum, Satet et Anouket, avec leur contremaître Hâpy sont donc un peu au chômage depuis la construction du haut barrage, en amont du fleuve, en 1970. Il n'y a plus de crue et le fleuve poursuit son cours. Le Nil n'est pourtant pas si tranquille qu'il en a l'air car de forts courants, à 50 mètres de profondeur, créent entre les îles des tourbillons mortels. C'est donc le long des berges de sable de la rive ouest que les baigneurs se trempent dans le fleuve : c'est la dernière activité à la mode ! Assouan, c'est la porte de la Nubie, dont le peuple a retrouvé sa place dans la société. Après l'expulsion et la destruction des maisons des tribus qui habitaient le long du Nil désormais submergé par le lac Nasser, les Nubiens étaient marginalisés. Dorénavant, ils ont repris du pouvoir sur la ville et il est devenu incontournable de visiter les villages nubiens. De là partent les croisières de quelques jours sur le lac, pour visiter les rares sites déplacés et sauvés des eaux, et pour pêcher lors de safaris, et croiser, à la tombée du jour, les crocodiles du Nil qui l'ont repeuplé. Une partie se bat néanmoins pour que la langue et la culture soient réellement reconnues par l'Etat égyptien et surtout pour pouvoir retourner sur les terrains encore accessibles dont ils ont été dépossédés. L'article 236 de la nouvelle constitution égyptienne (2012) fixait un objectif de 10 ans pour mettre en oeuvre le « droit au retour » des Nubiens. Aujourd'hui l'article n'est que théorique et les activistes nubiens régulièrement réprimés par les forces de sécurité.

Transports

Si vous prévoyez de naviguer quelques jours sur le fleuve, en felouque, vous pouvez le faire au départ d'Assouan, comme de Louxor. Plusieurs personnes peuvent se regrouper sur une même embarcation pour réduire les frais. Essayez malgré tout, avant de vous engager dans l'aventure, de sélectionner les gens avec qui vous devrez partager 12 m² pendant trois jours. L'expérience montre que la cohabitation ne se passe pas toujours très bien. N'oubliez pas qu'à deux cela peut être très romantique ! S'endormir sur l'eau et sous la voûte céleste à bord d'une dahabieh, quelle merveille ! Un autre point important consiste à bien choisir votre felouquier. Méfiez-vous des rabatteurs sympathiques qui se font passer pour des navigateurs. Une fois leur commission touchée, ils vous confient à des gens incompétents. Encore une fois, mettez bien les choses au point en ce qui concerne les tarifs (location felouque + permission délivrée par les autorités + les repas) pour éviter d'interminables palabres sur l'eau. Sur le Nil, les nuits peuvent être fraîches. Pensez à emporter des couvertures ou un duvet, ainsi que des bouteilles d'eau, de la crème anti-moustique et des en-cas, des gâteaux secs ou des bananes (ça cale).

Côté taxis, s'ils restent indispensables pour les excursions, vous vous en passerez très bien au cœur de la ville qui n'est pas très étendue. Discutez toujours les prix avant de monter à bord. A la sortie de la gare ou de l'aéroport, certains chauffeurs malins vous proposent d'emblée « 10, 15, 20 » la course, il s'agit de dollars. Précisez bien avant de monter « pound » ou « guiné » en arabe.

ANCIEN BARRAGE [« EL GHAZAL »]

Le premier barrage d'Assouan a été construit entre 1898 et 1902, à la demande du gouverneur britannique. L'enjeu était de réguler la crue du Nil pour mieux utiliser les terres agraires. De même, la fin de la crue a permis le développement du Caire, sans craindre une inondation. Ce premier barrage a été rehaussé à deux reprises. C'est après son élévation que l'île de Philae fut submergée. Sous l'égide de l'UNESCO, le temple de Philae fut déplacé sur l'île d'Agikia, entre 1972 et 1980.

LES FORMULES DE CROISIÈRES SUR LE NIL

Si vous voulez voyager de manière originale, vous pourriez voguer sur une dahabieh, embarcation à fond plat qui comprend en moyenne huit chambres, un pont sur lequel il fait bon se prélasser. Il est aussi possible de choisir une embarcation plus petite, un sandal, qui accueille moins de passagers. Ce sont, avec la felouque, les trois bateaux à voile voguant sur le Nil. Il n'est pas véritablement plus « authentique » d'utiliser une felouque pour couvrir de grandes distances, même si cette solution, que l'on peut arranger sur place, est moins onéreuse que les dahabieh et les sandals qui sont les croisières les plus chères. Il faut compter entre 6 et 8 jours pour relier Louxor à Assouan par ce moyen, mais quel repos ! Quel luxe de pouvoir aller à la vitesse du vent, et de s'arrêter dans des endroits inaccessibles aux gros bateaux. Demander toutefois la date de construction de la dahabieh et de quel matériau elle est faite, car beaucoup de bateaux en armature métallique, aux allures de dahabieh traditionnelle, sont en construction et attendent d'être lancés. Enfin, les dahabieh débutent et terminent leur croisière en amont de l'écluse d'Esna ; le trajet entre Louxor et Esna devra se faire en voiture. Si vous voulez voyager de manière classique, et relier Louxor à Assouan en trois nuits, les gros bateaux à moteur sont pour vous. La flotte nilienne est composée de 300 à 400 bateaux dont le confort et le standing vont de 3 à 5-étoiles. Beaucoup d'offres sont disponibles auprès des agences de voyages.

VALLÉE DU NIL

CATHÉDRALE DE L'ARCHANGE MICHEL ★

Ferial Squer, Sheyakhah Oula

Ouverte jusqu'à 22h. Manal Sobhy, du magasin de la cathédrale, propose des visites en français ou anglais gratuitement.

Construite en 1995 uniquement grâce à des donations privées, la cathédrale de l'Archange Michel représente la deuxième plus grande cathédrale d'Egypte. Ses 3 500 m² peuvent contenir 3 000 fidèles. Cette cathédrale regroupe les chrétiens orthodoxes. Au-delà de la nef richement décorée avec des icônes en bois de chêne, elle impressionne surtout par ses deux tours de 44 mètres de haut. Son dôme blanc s'érige audessus de la corniche. Elle se situe à quelques mètres du musée Nubien.

JARDINS FERYAL

Corniche el Nil

Ouvert de 10h à 19h. Entrée : 20 LE.

Ce jardin en hauteur, riche en espèces d'arbres opulents, fut créé par le roi Farouk en l'honneur de sa fille Féryal. Rendez-vous des familles et des amoureux. Une pause agréable après avoir visité le musée nubien qui se trouve à quelques mètres. La vue est la même que celle du Old Cataract, qu'un petit muret sépare du jardin. Des allées le parcourent, et la végétation y est très riche. Les locaux s'y promènent entre amis ou en famille.

De l'autre côté de la route, vous trouverez le cimetière fatimide. Charmant endroit surplombant le Nil et l'île Eléphantine.

MAUSOLEE DE L'AGHA KHAN

Solitaire et majestueux, le mausolée d'Agha Khan III, enterré en 1959 (soit deux ans après sa mort), surplombe le Nil de son architecture dépouillée, inspirée des tombes fatimides du Caire. Erigé à la demande de la Begum, son épouse, dont la maison se trouve en contrebas, le quarante-huitième imam des Ismaéliens (une secte dissidente de l'islam chiite dont la majorité des adeptes, 4 millions, se trouvent au Pakistan) y repose « au nom de Dieu clément et miséricordieux », dans un sarcophage de marbre. Vous le trouverez sur la rive opposée du Nil.

MONASTERE SAINT-SIMEON (DEIR AMBA SAMAAN) ★

Ouvert de 8h à 17h. 50 LE.

Mais où donc est passé Siméon ? On n'en sait rien, si ce n'est qu'il a donné son nom à ce superbe monastère édifié au VIe siècle par des moines afin de se protéger des pillards venus du désert. C'est une belle construction entourée de hautes murailles (8 m) dont la base est en pierre et la partie supérieure en brique. Il fut mis à sac par les hordes du guerrier Salah al-Din au XIIe siècle, il conserve d'impressionnantes ruines, très photogéniques, surtout au coucher du soleil.

MUSEE DE LA NUBIE ★★

Sharia el Fanadeq

Ouvert tous les jours de 9h à 12h et de 16h à 20h. Entrée 100 LE.

Figurant parmi les grandes réalisations entreprises par l'Unesco en vue de sauvegarder le patrimoine nubien, ce musée a ouvert ses portes fin 1997. Entièrement construit en granit rose, il abrite des pièces splendides de Nagada 1 et 2 à la Nubie islamique et chrétienne. Le nom de Nubie s'applique actuellement à la région qui s'étend de la ville d'Assouan au nord jusqu'à Debba.

Elle possédait d'importantes richesses : l'or, le cuivre, des pierres semi précieuses et l'améthyste. Elle était aussi le point de passage des produits d'Afrique équatoriale comme l'ivoire, l'encens, les œufs et les plumes d'autruche…

La Nubie n'a jamais été isolée géographiquement de l'Egypte mais ce n'est qu'en 1899 que la Basse-Nubie est rattachée à l'Egypte, un traité britannique mettant fin aux différends provoqués par Mohammed Ali.

En 1907, le premier barrage d'Assouan est construit. L'Unesco lance, le 8 mars 1960, un appel à une expédition internationale destinée à sauver les monuments nubiens. Philae, Abou Simbel et les autres seront déplacés, et l'Ancienne-Nubie inondée, forçant ses habitants à émigrer vers le nord.

Une telle civilisation, chargée d'une histoire aussi ancienne avait bien sûr un patrimoine inestimable caractéristique par l'architecture de son habitat, son artisanat et son expression artistique.

Le musée de la Nubie retrace pas à pas l'existence de ce peuple. L'exposition peint la riche histoire de cette région, qui a conservé, au cours des périodes hellénique, romaine, copte et islamique, toute son identité.

MUSÉE DU NIL 🏛 ★

Intersection sharia Fanadek et sharia el-Sadat

Ouvert de 9h à 21h. Entrée : 60 LE, 30 LE pour les étudiants.

Construit sur la route conduisant au grand barrage d'Assouan, impossible de manquer cet imposant et étrange bâtiment dont l'architecte semble s'inspirer d'un mélange d'art nubien et style soviétique. Dans la tradition des musées de propagande développée par chaque président égyptien, ce dernier, inauguré début 2016, rend un hommage appuyé à l'ancien maréchal Abdel Fattah al Sissi, élu deux années plus tôt. Mais pour une fois, il n'est pas question de la grandeur de l'armée égyptienne. Le héros est le Nil, représenté dès l'entrée par une fontaine qui monte jusqu'au plafond. Les onze drapeaux africains, accrochés tout autour, visent à rappeler le continuum qui existent entre ces pays et la solidarité qui devrait en découler.

- **Aile droite : hommage aux barrages d'Assouan**. Après les médailles remises par Nasser et l'URSS aux constructeurs du barrage de 1964, une ancienne Égyptienne en cire prend la pause. Sans plus d'explication, la vitrine d'à côté met en parallèle une lettre de Nasser célébrant le barrage d'Assouan et une lettre d'al Sissi louant ce musée du Nil. Les massives maquettes du barrage de 1898 et de celui de 1964 ne manquent pas d'intérêt. On voit aisément que le plus ancien laissait passer plus d'eau grâce à sa centaine de petites ouvertures, alors que le nouveau barrage n'a qu'une quarantaine de petites fenêtres. S'ensuit dans le couloir une vitrine bric-à-brac où différents types de fiertés nationales se bousculent.

- **Aile gauche : objets mémoriels**. La mode des hologrammes semble aussi avoir atteint l'Egypte. Le premier est Alaa Bacha Moubarak, l'inventeur des barrages de Qanater au nord du Caire. Le second, au fond, est le ministre de l'Irrigation lors de l'inauguration de ce musée. La salle est parsemée d'objets appartenant à quelques pays du bassin du Nil et de technologies ayant servi lors de la construction du barrage d'Assouan.

- **1er étage**. Les onze pays « frères » furent sollicités pour le garnir, mais le faible nombre de donations en dit long sur les divisions politiques qui demeurent profondes. C'est tout de même l'unique espace du musée où est évoqué la vie quotidienne des populations du Nil, à travers des peintures d'artistes égyptiens. Des aquariums bondés clôturent la visite.

- **Bibliothèque d'archives**. Ouverte sur demande, c'est une mine d'or pour ceux qui cherchent des photos d'archives, vieux articles de journaux et cartes originelles du barrage d'Assouan.

OBÉLISQUE INACHEVÉ ★

Ouverte de 8h à 17h. Entrée 60 LE.

Encore soudé à la roche dont on a voulu l'extraire, il repose de toute sa masse (1 200 tonnes) et de toute sa longueur (42 m) sur son lit de granit. Abandonné tel quel et laissé inachevé à cause des fissures apparues à certains endroits, il aurait été, une fois dressé, le plus grand obélisque connu. Les alentours sont d'anciennes carrières où s'activaient les ouvriers chargés de détacher les énormes blocs de pierre qui prenaient l'aspect de temple, de palais ou de divinités.

Le travail était dément, jugez-en ! Il fallait commencer par marteler la roche avec une pierre dure comme la dolorite, jusqu'à ce qu'une entaille suffisamment large et profonde se creuse. On y enfonçait des coins en bois préalablement trempés dans l'eau qui, en séchant, se dilataient et faisaient éclater la roche. L'opération se pratiquait sur les trois côtés. En fonction de son usage, il était dégrossi sur place, parfois même quasiment achevé. On le plaçait ensuite sur un traîneau en bois pour le faire descendre jusqu'au fleuve grâce à une rampe spéciale. Elle était composée de gravats, sur lesquels les maçons scellaient plusieurs couches de briques recouvertes d'une épaisse couche de limon maintenue humide et glissante.

La felouque, chargée de transporter les blocs, accostait un peu avant la décrue à proximité de la berge. Une fois échouée, on disposait alors du temps nécessaire pour procéder à son chargement. A la crue suivante, l'embarcation se retrouvait à flot et appareillait pour la livraison. Le déchargement s'effectuait de la même manière.

TOMBES DES NOBLES ★★

Ouvert de 8h à 17h. Entrée : 40 LE.

Ce sont des hypogées que l'on aperçoit depuis les villes, accrochées à flanc de colline, sur l'autre rive. Ils abritent les tombes des puissants monarques de la fin de l'Ancien Empire jusqu'au début du Moyen Empire. Les tombes se trouvent dans le coteau, sous le mausolée de Ali Ben el-Hawa, que l'on aperçoit tout en haut. Le lieu est en mauvais état de conservation et les monuments ne disposent pas de panneaux informatifs. N'hésitez pas à insister pour que l'on vous ouvre les chambres. Les guides sur place ne le feront pas d'eux-mêmes.

TOMBES FATIMIDES

Gratuit.

Des tombes fatimides dont on voit encore les coupoles se trouvent derrière le musée de la Nubie, et à quelques mètres de l'Obélisque inachevé, le plus grand monolithe taillé, qui gît au sol. Les plaques de marbre qui ornaient les tombes sont pour la plupart au Caire, elles comportaient le nom des défunts. Les autorités ne semblent pas avoir marqué les emplacements. Les tombes sont coiffées d'une coupole et des petits murets de ciment qui en délimitent les contours rectangulaires. Quelques plaques de marbre comportent des calligraphies.

Obélisque inachevée.

VILLAGES NUBIENS ★

Plusieurs villages nubiens sont essaimés entre les îles et la rive Ouest d'Assouan. Le plus connu est « Gharb Sehel », en face de l'île Sehel qui est en partie artificiel et la plupart des commerçants n'y vivent pas... Plus ancien et lieu réel d'habitation, « Gharb Assouan » est sur la rive Ouest accessible en felouque ou bateau à moteur. On y visite l'habitat « traditionnel » où l'on trouve toujours un crocodile vivant, porte-bonheur de la maison. Le plus beau des villages se trouve sur l'île Eléphantine où les peintures murales sont de véritables chefs-d'œuvre.

LES GRÉEMENTS DU NIL

✆ +20 0100 188 22 54

www.les-greements-du-nil.com

Felouques, sandals et *dahabeya* qui proposent la traditionnelle croisière Louxor-Assouan mais aussi plus originales entre Esna et Abou Simbel. La patronne est française et vit à Louxor depuis 20 ans, elle connaît la région comme sa poche. Les tarifs sont un peu chers : 700 € la nuit sur le bateau, à payer seul ou avec d'autres clients, alors que les mêmes services sont proposés dans d'autres compagnies pour un prix beaucoup plus raisonnable. Les bateaux sont équipés de vieux mobiliers restaurés, ce qui donne un petit cachet en plus aux bateaux de cette compagnie.

OFFICE DE TOURISME

✆ +20 924 40 611

Vous y trouverez toutes les réponses à vos questions et même à celles que vous ne vous posez pas ! Véritablement mine d'informations pour tout ce qui est visite historique, il vous aidera également à la logistique sur place : hébergement, restauration, agence d'excursion... Et question transport : c'est bien plus pratique de s'adresser ici plutôt que d'aller à la gare pour essayer de comprendre quels bus part où et à quelle heure. En cas de pépin, vous pouvez même appeler le responsable sur son portable qui se fera un plaisir de vous dépanner.

AÉROPORT INTERNATIONAL D'ASSOUAN

✆ +20 9 73 48 24 40

L'aéroport se situe à 16 km au sud ouest de la ville que l'on rejoint en une trentaine de minutes en taxi. On passe par le barrage pour y accéder et l'on voit alors Philae non loin : welcome ! Bien que petit, l'aéroport est moderne, on y trouve un petit service de restauration, la wi-fi, un bureau de change et un distributeur automatique de billets. Vous pouvez également y louer une voiture bien qu'il soit préférable de ne pas trop se risquer sur les routes égyptiennes !

THE AFRICAN ANGLER

✆ +20 122 74 91 892

http://african-angler.net

Cette agence internationale est la plus sérieuse sur le marché pour des croisières entre Assouan et Abou Simbel et sur le lac Nasser. Pionnière dans son domaine, elle propose différentes formules d'excursions : bateau privé, safari d'exploration, sorties de pêche... C'est le moyen idéal pour découvrir les magnifiques paysages désertiques et la biodiversité du lac Nasser peuplé d'oiseaux et de reptiles qui feront le bonheur des enfants ! Safaris menés par une équipe de professionnels très compétente et fort sympathique ! A recommander.

GARE FERROVIAIRE

Rue al-Mahatta

https://enr.gov.eg/ticketing/public/login.jsf

Train classique et wagon-lit.

La gare d'Assouan est un petite gare classique, à l'architecture néo-égyptienne comme toutes les gares de Haute-Egypte. On y trouve une petite cafétéria, un distributeur de billets. Un guichet spécial pour les wagons-lits a été aménagé. Pour les trains classiques, il faut jouer des coudes pour avoir son billet ; il vaut donc mieux demander au concierge de votre hôtel de s'en charger. Le Caire/Assouan : 137 LE en 2nde durée 13h ; Assouan/Louxor : 62 LE en 2nde, durée 3h. En wagon-lit : Le Caire/Assouan : 80 US$ en cabine double, départ à 19h, arrivée à 10h

VALLÉE DU NIL

GARE ROUTIÈRE

Route de Kôm-Ombo

✆ +20 97 466 25 69

Plusieurs départs par jour.

Les microbus, qui sont l'option la plus simple pour se déplacer dans la région, partent de la gare routière. C'est une option économique pour visiter les temples de Kôm-Ombo et Edfou en chemin vers Louxor. Les trajets en bus vers la mer Rouge depuis Assouan sont déconseillés. Temps et tarifs pour les principales destinations : Assouan/Louxor, 4 heures de trajet, avec des arrêts à Kôm-Ombo et à Edfou, 30 LE. 5 bus par jour Assouan/Kôm-Ombo : 1h de trajet, 3 LE. 5 bus par jour Assouan/Edfou : 2h de trajet, 15 LE. Assouan/Abou Simbel : 40 LE.

BET EL-KEREM €

Colline Kubbet el Hawwa

✆ +20 122 39 11 052

www.betelkerem.com

A partir de 40 € la chambre double ; à partir de 35 € la chambre simple. Petit déjeuner inclus.

Neuf chambres dans cette sympathique *guesthouse* de style et d'accueil nubiens. Propre et calme. Chambres avec douches, lavabos et climatisation sont meublées simplement. Certaines chambres partagent une salle de bains, d'autres jouissent d'une salle de bains privative. Cet établissement est situé en face des Tombeaux des Nobles à Assouan. Son toit-terrasse offre une vue panoramique sur le désert et sur le Nil. Le restaurant de l'hôtel propose des plats nubiens et internationaux. Vous pourrez également participer à un atelier de cuisine nubien.

KEYLANY HOTEL €

25 Sharia Keylany

✆ +20 9 72 31 73 32

www.keylanyhotel.com

Chambre simple à partir de 22 €, double à partir de 26 €.

Les tarifs pratiqués par cet hôtel sont un peu élevés pour l'offre basique qu'il propose, mais Ahmed Amido, le gérant, est aux petits soins pour ses clients et aura à cœur de vous faire passer le meilleur séjour possible à Assouan. L'excursion pour Abu Simbel est la moins chère de la ville. L'hôtel est un bon point de départ pour visiter Assouan et ses trésors. Dans le voisinage, vous trouverez les restaurants *Chef Khalil, El Salam Nile & Seafood* et *Kato Dool* qui ont des spécialités de poissons et de fruits de mer. Réputés auprès des locaux et du reste du monde.

NILE DREAM €

✆ +20 114 944 7558

www.niledream.com

Chambre double à partir de 750 LE. Simple à partir de 400 LE. Avec petit déjeuner.

Ce bateau à quai, sur l'île de Sehel, est une alternative aux hôtels offerts par Assouan. Il n'est pas question de se baigner à ses pieds, néanmoins, sa position étant proche de remous importants caractéristiques de la première cataracte. C'est l'une des premières guest-houses à avoir ouvert sur cette rive ouest. Une dizaine d'autres sont apparues depuis. L'hôtel *Nile Dream* est ancré sur l'île du Sahel, à environ 20 minutes en bateau à moteur au sud d'Assouan, au cœur de la Nubie égyptienne. Vous y observerez le paysage impressionnant des îles de la Cataracte.

YASEEN HOTEL €

Sharia as-Souk

✆ +20 9 72 44 00 09

Chambre simple 150 LE, double 200 LE.

Ayant mauvaise réputation il y a quelques années, le Yaseen s'est nettement amélioré. Le personnel est serviable et les chambres sont propres, celles de la partie rénovée sont même pourvues de matelas tout neufs ; mieux vaut donc demander à être logé dans l'une d'elles car l'ancienne partie reste vieillotte et poussiéreuse. Ce n'est pas le luxe mais c'est la meilleure option pour les tout petits budgets. Très bon emplacement, à côté du souk et tout proche de la gare. Petit-déjeuner très basique, pain et confiture, avec possibilité de se faire du thé.

MARHABA PALACE HOTEL €€

Corniche el-Nil ✆ +20 9 72 33 01 02

www.marhaba-aswan.com

Chambre double à partir de 1 300 LE. Simple 1 000 LE.

Situé sur la corniche et à proximité de tous les points d'intérêts d'Assouan, ce charmant hôtel offre des chambres spacieuses et confortables dont certaines ont vue sur le Nil. Cerise sur le gâteau, il jouit d'une belle terrasse sur le toit qui invite à lézarder en regardant le soleil se coucher sur le fleuve mythique. Une bonne option dans cette catégorie. Il y a même une piscine en plein air au premier étage. Le jardin botanique d'Assouan (1,3 km), l'île de Sahel (0,6 km) et la mosquée el-Tabia (1,2 km) sont à quelques minutes de marche de l'hôtel.

PHILAE HOTEL €€

79 Corniche el-Nil

✆ +20 9 72 46 50 90

Chambre simple : 450 L£ ; double 600 L£ ; triple 800 L£.

L'hôtel est parfaitement correct, propre et rénové. Les chambres donnent sur le Nil et disposent d'une climatisation et d'un balcon. Une connexion Wi-Fi gratuite est disponible dans tous les espaces. Le restaurant de l'hôtel sert un petit déjeuner américain. Possibilité de louer aussi un appartement composé de deux chambres ouvertes l'une sur l'autre. L'appartement dispose d'un salon avec un coin repas et une télévision à écran plat, tandis que la cuisine comprend un réfrigérateur. Une navette d'aéroport est disponible sur demande.

KOSHARY ALI BABA €

Sharia Abtal at-Tahrir

Compter aux alentours 300-450 L£.

Une adresse à retenir. *Kochery* de qualité, très bons *koftas* et *shawarma*, de quoi faire un petit repas vite à prix correct. Il faut compter 20 euros pour un demi-poulet et une soupe. Les fruits de mer sont le vrai succès du restaurant. Les plats aux crevettes y sont très bons. La soupe à la crème de fruits de mer est fantastique. En revanche, le plat de calmars à la sauce tomate n'est pas très bon. Les serveurs y sont très aimables et souriants. Les prix sont plus élevés si on compare avec les autres restaurants, mais cela en vaut le coup.

ANAKATO €€€

Rive Ouest en face d'Assouan

✆ +20 100 08 18 833

www.anakato.com

Chambre, simple à 1 100 L£, double avec vue sur le Nil à 1 466 L£. Petit déjeuner copieux inclus.

L'idée d'Anakato, qui signifie « notre maison » en nubien, est venue de différents frères et cousins qui ont réuni leurs maisons et leurs fonds pour créer une, puis deux et enfin trois hôtels au milieu du village nubien. Il est très agréable de loger dans les maisons Une ou Trois, proches du Nil, tandis que la maison Deux surplombe le fleuve d'un peu plus haut. Les chambres ont été décorées avec goût et couleur et elles sont parfaitement tenues. Le repas, en terrasse, est fait à partir de produits frais et décline des recettes au goût des épices de Nubie.

SUBWAY €

Sharia al Raed Ahmed Yaakoub

50 L£ le cocktail de fruits survitaminé.

Jus de fruits, crêpes et gaufres ; ce nouveau micro-café au design flashy vient exactement combler le manque de sucrerie du souk. Choix infini de cocktails, ananas, kiwi, avocat, goyave, etc. Le service est rapide et efficace. Le lieu est ouvert jusqu'à tard dans la nuit, ce qui peut être très pratique lorsque vous dinez tard, ce qui arrive souvent en Egypte, ou lorsque vous souhaitez juste vous reposer entre l'achat de deux cadeaux. Les balades au souk interminables ne seront plus un calvaire, et ce lieu change des cafés où la fumée des chichas peut déranger.

SOFITEL LEGEND OLD CATARACT €€€

Abtal el-Tahrir Street

✆ +20 9 72 31 60 00

www.sofitel.com

Chambre double à partir de 282 €. Suite à 402 €. Offres sur le site de Sofitel.

La longue et fameuse saga de l'Old Cataract débute il y a un peu plus de cent ans, en 1899. Tous les grands de ce monde y ont passé leur séjour. Etape incontournable pour les chefs d'État et les personnalités du show-biz. Fleuron de l'hôtellerie égyptienne, restauré avec un goût extrême en 2011, niché dans un exubérant jardin de palmiers, avec son architecture victorienne et mauresque, il surplombe, majestueux du haut de son promontoire de granit rose, le fleuve.

AL MADENA €

Sharia as Souk

✆ +20 9 72 30 56 96

Compter entre 40 et 80 L£.

Lieu de rencontre des Européens et de bon nombre de felouquiers, un gage de qualité. C'est sympathique, mais tout petit (malgré les deux tables en terrasse), donc vite complet aux heures d'affluence. On y sert une excellente cuisine locale de kebabs, kaftas et autres plats de pigeons farcis, le tout accompagné de salade, pain et tahini, riz et ragoût de légumes. Les portions sont plutôt généreuses, soyez-en avertis ! Propre, bonne populaire plaisante et des prix très bons marché. La table qu'on vous recommandera et que vous recommanderez à votre tour.

ASWAN MOON €

Corniche el-Nil

Compter 80 LE plat+dessert.

Restaurant sur trois niveaux au bord un Nil. Vous pouvez soit choisir de toiser le fleuve et rester sur la terre ferme soit de dîner dans le bateau, et sentir les clapotis et remous du Nil. En étant en dessous du niveau de la Corniche, vous mettez aussi à distance son brouhaha pour mieux apprécier la vue. La carte de plats traditionnels égyptiens est sans prétention mais sans défaut. Il propose également des spécialités de pâtes et de pizzas et, bien sûr, du thé à la menthe et des chichas ! Très fréquenté en saison, il faut parfois un peu patienter.

CHEF KHALIL €€

Sharia al-Souk

Compter entre 80 et 120 LE pour un repas. Ouvert de midi à 1h du matin.

Ce restaurant a été ouvert par l'ancien chef du Oberoi, dont le fils a repris la succession. Ne vous fiez pas à la devanture un peu criarde, ces grands spécialistes du poisson savent l'apprêter parfaitement. Depuis l'étal, on choisit sa pêche en provenance du Lac Nasser et de la Mer rouge. La cuisine le cuira à votre convenance, frit ou au four, et vous le servira avec des salades, du riz et des légumes. Si par chance il y a du homard, ne boudez pas votre plaisir sinon rabattez-vous sur les grosses crevettes qui sont excellentes.

EL MASRI RESTAURANT €

Sharia el-Mattar

✆ +20 9 72 30 25 76

Compter entre 60 et 80 LE.

Il n'est pas facile de trouver un restaurant local correct à Assouan sans se retrouver dans les grands hôtels de la ville. Le restaurant al-Masri est une bonne alternative aux grands hôtels. Le restaurant ne paie pas de mine, mais on y mange bien et pour un coût bas. A deux pas de la corniche et à cinq de la gare, tout le monde connaît ce restaurant de grillades typiquement égyptien. Pas très loin du souk également. L'accueil est sympa. Il y a plus de locaux que de touristes, ce qui est bon signe ! On y mange assez rapidement.

HANAFI BAZAAR

41 Corniche el-Nil

✆ +20 9 72 31 40 83

Ouvert tous les jours de 9h à 20h.

Boutique nichée dans une grotte artificielle, qui offre de l'artisanat local et des objets en bois façonnés à la manière nubienne. Parmi les étals se trouvent des épées nubiennes, des paniers, des amulettes, des caftans en soie mais également des perles de toute l'Afrique. Les frères de bazar proposent également de l'or 18 carats de qualité et à très bons prix comparés à l'Europe. Les bijoux en or vendus ici peuvent être personnalisés avec votre nom ajouté en hiéroglyphes : très jolis cadeaux-souvenir à se faire ou à offrir !

AD-DUKKA, NUBIAN RESTAURANT €€

Ile Dukka

Plats 50 et 80 LE, ce qui demeure cher. Si vous passez Noël ou la Saint-Sylvestre à Assouan, ambiance garantie.

Si vous n'allez qu'une fois au restaurant à Assouan, rendez-vous face à Egypt Air, le long de la corniche, pour prendre la navette qui vous emmènera sur la petite île. Après un incendie en 2017, le site a été entièrement reconstruit et l'ambiance nubienne restaurée, de la décoration à l'assiette. Préférez la terrasse à la salle, le cadre est magique. On y retrouve les spécialités nubiennes : viandes grillées, tajines, mezze, salades, riz... Service quelque peu débordé en pleine saison.

ÎLE DE SEHEL

La balade à l'île de Sehel vaut surtout pour le temps passé en felouque à observer les multiples variétés d'oiseaux. En fin de journée, lorsque la lumière s'adoucit, il est vraiment sympathique de glisser sur l'eau. Vous pouvez faire escale pour visiter la « pierre de la famine » et ensuite découvrir un véritable village nubien où les gens vivent et produisent des objets artisanaux. Bien moins touristique que le « faux » village nubien sur la rive Ouest (Gharb Sehel). On accède à l'île de Sehel par bateau à moteur ou bateau à voile. Vous en trouverez tout le long de la Corniche, mais il faudra négocier. L'option aller-retour est la plus sûre.

STÈLE DE LA FAMINE [« LOHIT EL MAGA'A »] ★★

A la pointe sud de l'île
8h à 17h. Entrée 40 LE.

Au sommet de cette colline de blocs de granit où l'on peut voir des hiéroglyphes et dessins pharaoniques encore très distinctement, une stèle raconte un épisode particulièrement difficile du règne de Djeser (IIIe dynastie) en l'an 19. Sur ce roc, reconnaissable à sa faille qui le traverse en plein milieu de gauche à droite, environ 40 lignes de hiéroglyphes évoquent la terrible sécheresse qui sévissait depuis sept ans au désespoir du roi et de la population. En voici un extrait : « J'étais dans l'affliction sur mon trône [...]. Mon cœur était dans une si grande peine, car le Nil n'était pas venu à temps pendant une durée de sept ans. Le grain était peu abondant, les graines étaient desséchées, tout ce qu'on avait à manger était en maigre quantité. » Les prêtres estiment que le responsable est le dieu Khnoum en colère qui retient les eaux du Nil. Pour l'apaiser, on voit donc Djeser présenter des offrandes au dieu. Les écritures détaillent le rêve du prêtre le plus important du royaume dans lequel la divinité apparaît et promet le retour de l'eau. Dès le lendemain, le roi passe un décret pour rénover le temple de Khnoum sur l'île Eléphantine et le garnir plus régulièrement d'offrandes.

▸ **Panorama sur l'ancien barrage**. Grimper sur cette colline rocailleuse (oubliez les tongs, d'ailleurs) permet aussi de mieux comprendre à quoi ressemblait le Nil et la Nubie avant le barrage d'Assouan voulu par Nasser. La première île toute plate juste en face était alors sous l'eau.

ÎLE ÉLÉPHANTINE ★

Difficile en débarquant de se faire à l'idée que c'est là que tout – ou presque – s'est passé ! Il ne reste que de vagues vestiges de Syène qui fut la capitale du premier nome de Haute-Egypte. Située comme elle l'était aux portes de la Nubie et de l'Afrique tout entière, elle jouait un rôle de premier plan dans le commerce de l'or, de l'ivoire, de l'ébène et des épices. En butte aux incursions nubiennes, elle s'était fortifiée et entretenait une importante garnison de soldats et de mercenaires. Les nomarques et les gouverneurs y étaient puissants comme dans les contes de fées, grâce au lourd tribut qu'ils prélevaient sur les caravanes et les embarcations en passe de franchir la première cataracte. On y extrayait un granit d'excellente qualité en quantité industrielle. L'île d'Abou (éléphant) abritait le vénéré temple de Khnoum alors qu'à quelques encablures de là, à Philae, se perpétuait le culte d'Isis. Aujourd'hui, amputée de son extrémité nord par l'affreux donjon de l'Oberoi (hôtel Mövenpick), elle n'en demeure pas moins un monde à part, avec un village aux ruelles étroites et aux maisons de terre, les façades mordues d'ocres et de pastels bleus. L'endroit est agréable et il fait bon se promener dans ces jardins de lumière où poussent les tomates et les haricots. L'île est divisée en trois : au sud, le musée et le site archéologique bordé par le village nubien de Coti (qui signifie « Juifs » en nubien) ; au centre se trouvent les fermes ainsi que l'école et le musée Animalia ; au nord le village de Siou et l'hôtel Mövenpick.

ÎLE KITCHENER ★

Entrée 30 LE. L'île Kitchener (que l'on écrit *Geziret an-Nabatat* en arabe, soit l'« île aux plantes ») est une petite île transformée en jardin botanique à la fin du siècle dernier par lord Horatio Kitchener, alors consul général d'Egypte, passionné de fleurs et d'essences tropicales qu'il se faisait expédier d'Afrique, du Soudan et des Indes. Une oasis de fraîcheur parsemée de volières. Durant les heures chaudes, les Egyptiens sommeillent à l'ombre de leur mouchoir posé sur le visage. Il faut reconnaître qu'une petite sieste au sein de cette explosion végétale reste une grande expérience. Hermès s'en est inspiré pour « Un jardin sur le Nil ».

ANIMALIA ★★

De 7h à 17h. Si la porte est fermée, frappez au 1er étage chez le propriétaire, Mohammed. 30 LE, visite guidée incluse.

On vous conseille vivement cette introduction à la vie quotidienne nubienne et à l'histoire de la région. Vous comprendrez ainsi les conflits qui agitent la communauté et les relations complexes avec les autorités égyptiennes. Conscient que l'héritage nubien risquait de disparaître, Mohammed et sa femme Fatma prirent eux-mêmes l'initiative de bâtir ce petit musée au rez-de-chaussée de leur propre maison. Mohammed vous montrera tous les objets d'une maison nubienne, une série d'animaux empaillés du lac Nasser et des pierres nubiennes.

Île Éléphantine.

MUSÉE ET SITE ARCHÉOLOGIQUE ★

Pointe sur de l'île

Ouvert de 8h à 16h. Entrée : 70 LE.

Le site est composé d'un petit musée et du site archéologique de ruines égyptiennes.

▸ **Musée**. Intéressante collection de statuettes, poteries et bijoux pharaoniques.

▸ **Site archéologique**. Les fouilles ont permis de découvrir des objets datant de Thutmosis III (18e dynastie). C'est ici que fut érigé le temple de Khnoum mais détruit au XIXe siècle par Mohammed Ali.

▸ **Nilomètre**. Plusieurs fois restaurée, cette échelle de mesure date, d'après les cartouches d'Aménophis III.

BABA DOOL €

Nord de l'île

✆ +20 972 39 1600

Chambre simple 210 LE. Double 450 LE. Salles de bains communes. Pas de réception, appeler avant d'arriver.

Jolie maison nubienne qui en soi vaut le détour. Petit déjeuner délicieux. Son atout réside dans son emplacement calme, à la pointe de l'île, et à la lumière incroyable au lever et coucher du soleil. Confort tout à fait acceptable pour ce petit prix. Le lieu est difficile d'accès et n'a pas de réception. Il vous faudra donc appeler le propriétaire pour l'informer de votre heure d'arrivée. Quelqu'un viendra vous chercher à la station de bateau. Le bateau effectue sa dernière navette aux alentours de minuit, à prendre en compte lors des visites.

ANIMALIA €€

Un appartement (4 personnes) et deux chambres privées avec salle de bains. 20 à 25 US$ la nuit, avec petit déjeuner.

Ses petites chambres, récemment construites en extension à la maison même du propriétaire, sont confortables et propres. Belle vue sur les plantations et le Nil depuis ses deux terrasses. Profitez des talents culinaires de Fatma pour goûter les plats traditionnels nubiens. Vous serez accueilli comme un membre de la famille. Notre coup de cœur. Au rez-de-chaussée de l'hôtel se trouve un petit musée qui explique le quotidien des Nubiens, l'architecture de leur maison, les mécanismes de stockage de nourriture. Les différents usages du palmier. Passionnant.

MOVENPICK RESORT ASWAN €€€

✆ +20 9 72 45 44 55

www.movenpick.com

Chambre simple à partir de 120 €, double à partir de 140 €.

Malgré sa tour qui déforme le paysage, cet hôtel situé sur l'île « historique » d'Assouan est une merveille pour sa situation. Certaines chambres, assez proches du Nil, permettent d'imaginer être sur un bateau. L'hôtel se trouve à 2 km du musée de la Nubie et à 3 km de l'Obélisque inachevé. Le petit-déjeuner buffet est gratuit. L'hôtel possède un élégant restaurant qui donne sur le fleuve, un restaurant au bord de la piscine et un bar chic au dernier étage. Il comprend également une piscine extérieure dotée d'une terrasse ensoleillée.

PHILAE ★★

Il règne, sur le petit lac qui entoure Philae, une atmosphère curieuse, une plainte intime. Le Nil est plus captif ici que dans n'importe quel endroit de son cours : les deux barrages d'Assouan, distants de moins de 3,5 km ont créé cette étendue d'eau placide qui tranche avec la cataracte fougueuse originale. Le temple d'Isis, sauvé des eaux, y semble à l'étroit. Est-ce Isis qui fait résonner ses pleurs dans ce lieu magique où elle a rassemblé les fragments d'Osiris, son mari adoré ? Ou bien, ne serait-ce pas plutôt Hâpy, divinité du Nil, contremaître de la crue du fleuve, qui murmurerait, à moitié fou, ses propres hymnes de louanges, perdues ?

SON ET LUMIÈRE DE PHILAE

2 ou 3 représentations chaque soir, 5 versions en français par semaine. Entrée : 140 LE.

Le texte de Castelot est une vraie réussite, mais les effets spéciaux ne sont pas d'une grande subtilité. Les contes et les effets de lumière racontent l'histoire fascinante du temple. Préréservé, le transport aller-retour à partir de votre hôtel. Cela vous évitera le stress de vous retrouver de nuit, en dehors du temple, sans voiture. Visitez le temple Philae la nuit pour une perspective totalement différente. Il est recommandé d'aller au premier show et opter pour les écouteurs car il risque de ne pas avoir assez de monde.

TEMPLE D'ISIS ★★★

Ouvert de 7h à 16h (17h l'été). Entrée : 100 LE. Il faut y ajouter le prix du transport en bateau.

Le temple d'Isis et les bâtiments cultuels annexes qui sont consacrés à la déesse, ne sont plus sur l'île de Philae mais sur l'île d'Agikia. La véritable Philae est situé à 500 m au sud-est de celle-ci, et est totalement immergée.

Philae a bénéficié du sauvetage des temples de Nubie lancé dès 1960 par l'Unesco. En 1975, un barrage entoura totalement l'île, et l'eau l'entourant étant ainsi réduite, cela permit le découpage de ses différents édifices puis leur acheminement vers l'île proche d'Agikia. Le remontage est terminé en 1980. Philae est sauvée des eaux.

Ce site est construit non loin d'un des lieux les plus emblématiques du mythe osiriaque. En effet, c'est sur l'île de Biga, située à équidistance de Philae et d'Agikia, que la jambe gauche d'Osiris est cachée par son frère et assassin, Seth. Isis, femme d'Osiris, l'y retrouve et y assemble le corps de son mari ; elle l'y ensevelit aussi, tandis qu'Osiris ressuscite. Horus y est conçu. Isis décide alors de s'installer sur l'île de Philae afin de se trouver peu éloignée de lui.

Durant la XXVe dynastie, (747 - 656), on considère aussi qu'Hâpy, qui commande au Nil avec la triadé éléphantine, se cache dans une grotte de Biga et l'on va même penser que s'y trouvent les sources du fleuve.

Le temple d'Isis est construit par les Ptolémées. Il devient rapidement le centre du culte qui est rendu à Isis jusqu'en 543 de notre ère, après qu'un décret de Justinien l'interdise. Déjà, depuis le IVe siècle, une église chrétienne s'y était installée.

▶ **Deux portiques** précèdent le grand temple d'Isis. A l'extrémité sud du portique ouest, se dressent les vestiges les plus anciens du site, du **kiosque de Nectabo 1er** (380 - 362), premier roi de la XXXe et dernière dynastie dite indigène. **Le portique ouest** est composé de 32 colonnes composites réalisées sous Ptolémée III ; les éléments du plafond représentent des aigles dont la tête est tournée vers l'île d'Osiris, Biga. **Le portique est** a des dimensions plus réduites ; il cache un temple inédit consacré à **Imhotep**, qui n'est pas un dieu mais l'architecte de la pyramide de Djoser, à Saqqarah. Les deux portiques encadrent une **esplanade** dallée qui mène au premier pylone du temple.

▶ **Le premier pylone** est monumental. Il rentre dans la tradition des entrées majestueuses des grands temples, où s'enchâssaient des mâts de bois portant les couleurs de la divinité. Il est précédé, à droite, d'une petite **porte de Ptolémée II**. C'est Ptolémée XII triomphant qui est représenté sur les bas-reliefs ; une porte percée dans le montant gauche du pylone donne accès au mammisi. En passant la porte, on voit à droite des messages gravés datant de l'expédition de Bonaparte en Egypte.

▶ **La cour intérieure** abrite le curieux édifice du **mammisi**, érigé par Ptolémée III en l'honneur de la naissande d'Horus. Trois salles composent le temple ; c'est dans la seconde consacrée aux offrandes que les bas-reliefs narrent la conception (à gauche) d'Horus avec Amon et Khnoum, et sa naissance (à droite) qui est intervenue non loin de là. Dans la troisième salle, Isis allaite son enfant. Sur les murs extérieurs, on remarque le dieu Harpocrate, qui n'est autre qu'Horus pour les Ptolémées, et qui a l'apparence d'un enfant suçant son pouce.

▶ **Le deuxième pylone** est désaxé, de même que le reste du temple, par rapport au premier pylone. Il est de dimensions aussi impressionnantes que celui-ci. On y accède par une rampe à degrés. C'est Ptolémée XII qui présente des offrandes aux dieux qui y est représenté ; tandis que la grande stèle ronde située à droite, donnant la région minière du Dodécachène à Philae est rédigée par Ptolémée VI.

▶ **La salle hypostyle** est soutenue par 10 colonnes, et est à la fois à ciel ouvert et protégée par un plafond de pierre. On y trouve les emblêmes des Haute et Basse Egypte, de même que des croix coptes gravées alors que le pronaos était transformé en église.

▶ **Le sanctuaire** est précédé de trois vestibules et entouré de neuf autres salles. Il contient toujours le reposoir sur lequel était placé le tabernacle renfermant la statue de la divinité. Tout autour, une cour des offrandes est en plein air, tandis qu'en escalier mène à la terrasse du temple. Du premier vestibule, on peut sortir du temple pour trouver à l'ouest de celui-ci, la porte d'Hadrien.

▶ **La porte d'Hadrien** ouvrait sur un temple dédié à Osiris. Il est intéressant de s'attarder devant quelques bas-reliefs qui représentent le dieu Hâpy, les sources du Nil situées sous l'île de Biga. On peut accéder aussi à un **nilomètre**, proche de cette porte.

▶ **A l'est du grand temple d'Isis,** quatre édifices du complexe de Philae ont été déplacés.

La porte de Dioclétien, qui se situe le plus au nord de l'île, est un arc de triomphe élevé par l'empereur ; c'est par là que l'entrée du site se faisait. L'arche centrale a disparu, ne laissant intactes que les deux portes latérales. Non loin, les fondations d'un temple d'Auguste subsistent, dont les pierres ont servi à la construction d'églises au IVe siècle.

Le temple d'Hathor, en longeant la rive vers le sud, a été construit par Ptolémée VI et son successeur. Il s'agit d'une cour et d'un sanctuaire dédiés à Hathor qu'à l'époque on assimilait à Isis, comme parfois l'histoire du panthéon égyptien a permis ce genre de confusions.

Le kiosque de Trajan, plus au sud, bien qu'entièrement romain, dégage un romantisme extrême, avec ses 14 colonnes composites. Deux portes opposées ouvrent ce kiosque. C'est à côté du kiosque qu'ont été installés les bancs du son et lumière.

Temple de Philae (temple d'Isis).

RÉSERVE NATURELLE DU WADI ALAQI

Située sur les bords du lac Nasser, cette réserve de 30 000 km² a été classée au rang de biosphère. La faune qui y vit est constituée de vipères extrêmement venimeuses, de nombreux invertébrés, de seize espèces d'oiseaux. Les nomades Bejas habitent la région. Ils s'occupent du bétail, de l'extraction de charbon de bois, du cuivre et du nickel, et collectent également des herbes médicinales. L'oued est aussi réputé pour ses inscriptions dans la roche et ses gisements d'or. Le climat du Wadi Alaqi est extrêmement aride avec des précipitations inférieures à 5 mm, même si les précipitations dans les collines de la mer Rouge sont plus élevées.

NEW SEBOUA

Ce ne sont pas moins de trois sites (le temple de Dakka, le temple de Maharraqa et le temple du Wadi es-Seboua) qui ont été sauvés des eaux et reconstitués sur le site de New Seboua. Le temple du Wadi es-Seboua, érigé par Ramsès II, mérite le coup d'œil, de par sa structure classique, progressive, déclinée selon trois pylônes. Les deux autres temples sont postérieurs. Le site de New Seboua est situé à 4 kilomètres à l'ouest du site originel du Wadi es-Seboua, sur la rive gauche du lac Nasser. On pourra s'y arrêter le temps d'une croisière. C'est la contemplation du temps retrouvé. L'accès complet coûte 70 livres égyptiennes (même en plein désert...).

TEMPLE DE DAKKA

La visite nécessite une autorisation de la police. Généralement, les hôtels et les agences s'en occupent.

Le temple de Dakka a été déplacé à 40 km de son emplacement initial. Il est de plusieurs époques, notamment ptolémaïque et romaine. Il était dédié à Thot.

- **Pylône :** Auguste la fit construire de façon disproportionnée face à un temple plutôt modeste ; il est creusé de multiples chambres.
- **Portique :** dans le plus pur style ptolémaïque, le portique est ajouré dans sa partie supérieure, et donne accès à un pronaos classique, suivi d'un vestibule rectangulaire.
- **Sanctuaires :** deux sanctuaires se suivent, l'un de l'époque d'Arkamani, le deuxième de l'époque d'Auguste.

TEMPLE DE MAHARRAQA

Ce temple édifié par Auguste était dédié aux dieux Sérapis et Isis. Il se trouvait à 50 km au nord, avant d'être déplacé en raison du projet de construction du barrage d'Assouan, en 1960. Ce temple n'a jamais été achevé, et ne comprend pas d'inscription, on l'attribue donc difficilement aux Romains. Il est de dimensions modestes, et est constitué d'une salle hypostyle de quinze colonnes. Une terrasse est accessible par un escalier en colimaçon, ce qui demeure unique dans l'architecture égyptienne. Le temple fut transformé en église.

TEMPLE DU WADI ES-SEBOUA

50 LE.

Le temple a été construit par Ramsès II, appelé ici « l'aimé d'Amon ». Il était originellement situé à 4 kilomètres à l'est, là où se trouve le lac Nasser en ce moment. Le temple dit de « Ramsès-aimé-d'Amon-dans-la-Maison-d'Amon » servait de reposoir à la barque sacrée au cours de sa descente du Nil. Inspiré par les sphinx de pierre à corps de lion qui gardaient l'allée centrale, on le baptisa Ouadi es-Seboua, la vallée des lions. Le temple a une structure classique progressive, déclinée selon trois pylônes.

- **Premier pylône :** a disparu, mais donne accès à une première cour bordée de sphynx à tête humaine coiffée de la couronne double de Basse et Haute-Egypte.
- **Deuxième pylône :** a disparu, mais donne accès à une petite cour bordée de sphynx à tête de faucon devant lesquels se dresse une statue de Ramsès II ; un escalier à degré prolonge la cour et mène à une terrasse.
- **Troisième pylône :** est toujours debout ; on remarque une statue monumentale de Ramsès II, à gauche, accolée de sa fille Bentanat ; le pylône est orné de bas-reliefs narrant les victoires de Pharaon.
- **Troisième cour :** entourée de dix piliers osiriaques menant à un portique par une rampe inclinée.
- **Salle hypostyle :** petite salle constituée de douze piliers monumentaux, donnant sur un vestibule desservant deux chapelles latérales et un sanctuaire en trois parties. Si Amon-Rê y est adoré, les grands dieux de l'époque de Ramsès y ont une place particulière. Le temple fut transformé en église comme l'atteste la représentation de Saint-Pierre sur les bas-reliefs du sanctuaire.

NEW AMADA

Le site a pris le nom du temple d'Amada, construit à quelques kilomètres de là, et qui, déplacé, fut rejoint par deux autres monuments, le temple de Derr et la tombe de Pénout. Le temple d'Amada se trouvait à 2,5 kilomètres de son emplacement actuel. Il a été déplacé de toute pièce grâce à un système hydraulique sur rails ne dépassant pas 25 mètres par jour afin de le préserver. Le pylône en briques a été monté sous Séti Ier, tandis que c'est Ramsès II qui a fait restaurer les dégâts causés par les martèlements ordonnés sous Akhenaton. L'entrée commune aux trois monuments est de 50 livres égyptiennes (oui, toujours en plein désert...).

TEMPLE D'AMADA

Le plus vieux temple de Nubie, construit sous la XVIIIe dynastie, renferme des bas-reliefs colorés de toute beauté, réalisés sous Thoutmosis III et IV et sous Aménophis II.

Salle hypostyle : on y accède en traversant un pylône de briques grises construit par Séti Ier pour protéger le temple ; Thoutmosis IV y est représenté ; devant le portique, c'est Thoutmosis III qui est représenté sur les parois du temple.

Vestibule et sanctuaire : c'est principalement Aménophis II qui est représenté sur les bas-reliefs et dans le sanctuaire.

TEMPLE DE DERR

En partie enterré, le temple a été construit par Ramsès II et était dédié à Rê. Il est remarquable pour certaines de ses représentations colorées.

Première salle hypostyle : on y accède en traversant un pylône ; au fond quatre piliers osiriaques soutiennent quelques éléments de plafond.

Deuxième salle hypostyle : six colonnes soutenant un plafond reconstitué. Ramsès II se trouve devant un splendide arbre ished. S'en suit le sanctuaire flanqué de deux chapelles latérales. La chapelle de gauche est remarquable pour la représentation de la barque sacrée d'Amon.

TOMBE DE PÉNOUT

Il s'agit de la seule tombe nubienne rescapée de l'inondation. Elle a été réalisée pour Pénout, haut fonctionnaire de Ramsès VI. Elle se trouvait à quarante kilomètres au sud de son emplacement actuel, non loin de Kasr Ibrim.

La tombe est constituée d'une chapelle et du tombeau à proprement parler, creusé d'une niche. Le puits funéraire, qui s'ouvrait au milieu de la pièce, est resté sur place lors du transfert du monument. La frise représentant le défunt et ses enfants est particulièrement belle, les voilages en lin des vêtements étant très raffinés.

Temple du Wadi es-Seboua, statue de Ramses II.

Temple de Kalabcha au bord du lac Nasser.

QASR IBRIM

Le site se situe à 70 mètres au-dessus du niveau du lac Nasser et n'a donc pas été déplacé. Il se trouve à 240 kilomètres d'Assouan, à 50 kilomètres du Soudan, et à 60 kilomètres au nord-est d'Abou Simbel, sur la rive est du lac Nasser. Ce fut autrefois un important centre religieux, économique et politique. Qasr Ibrim a par ailleurs connu une longue histoire d'occupation, notamment romaine. Le site a été fouillé pour la première fois par David Randall-MacIver et C. Leonard Woolley pour l'expédition Eckley B. Coxe pour l'Université de Pennsylvanie en 1911. Les vestiges de la ville fortifiée sur une colline rocheuse ont été préservés.

KIOSQUE DE KERTASSI

Le kiosque de Kertassi est un petit temple dédié à la déesse Hathor ou à la déesse Isis. Il était situé à 40 km au sud de New Kalabcha, jusqu'à son déplacement en 1960, par le service des antiquités égyptiennes, lors du sauvetage des temples de Nubie. Il devait servir de halte à la procession de la barque sacrée à l'époque ptolémaïque dont il est vraisemblablement contemporain. Les colonnes de ce kiosque ont soit des chapiteaux papyriformes, soit des chapiteaux hathoriques. Il est peut-être contemporain du kiosque de Trajan à Philae.

FORTERESSE DE QASR IBRIM

La forteresse occupe une falaise surplombant le Nil, dominant le site d'Aniba, siège du gouverneur de la province. On date les premiers vestiges du règne d'Aménophis Ier. Les vestiges actuels sont un mélange d'une cathédrale copte et d'un fort ottoman commandé par Sélim Ier. Durant trois siècles, les descendants des premiers soldats ottomans vécurent dans ces lieux, jusqu'en 1811. Le haut barrage d'Assouan a transformé ce lieu en île et noyé ses abords. Qasr Ibrim est le seul site de Basse-Nubie ayant survécu aux crues du Nil.

TEMPLE DE BEIT EL-OUALI

Ce petit temple rupestre est situé au même endroit que le temple de Kalabsha. Il été construit par Ramsès II pour être l'un des premiers bâtiments utilisés à des fins de relations publiques. On y pénètre par une cour où sont représentés les combats de Pharaon contre les Nubiens à gauche, et contre les Libyens et les Asiatiques à droite. Le vestibule est orné de Ramsès II présentant des offrandes à Hathor et à Khnoum. Le sanctuaire est orné de Ramsès face à Rê et à Khnoum. Le petit temple de Beit El Wali est à bien des égards fascinant.

NEW KALABCHA

Situé à une quinzaine de kilomètres d'Assouan, derrière le barrage, le nouveau site de Kalabcha peut constituer une solution de remplacement si vous renoncez à la visite d'Abou Simbel. Bien sûr, il n'est pas comparable aux ouvrages monumentaux de ce dernier. Mais sa visite est plus commode, et le temple, également déplacé à l'occasion de la construction du barrage, est beaucoup moins fréquenté. Situé à quelques centaines de mètres du haut barrage, New Kalabcha, a accueilli trois monuments sauvés des eaux, le kiosque de Kertassi, le temple de Beit el-Ouali et le temple de Mandoulis. L'accès au site complet est possible de 7h à 16h et coûte 60 LE.

ABOU SIMBEL ★★★★

Tout comme le temple d'Isis à Philae, les deux temples monumentaux d'Abou Simbel étaient voués à l'engloutissement lors de la construction du barrage d'Assouan. Mais à la différence du premier, ils étaient creusés dans une roche. Il a donc fallu les découper pour reconstituer artificiellement la montagne sur un point plus élevé. Commencés en 1963, les travaux n'ont été achevés que huit ans plus tard. 12 000 tonnes de blocs de 5 à 20 tonnes, chacun ayant été soigneusement découpé, numéroté, traité aux résines synthétiques, déplacé et rassemblé 65 m plus haut. Situé à près de 300 km d'Assouan, Abou Simbel se compose d'un minuscule village, d'un aéroport.

TEMPLE DE RAMSÈS II ★★★★

Le grand temple d'Abou Simbel est né de la volonté de Ramsès II. Il fallut près de vingt ans pour le construire dans le roc, et en sortir ce chef-d'œuvre architectural majeur de l'antiquité. Il est dédié à Amon-Rê qui est le dieu le plus puissant du culte thébain, à Rê-Horakhty qui domine le culte héliopolitain, à Ptah qui est le centre du culte de Memphis et à Ramsès II divinisé.

La portée politico-religieuse de ce temple est monumentale, comme si Pharaon voulait rassembler ici les trois cultes d'Egypte qui eurent chacun leur heure de gloire. Lui-même, en se divinisant, ce dont il a le droit puisqu'il succède à Rê, à qui a succédé Shou, puis Gheb, puis Osiris, puis Horus, puis Pharaon dont le cycle se poursuit jusqu'à lui, fils de Séti Ier, de la XIXe dynastie, vainqueur de tant de victoires sur ses ennemis, et bâtisseur de tant de temples destinés au culte de celui à qui il succède, Rê.

▸ **La façade** du temple est précédée de quatre statues monumentales de Ramsès II assis, accompagné par son épouse chérie, Néfertari, de sa mère, Mouttouy, de ses fils et filles. Elles culminent à plus de 20 mètres de hauteur. Dans la niche surmontant l'entrée du temple, se tient droit Rê-Horakhty, à tête de faucon surmonté du globe solaire. Une frise de babouins finissent la partie supérieure de la façade.

▸ On rentre alors par un petit corridor dans le première **salle hypostyle**, supportée par huit statues osiriaques ayant l'aspect de Ramsès II. Ils portent à gauche la couronne blanche de Haute-Egypte, à droite la double couronne du pays réuni. Les murs des parois magnifient les victoires royales, et particulièrement celle de Qadesh sur les Hittites.

▸ On débouche sur une deuxième **salle hypostyle** composée de quatre piliers carrés où Pharaon présente des offrandes aux divinités majeures du panthéon égyptien. Un vestibule suit cette salle qui donne sur le **sanctuaire** où quatre statues assises attendent, impassibles, le visiteur d'aujourd'hui, le prêtre d'Amon du temps de Pharaon. Ce sont les trois dieux majeurs des trois cultes et celle de Ramsès II.

Différentes chambres percées dans le roc augmentent le temple de dix pièces ornées de bas-reliefs réhaussés de différentes couleurs. L'axe de la porte du temple vers le sanctuaire avait été conçu afin que le soleil frappe les statues les 20 octobre et 20 février de chaque année afin de célébrer des festivités particulièrement chères à Ramsès II.

▸ **On peut aussi visiter la structure moderne** à laquelle est adossé le temple qui a été découpé puis assemblé ici. Le contraste est fort intéressant.

Le Grand Temple de Ramsès II.

TEMPLE DE MANDOULIS

C'est Auguste qui a fait ériger ce temple, originellement situé à 40 km au nord de son emplacement actuel. Auparavant, Aménophis II y avait construit un temple dédié à Mandoulis, appelé aussi Mérou, un dieu mineur de Nubie, mais aussi célébré à Philae dans le temple d'Isis. Son apparence de lion l'a associé à Tefnout, la lointaine et dangereuse fille de Rê. Il sera lié à Apollon de façon plus encore tardive. D'une longueur de 71,60 m sur 35,50 m de largeur, il était alors l'un des plus grands sanctuaires de Nubie avec Philae et Abou Simbel. A noter que le démantèlement du temple et son déplacement furent les premiers travaux de ce genre qui servit de modèle à tous ceux du même type dans la région.
Deux murs d'enceinte entouraient le temple ; n'en subsiste qu'un aujourd'hui.

▶ **Pylône :** deux emplacements droits marquent que des mâts étaient autrefois dressés devant ce temple récent, typiquement d'époque romaine ; il donne accès à une cour à toit découvert, entourée de 14 piliers.

▶ **Pronaos :** une fois le portique passé, d'architecture ptolémaïque, on accède à un pronaos couvert et soutenu de huit colonnes.

▶ **Sanctuaire :** deux vestibules précèdent le sanctuaire où Auguste est représenté donnant des offrandes à différentes divinités.

▶ **Enceinte :** l'enceinte permet d'accéder aux murs extérieurs du temple et à l'emplacement désormais inutile d'un nilomètre.

▶ **A l'ouest,** est encore érigée une petite chapelle dédiée à Dedoun, un jeune dieu de Nubie, appelé « le pourvoyeur d'encens » ; il est également mentionné à Philae.

TEMPLE D'HATHOR ET DE NEFERTARI ★★★★

La façade du temple dédié à Hathor et à la femme de Ramsès II, Néfertari, exprime à nouveau la volonté de montrer la proximité de Pharaon et des dieux, mais cette fois-ci en réhaussant l'épouse royale à un niveau inaccoutumé. Si Pharaon est représenté quatre fois sur la façade sous les traits de monumentales statues osiriaques coiffées de la double couronne, Néfertari a droit à deux statues de même hauteur, alors qu'habituellement elle était représentée plus petite, comme le voulaient les canons de la statuaire égyptienne, dans le grand temple voisin. Ce sont la mère de Pharaon, ses fils et filles, qui sont placées sous la forme de statues ne dépassant pas la hanche de leurs parents.

▶ **L'intérieur du temple est constitué d'une salle hypostyle** supportée par six piliers aux chapiteaux hathoriques. Sur les parois, l'épouse royale offre des présents à la déesse, qui prend soit les traits d'une femme, soit ceux d'une vache, notamment sur une barque lorsque Néfertari lui offre des papyrus. Le plafond est paré de deux jeux différents d'épithètes royaux. La reine est ainsi désignée en ces termes à gauche : « Le Roi de Haute et Basse Egypte Ousermaâtrê Setepenrê, son aimé, l'épouse royale Nefertari Meremout, aimée d'Hathor, douée de vie. ». On accède au vestibule par trois portes, et celui-ci dessert deux chambres latérales ainsi que le sanctuaire dans lequel trône, dans sa niche, une statue d'Hathor sous les traits d'une vache sortant de la montagne.

NEFERTARI ABOU SIMBEL HOTEL €€€

A 500 m du site
✆ +20 9 73 40 05 08
www.nefertarihotelabusimble.net
Chambre double : 120 US$.

Très confortable, bien que vieillot, mais il est impératif de réserver à l'avance. Connexion wi-fi. Les chambres sont équipées d'une climatisation, d'un réfrigérateur et d'un canapé. Le jardin et la piscine sont de parfaits havres de paix. On peut, le soir, se promener sur le site archéologique en s'acquittant d'un billet à coût réduit. Plusieurs restaurants locaux sont présents aux alentours de l'hôtel, tels que *Eskaleh Eco Lodge*. L'hôtel dispose d'une belle vue sur le barrage.

SETI ABU SIMBEL HOTEL €€€

✆ +20 11 16 00 05 40
www.setifirst.com
Chambre double : 220 US$.

Hôtel 4 étoiles situé au centre de Abou Simbel. Il dispose de 142 chambres. La propriété donne sur lac Nasser et offre un emplacement spectaculaire à 15 minutes d'Abou Simbel et du spectacle son et lumière. L'établissement est constitué de bungalow de style nubien, spacieux, au frais, dans un écrin de verdure. Le restaurant sert de la cuisine internationale sur place. Belle piscine en plein air, avec un bar au bord où des chaises longues vous attendent. L'hôtel appartient au groupe *Seti First* qui possède de nombreux bateaux de croisière sur le Nil.

ALEXANDRIE, LE DELTA ET SUEZ

Le nord de l'Egypte et la belle Alexandrie profitent d'un magnifique littoral bercé par les flots paisibles de la Méditerranée. La cité, fondée par Alexandre le Grand en 332 av. J.-C, fut le joyau du monde hellénique et l'un des centres culturels les plus précieux de la Méditerranée. Si elle n'a gardé que peu de vestiges de cet illustre passé, Alexandrie n'en est pas moins une ville charmante dans laquelle on aime flâner. Le phare, la bibliothèque, les catacombes et la forteresse de Quaitbay présentent tous leurs intérêts mais l'attrait le plus envoûtant est de se laisser vivre dans ses anciens cafés, ses restaurants et le décor suranné des vieilles façades rétro. En mettant le cap à l'est, on rejoint le Canal de Suez et ses petites villes élégantes qui ont préservé leur architecture Belle Epoque : des silhouettes bien surprenantes dans le pays des temples et des pyramides !

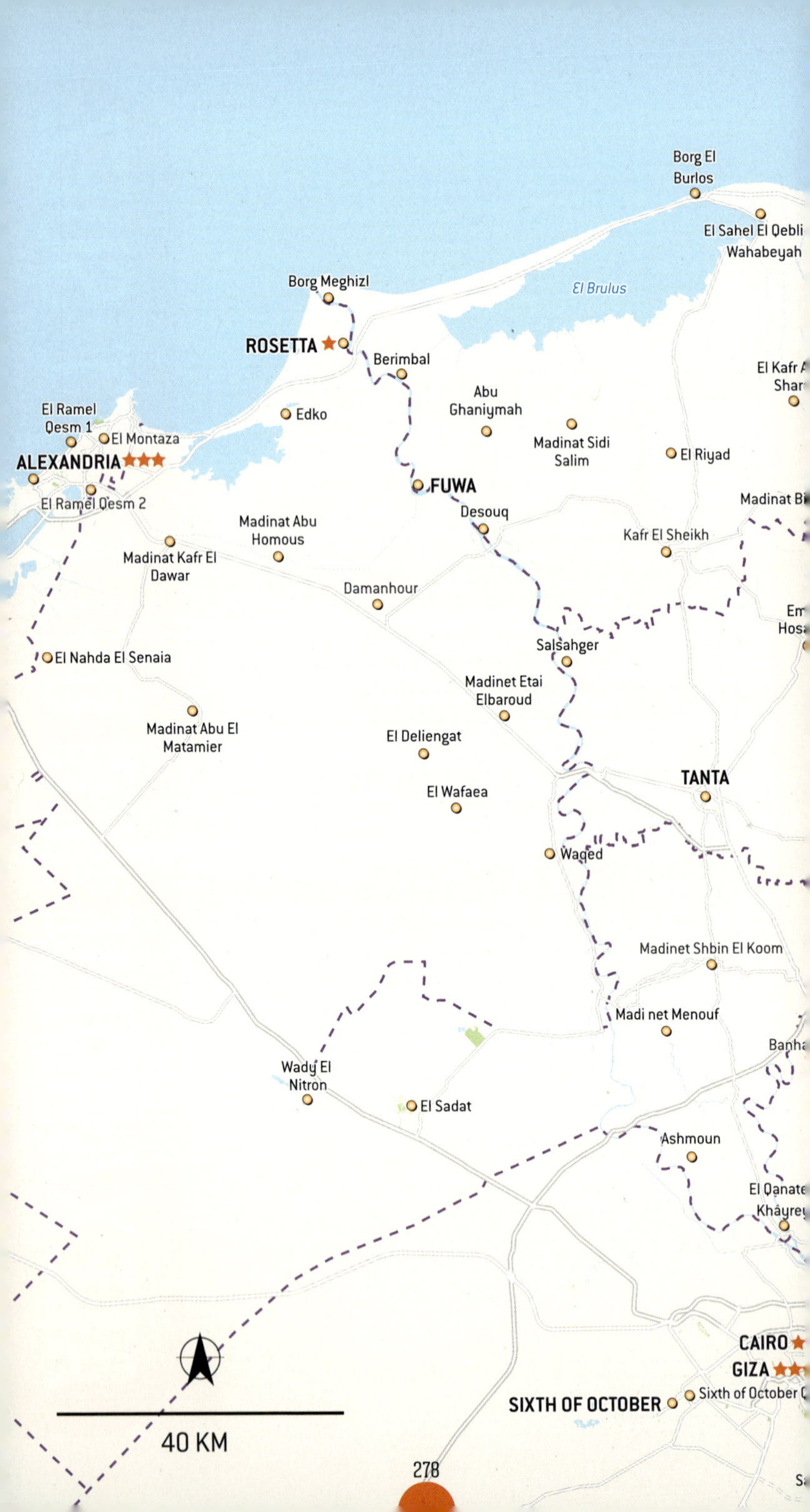

Borg El
Burlos
El Sahel El Qebli
Wahabeyah
El Brulus
Borg Meghizl
ROSETTA
Berimbal
El Kafr
Abu
Ghaniymah
El Ramel
Qesm 1
Edko
El Montaza
Madinat Sidi
Salim
El Riyad
ALEXANDRIA
FUWA
El Ramel Qesm 2
Madinat
Desouq
Madinat Abu
Homous
Kafr El Sheikh
Madinat Kafr El
Dawar
Damanhour
El Nahda El Senaia
Salsahger
Madinet Etai
Elbaroud
Madinat Abu El
Matamier
El Deliengat
TANTA
El Wafaea
Waqed
Madinet Shbin El Koom
Madi net Menouf
Wady El
Nitron
El Sadat
Ashmoun
CAIRO
GIZA
SIXTH OF OCTOBER
Sixth of October
40 KM

Alexandrie, le Delta et Suez
diterranean Sea
Ezbet El Borg
El Hafir Wa El Amel
DUMIAT
Madinat Dumiat El Gididaa
Kfour El Ghab
Madinat El Rawda
ia El
sra
MANZALA LAKE
PORT SAID
PORT FOUAD
Kafr El Hag Sherbini
Saf El Din
El Kafr El Geded
El Sheboul
MADINAT EL MATAREYAH
Ashmon El Roman
Madinat El Manzalah
Mansoura
Markaz Awl Saqrad
TANIS
Barqin
Senfa
Madinet Abo Kabear
Daidamon
ZAQAZEQ
BOUBASTIS
El Qureen
Abu Sweer
ISMAILIA
Abu Atwa
Bhtit
Madenet Belbes
El Monir
10th of Ramadan
Fanarh
El Salam
El Qahera El Gididaa
saten El arbaia
wan
May Sheiakha 1
El Arbien
SUEZ

PAGES

282

● ● LE DELTA

Diodore de Sicile parlait des sept bras du Nil, Hérodote en comptait cinq, vous n'en verrez plus que deux qui se jettent en Méditerranée à Rosette et à Damiette. Si les branches du Nil disparaissent les unes après les autres, c'est tout simplement que le delta bascule. Suez remonte pendant qu'Alexandrie s'affaisse. Le Delta bouge, mais n'ayez pas de crainte, il ne se dérobera pas sous vos pieds. Ce royaume des eaux n'est pas la région la plus parcourue d'Egypte. Laissée dans l'ombre par les agences de voyages, elle joua pourtant un rôle aussi important, pendant l'Antiquité, que celui de la Haute-Egypte. Le delta est le poumon agricole du pays. L'Egypte peut être reconnaissante envers Mohammed Ali qui fit construire une des plus grandes retenues d'eau du XIXe siècle. En élevant le niveau du fleuve, il régulait ainsi le cours du Nil et l'agriculture. Cette idée lui avait été suggérée par Napoléon qui, fin stratège, avait compris que l'intérêt de l'Egypte était de barrer le Nil à la pointe du Delta. Le triangle fertile peut aussi s'enorgueillir de ce qu'il a été le plus grand producteur au monde de coton, qui plus est exceptionnel. Mohammed Ali, encore lui, l'avait introduit au XIXe siècle. Le khédive Ismaïl, grand réformateur, a su de plus, tirer parti de la guerre civile aux Etats-Unis. Incapables de faire face à la demande, les Etats-Unis perdirent le monopole de cette industrie en faveur de l'Egypte. Toutes les grandes fortunes égyptiennes datent d'ailleurs de cette période. Les Egyptiens ne seront jamais assez reconnaissants envers Ismaïl. L'Egypte, grâce à lui, devint un Etat moderne. L'âge d'or du coton perdura 150 ans, mais il s'arrêta avec l'arrivée d'un autre réformateur, Nasser. Il expropria les grands propriétaires pour distribuer les terres aux petits paysans. Seulement si le coton est la fierté du pays, aucune culture n'est plus étroitement surveillée par l'Etat. Aujourd'hui encore, la politique menée pour gérer cet or blanc entrave la modernisation. L'exploitation de ce trésor fait l'objet de débats. On constate également que le barrage d'Assouan crée des désagréments qui se répercutent jusqu'au delta. Menacée en plus par l'érosion, la Méditerranée avance à l'intérieur des terres, le Delta est en péril. Le barrage d'Assouan retient des tonnes d'alluvions, aussi le paysan se doit d'employer une quantité importante d'engrais chimiques pour compenser. Le Nil traverse neuf pays. Moult déchets parsèment son cours. Petit à petit, le Nil se pollue. Les terres s'appauvrissent et la teneur en sel y augmente de jour en jour. Résultat : oiseaux et insectes ne peuvent plus y vivre aujourd'hui. Les hérons, les cygnes, les flamants et les pélicans disparaîtront-ils tout comme l'ibis ? Un autre fléau s'ajoute à la dégradation de cette région, la jacinthe d'eau. Elle fut importée au XIXe siècle pour décorer les bassins et les plans d'eau des établissements de luxe de l'époque. Se reproduisant rapidement, elle étouffe aujourd'hui le Delta. Son abondant tapis vert pompe l'eau d'une manière alarmante et, de plus, abrite l'escargot, vecteur de la bilharziose. L'eau dans le delta est quasiment impropre à la consommation. La plupart des habitations dans cette région n'ont pas l'eau courante, on constate de nombreuses infections. Les pouvoirs publics doivent trouver des solutions, car le Nil ne sera plus bientôt « source de vie » pour les habitants du delta comme il le fut autrefois. En 30 ans, l'homme lui a fait bien plus de mal que durant les 7 000 années qui les ont précédés. La partie du delta que l'on visite à partir d'Alexandrie est celle située au nord. Au fil des bras du Nil, des canaux et des lacs, permettent de relier Alexandrie à Rosette (Rachid), Damiette et enfin Port-Saïd, en visitant deux lacs naturels et le site de Tanis.

PAGES

308

●● CANAL DE SUEZ

Il est difficile aujourd'hui d'imaginer une carte de la région sans ce mince trait bleu qui relie la mer Méditerranée et la mer Rouge. Elles sont pourtant restées séparées durant des siècles par une bande désertique de 150 km de large, imposant aux navires de longs détours pour passer de l'Atlantique à l'océan Indien. Le canal, long aujourd'hui de 163 km, reste une voie de communication maritime très fréquentée. Il offre le spectacle surprenant de navires géants glissant à travers le désert. La vie s'organise autour de trois pôles : Port-Saïd, Ismaïlia et Suez.

© JOEL CARILLET

Sur un ferry pour se rendre à Port Saïd.

ALEXANDRIE ★★★

Ad Egyptum. Tournée vers l'Egypte sans en être ; telle est la vocation d'Alexandrie la cosmopolite depuis qu'elle a été créée, en 332 av. J.-C. par le grand conquérant Alexandre. Ses successeurs surent avec génie développer la ville, en faire le lieu principal de pensée du monde hellénistique. Le phare n'était pas le seul à rayonner sur la Méditerranée ; avec la bibliothèque, cette capitale fut celle des arts, une lumière du monde, grâce à la rencontre des savants, des philosophes, des théologiens de l'époque.L'arrivée conquérante romaine renversa cet ordre, l'Egypte devenait province de l'Empire ; Cléopâtre perdit en mêlant politique et amours. La ville n'eut plus la même gloire quand Rome la supplanta. Le développement du christianisme donna à Alexandrie une place historiquement privilégiée que les luttes rivales entre cités chrétiennes ravalèrent à un rang subalterne après Jérusalem, Rome et Constantinople. La grande Alexandrie perdit définitivement son assurance, bien qu'elle restât capitale de l'Egypte jusqu'à la conquête arabe. Elle s'endormit alors, pour plus de mille ans, et c'est à côté d'une bourgade de province que Bonaparte et Nelson livrèrent bataille à Aboukir.Alexandrie s'est réveillée au XIXe siècle, grâce à Mohammed Ali qui la développa et en fit la capitale estivale du pays ; toute la cour s'y installait l'été. Le commerce florissant avec l'Europe procura à la petite ville arabe que connut Bonaparte, le cosmopolitisme qui en fit sa renommée jusqu'à nos jours. Temps heureux et ô combien regrettés où la ville parlait mille langues et rayonnait à nouveau. Alexandrie et ses habitants se prirent au jeu et imaginèrent supplanter Le Caire. L'arrivée de Nasser au pouvoir ramena chacun à la réalité politique et historique : la capitale n'était pas sur la Méditerranée ! Depuis, la légende locale se venge en voulant faire croire que Nasser – Alexandrin de naissance – en voulut à la ville du jour où un attentat contre lui y fut fomenté.C'est le charme d'Alexandrie que de vivre dans le passé, et souvent on entendra dire, dans un français parfait aux « r » grasseyés : « Tout va de mal en pire ». Le phare, disparu de longue date, laisse une ombre persistante sur la ville qui semble ne s'être jamais remise de son déclin. Depuis les dernières années du XXe siècle, la ville se bat pourtant, mais n'invente rien. Il s'agit plutôt de réhabiliter l'ancien, ce qui avait pris : Bibilotheca Alexandrina dont on comprend bien l'allusion à la grandeur antique mais qui fut, à ses débuts, un instrument de contre-pouvoir culturel face au Caire et à son ministre ; corniche ravalée sur des kilomètres mais qui n'a pas réussi à récréer l'atmosphère de la ville cosmopolite.Les fouilles archéologiques qui ont permis « d'inventer » le phare et la nécropole, donnent un aperçu de l'état d'esprit des Alexandrins. « Il ne faut pas que la ville des morts gêne la ville des vivants » a déclaré un jour l'un des archéologues français installés à Alexandrie. Bilan du passé ? Constatation du présent ? Vœu pour l'avenir ? On ne sait pas trop bien. Aux détracteurs de la modernité, les artisans des grands chantiers de la ville ont donné une leçon de réalisme et de modestie : l'ancien gouverneur de la ville et le directeur de la Bibliotheca Alexandrina, les deux personnages clés des projets d'envergure, ne sont pas alexandrins de naissance. Ils ont toutefois su flatter la vanité de la ville, et ont compris que celle-ci ne pouvait rester sur elle-même, ou pire face à l'Egypte, mais devait se tourner vers le monde universel. C'est ainsi qu'Alexandrie a rejoint les projets d'Euromed.Alex, comme l'appellent affectueusement ses habitants, s'est développé, comme l'ensemble du littoral méditerranéen d'Egypte, en ayant à gérer les effets d'une urbanisation mal maîtrisée. La corniche, bétonnée à perte de vue, et la misère qui règne dans certains quartiers décevront sans doute ceux qui espèrent y retrouver intactes les images évoquées – et tellement décriées – par Lawrence Durrell dans Le Quatuor d'Alexandrie. Cependant, le long de la magnifique baie qui court du fort de Qaïtbay à la pointe Silsileh, gracieuse courbe de 4 km, les immeubles italiens et néo-arabes sont toujours là. Ils ont un peu vieilli voilà tout.Tout comme se sont enracinées les différentes communautés étrangères qui ont toujours vécu à Alexandrie… Grecs, Italiens, Arméniens et Juifs n'ont pas totalement déserté la cité, mais ils se sont faits discrets. Alexandrie, qui n'est pas plus francophone que Le Caire, cultive toutefois plus cette singularité. A défaut d'entretenir les murs de leur cité, les vieux Alexandrins en maintiennent l'esprit à travers des attitudes qui leur sont propres. Il faut les voir siroter leur café aux élégantes terrasses de Midan Saad Zaghloul. On les dirait sortis d'une photo en noir et blanc des années 1950. Insensibles à l'animation de la rue, ils scrutent la mer immuable, une cigarette au coin des lèvres. Tout à l'heure, ils prendront le tram brinquebalant, Le Progrès égyptien sous le bras, et regagneront leur vieil appartement de Ramleh.Quant à la jeunesse alexandrine, elle est la même que dans le reste de l'Egypte. Elle ne se soucie plus guère de singularité, mais elle rechigne toujours à se déplacer : Le Caire lui semble barbare en même temps qu'elle l'attire par ses propositions de sorties. Souvent, ce sont les occasions professionnelles qui poussent cette jeunesse nouvellement diplômée à « s'exiler » dans la capitale, mais rien n'est meilleur que le week-end passé à Agami ou dans l'appartement familial à côté du Sporting Club… La réciproque est vraie, comme un jeu perpétuel de miroirs fuyants. Les Cairotes viennent passer l'été à Alexandrie, ou plutôt sur la côte nord, comme il est devenu chic de dire : la ville d'Alexandrie accueille les populations baladis du delta de Haute-Egypte tandis que la centaine de kilomètres de côtes, à l'ouest de la ville brasse les Cairotes dans des villages estivaux.

L'ATELIER

6 sharia Victor Bassili

✆ +20 348 60 526

Ouvert tous les jours de 8h à 21h.

Galerie d'un groupement d'artistes et d'écrivains installée dans une jolie villa entourée d'une végétation dense, la place à elle seule est déjà un ravissement pour les yeux. Ce collectif organise des conférences, des débats et projections de films d'auteurs internationaux. Côté expositions, la programmation est très éclectique dans le choix des genres et des œuvres de peintures, de sculptures ou d'installations. La galerie est en perpétuel mouvement de sorte qu'on la redécouvre à chaque venue. Sans conteste, un lieu de culture pertinent.

ABOUKIR ET CANOPE

Trois batailles de Bonaparte eurent lieu dans la baie d'Aboukir. Le 1er août 1798, contre l'amiral Nelson où la flotte française fut défaite. Un an plus tard, le 25 juillet 1799, les Français récidivent pour sortir vainqueurs contre l'armée turque. Enfin, le 8 mars 1801, Abercromby vainquit la flotte de Bonaparte qui évacua l'Egypte.

Non loin d'Aboukir se trouvait la ville antique de Canope, où les Ptolémées ont érigé au moins deux temples. Ce nom grec a ensuite été donné aux quatre vases où étaient conservés les viscères des pharaons.

CHANTIERS NAVALS

Sharia el-Corniche et Sharia Kasr Ras el-Tin

Les chantiers navals traditionnels d'Alexandrie sont situés non loin de la citadelle, à la pointe de la presqu'île, sur sa face intérieure ou extérieure. De grands bateaux de plaisance ou de pêche y sont toujours fabriqués en bois, on tombe parfois sur les squelettes géants des embarcations qui sont drôlement impressionnants ! Les coques sont ensuite parées de couleurs vives qui donnent au port intérieur des teintes insolites. En poursuivant la promenade côté mer, vous trouverez le marché aux poissons qui se situe juste à côté.

Palais de Montazah.

BIBLIOTHECA ALEXANDRINA ★★

Corniche ✆ +20 3 483 99 99

Ouvert de 10h à 19h, le samedi de 12h à 16h. Le vendredi de 14h à 17h. Entrée : 70 LE.

Inaugurée le 16 octobre 2002, la BA a été construite proche de l'endroit où la vénérable bibliothèque, partie intégrante du Mouseïon, existait dans l'Antiquité. Elle regroupait alors plus de 500 000 manuscrits qui attiraient à Alexandrie les savants du monde hellénistique. La nouvelle bibliothèque d'Alexandrie a été dessinée par un cabinet norvégien. Son coût, d'environ 180 millions de dollars aura été supporté par l'Egypte, l'Unesco ainsi que plusieurs pays étrangers. La France a financé l'étude du système informatique, le Japon s'est chargé du matériel audiovisuel et la Norvège a fourni le bois des salles de lecture. De nombreuses bibliothèques occidentales ont offert des copies de manuscrits. Cet établissement est un Centre de recherche sur l'histoire de l'Egypte, sur le monde méditerranéen, mais c'est aussi un énorme centre culturel. Le gouverneur de la ville travaille en collaboration avec ce formidable outil pour redévelopper Alexandrie, grâce à une équipe chargée de la prospective de la ville sur les cinquante années à venir. La France y participe activement. L'IMA, l'Institut du Monde Arabe, a établi un partenariat avec la Bibliotheca Alexandrina visant, notamment, à instaurer un dialogue culturel entre Paris et Alexandrie.

Outre la salle de la bibliothèque, en soi une véritable prouesse architecturale, vous pouvez aussi visiter les expositions permanentes : le musée des manuscrits anciens, le fonds Mohammed Awad consacré à l'histoire d'Alexandrie ; le musée archéologique ; le musée des Sciences et le planétarium.

© SYLVAIN GRANDADAM

CATACOMBES DE KÔM EL-SHOUGAFA ★★★

Sharia el-Nassareya

Ouvert de 9h à 16h30 : 50 LE.

Le site de Kôm el-Shougafa, dont on veut que le nom dialectal signifie « monticule de tessons », dissimule un réseau de catacombes articulé autour d'un puits central. Il a été découvert, dit-on, lors de l'effondrement d'une voûte sous le poids d'un âne. Ce ne serait pas la première fois qu'un âne découvre un site archéologique au pays, ce fut également le cas pour la Vallée des momies d'or ! Les recherches archéologiques y ont débuté en 1892. Le site date des Ier et IIe siècles de notre ère, et allie influences hellénistiques, romaines et égyptiennes. Il est situé dans le quartier antique de Rhakotis. C'est le site creusé le mieux conservé d'Alexandrie.

On accède aux catacombes par un puits vertical autour duquel un escalier circulaire a été aménagé. Il donne accès à une grande salle carrée où un triclinium a été sculpté à même la roche ; les familles s'y réunissaient afin d'y célébrer leurs morts. On passe ensuite une rotonde. La partie la plus décorée de l'hypogée est une chapelle funéraire composée de trois niches. Le décor des bas-reliefs est typique de l'art gréco-romain tardif d'Alexandrie : si l'on reconnaît bien Osiris et le rite de la momification, la plastique des personnages n'est plus égyptienne, le bandelage de la momie est en losanges comme le sont les momies du Fayoum. Le grand serpent au corps entrelacé est appelé Agathos Daimon, ce qui signifie, en grec, le « génie bienveillant » ; il est le protecteur d'Alexandrie et un emblème particulier de la ville. Lors du choix de l'emplacement de sa future ville, Alexandre aurait croisé des serpents dont il aurait apprécié le bon augure, et qu'il aurait ainsi honorés. De part et d'autre de cete chapelle, se déclinent des galeries bordées de loculi qui pouvaient enfermer plusieurs corps posés sur une couche de sable, et accompagnés de vases. Le hall de Caracalla, auquel on accède par la rotonde, porte le nom de l'empereur romain dont des chrétiens, victimes de ses persécussions, ont été retrouvées dans ce lieu.

Sur l'esplanade, différents vestiges de tombes sont exposées à l'air libre. Deux éléments architecturaux se distinguent. La tombe de Tigrane, déplacée de la rue Port-Saïd à ce quartier, est une petite chapelle constituée de deux chambres parées de peintures murales hellénistiques ; on notera à nouveau la technique de bandelage de la momie posée sur un lit aux pieds stylisés. La tombe Wardian, trouvée aussi dans le même quartier que la tombe de Tigrane, est réhaussée d'éléments sculptés.

CATHÉDRALES ★★

Alexandrie, rappelons-nous, est l'une des grandes villes chrétiennes de l'antiquité qui fut le siège historique de la prédication de saint Marc en Egypte, et une véritable ville apostolique. Ce n'est donc pas au Caire que se trouvent les cathédrales historiques du pays, mais bien à Alexandrie. Les séparations entre chrétiens en diverses familles font qu'aujourd'hui, on trouve quatre cathédrales à Alexandrie : la cathédrale latine, la cathédrale copte orthodoxe, la cathédrale grecque catholique, la cathédrale grecque orthodoxe.

Trois sont situées dans le même quartier de Mancheya, au sud de la place Tahrir, entre le grand magasin Hanaux et la sharie Sidi Metwally. La cathédrale copte orthodoxe, quant à elle, se trouve rue Nabi Daniel.

▸ **Cathédrale latine Sainte-Catherine**. Grande église du XIXe siècle constituée d'une nef centrale et de deux nefs latérales, dont l'intérieur est badigeonné de blanc, derrière le maître-autel se niche la tombe du roi Victor-Emmanuel III d'Italie, mort en exil à Alexandrie. La cathédrale est attenante au siège du vicariat apostolique ; par souci de dialogue oechuménique, l'Eglise catholique nomme un évêque pour l'Egypte qui ne porte pas le titre d'évêque d'Alexandrie.

▸ **Cathédrale grecque orthodoxe du Patriarcat d'Alexandrie et de toute l'Afrique**. L'Eglise grecque orthodoxe grecque d'Alexandrie est dite autocéphale, c'est-à-dire que sa communauté ne dépend pas d'une hiérarchie supérieure, bien qu'ils soient membres de l'Union des églises orthodoxes. Cette église également construite au XIXe siècle, constituée de trois nefs, est remarquable pour son iconostase.

▸ **Cathédrale grecque catholique, siège du patriarcat d'Alexandrie**. Il s'agit de l'église melkite née en Syrie à la suite de saint Pierre, qui est l'un des églises *sui juris* de l'Eglise catholique. L'édifice, construit au XIXe siècle, est badigeonné de couleurs ocres. C'est, le dimanche, le lieu où les chants melkites, connus pour leur qualité, se font entendre sous ses voûtes.

▸ **Cathédrale copte orthodoxe Saint-Marc**. Les fondations et la crypte de la cathédrale, remontent aux premiers siècles de notre ère. C'est dans celle-ci que les ossements de saint Marc furent dérobés au IXe siècle avant d'être emmenés et conservés à Venise jusqu'à ce que le pape Paul VI les restitue en 1968. La construction actuelle date des années 1950. Elle est le siège historique de la prédication de saint Marc. Le 9 avril 2017, à la fin de la messe de la fête des Rameaux que dirigeait ce jour-là le pape Tawadros II, un kamikaze se fit exploser à l'entrée et tua 17 personnes.

CIMETIÈRES D'ALEXANDRIE ★★

Sharia Canal de Suez

Ouvert.

Les cimetières d'Alexandrie, datant des XIXe et XXe siècles, sont installés les uns à côté des autres, par communautés distinctes. Des enceintes séparent les concessions latine, grecque catholique, grecque orthodoxe, arménienne catholique, arménienne orthodoxe, maronite et juive. Au centre des carrés, des lieux de culte respectifs ont été élevés ; on y célèbre souvent les derniers rites. Dans le cimetière latin, on trouve de très belles tombes Art déco et Art nouveau, décorées avec goût comme la plaque de bronze de la famille Haggar, le mausolée en cloche de la famille Kabalan, le mausolée pyramidal surmonté d'une chouette et dont la porte est ornée d'une frise ptolémaïque de la famille Carbone. Leur accès en est parfois réglementé. C'est nécessairement aussi l'âme d'Alexandrie…

▸ **Le tombeau d'albâtre**. C'est dans le cimetière latin que se trouve le tombeau d'albâtre, construit au IIIe siècle av. J.-C. dont on ne connaît aujourd'hui que l'antichambre. Jusqu'à une époque récente, on a pensé qu'il s'agissait du tombeau d'Alexandre le Grand, à cause de ses dimensions et de la richesse de ses murs monumentaux en albâtre. Il n'en est rien, si l'on en croit Strabon et l'impossibilité d'avoir élevé une sépulture pour Alexandre à l'extérieur de l'enceinte de sa ville. Après l'échec de plus de 140 fouilles officiellement approuvées, le mystère demeure... Néanmoins, de récentes fouilles menées dans l'ancien quartier royal d'Alexandrie ont donné de nouveaux indices qui laissent à penser que la tombe d'Alexandre le Grand serait ici.

CORNICHE ★★

Se promener sur la Corniche d'Alexandrie est la première activité des habitants et pendant des moments interminables l'été, alors que la moiteur des flots déchaînés colle les vêtements à la peau déjà un peu salée par les embruns qui sautent par-dessus les rambardes. C'est un lieu de drague, nécessairement, mais d'abord un déambulatoire familial et amical. On passe du plus moderne de la ville, avec la Bibliotheca Alexandrina, au plus ancien, comme les tombes antiques, la citadelle de Qaïtbay, et entre les deux, les vestiges de la ville des XIXe et XXe siècles.

Rade d'Alexandrie, le fort de Qaïtbay en arrière plan.

COLLÈGE SAINT-MARC ★★

Sharia Port-Saïd

✆ +20 3 590 83 12

Visite du collège : après 15h en semaine, ou en journée le vendredi et le dimanche, de préférence.

Situé dans le quartier de Chatbye, le Collège Saint-Marc a été construit en 1926, afin d'accueillir plus d'élèves que ne le pouvait l'école Sainte-Catherine. Cette institution francophone est dirigée par les Frères des écoles chrétiennes qui se sont implantés en Egypte au milieu du XIXe siècle, et ont apporté au pays, à la demande du khédive de l'époque, une qualité d'enseignement dont celui-ci avait besoin. Il a d'ailleurs compté parmi ses élèves le Prince Abbas Halim et Dodi Al-Fayed qui, pour mémoire, est décédé aux côtes de la Princesse Lady Di lors d'un tragique accident de voiture sous le pont de l'Alma... Il accueille aujourd'hui près de 2 600 étudiants. La bâtisse est dans son jus, malgré les restaurations répétées de ses stucs : les moules ont été conservés. On entre par une grande esplanade donnant sur une façade impressionnante, dominée par une coupole, qui a inspiré son logo à l'établissement. Le hall donne en face sur la chapelle du collège, dont le chœur est orné de mosaïques. A gauche, dans le hall, le salon d'honneur a toujours son grand tableau de bois sculpté où les meilleurs élèves de l'année voient figurer leur nom. Sur trois étages, le collège est entouré d'un couloir circulaire, donnant sur la cour centrale par des rambardes en stuc. On peut noter le dallage des larges couloirs, bordés de lignes noires entre lesquelles les élèves, du jardin d'enfants à la terminale, se doivent de marcher, en uniforme. La messe de Noël, à minuit, est l'une des institutions de la ville.

DOMAINE DE MONTAZAH ★

A 24 km de la Citadelle Qaïtbay. Entrée 15 LE.

Le domaine de Montazah est un immense parc ombragé où il fait bon se promener avant d'aller se baigner dans la baie de Maamoura qui le longe. Cette station balnéaire fut à la mode dans les années 1960. Son architecture était alors avant-gardiste. Un droit d'entrée est imposé à chaque visiteur, ce qui réduit l'affluence. De ce fait les plages sont entretenues. Montazah est le lieu de prédilection des gens aisés qui louent les cabines à l'année. Personne ne se prélasse allongé sur un drap de bain, ce serait mal vu. On opte pour une chaise longue ou un fauteuil.

JARDINS ANTONIADIS

Sharia Albert el-Awal

Les jardins Antoniadis entourent le palais éponyme, bâti au milieu du XIXe siècle. Il a hébergé de nombreux hôtes du roi d'Egypte. Les allées et les parterres sont inspirés du classicisme des jardins à la française. Des statues de marbre des grands explorateurs égayent le parcours. On y trouve aussi une tombe antique du IIIe siècle av. J.-C. Ils sont malheureusement assez mal entretenus.

▶ **Non loin des jardins, le canal Mahmoudieh**, construit dès 1819, suit son cours et longe toute la ville. Ce canal issu du Nil se jette dans la Méditerranée dans le quartier du Mex.

CITADELLE DE QAÏTBAY ★★

Ouverture tous les jours de 9h à 16h : 60 L£.

C'est en 1303 qu'est donné, lors d'un tremblement de terre, le coup ultime à ce qui n'étaient déjà plus que les ruines du Phare d'Alexandrie, érigé sur une île reliée au continent par une digue artificielle longue de sept stades grecs. Un peu plus d'un siècle plus tard, en 1477, le grand sultan mamelouk Qaïtbay re rend à Alexandrie afin de continuer la fortification des places fortes que l'Egypte a sur la côte méditerranéenne ; il avait déjà érigé une citadelle dans la ville de Rachid, ou Rosette, cinq années plus tôt. Durant deux ans, en utilisant les blocs épars de l'ancien phare, la citadelle se construit, carrée, massive mais élégante. Quelques remaniements auront lieu sous le règne de Mohammed Ali, et après le bombardement anglais lors de la révolte du colonel Orabi en 1882. Considérée comme l'une des plus importantes places défensives de la côte de la Méditerranée, la citadelle s'étend sur plus de 17 550 m². Elle est positionnée de façon stratégique afin de pouvoir observer la mer par trois côtés.

Première enceinte. L'entrée principale se trouve face à la route venant de la ville, bien qu'on y entre désormais par une porte latérale. Les murs sont épais de 2 m et s'élèvent à 8 m au-dessus du sol. Il est coupé par trois tours semi-circulaires. Dans sa partie nord, il est beaucoup plus large, et tant les terrasses que la galerie inférieure, entièrement couverte, abritaient des canons destinés à repousser les indésirables de l'entrée du port que commandait la citadelle. Une grande esplanade sépare la muraille ouest et sud de la tour.

La tour. Ses 17 m de hauteur dominent l'ensemble de l'édifice carré, dont les côtés mesurent une trentaine de mètres. Une seule porte y donne accès, au sommet d'une rampe défendue par un système de mâchicoulis qui la dominent. Une fois le porche passé, on se heurte à un mur et l'entrée se fait de façon latérale, afin de diminuer l'élan des intrusions. Au rez-de-chaussée, il faut admirer la mosquée carrée, dont le sol est ornée de mosaïques, encadrée de quatre grandes niches, des iwans, qui supportent une haute voûte percée d'un puits de lumière. A l'étage supérieur, les galeries abritent un musée consacré aux batailles que se livrèrent Anglais et Français jusqu'au départ de ceux-ci après la seconde défaite d'Aboukir en 1801.

C'est au milieu des flots que de nombreux vestiges du phare, à la fois blocs monumentaux et statues, ont été repérés, répertoriés, et parfois repêchés. On peut en admirer certains dans les jardins de Kôm el-Dikka et à la Bibliotheca Alexandrina.

JARDINS DE SHALLALAT

Situés entre le tramway et le quartier résidentiel ancien du Musée gréco-romain, les jardins de Shallalat, plantés de jacarandas et de flamboyants au détour de petites pièces autrefois très prisés, ne sont aujourd'hui plus très bien entretenus. Une réhabilitation est en cours, pour lui redonner ses couloirs d'antan et éviter que les poubelles s'amoncellent. On peut y voir les vestiges de murailles arabes édifiées au IXe siècle par le Sultan Ibn Touloun. De ces fortifications médiévales ne subsistent que deux énormes tours dont une à peine visible.

MARCHÉ AUX POISSONS

Sharia Ras el-Tin

© SYLVAIN GRANDADAM

Tôt le matin (à midi les étals sont vides), ce marché aux poissons est si animé qu'on a parfois l'impression d'assister à un véritable spectacle ! Les vendeurs ont du coffre, du bagout et de la malice, on se prête alors joyeusement au jeu de la négoce. On vous conseille de venir au plus tôt pour voir les pêcheurs débarquer avec leurs caisses garnies de crabes, de calamars, d'oursins, de coquillages et d'une grande diversité de poissons. Certaines pêches sont d'ailleurs assez étonnantes : énormes tortues ventre à l'air, requins, murènes…

MONUMENT DE LA VICTOIRE

Place Ahmed Orabi

Au bout de la place Ahmed Orabi se dresse une colonnade blanche, gardée par deux soldats immobiles, faisant face à un socle de marbre où est gravé un passage du Coran sur les morts glorieux. C'est le monument de la Victoire. Pourtant, sur les frontons des extrémités de la colonnade est inscrit l'année 1368 de l'hégire, correspondant au 28 décembre 1947, la mort à Alexandrie de l'ex-roi d'Italie, Victor Emmanuel III. Ce monument aurait dû être son mausolée, mais en fait il est enterré derrière le maître-autel de la cathédrale latine, à quelques centaines de mètres.

MOSQUÉE ABOU EL-ABBAS EL-MORSI ★

Sharia el Sayed Mohammed Karim

La mosquée Abou el-Abbas el-Morsi est construite sur un édifice plus ancien, datant de 1766, qui abrite un religieux soufi andalous, el-Morsi, mort en 1287. La mosquée actuelle a été élevée par l'architecte italien Mario Rossi en 1929, qui a en construit plusieurs en Egypte. La mosquée domine l'esplanade de ses cinq dômes et deux minarets blancs. L'intérieur est supporté par huit colonnes monumentales en marbre. Chaque année, le saint soufi est célébré lors d'un mouled animé.

MOSQUÉE NABI DANIEL

Rue Nabi Daniel

La mosquée Nabi Daniel, du nom du prophète commun aux trois religions du Livre, est construite sur des vestiges hellénistiques dont on peut encore voir certaines colonnes, dans ses fondations, comme à l'Institut français situé non loin de là. Une légende urbaine tenace place la tombe d'Alexandre le Grand dans ses soubassements... La mosquée, telle qu'on la voit, a été construite au XVIIIe siècle et remaniée sous le règne de Mohammed Ali. Elle abrite différents tombeaux de la famille royale égyptienne, tels que Saïd Pacha et le prince Hassan.

MOSQUÉES TURQUES EL-TERBANA ET EL-SHORBAGUI

Sharia Souk el-Limon & Sharia Faransa

Ces deux mosquées construites aux XVIe et XVIIe siècles sont typiques des mosquées du Delta du Nil, telles qu'on les voit à Rachid (Rosette) et dans la ville de Fuwa. Le décor de leur porte d'entrée est fait de briques rouges, de style el-mangur, qui les caractérisent. À l'intérieur, on note que les chapiteaux des colonnes sont des réemplois de monuments antiques. Les panneaux de céramiques turques, de style Iznik, sont typiques de l'influence ottomane.

MURAILLES DE LA VIEILLE VILLE

Sharia Canal de Suez

Les murailles de la vieille ville d'Alexandrie donnent une idée intéressante des dimensions de la cité au début du XIXe siècle. A cette époque, elles sont encore debout et délimitent une ville ramassée sur elle-même qui ne compte que quelques milliers d'habitants. C'est durant la période abbasside que la première mouture est érigée. Les fortifications sont percées de 4 portes portant le nom de Portes de la mer, de Rosette, du Cimetière et de Sidra. Les Mamelouks y ajoutent 4 nouvelles portes durant leur ère. Le mur d'enceinte est double, les murs étant séparés d'une dizaine de mètres ; le mur extérieur est épais de près de 7 m. Leur hauteur est de 10 m. Tous les sultans mamelouks consacrent beaucoup de moyens financiers à restaurer et consolider ces murailles et leurs tours.

- **Murailles sud**. La porte Bab-al-Zabri se trouve dans le parterre situé près du stade d'Alexandrie. Elle est flanquée d'une tour imposante de forme circulaire. Les parements ont été construits avec des blocs taillés dans le calcaire alors que la base des murs est traversée par des colonnes en granit rouge.
- **Murailles est**. Ses vestiges sont à l'extrémité des jardins de Shallalat. Il faut imaginer que sur la grande avenue Nasser se dressait la Porte de Rosette, l'entrée principale de la ville, détruite en 1885. Non loin, se trouvent toujours des vestiges d'une tour carrée et d'une autre circulaire dont la forme ayyoubide fait penser aux murailles du Caire édifiées par Salah ed-Din.

MUSÉE CAVAFY

4 Sharia Charm el-Sheikh

Ouvert de 10h à 16h, fermé le lundi. 20 LE.

« Parce que nous avons brisé leurs statues, Parce que nous les avons chassés de leurs temples, Les dieux ne sont pas morts pour autant ». Poète alexandrin, Constantin Cavafy est reconnu comme le plus grand poète grec du XXe siècle (1863-1933). Né à Alexandrie, il y vivra et travaillera au service de l'irrigation. C'est dans son appartement que le musée a été établi, sous le contrôle du consulat général de Grèce. On y trouve des éditions rares de ses livres, ses meubles ainsi que des photos. Une salle annexe est consacrée à un de ses disciples, Stratis Tsirkas.

MUSÉE DES BIJOUX ROYAUX

21 Sharia Ahmed Yehya Pasha

Ouvert tous les jours de 9h à 16h : 100 LE, 50 LE pour étudiants.

C'est dans le palais de la princesse Fatma al-Zahraa Heydar, descendante de Mohammed Ali, que le palais des bijoux a pris place. Construit en 1919, la princesse y demeure alors qu'en 1952, les biens de la famille royale sont confisqués ; elle le donne à l'Etat en 1964, et c'est en 1986 qu'il devient musée. Le palais abrite différentes pièces de joaillerie ayant appartenu à la famille royale égyptienne. Il compte près de 700 pièces rares parmi lesquelles la couronne de la princesse Cheweikar et le jeu d'échecs de Mohammed Ali serti de pierres précieuses.

MUSÉE NATIONAL

110 Sharia el-Horreya

Ouvert tous les jours, de 9h à 16h. Entrée : 100 LE.

Le musée national d'Alexandrie, ouvert en 2003, a pour ambition de présenter, grâce à une sélection attentive de 2000 pièces archéologiques, la totalité de l'histoire artistique égyptienne, à la différence du musée gréco-romain, plus centré sur Alexandrie. Agencé sur trois étages dans l'ancien palais Al-Saad Bassili Pashll, il présente certaines curiosités comme cette collection Tanagras, statuettes destinées à accompagner les morts durant leur voyage funéraire. Il expose également des objets plus récents comme de magnifiques ensembles de bijoux royaux.

NECROPOLIS

Il n'y a jamais eu de surprise à « découvrir » la nécropole d'Alexandrie, véritable ville des morts, longue de 3 km et large de 1 km, bordée au nord par la mer, au sud par les lacs, à l'est par la ville d'Alexandrie, et à l'est par le désert sur lequel elle se construisait. Strabon en mentionne par écrit l'existence. Comme pour toutes ces fouilles d'urgence, l'archéologue, spécialisé dans la période hellénistique, Jean-Yves Empereur, trouve toujours le moyen de s'immiscer entre la phase de destruction d'un immeuble récent et la construction d'un autre, pour le malheur des promoteurs qui doivent attendre au moins six mois avant de pouvoir reprendre les travaux. C'est le percement de chaussées, pour y couler des piliers de béton destinés à supporter un pont reliant le port d'Alexandrie à la route du Caire, qui a donné l'occasion à l'équipe du Centre d'études alexandrines, de se pencher sur une partie de la nécropole (mot inventé ici, comme le phare, et qui signifie « villes des morts »), et d'y trouver de vastes salles de l'époque grecque, pour la plupart d'entre elles submergées par la nappe phréatique devenue plus haute. On découvre alors 40 tombes collectives entreposées dans ces cavités qui servaient à entreposer les corps mais également des centaines de lampes, d'urnes funéraires peintes, de pièces de monnaie... Imaginez donc que lorsque vous quittez Alexandrie par la rue « Saba banet », ou des sept filles, pendant 3 km, la ville qui s'agite tout autour de vous est un vaste cimetière grec.

PALAIS DE RAS EL-TIN

Sharia Kasr Ras el-Tin

Ne se visite pas.

Le « palais de la pointe des figues », s'il fallait traduire Kasr Ras el-Tin, a d'abord été construit entre 1834 et 1945, pour Mohammed Ali qui s'était pris d'attachement pour Alexandrie et qui y passait, avec la cour, tous les étés. Actuellement, il appartient à la présidence de la République. Ce bâtiment imposant, dont la blancheur des murs renvoie les rayons du soleil méditerranéen, donne dorénavant sur le port militaire. Fouad l'a remanié et l'architecture actuelle date de ce roi. On peut voir l'entrée du domaine au bout de l'avenue.

© LINDA HARMS - SHUTTERSTOCK.COM

Odéon romain de Kôm El-Dikka

ODÉON ROMAIN DE KÔM EL-DIKKA ★★

Sharia Yousri

Ouvert tous les jours de 9h à 16h. Entrée 60 LE + 20 LE pour la villa des oiseaux.

L'ensemble mis à jour en 1960 à l'emplacement dit de Kôm el-Dikka, qui signifie « le monticule du coq », est composé d'un odéon romain, de thermes, d'habitations et de citernes.

▸ **L'odéon** date du IIe siècle mais a été détruit et remanié deux fois ; la version actuelle est du IVe sècle après JC. On ne voit aujourd'hui que sa partie basse, constituée d'une scène et de gradins de marbre blanc. Dans la partie supérieure, des éléments de colonnes ont été redressés ; les loges semi-circulaires qu'elles abritaient ont disparu. Une voûte en brique recouvrait l'ensemble de l'édifice. Durant la période chrétienne, l'odéon a été transformé en église comme l'attestent des croix gravées dans les blocs de pierre. Un tremblement de terre, au VIe siècle, a eu raison de l'utilisation du lieu.

▸ **Les thermes romains** sont de grande dimension. Le système d'arrivée d'eau démontre une parfaite maîtrise de l'art hydraulique dans la ville.

▸ **La villa des oiseaux**, à l'extrémité est du site, renferme de splendides mosaïques romaines du règne d'Hadrien, dont une mosaïque représentant des oiseaux qui ornait le sol du triclinium.

▸ **Le musée sous-marin**, que l'on trouve à l'entrée du site, est constitué des pièces trouvées lors des campagnes de fouilles sous-marines du centre d'études alexandrines, autour de la citadelle de Qaïtbay depuis 1995. On peut notamment y soir l'obélisque de Séti 1er, et différents sphynx sortis des vestiges du phare, dont le superbe sphynx de Psammétique.

PLACE SAAD ZAGHLOUL

La place Saad Zaghloul est le point de rencontre entre les tramways allant vers l'est (de couleur bleue) et vers l'ouest (de couleur jaune). De part et d'autre de la place les immeubles Art déco, Art nouveau, néo-orientaux en forment l'écrin. On peut remonter la rue Saad Zaghloul bientôt croisée par la rue Safeya Zaghloul. C'est le quartier des restaurants et cafés d'antan, des patriarcats orientaux, du musée Cavafy, du Centre culturel français, de la gare centrale, et plus loin de la rue Attarine où sont installés les antiquaires.

SHELTER ART SPACE

52 Fouad Street, Al Mesallah Sharq, Al Attarin,
✆ +20 100 562 65 83
www.instagram.com/shelterartspace/

Association culturelle de promotion des arts visuels. Un bon moyen d'aller à la rencontre des jeunes artistes égyptiens.

Association créée pour promouvoir la scène créative à Alexandrie et soutenir ses jeunes artistes en offrant un espace dynamique pour les arts visuels contemporains et les arts du spectacle. Il lui tient à cœur de faire émerger la scène artistique *underground* qui est particulièrement féconde, comme celle de Beyrouth. Performances, ateliers, expositions, interventions diverses et variées : son programme interactif s'adresse à un large public. C'est un lieu de culture, des cultures ; un lieu vivant, un lieu vibrant…

PLACE TAHRIR, PLACE AHMED ORABI ET RUE DE FRANCE

La Place Tahrir n'en est pas à son premier nom. En 1830, lorsqu'elle est dessinée, on l'appelle Place des Consuls ; en effet, tout autour, à côté de la bourse, sont bâtis les grands consulats occidentaux. En 1860, alors que Jacquemart livre la statue équestre de bronze de Mohammed Ali que l'on place en son centre, elle prend immédiatement ce nom. Mais le vainqueur est Nasser qui lui donnera ce nom actuel de Tahrir, a priori une appellation qui devrait être sa dernière ! Aujourd'hui, au nord, se trouve l'église anglicane qui fait face à d'imposants immeubles de la fin du XIXe siècle.

▶ **A l'angle nord-ouest de la place,** débute un dédale de rues commerçantes dont la plus emblématique est la Sharia el-Faransa, ou « Rue de France », connue pour recéler tout ce dont les ménagères ont besoin : tissus, ustensiles de cuisine, électroménager. Il est amusant de s'y perdre.

▶ **La Place Ahmed Orabi,** du nom de cet officier nationaliste de l'histoire égyptienne, est perpendiculaire à la Place Tahrir et la relie à la Corniche. A l'est de la place, on remarque une synagogue fermée depuis 1956. Derrière les façades ouest de la place, par des passages étroits, on accède à une série de cours intérieures à l'italienne où quelques cafés populaires ont établi commerce. Non loin du monument de la Victoire, on trouve le consulat général de France, fière bâtisse d'allure italienne, dont les corniches sont ornées de chérubins. On appelle aussi cette place et ce quartier « Mansheya ».

STADE D'ALEXANDRIE

Sharia Omar Toussoun

Le stade d'Alexandrie est un bâtiment étonnant. Il a été construit en 1929 dans un style néoclassique, plutôt d'inspiration grecque, et les restaurations qui y furent faites ont conservé son aspect initial. L'entrée principale, formée d'une arche de triomphe à trois voûtes est unique. Il est agréable de se promener dans la rue Omar Toussoun, ou dans la rue El-Gabarte qui lui est parallèle, pour admirer certaines villas de la fin du XIXe ou du début du XXe siècle. Non loin, rue Patrice Lumumba, se dresse un petit mausolée d'un saint local, surmonté d'un dôme.

SERAPEUM ET COLONNE DITE DE POMPÉE

Sharia Amoud el-Sawan

Ouvert de 9h à 16h30. Entrée 80 LE.

Les constructions du temple de Sérapis et de l'annexe de la bibliothèque qui y était adjointe datent de Ptolémée III Evergète qui régna de 246 à 221, c'est-à-dire une cinquantaine d'années après la contruction du Musée. Déjà, Ptolémée Ier avait fait ériger un premier temple au même emplacement appelé Rhakotis, dédié au nouveau dieu Sérapis, synchrétisme d'Osiris-Apis et de Zeus, représenté sous la forme d'un taureau ou d'un homme mûr et barbu, coiffé d'un calathos, dont la forme rappelle une mesure à grains. Ptolémée V fit aussi construire un temple de dimensions réduites pour Harpocrate, nouvel Horus représenté sous les traits d'un enfant coiffé d'une natte et suçant l'un de ses pouces. La colonne improprement dite de Pompée a été érigée par l'empereur Dioclétien en 298. Le site fut détruit en 391 par les Chrétiens en application de l'édit de Théodose interdisant le paganisme.

De nos jours, le site est constitué de vestiges du temple de Sérapis dont on ne trouve que les fondations, de l'entrée du tombeau du taureau Apis dont on peut voir une statue monumentale trouvée *in situ* au Musée gréco-romain (fermé pour restaurations), d'un nilomètre qui permettait de mesurer les crues du Nil (et de fait fixer l'impôt) et de la colonne de Dioclétien haute de près de 27 m, taillée d'un seul bloc de granit rouge provenant d'Assouan. Impressionnante par sa taille, la colonne est un ouvrage remarquable pour la pureté de ses lignes et son chapiteau corinthien.

ALEXANDRIE, LE DELTA ET SUEZ

SYNAGOGUE ELIYAHU HANAVI

Rue Nabi Daniel

Fermée, en restauration.

La synagogue Eliyahu Hanavi, construite au début du XIXe siècle, a des allures majestueuses de cathédrale classique. Les baies vitrées qui laissent passer le jour sont de grands vitraux blancs, légèrement teintés. Trois nefs constituent l'intérieur, soutenues par de majestueuses colonnes en marbre d'Italie. Sur les bancs en bois, les plaques en cuivre des familles qui venaient s'y recueillir, avant 1956, sont encore vissées. Le gouvernement a entrepris les rénovations de la synagogue en 2020, un signe de reconnaissance fort pour la communauté juive égyptienne.

TOMBES DE MOUSTAFA KAMEL

Sharia El-Moasqa El-Romani

Ouvertes de 9h à 16h. Entrée 40 LE.

Des ensembles de tombes d'Alexandrie, celui-ci est le plus épargné par l'humidité. Il a été creusé durant les IIIe et IIe siècles avant J.-C. à l'Est de la ville, dans un massif calcaire. Quatre tombes grecques forment cette nécropole. La plus belle d'entre elles, la tombe n° 1 est encore en état. Au centre de celle-ci, un autel a été érigé, faisant face à trois portes surmontées de linteaux dont l'un est décoré d'une frise polychrome ; des piédestaux supportent des sphinx qui gardent l'accès d'un vestibule transversal qui dessert différentes chambres funéraires.

TOMBES D'ANFOUCHI

Midan Ibrahim el-Awal

Visites de 9h à 16h30 : 40 LE.

Cette nécropole, datant des IIIe et IIe siècles avant J.-C, a été découverte en 1901. La tombe n° 1 est la plus intéressante On y accède par un vestibule précédant une chambre funéraire importante, dotée d'un sarcophage en granit rose ; aux murs et au plafond, des dessins géométriques polychromes décorent le mausolée, ainsi que des trompe-l'œil. La deuxième chambre funéraire est percée de 12 loculi. On dénombre 4 autres tombes dans la nécropole, de moindre intérêt. Malheureusement l'endroit est difficile à trouver et mal entretenu...

TORAHA GALLERY

✆ +20 3 487 34 14

Centre culturel qui organise des activités de création avec les réfugiés. Et qui vend les créations issues des ateliers.

Très belle initiative lancée par un groupe d'Égyptiens familiers des milieux réfugiés syriens. L'Égypte est une des premières destinations pour les réfugiés qui fuient la Syrie, plus de 126 000 d'entre eux sont enregistrés auprès du HCR depuis le début du conflit. L'association occupe un petit appartement où divers ateliers de création sont organisés. Vous pouvez vous y rendre, après avoir passé un coup de fil. N'hésitez pas à jeter un œil aux bijoux, sacs et vêtements fabriqués, vous y trouverez sûrement un objet à votre goût.

TOMBES DE CHATBY

Sharia Port Saïd, à côté du collège Saint-Marc

Ouvertes de 9h à 16h30. Entrée 40 LE (autant les voir depuis la grille...).

Cette nécropole est la plus ancienne de la ville antique ; elle date des IVe et IIIe siècles avant J.-C. On dénombre trois chambres funéraires, dont la plus remarquable est située au plus profond de la tombe ; deux lits funéraires formant un triclinium incomplet y sont taillés. L'agencement de cette tombe fait davantage penser à une maison d'habitation grecque qu'à une tombe. La nécropole n'a plus beaucoup d'allure, elle a pourtant conservé, avant d'être mise au jour, une collection importante de statuettes grecques en terre cuite, dites de Tanagra.

WEKALAT BEHNA

1 Al Kanesa Al Maronya,
Al Mansheyah Al Kubra,
✆ +20 348 594 79

Initiative pour promouvoir les jeunes cinéastes égyptiens.

L'association se trouve dans un appartement, près d'un marché de papier animé. Un endroit improbable pour ce qui était autrefois l'une des plus importantes sociétés de distribution de films de la région. L'appartement comprend 12 pièces qui abritent chacune une unité de production cinématographique, des archives cinématographiques, une salle de projection et un espace de travail commun pour jeunes cinéastes et artistes visuels. C'est une véritable mine d'or : on y trouve les archives des plus vieux films collectés au fil des années.

INSTITUT FRANÇAIS D'ÉGYPTE

30 Sharia Nabi Daniel
✆ +20 3 392 08 04
http://institutfrancais-egypte.com
Ouvert de 9h à 20h. Fermé le vendredi.

La plus vieille antenne du CFCC en Egypte est celle d'Alexandrie. Elle a pour mission d'enseigner le français et de renforcer les liens entre l'Egypte et la France dans tous les domaines : éducatif et linguistique, culturel, universitaire, scientifique et technique... L'institut est très actif, vous trouverez son programme sur le site Internet : ateliers, conférences, expositions, cours de langue, médiathèque et autres manifestations culturelles.

GARE FERROVIAIRE DE SIDI GABER

Sharia el-Horreya
✆ +20 3 426 39 53

La gare de Sidi Gaber est l'une des deux principales gares ferroviaires d'Alexandrie. Elle a été construite dans la fin des années 1850. Elle est la plus ancienne gare d'Égypte. On y descend pour se rendre plus facilement du quartier de Sporting Club, Semouha à tout l'est de la ville. On peut sortir Sharia el-Horreya vers le nord, ou à Semouha vers le sud. A l'intérieur de la gare vous trouverez quelques restaurants et cafés pour vous faire patienter.

AÉROPORT INTERNATIONAL DE BORG EL-ARAB

Borg el-Arab
✆ +20 3 45 91 484
http://borg-el-arab.airport-authority.com
Un bus fait la navette depuis Midan Saad Zaghloul 3h avant le départ de chaque vol.

L'aéroport de Borg el-Arab est un ancien aéroport militaire, pouvant accueillir des longs courriers lourds. C'est là que se posent tous les vols pour Alexandrie pendant que l'aéroport d'al-Nozha est en rénovation. Il se situe à une cinquantaine de kilomètres du centre-ville, il faut compter entre 150 et 200 LE en taxi pour s'y rendre et prévoir au moins une heure de transport. Diverses succursales d'agences de locations de voitures y sont installées.

GARE FERROVIAIRE EL-MISR

Midan Misr
✆ +20 3 426 32 07

Principale gare de la ville et le terminus d'Alexandrie. « Mahattat Misr » est une gare de l'Egyptian National Railways, qui est notamment desservie par des trains de la relation Alexandrie - Le Caire. Située à proximité du centre de la ville d'Alexandrie, il est pratique d'arriver par là, pour se rendre à l'ouest de la ville, vers les plages d'Agami.

La gare se trouve à environ 1 km au sud de Midan Ramla. Si vous arrivez du Caire et que vous vous rendez dans le centre ville autour de Midan Saad Zaghloul, assurez-vous de rester jusqu'à cet arrêt.

EGYPT AIR

19 Midan Saad Zaghloul
✆ +20 3 486 59 37
www.egyptair.com

Egypt Air (en égyptien : m*asr le-tayyarân*) est la compagnie aérienne nationale d'Égypte. Son siège principale se trouve à l'aéroport international du Caire, sa principale plaque tournante. Offre des services réguliers de transport de passagers et de fret vers plus de 75 destinations au Moyen-Orient, en Europe, en Afrique, en Asie et dans les Amériques. Egyptair est membre de Star Alliance et de l'Organisation arabe des transporteurs aériens. Fondée en juin 1932, la compagnie fait partie des toutes premières compagnies aériennes au monde.

WEST DELTA

Midan Saad Zaghloul
✆ +20 3 362 96 85

A partir d'Alexandre, la compagne de bus de West Delta dessert une bonne partie des villes du nord du pays et du Caire. La compagnie de bus a aussi un guichet de vente de billets à la gare routière, donc pas de panique, si vous prenez vos billets à la dernière minute. A partir de la gare routière, la compagnie dessert diverses destinations. Un autre bureau est situé à Sidi Gaber, Midan Semouha. Les bus de la compagnie partent également de la gare routière de El Mohaf el-Gedid, à 15 minutes de Saad Zaghlol (sans trafic / 1h avec trafic).

NORMANDY €

8 Gamal El-din Yassin

✆ +20 3 480 68 30

Chambres avec salle de bains partagée uniquement à 300 L£, comprenant 3 lits. Petit déjeuner non inclus.

Hôtel sans prétentions de 13 chambres, à conseiller aux petits budgets peu regardants notamment sur la qualité des matelas... Il ressemble davantage à une auberge familiale, notamment avec le partage des salles de bain. Néanmoins l'établissement est bien placé, il dispose du wi-fi et accepte les animaux domestiques. Bien qu'elles soient un peu kitch, certaines chambres ont vue sur mer. En résumé c'est un bon compromis si vous recherchez juste un pied à terre pour arpenter la ville et que vous voyagez avec toute la famille.

HOTEL TRANSIT ALEXANDRIA €€

1 Gamal El Din Yassin St.

✆ +20 169 44 04 54

250 L£ la chambre simple, 380 L£ la double + 50 L£ pour la climatisation. Petit déjeuner inclus.

Pour la prestation offerte de qualité, qui le place dans le top 3 des hôtels pour leur rapport qualité-prix. Petit-déjeuner, accès wifi et idéalement placé : il se trouve dans la rue du marché et à quelques enjambées de la Corniche. Parfaite pour un court séjour, l'adresse est certes très modeste, mais reste propre et convenable avec un prix défiant toute concurrence ! A noter que l'établissement accepte les couples mixtes et les femmes qui voyagent seules. Pensez à réserver, en ligne, car de telles offres sont souvent prises d'assaut.

CRILLON €€

✆ +20 03 48 14 604

Chambre double avec vue sur la mer 400 L£. Chambre simple 300 L£. Salles de bains communes. Petit-déjeuner inclus.

Hôtel vintage s'il en est, peu connu, sans prétention et malgré tout confortable. Les chambres sont propres, spacieuses et disposent de grandes fenêtres ou des balcons qui donnent sur la mer. C'est un établissement au bon rapport qualité-prix et très bien situé, ce qui permet de profiter de nombreuses attractions à proximité. Le foul et l'omelette matinales sont fort appréciables dans le salon face à la mer. Le service est bienveillant, à noter que c'est l'un des rares hôtels qui acceptent les couples mixtes (égyptien-étranger) non mariés, sans sourciller.

NEW CAPRI €€

23 Sharia el-Mena Al Sharkya

✆ +20 3 480 93 10

Chambre double : 400 L£, petit déjeuner compris.

Ne vous laissez pas impressionner par l'ambiance glauque qui règne dans la cage d'escalier de l'immeuble (ou bien prenez l'ascenseur pour l'éviter), une fois arrivé au 7ᵉ étage c'est un tout autre monde. Le New Capri est un hôtel de charme à la décoration musulmane entièrement rénové. Chambres spacieuses et propres équipées de TV et de réfrigérateur, certaines dépourvues de salle de bains. Accès Internet gratuit. Petit déjeuner à volonté dans une salle avec vue panoramique. Service aux petits soins, excellent rapport qualité-prix.

EGYPT HOTEL €€

1 Rue Digla

✆ +20 122 92 32 383

Chambre simple à partir de 40 €, 45 € pour une double. Wifi, petit-déjeuner inclus.

Situé au 3ᵉ étage d'un immeuble à l'architecture insensée, cet hôtel au charme suranné typique d'Alexandrie en séduira plus d'un. Les chambres donnent soit sur le port intérieur et sur la citadelle de Qaït Bey, ou sur la place de Ramleh où les tramways qui y passent ne manqueront pas de vous bercer... Le petit déjeuner typiquement égyptien est tout à fait correct. Mention spéciale pour le personnel chaleureux et attentionné : chaque matin quand ils nettoient votre chambre, ils ont la charmante attention de la redécorer avec soin.

TRIOMPHE HOTEL €€

Sharia Gamal El-din Yassin

✆ +20 3 480 75 85

Chambre double avec salle de bains à 500 L£. Chambre simple à partir de 300 L£. Petit-déjeuner non inclus.

Au dernier étage d'un immeuble alexandrin typique, le Triomphe est un endroit où l'on se sent tout de suite à l'aise grâce à l'accueil chaleureux du manager et au joli décor, constitué de meubles en bois foncé et de plantes vertes. Les chambres sont propres, spacieuses et climatisées. Pas de petit déjeuner. Les voisins de l'hôtel aiment parfumer le palier à l'encens, odorats sensibles : soyez prévenus. Quoi qu'il en soit, vous serez parfaitement situé dans le centre-ville avec beaucoup de magasins et de restaurants aux alentours.

UNION HOTEL €€

Corniche

✆ +20 3 480 77 71

Chambre double à partir de 450 L£. Rajoutez 100 L£ par voyageur supplémentaire. Petit déjeuner inclus.

De loin, le meilleur rapport qualité/prix. Belles chambres confortables donnant sur la mer ou sur l'arrière. Prenez votre petit déjeuner en regardant la corniche s'éveiller à travers la grande baie vitrée. Il est conseillé de réserver tant l'adresse est fréquentée. Proche de certains des sites les plus populaires d'Alexandrie, tels que la cathédrale orthodoxe copte Saint-Marc et la mosquée al-Qaed Ibrahim. Les grandes galeries d'art Orouba Mall Alexandra et Gallery Alex Creation sont proches de l'hôtel. Climatisation et accès Internet gratuit.

HELNAN PALESTINE ALEXANDRIA €€€

El-Montazah Palace

✆ +20 35 473 500

www.helnan.com

Chambre double à partir de 250 € la nuit en saison haute.

L'hôtel situé dans le parc de Montazah (est de la ville) est équipé de tout ce qui en fait un établissement de luxe : piscine, restaurants évidemment, mais aussi plage privée, docteur, banque, activités nautiques et club pour enfants. Depuis sa construction en 1964, l'hôtel a été plusieurs fois rénové. Le cadre est splendide avec ses 350 hectares de jardins et de plages dorées. Pour la petite anecdote, c'est le lieu d'hébergement préféré des chefs d'Etat en visite à Alexandrie !

PARADISE INN BEACH RESORT €€€

Plage de Maamoura

✆ +20 3 547 96 02

www.paradiseinnegypt.com

Chambre double à partir de 70 €.

Une belle adresse pour l'été. Une belle qualité de prestations, une piscine en plein air avec bar sur laquelle donnent les chambres, et une plage privée sur la Méditerranée. Un moyen économique de se baigner dans une plage alexandrine propre et sans grosses vagues, c'est une des seules plages où la baignade est possible, sans trop s'éloigner de la ville. L'établissement dispose également de vastes jardins pour se promener. Le palais Montaza se trouve à quelques kilomètres.

PARADISE INN LE MÉTROPOLE HÔTEL €€€

52 Sharia Saad Zaghloul

✆ +20 3 486 14 65

www.paradiseinnegypt.com

Chambre double à partir de 120 € en saison haute.

L'atmosphère tranquille d'un palace décoré avec beaucoup de goût, avec des objets chinés chez les antiquaires les plus prestigieux de la ville. Un peu vieillot mais beaucoup de charme, c'est un véritable voyage dans le temps. Chambres propres avec vue sur mer, très bons petits-déjeuners en buffet et personnel courtois. C'est une bonne adresse, bien située, mais il faut être conscient que ce n'est pas un hôtel moderne alors parfois il y a des petits couacs pas bien méchants !

PARADISE INN WINDSOR PALACE HOTEL €€€

Angle Corniche et Sharia El-Shohada

✆ +20 3 480 81 23

www.paradiseinnegypt.com

Chambre double à partir de 95 €. Variation selon le taux de remplissage et la vue depuis la chambre.

Dans le même esprit que le Métropole, qui appartenait au même propriétaire, un autre hôtel plein de cachet sur la corniche du vieux port. Ascenseur en marqueterie, décoration et mobilier XIXe, Il cultive le charme d'antan avec quelques petits désagréments : certaines chambres sont bruyantes. Mention spéciale pour son roof top qui embrasse une vue magnifique sur la baie, c'est d'ailleurs ici que l'on prend un délicieux petit déjeuner sous forme de buffet.

CHEZ GABY €€

Au niveau du 22 Sharia el-Horreya

✆ +20 3 487 44 04

Ouvert de 13h à minuit. Fermé le lundi. Compter entre 70 et 150 L£.

Ambiance nostalgique, murs en pierre, nappes à carreaux : Chez Gaby est le restaurant *al dente* le plus agréable d'Alexandrie. Délicieux antipasti, variété de pâtes et pizzas, de bons plats du jour et des glaces maison à devenir gourmand. Outre la qualité de la cuisine, cette adresse présente d'autres avantages : elle prend commande jusqu'à tard dans la soirée et sert de bons vins (vous pouvez également ramener une bouteille contre un droit de bouchon). Roxane, la propriétaire, est une hôtesse charmante et, qui plus est, parle français.

ABO NORA €

Sharia Kasr el Tin

Compter entre 200 à 300 L£ par personne.

Un des meilleurs restaurants de poissons et fruits de mer d'Alexandrie, dans une paillote d'un étage sur le bord de mer. Choisissez la pêche du jour et son prix sera calculé en fonction du poids (si vous êtes friands de crevettes, elles sont juste délicieuses !). Votre choix sera assaisonné et grillé avec goût. Pain, salades, houmous, riz : les accompagnements sont également très bons. Etablissement propre, service rapide, prix très bon marché : c'est le genre d'adresse « bon plan » que l'on conseille à ses amis pour sa qualité et sa fraîcheur.

SABER €

47 Omar Zaafan Street

✆ +20 3 592 47 39

Ouvert 24h/24. À partir de 10 L£.

C'est le lieu historique de la chaîne qui s'est désormais développée au Caire. Encore un roi dans son domaine : le riz au lait agrémenté de différentes saveurs. Même recommandation qu'au Caire : demandez la totale avec la eichta (une crème de lait épaisse extrêmement parfumée) et les raisins secs. Parmi les autres spécialités, laissez-vous tenter par les beignets louqmat al-qadu et les compositions glacées notamment la Mistka, une glace vanillée parsemée de noix concassées. Sur place ou à emporter, l'enseigne fait les yeux doux aux becs sucrés.

ANA MICHO €

92 Sharia Omar Lotfy

✆ +20 3 59 04 427

Ouvert de 11h à 1h du matin. À partir de 10 L£.

S'il y a un roi du foul, Ana Misho est le prince du *kochery* à Alexandrie : il est indéniablement bon... et roboratif ! Cette recette traditionnelle est composée de macaronis, oignons frits, lentilles brunes et sauce tomate, autant vous dire que vous serez repus à moindre coût ! L'endroit est propre et le service efficace : c'est une bonne adresse populaire, vous pouvez également commander votre kochery à emporter. Petit conseil, restez-en à la spécialité de la maison et évitez les pâtes et les pizzas qui sont servies dans leur huile...

TAVERNA €

1 Midan Ramleh

✆ +20 3 485 40 04

Ouvert de 12h à 4h du matin. Compter entre 35 et 60 L£.

Ambiance assez chaleureuse, orientalo-rustique, et serveurs aimables qui s'activent comme des abeilles pour contenter tout ce petit monde. La cuisine n'est pas toujours régulière mais il faut surtout y aller pour la shawarma et les *fitirs* qu'ils réussissent particulièrement bien. C'est plutôt une adresse bon marché qui reste ouverte tard le soir ce qui peut dépanner quand on s'est laissé prendre par le temps. La petite terrasse qui donne sur mer est très agréable en été, déjeuner dans un tel cadre est certainement le plus bel avantage de cette adresse.

MOHAMMED AHMED €

17 sharia Shokour

Ouvert de 7h à minuit. Compter entre 20 à 30 L£.

Depuis 1957, cette adresse est la référence alexandrine, que dis-je, nationale du foul ! Toute la société s'y presse, jusqu'à la reine d'Espagne. Demandez, bien sûr, à déguster le « foul eskandrani » (foul alexandrin), accompagné de multiples mezze. Vous en aurez vraiment pour votre argent et cette impression de vivre une expérience locale, dans une ambiance chaleureuse et typique. Les falafels et le houmous sont également excellents. Si vous êtes pressé, achetez des sandwichs à la sauvette, ils en proposent de toutes sortes.

ABOU ASHRAF €€

Sharia Safar Basha

✆ +20 3 481 65 97

Comptez plus de 150 L£ par personne.

C'est un excellent restaurant de poisson. La technique est de choisir son poisson encore frais sur les présentoirs de glace pilée, de le faire peser, de choisir le mode de cuisson désiré (grillé, au four avec de l'huile et du citron, frit). Pour vous faire patienter, on vous apportera une quinzaine de mezze dont il ne faut pas s'effrayer, car l'addition est vraiment légère. Choisissez quelques dattes de mer (sorte de moules), des calamars grillés, des grosses gambas grillées et un mérou à partager, voire un loup ou une daurade rose... Un délice !

© HOLGER METTE
Alexandrie.

ABOU SHAARA €€

Sur l'esplanade de la mosquée Abou El-Abbas El-Morsi
✆ +20 3 48 19 029
Compter environ 150 L£.

Très bonne adresse de kebab, kofta et shawarma, ainsi que de toutes viandes grillées. Là aussi, vous serez submergés par les mezze qu'on vous apportera pour vous faire patienter. Régalez-vous mais gardez une place pour votre commande ! Les estomacs sensibles prendront de petites portions car la viande est un peu grasse – certains diront que c'est pour cela que c'est bon ! – On aime son côté simple, populaire et la gouaille des serveurs qui sont très sympas. A côté de cette adresse résolument carnivore se trouve l'excellent restaurant de poisson : Arous el Bahr.

MALEK EL-SAMAN €€

Sharia Masgid El-Attarine
Compter environ 100 L£.

« Le roi de la caille », c'est une proclamation ! Ce restaurant n'est ouvert que le soir jusqu'à 2h du matin, il déballe ses petites tables dans une petite cour abritée, où se tenait un souk de vêtements dans la journée. Demandez à goûter les cailles grillées : on vous en servira deux à déguster avec les doigts. Un plaisir régressif, extra ! Excellents mezzé, on peut également goûter le pigeon ou leurs saucisses faites maison et accompagner le tout d'une bière fraîche ! Ambiance très sympa pour cette expérience totalement locale.

AROUS EL-BAHR €€

Midan Masaged
✆ +20 3 481 89 40
Ouvert à partir de 13h30. Compter 200 L£ par personne.

Un lieu en toute simplicité mais il n'en faut pas plus tant la fraîcheur et la cuisson des poissons sont excellentes. Vous choisirez votre commande depuis un étal glacé puis vous indiquerez le mode de cuisson que vous désirez (grillé, frit...). Des mezze et une soupe de poisson vous seront servis durant la préparation de votre plat qui arrive sur table joliment apprêtée. Il y a souvent du monde mais on vous trouvera toujours une place. Notez que c'est l'adresse de sea-food préférée des alexandrins et que l'on n'y sert pas d'alcool.

SAMAKMAK €€

42 Kasr Ras el-Tin Street
✆ +20 3 480 95 23
Ouvert de 13h à 2h du matin. Compter plus de 200 L£ par personne.

Une très bonne adresse où les poissons sont cuisinés avec goût et originalité. Plus raffinée que la plupart des restaurants, la cuisine de Samakmak sait justement doser les quantités d'huile même dans les fritures, ce qui est assez rare pour être remarqué ! Excellentes crevettes cuites à la perfection et les mezze précédant le plat principal étaient tout aussi succulents. On y sert du vin et de la bière, ce qui est rare dans les restaurants d'Anfouchi. Cadre simple et ambiance sympathique avec un service particulièrement enjoué.

FISH MARKET €€

Corniche
✆ +20 3 480 51 14
Compter plus de 250 L£ par personne.

Le plus beau point de vue, à fleur de l'eau, du vieux port et du fort de Qaïtbay. D'excellents poissons un peu plus chers qu'ailleurs, mais la vue est à tomber. On choisit son poisson à même l'étal de glace pilée et on vous le prépare à votre convenance. On peut également opter pour un plat à la carte : soupes, salades, paella, pasta et quelques suggestions pour les carnivores. Il compte parmi les restaurants incontournables d'Alexandrie, le service est sympathique bien qu'il semble parfois dépassé ! Aucun doute à avoir concernant l'hygiène.

SANTA LUCIA €€

40 Safaya Zaghloul, Al Mesallah Sharq
✆ +20 348 603 32
Compter de 300 à 400 L£ par personne.

Nommé en hommage à la sainte italienne patronne des aveugles, Santa Lucia est un restaurant du centre-ville qui a gardé le charme, l'ambiance romantique et la cuisine de qualité de son âge d'or. Le cadre se prête aux dîners raffinés au calme, en toute intimité : l'endroit parfait pour emmener votre moitié, surtout les soirs où le pianiste joue quelques notes de musique douce. Osso-buco, escalope milanaise, délicieuses recettes de pâtes, spécialités napolitaines : la carte livre une belle interprétation des recettes traditionnelles italiennes.

SEA GULL €€

Sur la route côtière d'Agami
✆ +20 3 220 59 57
Ouvert pour le déjeuner et le dîner. Compter 250 L£ par personne.

Un lieu invraisemblable : à la fois château fort reconstitué, parc zoologique et restaurant. Cuisine tournée côté mer avec une sélection de poissons frais et de fruits de mer que l'on apprête à votre convenance. La pêche est de qualité et les cuissons parfaites, le tout orchestré par un service sympathique. La salle est kitschissime à souhait, demandez à être installés dans leur espace ouvert où la vue est splendide. Adresse parfaite pour les familles, les enfants disposent d'un espace avec des attractions pour les occuper si le dîner est trop long.

ZEPHYRION €€

Abou Kir
✆ +20 109 51 08 484
Ouvert pour le déjeuner et pour dîner. Compter plus de 200 L£.

L'adresse préférée du regretté Georges Moustaki. Un peu excentré, ce restaurant a les pieds dans l'eau, sur la plage de sable. Cadre exceptionnel dont profite cette adresse traditionnelle qui sert des assiettes essentiellement tournées vers la mer. Grands choix de poissons grillés au charbon parmi lesquels des crevettes géantes fondantes et des crabes absolument délicieux. Idéal pour un déjeuner tardif au soleil mais à éviter en hiver, car il y fait froid. Suite à un changement de propriétaire, le restaurant ne sert plus d'alcool.

FOUR SEASONS ALEXANDRIA AT SAN STEFANO €€€

El-Gaish Rd
✆ +20 3 581 80 00
www.fourseasons.com/alexandria
Compter environ 250 euros la nuit. Les prix varient en fonction des saisons.

Cet hôtel de luxe donne sur la mer Méditerranée. Il se trouve à 10 minutes à pied du musée des Bijoux royaux et à 9 km de la Bibliotheca. Les chambres sont décorées chiquement avec un balcon, offrant une vue panoramique sur la ville ou la mer. L'hôtel offre six possibilités de restauration, qui peuvent combler toutes les envies : grillades ; Byblos pour la cuisine libanaise ou française ; Stefano's pour la cuisine italienne. Les meilleurs restaurants de la ville.

AZZA

11 Corniche (26th of July Road)
✆ +20 3 480 19 43
Ouvert 24h/24h. Fermé lundi et mardi. À partir de 10 L£ la boule.

Concept de glaces à la mode d'Alexandrie qui s'est développé de part et d'autre dans la ville. Servies en pot et en cône, les spécialités glacées présentent différentes saveurs que l'on peut agrémenter de noix grillées, de miel ou de qeshta (crème épaisse). Mangue, citron ou mastica, les glaces aux fruits sont à notre goût les meilleures mais les becs sucrés se laisseront tenter par le shabah : gâteau de riz, garni de glace, de noix, de miel et de qeshta ! Choisissez la taille qui vous convient, à déguster en se promenant le long de la corniche.

BORSA AL TOGAREYA

Sharia El Mokadem Hassen el sheikh
Ouvert de 9h jusque tard le soir.

L'institution qu'est Togareya prend tout un pâté de maisons sur la corniche. On s'y retrouve pour jouer au backgammon ou aux dominos, siroter un thé ou un café ou tout simplement pour discuter entre amis. L'ambiance est très sympa et bon enfant, n'hésitez pas à vous mêler aux personnes qui y ont leurs habitudes, elles vous accueilleront chaleureusement. D'autant que l'endroit est fréquenté par beaucoup de jeunes francophones, la communication n'est que plus aisée. Lieu de vie et de passage qui fait partie de la culture des Alexandrins.

BRAZILIAN COFFEE STORES

44 Sharia Saad Zaghloul
Ouvert de 7h à 22h. De 10 à 40 L£.

Un café brésilien pris debout près du comptoir en marbre, comme en 1930 ! Mais vous pouvez aussi vous attabler comme en 2021 ! Très bonne sélection de cafés que l'on prend courts, allongés, en cappuccino, con latte... La boutique propose aussi de délicieuses pâtisseries pour accompagner sa boisson, autant dire qu'il est difficile d'y résister. Vous pouvez également acheter du café en poudre ou en grains pour votre consommation personnelle. Ambiance décontractée : on a envie de s'y reposer pour lire un bouquin ou juste pour humer l'odeur suave qui l'embaume.

LE CAP D'OR - CHEIKH ALI

4 Sharia Adib Bek Ishak
✆ +20 3 487 51 77
Plats de fruits de mer (petits poissons « bassaria » et huîtres) entre 40 et 55 L£. Bières 50 L£.

Autrefois le restaurant des financiers de la bourse, ambiance sympathique dans ce troquet, aux murs couverts de photos et images d'archives, où l'on peut boire une bière bien fraîche tout en grignotant de bons petits mezze et des calamars frits. Cadre cosy et feutré, un brin nostalgique avec son carrelage d'époque et ses photos surannées accrochées aux murs : un étonnant voyage dans le passé. Adresse interlope recherchée les jeudis et vendredis. L'endroit où sortir mais pas avant 22h, l'heure à laquelle commencent les nuits alexandrines.

DÉJÀ-VU

15 sharia Horreya
17h à 2h30 du matin. Mezze & spiritueux à 70 L£.

Grand bar lounge à la mode chez la jeunesse aisée d'Alexandrie. On y danse avec retenue au son des lives DJ, on assiste à des shows ou on s'essaye aux soirées karaoké, les vendredis soirs. On y va surtout pour s'affaler sur les canapés et s'offrir des tournées sans (trop) casser sa tirelire. L'établissement propose également une carte de restauration tout au long de la nuit : mezze, salades, viandes grillées, sushi, plateaux de fromages, pizzas, pastas... L'ambiance décontractée et friendly, un incontournable dans vos tournées de nuit.

CARLOS CAFÉ

Sharia El Guish
✆ +20 3 543 03 95
Ouvert 24h/24. À partir de 35 L£.

Plusieurs adresses de cette enseigne de cafés à la mode où l'on va autant pour le petit-déj', le lunch, pour boire un verre, dîner ou s'adonner au plaisir de la chicha. Celle de Sidi Gaber a la chance de profiter d'une belle vue sur la mer. Fajitas, cordons bleus, burger, sandwich, pasta, pizza : la cuisine navigue tous horizons, c'est généralement très bon. Soft ou pas, la carte des cocktails convient à tous les goûts avec une multitude de propositions. Ambiance décontractée, service souriant, hygiène irréprochable : adresse très sympa.

DELICES

Midan Saad Zaghloul
Ouvert de 9h jusqu'à minuit. Pâtisseries partir de 15 L£.

Belle vue sur la place et sur le vieux port, au loin. Pour un petit déjeuner classique ou un thé en fin d'après-midi. Impressionnante sélection de pâtisseries, toutes aussi bonnes les unes que les autres ! Ici on aime la crème, les enrobages, les toppings et les coulis qui nappent presque tous les gâteaux et même les viennoiseries (leur interprétation du pain au chocolat est... fort chocolatée de partout !). Spécialités chocolatières et belle sélection de pâtisseries orientales que l'on peut acheter à emporter, pourquoi pas pour un cadeau souvenir ?

CLUB DES MARINS

46 sharia Saad Zaghloul
✆ +20 3 48 78 170
De 12h à minuit. 35 L£ la bière.

Fondé en 1895, le club des marins est un lieu à part, connu seulement des initiés et fréquenté principalement par des papis polyglottes qui sont la mémoire de la ville. N'hésitez pas à entamer la conversation avec eux, vous en apprendrez certainement plus sur Alexandrie que n'importe quel guide, anecdotes à l'appui ! Un billard est placé étonnamment à l'entrée. En surplomb de la place Saad Zaghloul, on trinque ou prend un café dans de confortables fauteuils en bois. On y passe de délicieux moments comme suspendus dans le temps...

FAROUK

Sharia Ismail Sabry
Ouvert de 9h à jusque tard.

Bel endroit décoré des photos du roi Farouk, mais aussi des présidents qui lui ont succédé. C'est un café chargé d'histoire qui a une place particulière dans le coeur des habitants. Le roi Farouk en personne y est venu en 1952 avant la Révolution, autant dire que ce café fait partie du patrimoine alexandrin ! On y vient boire le café ou le thé à la menthe et fumer la chicha sur les notes d'une bande-son nostalgique. Ambiance populaire qui réunit plusieurs générations : il faut y venir au moins une fois ne serait-ce que pour vivre une expérience locale.

FRESCO

48 sharia Horreya

Presque 24h/24h. Coupe moyenne 25 L£, large 40 L£.

Glacier italien aux parfums authentiques et aux compositions irrésistiblement gourmandes ! Temple du péché sucré, s'il en est, ce glacier élabore des recettes étonnantes où les gâteaux rencontrent la glace pour un mariage savoureux. Cookies et brownies enrobés de glace au chocolat ; crêpe, gaufre et pancakes nappés de la glace de votre choix ; choux à la crème glacée... mais aussi des yaourts glacés et des milk-shakes, déclinés en différentes saveurs. Vous trouverez ici des parfums inédits tels que le Pepsi boom ou le Fanta ananas.

NUTOPIA

El-Horeya Rd, Al Mesallah Sharq
Al Attarin
✆ +20 109 678 89 67

Parfait pour prendre un café accompagné d'une bonne gourmandise. Compté 40 L£ le tiramisu ou 50 le cheesecake.

Quand les Égyptiens font dans le sucré, c'est sans demi-mesure ! Cette pâtisserie décline les recettes chocolatées de multiples façons avec une grande passion pour le Nutella. On y trouve également des cupcakes originaux et de délicieux cheesecakes. Toute commande peut être agrémentée d'une multitude de toppings qui vont des fruits de saison aux M&M'S en passant par le sacro-saint... Nutella ! Un très bon endroit pour s'assurer une pause gourmande de qualité, d'ailleurs cela ne trompe pas : c'est le rendez-vous prisé de la jeunesse alexandrine.

EL INDI

Midan Mancheya

Ce café se niche sous une verrière dont il ne reste plus que l'armature en fer. On y accède par un goulet venant de la place Mancheya, juste après l'angle de la place Ahmed Orabi. L'endroit est décalé, situé dans la cour intérieure de ce qui avait du être un immeuble chic à décor italien dont on voit encore quelques corniches en stuc. Depuis, ce café baladi a donné une autre forme d'authenticité au lieu. Le trouver relève quelque peu du jeu de piste, le meilleur moyen est donc de demander aux boutiques et restaurants alentours.

SOFIANOPOULO

Au coin de Sharia Saad Zaghloul et Sharia Adib Bek Ishak
✆ +20 348 715 17

Ouvert de 10h à 22h. 10 L£ l'expresso.

« Ahwa, Ahwa » (café) : Sofianopoulo sert un expresso digne de contenter le plus difficile des amateurs du breuvage caféiné. Quant au décor, il n'est pas en reste non plus avec ses gros torréfacteurs et moulins à café argentés combinés aux sacs en toile débordant du précieux grain : on a l'impression d'être dans un musée d'antiquités. L'odeur du café embaume toute la boutique et jusqu'à 500 m à la ronde ! Personnel haut en couleur : c'est une adresse dans son jus qui vaut le détour pour un café sur place ou pour acheter un paquet à emporter.

MERMAID

El Raml square

17h à 2h du matin. 45 L£ la bière.

L'endroit où danser à Alexandrie, quelle que soit votre apparence. S'y croisent des populations très variées allant du groupe d'étudiants voulant faire la fête aux touristes bien renseignés en passant par des hommes mûrs affalés et parfois accompagnés de jeunes femmes... Posez vos idées reçues à l'entrée et laissez-vous porter par les derniers tubes égyptiens d'électro shaabi. Animé de jour comme de nuit, on peut également manger sur place (cuisine de la mer) et y fumer la chicha. Différents types d'alcool et bonne carte de cocktails.

SPITFIRE

7 Sharia Al-Borsa al-Qadima
✆ +20 3 480 65 03

Fermé le dimanche, ouvert en semaine jusqu'à 1h du matin.

Repaire pour les marins russes débarqués de leur cargo il y a encore peu de temps, c'est devenu le rendez-vous incontournable de la jeunesse égyptienne et des étudiants étrangers, sacrée reconversion ! Dans cette ambiance étriquée et enfumée, tout le monde se mêle dans un joyeux bordel généralement rythmé de musique rock. Mais le patron est très ouvert, vous pouvez venir avec votre propre clé USB pour passer la musique qui vous plaît. La tradition veut que chacun laisse sa trace soit en laissant un graffiti ou une photo d'identité...

TRIANON

Midan Saad Zaghloul
✆ +20 122 68 26 673
www.trianon1905.com
Ouvert de 9h à minuit. Consommation minimum de 45 L£.

Boiseries Art déco pour cet établissement situé au rez-de-chaussée du Metropole Hotel. Le café a préservé sa patine, il s'imagine parfaitement l'Alexandrie d'antan. Un bon chocolat accompagné d'un croissant, et le tour est joué pour le petit-déjeuner. Mais on y vient à toute heure de la journée pour une gourmandise, un verre, un cocktail ou pour manger dans un esprit brasserie, à la mode égyptienne. Salades, soupes, viandes grillées, pastas, pizzas, frites, sandwichs : il y a forcément quelque chose pour vous à la carte. Service attentionné.

SAN STEFANO GRAND PLAZA

399 Sharia el-Gish
Ouvert de 8h à 1h du matin.

Cet ensemble de gratte-ciel abrite des logements, l'hôtel Four Seasons Hotel et le centre commercial le plus récent d'Alexandrie. Agencé sur plusieurs étages, on y trouve de tout à des prix toutefois supérieurs de l'ensemble de la ville. Mode, beauté, pharmacie, optique, alimentaire : il présente l'intérêt de réunir l'ensemble des services requis en un même endroit. Plusieurs enseignes de restauration, un cinéma au dernier étage et un parc d'attractions pour les enfants. A savoir que le centre commercial fait partie des sorties en famille des Alexandrins !

ALEXANDRIA CITY CENTER

Route du Caire, km 6
✆ +20 3 368 00 07
www.citycentrealexandria.com
Ouvert tous les jours de 10h à 22h, jusqu'à minuit le week-end. Carrefour est ouvert de 9h à 1h.

Grand centre commercial à la sortie de la ville où vous trouverez tout ce dont vous aurez besoin en matière de shopping et un immense Carrefour pour l'alimentaire. Les grandes enseignes internationales y ont pris place aux côtés d'enseignes locales. Salons de beauté, pharmacies, banques et pléthore de fast food, cafés et restaurants. Il y a également un cinéma dernier cri et un « Magic planet », comprenez une salle de jeux d'intérieur, de manèges et de divertissements pour les enfants. Très américain dans le concept mais ça peut dépanner.

CINÉMA AMIR

32 Sharia el-Horreya
✆ +20 3 391 79 72

Inauguré en 1952, c'est l'un des plus vieux cinémas d'Alexandrie, avec places à l'orchestre ou au balcon. Evidemment le confort n'est pas celui des salles modernes (sièges un peu rudes), mais c'est l'un des cinémas les moins chers de la ville. Il abrite 6 salles qui diffusent des films en arabe et en anglais, il dispose de la technologie pour les films 3D et le son est plutôt bon. Aller au cinéma n'est pas la première chose à laquelle on pense en visite touristique, mais si un film à l'affiche vous tente, n'hésitez pas à choisir ce cinéma.

ANTIQUAIRES D'ATTARINE

Le long de la rue Attarine, et dans les ruelles annexes, prenez le temps de musarder dans les boutiques d'antiquaires et de brocanteurs. Parfois, vous pouvez y dégotter des objets insolites et amusants qu'il faut absolument négocier, c'est ici une tradition. La plupart du temps, les vrais objets Art déco et Art nouveau sont hors de prix : la clientèle « nouveaux riches », cairote ou saoudienne, des échoppes payant plus que le prix, les antiquaires ne baisseront jamais leurs tarifs pour un Occidental, même aguerri. Balade très intéressante.

THEATRE SAYED DARWISH

18 Sharia al-Horreya
✆ +20 3 480 01 38

C'est la version alexandrine de l'opéra du Caire. Ouvert en 1921, il a été conçu par l'architecte français Georges Baroque. Initialement nommé « Théâtre Mohamed Ali », il a été rebaptisé en 1962 en hommage au pionnier de la musique arabe : Sayed Darwish. Les dorures et fauteuils en velours rouge de sa salle ont été rénovés, on peut la visiter ou assister à l'une des représentations, ce sont généralement des spectacles qui ont été donnés à l'Opéra du Caire. Téléphonez pour obtenir les renseignements des visites et du programme des manifestations.

ROSETTE ★

« Rachid » en arabe. Fondée au IXe siècle, Rosette devint le port principal de l'Égypte aux XVIIe et XVIIIe siècles. Alexandrie reprendra le premier rang au XIXe siècle, laissant à Rosette un peu plus de calme et de sérénité. Tournée, néanmoins vers le Nil et la mer, Rosette vit de pêche et de dattes. Célèbre grâce à la pierre de Rosette découverte en 1799 et déchiffrée par Champollion, c'est aussi la ville la plus riche en monuments islamiques après Le Caire. Ses bains, mosquées, citadelle lui donnent un charme médiéval unique en Égypte. Elle fait depuis 2017 l'objet d'un vaste projet de réhabilitation. A tort ignorée des touristes jusqu'alors, son maire et le responsable des antiquités font tout pour l'intégrer à la carte des sites touristiques immanquables. Des vingt-deux splendides maisons de marchands de l'époque ottomane, huit peuvent être visitées avec intérêt. Solides bâtisses de briques noires et rouges, elles arborent de sublimes moucharabiehs qui, aussitôt, entraînent l'imagination dans des temps reculés où, cachées derrière ces dentelles de bois, les femmes se régalaient à la dérobée du spectacle de la rue. Ne manquez pas également la visite du hammam Azouz, le plus ancien de la ville construit au XVIIIe siècle. Inutilisé aujourd'hui, il présente toujours ses salles dallées de marbre et ses coupoles ajourées de verre coloré. Il est possible qu'en arrivant, la police vous colle d'office un garde pour « assurer votre sécurité ». Rien ne paraît dangereux, seulement avec lui vous ne serez pas importuné.

LAC BURULLUS

Le lac se trouve à quelques kilomètres à l'est de Rosette. C'est l'une des plus grandes réserves animalières d'Egypte, dont l'importance est essentielle dans les migrations des oiseaux. On y a recensé 33 espèces de poissons, 23 espèces de reptiles, 112 espèces d'oiseaux, 18 espèces de mammifères. Dans le sud du lac se trouve une exploitation de sel et des élevages de poissons. Il est possible d'y faire un tour en barque en en louant une auprès de pêcheurs. Attention toutefois, l'accès au lac nécessite une autorisation spéciale.

LAC IDKU

Route Aboukir Rachid

Au sud de la ville d'Idku, le lac éponyme s'étend sur plus de 7 000 hectares à l'est d'Aboukir. Le lac fait partie des haltes naturelles que les oiseaux migrateurs fréquentent lors de leurs pérégrinations. C'est également le lieu de niche de certaines espèces d'oiseaux des marais tels que la sultane, le butor et le Coucal du Sénégal. Les marais salés, marais salants et les dunes, ainsi que quelques arbres fruitiers, sont présents sur la langue de terre qui le sépare de la Méditerranée. Il peut être l'objet d'une promenade intéressante.

LA PIERRE DE ROSETTE

En 1799, alors qu'ils travaillent autour du fort Julien à Rosette, appellation récente du fort de Qaïtbay, des soldats français, placés sous la direction de Bouchard, extraient de terre un important bloc de basalte. La stèle porte un décret de loi remontant à Ptolémée V, écrit en deux langues et en trois écritures, hiéroglyphes, démotique et grec. C'est l'étude de cette pierre, dite de Rosette, qui permet à Champollion, quelques années plus tard, de décrypter l'écriture hiéroglyphique, oubliée depuis plus d'un millénaire. Publiée en 1822, sa théorie sur le déchiffrage des hiéroglyphes bouleverse l'égyptologie.

MAISON KILLI & MUSÉE RACHID

Maison killi

Tous les jours de 9h à 17h. 40 LE.

Le musée de Rachid occupe depuis 1959 l'une des maisons historiques de la ville, qui porte le nom de son constructeur et héros local : Hussein Arab Killi. Il fait face à l'armée anglaise lors de la bataille de 1807 et devient gouverneur de la ville dans les années 1850. Le musée abrite quelques objets d'art islamique, une collection de pièces d'or, des armes et uniformes ottomans. Sur les 766 œuvres que possèdent le musée, seules 200 sont exposées.

MAISONS OTTOMANES ★

Sharia Port-Saïd et Sharia Amasialy

Les maisons de Rosette se caractérisent par une architecture haute, sur deux à trois étages, dont les façades sont très largement ajourées de fenêtres. Les portes, elles aussi imposantes, permettaient, dit-on, à un chameau chargé de rentrer dans la cour.

Il faudra vous arrêter à la maison Ramadan, dont la restauration est très bien réalisée, puis aux maisons Amasiali et Abou Chahine à l'intérieur de laquelle un étonnant moulin a été aménagé. Bien entendu, vous irez aussi à la maison Arab Killi qui héberge le musée de la ville.

MOSQUÉE EL-MAHALLI

Sharia el-Souk

Eviter les heures de prières pour la visiter.

La mosquée El-Mahalli a été construite au XVIe siècle, puis restaurée au XVIIIe siècle. On la connaît surtout pour ses 99 colonnes qui soutiennent son plafond (c'est le nombre le plus symbolique de l'Islam, un pour chacun des « noms de Dieu ») et qui sont des réemplois de monuments antiques d'Alexandrie. Une autre salle destinée aux ablutions est soutenue par 14 piliers similaires. Les six entrées de même que la porte du mausolée du cheikh Ali al-Mahalli, sont surmontées de la brique rouge caractéristique des monuments de la ville.

MOSQUÉE ZAGHLOUL ★★

Mosquée la plus ancienne de la ville, toujours dans le style El-mangur typique du delta, en briques rouges. Construite en 1577 par un des Mamelouks du prince Haroun. Son plafond est formé de petites coupoles construites dans le style ottoman. Chaque colonne de granit est dédiée à un cheikh. C'est le « Al Azhar » du Delta. Beaucoup d'étudiants de la région voire même du Maghreb y venaient étudier. Quand les Anglais ont envahi la cité en 1807, des habitants ont tenté de résister depuis cette mosquée. En représailles, le commandant anglais avait détruit son minaret.

FUWA

La petite ville de Fuwa ne figure pas sur les itinéraires classiques. C'est dommage, car elle n'est pas dénuée d'intérêt. Située à 85 kilomètres d'Alexandrie, sur le bras oriental du Nil, elle fait face à la petite cité de Mahmoudieh, d'où part le canal du même nom qui apporte l'eau du fleuve jusqu'à Alexandrie. Fuwa est située non loin de la capitale du 7e nome de Basse-Egypte, appelée Besta ou Métélis. La ville devient le siège d'un diocèse pendant la période chrétienne, puis est prise par les conquérants arabes qui la mentionnent dans Babylone, Héliopolis et Alexandrie. La ville conserve son importance sous les sultans ayyoubides, puis mamelouks ; elle joue un rôle certain pendant l'occupation de l'Egypte par les croisés. Les Ottomans continuent de lui donner de l'importance, en y construisant des monuments remarquables et en y développant une industrie de tapis. Fuwa signifie « garance », plante dont les racines sont utilisées par les teinturiers pour sa couleur rouge naturelle. Récemment, trois mosquées anciennes y ont été restaurées, l'une ayyoubide, l'autre mamelouke, l'autre à la transition des styles mamelouk et ottoman. La ville de Fuwa est connue pour ses artisans créateurs de tapis traditionnels, les kilims. On peut visiter un atelier, Al-Rub al-Khattabeyya, toujours en activité situé en face de la mosquée Abou al-Makarim, hébergé dans un édifice ancien de l'époque mamelouke et ottomane.

MOSQUÉE D'ABOU AL-MAKARIM

La mosquée a été construite au milieu du XVIe siècle et a été restaurée en 1850. La salle de prière est soutenue par 24 colonnes déclinées sur 4 rangées. Les futs sont des réemplois de monuments plus anciens, comme c'est le cas dans beaucoup d'édifices dans le Delta. On notera une coupole au centre du plafond de la salle de prière. Le portail d'entrée est comparable à celui de la mosquée Hassan Nasr Allah. Le minaret est haut de 23 m et domine le Nil avoisinant.

MOSQUÉE D'AL-QINAÏ

Construite en 1196 à la mort de Sidi Abd al-Rahim al-Qinaï, homme de foi descendant de la maison du prophète Mohammed, la mosquée a été remaniée en 1721 pendant la période ottomane. En forme de rectangle, la salle de prière est soutenue par 24 piliers antiques de réemploi, à la fois de monuments pharaoniques ou grecs. Son minaret, qui s'élève à 33 m de hauteur, est considéré comme l'un des plus beaux de son genre, fait de bois et de brique. Il a été également utilisé comme phare lorsque la ville avait une activité portuaire importante.

MOSQUÉE DE HASSAN NASR ALLAH

L'édifice porte le nom d'un haut dignitaire mamelouk ayant reçu son éducation religieuse dans la mosquée du sultan Hassan, au Caire. Il a été enterré en 1424 dans le cimetière mamelouk nord de la capitale. La mosquée fut érigée de son vivant et a été restaurée en 1703. Le portail principal, formé de trois arcs de brique, est typique de l'architecture religieuse de la région du delta du Nil. Le minaret est le seul élément de son architecture à être de style mamelouk.

DAMIETTE

La ville antique de Tamiat perd vite de son importance pour reprendre de son lustre en 1218, par sa prise par le roi Jean de Jérusalem. En 1221, les Croisées durent en partir. Saint Louis, en 1249, la fit tomber, mais fut contraint de la rendre après sa capture lors de la bataille de Mansourah. La ville est connue aujourd'hui pour la qualité des travaux d'ébénisterie qui sont réalisés par de nombreuses fabriques. Les premiers meubles en sortirent au XIXe siècle, en répondant à la demande de copies de meubles XVIIIe siècle français, mais c'est aujourd'hui à un carnet de commandes plus varié que les maîtres répondent. Un bus relie Alexandrie à Damiette.

TANIS

A l'écart des circuits touristiques classiques, le site de Tanis, le Tell San, est bordé par le bahr Saft, une ancienne branche du Nil. Il s'étend sur des dunes de sable fossile, en produisant une surélévation de terrain d'une longueur de près de 3 km et d'une largeur approchant 1,5 km. Tanis fut à l'origine un port de Pi-Ramses, et la métropole d'Amon pour le Nord de l'Egypte ; la ville s'est développée à partir de la fin de la XXe dynastie, et devint sous la XXIe dynastie la capitale d'une Egypte prête à se diviser entre le Nord et le Sud. Elle fut conçue comme une réplique structurelle de Thèbes. Métropole religieuse sous la XXIIe dynastie, elle conserva jusqu'à l'époque ptolémaïque une indiscutable importance. A la fin de l'époque romaine et durant l'époque byzantine, le site subit les contrecoups de modifications écologiques : la progression des eaux salées est responsable de la dégradation progressive des terroirs agricoles, ainsi que de changements économiques importants avec la modification des circuits commerciaux de l'époque ; dès lors, le déclin de Tanis était inévitable. Aujourd'hui, le site est restauré par une mission archéologique française ; une société de soutien a été créée en 1988 afin de contribuer aux fouilles menées sur un site qui a offert au musée égyptien du Caire un trésor inestimable découvert dans les tombes du site, entre 1929 et 1956. Le masque de Psousennès Ier, qui a servi d'affiche à l'exposition « Pharaon » montée par l'Institut du monde arabe en 2004, fait d'ailleurs partie du trésor de Tanis.

SITE ARCHÉOLOGIQUE DE TANIS

Au nord du site se trouvent les ruines du temple d'Amon, précédé d'une porte monumentale. Le petit temple qui se trouve dans l'enceinte, au nord du grand temple, est consacré à Khonsou, tandis que le petit temple à l'angle sud-est est consacré à Horus.

A l'extérieur de l'enceinte du grand temple d'Amon, au sud, on trouve les vestiges du temple de Mout. Un peu plus au sud, des vestiges profanes de la ville des XXIe et XXIIe dynasties ont été retrouvés, dont un cimetière.

SITE ARCHÉOLOGIQUE D'ATHRIBIS

Se renseigner auprès du Conseil Suprême des Antiquités pour obtenir l'autorisation de visiter le site.

Antique capitale du 10e nome de Basse-Egypte, le Grand Taureau noir, dont le dieu protecteur était Horus. Aujourd'hui située dans la campagne, cette ville de moyenne importance eut une grande importance durant la période hellénistique et de nombreux bronzes ou encore des poteries de la période y ont été découverts. La réputation des ateliers attribites était notamment fondée sur des figures érotiques fabriquées dans leurs fours. On en a exhumé près de 269.

TANTA

Située à 150 km d'Alexandrie, Tanta est la plus grande des villes du delta du Nil. Elle a été le siège d'un métropolite byzantin et conserve son rang parmi les villes de la période copte. Son moulid de Sayid Ahmed el-Badawi est l'un des plus connus d'Egypte. L'un des grands dramaturges égyptiens, Tawfick el-Hakim, qui était alors magistrat instructeur à Tanta, a largement contribué à la renommée de la ville. On peut s'y rendre en train, une dizaine de départs chaque jour vers Tanta, du Caire ou d'Alexandrie. Mais aussi en bus, avec la société West Delta. Ou encore en taxi, mais à condition de ne pas voyager de nuit sur la route agricole.

SITE ARCHÉOLOGIQUE DE MENDÈS

Se renseigner auprès du Conseil Suprême des Antiquités pour obtenir l'autorisation de visiter le site.

Que reste-t-il de la capitale du 16e nome de Basse-Egypte, « le Dauphin » ? Quelques ruines au milieu d'un grand champ. On y célébrait deux dieux, une déesse poisson et un bélier, « le bouc seigneur de Mendès ». La cité était dotée d'au moins quatre temples dédiés à cette divinité principale. Un roi de Mendès, Néphrétis 1er crée la XXIXe dynastie d'Egypte, qui règnera de 380 à 343. Sa tombe de calcaire est encore visible sur le site. La ville a ensuite décliné pendant les Ptolémées.

MANSOURAH

Route de Damiette

La ville de Mansourah a été construite sur la branche du Nil de Damiette en 1221. en 1249, c'est sous ces murs que Louis IX fut défait par Turan Shah, fils de Chagaret el-Dorr et le dernier des Ayyoubides. Il a été capturé et libéré contre une rançon de 200 000 livres.

- **Prison de Saint-Louis**. C'est ainsi qu'est appelée une maison située dans le centre-ville, près de la mosquée El-Mouafik.
- **Palais de Shinnawi**. Ce palais a été construit par un architecte italien en 1928 et est considéré par certains comme le plus beau dans son style en dehors de l'Italie.

OROUBA MALL

Al Mahallah Al Kubra Road

Le grand centre commercial de Tanta qui réunit les principales enseignes du pays. On y trouve un grand Carrefour pour l'alimentaire et une multitude de magasins de mode, cosmétique, optique, bijoux, jouets... Les malls étant une attraction familiale en Egypte, un lieu de divertissement est consacré aux enfants avec manèges, jeux d'intérieur, piste de patins à glace et zone de tir à l'arc. Il abrite également de nombreuses chaînes de restauration fast food. A noter que le centre commercial est ouvert de 9h et jusqu'à 01h du matin.

ZAGAZIG

Située à 200 kilomètres d'Alexandrie et à 85 kilomètres du Caire, Zagazig est l'une des grandes villes universitaires du Delta du Nil. Elle fut érigée en 1830, au nord du site archéologique de Boubastis. C'est le lieu de naissance du colonel Orabi qui a mené la révolte contre les prétentions britanniques en 1882 ; le khédive Ismaïl le laissa faire mais le prix à payer fut la destitution et l'exil à Istanbul. Zagazig est aussi connu pour son nom qui viendrait du « zigzag » du réseau ferroviaire qui passe par la ville, selon la légende urbaine que l'anachronisme ne gêne pas. On y trouve un musée archéologique très intéressant, ouvert en 1992.

MUSÉE ARCHÉOLOGIQUE DE L'UNIVERSITÉ DE ZAGAZIG

© +20 55 23 646 12

http://english.zu.edu.eg

Du dimanche au jeudi, de 9h à 14h. Entrée : 30 LE

Le musée a ouvert en 1992 au sein d'une des plus grande université d'Egypte. Il présente plus de 2 000 pièces archéologiques issues des fouilles de Boubastis, de la nécropole de Kufur Nigm, et des 134 tombes explorées qui datent pour la plupart de la période dynastique. L'une des pièces les plus intéressantes est un cercueil rectangulaire en argile, sa forme et sa taille révèlent que les morts étaient enterrés non pas allongés mais en position fœtale.

BOUBASTIS

Connue aussi sous le nom de Per Bastet en égyptien ancien, Tell Basta en arabe, cette cité antique était la capitale du 18e nome de Basse-Egypte, L'Enfant royal supérieur du sud. Les 18e et 19e nomes correspondent à l'ancien 13e nome partagé en deux nomes plus petits. La capitale est dédiée à la déesse Bastet, comme son nom l'indique, en lien avec le dieu Atoum. Paradoxe de cette déesse jamais représentée dans les temples et tombes antiques, à l'exception de Bubastis, dans le Delta, c'est la plus célèbre des représentations égyptiennes puisqu'elle prend la forme d'un chat. Boubastis est située à 80 km du Caire. On peut s'y rendre en voiture.

MUSÉE DE SITE

Le récent musée de site remplace le musée El-Shaqeyah, consacré aux fouilles de Boubastis, et qui présentait alors les statues monumentales issues du site. La plupart de ces vestiges ont été excavés à la fin du XIXe siècle par un archéologue suisse. Il a trouvé de nombreuses nécropoles voûtées, construites en briques crues, dédiées aux momies de chats et de rats. Il était coutume d'en faire offrande aux dieux. Des fouilles plus récentes ont découvert une statue colossale en granite rose remontant au règne de Ramsès II, elle est visible sur le site.

NÉCROPOLE

Sortie de Zagazig

Seule une petite partie des ruines de l'ancienne cité est accessible, la ville de Zagazig et les champs cultivés ayant recouvert la plupart du site.

- **Nécropole des chats**. Découverte en 1880 par le hasard de la culture des champs. C'est un dédale de galeries où furent trouvées des statuettes de Bastet en bronze.
- **Tombes de brique**. Mises à jour en 1978, elles datent de l'Ancien Empire.
- **Tombe de famille**. Grande tombe de 15 m x 12 m, découverte en 1983.
- **Trésor ramesside**. Découvert en 1906 pendant l'aménagement de la ligne ferroviaire vers Le Caire.

TEMPLE DE BASTET

Sortie de Zagazig

Temple construit par Pépi Ier, troisième roi de la VIe dynastie (2460-2200), dont on ne voit plus que des blocs de granite épars sur le site. Le temple était consacré au culte de la déesse Bastet, vénérée depuis l'Ancien Empire jusqu'à la Basse Epoque. Elle se manifesta d'abord comme lionne puis comme une chatte. Divinité bienveillante, elle protégeait les hommes contre les maladies et les mauvais esprits. De grandes et joyeuses fêtes se déroulaient en son nom dans ce temple, il semblerait qu'on y buvait plus de vin qu'il n'en fallait...

PORT-SAÏD ★

La ville dédiée au khédive Mohammed Saïd, qui en a ordonné conjointement la construction avec la Compagnie du canal de Suez, a été fondée en 1859, dix ans avant que le canal ne soit inauguré, sur une lagune de terre artificielle, délimitée à l'ouest par des lacs. La ville a avant tout été créée pour accueillir les ingénieurs européens, ainsi que la main-d'œuvre égyptienne travaillant au creusement du canal (on notera bien qu'il existe deux villes à Port-Saïd, l'une française, l'autre arabe), l'ensemble travaillant au creusement du canal. Une fois le canal achevé et inauguré, c'est à Ismaïlia que le siège de la Compagnie s'est installé. Cependant, celle-ci, toute puissante sur les cités du canal, a toujours eu un rôle majeur dans le développement de la ville : construction et mise à disposition de villas, de plages privées, de restaurants et lieux d'amusement, d'églises aussi, le tout destiné aux employés du canal. Cette vie en autarcie a basculé en 1956 avec « l'affaire du canal », comme on le disait en Europe, considérée en Egypte comme « une triple et lâche agression » de la France, du Royaume-Uni et d'Israël. Depuis, l'idylle avec la France n'a jamais été comme avant, pour ceux qui s'en souviennent, à l'image de la statue monumentale de Ferdinand de Lesseps, déboulonnée de son socle, basculée dans les eaux du canal, repêchée et enfin remisée dans un hangar (comme un leitmotiv, on entend parler de sa réinstallation, qui n'est jamais, pourtant, appropriée). La susceptibilité est encore fraîche, bien qu'une Alliance française y ait son siège. La ville s'est refermée, a même flirté avec l'islamisme. Economiquement parlant, en 1902, la ville qui devient zone franche, se sépare en deux ; un réseau douanier s'installe et se développe à ses portes. Aujourd'hui, la zone franche n'existe plus. C'est une explication à la morosité des habitants de la ville, qui ne voient plus arriver les clients qui affluaient de toute l'Egypte. Néanmoins, avec les subsides du canal, la ville est une des plus riches d'Egypte, après Ismaïlia. Port-Saïd est une destination intéressante si vous connaissez déjà bien l'Egypte. Y passer un jour ou deux peut valoir le coup. Prenez le temps de flâner sur le bord de mer (aujourd'hui malmené par des centres commerciaux qui n'en finissent pas), dans le quartier « faransawi » ou le quartier « el arabi », plus populaire ; traversez le canal sur l'un des nombreux bacs gratuits et rendez-vous à Port-Fouad, où vous trouverez de jolies petites villas.

JETÉE

A l'angle des deux corniches, un socle imposant retiendra votre attention. Jusqu'en 1956, il a porté la statue de Ferdinand de Lesseps. Les Egyptiens l'ont déboulonné lors de la « triple et lâche agression » (le mot de Nasser) qui a suivi la nationalisation du canal. Le socle dépouillé de sa statue a l'air orphelin. La statue a été récemment restaurée par des fondeurs français qui en ont refait les pieds. Entre nous, la statue n'est pas très belle... Néanmoins, promenez-vous, admirez les bateaux de bois, et le va-et-vient des navires.

MUSEE MILITAIRE ★

Sharia 23rd July

Ouvert de 9h à 14h et de 10h à 13h30 le vendredi. Entrée : 60 LE.

A la gloire de Nasser, de la nationalisation du canal. Beaucoup de documents d'époque destinés à un auto-encensement pleinement assumé. Des photos de propagande montrant la supposée défaite cinglante de l'armée israélienne en 1973. Il expose également diverses armes et des équipements militaires utilisés ou saisis lors des guerres de 1956 et d'octobre 1973. Que l'on partage ou non cette narration historique, il est tout de même intéressant de se pencher sur cette version des faits. Attention un supplément sera demandé pour les appareils photo.

MUSEE NATIONAL

Sharia Palestine

Ouvert de 9h à 16h, le vendredi fermeture de 11h à 13h. Entrée : 40 LE.

Ouvert en 1987, le Musée national abrite des collections importantes retraçant toute l'histoire de l'Egypte. Il donne une vue synoptique de l'histoire de l'Egypte. Le 1er étage est consacré à la préhistoire et à la période pharaonique avec l'exposition de momies et sarcophages ainsi que diverses statues. A l'étage suivant sont dévoilés des objets islamiques et coptes : des textiles, des manuscrits, des pièces de monnaie ainsi que des artefacts de la famille Khedival. Visite intéressante bien qu'il y ait plus complet dans le pays...

Sur un ferry local partant de Port-Saïd.

LE NOUVEAU CANAL DE SUEZ

Le canal de Suez, dont la réalisation sous la direction du diplomate français Ferdinand de Lesseps remonte à 1869, mesure 162 km de long, sur 280 m à 345 m de large, pour une profondeur de 22,5 m. Il relie la mer Méditerranée à la mer Rouge, de Port-Saïd à Suez, *via* trois lacs naturels, et permet aux bateaux de commerce un accès direct entre l'Europe et l'Asie (alors qu'avant son percement, il était nécessaire de contourner l'Afrique par le cap de Bonne-Espérance). Actuellement, 8 % du commerce mondial de marchandise transite par là. Le projet d'un nouveau canal est lancé en 2014 par le président égyptien Abdel Fattah al-Sissi et fait partie des grands travaux décidés pour la relance de l'économie. Il s'agit de doubler l'actuel canal sur une portion de 72 km afin de permettre une circulation des navires à double sens sur cette portion, où jusque-là ne pouvait se faire qu'une circulation alternée, ce qui devrait permettre d'augmenter le rendement du canal de manière significative. Afin d'aider à financer ces travaux d'envergure, le président lance alors des bons d'investissement auxquels le peuple égyptien souscrit largement. Initialement programmés sur trois ans, et suite à la volonté expresse du président, les travaux sont réalisés en un temps record : une année seulement, grâce au travail jour et nuit des différentes sociétés impliquées, soutenues par la participation active de l'armée. Le 6 août 2015, le nouveau canal est effectivement mis en fonction et inauguré par le président al-Sissi.

VILLE ARABE « EL ARABI »

Moins intéressante pour son architecture, elle n'en demeure pas moins le pendant historique de la ville française. Construite pour les ouvriers égyptiens, elle a préservé quelques exemples typiques de son architecture initiale avec des façades formées de balcons et de grandes baies ajourées, entièrement en bois. La rue principale est folklorique et animée par un souk quotidien de légumes et de volailles, de poisson aussi. Il est assez étonnant de voir les différences entre al Haï al afrangui, la ville française, et al Haï al arabi, la ville arabe.

VILLE FRANÇAISE « FARANSAWI »

De part et d'autre de la rue El-Gomhoreya, levez les yeux vers les balcons des maisons en bois de la ville française. Ici, un petit phare, là une école francophone, à quelques pas des villas cossues, et plus loin des petites maisons destinées aux ouvriers français du canal. Près de la mer, découvrez un bâtiment italien construit avant la guerre, qui porte encore des inscriptions à la gloire du Duce. Il règne une ambiance particulière à Faransawi...

ALLIANCE FRANÇAISE

72 sharia Gomoreyya
✆ +20 66 320 81 54
Ouverte du dimanche au jeudi de 10h à 21h et le samedi de 14h à 21h.

L'Alliance Française de Port-Saïd est une petite Alliance Française où l'ambiance est toujours chaleureuse. Vous y trouverez un très bon accueil ainsi que des livres de référence sur l'histoire de Port-Saïd et du Canal de Suez à la médiathèque Marie Curie. L'ouvrage *Port-Saïd, Architectures XIXe-XXe siècles* édité par l'IFAO, y est notamment disponible à l'achat. Des balades découvertes de la ville sont également proposées, sur réservation à l'adresse : allianceportsaid@gmail.com (50 LE par heure par personne pour une durée d'environ 6 heures).

HOTEL DE LA POSTE €

42 Sharia el-Gomhourya
✆ +20 66 32 29 655
Chambre simple : 350 LE avec climatisation, double : 450 LE avec climatisation. Petit-déjeuner inclus.

Assez bien situé dans la ville, l'hôtel de la poste propose plusieurs prix pour des chambres plus ou moins confortables, mais toujours coquettes et bien tenues. L'hôtel dispose d'un petit bar avec WIFI bien sympathique après une journée passée à crapahuter. Le personnel est d'une rare gentillesse et le patron, adorable, vous donnera toutes les informations sur la ville et les visites. Le petit-déjeuner continental, inclus dans le prix des chambres, est tout à fait convenable. C'est bon rapport qualité/prix à deux pas du Canal de Suez.

HOLIDAY HOTEL €€

24 Sharia el-Gomhoreya

✆ +20 6 63 22 07 11

Chambre simple 1 200 LE, double 1 500 LE. Petit-déjeuner inclus.

Une adresse à recommander pour un prix raisonnable à Port-Saïd. Bien que le bâtiment soit d'allure froide, l'accueil est très chaleureux comme le service dans tout son ensemble. Les chambres sont fonctionnelles, bien équipées (TV, mini-bar, climatisation) et très propres. Petit-dej sous forme de buffet, possibilité de déjeuner ou dîner sur place et Wifi en accès gratuit. Ce n'est certes pas un hôtel de charme mais c'est un bon compromis pour un court séjour notamment grâce à son emplacement, vous êtes à 5 min à pied du Canal de Suez.

RESTA PORT SAID HOTEL €€€

Shokri al Kowatli

✆ +20 66 33 25 511

Chambre double : 180 US$. Chambre simple : 160 US$.

Grand hôtel récent donnant sur la corniche, l'établissement est un haut lieu d'observation des 50 navires qui passent quotidiennement par le canal, et de ceux qui attendent, au loin, avant de traverser. Mais c'est surtout un établissement de standing avec tout le confort nécessaire : piscine, plage, restaurants... Les chambres sont spacieuses et parfaitement équipées (préférez les chambres avec vue sur mer). La cuisine est fraîche et de qualité avec de nombreuses propositions françaises, italiennes et orientales permettant de varier les repas.

ABDOU KOFTA €

Sur la corniche, face au Borg

✆ +20 6 63 22 99 86

Les habitants de la ville vous le diront, c'est le meilleur restaurant à vous proposer des grillades, des pigeons à devenir gourmand ! On aime également ses accompagnements : feuilles de vignes garnies, accompagnées d'une salade au yaourt, légumes cuisinés en tajine, samboussek fourrés au fromage et un délicieux gâteau de riz pour finir. La pita est particulièrement fraîche avec un houmous parfait pour l'accompagner ! Très bonne adresse mais un peu plus onéreuse qu'un simple restaurant de Kebab. Les lieux sont propres et le service courtois.

GIANOLA €

Rue el-Gomhourya

✆ +20 6 63 24 00 01

C'est la pâtisserie emblématique de Port-Saïd. Essayez ses croissants au beurre, un vrai délice. Outre les viennoiseries, elle propose une multitude de créations pâtissières aussi alléchantes les unes que les autres et évidemment toute une gamme de gâteaux orientale dont un merveilleux baklawa. On peut également y déjeuner de sandwichs, burgers, salades et pizzas. Vous pourrez y acheter des sachets de confiseries et de petits-fours sucrés à ramener en France en souvenir. L'intérieur est moins sympathique que la terrasse, sur la rue.

KASTAN €€

Sur la corniche

✆ +20 6 63 23 52 42

www.kastanseafood.com

Un restaurant de poisson qui est l'adresse marine préférée des Port-saïdiens. Grillés, panés, en brochettes, en soupes, à l'étouffée... les poissons et fruits de mer sont ici apprêtés de diverses façons. Leur grande spécialité est une recette de riz cuit dans un bouillon de poisson, plein de saveur. Fraîcheur et qualité au rendez-vous, et l'hygiène irréprochable. Dans une ambiance détendue, les serveurs gardent le sourire et sont tout à votre attention. Certainement une des meilleures adresses de Port Saïd, à des prix raisonnables.

EL BORG €€€

Sur la corniche

✆ +20 6 63 32 34 42

Compter entre 350 et 500 LE par personne en mangeant très bien.

Si vous n'avez qu'un repas à prendre à Port-Saïd, c'est au Borg qu'il faut aller. Connu dans tout le pays, c'est un restaurant de poisson d'une exceptionnelle finesse. Commencez par la soupe de poisson enrichie de morceaux de crabe, de dattes de mers. Demandez ensuite une cigale de mer, version plus réduite d'une écrevisse, à cuire au four, avec de l'huile et du citron. Quelques gambas bien dodues en plus et le tour est joué. Le tout sera accompagné d'une pléiade de mezze exquis, et souvent le patron vous proposera un amuse-bouche de poisson.

PORT FOUAD

Port-Fouad est l'enfant unique de l'union de Port-Saïd et du canal de Suez. Cette petite bourgade dont les constructions ont débuté en 1920, a été dessinée au cordeau par les ingénieurs de la Compagnie du Canal, afin de loger les ouvriers travaillant pour celle-ci. La ville a été inaugurée le 21 décembre 1926. Un bac gratuit pour piétons et voitures relie Port-Saïd à Port Fouad, environ toutes les 10 minutes. Côté orientation, le ferry s'arrête à quelques mètres de la place du 6-Octobre d'où trois artères principales s'élancent : la rue El-Goumhorreya faisant face à la jetée, l'avenue 2 allant vers l'est, l'avenue 6 allant vers le sud.

QUARTIER OUVRIER

Ce quartier est situé dans un triangle formé par la jetée du canal et l'avenue 6 qui s'en va vers le sud. Les cités des employés s'étendent derrière l'ancien tribunal mixte donnant sur la place du 6-Octobre. On les trouve dans les rues 6, 7 et 8. Cela ressemble à des lotissements ordonnés, composés de maisons à deux étages, recouvertes de ciment blanchi, ou de moellon de pierre provenant de la carrière de l'Attaka. Subsiste encore quelques rares logements en barreau qui furent parmi les premières constructions destinées aux ouvriers.

ANCIEN TRIBUNAL MIXTE

Place du 6-Octobre

Au cœur de la place, le tribunal mixte a une sacrée allure ; même si son style architectural fait penser plus à une mosquée de Tunis qu'à un bâtiment administratif égyptien. La tour qui le domine, appelée Tour de l'Horloge, de forme carrée, ressemble à un minaret du Maghreb. En fait, son architecture est totalement inspirée du style mauresque ! Les grilles vertes du tribunal sont forgées avec des balances de justice. Les tribunaux mixtes, en Egypte, permettaient à des affaires opposant Egyptiens et étrangers d'être traitées.

STATUE DE FERDINAND DE LESSEPS ★

Rue Gawad Hosni

La statue de Ferdinand de Lesseps a été inaugurée en 1899. Sculptée par Emmanuel Frémiet, haute de 6,80 m, elle a été installée sur un piédestal sur la jetée ouest. En 1956, après le départ des soldats français, les Egyptiens s'en prirent à la statue, qu'ils détruiront en partie. Symbole de la servitude de l'Egypte, elle est entreposée dans l'arsenal où on peut demander à la voir. Souvenons-nous aussi que Bartholdi avait proposé, en vain, sa Statue de la Liberté au khédive Ismaïl.

QUARTIER DES CADRES

Au bout de la rue 6, on peut admirer des maisons jumelées, de plain-pied, qui accueillaient deux familles de cadres de la Compagnie du Canal. Ici les bâtis sont souvent mitoyens, ce qui donne des façades continues. On reprend l'avenue 15 pour passer devant de magnifiques villas, et on poursuit rue Chagaret el-Dorr pour en découvrir d'autres. Les styles des bâtisses se mélangent : villas anglaises, immeubles Art déco, loggias provençales... Le tout agrémenté d'arbres plantés et de verdure qui donnent un côté très aéré au quartier.

LAC MANZALA

Le lac Manzala est l'un des plus grand lacs d'Egypte, donnant sur la mer Méditerrannée au nord, bordé à l'est par Port-Saïd et à l'ouest par Damiette, où saint Louis fut fait prisonnier. Le but de la traversée est de joindre Port-Saïd au petit port de pêche d'el-Matareyya. Pour cela, on se rend de Port-Saïd au bord du lac Manzala, à la station Lynch et l'on embarque sur un bateau à moteur. Prenez des photos, profitez du temps passé sur le lac. Le port d'el-Mattareya vous offrira aussi des vues à immortaliser, de même que des cafés de pêcheurs. Vous pouvez rentrer à Port-Saïd par le même chemin, par la route, ou continuer votre route jusqu'à Damiette.

ISMAÏLIA ★★

C'est sous un autre nom que la région se situant entre Port-Saïd et Ismaïlia était connue dans la Bible : la mer des Roseaux, traversée par Moïse à la tête du peuple hébreu libéré de son esclavage par Pharaon, qui voudra ensuite les poursuivre afin de les ramener ou de les exterminer. Les Hébreux campaient au bord de la mer, dit le texte sacré, sans pour autant dire qu'il s'agissait de la mer Rouge. Les exégètes sont capables de démontrer aujourd'hui que le miracle qui sauva le peuple fugitif, eut certainement lieu dans cette mer des Roseaux, composée des lacs Menzalah, Balah, Timsah et Amers ; c'est-à-dire tout proche de l'actuelle Ismaïlia. La ville dédiée au khédive Ismaïl, successeur de Saïd, a été fondée en 1861 par Ferdinand de Lesseps pour servir de résidence aux expatriés français attachés à la construction du canal. Son emplacement fut choisi à cause de la proximité du lac Timsah, dont la largeur naturelle permet toujours aujourd'hui aux navires de s'arrêter. C'est une jolie bourgade qui se présente comme un immense jardin avec des arbres, des parcs, de vastes esplanades sillonnées de larges avenues que bordent des trottoirs soigneusement entretenus. Vestiges de cette période de faste et de luxe, de magnifiques demeures lambrissées se succèdent à l'ombre des tamaris et des eucalyptus. Au chapitre des hommes illustres, Ismaïlia a vu naître Claude François, dont le père travaillait pour la compagnie du canal, et Hassan el-Banna (le grand-père de Tariq Ramadan), fondateur du mouvement des Frères musulmans en 1928.

CANAUX

C'est la promenade favorite des habitants d'Ismaïlia, elle est fréquemment animée par les familles et les amis. Tout le long de la vieille ville, des canaux baignent les espaces verts aménagés sur leurs berges. De vieux ponts stylés égaient la marche. Un rare endroit de quiétude où l'on songe aux préconisations de la Compagnie au milieu du XIe siècle « C'est Ismaïlia dont la rade merveilleuse et le climat enchanteur feront bientôt, au milieu de ce pays d'une fécondité sans égale, le premier port de repos et de ravitaillement du monde »...

MAISON DE CLAUDE FRANCOIS

159 Sharia Al-Nakhlil

Fermée aux visiteurs.

Maison composée d'un seul rez-de-chaussée totalement cachée par des haies. On ignore tout de Claude François à Ismaïlia. C'est le 1er février 2005, en présence de son fils, Claude François junior, que le gouverneur d'Ismaïlia et le représentant de l'ambassade de France en Egypte, ont donné le nom de Claude François à la rue où se trouve la deuxième maison dans laquelle il a vécu. Deux plaques commémoratives ont aussi été apposées sur les maisons.

Ismaïlia.

MAISON FERDINAND DE LESSEPS ★

Intersection Salah Salem & sharia Orabi

Fermée aux visiteurs.

Située à l'angle des rues Ahmed Orabi et Salah Salem, vous ne verrez la villa de Ferdinand de Lesseps que de l'extérieur. Et c'est une bien jolie demeure entourée de jardins verdoyants dans lesquels repose un ancien carrosse du Vice-consul. Comme tous les biens de la Compagnie du Canal de Suez, elle appartient désormais à l'état égyptien. Aucune plaque commémorative ne signale à qui appartenant la bâtisse. Un projet d'en faire un musée est dans les cartons depuis de nombreuses années.

MUSEE D'ISMAILIA

Sharia Mohamed Ali

Ouvert de 10h à 16h. Entrée 50 LE.

Gardé par un sphinx en granit du moyen empire, ce petit musée rassemble essentiellement des vases, des statuettes et divers petits objets de la période hellénistique. On y découvre, entre autres, un sarcophage en marbre de Djedhor mêlant des représentations grecques et égyptiennes ainsi qu'un magnifique masque funéraire doré de la période grecque. Des fiches explicatives sont accolées à toutes les pièces du musée qui se visite très rapidement. Au centre de la pièce principale, une jolie mosaïque du IVe siècle après J.-C. (3 m x 4 m) en parfait état.

HOTEL CROCODILE INN €€

179 sharia Saad Zaghloul

✆ +20 6 43 91 25 55

Chambre à partir de 360 LE la simple, 420 LE la double. Petit-déjeuner inclus.

Une bonne adresse, avec un personnel d'une extrême gentillesse. Atmosphère calme et feutrée, mobilier en rotin d'un certain goût, moquette et télé dans toutes les chambres. Vous trouverez un coffee shop au rez-de-chaussée. C'est une adresse modeste d'une trentaine de chambres qui convient parfaitement aux courts séjours à Ismaïlia (on ne reste généralement pas plus de 2 nuits pour visiter le ville). Les chambres sont propres et fonctionnelles, et l'hôtel est particulièrement bien placé dans la ville, sur une des rues commerçantes.

MERCURE FORSAN ISLAND €€€

Forsan Island

✆ +20 6 43 91 16 16

Chambre simple : 100 US$, double : 110 US$.

Le meilleur hôtel de la ville, agréablement calme, situé sur une île, en bordure du lac. Belle piscine, Spa, centre de fitness, plage privée, courts de tennis et activités nautiques. Les chambres tout confort disposent d'un balcon avec vue sur le lac et les jardins. Côté restauration, l'établissement prépare une excellente cuisine orientale quant aux petits-déjeuners, ils sont riches et délicieux. A noter que le personnel est charmant. C'est un lieu très prisé par les Cairotes en quête de tranquillité, à une heure et demie de route seulement.

SUEZ

Suez est un mythe qui déçoit l'imaginaire : la petite ville n'a pas su absorber le poids émotionnel que le percement du canal moderne a suscité chez les hommes. A l'époque pharaonique, déjà un petit port, Clysma ou al-Qulzum, avait été construit à cet emplacement où la mer Rouge reliait le Nil grâce au canal que les anciens Egyptiens avaient creusé. Les Arabes, au VIIe siècle, remirent en état le canal, renommé « canal de l'émir des croyants ». Le port fut longtemps prospère, jusqu'au XIe siècle et servait également de passage pour l'embarcation des pélerins se rendant en Arabie. Ce n'est qu'en 1809, avec Mohamed Ali Pacha, que le port et la ville reprennent leur activité : ils hébergent des bâtiments de guerre. En 1869, le canal ayant été percé, les ouvriers quittent la ville, mais le port se développe, de même que les activités de commerce : le nombre d'habitants atteint 18 000 personnes. En 1913, la première raffinerie pétrolière commence sa production ; entre les deux guerres, la plaisance y est développée. La nationalisation du canal en 1956 pousse la population étrangère à quitter Suez et le pays. L'activité de la ville se résume alors aux industries qui y survivent. L'intérêt de Suez, aujourd'hui, est limité : passage routier vers le Sinaï, on ne s'y arrête guère. Pourtant, comme à Ismaïlia, Port-Saïd et Port-Fouad, les villes de Suez et de Port-Tawfiq, offrent de très beaux exemples d'urbanisme et d'architecture du XXe siècle, à l'image de toutes ces villes nées du désert, comme aussi Héliopolis et Maadi, près du Caire.

VILLE OTTOMANE ET VILLE DE LA COMPAGNIE DU CANAL

Installée sur la rive occidentale du canal, la ville ottomane de Suez se situe au nord-est, au-delà de la rue al-Gish. On y trouve encore l'immeuble des Messageries maritimes, rue Port-Saïd, petit immeuble long à deux étages, possédant un long balcon à moucharabieh. Subsiste également l'immeuble du gouverneur de Suez, place Fahmi el-Noqrachi, édifié en 1869, reconnaissable à son dôme et à sa plaque indiquant « mahkamah », c'est-à-dire « tribunal » puisque le bâtiment l'a aussi abrité. Beaucoup d'immeubles de rapport avaient été construits, beaucoup sont en ruines. On peut remarquer des immeubles à véranda de bois et à balustres en fer forgé, du début du XXe siècle, comme rue Adli Yakan Pacha et rue Tahrir.

De l'autre côté de la rue al-Gish, au sud, se trouve l'ancienne école de la communauté grecque de Suez, qui s'y était largement développée, rue Saad Zaghloul. On notera, dans la cour intérieure, les balcons de bois. Des vestiges de guerre ont été laissés in situ, comme ce tank à l'angle de la rue du 23 juillet et de la rue al-Gish. Un patrimoine de guerre qui fait partie du tourisme dans la ville.

Parmi les lieux de culte du début du XXe siècle, le couvent du Bon Pasteur, rue al-Gish, est remarquable, de même que l'église de l'Immaculée Conception, rue Saad Zaghloul, ou la petite chapelle anglicane, rue du 26 juillet, reconnaissable à sa tour pignon très pointue, et enfin l'église grecque orthodoxe Saint-Georges, rue Saad Zaghloul toujours.

OFFICE DU TOURISME

Al-Shouhada Street
✆ +20 64 332 1078
Ouvert en théorie de 8h30 à 15h.

L'office de tourisme est situé sur la presqu'île artificielle de port Tewfiq, sur la jetée en bordure du canal. Le personnel est très aimable, mais ne parle qu'un anglais rudimentaire et ne saura vous être d'une grande utilité bien qu'il y mette tout son cœur. L'office pourra néanmoins vous offrir une carte de la ville et de ses environs ainsi que quelques brochures, certaines étant traduites en anglais. Les habitants se réunissent en fin d'après-midi sur la jetée, et regardent défiler les navires russes, chinois, allemands, etc.

AROUS AL BAHR €€

Nouvelle corniche
A partir de 120 LE. Ouvert 24h/24.

La référence en matière de poissons frais à Suez, et peut-être dans le reste de l'Egypte. Très grande variété de poissons et fruits de mer que l'on choisit sur l'étal glacé pour ensuite être cuits à votre convenance. Pour ceux qui veulent sortir du traditionnel boli sangari (le poisson grillé aux légumes), la cuisine concocte également des recettes originales avec des sauces dont eux seuls ont le secret. Décoration marine à l'intérieur, des tables en terrasse pour les soirées d'été : c'est une des tables les plus agréables et délicieuses de la ville.

Ville de Suez à l'accès sud du canal de Suez.

PORT TAOUFIQ

Port-Taoufiq ou Tawfiq, est né du projet du percement du canal de Suez. C'est un terre-plein édifié en 1860 grâce aux excavations du percement. Plusieurs bâtiments de la compagnie du canal, ainsi que les habitations des employés et cadres du canal y ont été édifiés. A l'entrée de Tawfiq, une bouée flottante accueille le visiteur, renversée sur l'herbe. On remarque des bâtiments ayant été pensés soit pour accueillir des ouvriers ou des employés, soit des cadres de la compagnie ; les standings sont différents. Dans le prolongement du terre-plein, un port divisé en deux grands bassins, l'un marchand, l'autre militaire, a été construit : Port-Ibrahim.

DOMAINE DE LA COMPAGNIE DU CANAL

Les quartiers d'habitation se déclinent autour de la place centrale, dite des Français. Rue Ahmed Maher, on voit des maisons d'ouvriers en briques rouges, rue de Riad, se dressent des villas jaunes destinées aux cadres. L'école navale de l'Autorité du canal est une villa cossue. Près du monument à l'armée des Indes, se trouve le centre d'apprentissage du canal, grand bâtiment offrant un balcon circulaire au premier étage. Avec aussi l'église grecque orthodoxe Sainte-Hélène.

MONUMENT DE L'ARMÉE DES INDES

Situé sur la pointe extrême à l'entrée du canal, ce monument en l'honneur des soldats morts durant la Première Guerre mondiale a été inauguré en 1926 par la Imperial War Graves Commission. Il a été bâti par les architectes écossais John James Burnet & Thomas S. Tait et comprenait des sculptures de l'artiste britannique Charles Sargeant Jagger. Autrefois bien plus haut, il n'en reste plus que la base aujourd'hui, les événements de 1967 ayant conduit à son saccage.

OASIS ET CÔTE NORD-OUEST

« Chaque matin, s'éveiller en un point différent du vaste désert. Se trouver dans la splendeur du matin vierge ; détendre ses bras, s'étirer demi-nu dans l'air froid et pur ; sur le sable, enrouler son turban et se draper dans ses voiles blanches ; se griser de lumière et d'espace ; connaître, au réveil, l'insouciante ivresse de seulement respirer, de seulement vivre... » Qui pourrait contredire Pierre Loti dans cette description ? On peut aussi venir en Egypte pour ne profiter que de ses déserts : ne représentent-ils pas 97 % du territoire ? Au centre du désert, comme des îlots de vie, après des impressions de mirages, les oasis hospitalières d'Egypte, refuges presque encore vierges loin du monde moderne. Les oasis, c'est la rencontre avec un peuple différent, des nuits passées à la belle étoile, un petit paradis où le tourisme n'a pas encore tout détruit.

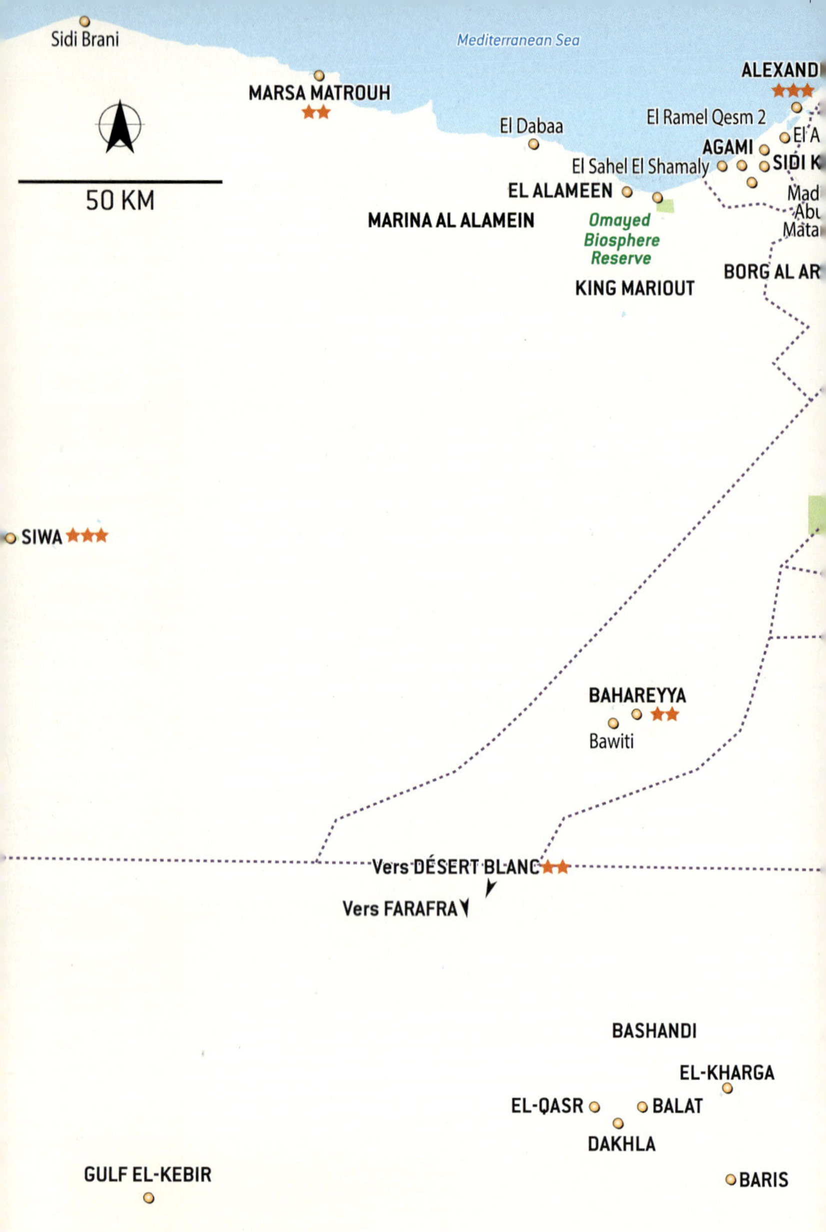

Sidi Brani
Mediterranean Sea
ALEXAND
MARSA MATROUH
50 KM
El Dabaa
El Ramel Qesm 2
El A
AGAMI
El Sahel El Shamaly
SIDI K
EL ALAMEEN
MARINA AL ALAMEIN
Mad
Abu
Mata
Omayed Biosphere Reserve
BORG AL AR
KING MARIOUT
SIWA
BAHAREYYA
Bawiti
Vers DÉSERT BLANC
Vers FARAFRA
BASHANDI
EL-KHARGA
EL-QASR
BALAT
DAKHLA
GULF EL-KEBIR
BARIS

PAGES

Inconnue de la plupart des voyageurs, la côte nord de l'Egypte ou Sahel al-Shamali, comme l'appellent les Egyptiens, est devenue la coqueluche balnéaire des vacances d'été. Alexandrie, bondée de vacanciers venus de Moyenne-Egypte, est boudée par la population plus aisée qui s'étale sur plus de 100 km de côtes à l'ouest de la ville, en commençant par Agami, la plus ancienne des villégiatures de la côte.

Mosquée d'El-Kharga.

AGAMI

Encore une fois, ne vous attendez pas à trouver un bord de mer à la française, petites criques, vue superbe... Vous avez la mer ce n'est déjà pas mal. A 20 km à l'ouest d'Alexandrie, se trouve le Saint-Tropez égyptien. Même si elle a perdu tout son charme et n'est qu'une suite d'immeubles collés les uns aux autres, Agami est la plus belle plage du secteur. Son sable est régulièrement nettoyé. C'est aussi une des plus fréquentées en juillet et août et, pendant les week-ends d'été, elle est surpeuplée. Une partie de la plage est gratuite. Pour se rendre à Agami, on pourra opter pour le bus : à partir d'Alexandrie, bus 12, 13, 14, plusieurs fois par jour.

LAC MARIOUT

A côté d'Africana Hotel. Son nom antique est Mareotis. Il était indispensable au trafic maritime à l'époque de Cléopâtre VII, quand l'Egypte était le grenier à céréales de l'Empire romain. Il était très proche du lac Idku. Les deux lacs se jetaient dans la branche canopique du Nil. Aujourd'hui, le lac, qui est l'habitat naturel de quelques espèces d'oiseaux, est menacé par les industries polluantes avoisinantes. La perche du Nil est présente dans le lac Mariout, bien que ce soit plutôt un poisson d'eau douce. Des pêcheries et des salines se trouvent autour du lac.

CHRISTINA €€

1 Sharia Bianchi
✆ +20 3 414 11 50
Ouvert pour dîner uniquement.

Ambiance feutrée un brin old-school, ce bar-restaurant est à la mode depuis de très nombreuses années. La cuisine est d'influence française – excellente sole au citron et quelques fromages de nos contrées – avec des petites touches égyptiennes. On peut choisir parmi sa carte des vins ou ramener sa propre bouteille contre un droit de bouchon. Table correcte donc mais c'est surtout l'ambiance festive les week-ends qui fait sa renommée : soirées à thème et lives de DJ réunissent différentes générations. Ouvre ses portes entre 18h et minuit.

ADHAM COMPOUND €€

1,5 km sur l'autoroute de Borg el-Arab - Amreya
✆ +20 3 457 83 25
www.adhamcompoundhotel.com
Chambre double : 1 100 LE, simple : 750 LE. Petit-déjeuner inclus.

L'hôtel le plus ancien de la région qui propose des prestations tout à fait convenables : chambres spacieuses, piscine, spa, centre de fitness, aires de jeux pour enfants... Sous forme de buffet, la restauration est variée et de bon aloi du petit-dej jusqu'au diner. Mention spéciale pour le service adorable et impeccable. Bien que besoin d'un petit rafraîchissement, cette l'adresse est parfaite pour des courts séjours. Tenue par une famille qui connaît parfaitement la région et qui vous propose des excursions et des sorties de plongées.

KING MARIOUT

King Mariout est situé à proximité d'Alexandrie. Du nom du lac Maréotis qu'il surplombe par l'est, ce village éloigné de la mer, offre calme et repos. C'est un lieu de villégiature de la bourgeoisie alexandrine traditionnelle, on devine les villas derrière les hauts murs, lors d'un périple vers des sites plus ouverts aux visiteurs. Loin du bruit de la ville, King Mariout est particulièrement apprécié pour les séjours de calme et de détente, en solo, en couple ou en famille. Ne pas manquer la visite du lac Mariout, qui est l'habitat naturel de plusieurs espèces d'oiseaux. Malheureusement, il reste menacé par les industries polluantes avoisinantes.

AFRICANA HOTEL €€

✆ +20 3 453 01 00
http://africanahotel.com
Chambre simple à partir de 900 LE ; chambre double à partir de 1 100 LE. Petit-déjeuner inclus.

Une adresse agréable tenu par un gérant francophone et totalement dévoué à la tâche. Du service aux infrastructures : tout concourt à rendre votre séjour plaisant. Vous pouvez profiter d'un véritable spa avec de nombreux soins à la carte, d'une salle de sport avec coachs, de plusieurs piscines et de 3 restaurants. Les chambres sont propres, spacieuses et disposent pour la plupart d'un balcon sur jardin. Loin du bruit de la ville, l'hôtel est particulièrement apprécié pour les séjours de calme et de détente, en solo ou en famille.

RÉSERVE NATURELLE D'OMAYYED

La réserve d'El Omayyed, qui s'étend sur près de 800 km^2, est située dans la plaine intérieure à 50 km à l'ouest d'Alexandrie. On y retrouve des dunes de sable, des marécages et des surfaces salines. La réserve protège la biosphère issue du lac Mariout, avec 70 espèces d'oiseaux, 30 espèces de reptiles et d'amphibiens, 500 espèces d'insectes. Plusieurs espèces de plantes sauvages poussent dans cette région et la plupart ont des vertus médicinales. Parmi les mammifères, on retrouve la gazelle de Dorcas, le rat endémique méditerranéen, le fennec et le renard rouge. Egalement des gazelles, des chacals dorés, des fennecs, des rats nord-africains.

BORG AL ARAB

Borg al Arab est situé à 45 kilomètres au sud-ouest d'Alexandrie et à quelques kilomètres de la côte méditerranéenne. Du nom de la réplique en miniature du phare d'Alexandrie, le village est au centre de trois sites archéologiques intéressants : Abousir, au nord-ouest du village, Filossenite, au nord-est, et le monastère Saint-Menas bâti au IIIe siècle à la mémoire de saint Ménas et qui, selon la légende, cacherait les restes du saint. Ils auraient été ramenés de Phrygie à dos de chameau et enterré là où le chameau refusa d'aller plus loin. On trouvera de quoi se restaurer et passer la nuit. Borg al Arab compte également un aéroport.

MONASTERE SAINT-MENAS ★★

✆ +20 34 593 401

Ouvert de 5h du matin à 18h (horaires variant pendant les fêtes coptes)

C'est ici que la tradition copte veut que les chameaux transportant la dépouille de Ménas se fussent enfin arrêtés. Le monastère, construit dès les premiers temps du monachisme, eut une trépidation entre les Ve et VIIe siècles. On y voit un complexe intéressant de ruines de la basilique, du martyrium contenant les restes du saint, et du baptistère où les pèlerins venaient puiser de l'eau dite miraculeuse qu'ils conservaient dans des gourdes en terre cuite à l'effigie de Ménas, telles que l'on en voit encore dans le même musée gréco-romain d'Alexandrie.

MARINA AL ALAMEIN

La plus ancienne des villes balnéaires jaillies du sable ces dix dernières années, située à 92 km d'Alexandrie. On la mentionne pour cela, mais si votre cœur vous en dit, vous aurez l'embarras du choix avec les dizaines de villages nouveaux qui ont aussi les pieds dans l'eau. On accède à Marina très facilement par bus au départ d'Alexandrie, depuis El Moltaky Mall ou Sidi Gaber. A proximité se trouve le site d'Alamein, où eut lieu la très célèbre bataille, du 23 octobre au 4 novembre 1942, durant laquelle les troupes britanniques et germano-italiennes se sont affrontées. Difficile aujourd'hui d'imaginer ces combats meurtriers sur ces plages sublimes.

MUSEE

Km 105, Matrouh desert road

✆ +20 46 410 00 21

Entrée : 40 LE. Ouvert tous les jours l'été de 8h à 18h et de 8h à 17h l'hiver.

A côté du cimetière du Commonwealth, le musée présente des collections d'armes, d'uniformes des deux armées, ainsi que des canons et des documents relatifs à la bataille. Des maquettes reconstituent l'évolution des combats, du 23 octobre au 4 novembre 1942. La première salle comprend des articles de tous les pays qui ont participé à la bataille d'El-Alamein. Les 4 autres sont chacune dédiées à un des pays impliqués dans ces combats, Egypte, Angleterre, Allemagne et Italie. A l'extérieur du bâtiment est exposé le gros matériel militaire.

NECROPOLE DE MARINA AL ALAMEIN

Une centaine de tombes, dont quatre souterraines, de toute beauté d'un point de vue architectural constituent ce site funéraire. Certaines tombes externes ont conservé leur élégant pilier permettant ainsi aux archéologues d'en apprendre davantage sur les rites funéraires d'Alexandrie. On sait d'ailleurs que le choix de la sépulture était lié au statut social du défunt et qu'enfants comme adultes recevaient le même traitement funéraire (ensevelissement, momification...)

MARSA MATROUH ★★

Marsa Matrouh est considéré comme le plus grand gouvernorat en Egypte, englobant toute la côte nord-ouest de la Méditerranée et descendant sur 400 km dans le désert libyque. Réputé pour ses plages de sable fin et ses eaux turquoise, Marsa Matrouh est, sans aucun doute, la plus belle station balnéaire égyptienne située sur la Méditerranée. Depuis l'Antiquité, la ville est l'étape obligée sur la route de l'oasis de Siwa. Alexandre lui-même y a fait escale avant de se présenter au temple d'Amon. Attention, en 2021, le ministère des Affaires étrangères (MAE) indique que les déplacements à l'ouest et sud de Marsa Matrouh sont formellement déconseillés.

PLAGE D'AGUIBA

Signifiant « l'endroit étrange ou merveilleux », Aguiba (Ageeba) est la plage la plus emblématique de Marsa Matrouh qui figure d'ailleurs dans toutes les brochures ! Située à 25 km à l'ouest de la ville, elle offre un paysage saisissant où des falaises déchiquetées surplombent plusieurs criques en enfilade, de toute beauté. L'eau est étonnamment translucide... Elle est accessible uniquement à pied après avoir escaladé les falaises. Attention, le site est surpeuplé en juillet et août, mais beaucoup plus calme les autres mois. Un incontournable de la région.

BAINS DE CLÉOPÂTRE

A 5 km du centre-ville, accessible uniquement en taxi ou microbus.

Cléopâtre s'y baigna-t-elle jamais ? Rien n'est moins certain. Mais ce rocher planté non loin du rivage, aux allures de trône a sans doute aidé la légende à se créer et à persister jusqu'à nous... Quoi qu'il en soit, la reine possédait ici un palais, alors on se plaît à croire qu'elle aimait se baigner dans ce bassin naturel, en compagnie de Marc-Antoine. Nullement question d'en faire de même, les vagues sont bien trop violentes et plus disposées aux sports nautiques qu'aux baignades en famille. Néanmoins, le site vaut le détour.

NEGRESCO HOTEL €€

Route de la Corniche

✆ +20 100 168 00 39

www.negrescohotel.net

Chambre double à partir de 70 € en hiver et 130 € en été. 80 chambres, 20 suites.

Situé sur le front de mer, avec un accès très sympathique pour la baignade sur la plage publique, juste en face de l'hôtel. L'hôtel reste de taille humaine, la décoration des chambres est moderne et simple avec climatisation et accès wifi gratuit. Rien à voir avec notre Négresco français, c'est un bon 3 étoiles au bon rapport qualité-prix. Buffet, possibilité de demi-pension. Plage privée à 20 minutes en autobus de l'hôtel (plage Al Obayadh), si vous désirez fuir les foules qui se pressent sur les plages publiques, quoique l'ambiance soit assez locale !

LOVE BEACH

On atteint la plage en bateau privé depuis l'embarcadère situé derrière le Beach House.

Les Égyptiens qui s'y rendent ne s'éloignent jamais beaucoup du débarcadère où la mer reste calme et est idéale pour nager en famille. C'est un lieu fort populaire animé par une ambiance locale. Si vous avez le courage de marcher 20 ou 30 minutes le long d'une plage accidentée (la plus belle de toutes), vous atteindrez le gros rocher qu'on appelle « Bain de Cléopâtre ». Balayé par les vagues, le site est splendide et particulièrement sauvage. Hors saison, c'est le grand vide, le désert, la solitude absolue, ce qui n'est pas désagréable.

BEAU SITE HOTEL €€€

Cornish Street, Beausite Hotel

✆ +20 46 49 32 066

www.beausiteegypt.com

Chambre simple 150 $; chambre double 180 $; petit déjeuner inclus.

Adresse à retenir. Implanté en 1959, cet hôtel fut rénové au cours des années 1990. Plages privée et prestations irréprochables, il présente l'avantage qu'on y parle français. Les chambres sont confortables et dotées d'un balcon avec vue sur mer. Le Beau Site compte un Spa, un centre de fitness, une piscine et plusieurs restaurants. Excentré et très tranquille, il est parfait pour un séjour de détente notamment en famille : il y a de nombreuses animations pour les enfants. Service adorable et propreté irréprochable : bon rapport qualité/prix.

CARLOS BEAU RIVAGE €€€

El-Obayed Bay
✆ +20 4 64 85 10 00
www.carolsbeaurivage.com
Chambres : simple 120 €, double 140 €, petit déjeuner compris.

Une adresse récente à Marsa Matrouh qui s'est fait une belle place au soleil. Design moderne à la mode égyptienne, les chambres sont spacieuses, équipées, avec balconnet. Trois superbes piscines, spa, centre de fitness avec un bon équipement et un coach, restaurant, bars, night-club, aires de jeux, le tout dans des formules all inclusive pour des vacances complètes les pieds dans l'eau. Hygiène irréprochable. A noter également que l'hôtel propose des animations (enfants & adultes) en journée comme en soirée, ambiance Club Med.

JAZ ALMAZA BEACH RESORT €€€

✆ +20 46 43 60 000
www.jazhotels.com
Pour une chambre simple compter 2 400 L£, 3 200 L£ pour une chambre double. 395 chambres.

Grand complexe hôtelier 5 étoiles au bord de sa magnifique plage privée. Le Resort compte de surcroît plusieurs piscines, 4 restaurants – dont 3 gastronomiques –, 15 bars, des courts de tennis, un spa et salle de sport haut de gamme, un salon de coiffure et des boutiques. Animations et clubs pour enfants ouverts tous les jours. Les chambres sont élégantes et spacieuses, avec tout le confort nécessaire. Mention spéciale pour les aficionados du petit-déj' : le choix est étourdissant et de grande qualité. Une très belle adresse à Marsa Matrouh.

ASMAAQ ABOU SHA'FAA €€

rue Mohamed Anouar al-Sadate
✆ +20 102 705 81 89
Ouvert entre 11h et minuit. Prévoir une somme de 300 L£ pour un repas à deux.

Restaurant de poisson pour les amoureux de la mer. On y fait sa commande en fonction de la pêche du jour, aucun doute à avoir quant à la fraîcheur du produit. Les cuissons sont parfaites et les accompagnements délicieux. Le personnel, très agréable, est aux petits soins avec les clients. Le lieu est chaleureux et attachant, on aime y venir et revenir plusieurs fois durant son séjour d'autant qu'il est vraiment bon marché. Le restaurant est ouvert entre 11h et minuit, tous les jours de la semaine, sauf le vendredi (après la prière).

MORGANA €€

Almaza bay
✆ +20 46 43 60 000
Restaurant de l'hôtel. Ouvert toute la journée jusqu'à 20h en période creuse.

Situé au Jaz Almaza Beach Resort, ce restaurant propose une cuisine méditerranéenne dans une agréable salle avec vue sur la mer. Viandes, poissons, pizzas, spécialités égyptiennes : c'est certainement une des meilleures adresses pour déjeuner ou dîner dans une ambiance conviviale. Fraîcheur des produits, belles associations et des portions plus que généreuses. Mention spéciale pour le service qui reste attentionné sans être oppressant. A savoir que Morgana est le nom d'un poisson typique de cette côte, vous êtes au bon endroit pour le goûter !

Marsa Matrouh.

SIWA ★★★

Zone formellement déconseillée par le Ministère des Affaires étrangères à l'impression du guide. Depuis plus de 2 000 ans, le nom de cette oasis est associé à celui d'Alexandre le Grand. C'est dans le temple dédié à Amon, au cœur de cette oasis, qu'en 331 avant notre ère, les oracles ont confirmé la nature divine d'Alexandre, déclaré fils d'Amon. Un verdict bien utile pour le conquérant qui légitimait son règne sur l'Egypte des Pharaons. Plus récemment, une archéologue grecque a pensé avoir découvert la sépulture d'Alexandre à Siwa. Tout erronée qu'elle fût, l'annonce de la découverte a fait son petit effet et relancé la notoriété d'une oasis, décidément riche en mystères. Du fait de la proximité de la frontière libyenne, Siwa est restée longtemps fermée au monde, jalousement surveillée par l'armée égyptienne. Et de fait, cet isolement, à des fins militaires, a contribué à la préservation d'une identité particulière en Egypte. Si l'on s'en tient aux théories de certains géographes qui dissocient le Maghreb du Moyen-Orient en fonction des habitudes alimentaires des peuples (civilisation du couscous au Maghreb, du riz au Moyen-Orient), Siwa est bien une enclave berbère dans une Egypte orientale. Les Siwi se distinguent aussi par leur dialecte berbère, assez éloigné de l'arabe. Peu désireux de renoncer à leurs traditions et de céder au modernisme, les habitants de Siwa se montrent extrêmement fiers. Ils ne font pas mystère du mépris que leur inspire l'Egyptien du Nil, du Caire ou d'Alexandrie, qu'ils considèrent comme un envahisseur, un barbare. Ils ne vous le diront sans doute pas, mais leur opinion à votre égard n'est guère plus favorable. D'ailleurs, la plupart des villageois que vous croiserez dans l'oasis, se montreront réservés à votre égard. Les femmes mariées vivent à l'abri d'un voile de coton gris bleu qui ne laisse pas visible un seul millimètre carré de peau. Leur visage est un mystère que personne – si ce n'est leur mère et leur mari – ne saurait dévoiler… La route est longue pour parvenir jusqu'à Siwa. Du Caire, il faut bien compter une journée et autant pour revenir. Autant dire que le voyage éclair n'est pas possible. Il faut s'accorder du temps. L'oasis est immense et permet de nombreuses promenades à travers palmeraies et déserts, parsemés de points d'eau où il fait bon se baigner. Attention toutefois à vérifier que l'eau est courante et qu'il est de notoriété qu'on peut s'y baigner, les amibes rôdent dans les eaux stagnantes.

BAINS DE CLÉOPÂTRE

C'est une piscine naturelle où Cléopâtre se serait baignée lors de sa venue pour consulter l'oracle. Son eau limpide et légère est d'une transparence inouïe. L'eau qui l'alimente est pure et chaude. Il y a quelques années, seule une petite tente faite de branches de palmiers y avait été dressée, proposant un thé à la menthe Siwi. L'afflux des touristes a poussé alors Abdu à y construire une cuisine et des toilettes. A noter que, le soir, des barbecues de mouton ou de chèvre y sont organisés, ainsi que des concerts de musique siwi. Renseignez-vous auprès d'Abdu.

BAINS DE FATNAS ★★

A 4 km du village. On peut s'y rendre facilement à vélo.

N'oubliez pas votre maillot de bain (décent), c'est génial de se baigner dans ces bains entièrement ceints de palmiers. Le décor était grandiose et attirait de nombreux curieux au coucher du soleil pris des millions de fois en photo. Sur une requête des paysans du coin, un barrage a asséché le lac salé, ce qui retire son charme à ce magnifique endroit ! Cela reste une des plus belles sources d'eau de la région que l'on rejoint avec plaisir en vélo, en choisissant de préférence des heures où le soleil ne vous écrasera pas sur la piste.

BIR WAHED

A 12 km.

Une source chaude sortant des sables de la taille d'un petit lac où l'on peut se baigner et où il est possible de passer la nuit. A 12 km de la ville, en pleine mer de sable, le site n'est accessible qu'en 4x4. Beaucoup d'agences vous proposeront les services d'un chauffeur et d'un véhicule. L'idéal est d'y venir entre amis, de commander un mouton à griller (ce qui changera du sempiternel menu du désert : poulet grillé, riz, salade de tomates et de concombres) et de s'endormir sous la voûte de Nout… Une expérience inoubliable.

© SYLVAIN GRANDADAM
Oasis de Siwa dans le désert Libyque.

DJEBEL DAKROUR ★

Le point culminant de l'oasis, où il faut grimper pour découvrir Siwa et ses environs. Il est, lui aussi, flanqué de tombes, de peu d'intérêt toutefois. Le mont accueille chaque année la fête de Siwa. Pendant trois jours, on y célèbre l'amitié et la paix entre les tribus au moment de la pleine lune d'octobre, une expérience à vivre si possible. Le village compte plusieurs sources aménagées en bassin où l'on peut se baigner. La plus proche et la plus connue sont les « bains de Cléopâtre » où la célèbre reine se serait baignée lors de sa visite à Siwa.

MAISON TRADITIONNELLE DE SIWA ★

Les horaires d'ouverture varient, renseignez-votre auprès de votre guide ou à l'office de tourisme.

Dans ce petit musée à l'architecture traditionnelle, vous découvrirez une facette de la culture siwi. C'est l'étape incontournable pour mieux l'appréhender. Il est recommandé toutefois, si vous n'aviez pas le temps de la visiter le matin, d'organiser une petite visite privée auprès de l'office du tourisme. On y trouve tous les objets traditionnels, culinaires, domestiques, décoratifs qui font de cette oasis un endroit bien à part dans le paysage égyptien.

DJEBEL MAWTA ★★

Entrée : 50 LE.

Littéralement « la colline des morts ». Une petite colline, à l'entrée du village, aux flans truffés de tombes des périodes ptolémaïques et romaines. Elles servirent d'abris aux habitants lors de la Seconde Guerre mondiale, c'est d'ailleurs à cette époque qu'elles furent découvertes. Trois d'entre elles sont ouvertes au public et conservent sur leurs murs quelques jolies fresques à la gloire d'Amon, d'Isis et d'Osiris. Le gardien vous fera une visite guidée (en version originale non sous-titrée) moyennant un modeste bakchich.

RUINES DE SHALI ★★★

Sur la hauteur de Siwa, votre regard, dès votre arrivée, tombera systématiquement sur les ruines de cette forteresse construite au XIIe siècle pour se protéger des attaques de tribus voisines. Les villageois abandonnèrent Shali en 1926, lorsque des pluies torrentielles désintégrèrent les lieux faits de boue salée et séchée. Les autorités égyptiennes tentent de restaurer certains bâtiments de cette ancienne communauté qui parlait berbère... mais pour l'heure cela reste un labyrinthe fantomatique qui est bien étrange à explorer.

Djebel Mawta.

TEMPLES D'AMON ★

A l'état d'un pan de mur et de quelques pierres laissées à même le sol, l'édifice ptolémaïque est bien illisible. Pourtant ce fut un des temples les plus célèbres en son temps. Le culte d'Amon était important dans la vallée du Nil et son oracle à Siwa avait une grande popularité. Ainsi, les pèlerins venaient de loin pour assister aux procédures oraculaires menées par les consultants et prêtres d'Amon. Les férus d'histoire se plairont à percer les mystères de ce vestige, les autres passeront certainement leurs chemins pour des visites plus parlantes.

TEMPLES DE L'ORACLE ★

Entrée : 50 L£.

A dire vrai, il reste peu de chose du temple où Alexandre le Grand est venu consulter les oracles, les Grands Prêtres ayant accepté de reconnaître en sa personne une filiation divine, celle du fils d'Amon (331 av. J.-C.). Mais le site, à lui seul, vaut tous les détours et contours menant à ce promontoire. Autour du temple s'entassent les vestiges d'un village aux murs fissurés et aux toitures effondrées, d'où émerge un minaret en lente décomposition. Passages tortueux, caves et terrasses s'entremêlent sur autant de niveaux qu'il y a de maisons.

DREAM LODGE HOTEL €€

✆ +20 46 460 17 45

www.siwadreamlodgehotel.com

Chambre simple 25 €, double 40 €, triple 55 €. Petit déjeuner inclus.

Cet hôtel, tenu par un habitant de l'oasis, est proche du centre où sont concentrés les restaurants et les lieux de la vie pratique. Hôtel spacieux, au milieu de la palmeraie, une source d'eau naturelle transformée en piscine pour se rafraîchir s'étire le long des chambres. Le patron et ses employés sont très communicatifs de la culture et de l'histoire de leur Oasis. N'hésitez pas à les solliciter. Hôtel charmant et bien situé. Idéal pour les voyageurs qui souhaitent avoir le calme de l'Oasis et la proximité des commerces pour se promener.

MOUNTAIN CAMP ALI KHALED €€

Qesm Siwah à 400 mètre de la forteresse de Shali

✆ +20 1090423255

Chambre double 550 L£ ; chambre triple 650 L£ ; petit-déjeuner inclus, et possibilité de déjeuner ou de dîner sur place.

Des petites bâtisses en terre cuite et des espaces pour camper sont mis à disposition du voyageur. Au milieu du camp un feu est allumé toute la nuit, autour duquel vous pourrez fumer votre chicha et boire un thé au rythme des chansons amazigh. Une source d'eau chaude et une source d'eau froide vous attendent pour des instants de détente et de relaxation, après vos excursions dans le désert. Le camp est situé à moins de 1 km de la Montagne des Morts, et de lieux tout aussi magiques tels que le lac de sel et les bains de Cléopâtre.

PALM TREES €€

Sharia torrar

✆ +20 4 64 60 17 03

Chambre double à partir de 350 L£ (avec baignoire), bungalow à partir de 200 L£.

Situé à la sortie du village, un petit hôtel très agréable. Un jardin donnant sur la palmeraie, fort agréable, fait de cet établissement un endroit prisé. Côté propreté, c'est irréprochable. Vérifiez que votre ventilateur fonctionne, il y a tellement de moustiques que ces engins sont indispensables la nuit. Possibilité de louer des bicyclettes. Possibilité également de camper dans le jardin (amener tout de même sa tente) ou sur la terrasse pour ceux que les moustiques ne dérangent pas. Pour les repas, préférez le centre-ville.

SIWA SHALI RESORT €€

Gabal al Dakrur

✆ +20 102 198 9331

www.siwashaliresort.com

Chambre simple 650 L£.

Il fallait oser créer un « resort » en pleine oasis de Siwa. Le concept : une déclinaison de bungalows construits en pisé, le long d'une source captée dans un bassin sinueux de 200 m de long ! Le résultat est surprenant, mais assez charmant, finalement. Dans la « ferme » a été aménagé un Spa avec massages et salle de gym. Enfin, un restaurant propose une cuisine locale et internationale. Les chambres sont spacieuses et disposent de grands lits jumeaux. Les suites ont un lit queen size dans la partie principale et des lits jumeaux dans une chambre adjacente.

ADRERE AMELLAL €€€

Gaafar Mountain
✆ +20 2 27 367 879
http://adrereamellal.net
Chambre double à partir de 605 US$ la nuit. Pension complète.

Ce superbe endroit est un *écolodge* en sel (!), dont les chambres sont des merveilles de décoration et d'architecture locale traditionnelle. Il n'y a pas d'électricité dans cet hôtel et ce sont des multitudes de bougies qui vous éclairent, dans cet endroit magique situé de l'autre côté du lac de Fatnas. Si les tarifs sont élevés, la clientèle afflue pourtant. A noter que tout est inclus, y compris les boissons alcoolisées ou les excursions dans le désert. Un très beau produit qui demeure la meilleure adresse de Siwa. Hôtel préféré en Égypte du Prince Charles !

GHALIET ECOLODGE & SPA €€€

✆ +20 106 465 9615
Chambre double 600 L£.

Un écolodge assez vaste au cadre romantique. Propose un hébergement de qualité, dans la palmeraie, autour de sa source domestiquée. Leurs spécificité est le Spa qui attire certains amateurs. Restaurant à base de produits bio cultivés *in situ.*Tous près de Cleopatra's Pool - Spring of Juba, cet écolodge est le point de départ parfait pour partir à la découverte de Siwa, pour visiter les ruines anciennes, comme Temple of the Oracle of Amun / Aghurmi et Mountain of the Dead. Les chambres sont équipées d'un coin salon et d'un lit extra long.

ABDU €

Place centrale
✆ +20 100 812 68 33
Ouvert de 9h à minuit. Compter 70 L£ le repas.

A tout seigneur tout honneur pour ce premier restaurant, qui a ouvert ses portes il y a bien longtemps, et qui propose des plats copieux et pas chers. De quoi vous composer un vrai petit déjeuner d'hôtel 5 étoiles avec des crêpes à la confiture d'abricot, des omelettes au fromage, du foul à la tehina, des yaourts au miel, etc. Les déjeuners et dîners sont délicieux aussi, on y trouve les meilleurs couscous du coin et des spécialités locales. A noter qu'Abdu, même si la concurrence est désormais forte, propose des excursions dans le désert.

KENOOZ RESTAURANT €€

Au Shali Lodge Hôtel
Compter 100 L£.

Carte élaborée autour de plats traditionnels locaux dont il faut saluer la créativité : couscous spéciaux, aubergines, sauce grenade, lentilles au four, dattes déclinées en accompagnement de plats ou en nectars à boire. Il faut dire que les dattes et les olives sont les produits stars de la région ! Le pain pita est fait maison et la cuisine est réalisée à partir de produits locaux et bio. Les jardins et le toit-terrasse sont très agréables pour un repas entre amis. On peut également venir y boire le thé à la menthe et profiter de son cadre apaisant.

BAHAREYYA ★★

Située dans une dépression, l'oasis de Bahareyya, composée des villages d'El-Qasr et de Bawiti, est entourée de collines noires. La plupart des villages et des terres cultivées peuvent s'observer du djebel Al Mi'ysrah culminant à 50 m. Composée de quatre agglomérations éparpillées dans une vaste cuvette aux reliefs accidentés, cette oasis, reliée au Caire par une excellente route asphaltée, occupe une position stratégique au carrefour des routes de Siwa et de Farafra. La vie sauvage y est abondante, surtout en ce qui concerne les oiseaux. Renommée pour ses sources, Bahareyya est aussi connue pour ses récitals de musique et de poésie.

CHAPELLES DE AINEL-MUFTELLAH

A 3 km à l'ouest de l'oasis, quatre chapelles intéressantes de la XXVIe dynastie, rares car consacrées au dieu Bès. Peu de sites lui sont consacrés pourtant il était fort apprécié et très populaire. Il était le protecteur des foyers et des naissances mais aussi un génie bon vivant associé à la joie, à la danse et aux plaisirs sensuels... De très beaux bas-reliefs possédant encore quelques couleurs. Elles faisaient partie d'un ensemble cultuel érigé sous le règne d'Anasis (570-526).

OASIS ET CÔTE NORD-OUEST

CRYSTAL MOUNTAIN

Au coeur du désert blanc, une petite montagne veinée de quartz, qui lui a donné son nom. C'est ce que les géologues appellent une grotte exhumée, avec des stalagmites et stalactites qui ont poussé vers le haut par le mouvement de la terre. Attention la route est chaotique sur les deux tiers, sa dernière partie vient d'être entièrement refaite, ce qui permet au chauffeur et à la mécanique de souffler un peu sur 40 km. Paysages magnifiques, des couleurs et des minéraux très variés, un ensemble presque surréaliste dont vous sortirez vos plus beaux clichés.

MUSÉE DE L'OASIS

Mahmoud Eed, un artiste bédouin de Bawiti, présente des objets d'artisanat traditionnel et réalise des figurines naïves. Inspiré par l'artiste Badr de Sarafra, il façonne l'argile pour représenter la vie dans l'oasis. Sont exposés également des dioramas sur la région. La visite de son musée ne prend pas plus de 10 minutes. Elle est gratuite, mais si vous voulez laisser quelque chose, ou même acheter une œuvre (les bijoux en argent fabriqués main pourraient être un cadeau souvenir très sympa) cela lui fera sans doute plaisir.

© SYLVAIN GRANDADAM

Grande prière du vendredi dans une petite mosquée.

MUSÉE ARCHÉOLOGIQUE

Ouvert de 8h30 à 14h. Entrée : 40 L£. Renseignez-vous au préalable sur les conditions de sécurité.

Des tombes remontant au début du christianisme ont été retrouvées à Bahareyya. Elles préservaient plus de 200 momies, bien conservées, retrouvées alignées et empilées les unes sur les autres. Quelques momies datant du début de l'époque greco-romaine sont exposées dans ce musée surnommé « le musée des momies dorées ». On distingue différentes tailles de momies dont celles d'enfants aux visages de plâtre peints. Le musée dévoile également des sarcophages et des blocs sculptés qui témoignent de la présence des Grecs dans la région.

SOURCE DE BIR EL-GHABA

Au coeur d'une plantation d'eucalyptus, on prend plaisir à se baigner dans la source de Bir El-Ghaba, qui signifie « le puits de la forêt ». Très chargées en soufre, ses eaux ont une température de 26°C, elles sont réputées pour soigner les rhumatismes, l'arthrose, la fatigue musculaire ou encore l'eczéma. Station thermale naturelle, la source se situe à 18 km au nord de Bawiti, elle est encore préservée de l'afflux des touristes. A noter que la source est l'une des moins chaudes de l'oasis : El-Bishmu est à 30 °C et Bir El-Ramla à 45 °C !

TEMPLE D'ALEXANDRE

Quittant l'oasis de Siwa où Alexandre était allé chercher la légitimité de son règne sur l'Egypte auprès de l'oracle, le conquérant est passé par l'oasis de Bahareyya où il a fait édifier un temple dédié à Amon couplé à Zeus, ainsi qu'à Horus. Il est constitué de deux pièces en enfilade présentant un bas-relief où Alexandre, sous les traits de pharaon, offre un sacrifice aux divinités du temple. On peut également voir les trésors des fouilles dont quelques pièces de monnaie. C'est le seul temple ayant été construit par Alexandre qui subsiste en Egypte.

© MERTEN

TOMBES DE QARET QASR ES-SELIM

Ce sont deux tombes aux dimensions importantes de la XXVIe dynastie qui sont enterrées sous la colline de Baouit. On y entre par deux puits profonds de 5 mètres et débouchant sur une salle hypostyle principale, supportée par 4 colonnes de forme carrée, entourée de salles adjacentes. Les fresques sont de haute qualité et les couleurs ont gardé leur fraîcheur. Les thèmes figuratifs reprennent les vies des défunts et leur confrontation avec les divinités qu'ils honorent dans la mort.

VALLÉE DES « MOMIES D'OR »

La découverte de cette nécropole a eu lieu en 1996 et a eu droit à un retentissement médiatique important : c'est en secourant son âne qu'un gardien la découvrit ! Il y avait bien 30 ans qu'aucun trésor d'importance n'avait été trouvé en Egypte, et l'ensemble des « momies d'or » réveillait l'égyptomanie et ses mythes ! La nécropole est de l'époque romaine et les momies trouvées, couvertes de plaques d'or, avaient les traits caractéristiques de l'art de l'époque.

OFFICE DU TOURISME

Dans les locaux du conseil municipal
✆ +20 2 38 47 22 22
De 8h à 15h et de 19h à 21h.

N'hésitez pas à contacter Mohamed Abdel Qader, le directeur de l'office (Tél portable : +20 122 373 65 67). Il a réponse à tout (il connaît notamment tous les numéros des hôtels par cœur !) et vous renseignera très gentiment. Visites, excursions, agences, informations géographiques : vous saurez tout ce qu'il y a à savoir sur la région en passant par l'office de tourisme. Avec en prime de vrais conseils pour s'immerger dans la vie locale : ici, il leur tient à cœur de partager la vie, la culture et les richesses de la région.

DÉSERT SAFARI EGYPTE

Bawiti
✆ +20 128 682 4751
160 €/la nuit, pour un groupe de 5 personnes.

Hamada vous emmène à travers le désert, là où les autres ne vont pas... il organise le transport de/vers le Caire, prépare de délicieux repas, installe le campement où vous passerez la nuit et vous laisse profiter du paysage. Les programmes proposés vont de 2 à 10 jours, avec au choix : les oasis, le désert blanc, Gulf el Kebir, Djara Cave ou la grande mer de sable. De très bonne qualité. À noter qu'Hamada a ouvert un écolodge à 7 km de Bawiti.

Pensez aux températures qui baissent considérablement la nuit, et au fait qu'il n'y a pas de toilette dans le desert.

DESERT SAFARI €

Bawiti
✆ +20 128 682 4751
www.desert-safari-egypte.com/fr
Ecolodge. Chambre simple 350 L£. Chambre double 400 L£. avec salle de bains. Petit déjeuner compris.

Dans le style bédouin, Hamada vous accueille dans son écolodge durable comprenant une petite ferme et un potager. Guide touristique depuis près de 20 ans, Hamada connaît son territoire comme personne qu'il aime sincèrement faire découvrir. Il parle parfaitement l'anglais et se débrouille en français, c'est au passage un excellent cuisinier ! Possibilité de visites privées à travers le désert et l'oasis, il propose des circuits en 4x4, en chameau, de trekking et même des chemins de méditation. Vous pouvez choisir une formule à la journée ou sur plusieurs jours.

RASHED RESTAURANT €€

En entrant dans le village

Grillades (de poulet et de boeuf bien entendu), tajines végétariens, riz, salades dont l'inévitable concombres-tomates, et autres recettes traditionnelles des oasis : ici on vous sert une cuisine certes modeste mais goûteuse. Le lieu, assez grand et très propre, est prisé pour la qualité (et la quantité) de ses plats à des prix qui restent néanmoins très bon marché. Thé & chicha : une adresse populaire qui convient aussi bien aux déjeuners qu'aux diners. A noter que le Rashed restaurant est à quelques pas de l'office de tourisme.

DÉSERT BLANC ★★

Zone formellement déconseillée par le ministère des Affaires étrangères à l'impression du guide (2021). En venant de Bahareyya, d'insolites constructions de calcaire succèdent au sable jaune et aux roches noires. Elles sont en forme de pyramides, de champignons de Paris, d'icebergs, d'îles flottantes ou d'igloos. En pleine journée, quand le soleil est à la verticale, l'effet n'est pas aussi grandiose qu'en soirée ou qu'aux premières lueurs du jour, d'où l'impératif d'y bivouaquer une nuit et si l'on peut à la pleine lune, on est alors sur une autre planète. Intemporel, le désert blanc. A chaque instant, la lumière crée un décor nouveau et captivant.

DAKHLA (MOUT) ★★

Zone formellement déconseillée par le ministère des Affaires étrangères (MAE) à l'impression du guide (2021). Cette oasis regroupe une quinzaine de villages, reliés entre eux par des routes le plus souvent asphaltées, où alternent palmeraies (ses dattes sont réputées), vergers de manguiers, d'abricotiers, des vignes et des cultures maraîchères. Le désert y est moins présent qu'à Farafra. Un peu comme au Fayoum, on sent à Dakhla une certaine prospérité, une richesse venue du travail du sol et de sa fertilité. Riche en sites et en vestiges, Dakhla réserve quelques splendides promenades dans les alentours de Mout, le village principal.

FARAFRA

Zone formellement déconseillée par le ministère des Affaires étrangères à l'impression du guide (2021). La plus petite des oasis du désert est sans doute aussi la plus perdue. La plupart ne vont pas au-delà de Bahareyya, et seuls les initiés poussent jusqu'à Farafra. Farafra, nommée Ta'iht ou pays de la vache dans l'Egypte ancienne, n'est qu'un simple village. L'oasis s'étend sur un plateau de sable blanc, moucheté de quelques taches de verdure dans lesquelles se cachent de minuscules villages. Au départ du village principal (Qasr el-Farafra), un réseau de chemins sablonneux sillonne l'oasis, à travers palmeraies et vergers luxuriants.

BIR TALATA

A 2 km du centre de Mout. Bir Talata ou « le puits de la montagne » est une très belle source d'eau chaude profonde d'un kilomètre dont la température s'élève jusqu'à 45 °C ! Riche en fer et en magnésium, cette station thermale naturelle est idéale pour soulager les maladies de peau et les articulations, notamment. Les sources d'eau chaude comptent parmi les attractions les plus prisées par le tourisme dans cette région, vous n'aurez aucune difficulté à vous y rendre. Le revers de la médaille est qu'il y a du monde durant la haute saison.

MUSÉE BADR ABDEL MOGHNY

✆ +20 97 751 00 91

Il serait impardonnable de passer en ces lieux sans rendre visite à cet incroyable petit musée qui abrite les créations signées Badr, un artiste de l'oasis, qui pratique ses arts (peinture, sculpture) sur divers matériaux. Son inspiration et ses thèmes tournent autour de la vie de l'oasis et ses habitants. La boue, la pierre, les pigments et le sable sont ses matériaux de prédilection, on aime particulièrement son jardin de sculptures sur le toit. L'artiste viendra aisément à votre rencontre, c'est un drôle de personnage... comme souvent les artistes le sont !

MUSÉE ETHNOGRAPHIQUE

Ce petit musée sans prétention, qui n'ouvre que sur demande (il vous faudra prendre rendez-vous à l'office de tourisme), mérite une visite, ne serait-ce que pour sa clé, tout en bois. Son architecture intérieure est à l'image des habitats traditionnels. Outre les objets et les instruments nécessaires à l'économie domestique (jarres, calebasses, paniers...), il expose des habits de mariage, des bijoux, ainsi que tout un échantillonnage de l'artisanat bédouin. Si l'histoire et la culture vous intéressent, ce musée est un petit trésor encore confidentiel.

Le désert blanc.

NÉCROPOLE DE MOUSAWAQA

Nord de Mout

Ouverte de 9h à 17h. Entrée 40 LE. Renseignez-vous sur les conditions de sécurité.

Ensemble de 300 tombes rupestres des Ier et IIe siècles de notre ère. Les thèmes sont classiques aux tombes égyptiennes : offrandes, rencontre entre le défunt et les divinités. Mais le style est plus libre et les figures humaines sont plus romaines. Peu visitées, protégées du soleil, les fresques possèdent encore leur fraîcheur picturale. Les tombes les plus spectaculaires sont celles de Pétosiris, fonctionnaire royal, et de Pétoubastis, un autre fonctionnaire de l'oasis ; la seconde tombe, moins décorée, possède un zodiaque élaboré et remarquable.

TEMPLE DE DEIR EL-HAGGAR

Le temple dont le nom signifie « monastère de pierre » en arabe, a été édifié par l'empereur Néron, non loin de la nécropole de Mousawaqa. Les ruines restaurées récemment présentent un ensemble de belle facture, constitué d'un portique contenant deux colonnes, donnant sur une salle hypostyle carrée soutenue par 4 colonnes rondes, ouvrant l'accès à la salle des offrandes précédant le sanctuaire bordé de deux petites pièces. D'une quinzaine de mètres de profondeur, le temple dédié à Amon-Ré possède des bas-reliefs réhaussés de couleurs encore visibles.

EL-QASR

A 35 km de Mout. La route qui vous conduit de Mout à El-Qasr est bordée de plusieurs cimetières musulmans aux tombes à demi en ruine, aux formes arrondies, partiellement recouvertes par les sables. C'est magnifique. Quant au village lui-même, il vous fera remonter quelques siècles en arrière. Espèce de ville fantôme qui aurait survécu par l'oubli des hommes, elle semble lentement se décomposer, et les murs retournent à leur matière originelle : la terre. Le village est dominé par le minaret de la mosquée Nasr el-Din. N'hésitez pas à pousser une des portes en bois pour observer de plus près la conception architecturale de ces habitations d'un autre âge.

BALAT

A 35 kilomètres de Mout. À proximité des ruines de l'ancienne capitale de l'oasis, subsistent les impressionnants mastabas de sa nécropole de Qila el-Dabba, construits en brique crue et datant de la VIe dynastie (2460-2200). On signale particulièrement le mastaba de Khentikaou-Pépi, gouverneur de la ville (2246-2152), et celui de Khentika, un autre gouverneur de l'oasis, aux peintures murales exceptionnelles et aux dimensions spectaculaires. Leur nombre et leur disposition composent un spectacle absolument grandiose. N'hésitez pas non plus à vous arrêter dans le village qui conserve le plus son caractère traditionnel et authentique.

Relief du temple de Deir el-Haggar.

BASHANDI

A 10 kilomètres de Mout, il ne faut pas manquer de visiter ce joli village traditionnel, réputé pour ses maisons teintées en rose. Certaines sont accolées à des tombes romaines que l'on peut visiter, la plus célèbre étant celle de Kitanos. On remarque aussi le mausolée du cheikh Bashandi, de style mamelouk, aux murs crénelés surmontés d'un dôme caractéristique de l'époque. Le cheikh était d'origine indienne, d'où son nom qui vient d'une contraction de « Pacha Indi ». Il est intéressant de faire le tour de Bashandi, car ce village remonte à la très haute Antiquité égyptienne. On ne manquera pas non plus la visite des ateliers d'artisanat.

EL-KHARGA ★★

Zone formellement déconseillée par le ministère des Affaires étrangères à l'impression du guide (2021). Kharga était dans le passé le dernier et l'unique arrêt sur la route des Quarante-Jours, la route infâme de l'échange des esclaves entre l'Afrique du Nord et du Sud tropical. Aujourd'hui, c'est la plus grande oasis de la Nouvelle Vallée. Avec ses lotissements en béton, ses larges avenues balayées par les vents et bordées d'immeubles aux tristes façades, El-Kharga s'annonce d'emblée comme une cité nouvelle, plus préoccupée de mettre en valeur les terres de la Nouvelle Vallée que de cultiver les anciennes traditions. A cette image de désolation, seules les quelques maisons en brique crue de l'ancienne agglomération opposent encore un peu de pittoresque. L'arrivée massive de colons en quête de terres et de Nubiens expropriés lors de la construction du barrage d'Assouan, a fini par nuire à l'identité culturelle d'El-Kharga. Mais, si elle est peut-être la moins attachante des cinq oasis, elle conserve cependant quelques atouts qui méritent que l'on s'y arrête. Les traces de son passé sont encore bien visibles dans la présence d'un temple dédié à Hibis (le plus important temple des oasis). La visite de sa magnifique nécropole chrétienne de Bagawat ne vous laissera sûrement pas insensible. L'histoire d'El Kharga est intéressante, en effet c'est de là que vers 564 av. J.-C., Cambyse partit avec une armée de 50 000 hommes vers Siwa et fut englouti par la Grande Mer de Sable.

NÉCROPOLE DE BAGAWAT

Ouvert de 8h à 17h. Entrée : 20 LE. A priori interdit aux touristes étrangers.

En coupant à travers l'oasis, vous pouvez rejoindre la nécropole de Bagawat, située à la lisière d'une petite palmeraie qui contribue fortement à la mettre en valeur. La balade est superbe et nécessite tout au plus 20 minutes à 30 minutes de marche.

Accrochée à flanc de colline, s'étire une vaste nécropole chrétienne regroupant 263 tombes comme autant de mausolées en miniature. Faites de brique crue (Ve siècle), elles sont recouvertes de graffitis coptes et arabes, certaines ayant conservé sur les murs intérieurs leurs peintures originales représentant des scènes de l'Ancien et du Nouveau Testament. La diversité des représentations est telle qu'on pourrait qualifier la nécropole de site copte, romain, byzantin, voire même gréco-copte ou romano-byzantin...

On peut y admirer en particulier la chapelle de la Paix qui date du Ve siècle ; le nom a été donné en raison d'une fresque représentant saint Irénée. Dans les tons ocre, violine et rouge, son décor est unique dans l'art paléochrétien. La chapelle de l'Exode est aussi surprenante avec son dôme décoré de branches de vignes, d'oiseaux et d'arbres naïfs.

Le site est remarquable, surtout en fin de journée, quand la lumière déclinante du soleil donne aux roches et aux argiles leurs ocres les plus chatoyants. En revenant sur vos pas, de l'autre côté de la route, vous apercevrez, perchées sur un monticule, les ruines du temple romain de Nadoura, but possible d'une visite, motivée par l'envie de se dégourdir les jambes. Environ 5 km aller-retour.

QASR EL-GHOUEITA

25 km au sud de Kharga

C'est également un temple construit pendant la période perse égyptienne, par Darius Ier toujours. Son nom signifie « forteresse de la source profonde », en arabe. Il a pris place sur un site déjà construit au Moyen Empire et dédié à la triade thébaine. On accède au temple en ayant franchi les murailles de la forteresse romaine qui l'enceint : ne subsistent qu'un kiosque, une salle hypostyle et le sanctuaire. Le site est néanmoins magnifique, baignant dans une atmosphère calme et paisible, avec un panorama à couper le souffle.

QASR EL-ZAYYAN

« À Amenibis, le grand dieu de Tchonemyris et aux autres dieux du temple, pour la conservation éternelle d'Antonin César [...] » voilà l'inscription d'accueil ! Ce temple d'époque ptolémaïque a été remanié par Antonin le Pieux au IIe siècle de notre ère et dédié au dieu Aménebis. Ne subsiste aujourd'hui que le temple en pierre dure, composé de deux salles, d'un vestibule et d'un sanctuaire, tandis que l'enceinte en briques crues a disparu. Néanmoins, le site n'a pas encore bénéficié d'une campagne assidue de fouilles et d'une restauration systématique.

SOLYMAR PIONEERS HOTEL €€€

Rue Gamal Abdel Nasser
✆ +20 9 27 92 97 51
Chambre double à partir de 80 €.

Bel hôtel de luxe : la meilleure adresse de Kharga, avec son complexe en architecture traditionnelle, sa cour intérieure ornée de palmiers, ses terrasses en extérieur où boire le thé. Le seul ennui est que peu de personnes y résident : l'endroit en devient vite vide... La station n'est qu'à 10 minutes de transfert de l'aéroport d'Al Kharga et à trois heures de route de la ville historique de Louxor. Les principales attractions, dont le Temple des Nibs, la Nécropole d'Al Baciawat et les habitations du Temple de Douch, sont toutes faciles à explorer de l'hôtel.

TEMPLE D'HIBIS

A gauche, sur la route d'Assiout

Construit par Psammétique II et terminé par Darius Ier (521-486), ce temple, assez bien conservé et de dimensions respectables, l'un des deux témoignages architecturaux de l'occupation perse en Egypte. Il a connu quelques agrandissements sous les Ptolémées et durant la présence des Romains

Fermé durant quelques années à cause de l'instabilité de ses sols, ses fondations ont du être renforcées par une chape de béton pour que le site soit de nouveau ouvert au public. On y accède par une allée bordée de colonnes et de sphinx figés pour l'éternité, donnant à l'ensemble un caractère de puissance. Le temple était autrefois bordé d'un lac sacré, dont les eaux étaient puisées dans une source voisine.

Le temple, largement restauré aujourd'hui, est précédé d'une édification qui en est bien distincte : le kiosque de Nectanébo II. On accède ensuite, après un pylône, à une salle hypostyle soutenue par 12 colonnes, donnant sur une seconde salle hypostyle plus ramassée, de 4 colonnes, puis au vestibule carré à 4 colonnes, et enfin au sanctuaire, au centre, flanqué de la salle des saints à sa gauche. Le temple était dédié aux dieux Amon d'Hibis et à Osiris, double vénération qui explique la décoration originale du site. Sur le mur du fond de la première salle hypostyle, vous remarquerez une représentation peu habituelle du dieu Seth, ailé et pourvu d'une tête de faucon, transperçant de sa lance le serpent Apopis, dieu du chaos. Seth était ici considéré comme un dieu bénéfique, divinité protectrice des pistes du désert.

BARIS

Zone formellement déconseillée par le ministère des Affaires étrangères à l'impression du guide (2021). Située à l'ouest de la vallée du Nil, cette petite oasis pelée et sauvage n'a rien d'une ville lumière. En fait, son nom arabe se prononce « barisse », comme notre capitale d'ailleurs, et la plupart des panneaux routiers l'indiquent selon l'orthographe qui nous est familière : Paris. C'est l'un des derniers villages un peu authentiques du secteur. Hormis ses maisons peintes et le complexe architectural de ce malheureux Hassan Fathy, abandonné comme bon nombre de ses autres réalisations, l'oasis ne présente toutefois pas d'intérêt majeur.

QASR EL-DOUCH

A 20 km de Baris. Ouverte de 9h à 17h.
Entrée 40 L£.

Cette forteresse romaine du IVe siècle de notre ère protégeait à l'époque la frontière avec le Soudan. A l'intérieur, on peut voir divers vestiges d'époques différentes. Il a été érigé par Domitien, Hadrien et Antonin le Pieux. Le temple le plus important était dédié au couple Osiris et Isis. Lors de sa découverte, les archéologues ont levé de terre le « trésor de Douch » constitué de divers bijoux. Ils ont également ressorti près de 100 momies d'époque romaine, parmi les mieux conservées de la région. Un grand moment d'émotion pour les équipes de fouilles.

MER ROUGE

Les fonds marins de la mer Rouge offrent aux masques et tubas un magnifique spectacle aquatique avec d'étonnants poissons exotiques en tête d'affiche. C'est grâce à ce casting d'exception et aux décors de ses récifs coralliens que la région a pu développer un tourisme essentiellement tourné vers la mer et les spots de plongée. Un succès pas toujours bien maîtrisé qui a bétonné une partie du littoral à coup d'immenses stations balnéaires. Les méfaits de ce tourisme de masse dénaturent la terre, néanmoins ils n'altèrent en rien la beauté de la mer qui a su préserver son patrimoine. Hurghada, Sharm-El-Sheikh, Marsa Alam, Taba ne sont pas réputées pour leur authenticité, mais profiter du confort de ces grandes stations n'empêche pas de s'aventurer plus au sud où l'on trouve davantage de calme et de plongeurs avérés.

Mer Rouge
ZAQAZEQ
ISMAILIA
Abu Sweer
10th of Ramadan
Fanarh
Vers CAIRE
El Arbien
EL SUEZ
EL AIN EL SOKHNA
ZAAFARANA
Golfe de Suez
SAINT CATHERINE
Ras Ghareb
Mitspe Ramon
ISRAEL
Wadi Musa
Aljafer
Ma'an
JORDAN
Eilat
Aqaba
Al Tu
Haql
Taba Protectorate
Bir Ibn Hermas
Abu Galum Protectorate
Al Loze Mountane
SAINT KATHERINE NATIONAL PARK
NABQ PROTECTORATE
An Nah
ARABIE-SAOUDITE
Ta
Sharm El Sheikh
Ne'ma Bay
RAS MOHAMMED NATIONAL PARK
EL GOUNA
Duba
HURGHADA
SAHL HASHEESH
MAKADI BAY
SOMA BAY
PORT SAFAGA
EGYPT
El Tolayhat
SOHAG
Madinat Gerga
Bani Hameel
Dishna
QENA
Madinat Naj Hammadi
Qus
Al W
EL QUSEIR
LUXOR
Mer Rouge
Isna
Sobaaia
MARSA ALEM
EDFO
El Manshya El Gdeda
KOM OMBO
Aswan
Aswan Sheiakha 2
50 KM

© AHASSANEIN

Préparation du café.

AÏN SOKHNA ★

A 55 kilomètres de Suez, et seulement 140 kilomètres du Caire, la proximité de cette station balnéaire est sa seule qualité. Le site est triste à mourir, et ce n'est décidément un endroit que pour passer un week-end de coupure à contempler la mer. La communauté française du Caire aime à y venir. La station Aïn Sokhna (« source chaude ») s'étale à flanc de falaises arides transformées en carrières. Les hôtels tournent le dos au désert et font face à une mer terne à l'ouest, et à un port pétrolier et gazier au nord (on trouve des restes de carburant parfois sur les plages). Bus entre Le Caire et Aïn Sokhna, toutes les heures (à partir de 100 LE).

STELLA DI MARE €€€

Km 46, Suez-Hurghada Road

✆ +20 6 23 25 01 00

Chambre double 1 100 LE. Simple 825 LE. En demi-pension.

Situé en bord de mer, ce complexe réunit trois hôtels. Stella Grand Hotel : un hôtel classique avec 282 chambres, piscine, plage privée et cinq restaurants. Stella Golf Hotel : un hôtel tourné vers le golf avec 51 chambres sur le golf, piscine et deux restaurants. Stella Sea Club Hotel : un hôtel tourné vers la mer avec 253 chambres, piscine, plage privée dédiée aux sports nautiques et trois restaurants. Toutes les chambres offrent un grand confort et sont pourvues d'une terrasse ou d'un balcon privé avec une vue sur les jardins du complexe ou la mer.

MÖVENPICK RESORT EL SOKHNA €€€

Zaafarana Road

✆ +20 62 339 08 00

www.movenpick-hotels.com

Chambre double 1 800 LE. Chambre simple 1 000 LE.

Ce complexe 5 étoiles offre toutes les prestations et le standing des établissements Mövenpick : plage privée, grande piscine à débordement, jardin intérieur, plusieurs restaurants, dont un gastronomique, centre de remise en forme, Spa, club enfant, activités nautiques... Quelle que soit la catégorie, les chambres sont tout confort avec WIFI, télévision à écran plat LCD, mini bar, coffre-fort, etc. La plupart d'entre elles disposent d'un balcon avec vue sur mer ou sur jardin.

PALMERA AZUR RESORT €€€

✆ +20 6 23 41 08 17

http://palmerabeachresort.com

Chambre double à partir de 1 100 LE. Chambre simple à 825 LE. En demi-pension. Variation des prix selon les dates.

Excellent rapport qualité/prix, cet hôtel 4 étoiles est le combo gagnant entre plage, confort, services et restauration. Il est d'ailleurs très prisé par les expatriés s'échappant du Caire pour une escapade le week-end. En plus de sa plage privée, vous profiterez de 3 piscines, 4 restaurants, 2 bars mais également d'un centre de remise en forme et d'activités nautiques encadrées. Rien à redire sur le confort et la propreté des chambres, petit plus : le personnel est charmant et pour la plupart francophone. Petit plus bis : on y mange très bien !

ZAAFARANA

Encore au sud, à 60 kilomètres d'Aïn Sokhna, cette ville issue du désert et située au bord de la mer Rouge n'a réellement d'intérêt que pour les pèlerins se rendant aux monastères Saint-Antoine et Saint-Paul. Au nord-ouest de la ville se trouve le plus grand parc éolien d'Egypte et l'un des plus grands au monde. Zaafarana se distingue également par la présence d'un grand nombre de matières premières importantes pour le développement de l'industrie locale, comme le phosphate et le manganèse. A proximité se trouvent plusieurs villages touristiques assez prisés des touristes qui lui préfèrent Hurghada, qui se trouve à environ 350 kilomètres.

MONASTERE SAINT-ANTOINE ★★★

✆ +20 100 227 1432

Les visites ont lieu de 8h à 16h, à l'exception des temps de Carême et de l'Avent.

Saint Antoine est considéré dans le monde chrétien comme étant l'un des créateurs du monachisme (vie retirée dans un monastère) qui vécut strictement en ermite retiré dans le désert. Sa vie spirituelle fut longtemps tourmentée par des combats avec le démon. A sa mort, à l'âge de 105 ans, une communauté vint s'établir à proximité de sa sépulture, créant le monastère qui porte depuis son nom. Créé au IVe siècle, ce monastère compte aujourd'hui une vingtaine de religieux, coptes orthodoxes, qui vivent de prières, ainsi que de travaux manuels et intellectuels.

MONASTERE SAINT-PAUL ★★★

✆ +20 121 001 38 80

Les visites ont lieu de 8h à 16h, à l'exception des temps de Carême et de l'Avent.

Lieu sacré des coptes orthodoxes d'Egypte, cette enceinte est allouée à l'ermite saint Paul qui, comme saint Antoine, désira vivre loin des persécutions romaines contre les chrétiens. Selon le martyrologe, un corbeau aurait apporté à l'ermite une moitié de pain pendant les soixante premiers jours de sa retraite au désert. Ce miracle attira de jeunes disciples, qui créèrent le monastère à sa mort, au IVe siècle. L'architecture de défense du monastère est impressionnante, notamment son système de poterne haute, destinée à se protéger des attaques nombreuses.

ROMANCE €€

✆ +20 6 25 20 17 52

www.romancehotel.net

Chambre simple à partir de 55 US$, chambre double 74 US$.

Au bord d'une plage privée, cet hôtel offre tout le confort notamment pour les familles qui profitent de deux piscines, d'un Aqua Park (lieu préféré des enfants), d'une aire de jeux et d'une salle de divertissement. C'est un bon compromis si vous voyagez avec votre tribu qui peut joyeusement s'occuper pendant que tranquillement vous « farnientez » ! L'emplacement est idéal néanmoins la plage n'est pas toujours bien entretenue et, petit conseil, préférez les restaurants alentour pour dîner : ils sont de bien meilleure qualité que celui de l'hôtel.

EL GOUNA ★

Cette ville n'existait pas il y a vingt ans. Sortie de la lagune (ce que signifie son nom en arabe) par la volonté et l'investissement de la famille la plus riche d'Egypte, les Sawiris, le complexe que vous voyez aujourd'hui est un havre de beauté comparé à Hurghada, voisine, dont l'urbanisme laisse perplexe. El Gouna, c'est d'abord un petit village avec une place pavée autour de laquelle, sous des arcades de couleurs ocre, des boutiques chic sont installées. A la manière d'un escargot, le deuxième cercle est composé d'hôtels luxueux qui ont leur propre harmonie d'architecture et de couleurs. Un peu à l'extérieur, un golf nargue le soleil vaincu.

EL GOUNA INFO CENTER

Tamr Henna

✆ +20 6 53 54 97 02

www.elgouna.com

Tout ce que vous devez et pouvez savoir sur El Gouna : toutes les activités, les animations et les services vous seront à la fois présentés et réservés si besoin est. Très pratique, ce bureau est situé dans le village d'El Gouna, sur la place. On vous y donnera les renseignements nécessaires ainsi que des plans pour vous orienter. Le site Internet est également très bien fait, d'ailleurs nous vous conseillons d'y jeter un oeil avant le départ, il recense même les évènements, date par date. El Gouna a parfaitement organisé son offre touristique, tout est simple.

MER ROUGE

© PIERRE JUIN

El Gouna.

CAPTAIN'S INN €€

Abou Tiga Marina
✆ +20 6 53 58 01 70
www.hotels.elgouna.com/captains-inn
Chambres à partir de 2 251 L£, avec petit-déjeuner.

Hôtel prisé par les kitesurfeurs pour son offre chic et pas cher, le Captain a un esprit jeune et dynamique. Le personnel est vraiment adorable et l'ambiance somme toute chaleureuse et conviviale. L'hôtel dispose de chambres simples et accueillantes, d'un bar-lounge style grand salon, d'un Spa et d'un restaurant, le Captain's Steakhouse, où l'on peut dévorer la meilleure viande d'El Gouna. Le petit-déj' est également très bien, et quel plaisir de le déguster face à la marina. Bref, c'est un lieu dans lequel on aime revenir et qu'on conseille aux copains.

HOTEL SULTAN BEY RESORT €€

✆ +20 6 53 54 56 00
www.hotels.elgouna.com/sultan-bey-hotel
Chambre double à 3 300 L£, all inclusive.

Très joli hôtel de charme à l'architecture nubienne qui a organisé ses différents espaces en surplomb des lagons. Piscines et restaurants offrent ainsi un cadre magnifique, entre ciel et mer. La plage privée est un peu plus loin, on y accède aisément par une navette gratuite en bateau. L'emplacement est néanmoins idéal au cœur de la station balnéaire d'El Gouna, pleine de vie et d'activités. L'hôtel est parvenu à conserver l'esprit « boutique hôtel » au gré d'un service personnalisé et de petites attentions qui font la différence.

MOSAIQUE HOTEL €€

Abou Tiga Marina
✆ +20 6 53 58 00 77
www.hotels.elgouna.com/mosaique-hotel
Chambres à partir de 1 553 L£ avec petit déjeuner inclus.

Avec son architecture de style arabesque et sa déco d'influence marocaine, cet hôtel titille les sens de l'esthétique et du confort. Un établissement intime agencé autour d'une piscine de 260 m² et situé à 400 m de sa plage privée où sont proposées de nombreuses activités nautiques (kitesurf, plongée, pêche...). La restauration est excellente et mention spéciale pour les amoureux du petit-déj', il est incroyable ! Un tuyau : demandez une chambre qui donne sur la Marina pour prendre l'apéro sur le balcon en regardant le coucher du soleil.

TURTLE'S INN €€

Abou Tiga Marina
✆ +20 6 53 58 01 71
www.hotels.elgouna.com/turtles-inn
Chambre à partir de 1 553 L£, avec petit déjeuner.

Belle vue sur la marina, on se croirait dans le Sud de la France. Un hôtel charmant, à taille humaine, qui est doté d'un restaurant, d'une piscine privée, d'un service de conciergerie, de prestations de massage et d'une excellente connexion WIFI. L'hygiène est irréprochable et les chambres tout confort. Mention spéciale pour le personnel qui se plie en quatre pour optimiser votre séjour. N'hésitez à venir vers lui si vous avez besoin de conseils pour des activités ou des excursions. Un très bon rapport qualité / prix pour cette adresse : El Gouna très abordable.

DAWAR EL-OMDA €€€

Kafr El-Gouna
✆ +20 6 53 58 00 63
www.hotels.elgouna.com/dawar-el-omda-hotel
Chambre double à partir de 2 251 L£, petit déjeuner compris.

Très bel ensemble construit dans des tons ocre, avec des dômes, de style oriental, à l'image du village central. Les meubles aussi sont élégants et originaux donnant aux chambres un cachet particulier. Belle piscine et accès à une plage privée par un service de navette : sur place, le Dawar El Omda propose de nombreuses activités nautiques. Vous pourrez également profiter d'un centre de fitness, de prestations de massage et divers loisirs (équitation, tennis, golf, volley ball...) Etablissement réservé aux adultes, animaux non admis.

SHERATON MIRAMAR €€€

✆ +20 6 53 54 56 06
www.sheratonmiramarresort.com
Chambre double à 176 US$, petit déjeuner compris.

Conçu par l'architecte Michael Graves, ce très bel hôtel s'est inspiré de l'Egypte ancienne que l'on retrouve dans chaque détail : dômes, voûtes, colonnes, meubles traditionnels... Dépaysement garanti au sein de ce complexe où l'eau est omniprésente depuis les lagons jusqu'à la mer. Les chambres sont confortables et pleines de charme, chacune dotée d'un balcon avec vue sur la piscine ou la mer. Le Resort dispose de 8 restaurants, d'une plage privée, d'une belle piscine, d'un Spa et centre de fitness ainsi que d'un club enfant.

PIER 88 €€

Abou Tiga Marina
✆ +20 128 41 08 820
Compter entre 350 et 550 LE. Ouvert à partir de 18h.

Le Pier 88 est toujours plein ! Sur une barge flottante, l'endroit est chic pour boire un verre au bar à champagne, déguster un bon plat ou tout simplement se faire voir. Fréquenté par la Jet set qui vient jouer à El Gouna. Il est impératif de réserver le week-end. Outre son côté trendy, la cuisine méditerranéenne du restaurant s'avère excellente notamment leurs spécialités de la mer et leurs desserts complètement régressifs. Délicieuse carte de cocktails avec des créations inédites à base de genévrier, de cynorhodons ou encore de pastèque...

TANDOOR €€

Abou Tiga Marina
✆ +20 6 53 58 00 88
Compter 350 LE par personne. Ouvert à partir de 18h.

Bon, on n'est pas dans un film de Bollywood, on ne va pas se mettre à danser autour de la table... Mais que ces plats nous en donnent envie ! Légères, authentiques, délicieuses, on cède sans complexe aux différentes recettes de Korma coconutty, saag et biryani de poulet, keema naan et autres currys. Attention de ne pas avoir les yeux plus gros que le ventre, car les proportions sont conséquentes... Toutefois le personnel, charmant, se fera un plaisir de vous emballer le surplus pour que vous l'emportiez. Une adresse excellente, fortement conseillée.

AL SAYADIN €€€

Au Movenpick Resort
✆ +20 6 53 54 45 01
www.movenpick.com
Compter entre 400 et 550 LE. Ouvert de 12h30 à 15h et de 18h30 à 22h.

Au sein du Mövenpik resort, ce restaurant propose une excellente carte de poissons et de fruits de mer, fraîchement pêchés. Homards, crevettes et coquillages se disputent votre préférence sur les plateaux tandis qu'en cuisine on élabore des recettes délicieuses et raffinées. Mention spéciale pour les cuissons, toujours parfaitement réussies. En terrasse avec vue sur mer, le cadre participe à l'expérience... messieurs, c'est le moment de la jouer poète : toutes les conditions sont réunies pour un dîner romantique inoubliable !

CLUB 88

Abou Tiga Marina
✆ +20 121 12 88 866
Ouvert de 10h30 au coucher du soleil. Entrée : 400 LE.

Bar-lounge et piscine ? Et pourquoi pas, ça donne un peu l'impression d'être dans un clip américain ! A côté de la plage, la piscine est installée sur la mer avec les transats disposés tout autour. Ne vous étonnez pas de voir des sièges dans la piscine, c'est pour que vous puissiez siroter votre cocktail dans l'eau. Le chef italien prépare des plats qui font leurs affaires : salades, pizzas, pastas, burgers... De quoi y passer sa journée et plus encore : les soirées animées par un DJ sont très festives, parmi les plus fun d'El Gouna.

EL GOUNA GOLF COURSE

✆ +20 122 746 4712
www.elgouna.com

18-trous PGA, par 72, 6296 mètres, handicap maximum 45. Dessiné par Gene Bates et Fred Couples, le parcours de ce golf 18 trous est très agréable. On joue dans un cadre magnifique entre montagnes et mer où chacun peut trouver son challenge quel que soit le niveau. Le parcours a trois départs différents avec des épreuves à surmonter : bunkers, lagons, zones de désert... Le Golf Club dispense des services complets de location de clubs, de chariots et de voiturettes électriques ainsi qu'un club-house et un club de remise en forme.

MER ROUGE

HURGHADA ★★

Ancien port de pêche et de construction navale, appelé à une haute destinée touristique, grâce à la féerie de ses fonds marins, Hurghada (en arabe « El-Ghardaqa ») est aujourd'hui une des deux stations balnéaires les plus célèbres de la mer Rouge (avec Charm el-Cheikh) et la principale ville de la côte égyptienne. Elle s'étire sur une vingtaine de kilomètres en plusieurs quartiers, éloignés les uns des autres. Le cœur historique, Dahar, a réussi à conserver un cachet traditionnel. A la nuit tombante, les vieux quartiers de la mosquée s'animent, tandis que se répand la lourde odeur de viande grillée et que résonnent les joyeuses humeurs du souk. Eclairés de lampes à gaz ou d'ampoules électriques qui ondulent sous le vent, les étals regorgent d'oranges, de bananes, de persil et de quelques variétés de légumes. Les alentours sont beaucoup moins réjouissants. Le tourisme s'y concentre dans des complexes, appelés ici des resorts. Minuscule village de vacances, le resort accueille surtout des groupes de touristes ayant réservé leur séjour depuis leur pays d'origine, dans la plupart des cas l'Allemagne, l'Italie et la Russie. L'objectif est de proposer sur place tous les services possibles pour éviter à ces braves gens de sortir dans la rue. Restaurants, boutiques, guichets de banque, centre de plongée, piscine, plage privée et discothèque sont à la disposition du pensionnaire du resort, qui ne s'éloigne de sa chambre qu'à l'occasion des excursions organisées par le centre de plongée. On a un client, on le garde ! Le drame d'une ville comme Hurghada, c'est qu'à force de croître et de se multiplier, les resorts accaparent la côte et déforment les mentalités, au point de rendre peu attrayant tout séjour en dehors d'une de ces usines à touristes. Il existe bien des hôtels en ville (nombreux et bon marché), des restaurants, des moyens de transport individuels et collectifs… Mais une fois sur place, vous vous rendrez compte que presque toutes les plages ont été confisquées par les complexes touristiques, et qu'il est impossible de se baigner ailleurs. Pour jouir de la mer, il vous faudra passer par un club de plongée où un organisateur d'excursions vous emmènera en bateau jusqu'à l'île de Giftun. Du coup, même en logeant dans un hôtel bon marché, un séjour à Hurghada revient bien plus cher (le droit d'entrée à la journée valant à peu près 100 LE) que dans certaines villes du Sinaï, telles Dahab ou Nuweiba, où les fonds de la mer Rouge sont tout aussi splendides.

PLAGES ★

C'est le point noir d'Hurghada. Les superbes courbes sablonneuses d'antan ont été découpées, bétonnées, murées, défigurées et, pour finir, rendues inaccessibles (à moins de payer un droit) à ceux qui ne logent pas dans les complexes touristiques du littoral. Faites le tour des hôtels et comparez. Celles du Hilton et du Marriott sont particulièrement soignées.

Si vous ne voulez vraiment pas payer, il vous faudra vous éloigner d'Hurghada et vous baigner dans des criques qui n'en ont que le nom, encombrées de pneus, de briques et de batteries usagées.

SOUQ MARINA

Ouvert de 10h à 22h.

Dans une ambiance assez aseptisée ont été reconstitués de soi-disant souks. Artisanat, maroquinerie, vaisselle, textile, bijoux, épices : les magasins vendent à peu près la même chose qu'ailleurs en ville, mais adaptés à des goûts un peu plus occidentaux et un peu plus chers. Il convient néanmoins à une certaine clientèle qui préfère le calme et la propreté au joyeux bordel des souks traditionnels de la vieille ville. Son emplacement au cœur de la Marina, donc à proximité des hôtels et restaurants, est un bon point, pratique et rassurant.

SOUQ TURC

Sheraton road

Ouvert de 9h à 22h.

Vous trouverez ce mini souk à l'ambiance charmante et artisanale. Un bijoutier présente de très beaux colliers en corail rouge, un fleuriste compose des bouquets originaux, un fabricant de lampes en peaux et en papiers colorés vend de nombreux modèles, et aussi des poufs en cuir, des tapis, de la maroquinerie, de la vaisselle et des épices. En peu de temps, vous pouvez faire un shopping cadeaux de qualité. Mais surtout on aime l'ambiance, les odeurs et le brouhaha ambiant et l'on se prête avec beaucoup de malice à l'art de la négociation !

Hurghada.

HURGHADA'VENTURE

✆ +20 109 16 77 873
www.hurghadaventure.com

Ce n'est pas seulement une découverte des monuments et des paysages que cette agence propose, mais une vraie découverte de la vie locale, de ses traditions, de sa culture, de sa gastronomie. Séjours, circuits, excursions, activités sportives et loisirs... chacun est libre de faire son choix ! A noter que l'agence propose également des excursions au départ d'Hurghada jusqu'au Caire et Louxor sur 1 ou 2 jours, vous permettant ainsi de visiter les pyramides de Gizeh, découvrir le trésor de Toutankhamon au musée égyptien et d'explorer la Vallée des Rois.

AÉROPORT INTERNATIONAL DE HURGHADA

Au sud de la ville
✆ +20 6 54 43 976
http://hurghada-airport.co.uk

L'aéroport international de Hurghada compte parmi les plus importants du pays, la région étant très plébiscitée par les touristes. Vous y trouverez donc tous les services attendus et notamment des distributeurs automatiques de billets. Il est situé à 5 km de El Dahar, le centre-ville de Hurghada. Pour rejoindre votre lieu de villégiature, vous pouvez contacter directement l'hôtel, la plupart proposant le transfert, ou bien prendre un taxi sur place.

WHITE ALBATROSS €

Sheraton Road
✆ +20 65 34 63 650
Chambre simple : 375 L£, double : 500 L£.

Simplicité et propreté résument parfaitement ce petit hôtel qui propose des chambres confortables à un prix imbattable à Hurghada. Les propriétaires sont adorables et feront tout pour vous renseigner et vous guider lors de votre séjour. Ils parviennent à créer une ambiance amicale, décontractée et sans chichi. Cette adresse convient aux petits budgets ainsi qu'aux voyageurs qui ne passent pas tout leur temps à l'hôtel. A noter que le petit-déj' est servi sur le toit-terrasse, un moment bien agréable avant de commencer sa journée.

GEISUM VILLAGE €€

El Corniche Street
✆ +20 6 53 54 66 92
Chambre double à partir de 450 L£.

Très bon rapport qualité/prix. L'hôtel est situé en bord de la Mer rouge, possède une petite plage privée ainsi qu'une belle piscine entourée de palmiers. Demandez une chambre avec vue sur la mer. Situé non loin de monuments tels que Coptic Cathedral of Saint Shenouda et Mosque El Mina Masjid, la Geisum Village jouit d'une localisation parfaite pour découvrir les différentes attractions de Hurghada. L'établissement possède également des restaurants. Restaurant méditerranéen comme le Starfish Restaurant, El Halaka ou Waves Restaurant & lounge Bar.

SINDBAD AQUA PARK RESORT €€

Village Road ✆ +20 6 53 44 96 07
www.sindbadclub.com

Chambre double autour de 100 US$. Prix variables selon la saison. Options allant du B&B au « all inclusive ».

Cosy et personnalisé, cet hôtel est rattaché au Water Park : c'est l'option idéale pour les familles. Outre le parc d'attractions aquatique, on y trouve tout pour occuper les enfants : club d'animations, salle de jeux en intérieur et aire de jeux en extérieur, service de garde gratuit, spectacles... Les animateurs sont professionnels dans toutes leurs prestations. Les repas sous forme de buffets proposent des plats diversifiés, vous pouvez également choisir l'option du snack ou du restaurant. C'est un très bon rapport qualité-prix.

ARABIA AZUR RESORT €€€

Route de la Corniche
✆ +20 6 53 61 50 00
www.azur.travel

A partir de 120 US$ la chambre double. Prix très variables en fonction de la saison.

Très bel établissement à prix raisonnable qui réunit toutes les conditions pour un séjour de détente totale. Plage, piscine olympique, salle de sport, spa et centre de bien-être, aires de jeux pour les enfants... : impossible de s'ennuyer d'autant le resort propose tout un tas d'activités comprises dans le all inclusive. Les chambres sont spacieuses, parfaitement équipées et dotées de balcons pour la plupart ouverts vers la mer. Vous aurez également le choix entre 4 restaurants et 3 bars, pour varier les plaisirs durant votre séjour.

BEL AIR AZUR RESORT €€€

Route de la Corniche
✆ +20 6 53 61 55 00
www.azur.travel

Chambre double : 80 US$.

Plus de deux cents chambres réparties dans un cadre de verdure très agréable, ce complexe est parfait pour un séjour détente entre adultes. A quelques kilomètres du centre, il dispose d'une magnifique piscine, d'une plage privée, d'un Spa & centre de bien-être ainsi que d'un centre de fitness. Les chambres sont spacieuses et parfaitement équipées, pour la plupart dotées d'un balcon. Petit-déj et restauration variée avec un personnel très attentionné malgré la grande capacité d'accueil de l'établissement. Bon rapport/prix à Hurghada.

GIFTUN AZUR RESORT €€€

Youssef Afifi Road
✆ +20 6 53 46 30 40
www.azur.travel

Les prix varient en fonction des saisons. Chambre double à partir de 70-90 US$.

Ce grand complexe hôtelier*** bénéficie d'un place de choix au bord d'une superbe plage de 350 m et autour d'un jardin luxuriant. 7 restaurants, 7 bars et plusieurs piscines extérieures, c'est un endroit qui convient à tout le monde que vous voyagiez en famille, entre amis ou en couple. Bien qu'un peu vieillotte, l'infrastructure reste très correcte et les chambres parfaitement fonctionnelles. Enfin, de nombreuses activités sont proposées tout au long de la journée, pour petits et grands. C'est un bon rapport qualité/prix, surtout en formule all inclusive.

MERCURE HURGHADA HOTEL €€€

Route de Safaga ✆ +20 65 346 46 46
www.accorhotels.com

Chambres à partir de 150 US$. Les prix varient en fonction des saisons.

Au bord de la mer rouge, ce très bel hôtel du groupe Accor est parfait pour un séjour détente & loisir. Mer, piscines, sauna, infrastructures sportives, magasin, spa, centre de fitness, 3 restaurants et plusieurs bars : vous avez tout sur place ce qui constitue un avantage puisque l'hôtel est éloigné de la ville (12km). Les enfants sont accueillis dans un « village Baboo » spécialement conçu pour eux. Ce qui donne le loisir aux parents de se livrer à leurs activités de plongée organisées par l'hôtel. Club d'équitation de qualité.

GAD €

El Dahar Square
✆ +20 65 354 00 50

Ouvert de 10h à 23h. Compter entre 30 et 50 LE.

Ouvert jour et nuit, cette chaîne de *fast food* égyptienne est bien pratique pour les voyageurs au budget serré ou ceux qui ont un petit creux en pleine nuit. La qualité des produits est très satisfaisante et la carte est incroyablement fournie, burgers et pizzas côtoient grillades, falafels, et autres spécialités levantines. Cette adresse plaît autant aux touristes qu'aux locaux, donnant ainsi l'impression de vivre une vraie expérience égyptienne ! Estomacs sensibles s'abstenir, qui dit fast-food dit cuisine un peu lourde à digérer.

MER ROUGE

BULLS RESTAURANT €€

Sheraton Road
✆ +20 65 344 44 14
www.bullsrestaurant.com
Ouvert de 7h à 1h du matin. A partir de 120 L£ le plat.

Chinois, italien, européen, mexicain : tous les plats sont concoctés à cette adresse réputée. Le service est impeccable et les cartes très claires. Ouvert tôt le matin jusqu'à tard le soir, vous pouvez y prendre votre petit déjeuner après une nuit blanche à la marina, manger sur le pouce tout au long de la journée ou vous y installer pour déjeuner et dîner. Certes pas gastronomique, mais le cuisine reste de qualité, vous y passerez au moins une fois durant votre séjour. A noter que le Bulls restaurant assure un service de livraison dans tout Hurghada.

CHINA TOWN €€

Sheraton Road
✆ +20 65 344 41 50
www.lepacharesort.com
Ouvert de 10h à 23h. Compter 200 L£ pour un repas complet.

Décor dans son jus, un brin kitsch, ce restaurant de cuisine chinoise est réputé dans la ville et pour cause : c'est bon, copieux et pas très cher. Dim Sun, nems, nouilles, soupes, canard laqué, rouleaux de printemps... on retrouve toutes les saveurs d'Asie avec ce petit quelque chose de différent, *l'Egyptian touch* qui se traduit par une dosette de gras en plus ! Quoi qu'il en soit, cela reste très bien et encore mieux pour les becs sucrés au vu de la carte des desserts plus gourmande qu'à la tradition chinoise. Personnel souriant et attentionné.

FISH HOUSE €€

Sheraton road, Sekala, Next to McDonald's
✆ +20 100 11 30 660
Compter 150 L£ pour goûter à de nombreux poissons.

Ce grand restaurant à la façade beige décorée de sculptures abrite un excellent restaurant de poisson et un petit restaurant de sushis. Le poisson y est préparé sous toutes ses formes, bien que juste grillé il s'avère excellent grâce à la fraîcheur de la pêche. Vous pouvez donc y aller les yeux fermés et vous laisser porter par les conseils d'une équipe sympathique. Accueil et service excellents, bien que parfois un peu débordés, mais un sourire et tout est pardonné ! Mention spéciale pour la propreté de l'établissement qui n'est pas toujours de mise à Hurghada...

NUBIAN CAFE & RESTAURANT €€

New Marina
✆ +20 111 83 83 188
Ouvert de midi à 1h du matin. Compter 100 L£.

Ce restaurant nubien est le seul à proposer des plats égyptiens authentiques dans le complexe de la nouvelle marina. Pigeon grillé, steak de chameau, tajines et bien sûr les incontournables mezzés sont au menu, le tout servi par un personnel sympathique. L'ambiance authentique redonne du cachet à cette marina un peu aseptisée et l'on profite d'un cadre agréable, face à la mer. On s'y sent tellement bien que l'on y vient boire un verre, puis copieusement dîner et enfin terminer la soirée avec une chicha et un thé. Tout est fait pour y passer un moment privilégié.

HARD ROCK CAFÉ HURGHADA €€€

Villages Road, ✆ +20 65 346 51 70
www.hardrock.com
Ouvert de midi à 2h du matin (bar jusqu'à 4h). Compter 200 L£.

Plébiscitée par la jeunesse, la célèbre enseigne est très sympa pour déjeuner et dîner, à des prix raisonnables. Du burger en veux-tu, en voilà, des sandwichs, des salades, quelques plats des Amériques (wings, steak, fajitas, ribs...) et des desserts anti-bikini ! Ambiance détendue, l'établissement organise régulièrement des happy hours, des soirées foot « beer and wings » et des sets de DJ. Belle carte de cocktail dont le fameux Hurricane, recette signature du groupe qui mixe rhum, orange, ananas, grenadine et... un ingrédient mystère, à vous de deviner !

HEAVEN BISTRO €€€

New Hurghada Marina
✆ +20 122 24 28 204
Ouvert de 24h/24h. Compter entre 300 L£.

Cadre et cuisine raffinés, ambiance romantique. Il serait étonnant que vous ne trouviez votre bonheur à la table du Paradis tant elle est riche de propositions ! Makis et sushis, pasta, spécialités chinoises, seafood, salades, soupes et moult plats de viande qui vont du steak de chameau au coq au vin. Cuisine internationale certes, mais goûteuse que l'on déguste avec plaisir dans le quartier de la Marina. Le bistro fait également office de bar lounge, on peut venir y boire un cocktail et s'essayer à quelques spécialités locales... avec modération !

© EWG3D

L'ancienne marina et une nouvelle mosquée

MOBY DICK €€€

Sheraton Road

✆ +20 100 04 03 870

Ouvert de 14h à minuit. Compter entre 300 LE.

Si Moby Dick est connu pour ses steaks et ses burgers de chameau fondants (ou de bœuf pour les moins téméraires), ses plats de fruits de mer et ses spécialités en matière de pâtes n'en demeurent pas moins bons. Le cadre est cosy, l'accueil chaleureux et le personnel tout simplement adorable. Si vous y allez en début de séjour, vous y retournerez forcément par gourmandise d'abord, mais également pour l'excellent rapport qualité-prix et la sensation d'être reçu en ami, en famille. Adresse généreuse dans tous les sens du terme, conseillée +++.

PAPA'S BEACH CLUB

New Marina

✆ +20 100 50 49 346

Entrée à 250 LE, compter au moins 200 LE à l'intérieur.

Bar-discothèque les plus enflammés de la ville, le Papas Beach est devenu une institution chez les noceurs. Différents genres de musique avec de bons sets qui entraînent les plus timides sur la piste de danse. Des soirées karaoké aux ladies night (vendredi et samedi), l'ambiance est toujours festive, friendly et bon enfant avec un pic explosif entre 1h et 3h du matin. Etant un bar de plage, il propose également de la restauration et une étonnante carte de cocktails. A noter que le club est fréquenté par les touristes et les locaux.

EL ZAHRAA BAKERY & PASTRY

Rue el-Fariq Abdel Aziz Mostafa

✆ +20 65 354 00 39

Ouvert tous les jours, de 11h à 23h.

Gourmand ou pas, la visite à cette pâtisserie s'impose. Nous vous suggérons d'ailleurs d'y passer avant le départ pour ramener quelques douceurs au parfum d'Orient. Ici, le choix est immense. Pâtisseries orientales aux noms évocateurs : *kounafas* (à la pâte vermicelle), *basboussas* à base de semoule, *baklawas* (feuilletés aux amandes), mais aussi d'énormes gâteaux pleins de crème, couverts de fruits colorés et enrubannés de couleurs vives, des petits-fours et des bonbons empapillotés...

AKHENATEN EGYPT GALLERY

16 Place Mohamady Howaidaq

✆ +20 100 00 96 095

Ouvert tous les jours de 11h à 22h.

Cette grande surface de 1 000 m² propose de nombreux articles d'artisanat faits main et quelques produits importés. Ici, les prix sont fixes et affichés, vous savez donc où vous mettez les pieds. Par ailleurs, la diversité de l'offre vous évite de faire le tour de la ville pour vos achats de dernière minute : cuivre, verres soufflés, tee-shirts, pierres, maroquinerie, tapis, épices, chicha : il y en a pour tous et pour toutes les bourses. Petite info pratique : la galerie est toute proche de l'aéroport, on peut donc acheter ses souvenirs juste avant son vol !

LITTLE BUDDHA

Village Road

✆ +20 65 345 01 20

www.littlebuddha-hurghada.com

Sushi bar de 13h à 4h du matin, boîte de nuit à partir de 23h30. Cocktails : 75 LE, pour les sushis compter 400 LE.

Si l'on présente dans cette rubrique le Little Buddha d'Hurghada, il faut aussi noter qu'en plus du lounge, l'établissement est un bar à sushis réputé, dans la famille des Buddha Bar. L'idéal est de dîner là-bas et de poursuivre sa soirée au lounge. A la carte, on retrouve les fameux sushis et makis signatures, des compositions originales qui revisitent le genre. Mais également des viandes, des poissons, des soupes et quelques plats végétariens qui pourront convenir à tous les palais. Attention, mieux vaut mieux réserver pour être sûr d'y avoir une place.

ALYSES DIVING CLUB

El Corniche

✆ +20 122 502 90 19

www.alysesplongee.com

Equipement compris : 810 LE les deux plongées. 2 plongées dispositif personnes handicapées à 25 €.

Installé depuis plusieurs années en Egypte, ce club est le premier à avoir proposé des plongées puis des formations Nitrox sur la région. L'équipement du centre est remarquable et n'a rien à envier à ceux basés en France. Reconnu par la Fédération française, le club Alysé est également le seul centre en Egypte totalement équipé pour l'accueil des handi-plongeurs, y compris en formation ! C'est donc en toute confiance que vous pouvez vous initier ou pratiquer en compagnie d'une équipe sérieuse et hautement qualifiée pour l'accueil de tous les publics.

BLUE PARADISE DIVING CENTER

14 El Korneesh Street ✆ +20 65 354 43 54
www.blueparadise.be

Centre professionnel PADI et CMAS. Plongées jour et nuit, baptêmes, cours... Environ 55 € pour deux plongées par jour.

Un minibus vient vous chercher à votre hôtel, pour embarquer et rejoindre l'un des 50 sites de la zone. Les plongées s'effectuent sur deux sites différents chaque jour. Pour les forfaits, on vous emmène sur des sites peu profonds, des plus profonds, des épaves et des tombants. Si le temps le permet, ils vont jusqu'à Safaga (Panorama reef, Salem express) sur les épaves telles que *Abu Nuhas*, *Thislegorm* et *Rosalie Moller*. Vous ne rincez pas le matériel, on le fait pour vous.

DEEP DIVERS

✆ +20 122 62 05 059

Journée de 2 plongées à 55 €, forfait 5 jours à 230 €. Réservation en ligne conseillée : 25 % de réduction.

Deep Divers offre des excursions à la journée aussi bien que des séjours de plusieurs jours à bord de bateaux haut de gamme. Différentes options proposées pour plonger en toute sécurité avec matériel performant. Outre les sorties de plongée, la compagnie dispose d'un service de location de bateau – skipper compris – pour des croisières personnalisées, en demi-pension. Enfin, parmi la carte des excursions, on peut opter pour aller à la rencontre des dauphins de la Dolphin House : une partie de nage émouvante et ludique... Accueil francophone et fort sympathique.

SEAWOLF-REEFKING & STATION

Sheraton Road
✆ +20 102 22 16 303
www.seawolf-submarine.de

Ouvert 7j/7 de 9h à 15h et de 19h à 22h. 30 € pour les plus de 12 ans, demi-tarif pour les enfants entre 6 et 12 ans

Pour une sortie en mer de 3 heures. Embarquez pour une excursion en bateau mi-submergé d'une heure durant laquelle vous admirerez les jardins de coraux et la vie sous-marine grâce aux 24 fenêtres panoramiques. Arrivés à la station flottante, vous pouvez faire de la plongée (équipement fourni gratuitement), farnienter sur le grand pont supérieur ou profiter de la piscine sur la terrasse. À noter que l'embarquement est gratuit pour les moins de 6 ans.

SINDBAD AQUAPARK

Festival Square, sur la Promenade
✆ +20 6 53 44 96 07
www.sindbadclub.com/aqua-park

Ouvert tous les jours de 9h30 au coucher du soleil. 20 € par personne, réduction pour les enfants. 2 plongées pour 65 €.

Un des plus grands parcs aquatiques de la ville, autant vous dire que vous pénétrez le royaume des enfants ! Boomerang, Tourbillon, toboggans, jeux d'eau, piscine à vagues avec plage artificielle : il y a des attractions pour tous les âges sous la surveillance des équipes en place. A noter également que de nombreux jeux et animations sont proposés tout au long de la journée dans l'esprit club de vacances. Snack-bar et différentes formules de restauration sur place, bref vous ne pourrez pas y échapper si vous voyagez en famille !

SUBEX

✆ +20 6 53 54 75 93
www.subex.org

1 plongée : 40 €, à partir de 2 plongées : 29 €/plongée. Pack de 6 plongées : 170 €.

Ce club de plongée très sérieux vous emmènera à Gotha Abou Ramada (idéal pour commencer ou recommencer), à Turtle Bay (dans les îles Giftun) et Erg Somaya (de superbes coraux). Il propose différentes formules, toutes encadrées avec sérieux et professionnalisme. Les bateaux sont confortables et jamais surchargés, ce qui est bien agréable lorsqu'on embarque pour plusieurs heures. Le capitaine et son équipe connaissent parfaitement la région maritime et s'adaptent autant à la météo qu'aux envies des plongeurs. Un club vivement recommandé.

CALYPSO HURGHADA

North hill Road
✆ +20 127 63 22 292

Ouvert tous les soirs à partir de 21h. 250 LE l'entrée.

3 bars, deux pistes de danse et moult soirées à thèmes : le Calypso club fait partie de la tournée des nuits festives. Les meilleurs DJ égyptiens se relaient aux platines pour des sets essentiellement House, RnB, Hip-Hop et ReggaeTown. Des danseurs, des go-go et des animateurs participent aux noces où se mêlent touristes et locaux. Bonne ambiance surtout lors des soirées So So Savage et MAMACITA ladies night qui mettent ces dames à l'honneur. Certainement l'une des meilleures discothèques avec le Papas Beach, faites flamber le dancefloor !

MAKADI BAY

Situé à 30 km au sud d'Hurghada, c'est l'une des nombreuses villes-resorts entièrement dédiées au tourisme, qui ont poussé à l'initiative d'entrepreneurs estimant que les projets privés seraient de meilleure qualité que les expériences urbanistiques étatiques. Elles peuvent aisément prétendre au concours de la carte postale et du farniente. La station balnéaire dispose de toutes les commodités en matière de tourisme : hôtels, spa, bar et discothèques, restaurants de poissons... Côté plongée, l'endroit est intéressant pour découvrir les récifs coralliens et observer la vie marine, à commencer par le barracuda. Pour le reste, on vous laisse juger.

SAHL HASHEESH

A seulement 15 minutes de l'aéroport international d'Hurghada, Sahl Hasheesh est un immense complexe touristique privé qui fait face à la mer Rouge. Si la sécurité est évidemment de mise, Sahl Hasheesh possède également d'indéniables atouts pour les vacanciers. En effet, le village est situé sur une magnifique baie et possède près de 9 km de plage de carte postale. Ici, le farniente est roi : ceux qui se la coulent douce opteront pour le tiercé gagnant transats-sable doré-eau cristalline, alors que les plus courageux profiteront des nombreux sports nautiques : planche à voile, kayak, kitesurf, parachute ascensionnel, ski nautique et, surtout, snorkeling et plongée sous-marine. Très familial, le village propose également de nombreuses activités et clubs pour les plus petits. Pour les grands, on prendra du bon temps un cocktail à la main dans l'un des bars de plage ou l'on se fera dorloter au Spa. Et, entre deux ploufs dans l'une des innombrables piscines, on sortira son sac de golf pour aller travailler son swing sur l'un des deux parcours 18-trous du complexe, plantés en plein milieu des montagnes et du désert… Au coucher du soleil, pas le temps non plus de s'ennuyer ! Après s'être mis à table dans l'un des nombreux restaurants aux menus inspirés, direction les cafés branchés ou les discothèques du coin. A moins que vous préfériez déambuler entre les boutiques d'artisanat et de designers qui ont élu domicile à Sahl Hasheesh. Bref, des vacances sous le signe du farniente !

THE OBEROI SAHL HASHEESH €€€

117 Sahl Hasheesh
✆ +20 6 53 44 07 77
www.oberoihotels.com
Chambre double à partir de 400 US$.

Situé à une dizaine de kilomètres au sud d'Hurghada, ici, c'est vraiment le grand luxe. Le domaine 5 étoiles est tellement vaste qu'on s'y déplace à l'aide de petites voitures électriques, comme sur les terrains de golf. L'hébergement s'effectue dans des petites maisons individuelles, certaines sont dotées d'une piscine. Du Spa à la restauration en passant par les excursions, les croisières, les plongées : toutes les prestations sont hauts de gamme. Un des plus beaux établissements de la région, à réserver sans tarder si vous en avez les moyens.

SOMA BAY

Située à 45 kilomètres au sud de l'aéroport d'Hurghada, cette station balnéaire, ouverte sur la mer Rouge, a été érigée en 1991. Etablie sur une presqu'île, à laquelle on accède par une route, elle dispose de nombreux avantages pour le voyageur : plusieurs complexes hôteliers, un golf de 18 trous, et même un centre de thalassothérapie. Bien évidemment, on pourra ici s'adonner aux activités nautiques : voile, windsurf, kitesurf, sans oublier la plongée sous-marine ! Car, ici, comme dans toute la région, il ne faudra pas oublier de chausser ses palmes et d'enfiler son masque pour partir à la découverte des fonds sous-marins et des superbes récifs coralliens.

SHERATON SOMA BAY RESORT €€€

Soma Bay ✆ +20 6 53 56 25 84
www.sheraton-somabay.com
Chambre double à 175 US$. Petit déjeuner compris.

Très bel hôtel de haute qualité répondant au standing 5 étoiles. Faisant face à de jolis récifs de corail, c'est un lieu de résidence adéquat pour le snorkeling et les activités nautiques. Golf, centre de thalassothérapie, piscines, fitness club, courts de squash et de tennis, kids club, etc., toutes ses prestations permettent de passer un séjour à la fois sportif et de bien-être. Ses trois restaurants proposent une cuisine variée de qualité avec une attention spéciale pour la cuisine égyptienne. Belle architecture inspirée du temple de Karnak à Louxor.

THE WESTIN SOMA BAY GOLF AND SPA RESORT €€€

Km 49 route de Safaga
✆ +20 6 53 56 26 00
www.starwoodhotels.com
Chambre double à partir de 160 €.

Superbe hôtel 5 étoiles de distinction qui offre toutes les prestations pour un séjour d'exception. Plage privée, golf, excellent Spa, 2 piscines dont une d'eau de mer, centre de fitness, sauna, hammam, tennis, squash... tout concourt à votre bien-être. Les chambres spacieuses sont décorées avec soin, elles sont équipées jusqu'au moindre détail. Beaux restaurants de cuisine raffinée, salon de thé et pub dans l'esprit britannique. Service et personnel parfaits.

SAFAGA ★

Port Safaga est toujours sauvegardé du développement immobilier qui s'abat sur Hurghada. Ce port de pêche est à moins de 60 km au sud. A l'origine, Safaga est surtout destiné au transit de matières premières comme le phosphate. Vu l'implantation d'installations portuaires, assez visibles dans le paysage, ce n'est pas un site aussi « naturellement » beau qu'Hurghada. Les premiers hôtels et clubs de plongée sont d'ores et déjà installés à Safaga. Certains plongeurs affirment même que les fonds valent largement ceux d'Hurghada. Sachez toutefois que Safaga offre pour le moment peu de possibilités d'hébergement et que le village est un peu désert.

THE CASCADES GOLF

✆ +20 6 53 56 26 85
Golf de 18 trous, par 72.

Un des plus beaux golfs du monde. Dessiné par Gary Player, ce green sur l'eau offre un parcours sensationnel de 18 trous en bord de mer. Il combine les avantages d'un *links* et d'un parcours désertique alternant des greens rapides et des fairways vallonnés. Adapté pour les amateurs de tous niveaux qui se réjouissent de la vue imprenable sur la Mer Rouge. Aire d'entraînement, putting greens et chipping greens, on y trouve toutes les infrastructures nécessaires. Pour une immersion totale, on séjournera aux The Cascades Golf Resort, Spa & Thalasso.

MONS CLAUDIANUS

40 km de Safaga, sur la route de Qena

Peu visité, le Mons Claudianus est à 1 heure de route de Port Safaga. Le site romain regroupe un camp militaire et village dont il reste quelques vestiges, que l'on visite dans un silence de pierre. On distingue les ruines de l'ancien fort avec les habitations et les thermes ainsi que les murs et socles du temple de Sérapis. En amont du Mont Fatireh se trouve l'ancienne carrière de granit où repose une magnifique colonne de 200 tonnes laissée sur place depuis des siècles. On y va en taxi, en n'oubliant pas sa réserve d'eau !

Safaga.

LOTUS BAY RESORT €€

✆ +20 6 53 26 00 03
www.lotusbay.com
Chambre double à partir de 55 US$, all inclusive.

Situé sur la côte ouest de la mer Rouge, le Lotus Bay Resort est un très bel hôtel, entouré d'un agréable jardin. Il dispose de toutes les commodités nécessaires et de chambres (au nombre de 224) tout confort et parfaitement équipées. Celles-ci sont dotées d'une terrasse. La clientèle a également accès à une plage privée, très appréciable aux heures les plus chaudes. En outre, l'établissement est doté d'une belle piscine, d'un court de tennis, de squash. Il accueille en ses murs un centre de beauté et Spa. Personnel attentif et professionnel.

MENAVILLE RESORT €€

Route de Hurghada
✆ +20 6 53 26 00 64
http://menaville-resort.com
Chambre double à partir de 75 US$.

Ambiance familiale même si l'hôtel peut paraître froid, c'est aussi le rendez-vous des Français. Bien tenu : les chambres donnent sur la piscine, la plage ou le jardin. Beaucoup d'animations et de divertissements sont proposés en journée et en soirée. Bonne restauration quoi qu'elle pourrait être plus variée, n'hésitez pas à faire faux bond au buffet pour le restaurant de poissons situé sur la plage ! Tout Safaga se retrouve dans son bar Shisha (ouvert de mars à novembre) pour se raconter les plongées du jour et planifier celles à venir.

TOUBIA HOTEL €€

Corniche
✆ +20 109 606 8098
Chambre double 65 US$, avec petit déjeuner.

C'est le genre d'adresse où l'on se sent très vite chez soi grâce à l'accueil et la gentillesse du patron et de son équipe ! Simple et modeste, l'hôtel dispose néanmoins de tout le confort nécessaire, les chambres sont confortables et particulièrement propres. Situé sur la marina, à côté des centres de plongée, il dispose d'une plage privée sur laquelle sont servis les dîners. La cuisine faite maison est variée et délicieuse, le chef se plie en quatre pour vous faire plaisir. Bref, on retrouve tout le charme et l'attention d'une pension de famille !

THE BREAKERS DIVING AND SURFING LODGE €€€

Km 48, route de Safaga
✆ +20 6 53 56 26 41
www.thebreakers-somabay.com
Chambre à partir de 130 US$, avec le petit déjeuner. Réservez à l'avance.

Idéalement situé sur la baie, ce lodge luxueux propose de belles prestations pour une clientèle venue essentiellement pour les activités nautiques. Le site compte d'ailleurs une très longue jetée à travers le lagon qui permet aux plongeurs d'accéder librement au récif. Les chambres sont parfaites et la restauration de très bonne qualité. Piscine, Spa, centre de fitness... l'hôtel propose également de nombreuses animations en soirée. Accueil et service impeccables.

DUNE

Marina Aluminium Safaga
✆ +20 11 22 71 24 97
www.dune-world.com
8 jours de croisières et plongées à partir de 700 US$.

Ce centre de plongée francophone a été inauguré en 1997. Ouvert toute l'année, on accède à des sorties à la journée, des croisières, des stages photos et Tek et toute une palette de prestations. Le centre accueille les plus petits à partir de 8 ans, notons que les moniteurs sont particulièrement enthousiastes et passionnés ! La mer Rouge, à cet endroit, est d'une grande richesse en corail et compte plus de 1 200 espèces sous-marines. Formation PADI du Scuba Diver au Dive Master, CMAS et FFESSM du niveau 1 au 3. Formation Nitrox et Tek certaines semaines.

FRED LOMBARD PLONGEE

Marina de Safaga
✆ +20 12 23 61 54 61
www.fredlombard.com

Ce centre de plongée, ouvert en 2004, est une structure à taille humaine qui assure aux plongeurs sécurité et confort dans une ambiance conviviale. Il propose de nombreuses formations techniques et théoriques personnalisées (Recycleur, Tek, Trimix), axées sur la sécurité ainsi que sur le respect et l'amour du monde sous-marin. Fred et son équipe connaissent les fonds de Safaga mieux que leurs poches et proposent des excursions où l'on en prend plein les mirettes ! Matériel de qualité (Aqualang) régulièrement révisé et équipe agréée FFESSM, CMAS et IANTD.

EL QUSEIR ★

A 80 km au sud de Safaga, el-Quseir n'est qu'à 160 km du Nil. Sa situation peut être appréciable pour conjuguer la culture et le farniente. A l'époque pharaonique, cette petite ville était un des grands ports de la mer Rouge. Les marchandises venant d'Arabie, d'Inde et d'Afrique de l'Est y étaient toutes débarquées. Hatchepsout y faisait partir ses bateaux qui revenaient chargés d'encens et d'ivoire… Par la suite, El Quseir fut le lieu d'embarcation pour les pèlerins de La Mecque. Elle cessa toute importation à l'ouverture du canal de Suez. Les bateaux n'y faisaient plus escale. Le tourisme, pour le moment, ne l'a pas encore trop perturbée.

MOSQUEE FARAN

Située dans la vieille ville, la mosquée Cheikh Al-Farran de son nom complet est la plus ancienne de la ville d'El Quseir. Son architecture est typique du sud de l'Egypte avec des inspirations soudanaises ; le minaret de la mosquée a été construit plus tard, en 1704. La mosquée est ouverte à tous, sauf durant les temps de prière. Néanmoins, veillez à respecter le dress code local : votre tenue doit être modeste et recouvrir l'ensemble du corps, les femmes se couvriront la tête avec un foulard ou un châle et les chaussures seront placées à l'entrée.

FORTERESSE OTTOMANE

40 LE l'entrée

Située dans le centre-ville au sommet d'une colline, la forteresse est le site historique le plus célèbre d'El Quseir. Elle a été bâtie en 1517, sur l'ordre du sultan Selim Ier pour protéger son port de transit. C'était alors un lieu stratégique pour le commerce de l'Égypte avec l'Arabie et l'Asie mais également pour les pèlerins en direction de la Mecque pour le Hajj annuel. L'ouvrage militaire a été agrandi en 1800 par les Français, comme en témoignent les canons en saillie laissés sur place pour défendre le site. Promenade agréable.

EL QUSEIR HOTEL €€

138 Port Said Street, Downtown
✆ +20 103 314 00 49

600 LE la chambre double. Salle de bains partagée.

Ancienne maison traditionnelle transformée en hôtel de charme, cette villa construite dans les années 1920 a conservé tout son charme. L'escalier étroit en bois et le parquet difficilement entretenu, donne à ce lieu une atmosphère particulière. Composée de 8 chambres, il dispose d'une capacité d'accueil limitée, ce qui garantit un séjour dans le calme presque complet. Face à la mer, on est vite absorbé par l'histoire de cette ville qui abrita nombreux cheikh soufis et nombreux pèlerins, qui venaient y faire la traversée pour la Mecque.

El Quseir.

FLAMENCO BEACH & RESORT QUSEIR €€

Km 7, route de Safaga
✆ +20 6 53 35 02 00
www.flamencohotels.com
Chambre simple : 85 US$, double : 128 US$ en demi-pension.

Grand hôtel de 280 chambres, implanté au bord de la mer et vers des récifs privés. Une décoration un peu datée, mais les chambres restent de qualité et se déclinent autour de trois piscines centrales cachées par un jardin de palmiers de 2 hectares. Vous aurez le choix entre plusieurs restaurants (international, italien et BBQ) et différents bars. Spa, animations, activités sportives et aire de jeux pour les enfants : l'établissement se prête parfaitement aux vacances en famille.

SEA HUG RESORT €€

Rue Port Saïd, juste à la sortie de la ville au sud.
✆ +20 103 200 04 04
Compter 1 200 LE la chambre double vue sur la mer en demi-pension.

L'hôtel est situé à 1 km au sud d'El Quseir. Vous pouvez combiner l'aventure de la plongée et du repos, loin du stress et des bruits du quotidien. Endroit isolé, mais à seulement 10 minutes à pied de la ville, en longeant le front de mer. L'accueil y est très chaleureux, on sent que l'équipe y met tout son cœur. Le cadre est resté sauvage, les chambres sont soignées et la restauration excellente avec une mention spéciale pour les petits déjeuners, les meilleurs d'El Quseir ! Piscine, spa, animations et moult activités : un lieu attrayant et attachant.

MOVENPICK RESORT EL QUSEIR €€€

Sirena Beach
✆ +20 6 53 35 04 10
www.movenpick.com
Chambre double à partir de 238 US$.

Luxueux et harmonieux, ce complexe d'inspiration orientale se fond merveilleusement dans le paysage. Les chambres, reparties en bungalows, sont élégantes, parfaitement équipées et bien agencées. Au bord d'une plage privée, le Resort comprend deux piscines, des bassins pour enfants, un spa, un centre de plongée et de nombreux restaurants. De nombreuses activités sportives et de loisirs sont proposées parmi lesquelles des balades à cheval ou à dos de chameau.

SUBEX

40 € la plongée, package de 6 plongées : 170 €.

Club de plongée reconnu qui vous emmènera à Al-Qadim (baie protégée aux multiples poissons) ou à Al Khaf (grottes, escarpements, superbes poissons). Il propose différentes formules, toutes encadrées avec sérieux et professionnalisme. Les bateaux sont confortables et jamais surchargés, ce qui est bien agréable lorsqu'on embarque pour plusieurs heures. Le capitaine et son équipe connaissent parfaitement la région maritime et s'adaptent autant à la météo qu'aux envies des plongeurs. Matériel entretenu et de qualité : un club vivement recommandé.

MARSA ALAM ★★★

Il s'agit du dernier village le plus au sud de la côte égyptienne, sur la mer Rouge. Petit village de pêcheurs à 132 kilomètres au sud d'El Quseir. L'endroit, très prisé par les plongeurs, a attiré de nombreux adeptes et des amateurs de plages. Encore inconnue du grand public il y a une quinzaine d'années, Marsa Alam est devenue une destination qui se veut plus chic et confidentielle… Si elle demeure chic et belle, le nombre d'hôtels construits aujourd'hui ne laisse plus rien à l'esprit de « village privilégié ». Accès en bus : d'Hurghada, à peu près 2 bus quotidiens (4 heures de route). Marsa Alam dispose également d'un aéroport.

AÉROPORT INTERNATIONAL DE MARSA ALAM

✆ +20 65 370 00 29
www.portghalib.com/airport

Vols tous les deux jours entre Le Caire et Marsa Alam. 1h25 de durée. Arrivés sur place, vous ne trouverez pas de bus ni de service de taxi. Il est donc conseillé de prendre contact avec son hôtel, la plupart disposent d'un service de transfert. Pour vous donner une idée, le prix de la course entre l'aéroport et Marsa Alma est d'environ 30 euros pour un trajet simple. Il faut compter une trentaine de minutes pour atteindre le centre-ville. Distributeur ATM sur place.

Plage de Marsa Alam.

MARSA NAKARI VILLAGE €€

✆ +20 233 37 18 33
www.redsea-divingsafari.com
Tente double à partir de 45 €, chalet double à partir de 85 €. Pension complète.

Connu comme site de plongée, le village de Marsa Nakari est situé non loin d'une zone protégée qui abrite des dauphins. L'ecolodge respecte les principes de l'environnement et du tourisme responsable. Une adresse authentique et saine, idéale pour les familles. Petit-déj' gratuit, bar et restaurant sur place, WIFI dans les parties communes et un service d'assistance pour les visites touristiques. A noter que le personnel parle plusieurs langues, dont le français. Pensez à apporter des serviettes de toilette et tous produits de beauté.

MARSA SHAGRA VILLAGE €€

Halaib we Shellatin
✆ +20 65 33 800 21
www.redsea-divingsafari.com
Tente double à partir de 50 €, chalet double à partir de 94 €. Pension complète.

Le premier écolodge d'Egypte fondé en 1990 est aussi le plus grand des 3 établissements appartenant à Red Sea Diving Safari. Tentes et chalets sont disséminés sur la plage, dans le respect des sites et de l'environnement, loin des resorts qui ont défiguré Marsa Alam. Toutes les chambres disposent d'un coin salon extérieur avec vue sur mer. Le lodge propose une formule pension complète avec trois excellents buffets-repas par jour. Le snorkeling est ici excellent, tout autant que la plongée. Pensez à apporter vos serviettes de toilette et produits de beauté.

WADI LAHAMI VILLAGE €€

✆ +20 233 37 18 33
www.redsea-divingsafari.com
Tente double à partir de 45 €, chalet double : 75 €. Pension complète.

Le village du Wadi Lahami est le plus au sud de Marsa Alam. Planté à même le sable, cet écolodge est un lieu unique en Egypte, face à une mer limpide, non loin de sites naturels protégés. Le site compte 43 tentes et chalets, un restaurant, un bar/café et dispose d'un service d'assistance pour les visites touristiques. Simple et sans prétention, c'est le lieu idéal pour un séjour authentique au plus proche de la nature. N'oubliez pas d'apporter des serviettes de toilette et tous produits de bain et de toilette. Petit déjeuner gratuit.

RED SEA DIVING SAFARI

✆ +20 233 37 18 33
www.redsea-divingsafari.com

C'est le précurseur des écolodges en Egypte qui possède trois établissements autour de Marsa Alam chacun prônant le développement du tourisme durable. Il propose les meilleures prestations, dans le respect des sites. Plusieurs packages pour les plongeurs de tous niveaux, dont le très intéressant forfait de plongées illimitées. Il propose également diverses excursions et croisières pour explorer différents jardins de coraux, observer les bancs de requins marteaux et rencontrer les dauphins. Nombre de ses bénéfices sont réinjectés dans des projets écologiques.

SINAÏ

Le Sinaï est composé d'un vaste désert et d'une pointe montagneuse qui s'enfonce dans la mer Rouge séparant les golfes de Suez et d'Aqaba. De par son histoire et sa position géographique, cette région a longtemps été disputée entre l'Egypte et Israël. Si la prudence est de mise, on peut de nouveau profiter des paysages désertiques et de ses sites hors du temps comme le monastère Sainte-Catherine, le plus ancien de toute l'histoire de la chrétienté. Le Mont Moïse, le Temple de Sérabit, les canyons, les oasis et parcs naturels attirent essentiellement les randonneurs, les férus d'histoire et les personnes en quête spirituelle. Tous se retrouvent charmés par l'accueil et la gentillesse des Bédouins, les meilleurs guides de cette région qu'ils occupent depuis la nuit des temps. Et si on est parfois étonnés par la modernité de certaines tribus bédouines, elles restent gardiennes de coutumes ancestrales basées sur le partage et l'hospitalité.

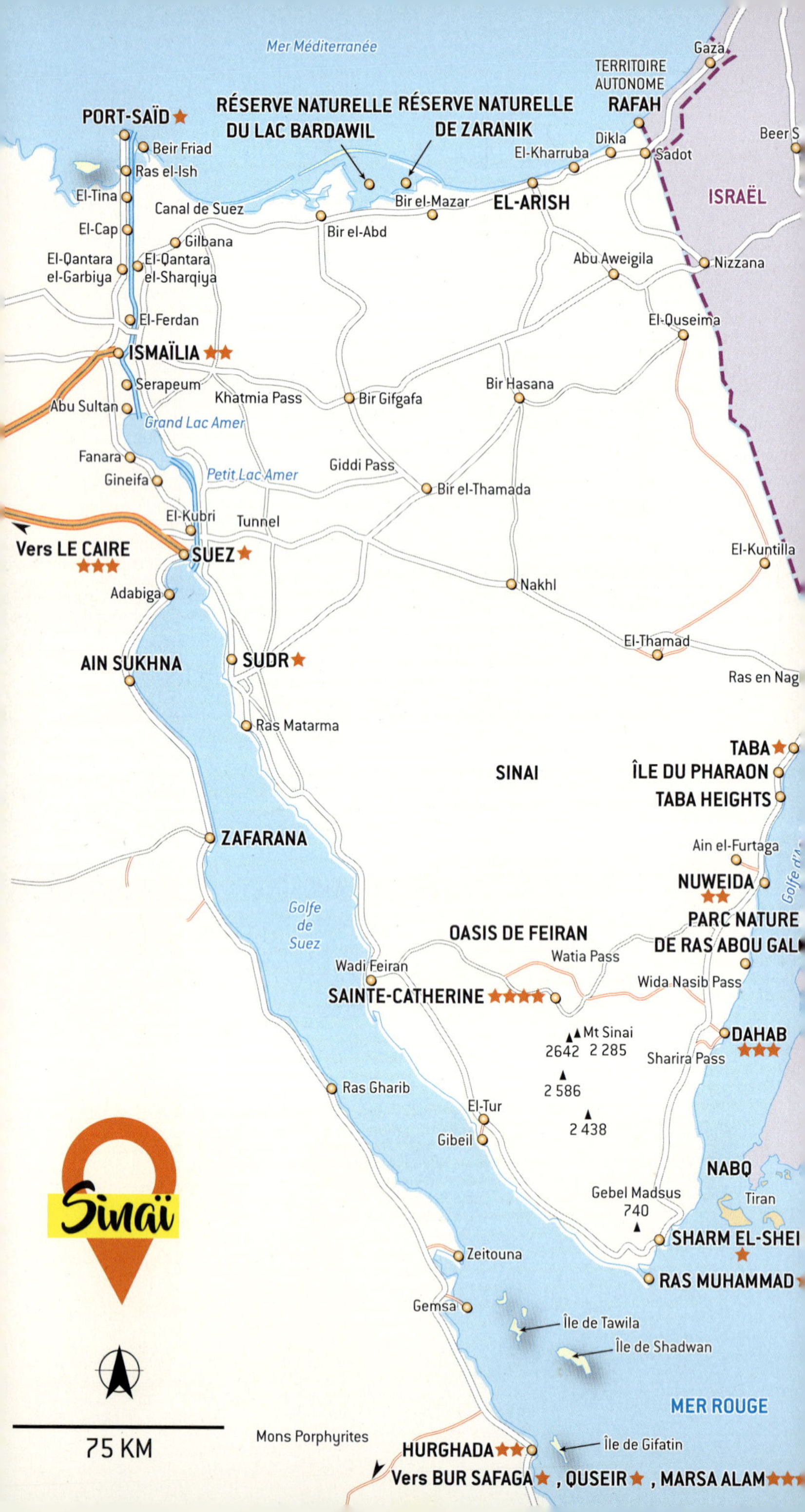
Sinaï
Mer Méditerranée
PORT-SAÏD
RÉSERVE NATURELLE DU LAC BARDAWIL
RÉSERVE NATURELLE DE ZARANIK
TERRITOIRE AUTONOME
Gaza
RAFAH
Beer S
Dikla
Sadot
El-Kharruba
ISRAËL
Beir Friad
Ras el-Ish
El-Tina
Canal de Suez
Bir el-Mazar
EL-ARISH
Bir el-Abd
El-Cap
Gilbana
El-Qantara el-Garbiya
El-Qantara el-Sharqiya
Abu Aweigila
Nizzana
El-Ferdan
El-Quseima
ISMAÏLIA
Serapeum
Khatmia Pass
Bir Gifgafa
Bir Hasana
Abu Sultan
Grand Lac Amer
Fanara
Gineifa
Petit Lac Amer
Giddi Pass
Bir el-Thamada
El-Kubri
Tunnel
Vers LE CAIRE
SUEZ
El-Kuntilla
Adabiga
Nakhl
El-Thamad
AIN SUKHNA
SUDR
Ras en Nag
Ras Matarma
TABA
ÎLE DU PHARAON
SINAI
TABA HEIGHTS
ZAFARANA
Ain el-Furtaga
NUWEIDA
Golfe de Suez
PARC NATURE DE RAS ABOU GAL
OASIS DE FEIRAN
Watia Pass
Wadi Feiran
Wida Nasib Pass
SAINTE-CATHERINE
Mt Sinai
2642
2 285
DAHAB
Sharira Pass
2 586
Ras Gharib
El-Tur
2 438
Gibeil
NABQ
Gebel Madsus
740
Tiran
SHARM EL-SHEI
Zeitouna
RAS MUHAMMAD
Gemsa
Île de Tawila
Île de Shadwan
MER ROUGE
75 KM
Mons Porphyrites
HURGHADA
Île de Gifatin
Vers BUR SAFAGA, QUSEIR, MARSA ALAM

Campement bédouin.

SINAÏ

SAINTE-CATHERINE ★★★★

Cerné de toute part de sommets déchiquetés et blotti au fond d'un cirque naturel, sans autre accès que l'unique route empruntée par les hommes depuis toujours, le village de Sainte-Catherine n'offre, par lui-même, que peu d'intérêt. Au milieu du village bédouin, de nombreuses constructions parasites ont vu le jour. Point de départ vers ce que la nature et les éléments ont de plus grandiose. Ce que vous apercevez depuis la vallée n'est qu'un avant-goût de ce que vous découvrirez quand seront franchies les premières barres rocheuses environnantes. Les paysages qui vous attendent là-haut vous raviront. Ce qui est vrai pour le Sinaï l'est encore davantage pour les différents sommets de Sainte-Catherine, tant la beauté de leurs formes et couleurs tient de la magie. Ceux qui ont beaucoup fréquenté le catéchisme, comme ceux qui connaissent par cœur Les Dix Commandements, reconnaîtront aussi le mont Horeb. Pour avoir droit à ces merveilles, il ne vous sera demandé qu'un tout petit effort, celui de vous lever tôt et de partir sous une voûte constellée à l'ascension d'un sommet (à moins d'y coucher) que vous atteindrez quand les premières lueurs du soleil embraseront le ciel. Le pape Jean-Paul II a bien eu le courage de s'y rendre début 2000 à 80 ans, vous n'allez pas vous dégonfler ! Attention si vous montez pour voir le lever du soleil, pensez bien à prendre de quoi vous tenir au chaud, il vous faudra attendre parfois deux heures au sommet. Le monastère est par ailleurs fermé le dimanche et n'ouvre qu'entre 11h et midi le vendredi.

Tourisme

Plutôt que de marcher seul, si vous avez envie de vous offrir une excursion à dos de dromadaire, vous trouverez différents prestataires sur la place. Négociez et déclinez bien l'ensemble des prestations (dîner, boissons, sac de couchage, nuit sur place, etc.) qui sont incluses.

Transports

▶ **Bus.** Environ un trajet par jour en provenance du Caire. Un autre en provenance de Noueiba, le matin. Deux trajets en provenance de Dahab. Un dernier en provenance de Taba.

▶ **Taxi.** Ils sont là (sur la place centrale ou en bas du monastère) pour pallier les insuffisances des bus. Leur efficacité est remarquable. Il est très difficile de discuter les prix.

DJEBEL ABBAS (2 344 M)

Situé à 6 km à l'ouest du monastère, il est reconnaissable aux ruines du château qui couronnent son sommet. Ce vestige date du XIXe siècle, lorsque le khédive Abbas choisit le site pour faire une cure en plein désert. Quelque temps après le début des travaux, Abbas Pacha changea brusquement d'avis préférant s'établir sur la montagne sacrée elle-même.

▶ **Pour accéder au mont Abbas l**e mieux est de monter par wadi Abu Selleh, wadi Bougieh… et de descendre à travers de petites palmeraies occupées par des Bédouins. Comptez 6 à 7 heures de marche.

JARDIN MÉDICINAL DU DOCTEUR AHMED

Le jardin du Docteur Ahmed est une institution à Sainte-Catherine où les travaux et cultures du médecin, spécialiste en herbes médicinales, sont reconnus. Beaucoup d'herbes locales sont plantées dans son jardin pour être utilisées et identifiées. Il a créé une école sur son domaine, où il enseigne aux enfants bédouins locaux afin de perpétuer le savoir accumulé. Les visites au jardin et l'hébergement peuvent être organisés par la plupart des opérateurs de Sainte-Catherine.

MONT SAINTE-CATHERINE (2 637 M)

Le djebel Katherin est le point culminant de la région et de l'Egypte tout entière. Depuis ses hauteurs, on profite du plus beau panorama du Sinaï. Au sommet se dresse une chapelle où est incrustée l'empreinte du corps de sainte Catherine, martyrisée à Alexandrie. Le corps, ramené par les moines, se trouve toujours dans un sarcophage, à l'intérieur de l'église. Moins fréquenté que le mont Moïse, son ascension nécessite 4 à 5 heures de marche, sans difficulté particulière.

Monastère de Sainte-Catherine.

MONASTERE ★★★★

Visite gratuite, sauf pour le chœur de l'église, à 20 LE. De 9h30 à 11h30 tous les jours sauf vendredi et samedi.

Le monastère Sainte-Catherine, appelé aussi monastère de la Transfiguration, constitue un ensemble magnifique perché à 1 570 m d'altitude. C'est l'un des plus anciens monastères au monde encore en activité et certainement l'un des beaux spécimens d'architecture byzantine. La quasi-totalité de ses murs remonte à sa construction, ordonnée par l'empereur Justinien (en 527 de notre ère). Le monastère était destiné à protéger les nombreux ermites des raids des pillards. L'architecte Ailisios, chargé de l'ouvrage, choisit un terrain où une chapelle marquait l'emplacement du buisson-ardent. Pour ne pas avoir à la détruire, il l'englobe dans la construction d'une nouvelle église et protège l'ensemble d'une puissante muraille de 316 km de long. Ailisios fut, dit-on, condamné à mort et exécuté pour n'avoir pas placé le monastère au sommet du mont Moïse. Son choix s'est pourtant avéré judicieux, car le couvent a résisté aux pillages, à l'usure du temps et aux tremblements de terre.

Deux cents familles originaires de Dacie (Roumanie actuelle) furent dépêchées sur place pour assurer la protection des moines et l'intendance. A partir des VIIIe et IXe siècles, les descendants de ces esclaves se convertirent en masse à l'islam, pour former de nos jours une tribu bien spécifique et très localisée, les Jebelyeh (montagnards). Quoique musulmans, ils reconnaissent l'autorité spirituelle de l'archevêque de Sainte-Catherine. Tout au long de leur existence, des édits (dont certains signés par d'augustes mains, celles du prophète Mohammed ou du général Bonaparte pour ne citer que les plus célèbres) ont protégé les moines, que seuls les Bédouins, peu concernés par ce genre de contrat, ont eu quelque mal à respecter. La plus grande menace est venue d'Egypte au XIe siècle, lorsque le calife Hakim se présenta dans la vallée, avec l'intention de raser le monastère. Fanatique, ce souverain avait déjà détruit de nombreux édifices chrétiens. Mais cette fois, il renonça in extremis à son projet, et obtint en contrepartie qu'une mosquée soit érigée dans l'enceinte même du monastère. Durant la campagne d'Egypte, Bonaparte fit restaurer quelques parties de l'enceinte, dont le mur orienté au nord. Le percement d'une porte d'entrée rendit inutile l'ascenseur de bois qui seul, auparavant, autorisait l'accès à l'intérieur des murs. La potence en bois et sa poulie sont encore visibles.

▸ **Environ un tiers du bâtiment est ouvert au public.** Vous verrez la basilique, dont les parties les plus anciennes remontent au VIe siècle. Elle est riche d'icônes, de mosaïques, de candélabres, de lampes en cuivre et d'argent. Pierre Loti décrit ainsi sa visite émouvante : « On ouvre devant nous les deux battants d'une porte de cèdre qui fut sculptée il y a 1 300 ans et nous entrons dans les étonnements de ce lieu unique au monde… La vue, au premier instant, est éblouie et déconcertée par la profusion des lustres, des lampes d'argent qui descendent d'en haut, formant au-dessus des parquets de mosaïques une sorte de seconde voûte suspendue, compliquée, étincelante… C'est une relique des vieux temps, étonnamment conservée ; on se sent plongé dans un passé naïf et magnifique, si lointain et pourtant si présent qu'il inquiète l'esprit… »

▸ **Le buisson ardent** est situé à l'extérieur de l'église, devant l'abside. Le pape Jean-Paul II est venu se recueillir devant le buisson, c'était la première visite d'un pontife romain en terre copte orthodoxe, en 2000. Avec un peu de chance, vous pourrez essayer de voir la chapelle du buisson-ardent, située derrière le chœur de l'église. Elle est considérée comme le lieu le plus sacré de tout le monastère. L'autel est érigé sur les racines du buisson, ce qui en fait le lieu le plus sacré du monastère. Comme Moïse, il faut se déchausser avant d'entrer.

▸ **Ce que vous ne pourrez voir :** le trésor, d'une grande richesse, constitué de présents offerts par les dévots (calices d'or, chandeliers, croix et crosses d'évêque…) ; la mosquée, le réfectoire, la collection d'icônes… (il y en aurait plus de deux mille) ; la bibliothèque, considérée comme la deuxième au monde après celle du Vatican, en termes de manuscrits et d'incunables. Elle contient plus de 32 000 manuscrits, la plupart écrits ou recopiés par les moines du monastère au fil des siècles. Afin de préserver ses archives, le Monastère a entrepris la numérisation de l'ensemble des documents. Ne vous étonnez pas de ne pas entendre les neuf cloches offertes par l'Eglise russe, elles ne sonnent que lors de fêtes. Quotidiennement c'est une cloche de bois qui ponctue la journée.

La communauté du monastère est composée d'une vingtaine de moines, sous la férule de leur abbé, dont la particularité dans le monde orthodoxe est d'être autocéphale (une tête indépendante). En effet, depuis qu'un décret impérial leur a donné ce privilège, l'abbé du monastère n'est soumis à aucune juridiction plus haute que la sienne. Appartenant à l'Eglise grecque orthodoxe dont le patriarche n'a, en principe, aucune autorité sur l'abbé du monastère.

▸ **Votre visite achevée,** vous trouverez à l'extérieur de l'enceinte, un ossuaire plein de squelettes entassés les uns sur les autres. Ce sont les restes des moines décédés dans l'enceinte du monastère. Pour ne pas gaspiller le peu de terre cultivable qu'ils possèdent, les moines ne disposent que d'un tout petit cimetière. Ils y sont inhumés puis, quelques décennies plus tard, leurs ossements sont déposés dans cette pièce. Gare aux âmes sensibles, cette vision peut quelque peu perturber...

© SYLVAIN GRANDADAM

MONT MOÏSE OU DJEBEL MOUSSA (2 285 M) ★★★★

C'est juché au sommet de cette montagne que Moïse reçut les Tables de la Loi. Les uns réalisent cette ascension, poussés par la foi, les autres par pur plaisir. Qu'importe vos motivations, le chemin escarpé qui conduit au sommet est d'une beauté bouleversante et le panorama final saisissant. Prévoir entre 2 heures et 3 heures de grimpette. L'idéal est d'arriver soit pour le lever, soit pour le coucher du soleil. D'expérience, nous pouvons vous assurer que les couchers sont encore plus grandioses que les levers. On peut donc y dormir à la belle étoile, en sachant qu'il fait très froid en hiver et qu'il n'est pas rare d'y voir de la neige. Attention aux chutes sur des marches rendues glissantes par le gel. En été, de nombreuses personnes passent la nuit au sommet, d'où la nécessité de « marquer » sa place, mais l'ambiance reste assez cool, parfois un peu « scout ». Certains ont la bonne idée de monter un peu de bois mort et d'allumer un feu.

Pour la première partie de l'ascension, vous avez le choix entre deux chemins qui se rejoignent à 20 minutes du sommet : soit la piste chamelière (en pente douce, jusqu'à la jonction) qu'il est d'usage de suivre pour la montée, soit les marches (environ 300), qu'il vaut mieux emprunter à la descente. Dans les deux cas, le chemin est évident et balisé par des bouteilles en plastique (sur la droite, un peu vers l'arrière du monastère, la voie des marches ; tout droit, sur un large ruban de terre, la voie chamelière). Au sommet se trouvent une petite chapelle dédiée à la Sainte Trinité et une mosquée bâtie sur la grotte dans laquelle Moïse séjourna 40 jours. Au nord, en première ligne, le massif de Freiah et derrière, beaucoup plus loin, l'immense plateau de Tih, tant redouté des Bédouins à cause de son manque d'eau. A l'est, le golfe d'Aqaba et, par temps très clair, les contreforts d'Arabie saoudite. Au sud-ouest, l'énorme masse du mont Sainte-Catherine (2 637 m). Au sud, le djebel Abu Adli.

Si vous en avez la possibilité, optez de préférence pour une de ces deux ascensions plutôt que pour celle du mont Moïse. Moins fréquentées, elles offrent de surcroît une vision plus grandiose sur le Sinaï. Ces ascensions sont cependant soumises à une condition préalable : celle d'être accompagné d'un guide. Si vous êtes lourdement chargé, mieux vaut louer un chameau. Un petit trek de deux jours revient à environ 250 LE à 300 LE, y compris le chameau qui transporte les affaires. C'est une expérience inoubliable.

SHEIK MOUSA

✆ +20 10 641 35 75
www.sheikmousa.com
Randonnées.

Ce guide bédouin vous fera découvrir la beauté des sites naturels et la culture unique de cette région. Randonnées dans les montagnes du Sinaï, à dos de chameaux. Les cuisiniers vous accompagnent pour rendre la rando encore plus belle et succulente. Lorsque le tourisme de randonnée a commencé, Sheikh Mousa a eu pour but de créer un bureau unique pour s'occuper de tous les trekkings. Avec l'accord de toute la tribu, il a été décidé que seul le bureau peut organiser des trekkings en montagne, en donnant du travail à tout le monde par un système de rotation.

AL KARM ECOLODGE €

✆ +20 101 324 693
www.sheikhsina.com
Environ 200 L£ par personne et par nuit.

Pas d'électricité (sauf par panneaux pour l'eau chaude) pour cet écolodge construit dans les règles de l'art. Une petite cuisine pour préparer des snacks. Al Karm Eco Lodge est situé à environ 3 heures de marche au nord du monastère de Ste Katharine, dans le Wadi Gharba, qui est à côté de el Sheikh Awad, et accessible depuis la route principale Feiran-Nuweiba au village d'Al Tarfa si vous avez un 4x4 - cela prendra environ 30 minutes sur la piste de terre. C'est l'un des rares endroits où les photos d'Internet ne mentent pas.

FOX DESERT CAMP €

✆ +20 106 987 807
A 1 km du village. 26 chambres.

L'endroit est très prisé. Camping tenu par deux frères bédouins, qui ont aussi monté une entreprise de trekking, il y a plus de 15 ans. Les deux frères ont organisé des expéditions spéciales pour les organisations qui visitent la région (ex : la BBC a filmé le Sinaï pour sa série *The Frankincense Trail*). Eau chaude et salles de bains très propres, restaurant correct et un agréable jardin composé d'oliviers sous lesquels il est plaisant de s'asseoir et de s'évader... Randos et ascension du mont avec les meilleurs des guides des environs.

HÔTELLERIE DU MONASTÈRE €

✆ +20 69 347 05 53
Hébergement simple : 450 L£.

A proximité du mont Sinaï et adjacent au monastère, la maison d'hôtes a un peu le monopole : mieux vaut réserver à l'avance ! A certaines périodes de l'année, la communauté grecque orthodoxe réserve toutes les chambres.

Bon rapport qualité-prix. Occasion d'y voir les jardins de monastère sans les tas de bus d'excursion de touristes. Air conditionné et chauffage individuel ainsi que chauffe-eau, dans les chambres. Lieu confortable mais rien de spectaculaire. La cafétéria attenante offre des repas simples. Le petit déjeuner et le dîner sont inclus dans le prix.

MONT SINAI ECOLODGE €

✆ +20 69 347 08 80
www.sheikhsina.com
A l'écart des circuits touristiques.

Situé sur un sentier éloigné menant au sommet du Mont Sinaï, l'écolodge comprend un restaurant, une cuisine, des douches et des salles de bain communes, des chambres et un réservoir d'eau. Ce campement en dur construit en pierres dans le désert, par des bédouins qui accueillent ici dans la pure tradition, cuisinant des produits frais et du pain cuit sur place. Pas d'électricité sinon celle produite par des panneaux solaires pour l'eau chaude des douches.

Exposition maximale, des chambres, au soleil en hiver. et une bonne ventilation transversale en été.

EL WADI EL-MUQUDDUS HOTEL €€

Shamiya
✆ +20 69 347 02 25
Chambre double à partir de 30 €, avec petit-déjeuner.

Un hôtel moderne où l'accueil est vraiment sympathique. L'établissement comprend 81 chambres : air conditionné et salles de bains équipées de petites baignoires. Toutefois, ce lieu est conseillé pour les voyageurs non exigeants, il semble que le lieu ne soit pas très bien entretenu. Les lumières de certaines chambres sont parfois défectueuses et les douches ne fournissent parfois pas d'eau chaude. La piscine existe, mais elle n'est pas toujours remplie.

MORGENLAND VILLAGE HOTEL €€€

Dar el-Sheffa
✆ +20 69 795 34 42
www.morgenland-village.net
Chambre double à partir de 75 €.

Complexe hôtelier, situé dans un endroit incomparable, sur la route du monastère (5 km avant le village). 200 chambres dans un grand complexe doté d'une piscine non chauffée. Néanmoins, Sainte Catherine est un sanctuaire et un lieu saint qui mérite bien plus que ce que vous trouverez ici. L'endroit est un peu décevant dans la mesure où son architecture gâche le plaisir d'être en immersion dans les montagnes, mais vous n'aurez pas vraiment d'autres choix, si vous souhaitez faire une halte. Bon petit déjeuner et menu du dîner.

SAINTE-CATHERINE TOURIST VILLAGE €€€

✆ +20 693 470 324
Chambre double à partir de 50 €, en demi-pension.

Commencé par les Israéliens durant l'occupation, le Sainte-Catherine Touristique Village, appelé aussi Wadi Raha, est un hôtel 4 étoiles constitué de bungalows, disséminés çà et là sur une large surface, d'un confort absolu et très bien tenus. Sadate occupait le chalet n° 1 lors de ses visites (investi aujourd'hui par des ouvriers) et François Mitterrand le n° 50 (trois visites, toujours pour Noël). Le leader d'Oman, le Sultan Qaboos, y a également séjourné une fois.

DANIELA VILLAGE €

✆ +20 69 347 03 79
Restaurant de l'hôtel du même nom.

Le restaurant Daniela se trouve dans l'hôtel qui porte le même nom. Accessible par la route, situé à 3 km au nord de Dahab. L'hôtel fait face à une très belle barrière de corail et est entouré des montagnes du Sinaï. Isolé du bruit des villes où tout le monde se rue en période de vacances, ce lieu est idéal pour les voyageurs qui cherchent à se reposer et à manger dans un silence presque monacal. Le petit déjeuner est un buffet, proposé pour un tarif raisonnable. Il peut durer jusqu'à midi. Vous pourrez également y dîner. Mieux vaut réserver avant.

RÉSERVE NATURELLE DE SAINTE-CATHERINE

Cette réserve naturelle s'étend sur 5 700 kilomètres carrés. Elle surprend le voyageur par la beauté de ses paysages, entre canyons de grès, falaises impressionnantes et montagnes de granite rose. On pourra découvrir également ça et là, de petites oasis, source de fraîcheur dans cet univers rocailleux. Autour du mont Sainte-Catherine et du mont Moïse, il fallait protéger les 1 000 espèces florales, ainsi que des espèces rares comme le cobra, les geckos, les renards du désert, les léopards du Sinaï, l'oryx des montagnes, la gazelle dorcas, la panthère Pardus jarvisi. C'est chose faite avec la création de cette réserve classée parc national depuis 1996.

VALLÉE BLEUE - WADI MELAWAN

C'est un bien bel endroit, très étrange que cette pierre colorée artificiellement en bleu, qu'il faut impérativement visiter en début ou en fin de journée, car le soleil de midi efface ses couleurs. Il s'agit d'une œuvre artistique humaine et sujette à contestation, notamment de la part des écologistes. Apparemment, du côté bédouin, ça leur a beaucoup plu. Ils ne s'en plaignent pas, estimant que le bleu chasse le mauvais œil. Soumise à l'érosion, c'est une œuvre périssable sur laquelle la nature reprend peu à peu ses droits. Elle fut commandée par Sadate en 1978 pour commémorer les accords de Camp David et réalisée par un Suisse, Jean Vérame.

OASIS DE FEIRAN

Sur la route du Caire, à quelques kilomètres de Sainte-Catherine, se trouve l'oasis de Feiran, la plus grande du Sinaï. Placée sur le tracé que suivit le peuple juif durant l'exode, selon l'Ancien Testament, elle a vu Moïse prier du haut d'un des sommets qui dominent la vallée. Aujourd'hui, peuplée de Bédouins sédentarisés, elle abrite un petit monastère grec orthodoxe, noyé dans un jardin de palmiers et d'agrumes (sortie du village, sur la droite). La route qui va de Sainte-Catherine à Noueiba est d'une grande beauté. A quelques kilomètres de l'embranchement Noueiba-Dahab, vous ne pouvez rater, sur votre droite, un campement bédouin « à touristes ».

SINAÏ

RAS ES-SUDR ★

Situé à 60 km au sud du canal de Suez, c'est le premier village touristique du Sinaï par sa proximité avec Le Caire. Ras Es-Sudr présente un intérêt de villégiature tranquille (bureau de poste, restaurants, poste de police, souk…) plutôt que de destination pour la plongée sous-marine. Les amateurs de windsurf et de kitesurf (même débutants) seront néanmoins ravis : les vents sont ici constants. La région attire également les passionnés d'ornithologie, car on peut y observer de nombreuses espèces d'oiseaux migrateurs. Cependant, le paysage n'a rien d'exceptionnel. La roche, si belle, de la montagne du Sinaï est assez loin de la côte.

LA HACIENDA RAS SUDR €€€

✆ +20 100 11 77 500

www.lahaciendarassudr.com

Chambre double à 1650 L£ ; chambre simple à 1240 L£ ; petit-déjeuner inclus.

Hôtel accueillant beaucoup de familles, à Ras Es-Sudr, établi en une cinquantaine de chambres disséminées dans un jardin, face à la mer. Restaurants, deux piscines. Dispose d'un bar dans une des piscines extérieures qui propose des boissons et des sandwichs. Hôtel conçu pour les familles et propose donc des activités pour les enfants et les adultes, toboggans dans les piscines, équipement pour jouer au volley-ball sur la plage, terrain de football et un gymnase mis à disposition. Tennis de table et billards sont proposés, dans une salle climatisée.

CHARM EL-CHEIKH ★

Avant de vous rendre à Charm, dites-vous bien qu'il s'agit d'un des hauts lieux de la plongée sous-marine, non seulement d'Egypte, mais du monde entier. La réputation de Charm n'est pas usurpée, ce qui justifie son succès. Du sud au nord, vous trouverez la ville divisée en quartiers. D'abord le port appelé Charm el-Mayya ; un espace de résidences appelé El-Habada ; la très fameuse anse de Naama Bay où se trouvent les hôtels « historiques » de la ville ; et la plus récente Shark Bay, qui accueille les hôtels les plus luxueux. Pour la baignade, le même principe de générosité s'applique : les plages sont la propriété exclusive des hôtels.

NAAMA BAY PROMENADE

La baie de Naama est la principale caractéristique urbaine de la zone de divertissement de la ville. Une longue allée bétonnée et délimitée par des arbres rangés en ligne. Une grande partie de la réputation de la ville en matière de qualité de vie est directement liée aux qualités des promenades de Naama Bay. Vous viendrez tout naturellement à ce « bord de mer » qui fait toute la longueur de Naama Bay. Les regards langoureux et soutenus qui s'y jettent font d'elle le premier lieu de rencontre de la ville. Attention néanmoins aux gigolos…

Charm El-Cheikh.

AÉROPORT INTERNATIONAL DE CHARM EL-CHEIKH

El Salam Road
© +20 69 362 33 04
http://sharm-el-sheikh.airport-authority.com
Deuxième aéroport d'Egypte, l'aéroport international de Charm-el-Cheikh se trouve au nord-est de la ville, à une dizaine de kilomètres de Naama Bay. Il faudra compter 150 LE pour se faire déposer dans votre hôtel, prévoyez la somme en monnaie locale. Renseignez-vous également auprès de votre hôtel, nombreux sont ceux qui proposent leurs propres navettes. Vous pouvez également louer une voiture à l'aéroport qui compte plusieurs agences internationales.

AVIS

El Salam Street
© +20 122 794 44 00
www.avisegypt.com
Si vous restez quelques jours à Charm el-Cheikh pour explorer les environs, il est toujours possible de louer une voiture. Le permis international est accepté en Egypte mais attention, il faut être âgé d'au moins 25 ans. La nuit, ne roulez pas trop vite car beaucoup de voitures conduites par des Egyptiens n'ont pas leurs feux allumés... De même, ne vous aventurez pas au-delà des routes et sachez que les véhicules 4X4 nécessitent une autorisation spéciale des autorités égyptiennes. Dans tous les cas, prenez l'assurance maximale qui vous est proposée.

AÏDA RESORT €

Om El Sid Cliff
© +20 69 366 07 19
www.aidahotelsharm.com
Chambre simple à partir de 15 € en basse saison, 30 € en saison haute.
Cette auberge de jeunesse n'en est pas vraiment une : nom de « resort », allures assez majestueuses. Néanmoins, c'est l'hôtel bon marché de Charm el-Cheikh, qui dispose aussi d'une piscine et d'un restaurant ! Bien entendu, il n'est pas sur la plage, mais celle-ci reste assez proche. L'hôtel Aida est proche de plusieurs monuments, comme la mosquée Al Mustafa, qui se trouve à 2,2 km et la cathédrale Céleste, à 2,4 km. Plusieurs restaurants se trouvent aux alentours, tels que le Fairuz Finest Lebanese Cuisine, El Masrien Grill Restaurant ou TGI Friday's.

OONAS DIVE CLUB €

Naama Bay
© +20 6 93 60 05 81
www.oonasdiveclub.com
35 US$ la chambre simple ; 40 US$ la chambre double ; 45 US$ la chambre triple ; 95 US$ la suite familiale.
Bien situé sur la plage de la baie de Naama Bay. Les chambres meublées et confortables sont équipées de l'air conditionné. Vue sur les montagnes. Il propose un choix de suites, de chambres simples et doubles, avec des vues panoramiques sur la baie de Naama, située dans le dos des montagnes du Sinaï. Comprend un restaurant, un bar, des boutiques et un centre de plongée. L'atmosphère y est détendue, le personnel amical et l'emplacement parfait à l'extrémité la plus calme de la baie de Naama. L'hôtel propose également de nombreuses excursions.

CAMEL DIVE CLUB & HOTEL €€

Centre de Naama Bay, entre le Hardrock Cafe et le Pacha © +20 69 360 07 00
www.cameldive.com
Chambre double à partir de 85 US$. Wi-fi partout et petit-déjeuner en buffet (copieux et varié) compris. Piscine.
Un petit hôtel amical, sans prétention, doté d'un centre de plongée réputé. L'établissement comprend deux restaurants avec terrasses, le « Pomodoro » et le « Tandoori », ainsi que 3 bars établis sur différents niveaux (bars à cocktail et bar à chicha). C'est l'adresse « baba cool » de Naama Bay. Construit par des plongeurs, pour des plongeurs, cet hôtel quatre étoiles dispose de trente-huit chambres, disposées sur deux étages autour d'une cour centrale avec piscine. Toutes les chambres ont une salle de bain attenante, l'air conditionné, un réfrigérateur.

EDEN ROCK HOTEL €€

Naama Bay
© +20 69 360 22 50
www.edenrockhotel.net
Chambre double à partir de 60 €, petit-déjeuner compris.
Situé à l'est de Naama Bay, l'Eden Rock est perché sur une falaise qui lui permet de dominer l'ensemble de la baie de Naama, notamment lorsque l'on se baigne dans sa piscine. La vue imprenable sur les montagnes du Sinaï d'un côté et sur le golfe d'Aqaba de l'autre, offre un cadre inoubliable. Les chambres sont très luxueuses, l'accueil est parfait. Les prix sont raisonnables. L'histoire de cet hôtel a commencé avec une seule tuile, il y a douze ans. Des promoteurs sont venus donner vie à une combinaison de roche de montagne et de récif ancien.

HILTON SHARM WATERFALLS RESORT €€

Ras Um El-Sid Cliff
✆ +20 69 366 32 32
www1.hilton.com

Chambre simple à partir de 50 €, double à partir de 70 €, petit-déjeuner compris.

A 6 km du vieux bazar Old Market, cet hôtel 4 étoiles à Charm el-Cheikh reste financièrement abordable. Il serait alors dommage de ne pas profiter de sa plage, de ses cinq piscines et de ses nombreux restaurants à ces tarifs...

Dotées d'un balcon avec vue sur le jardin, les chambres disposent d'un accès à Internet, d'un minibar, d'une théière et d'une cafetière. Les chambres de catégorie supérieure offrent une vue sur la mer, tandis que les suites sont pourvues d'une salle de séjour.

FOUR SEASONS CHARM EL-CHEIKH €€€

Four Seasons boulevard
✆ +20 69 360 35 55
www.fourseasons.com/sharmelsheikh

Chambre double à partir de 380 US$, avec petit déjeuner.

Le luxe habituel de la chaîne, avec un raffinement inégalé. 4 piscines aux courbes harmonieuses situées au milieu d'un jardin luxuriant, et un Spa qui fait la réputation de la chaîne en Egypte. Les huit restaurants de l'hôtel proposent une grande variété de cuisine. L'hôtel possède son propre centre de plongée équipé, des instructeurs et des spécialistes en biologie marine. Les bateaux partent directement de la côte du Resort. Des activités pour les enfants sont également proposées.

HOTEL CONCORDE EL SALAM €€€

White Knight Beach ✆ +20 69 360 1460
sharmelsheikh.concorde-hotels.fr

A partir de 100 € la nuit en chambre double standard avec vue sur jardin, avec petit-déjeuner.

Dominant le golfe d'Aqaba, avec sa vue unique sur la mer Rouge, cet établissement est une halte inoubliable. Installées dans des immeubles modernes de deux étages, les luxueuses chambres et suites se répartissent harmonieusement dans le complexe. Bon nombre d'entre elles sont pourvues de balcons ou de terrasses donnant sur la mer. Tout est fait pour ne pas s'ennuyer : piscines, clubs de remise en forme et un complexe sportif avec un terrain de football, des courts de tennis et de squash, des parcours d'équitation et l'unique patinoire de Charm el-Cheikh.

NOVOTEL €€€

Naama Bay
✆ +20 69 360 01 72
www.all.accor.com

Chambre simple à partir de 80 €, et double à partir de 95 €, avec petit-déjeuner.

Un très bel endroit situé à Naama Bay, parmi tous les hôtels de cette catégorie. Les bungalows et chambres se déclinent sur les flancs de la falaise dans la baie, et offrent à toutes les fenêtres une vue imprenable. Les restaurants sont de qualité. L'hôtel possède 2 bars (avec concerts réguliers), 3 restaurants, 5 piscines. L'hôtel se trouve à 3 km de la boîte de nuit Space Sharm et à 11 km de l'aéroport international de Charm el-Cheikh. Les chambres sont équipées du Wi-Fi et de la climatisation. Les suites possèdent une salle de séjour et une terrasse.

SAVOY SHARM EL SHEIKH €€€

169 White Knight Beach ✆ +20 69 360 25 00
www.savoy-sharm.com

Chambre double avec vue sur le jardin à partir de 100 €, et sur la mer à partir de 150 €, petit-déjeuner compris.

Laissez-vous envoûter par la magie de ce magnifique hôtel : jardins luxuriants, piscine hollywoodienne avec cascades. Accès direct à la plage, il vous suffira de quelques brasses pour vous pouvoir contempler la barrière de corail ! D'ailleurs, l'hôtel dispose d'un centre de plongée situé sur la plage. Cet hôtel vous permet de profiter du nouveau complexe de loisirs, plus connu sous le nom de Soho Square avec ses restaurants, cafés, bars ouverts jusque tard et des boutiques. Allez vous y promener après le dîner, vous ne serez pas déçu !

STELLA DI MARE BEACH HOTEL & SPA €€€

Naama Bay
✆ +20 69 360 46 46

Chambre double à partir de 95 €. Possibilité de vue panoramique sur la baie, petit-déjeuner compris.

Situé au bord de la baie Naama, l'hôtel comprend un ensemble de chambres avec une vue imprenable sur la mer Rouge. Vous apprécierez particulièrement le personnel attentif et attentionné, ainsi que la cuisine raffinée. L'hôtel dispose de deux suites lune de miel et de 30 suites avec vue panoramique. Plusieurs restaurants, bars et discothèques sont à votre disposition, ainsi qu'un Spa gigantesque. Pour les amateurs de plongée, un des plus beaux spots au monde.

DELTA SHARM RESORT €€€

Croisement de la route Oum Al Seed
et de la route al Borg ✆ +20 2 33 03 43 67
www.deltasharm.com

Prix selon la saison, aux environs de 50 € la nuit pour deux personnes, convient plus aux familles.

Ce complexe hôtelier ne propose que des locations d'appartements et de studios, ce qui est une possibilité si l'on reste longtemps à demeure dans la station, surtout en famille. Autour d'une piscine, l'ensemble est sécurisé. Le tout offre des prestations dignes du 4 étoiles qu'il est. Niché dans des jardins paysagers luxuriants, le complexe 4 étoiles Delta Sharm Resort & Spa est situé à 2 km de la mer Rouge. Il comprend 6 restaurants et une piscine extérieure avec cascade et toboggans. Plats traditionnels égyptiens sont proposés dans le restaurant Dawar El Omda.

HARD ROCK CAFE CHARM €€€

Promenade Naaama Bay ✆ +20 69 360 26 64
www.hardrock.com

Restaurant ouvert de midi à 1h30 du matin. Discothèque jusqu'à 4h du matin, compter 200 LE l'entrée

Restaurant d'intérieur pour déjeuner et dîner. Boîte de nuit après minuit. Adresse toujours très prisée. L'énorme guitare et le dôme du restaurant font office d'oasis et invitent tous les habitants du désert à passer un bon moment. L'établissement est situé au centre de Naama Bay, où tout le développement de ces dernières années semble avoir été réalisé autour du Hard Rock Cafe. À l'intérieur, vous trouverez une pyramide remplie de souvenirs rock'n'roll. Compter environ 60 LE l'appetizer, 160 LE pour un repas. et 100 LE pour le dessert à partager.

LITTLE BUDDHA €€€

sharia Marina
✆ +20 111 267 00 00
www.littlebuddha-sharm.com

Ouvert tous les jours de 15h à minuit pour les repas et de minuit à 4h pour danser, compter 250 LE l'entrée.

L'adresse internationale du Buddha Bar. Nourriture fusion pour musique associée. Sortez pour impressionner… Inspiré par son original français, Little Buddha Radisson Blu est le premier du genre à être lancé en Afrique. Dès que vous entrez dans le foyer de la salle d'accueil qui mène à la salle à manger principale, vous êtes accueilli par environ 200 petits bouddhas importés de Thaïlande. Occupant la place d'honneur, la traditionnelle statue de Bouddha de 3,6 mètres vous regardera manger. Compter un minimum de 700 LE pour un repas.

CAMEL BAR

Centre de Naama Bay
✆ +20 6 93 60 07 00
www.cameldive.com

Ouvert à partir de 15h30 jusqu'à tard dans la nuit.

Le Camel Bar est le lieu de rencontre de Naama Bay. « Trois bars en un », en terrasse, lounge ou sur le toit, pour boire un verre, suivre un match ou un concert. Le bar accueille des groupes, mais propose également de vous donner le micro durant les sessions de karaoké.... Restauration possible. Une des meilleures ambiances de la ville.

Profitez d'un coucher de soleil sur la terrasse, ou vous détendre et admirer la vue depuis le toit. Les trois bars servent des menus complets de dîners et de boissons, y compris des cocktails et des shooters.

AQUARIUS DIVE SCHOOL

Coral Sea Impérial
✆ +20 1 02 58 64 81

Plongée découverte 20 minutes à 5 m pour 101 €. Formation PADI : Open Water 323 €, Advanced 228 €, Rescue 307 €

Un centre très pro, équipé d'une belle flotte pour rejoindre les sites. Plongée de vérification (check dive) obligatoire avant votre première immersion, à 9h ou 13h (40 euros). Depuis la jetée de l'hôtel Sheraton, vous êtes en face du très beau site de Far Garden situé au nord de Charm. Le centre propose différentes formations, pour tous les niveaux. Et également pour les enfants. Le centre offre des excursions d'une journée, avec un déjeuner correct. Ne soyez pas frustré lorsque que l'on vous demandera 35 euros pour acheter les photos prises sous l'eau.

KITE JUNKIES

Nabq Bay
✆ +20 100 943 89 79
www.kiteaddictssharm.com

Introduction au kiting (3 heures de leçon privée), compter 140 euros.

Pedro, Kev et Di ont ouvert ce centre de kite en 2007. Trois passionnés, qui ont trouvé leur « eldorado » sur la jolie baie de Nabq, à 20 minutes de Naama. Ici, le soleil et le vent sont au rendez-vous. Tous les niveaux d'entraînement sont proposés, du niveau débutant à celui de confirmé en passant par le niveau intermédiaire. Une gamme de cours de kitesurf comprenant des cours d'une journée et des cours de plusieurs jours. Possibilité également de pratiquer le windsurf. Tout l'équipement est inclus et la certification IKO de kitesurf est disponible sur demande.

SINAÏ DIVE CLUB

A l'Hôtel Hilton Sharks Bay
✆ +20 12 2815210
www.dive-club.com
Une plongée à 35 €, ou deux plongées à 50 €, formule 5 jours à 220 €.

Ce centre de plongée sous-marine est une adresse réputée, implantée dans trois hôtels à Charm. Il est situé dans la célèbre et populaire région de Sharks Bay et propose des sorties quotidiennes de plongée et de snorkeling dans le parc national de Ras Mohamed et le détroit de Tiran. Les instructeurs parlent plusieurs langues, y compris le japonais, enseignent tous les niveaux de cours Padi, y compris le Nitrox. Offre des programmes pour les familles. Il est conseillé d'appeler ou de réserver sur le site, des réductions sont proposées en fonction des saisons.

PACHA NIGHT CLUB

✆ +20 6 93 60 01 97
www.pachasharm.com
Ouvert à partir de 23h. Entrée 250 LE.
Tarifs différents pour les hommes et femmes.

Le Pacha Night club est une des plus grandes discothèques et peut-être la plus branchée de Charm el-Cheikh. Son ancienneté lui donne un caractère traditionnel et l'ancre dans le paysage cheikhien, en faisant un passage obligé.

Parfait pour ceux qui aiment bouger jusqu'au petit matin au rythme de musique techno. Piscine de mousse, spectacle son et lumière, DJ, jusqu'au petit matin, tout est pensé pour vous faire passer un belle soirée. Spectacles presque tous les week-ends. Endroit idéal pour se détendre avec une bière fraîche au bar de la piscine.

SINAI GRAND CASINO

Peace Road ✆ +20 6 93 60 10 50
www.sinaigrandcasino.com
Ouvert 24h/24h. 7/7. Tournois mercredi, jeudi et vendredi.

Salle privée pour les tournois de Texas Hold'em. Pièce pour les grands joueurs, le « Dollar Room », des machines à gogo...Tout cela dans un décor inspiré de l'Egypte ancienne, qui au lieu de faire kitsch, est plutôt amusant et réussi. Casino bâti dans un style architectural égyptien antique, décrit comme le plus beau casino au Moyen-Orient.

Ouvert 24 heures, 7 jours/semaine. Travaille avec 2 devises, le dollar et l'euro. Un restaurant de cuisine libanaise et italienne est ouvert 24 heures. Périodiquement des événements comme des tournois de poker sont organisés.

PARC NATIONAL DE RAS MOHAMMED ★

A 20 km au sud de Charm, sur la route d'El-Tur, un site exceptionnel d'une faune sous-marine si variée que le gouvernement égyptien l'a classé parc national pour le préserver des ravages de la chasse et du pillage des coraux. La discipline est stricte. Tant mieux ! Sans elle, Ras Mohamed ne serait pas ce qu'il est : une rencontre magique entre le désert et la mer. L'eau est d'une telle limpidité que l'on est pris de vertige à la vision des fosses. Des milliers d'espèces de poissons de toutes les couleurs s'y côtoient sans que votre présence semble vraiment les déranger. Il est fréquent d'y croiser de « gros calibres » genre barracudas ou raies géantes, très joueuses. Il n'est toutefois pas recommandé de jouer avec. Il est même plutôt conseillé de se renseigner auparavant sur les poissons de la mer Rouge susceptibles de vous blesser : rascasses, murènes, poissons-pierres... Le site est immense. Quelle que soit l'affluence, il est toujours possible d'y trouver une petite plage tranquille. Pour vous y rendre, pas d'autres alternatives que de louer une voiture ou un taxi à la journée. Apportez tout ce dont vous pourrez avoir besoin (palmes, masque, tuba et casse-croûte, car vous ne trouverez rien sur place). Respectez la consigne du parc : « Ne laissez rien et n'emportez rien », manière polie de vous prier de remporter vos bouteilles vides, et de ne pas détruire le corail. A propos de ce dernier, sachez que des fouilles peuvent être pratiquées par les gardiens. Tout le monde est censé avoir quitté le site à la nuit tombée.

RÉSERVE NATURELLE DE NABQ

Située à 35 kilomètres au nord de Charm el-Cheikh, la réserve naturelle de Nabq couvre 600 kilomètres carrés. Y sont principalement protégés des coraux, des mangroves *Avicennia marina*, cent trente-quatre espèces végétales, des oryx, des gazelles, des hérons. On aperçoit également des palétuviers qui survivent dans la mer grâce à leurs racines et aux sources d'eau douce à proximité. Nabq, qui se situe sur le golfe d'Aquaba, est un très beau site pour voir les oiseaux.

Plongeurs passant près des récifs coralliens au parc national Ras Muhammad.

DAHAB ★★★

« Dahab », c'est-à-dire « l'or » en arabe, fut nommé ainsi pour la couleur de son sable. Du temps de l'occupation israélienne, ce village était devenu le lieu de prédilection de la jeunesse. Plutôt fêtards et désargentés, ces jeunes Israéliens avaient jeté leur dévolu, non sur le centre de Dahab, mais sur un petit village bédouin du nom d'Asalah. C'est là que se sont progressivement installés une multitude joyeuse d'hôtels plus ou moins sales, où il faisait bon fumer de la marijuana sur la plage jusqu'au petit matin. Attention : même si tout a l'air cool, il est strictement interdit de faire entrer, de vendre et d'utiliser de la drogue (douce et dure) en Egypte. Une telle infraction est passible de lourdes peines, il n'est peut-être pas utile de tenter le diable. A bon entendeur... Force est de reconnaître que la page Dahab hippie est tournée et ceux qui y sont passés, il y a une dizaine d'années ne reconnaîtront plus les lieux. Les contraintes sécuritaires associées à la volonté de développer un tourisme plus lucratif ont eu raison de l'ambiance si particulière de cet endroit. La corniche est pavée et dotée de réverbères, chameaux et chevaux ne peuvent plus l'emprunter, les camps ont laissé la place à des hôtels plus léchés, de même que les restaurants sont désormais nickel, mais plus chers. Le village n'a plus rien de traditionnel et a des airs de Khan el Khalili avec le harcèlement qui va avec. La police est très présente. Une grande marque de bière internationale a décidé de sponsoriser la ville entière. Enfin, cette métamorphose a aussi attiré une autre clientèle, plus riche et plus fêtarde : on va désormais à Dahab pour sortir. Il y souffle cependant un vent de liberté appréciable par rapport au reste de l'Egypte et reste bien plus authentique et chaleureux que Sharm el-Sheikh. Les hôtels et restaurants ont gagné en confort et en propreté. Plus animé aussi que les camps autour de Nuweiba. Ici, la mer Rouge s'offre à tous. Au regard d'abord : les restaurants alignés sur la plage sont constitués en fait de simples tapis et de tables basses, et ne privent personne du spectacle de la baie. Ensuite, on se baigne où l'on veut sans que les cerbères, d'une quelconque chaîne hôtelière, viennent toutes les 5 minutes nous demander le numéro de notre chambre. Louez palmes, masque et tuba et avancez-vous dans la mer jusqu'à la barrière de corail (si vous n'avez pas de palmes, portez au moins des sandales en plastique). Si vous êtes un pur et dur de la plongée, plusieurs clubs, installés en ville, proposent leurs services pour des plongées, tout aussi intéressantes qu'à partir de Sharm el-Sheikh.C'est dans les environs d'Asalah, en revanche, que les grands hôtels se construisent, avec plus ou moins de bonheur. Il reste que Dahab offre un spectacle magnifique comme un peu partout le long de cette côte. Les montagnes tombent directement dans la mer. Enfin pour ceux qui désirent plus d'authenticité et une vraie tranquillité, la côte entre Nuweiba et Taba est une meilleure idée.

JIMMY TRAVEL

✆ +20 100 54 88 708

A Dahab, vous ne pourrez pas manquer Jimmy au look de cowboy, qui sillonne la Corniche sur son vélo. C'est un office de tourisme à lui tout seul. Il pourra vous renseigner sur les possibilités d'excursions (Abu Gallum, Blue Hole, etc.) mais également en organiser une sur mesure, selon vos envies et vos contraintes. Fiable et affable, il connaît les monts, collines et sources du Sud Şinaï aussi bien que les Bédouins de la région. A ses côtés, on en apprend autant sur l'histoire et la nature que sur le mode de vie singulier des habitants du désert.

ALASKA CAMP €

Dans le village nubien

✆ +20 69 364 10 04

www.dahabescape.com

Chambre double à partir de 350 LE.

Le cadre est beau, maisons plutôt omanaises qu'égyptiennes, prestations rudimentaires ou simples, selon les points de vue, mais c'est la façon de séjourner à Dahab « dans son jus ». L'Alaska Camp est situé dans le centre de Dahab, juste à côté du golfe d'Aqaba. L'auberge de jeunesse est construite autour d'un jardin avec un coin salon, ombragé. Une connexion wifi est accessible dans les parties communes ainsi que dans certaines chambres.

Les chambres sont simplement aménagées : du carrelage, un ventilateur de plafond, un placard et un dressing.

SINAÏ

AUSKI CAMP €

34 Rue el-Mashraba
✆ +20 108 88 71 02
www.auskicamp.com
Chambre double à 300 L£.

« L'arbre rompt, le roseau plie. » C'est le confort du désert pour ceux qui aiment. Des excursions de plusieurs jours sont aussi possibles à dos de dromadaire (enfin, on marche souvent à côte du dromadaire). Le camp d'Auski est très bien situé, juste au début de la principale rue piétonne. Le restaurant du camp dispose d'une belle vue sur la mer et offre une restauration de grande qualité. Le service en général est très convenable. Ils ont un salon arabe en plein air qui donne sur la mer, et les prix des boissons sont très bon marché.

INMO DIVERS HOME €

El Mashraba
✆ +20 69 364 03 70
www.inmodivers.de
Chambre double à partir de 54 €. 4,50 € de supplément pour la climatisation. Petit déjeuner compris.

Cet hôtel est de belle allure, tout en blanc, avec des dômes et une architecture orientale. Les 40 chambres se répartissent autour de la piscine, et certaines ont une vue sur la mer. L'hôtel dispose également d'un restaurant. Les prestations de plongée offertes par le même hôtel sont de qualité reconnue. L'hôtel se trouve à 1,3 km du Wadi Zaghara. Les chambres sont climatisées et une connexion internet est disponible. Aux alentours, on trouve les restaurants The Kitchen Restaurant et le restaurant asiatique BoxMeal, tenu par des locaux et des étrangers.

CHRISTINA HOTELS €

Rue el-Mashraba
✆ +20 69 364 03 90
www.christinahotels.com
Chambre double à 17 € la nuit, avec petit-déjeuner.

Trois hôtels en un : la Résidence, le Beach Palace et le Beach Pool. Joli hôtel récent. Pour des prix défiant toute concurrence, enfin, à Dahab, on pourrait dire cela de tous les hôtels ! Parfait pour les voyageurs souhaitant se ressourcer lors de leur séjour. Réputé pour son cadre charmant et sa proximité avec les grands restaurants. Les chambres sont équipées d'un minibar, d'une climatisation et d'un réfrigérateur. Wifi. L'hôtel est doté d'une piscine et un petit déjeuner est inclus dans le prix de la chambre. Situé à proximité de Wadi Zaghara.

OASIS FIGHTING KANGAROO €

El Masbat
✆ +20 101 946 66 98
Dortoir autour de 150 L£, chambre confort sommaire pour 300L£. Chambre double digne d'hôtel 600 L£.

Meilleur rapport qualité-prix-emplacement de Dahab. Vous êtes au cœur de la ville, tout proche des terrasses et à la fois un peu en retrait. Dans sa petite cour ombragée couverte de tapis, on peut se reposer ou casser la croûte. Chaque bourse et niveau d'exigence y trouvera son compte. Toutes les chambres, même les plus basiques, sont équipées de climatisation. La cuisine a été refaite récemment. Même si elle ne dispose que de peu d'ustensiles pour se concocter des plats, elle est toujours très propre. Le propriétaire et le gérant du lieu sont très sympathiques.

SINAÏ

Dahab.

HOTEL DAHAB DIVERS €€

Rue el-Fanar
✆ +20 69 364 03 81
www.dahabdivers.com
Chambre double à 45 €, petit-déjeuner compris.

Cet hôtel a beaucoup de charme, avec son architecture omanaise, ses murs blanchis à la chaux, ses étages, ses arcades et ses dômes, sa piscine et son jardin intimiste dont les plamiers ombragent une partie de l'eau domestiquée. L'ambiance y est agréable, d'autant que beaucoup de plongeurs y séjournent, et profitent de l'école de plongée de l'établissement. Hôtel romantique proposant des chambres équipées d'une climatisation. Vous trouverez plusieurs restaurants aux alentours, Ali Baba Restaurant, Shark Restaurant ou Athanor Café Pizzeria.

SEAVIEW DAHAB €€

Rue el-Mashraba
✆ +20 69 364 12 72
www.seaviewdahab.com
Chambre double à partir de 45 € avec petit déjeuner. 40 € pour la chambre double qui ne donne pas sur la mer.

L'hôtel Seaview Dahab est idéalement placé sur le rivage de la mer Rouge, à côté du centre-ville de Dahab dans un secteur tranquille. Bénéficiant d'une vue magnifique, l'hôtel offre 24 chambres spacieuses avec balcon, climatisation, minibar, téléphone et télévision par satellite et salle de bain privative. Le restaurant vous propose une cuisine orientale et européenne, et vous aurez la possibilité de profiter du bar bédouin installé sur la plage et pourquoi pas de mettre les pieds dans l'eau. Plusieurs des meilleurs restaurants se trouvent à quelques minutes.

LE MÉRIDIEN DAHAB RESORT €€€

Al-Tahrir Street ✆ +20 69 364 04 25
www.lemeridiendahab.com
Chambre double à partir de 149 US$ avec petit déjeuner.

Cet hôtel de renom a opté pour une architecture et une décoration s'inspirant des falaises qui le cernent : pierre brute et couleurs vives, le tout dans un esprit tendance. Superbe piscine, tennis, centre de plongée dédié. Surplombant le golfe d'Aqaba, ce complexe contemporain et haut de gamme se trouve à 7 km de la ville de Dahab et à 15 km du site de plongée populaire Blue Hole. Les chambres colorées et chaleureusement meublées. Il y a 3 restaurants et 2 bars, plus un café et une terrasse de shisha. 5 piscines et un spa pour vous détendre.

TIRANA DAHAB RESORT €€€

✆ +20 69 364 03 01
Chambre double à partir de 80 US$, avec petit déjeuner.

L'hôtel Tirana Dahab, anciennement Hôtel Ibis Styles Dahab Lagoon, a encore changé de nom. C'est chose courante, semble t-il à Dahab. A 3 kilomètres du centre de Dahab, le Tirana Dahab Resort 4 étoiles offre une piscine de style lagon. Les chambres modernes s'ouvrent sur des balcons équipés. Chaque chambre est décorée de couleurs chaudes. Elles sont toutes équipées de la télévision par satellite et d'un minibar. Entouré par les montagnes roses de la péninsule du Sinaï, l'hôtel donne sur une plage de sable de 650 mètres de long.

RALPH GERMAN BAKERY €€

Midan Assalah
✆ +20 102 110 75 75
De 7h à 20h. Petit déjeuner autour de 70 L£.

Tous les cafés et restaurants de Dahab proposent des petits déjeuners assez copieux, mais la carte de Ralph est incontestablement la plus variée. Une gamme large de pâtisseries bavaroises traditionnelles fraîchement cuites. Des assises confortables pour rencontrer ses amis et se détendre. On y achète du pain noir et salami allemand en prime. L'ambiance y est très agréable. En période de vacance, la terrasse se remplit très vite. Ce lieu est victime de son succès. Les pains y sont délicieux. Il est possible d'y déjeuner également.

KING CHICKEN €€

El Mamsha
De midi à minuit. Compter 200 L£.

Pour changer du poisson, vous ne serez pas déçus par ses brochettes. Si vous avez envie de vous poser à table, c'est une super adresse. D'ailleurs on n'y mange pas que du poulet. Le restaurant offré un large choix de viandes de bonne qualité et d'une grande fraîcheur, les plats sont accompagnés de riz, soupes, salades et légumes ! C'est une adresse qui très fréquentée par les résidents de Dahab et l'ambiance y est très conviviale. Le soir, il faut patienter pour qu'une table se libère, il est donc recommandé de réserver. Très bon rapport qualité-prix.

RED CAT €€

Qesm Saint Katrin

✆ +20 109 114 01 13

Compter 80-100 LE.Ouvert de 13h à 22h, avec une fermeture entre 16h et 17h. Fermé le vendredi.

Beaucoup de touristes russes sont tombés amoureux de la mer Rouge à force d'y venir chaque hiver. Le propriétaire du Red Cat a eu l'excellente idée d'y ouvrir son restaurant de cuisine russe, qui s'autorise de temps en temps des menus sushis ou de la cuisine géorgienne. Les menus sont très divers. Les cuisinières souhaitent contenter autant les vegans et végétariens que les amateurs de viande et de poisson. Propose des plats très sains et très peu gras. Le restaurant offre également des jus frais et des desserts maison. Connexion Wi-fi disponible. A recommander.

SHARK RESTAURANT €€

Qesm Saint Katrin

De 10h à minuit. Compter 200 LE.

Une des meilleures tables pour ses grillades et poissons finement assaisonnés.Très bel endroit, très agréable, propre avec un personnel très sympathique, et une ventilation qui rafraîchit en période de forte chaleur. L'accueil est très chaleureux et professionnel, ce qui n'enlève rien à ce décor de rêve en bord de mer. Wi-fi facile à utiliser, le personnel donne de très bons conseils pour la nourriture. Le restaurant ne vend pas de boissons alcooliques, mais il fournit le seau avec les glaçons plus les verres si vous achetez votre boisson à l'extérieur.

CHURCHILL'S BAR

zone du phare (lighthouse)

✆ +20 69 36 41 309

www.red-sea-relax.com

Compter 45 LE la bière égyptienne. Repas à partir de 60 LE

Pub in-ratable avec terrasse sur le toit et vue sur la mer. Le bar appartient au Red Sea Relax resort, qui dispose d'une piscine en extérieur. Ici la bière est toujours fraîche et vous pourrez trinquer même pendant le Ramadan, alors que la police empêche parfois les restaurants du front de mer d'en servir. Il s'agit du lieu de rassemblement des expatriés qui vivent dans Dahab, souvent très ouverts et accessibles pour converser avec les nouveaux arrivants. L'inconvénient de ce lieu est la musique parfois trop forte pour s'écouter parler.

EVERYDAY CAFÉ

Midan Masbat

✆ +20 112 270 37 03

Petit déjeuner autour de 100 LE.

C'est le cliché Instagram de Dahab : un café aux airs de brocante hippie ultra colorée. Le concept a tellement plu que le petit café s'est étendu au fil des années et est devenu une chaîne dont vous verrez plusieurs répliques sur la Corniche. Le service est très cool, pour ne pas dire extrêmement lent, mais on ne peut s'empêcher d'y revenir à chaque fois ! Le café ouvre assez tôt le matin, et il est peut-être le seul (aux alentours de 8h et ferme tard dans la soirée). Il donne directement sur la mer et donne l'impression d'être sur un bateau.

FISH AND FRIENDS DIVING CENTER

✆ +20 111 214 11 14

www.fishandfriendsdahab.com/fr

C'est à Dahab, avec pour décor les somptueuses montagnes du Sinaï plongeant dans les eaux cristallines du Golf d'Aqaba, que fut créé en 1997 Fish and Friends Diving Centre. Cette partie de la mer Rouge aux récifs coralliens et à la vie marine magnifiquement préservés offre une réelle diversité de types de plongées. Des canyons, aux tombants impressionnants en passant par les jardins de coraux, tout le monde y trouvera son compte. Il est à noter que Dahab est le seul endroit en Egypte où presque toutes les plongées peuvent se faire sans bateau depuis la plage. Ce centre, convivial et familial, dont les maîtres mots sont sécurité et respect de l'environnement, est spécialisé dans les séjours sur mesure. Encadré par une équipe de professionnels, tout sera fait pour que vous découvriez de la meilleure des manières les sites de plongée qui collent à vos envies. Vous pourrez suivre un des nombreux cours PADI proposés et plonger depuis Dahab en choisissant parmi une myriade de sites accessibles facilement et adaptés aux débutants comme aux plongeurs confirmés. Vous pouvez aussi sortir des sentiers battus et partir en excursion plongée dans les parcs nationaux entourant Dahab. Pendant un ou plusieurs jours découvrez l'hospitalité et la culture bédouine, restez bouche bée devant une nature intacte sous l'eau et à la surface et après de superbes plongées endormez-vous auprès d'un feu de camp sous le ciel étoilé du Sinaï.

NOUEIBA ★★

A l'origine, un simple campement bédouin qui s'est étendu et a pris de l'importance. Son développement touristique a été un peu plus tardif que celui de Dahab. C'est pourtant l'un des plus beaux paysages de la côte. La montagne est là, toute proche, qui semble se jeter dans la mer bordée de palmiers. Si vous disposez d'un véhicule, vous pouvez même remonter la route en direction du nord pour vous baigner dans des fjords encore sauvages et de toute beauté. Du côté de Tarabin, cette plage reste le site le plus calme, le plus propre. Les plages de sable fin y sont aussi nombreuses qu'ailleurs, mais mieux préservées et beaucoup plus paisibles.

FAYROUZ BEACH CAMP €

Duna

✆ +20 69 350 11 33

Hutte 400 L£ pour deux. Chambre double à 600 L£, dotée d'un ventilateur et d'une moustiquaire.

Un joli village les pieds dans l'eau où l'équipe se démène et réussit parfaitement à vous faire passer de très bonnes vacances. Extrêmement simple, évidemment. Il existe plusieurs types d'hébergement, qui contentera tous les budgets. De la simple hutte composé uniquement d'un lit, à la chambre qui comprend ventilateur et moustiquaire. Parfait pour se détendre et profiter d'un bon moment à la plage. Plusieurs excursions sont proposées, n'hésitez pas à négocier les prix. D'autres activités telles que le snorkeling, la plongée ou le yoga sont organisées.

BASATA €€

Sur la route vers Taba

✆ +20 69 350 04 80

www.basata.com

Chambre simple 780 L£. Double 900 L£.

On ne présente plus ce camp à part qui a lancé le tourisme écolo en Egypte. L'expérience est à tenter et l'endroit a ses *aficionados*, qui ne peuvent plus séjourner ailleurs. La réservation est chaudement recommandée. Eau traitée, propreté absolue, pas de radio qui hurle… sont érigées en règles de vie sur place. Pour la nourriture, vous faites vous-même votre marché : fruits et légumes, pain frais, laitages… et vous notez ce que vous achetez. On peut aussi commander sa pizza. Belle plage et jolis coraux. Le concept, l'ambiance et ses adeptes enchantent.

BAWAKI €€

Sur la route vers Taba

✆ +20 100 644 3112

www.bawaki.com/html/bawaki_bio.html

Bungalow double selon le degré de confort entre 100 et 500 L£, petit déjeuner compris.

Les 70 km reliant Noueiba et Taba regroupent un grand nombre d'habitats touristiques donnant directement sur des plages ravissantes. Parmi ceux-là et à précisément 18 km au nord de Noueiba, le petit Bawaki s'étale sur plus de 6 km de plage. « Nous offrons la tranquillité et la sérénité » n'est pas qu'un slogan mais une réalité, que le personnel de l'hôtel s'efforce de faire vivre. La simplicité du lieu, son architecture originale, les eaux limpides de sa plage, sa cuisine variée et son service extrêmement courtois le distinguent des camps voisins sur la côte.

HABIBA ORGANIC FARM €€

Wasit Arab Hemdan

✆ +20 122 217 6624

www.habibaorganicfarm.com/

Chambre simple 800 L£, double 1050 L£, triple 1250 L£. petit déjeuner et climatisation.

La famille propriétaire de la ferme biologique du même nom, qui expérimente constamment de nouvelles techniques de permaculture dans ce sol salé et ingrat, ont créé un charmant cocon à quelques pas de la mer. Grandes chambres climatisées et vastes espaces communs décorés avec goût par des artisans locaux. Grâce aux légumes qu'ils produisent, le restaurant végétarien est presque auto-suffisant. Les amoureux de la nature pourront en profiter pour bénévolement aider à l'entretien des palmiers, arbres maringa et autres salades bio.

CLEOPATRA RESTAURANT €

Dans le village touristique

✆ +20 69 350 05 03

Entre 50 et 100 L£ le repas.

Le restaurant Cléopatra est un des quelques restaurants qui se trouvent dans la ville de Noueiba. C'est un des établissements les plus prisés des touristes. Bien que l'entrée ne paie pas de mine, les plats traditionnels égyptiens et libanais qui sont proposés, ainsi que les plats occidentaux, y valent le coup. Très propre. Décoration kitsch. Le lieu est parfait pour une pause déjeuner entre deux activités, de visite ou de mer. Le propriétaire, M. Ayman Ali, parle parfaitement l'anglais et vous réservera un accueil digne de ce nom.

CANYON COLORÉ

Excursion à ne louper sous aucun prétexte. Le canyon coloré est l'une des merveilles naturelles du Sinaï et se visite depuis Taba. Dans ce lieu magique où les roches jouent avec les couleurs, vous vous engouffrez dans des labyrinthes captivants, aux parois resserrées. Les rochers calcaires y sont jaune, violet, rouge, magenta et or et atteignent jusqu'à 40 mètres de haut. Silence et paix sont au rendez-vous. Comptez entre 1 heure 30 et 2 heures de promenade quelque peu sportives, qui exigent un peu d'escalade. Le canyon se visite uniquement avec un guide.

© TOM PEPEIRA - ICONOTEC

ÎLE DU PHARAON

On l'appelle aussi l'île de Graye. Située à proximité des côtes orientales du Sinaï et au nord du golfe d'Aqaba, l'île du Pharaon mesure 350 mètres de long et 170 mètres de large. Elle est réputée des voyageurs pour ses activités nautiques, à commencer bien sûr par la plongée sous-marine qui permettra d'observer de magnifiques récifs coralliens. Les voyageurs apprécieront également son fort, reconnu pour sa valeur culturelle universelle et ajouté sur la liste indicative du patrimoine mondial de l'Unesco en 2003. Au sommet de la plus haute tour de la Citadelle, on peut entrapercevoir les frontières de l'Arabie saoudite et de la Jordanie.

TABA ★

La dernière enclave israélienne, rendue par Israël en 1989, fait office de poste-frontière entre les deux pays. Le village de Taba n'existe officiellement que depuis le début du XXe siècle. Ici, les structures d'accueil de la station se fondent agréablement dans un décor naturel préservé : désert, montagnes couleur cannelle et mer propice à la baignade comme à la plongée. Le lieu est très prisé des Israéliens qui viennent profiter de son casino et s'adonner à des activités nautiques. La ville dispose aussi d'un aéroport. Dans les environs, vous pourrez observer de nombreux mammifères, reptiles et oiseaux, ainsi que des grottes et sources naturelles.

FORT DE L'ÎLE DU PHARAON

Après une belle croisière pour atteindre l'île, vous pourrez visiter les ruines d'un château défensif croisé construit en 1116 par Baudouin Ier de Jérusalem. Celui-ci passa ensuite aux mains de Salah el-Din en 1170, puis des Mamelouks au XIIIe siècle. Des objets du IIe siècle av. J.-C. ont été retrouvés ainsi que des traces de fondations des périodes hellénistique et byzantine. L'autre intérêt de cette excursion est la possibilité de se baigner et de pratiquer le snorkeling à l'écart de la foule, dans des eaux transparentes.

FJORD

« Fjord », c'est ainsi qu'on a surnommé cette crique aux couleurs sublimes du golfe d'Aqaba. Situé à 15 km au sud de Taba, le Fjord est un site de plongée abrité par une baie protégée. Les récifs coralliens y sont éblouissants. Les plongeurs expérimentés pourront s'aventurer dans le *Fjord hole* un lit de corail à 16 m de profondeur, avec un trou qui descend jusqu'à 24 m. Les moins expérimentés observeront la grande variété de poissons et de coraux dans le récif moins profond en forme de banane. Pour les autres, appréciez le calme de la baie et les eaux turquoise.

SINAÏ

Fort de l'île du Pharaon.

TABA HEIGHTS

A quelques kilomètres de la petite ville de Taba, le groupe Orascom, qui a aussi construit le village touristique d'el-Gouna à côté d'Hurghada, a réalisé son pendant dans le golfe d'Aqaba, grâce à cinq hôtels de très haut standing, d'un golf, et d'activités de plongée sous-marine. C'est aussi un port d'escale pour les marins qui naviguent dans le golfe d'Aqaba. Ici, le concept est simple : en vacances, on se coupe de tout, on ne vit que son rêve de détente, et le cadre et ceux qui vous servent y contribuent. C'est extrêmement bien réussi. Vous trouverez une mine d'informations sur le village de Taba Heights sur le site Internet tabaheights.com

TABA HEIGHTS

www.tabaheights.com

Chambre douche 130 €

Taba Heights est un centre de villégiature pittoresque, ouvert toute l'année et idéalement situé dans l'un des plus beaux endroits de la péninsule du Sinaï. Le village et les hôtels de la station se fondent dans le décor naturel du désert sauvage, des montagnes de cannelle et de la mer vibrante. Taba Heights offre des hôtels de luxe de quatre et cinq étoiles. Expérience de détente et de loisirs dans chacun des hôtels de la gamme. Installations innovantes, conçues pour les voyageurs qui souhaitent simplement s'asseoir et profiter.

MOSAIQUE BEACH RESORT TABA HEIGHTS €€€

✆ +20 69 358 08 00

Chambre double à partir de 100 €, petit-déjeuner compris.

Situé sur le point le plus au nord du golfe d'Aqaba, ce très bel établissement comprend cinq piscines et plusieurs restaurants. Cet hôtel 5-étoiles propose des chambres d'hôtes et des formules avec repas compris qui contenteront vacanciers et voyageurs d'affaires. Il dispose de sa plage privée et d'un magnifique spa et centre de remise en forme. A savoir que ce resort est spécialisé dans l'organisation d'évènements et met à disposition les infrastructures et un management à cet effet.

RED SEA WATERWORLD

✆ +20 69 358 00 99

www.redseawaterworld.com

Deux plongées sur un jour à 95 €. Forfait 5 jours / 10 plongées à partir de 345 €.

Entreprise gérée par la société holding Sinai Services qui a plus de vingt-cinq ans d'expérience dans le secteur de la plongée et des sports nautiques dans la région du Sinaï. Cette école de plongée, réputée, est installée au cœur de la station balnéaire de Taba Heights, dans un des meilleurs coins de la côte. La station comprend des chaînes d'hôtels de renommée mondiale. Le centre de plongée offre les meilleurs instructeurs et équipements, tout pour rendre votre plongée remarquable. Une plage privée, un magasin de sport, un restaurant et un bar de plage

PARC NATUREL DE RAS ABOU GALOUM ★★★

Situé au nord-est du Sud Sinaï, près du golfe d'Aqaba, le parc naturel de Ras Abu Galoum couvre une superficie de 500 km^2. Il existe depuis 1992. C'est le paradis des amoureux de photo et des paysages somptueux, avec le bleu azur de la mer côtoyant les granits des montagnes voisines dont les flancs sont baignés par les vagues. Les massifs coralliens et mangroves y sont surtout protégés. Pas moins de cent soixante-sept espèces végétales ont été recensées, dont quarante-quatre spécifiques à cette réserve. En ce qui concerne la faune, on y trouve des hyènes, des oryx, des cobras noirs, des vipères à cornes. Un parc naturel propice à la visite.

RÉSERVE NATURELLE DE TABA

Dans le golfe d'Aqaba, cette réserve naturelle couvre 3 590 kilomètres carrés. Limitée par la ligne Charm El Cheikh - Taba, elle passe par la vallée de Keni Al Raban, la vallée d'Om Adaoui, la vallée Om Adaoui et la vallée de Keni Al Raban. Plus de douze hectares de jardins, des chutes d'eau, des rivières, et une plage de sable privée, le paysage y est époustouflant. Elle abrite vingt-cinq espèces de mammifères, cinquante espèces d'oiseaux rares et vingt espèces de reptiles. Un décor naturel préservé : mer et désert, montagnes couleur cannelle, cavernes et tout un réseau de vallées. Une visite intéressante donc pour tous les passionnés de nature.

EL-ARICH

Depuis 2014, la zone du Nord-Sinaï et en particulier la ville d'Al Arich sont en proie à de violents affrontements entre les forces de sécurité et des groupes terroristes. L'armée égyptienne interdit de s'y rendre et le ministère des Affaires étrangères français le déconseille également formellement. Le vert végétal et le jaune minéral combinés aux bleus de la mer et aux murs blancs des villas donnent à El-Arich un charme pittoresque. Autrefois important port de pêche et centre de négoce pour les Bédouins, l'oasis a ensuite joué la carte du tourisme résidentiel. Les palmiers sont sacrés dans cette région et il est formellement interdit de les couper.

PARC NATIONAL DE LA FORÊT PÉTRIFIÉE

La Forêt pétrifiée de Maadi est apparue il y a environ 35 millions d'années. On comprend donc l'intérêt de l'Egypte de protéger un tel patrimoine, richesse naturelle, scientifique et touristique. Située à 18 km à l'est de Maadi, au nord de la route de Katameya à Ein El Sokhna, elle se présente sous forme de plateau, où s'élèvent falaises et collines. Cette forêt est un objet d'intérêt pour les scientifiques et les étudiants faisant de la recherche en égyptologie. Cette région est considérée comme un joyau géologique. Un grand nombre de troncs d'arbre pétrifiés se trouvent ensevelis sous des couches de sables de 70 à 100 mètres d'épaisseur.

RÉSERVE NATURELLE DE LA ROUTE MIGRATOIRE AL AHRASH

La réserve d'Al-Ahrash est située au nord-est de l'Egypte. Elle est recouverte d'acacias qui permettent de consolider les dunes sablonneuses. La réserve abonde en poissons (papillon, perroquet) avec plus de 1 000 espèces présentes. La réserve comprend des mangroves. Les pluies, plus fréquentes sur le littoral que sur le reste de la péninsule, suffisent à entretenir une végétation luxuriante. Les vents dominants du nord-est balaient à longueur d'année vers l'intérieur des terres les sables, qui, en s'accumulant, finissent par former d'immenses étendues de dunes.

RÉSERVE NATURELLE DU LAC BARDAWIL

Situé au nord-est de la branche de Rosette du Nil, le lac Bardawil est un lagon dont la profondeur n'excède pas 3 mètres. Il est considéré comme étant l'un des trois principaux lacs de la péninsule du Sinaï. Très salé, il est séparé de la mer Méditerranée par un étroit banc de sable et s'étend sur une superficie de 460 kilomètres carrés. Il a pour but de reconstituer la faune et la flore du lac Menzalah. Le nom « Bardawil » est la version arabe du nom de Baudouin, nom de cinq rois de croisades de Jérusalem. Le lac se situe dans une région qui, durant la période des Croisades, a été disputée entre le territoire du Royaume de Jérusalem et l'Egypte.

RÉSERVE NATURELLE DE ZARANIK

Située à l'extrême est du lac Bardawil, sur la côte nord du Sinaï, la réserve de Zaranik couvre 250 kilomètres carrés. Elle est bordée par la Méditerranée. Elle constitue une voie de grande importance pour les oiseaux migrateurs. 244 espèces d'oiseaux y ont été répertoriées, dont des pélicans, des sternes, des griffons, des buses Buteo, des aigles dorés Aquila chryseatos, des faucons. On y trouve également de nombreux reptiles, ainsi que des dauphins et tortues caouannes (*Carreta carreta*). Plusieurs vestiges ont été retrouvés dans la région, notamment des fragments de poterie ou les restes d'une mosquée datant de la conquête islamique.

ORGANISER SON SÉJOUR

L'Egypte est un pays aux multiples attraits, cependant il ne faut jamais perdre de vue que vous entrez dans une autre culture lorsque vous atterrissez au Caire, à Louxor, etc. On n'est plus chez soi et l'on ne détient pas la vérité. Vous allez entrer dans un pays hospitalier, facile d'accès depuis la France, très peu de décalage horaire, un climat ensoleillé toute l'année, pas de vaccin requis et quasi aucun risque sanitaire sur place.

L'Egypte est une destination abordable pour toutes les bourses, mais le budget peut monter très vite si vous logez dans des hôtels de luxe, et louez une voiture avec chauffeur. Les logements sont facilement réservables, et la palette de prix et de prestations s'adapte à tous les budgets. Le budget reste correct si vous passez par un tour opérateur ou une agence réceptive. Là, vous n'aurez pas à vous soucier de l'organisation, juste à vous laisser porter par le programme.

ARGENT

La monnaie nationale est la livre égyptienne (LE) divisée en 100 piastres (PT). En anglais, on vous parlera de pound et de piaster, en arabe de guineh et de qirch.On trouve des billets de 1, 5, 10, 20, 50 100 et 200 LE, et de 50 PT, ainsi que des pièces, de plus en plus utilisées, de 5, 10, 20 et 25 PT et de 1 LE. Il devient nécessaire de se munir d'euros ou de dollars ; certaines prestations touristiques étant exprimées en euros ou en dollars, puis soumises au taux de change officiel que l'on vous présentera des factures, alors payables en livres égyptiennes. Au 1er janvier 2021, le taux de change était le suivant : 1 LE = 0,05 € ; 1 € = 19 LE.

BUDGET / BONS PLANS

Du fait de la dévaluation de la monnaie, qui a perdu la moitié de sa valeur à l'automne 2016, de nombreux prix ont augmenté mais le différentiel demeure très avantageux pour les touristes étrangers.

En règle générale, les tarifs des hôtels de petite à moyenne catégorie varient entre 100 et 450 LE ; les restaurants entre 50 LE et 350 LE ; le prix d'un ticket de musée s'élève à 60 LE ou 100 LE (réductions de 50 % pour les détenteurs d'une carte internationale d'étudiant) ; le prix d'une course en taxi à 70 LE au Caire pour la moitié de la ville.

Pour un petit budget, une journée type, comprenant une nuit d'hôtel et le petit déjeuner (200 LE), les transports (80 LE), deux visites (entre 60 LE et 100 LE au Caire, et entre 100 LE et 200 LE dans la vallée du Nil), un déjeuner et un dîner (300 LE), revient autour de 800 LE, soit 38 €.

Pour un budget important, les grand hôtels peuvent monter jusqu'à 600 US$ ou plus, et on peut déjeuner et dîner dans des restaurants réputés entre 400 et 600 LE par personne, boissons non comprises.

PASSEPORT ET VISAS

Un visa de tourisme (validité maximale de 1 mois, coût 25 US$) est obligatoire en plus du passeport pour entrer en Egypte. On peut se le procurer auprès des autorités diplomatiques égyptiennes en France et notamment à l'ambassade d'Egypte à Paris, mais il est surtout plus facile de l'acheter à votre arrivée dans un des aéroports internationaux d'Egypte. Tous les passeports délivrés en France sont désormais biométriques. Ils comportent votre photo, vos empreintes digitales et une puce sécurisée. Pour l'obtenir, rendez-vous en mairie muni d'un timbre fiscal, d'un justificatif de domicile, d'une pièce d'identité et de deux photos d'identité. Le passeport est délivré sous trois semaines environ. Il est valable dix ans. Les enfants doivent disposer d'un passeport personnel (valable cinq ans).

SANTÉ

En Egypte, en plus du soleil, c'est la pollution atmosphérique qui est un risque pour vous si vous souffrez d'allergie, d'asthme ou de problèmes respiratoires. Equipez-vous également de répulsif afin de ne pas vous faire piquer par les moustiques, porteurs de maladies virales. L'Egypte fait partie des pays touchés par l'épizootie de grippe aviaire. Faites attention. Assurez-vous que vos vaccins obligatoires en France sont à jour (D.T. Polio par exemple). La vaccination contre l'hépatite A est recommandée. Il vous faudra également vous faire vacciner à titre préventif pour un séjour prolongé et où les conditions peuvent être précaires contre un certain nombre de maladies comme la typhoïde, la rage et l'hépatite B. Il n'y a plus de paludisme en Egypte.

SÉCURITÉ

Début 2021, au regard du contexte sécuritaire régional (développement du terrorisme), le ministère des Affaires étrangères (MAE) rappelle que les déplacements dans la zone désertique depuis la frontière égypto-libyenne jusqu'à la frontière égypto-soudanaise sont formellement déconseillés. Cette zone était classée en rouge lors de notre enquête, tout comme la Péninsule du Sinaï (à l'exception de la bande côtière allant de Charm el Cheikh à Taba). Sans céder à l'inconscience ou à la paranoïa, soyez informé et responsable. Vous partez pour un pays qui est ponctuellement la victime de soubresauts, et il faut reconnaître que la situation sécuritaire s'est un peu dégradée depuis la révolution de 2011. La sécurité aux abords des hôtels a été particulièrement renforcée, et les grands établissements sont très barricadés. Ne vous laissez pas impressionner, c'est pour votre confort, après tout. Ne rechignez pas au contrôle des sacs auquel on vous demandera de vous soumettre à l'entrée de chaque musée et hôtel. Vous devez donc impérativement vous tenir informé dans les semaines qui précèdent votre départ sur une possible recrudescence des actes terroristes et sur les régions où ils sont commis.

L'ASSURANCE VOYAGE, LE MEILLEUR MOYEN POUR PROTÉGER SA SANTÉ À L'ÉTRANGER

avec le DR MICHEL NAHON, directeur médical d'Allianz Travel

En cas de souci de santé sur place, que faut-il faire ?

Si l'on se trouve dans une situation urgente (accident grave, morsure d'animaux…), il est conseillé d'appeler les numéros d'urgence locaux. Une fois à l'hôpital, appeler son assisteur pour déclencher les procédures de prise en charge.

Est-il possible d'entrer en contact avec un professionnel de santé en cas de besoin ?

Allianz Travel dispose d'un service de téléconsultation médicale accessible en visio qui permet de s'entretenir avec un médecin français 24h/24, 7 jours sur 7. La consultation se fait en français et des conseils sont donnés sur les démarches à effectuer. Une ordonnance peut également être délivrée.

S'agissant des frais médicaux, est-on forcément couvert par son assurance maladie et sa mutuelle à l'étranger ?

La sécurité sociale et la mutuelle fonctionnent en France et dans les pays de la Communauté économique européenne, à condition d'avoir fait une demande d'extension de garantie avec la carte européenne d'assurance maladie (CEAM). Il est malgré tout conseillé de souscrire une assurance voyage, car la prise en charge des frais ne sera pas la même qu'en France.

Quel est le meilleur moyen de voir ses frais médicaux pris en charge ?

Dans les pays hors Europe, il est recommandé de souscrire à un contrat d'assistance avec un bon niveau de couverture des frais médicaux. Il est également important de choisir un acteur solide, qui dispose d'un important réseau international dans le domaine médical.

L'assurance voyage prévoit-elle le rapatriement ?

Le rapatriement n'est pas systématique. Il faut un réel intérêt médical. Si le patient peut être traité sur place, l'assisteur oriente vers un médecin ou une structure médicale adaptée localement. De même qu'en cas d'accident dans une zone désertique, le patient sera d'abord orienté vers l'hôpital le plus proche pour stabiliser la situation, avant d'envisager le rapatriement.

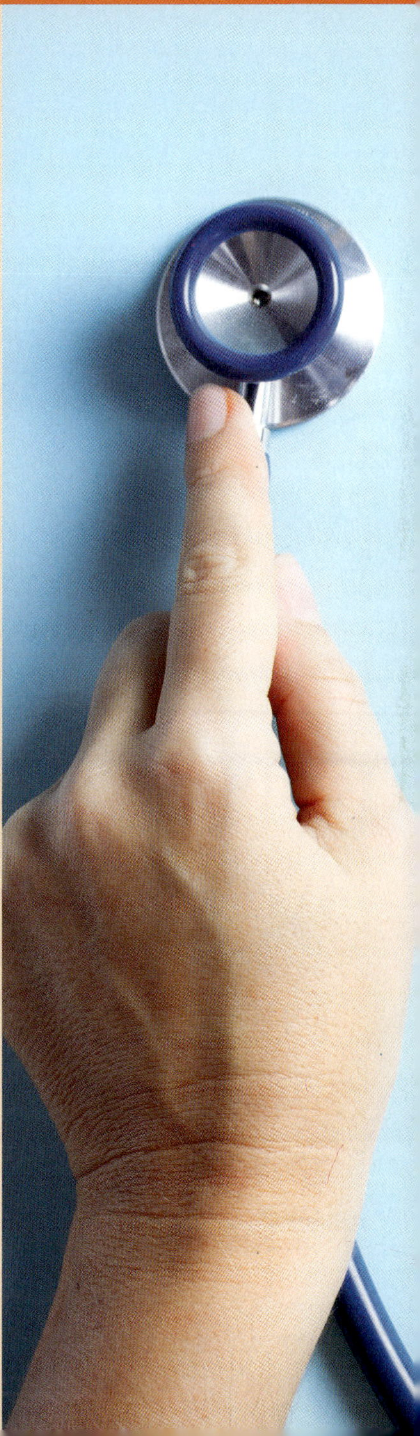

© NEIRFY

Le territoire égyptien est suffisamment vaste pour que vous puissiez y passer un séjour agréable, en évitant les zones dangereuses. De son côté, le gouvernement égyptien fait tout son possible pour assurer votre sécurité en Haute-Egypte. Cela se traduit par une présence policière impressionnante, mais aussi par des contraintes qui rendent le voyage individuel dans cette région de plus en plus difficile. Vous n'en aurez pas conscience tant que vous resterez à Louxor ou à Assouan. Mais si vous avez l'intention de vous éloigner de ces villes, renseignez-vous auprès de la police touristique sur les moyens de transport que vous pourrez emprunter. On peut vous imposer une escorte policière plus ou moins discrète (celle entre Louxor et Assouan a été supprimée). Parfois, il vous faudra attendre le départ d'un convoi pour prendre la route. D'autres fois, on mettra à votre service une protection particulière digne d'un (petit) chef d'Etat. Autrefois, les trains qui n'avaient pas de surveillance policière à bord n'étaient pas autorisés aux touristes. Bien que cette interdiction ait été abolie récemment, il est fréquent que les touristes se voient refuser la vente d'un billet pour ces trains-ci aux guichets des gares. Le meilleur moyen est donc de monter dans le train choisi et d'acheter son billet au contrôleur.

DÉCALAGE HORAIRE

Le décalage horaire est d'une heure, à l'exception de courtes périodes transitoires, environ un mois, pendant lesquelles les deux pays sont à la même heure. Les changements d'horaires en Egypte s'effectuent généralement aux alentours du 1er mai et du 1er octobre. Il est 9h au Caire quand il est 8h à Paris.

LANGUES PARLÉES

L'Egyptien parle, bien évidemment, l'arabe égyptien, différent de celui du Moyen-Orient ou du Maghreb (tous arrivent néanmoins à comprendre les Egyptiens, ce qui n'est pas toujours vrai dans le sens inverse). L'arabe parlé est du genre dialectal et varie quelque peu suivant la région. L'anglais est couramment parlé dans les endroits touristiques. La plupart des plus de 25 ans ont étudié le français comme deuxième langue vivante, mais ne le pratiquant jamais, les quelques mots appris se sont vite envolés. Bien que peu répandu, le français reste très apprécié. Autrefois, c'était la langue de la bourgeoisie. Il y aurait près de 3 millions de francophones, selon l'organisme de la francophonie. Certains Cairotes le pratiquaient à l'école et avaient même l'interdiction d'employer une autre langue dans la cour de récréation. Vous croiserez peut-être au Caire quelques Egyptiens francophiles qui converseront chaleureusement avec vous. Quant aux quelques mots de français qui vous sont adressés sur les lieux touristiques, ils sont simplement destinés à vous attirer dans les boutiques des souks ou des bazars. Dans le Sinaï, de nombreux Bédouins parlent l'hébreu. Sinon, à moins de rencontrer l'intellectuel du village, vous n'aurez d'autre possibilité que de vous exprimer en arabe. La mémorisation d'une centaine de mots peut suffire à faire face aux situations courantes ou, plus simplement, à faire plaisir en saluant, votre interlocuteur dans sa langue natale, qui ne manquera pas d'être agréablement surpris. Vous ne la parlez sûrement pas, mais sachez qu'il existe aussi une langue copte. Cette langue, dérivée du langage pharaonique et du grec, est utilisée dans la liturgie chrétienne.

COMMUNIQUER

Composez le 140 (les renseignements).
Pour téléphoner de l'étranger vers l'Egypte : 00 20 + le numéro de votre correspondant (indicatif régional compris, non précédé du 0 local).
Pour téléphoner d'Egypte vers la France : 00 33 + les 9 derniers chiffres de votre correspondant, sans le 0 initial donc.
Régions géographiques. 02 (Le Caire) – 03 (Alexandrie) – 066 (Port-Saïd) – 064 (Ismaïlia) – 062 (Suez) – 069 (Charm el-Cheikh) – 068 (El-Arich) – 046 (Siwa) – 086 (El-Minya) – 095 (Louxor) – 097 (Assouan) – 011 (Bahareyya) – 092 (Kharga) – 065 (Hourghada) – 084 (Fayoum).
La majorité des Egyptiens ont des portables. Ceux qui tiennent péniblement dans la paume d'une main ont beaucoup de succès. La 3G et 4G fonctionne parfois mieux que le wifi public ! Tous les numéros commencent par 01. Les lignes en revanche sont quelque peu capricieuses. Dans les oasis, inutile de grimper en haut du palmier, on capte rarement bien.

ELECTRICITÉ ET MESURES

Le moindre petit village perdu au fond d'une oasis possède l'électricité (220 V). C'est l'une des grandes réussites de l'Egypte moderne, due au « haut barrage » d'Assouan. Ne regardez pas les installations : dans certains établissements, cela vous empêcherait de dormir.

L'éclairage intime est exclu, le néon est roi presque partout. Les mosquées, tels des sapins de Noël à longueur d'année, dressent leurs minarets fluorescents vers les cieux. Parfois, ajoutant une note de gaieté, le tronc des arbres, à Louxor par exemple, s'enguirlande de petits points lumineux lorsque le soir descend. Les prises sont les mêmes qu'en France, mais, curieusement, les fiches mâles ont souvent des problèmes à y entrer. Prévoyez un petit adaptateur, il vous sera souvent utile.

BAGAGES

Tâchez le plus possible de ne porter que du coton (pour la chaleur, il n'y a rien de mieux). En hiver, n'oubliez pas pull-overs, écharpes, chaussettes et coupe-vent (il peut faire très froid). Un couvre-chef et des lunettes de soleil sont particulièrement utiles pour les visites des sites. Des chaussures adéquates et légères, pour la marche, sont vivement recommandées. Evitez au maximum le plastique, la chaleur et la poussière ne faisant pas bon ménage avec vos doigts de pied ! On trouve tout, ou presque, en Egypte, généralement moins cher qu'en France. Pensez malgré tout à emporter un drap, ou mieux, un sac de couchage à cause des draps douteux dans les hôtels à petits budgets, ainsi que des boules Quiès et un bandeau pour les yeux si vous craignez la lumière. Râ se lève tôt et vous, vous vous coucherez tard surtout si vous ne pouvez vous endormir que dans le calme... Mesdames, attention à vos tenues ! Hors des plages, le short court n'est pas du tout recommandé. Un pantalon léger ou longue jupe peuvent faire l'affaire. Prévoyez toujours quelque chose à enfiler si vous avez les épaules nues (par exemple, si vous êtes en débardeur à fines bretelles). Sans cela, vous ne pourrez pas visiter certains lieux touristiques, telles les mosquées ou les églises. A Siwa, il faut mieux sortir avec des t-shirts sans décolleté et au minimum à manches courtes. Même si l'Egypte vous inspire la danse des sept voiles, réservez-la pour votre chambre d'hôtel et préférez des tissus non transparents pour aller à l'extérieur. Tout peut être léger, mais décent. Vous n'en serez que plus tranquille. Messieurs, une tenue décente est également préférable pour vous aussi. Le short et le marcel n'ont pas bonne presse pour les visites.

LES PHRASES CLÉS

Bonjour, je voudrais réserver un billet aller/retour pour…
Hello, I'd like to book a single/return ticket to…

J'ai raté mon avion. Je voudrais échanger mon billet s'il vous plaît.
I missed my plane.I'd like to change my ticket please.

Mon vol est très en retard. Ma correspondance sera bien assurée ?
My flight is very delayed. Will I make my connection?

Mes bagages ont été égarés, à qui dois-je m'adresser ?
My luggage has been lost, who should I talk to?

Louez-vous des voitures avec chauffeur ?
Do you hire cars with a driver?

Je n'ai presque plus d'essence. Où se trouve la station-service la plus proche ?
I'm almost out of petrol. Where is the nearest petrol station?

S'Y RENDRE

Le prix moyen d'un vol aller-retour Paris-Le Caire, en haute saison (d'octobre à mars), est aux alentours de 500 euros et peut baisser de façon sensible en basse saison (d'avril à septembre). Il vous faudra environ 4 heures et demie pour rejoindre Le Caire depuis Paris en vol direct. Des liaisons sont également proposées à destination de Louxor, avec une escale au Caire (compter de 11 heures à 17 heures de voyage, selon le temps de la correspondance). La variation de prix du billet dépend de la compagnie empruntée, mais aussi, bien sûr, du délai de réservation. Pour obtenir des tarifs intéressants, il est indispensable de s'y prendre très en avance, l'idéal étant, dans la mesure du possible, d'acheter ses billets six mois avant la date prévue du départ. En plus d'Égyptair Air, les principales compagnies à desservir le pays depuis l'Europe sont Air France, Lufthansa et Turkish Airlines.

AIR INDEMNITE

25 bis, avenue Pierre Grenier -
BOULOGNE-BILLANCOURT
© 01 85 32 16 28
www.air-indemnite.com

Des problèmes d'avion (retard de vol, annulation ou surbooking) gâchent le séjour de millions de voyageurs chaque année. Selon la réglementation, ceux-ci ont droit jusqu'à 600 € d'indemnité par passager ! Mais devant la complexité juridique et les lourdeurs administratives, très peu parviennent en réalité à faire valoir leurs droits. Pionnier français depuis 2007, ce service en ligne simplifie les démarches en prenant en charge l'intégralité de la procédure : analyse et construction du dossier, échanges avec la compagnie, suivi jusqu'au versement des sommes dues.

AIR FRANCE

© 36 54

Réservations en ligne ou par téléphone, tous les jours de 6h30 à 22h.

La compagnie française, qui existe depuis 1933, est synonyme de qualité, de service et de confort. Sa flotte est majoritairement constituée d'Airbus âgés d'une dizaine d'années. Pour l'Égypte, Air France propose, au départ de Paris, un vol quotidien et direct de Paris-Charles de Gaulle à l'aéroport du Caire. Durée du voyage : environ 4 heures 20. Il est aussi possible de partir depuis d'autres villes de France (Bordeaux, Lyon, Marseille, Nice, Strasbourg, Toulouse, Nantes...). Une correspondance ou un trajet en train est alors requis.

EGYPTAIR

© 01 44 94 85 00
www.egyptair.com

Egypt Air est la compagnie aérienne nationale d'Égypte. Fondée en juin 1932, la compagnie fait partie des toutes premières compagnies aériennes au monde. À destination du Caire, vous trouverez un vol tous les jours au départ de Paris-CDG, terminal 1 (4 heures 25 de vol). A l'intérieur du pays et au départ du Caire, Egyptair assure de nombreux vols quotidiens en direction des principales villes du pays : Louxor, Assouan, Hurghada, Charm el-Cheikh. Egyptair est membre de Star Alliance et de l'Organisation arabe des transporteurs aériens.

LUFTHANSA

© 08 92 23 16 90
www.lufthansa.fr

Cette compagnie propose plusieurs vols quotidiens au départ de Paris-CDG et à destination du Caire, avec une ou deux escales, qui durent en moyenne de 6 heures 30 à 18 heures 30. Les escales peuvent se faire à Munich ou Francfort. Des départs sont également possibles en province depuis Marseille, Lyon, Nantes et Rennes. A noter que les clients de Lufthansa peuvent « acheter » des carburants d'aviation durables (SAF) climatiquement neutres lors de leur réservation. Cela permet de « compenser » en grande partie les émissions de CO_2 inévitables.

AÉROPORT DE PARIS ROISSY-CHARLES-DE-GAULLE

✆ 39 50

www.parisaeroport.fr

Situé à 23 km au nord-est de Paris, l'aéroport Roissy-Charles de Gaulle était le 2e d'Europe et 10e du monde pour le trafic passagers (72,2 millions en 2018). L'aéroport CDG compte trois terminaux ; les terminaux 1 et 2 accueillent les compagnies internationales, alors que le terminal 3 est consacré aux vols charters. A terme, un nouveau et gigantesque terminal, le T4, devrait permettre à l'ensemble de passer la barre des 100 millions de passagers.

OPTION WAY

Avenue Maurice Donat

✆ 04 22 46 05 23

www.optionway.com

Option Way est l'agence de voyages en ligne au service des voyageurs. L'objectif est de rendre la réservation de billets d'avion facile en vous faisant économiser. 3 bonnes raisons de choisir Option Way :

- la transparence comme mot d'ordre. Finies les mauvaises surprises, les prix sont tout compris, sans frais cachés ;

- des solutions exclusives qui vous permettent d'acheter vos vols au meilleur prix ;

- le service client, basé en France, joignable gratuitement, composé de véritables experts de l'aérien. Ils sont là pour vous, n'hésitez pas à les contacter.

EASY VOLS

✆ 08 99 19 98 79

www.easyvols.fr

Pour voyager malin, il faut faire ses recherches en toute efficacité, sans perdre trop de temps à jongler d'un site à un autre. Pour trouver le bon vol au bon prix, l'idéal est la plateforme comparatrice de vols. Easyvols permet de comparer en temps réel les prix des billets d'avion chez plus de 700 compagnies aériennes et pas seulement des compagnies low-cost. Vous pouvez économiser jusqu'à 70 % du prix si vous êtes prêts à saisir au vol les meilleures offres. Des avis avisés de clients sont aussi consultables sur le site Internet.

LE BUS DIRECT-PARIS AÉROPORT

Avenue Sud ✆ 01 64 02 50 14

www.lebusdirect.com

Tarif aller simple : L1 12 € ; L2 et L4 18 € ; L3 22 €.

Les cars Air France, désormais rebaptisés «Le bus direct», desservent Roissy et Orly 1, 2, 3 et 4, 7j/7. Fréquence : toutes les 25-30 min.

- **Ligne 1 :** Orly-Montparnasse-Trocadéro-Paris-Étoile de 6h30 à 23h50. Sens inverse 4h40-21h40.
- **Ligne 2 :** Roissy-CDG-Porte Maillot-Étoile/Champs-Elysées de 5h30h à 23h30. Sens inverse 5h-22h.
- **Ligne 3 :** Roissy-CDG-Orly de 6h10 à 21h50. Sens inverse 6h35-21h50.
- **Ligne 4 :** Roissy CDG-Gare de Lyon-Montparnasse de 5h45 à 22h45. Sens inverse 5h15-21h45.

MISTERFLY

PARIS

✆ 08 92 23 24 25

www.misterfly.com

Ouvert du lundi au vendredi de 9h à 21h. Le samedi de 10h à 20h.

MisterFly.com est le nouveau-né de la toile pour la réservation de billets d'avion. Son concept innovant repose sur un credo : transparence tarifaire ! Cela se concrétise par un prix affiché dès la première page de la recherche, c'est-à-dire qu'aucun frais de dossier ou frais bancaire ne viendront alourdir la facture finale. Idem pour le prix des bagages ! L'accès à cette information se fait dès l'affichage des vols correspondant à la recherche. La possibilité d'ajouter des bagages en supplément à l'aller, au retour ou aux deux... tout est flexible !

BSP AUTO

www.bsp-auto.com

Site comparatif accessible 24h/24. Standard ouvert de 9h à 21h30 (20h le w-e).

Il s'agit là d'un prestataire qui vous assure les meilleurs tarifs de location aux conditions les plus avantageuses auprès des grands loueurs de véhicules dans les gares, aéroports et les centres-villes du monde entier. Le kilométrage illimité et les assurances sont souvent compris dans le prix. Avec BSP Auto, vous pouvez réserver dès maintenant et payer seulement cinq jours avant la prise de votre véhicule. Autre bonus du courtier BSP : pas de frais de dossier ni d'annulation (jusqu'à la veille). La moins chère des options zéro franchise.

SÉJOURS ET CIRCUITS

De nombreuses agences de voyage se sont spécialisées sur cette destination mythique du Nord de l'Afrique. Il peut être intéressant de passer par l'une d'entre elles, si vous souhaitez partir l'esprit tranquille d'un voyage déjà tout organisé à l'avance. Circuits courts ou séjours longs, voyages à thème ou hors des sentiers battus, vous aurez le choix entre plusieurs prestations. A vous de voir quelle agence vous correspond le mieux dans ses offres mais aussi ses prix. Nous vous recommandons de visiter leurs sites internet afin de déterminer lequel répond mieux à vos attentes selon vos priorités et vos goûts. Sur place, vous trouverez de nombreuses agences réceptives, généralement tenues par des locaux qui connaissent très bien leur pays ou région. Attention toutefois à ne pas confondre agences réceptives et transports touristiques, pour lesquels ces derniers sont habilités seulement à vous accompagner d'un point à l'autre.

AÉROMARINE VOYAGES

22, Rue Royer-Collard - **PARIS**
© 01 43 29 30 22
www.aeromarine.fr
Du lundi au vendredi de 9h30 à 18h45. Le samedi de 9h30 à 12h30.

L'agence propose deux croisières en pension complète avec deux à trois plongées par jour dont celles de nuit, au départ d'Hurghada, pour découvrir les îles du Nord ou du Sud. Pour la croisière nord : 7 nuits sur le bateau, 6 jours de plongée dont 5 jours en croisière et 1 journée sur les meilleurs sites de la région d'Hurghada. Pour la croisière sud : 7 nuits sur le bateau et 6 jours de plongée sur les sites d'Elphinstone et du Sud. L'agence propose également des séjours plongée de 8 jours à Charm el-Cheikh, ainsi qu'à El-Quseir, Marsa Alam et Safaga.

AKAOKA - COMPAGNIE DU TREK

15, place des Halles - **GANGES**
© 01 83 62 19 68
www.compagnie-du-trek.com
Consulter le site Internet pour plus d'informations.

Cette agence construit avec vous vos équipées terrestres, de la randonnée individuelle au trek accompagné, en respectant vos choix de destinations et vos envies. Elle a été fondée par deux passionnés d'aventure. La Compagnie du Trek dispose d'une longue expérience des randonnées organisées dans de nombreux pays étrangers. L'agence peut organiser des circuits courts ou de longue durée qui vous emmèneront généralement hors des sentiers battus et loin du tourisme de masse.

ALMA VOYAGES

573, route de Toulouse - **VILLENAVE-D'ORNON**
© 05 56 87 58 46
www.alma-voyages.com
Ouvert du lundi au vendredi de 9h à 18h30 et le samedi de 9h30 à 17h30.

Chez Alma Voyages, les conseillers connaissent parfaitement les destinations proposées. Chaque client est suivi par un agent attitré ! Une large offre de voyages avec l'émission de devis pour les voyages sur mesure vous sera proposée. Alma Voyages pratique les meilleurs prix du marché et travaille avec Kuoni, Beachcombers, Jet Tour, Marmara, Look Voyages... Si vous trouvez moins cher ailleurs, l'agence s'alignera sur ce tarif et vous bénéficierez en plus, d'un bon d'achat de 30 euros sur le prochain voyage. Catalogue sur le site Internet.

AMPLITUDES

60, rue Sainte Anne - **PARIS**
© 01 44 50 18 58
www.amplitudes.com
Ouvert du lundi au vendredi de 10h à 19h et le samedi jusqu'à 18h. Contact clients agence de Toulouse (second numéro).

Spécialiste des voyages sur mesure, en solo, en couple ou en groupe, des voyages en famille et des circuits privatifs depuis près de 30 ans, l'agence de voyages toulousaine Amplitudes et son antenne parisienne proposent des formules adaptées avec comme ligne directrice : « hors des sentiers battus ». Le catalogue est dense : ils vous emmènent en Italie, en Colombie, aux États-Unis, au Cap-Vert, au Bénin et dans bien d'autres pays encore. Les propositions sont disponibles sur le site Internet. Informations pratiques et conseils d'experts avec l'équipe en agence.

ANAPIA VOYAGES

9, rue Loubon
AIX-EN-PROVENCE
✆ 04 42 54 21 52
www.anapiavoyages.fr
Ouvert du lundi au vendredi de 10h à 20h.

Anapia Voyages, basée à Aix-en-Provence et à Saint-Jean-de-Luz, a été créée par Sylvia, une Péruvienne vivant depuis plus de trente ans en France. La richesse de ses programmes, à dominante culture et nature, s'appuie sur l'expérience de ses collaborateurs, notamment en Amérique latine, mais aussi en Asie et en Afrique. Le plus d'Anapia Voyages ? Panacher sur mesure des sites incontournables et des lieux inédits. En Égypte, l'agence propose un circuit de 15 jours, à la découverte de l'incroyable désert blanc et de ses oasis.

AQUAREV

2, rue du Cygne - **PARIS**
✆ 01 48 87 55 78
www.aquarev.fr
Ouvert de 9h30 à 17h30, le samedi de 11h à 12h30 et de 14h à 17h.

Ce spécialiste de la plongée sous-marine offre de découvrir les trésors de la mer Rouge à travers un grand choix de séjours plongée pour tous niveaux, dans une dizaine de villes égyptiennes situées sur la côte (El Gouna, Safaga, El-Quseir, El-Nabaa, etc.). L'occasion de croiser des raies aigles, des tortues, des Napoléon wrasses, des barracudas et, avec un peu de chance, des dauphins et des requins de récif. Aquarev propose aussi des croisières (sur le Nil et en mer Rouge) et safaris permettant de découvrir en plus des fonds marins d'autres facettes du pays.

ARTS ET VIE

251, rue de Vaugirard - **PARIS**
✆ 01 40 43 20 21
www.artsetvie.com
Autres agences : Grenoble, Lyon, Marseille et Nice. Du lundi au vendredi 9h-12h et 13h-17h, non-stop à Paris et à Lyon.

Depuis 60 ans, Arts et Vie, association culturelle de voyages et de loisirs, développe un tourisme tourné vers le savoir et la découverte. L'esprit des voyages culturels Arts et Vie s'inscrit dans une tradition associative et tous les séjours sont animés et conduits par des accompagnateurs passionnés et formés par l'association. Pour l'Égypte : un circuit-croisière « Ibis » est proposé, allant du Caire à Abou Simbel, en passant par Louxor, Edfou... Deux autres circuits sont au catalogue : « Circuit croisière Ramsès en famille » et « Du Caire au lac Nasser ».

ATALANTE

36, quai Arloing
LYON
✆ 04 72 53 24 80
www.atalante.fr
Ouvert du lundi au vendredi de 9h à 18h et le samedi de 10h à 13h et de 14h à 18h.

Atalante est spécialisée dans les voyages à pied. Trekking de haut niveau ou simples promenades dans les campagnes, il y en a pour toutes les conditions physiques. Ils s'attachent à faire découvrir à leurs clients des régions du monde aux modes de vie préservée, riches de traditions et de cultures uniques. Plusieurs séjours sont proposés en Egypte. Au programme, par exemple, une rando-croisière sur le Nil à bord d'un sandal, un voyage en famille à Louxor et sur les bords de la mer Rouge, ou encore une rando et la navigation sur le lac Nasser...

CERCLE DES VACANCES

31, avenue de l'Opéra
PARIS
✆ 01 40 15 15 11
www.cercledesvacances.com
Ouvert du lundi au vendredi de 9h à 20h et le samedi de 10h à 18h30.

Les conseillers du Cercle des Vacances sont des spécialistes qui partageront avec vous leurs conseils et leurs petits secrets pour faire de votre voyage une expérience inoubliable et personnalisée. Confiez-leur vos habitudes de voyages, les différentes régions que vous souhaitez découvrir et élaborez ensemble un voyage sur mesure, qui vous ressemble. Leur agence en plein cœur de Paris vous accueille du lundi au samedi pour vous proposer des séjours, des circuits et des vols à prix économiques avec un original service de conciergerie.

CLIO

34, rue du Hameau
PARIS
✆ 01 53 68 82 82
www.clio.fr
Agence ouverte du lundi au vendredi de 10h à 18h, le samedi de 10h à 13h et de 14h à 16h.

En choisissant Clio, vous optez pour une conception du voyage originale et enrichissante. Le succès des voyages Clio est basé sur trois principes. On vous propose un itinéraire pour vous faire découvrir les différentes facettes d'un pays, d'une ville ou d'une région. On vous apporte l'éclairage nécessaire pour mieux apprécier son histoire et son patrimoine lors d'une escapade à l'occasion d'une exposition ou d'un festival musical. En Egypte, Clio propose plusieurs circuits, dont une grande croisière sur le Nil et son cortège de sites majestueux.

CLUB FAUNE VOYAGES

50, rue de Passy
PARIS
✆ 01 42 88 31 32
www.club-faune.com

Accompagnés et conseillés par un de ses experts passionnés, vous construirez ensemble le « voyage de vos envies » et découvrirez adresses secrètes et expériences hors des sentiers battus au cours d'itinéraires à la carte. Pour l'Egypte, Club Faune propose essentiellement des croisières sur le Nil, à la carte. D'une semaine à dix jours, les voyageurs sont invités à bord de sandals privés, et l'hébergement sera complété par des hôtels 4-étoiles. Selon la demande, les escales incluent notamment Le Caire, Louxor, la Vallée des Rois et Assouan.

FUN & FLY - SPORT AWAY

2, rue Louise-Weiss - **TOULOUSE**
✆ 05 67 31 16 11
www.fun-and-fly.com
Du lundi au vendredi de 8h30 à 18h30 et le samedi de 10h à 17h.

Fun & Fly - Sport Away proposent des séjours version grand large aux amateurs de vagues ! Surf, windsurf, kitesurf et stand-up paddle : 4 activités de glisse maritime déclinées en diverses formules. Débutant ou expert, en famille ou en bande de mordus, en quête de fiesta ou en mode découvertes insolites, vous trouverez ici le voyage qui vous convient vers l'une des nombreuses destinations disponibles. Au programme pour l'Egypte, des séjours windsurf dans la baie de Safaga, des voyages kitesurf à Soma Bay et Safaga ainsi qu'une croisière en mer Rouge.

EGYPT NILE CRUISES

71, rue Didot
PARIS
✆ 01 45 43 00 20
www.nile-aviation.fr
Ouvert du lundi au samedi de 9h30 à 19h et le samedi de 10h à 18h.

Ce grand spécialiste de l'Egypte propose un catalogue complet d'activités : croisières, vols secs, locations de voitures ou d'appartements, séjours, safaris, cette agence saura combler les attentes de chaque voyageur, quels que soient ses goûts et son budget. De nombreuses promotions disponibles sur le site. Quelques exemples : des safaris dans le désert égyptien, des séjours à Alexandrie, Louxor, Assouan, Hourghada, Charm el-Cheikh et Le Caire. L'agence propose également des séjours à la carte, pour un voyage en liberté, sans contraintes.

H2O VOYAGE

85, rue Louis Pasteur
TRÉLAZÉ
✆ 02 41 24 69 00
www.h2ovoyage.com
Lundi 14h-19h, mardi-vendredi 9h12h30 et 14h-19h, samedi 9h-12h30 et 13h30-17h.

Cette agence est spécialisée dans les voyages d'exception, et plus particulièrement dans les plus belles destinations de plongée, aux quatre coins du monde. L'équipe est en effet composée de plongeuses et plongeurs passionnés qui ont eux-mêmes déjà visité les spots proposés. Avec eux, vous pouvez explorer les fonds sous-marins de la mer Rouge à travers diverses croisières et séjours. L'équipe est composée de conseillères de voyages spécialisées dans certaines destinations, et donne de bons conseils sur la sécurité, région par région.

FLEUVES DU MONDE

28, boulevard de la Bastille
PARIS
✆ 01 44 32 12 85
www.fleuves-du-monde.com

Fleuves du Monde est un tour-opérateur qui cherche à sortir des sentiers battus. L'équipe propose au voyageur de découvrir l'Egypte au fil du Nil et à bord de Dahabiehs, très élégants voiliers égyptiens traditionnels. Entre Louxor et Assouan, les voyageurs aborderont librement les temples de Esna, Edfou, Kom-Ombo… Des arrêts et escapades sont également prévus dans les petits villages, palmeraies, jardins et marchés… D'autres croisières intimistes sont proposées sur le lac Nasser, qui permettent d'aborder les sites archéologiques nubiens.

IKHAR

23, rue Danielle Casanova
PARIS
✆ 01 43 06 73 13
www.ikhar.com

Ikhar est une agence spécialisée dans les séjours culturels, les circuits de découverte nature et les voyages sur mesure. Des circuits en petits groupes (au maximum 16 personnes) dirigés par des conférenciers, ou des voyages sur mesure dans des hôtels toujours haut de gamme. En Egypte, Ikhar propose des voyages privés ou sur mesure. Au programme : visite de sites archéologiques et des oasis, croisière traditionnelle sur le Nil en dahabieh, pour découvrir les sites classiques, mais aussi des sites plus méconnus (Al Kaab, djebel Silsileh…).

INTERMÈDES

10, rue de Mézières
PARIS
✆ 01 45 61 90 90
www.intermedes.com
Du lundi au jeudi de 9h à 19h et le vendredi de 9h à 18h. Le samedi de 9h30 à 16h.

Intermèdes propose des croisières et des voyages culturels ainsi que des pèlerinages et itinéraires spirituels. Pour élaborer ses circuits, Intermèdes travaille avec différents partenaires comme le Centre d'études et de recherches internationales, le muséum national d'Histoire naturelle, etc. Les itinéraires sont accompagnés de conférenciers. Par exemple : un séjour de 7 jours intitulé « L'Egypte pharaonique » ou une « Croisière sur le Nil » de 7 jours qui permet de découvrir les sites prestigieux de Louxor, Edfou, Kom Ombo...

LES MATINS DU MONDE

156, rue Cuvier
LYON
✆ 04 37 24 90 30
www.lesmatinsdumonde.com

L'agence Les Matins du Monde vous propose des voyages pas comme les autres. Une petite équipe expérimentée est à votre écoute pour vous proposer un voyage adapté à toutes vos envies. Vous trouverez dans cette agence des conseils personnalisés, des voyages originaux et hors des sentiers battus. Des vols secs, avec ou sans accompagnateur, des hébergements variés, des randonnées à pied, des voyages culturels... En Égypte, un voyage à la carte est proposé pour découvrir le pays selon vos envies. A vous de déterminer le type de voyage qui vous correspond le mieux.

MELTOUR

103, avenue du Bac
LA VARENNE-SAINT-HILAIRE
✆ 01 73 43 43 43
www.meltour.com
Ouvert du lundi au vendredi de 9h à 19h.

Meltour propose pour l'Égypte des circuits guidés de 11 à 15 jours, intitulés « Trésors d'Égypte », « Égypte antique et croisière de luxe » et « Égypte aux deux croisières », qui invitent à découvrir toute la richesse culturelle du pays ainsi que ses trésors archéologiques. Le séjour « Trésors d'Égypte » inclut notamment la visite du Caire et des pyramides, puis Alexandrie, Edfou, Assouan, Kôm-Ombo, avant de partir à Louxor pour visiter la vallée des Rois, des Reines, des Artisans, le temple de la reine Hatchepsout et les deux colosses de Memnon.

NOMADE AVENTURE

40, rue de la Montagne-Sainte-Geneviève
PARIS
✆ 01 46 33 71 71
www.nomade-aventure.com
Ouvert du lundi au samedi de 9h30 à 18h30. Circuits sur mesure. Activités.

Nomade Aventure, comme son nom l'indique doublement, est une agence qui vous change de vos habitudes sédentaires. Avec ses voyages placés sous le thème de la nature, de la culture et de la rencontre, elle vous propulse vers de nouvelles aventures. Loin des meutes de touristes, vous mettrez à profit les bonnes connaissances des agents sur la région en profitant à la fois de circuits originaux et de spots incontournables. Nomade Aventure fait de votre voyage de véritables vacances en vous permettant de vous détendre, ils prévoient tout !

SINDBAD VOYAGES

5, rue Hoche
PANTIN
✆ 01 41 50 86 55
www.sindbad-voyages.com

Du Maroc à l'Asie centrale en passant par l'Arabie, Sindbad Voyages propose des voyages inédits. Le circuit « La Haute-Egypte contée aux enfants » se prête à une vraie expérience familiale, d'Assouan la Nubienne aux pyramides du Caire, en passant par Abou Simbel, Louxor, Karnak, Kom-Ombo.... L'agence propose également une croisière de 7 jours sur le Nil : ce voyage débute à Louxor, avec la visite à Karnak, et se poursuit à Esna, Edfou, Ramadi, Kom Ombo, avec escales dans des petits villages hors des sentiers battus. Il s'achève à Assouan.

TERRE ET NATURE VOYAGES

23, rue d'Ouessant
PARIS
✆ 01 45 67 60 60
www.terreetnature.com
Ouvert du lundi au vendredi de 9h30 à 19h. Sur rendez-vous en dehors de ces horaires.

Terre et Nature Voyages est une agence spécialisée destinée à tous les amoureux de la mer. Que ce soit le kitesurf, le windsurf, la voile ou encore la plongée, ce tour-opérateur parcourt les océans pour débusquer les meilleurs spots. Terre et Nature Voyages propose aventure, découverte et culture. Trek, randonnée à pied, chiens de traîneaux, canoë, voile, VTT, trail, raids multisports, croisières... vous attendent ! Plusieurs séjours riches en émotions sont programmés en Egypte, notamment des séjours et crosières plongée à Hurghada et Marsa Alam.

TERRE VOYAGES

28, boulevard de la Bastille
PARIS
✆ 01 44 32 12 85
www.terre-voyages.com
Ouvert du lundi au samedi.

Terre Voyages est un tour-opérateur de référence qui mise sur des circuits en dehors des sentiers battus. Dédié aux circuits sur mesure, ce voyagiste vous invite à l'aventure et à l'émerveillement tout en respectant l'environnement, les peuples locaux et leur culture. Le voyagiste permet ainsi aux voyageurs soucieux de découvrir d'autres facettes de l'Egypte. Croisières sur le Nil (8 jours), découverte du lac Nasser (8 jours), découverte de la trilogie des Pharaons (Le Caire, Louxor, Assouan) en felouque privée... Autant d'expériences à vivre au pays du Pharaon.

TERRES DE CHARME

68, rue de Miromesnil - **PARIS**
✆ 01 55 42 74 10
www.terresdecharme.com
Agence ouverte lundi, mercredi, jeudi et vendredi 9h30-18h30. Mardi à partir de 14h et samedi 10h30-13h et 14h-17h.

Avec Terres de Charme, partez en séjour sur mesure ou organisé à la découverte des merveilles de l'Egypte, selon vos envies. Parmi les circuits proposés par le tour-opérateur (voyage en groupe, séjour, croisières...), notez l'excursion « Poussé par le vent du Nil » (8 jours), un voyage sur mesure à la découverte des sites emblématiques du pays, de Edfou à Kom Ombo en passant par Louxor et Philae. Au programme, balades dans les villages, incursion dans le désert, bain de civilisation et bien sûr croisière sur le Nil à bord d'un sandal privé.

TIRAWA

170, voie Albert-Einstein
MONTMÉLIAN
✆ 04 79 33 76 33
www.tirawa.com
Agence ouverte du lundi au vendredi de 9h00 à 12h30 et de 13h30 à 18h00.

Spécialiste des voyages à pied et d'aventure, Tirawa propose des circuits variés allant du voyage de découverte à des treks soutenus dans plus de 30 pays. La durée des séjours va de 2 à 3 semaines. En fonction de vos goûts et de vos envies, il est possible d'élaborer des voyages sur mesure, avec l'aide de l'agence, parmi un choix de 28 destinations tout autour du monde. Pour les voyages en groupe, la limite est de 12 personnes maximum. Tirawa se distingue d'autres agences par sa volonté de proposer une forme de tourisme responsable.

TSELANA TRAVEL

15, rue Monsigny - **PARIS**
✆ 01 55 35 00 30
www.tselana.com
Du lundi au jeudi de 10h à 19h, le vendredi de 10h à 18h et le week-end sur rendez-vous.

Créée en 2003 par trois passionnés des paysages désertiques de l'Afrique australe, Tselana Travel est une agence de voyages haut de gamme, qui propose un très large choix de destinations pour des voyages à l'écart des circuits touristiques habituels. Des Caraïbes au Kenya, en passant par l'Islande, la Turquie, le Sri Lanka ou la Malaisie, Tselana Travel associe vos envies (aventure, insolite, romantique, famille, désert, plongée, safari...) à sa connaissance approfondie des destinations pour vous proposer un voyage placé sous le signe du luxe et du raffinement.

VACANCES SUR-MESURE

27 Rue de Solférino
BOULOGNE-BILLANCOURT
✆ 01 88 33 52 25
www.vacancessurmesure.com
Ouvert du lundi au samedi de 9h à 19h.

Avec plus de seize ans d'expérience, ce voyagiste à taille humaine dédié à la conception de voyages sur mesure, 100 % personnalisés et qui possède une très belle expertise sur le Moyen-Orient (Egypte, Emirats arabes unis, Iran, Israël, Jordanie, Oman) et l'océan Indien (Maldives, Maurice, Seychelles, Zanzibar). En Egypte, il propose plusieurs croisières avec des guides-conférenciers locaux. Egalement au catalogue, un combiné Le Caire / Pétra de neuf jours en pension complète. Découverte des pyramides et du musée égyptien au programme.

LES VOYAGES DE PHARAON

20, rue des Fossés Saint Bernard
PARIS
✆ 01 43 29 36 36
www.voyages-pharaon.com

Une passion pour les voyages de qualité anime cette équipe « orientale » dont le savoir-faire reconnu permet la réalisation de programmes sur mesure. Ce producteur et spécialiste de l'Egypte depuis 1994 propose de nombreuses croisières sur le Nil et lac Nasser, notamment un circuit culturel intitulé « Egypte éternelle ». Voyage en dahabiya pour découvrir les sites emblématiques et s'imprégner de la culture des Pharaons. Les voyages sont en pension complète et sont accompagnés d'un guide francophone. Le nombre de participants est fixé à 16 maximum.

DÉSERT SAFARI EGYPTE

Bawiti

BAHAREYYA

✆ +20 128 682 4751

160 €/la nuit, pour un groupe de 5 personnes.

Hamada vous emmène à travers le désert, là où les autres ne vont pas... il organise le transport de/vers le Caire, prépare de délicieux repas, installe le campement où vous passerez la nuit et vous laisse profiter du paysage. Les programmes proposés vont de 2 à 10 jours, avec au choix : les oasis, le désert blanc, Gulf el Kebir, Djara Cave ou la grande mer de sable. De très bonne qualité. A noter qu'Hamada a ouvert un écolodge à 7 km de Bawiti.

Pensez aux températures qui baissent considérablement la nuit, et au fait qu'il n'y a pas de toilette dans le desert.

EGYPTE TOUR

LE CAIRE

✆ + 20 122 37 977 57

www.touregypte.fr

Ouvert du dimanche au jeudi de 11h à 17h. Appelez avant de visitez le bureau.

Agence de tourisme francophone qui appartient à *Amricatain Travel* et propose des circuits et visites guidées en français au Caire, sur le plateau des pyramides, Fayoum, dans toute la vallée du Nil, ainsi que sur la mer Rouge et dans les oasis. Court ou séjour, culturel, balnéaire, safari ou croisière : il propose diverses formules à des prix corrects. Ils ont également des partenariats avantageux avec des hôtels. Possibilité de réaliser un programme sur mesure en les contactant. A noter que leur site Internet est un peu fouillis, mieux vaut se rendre à l'agence.

EGYPTIAN TRAVEL AGENTS ASSOCIATION

92 sharia el Tahrir

LE CAIRE

✆ +20 2 33 35 6443

www.etaa-egypt.org

C'est l'organisme officiel qui regroupe les principales agences touristiques égyptiennes, au total plus 2 500 à travers tout le pays. De fait, vous trouverez sur son site Internet les noms et les coordonnées des agences validées par l'association : c'est un gage de confiance si vous organisez votre voyage par vous-même. Homologuée par le ministère du Tourisme d'Egypte, l'EETA ou ETTA est certainement la plus avertie quant à la législation et aux tarifs ayant cours.

HURGHADA'VENTURE

HURGHADA

✆ +20 109 16 77 873

www.hurghadaventure.com

Ce n'est pas seulement une découverte des monuments et des paysages que cette agence propose, mais une vraie découverte de la vie locale, de ses traditions, de sa culture, de sa gastronomie. Séjours, circuits, excursions, activités sportives et loisirs... chacun est libre de faire son choix ! A noter que l'agence propose également des excursions au départ d'Hurghada jusqu'au Caire et Louxor sur 1 ou 2 jours, vous permettant ainsi de visiter les pyramides de Gizeh, découvrir le trésor de Toutankhamon au musée égyptien et d'explorer la Vallée des Rois.

NOUREL-NIL

LOUXOR

✆ +44 20 3239 0923

http://nourelnil.com

A partir de 1 500 €/personne la croisière sur le Nil.

Enrique, Eléonore et Memdouh ont bâti leur entreprise, il y a plus de 10 ans, dans le but d'offrir aux voyageurs une manière authentique de découvrir ce pays et son fleuve. Cette société possède quatre dahabieh : le *Méroë*, le *Malouka*, le *Nil*, l'*Assouan*. La croisière a lieu durant 6 jours, outre les arrêts à Esna, Edfou et Kôm-Ombo, des visites de sites inacessibles sinon par le fleuve sont proposés. Les dahabiyas sont toutes construites, sous la supervision de Memdouh, un marin ayant plus de 30 ans d'expérience de la navigation sur le Nil.

STAR SHINE TOURS

3 Midan Tahrir

LE CAIRE

✆ +20 233 82 14 74

www.starshinetours.com

Assistance via chat internet 24/24h.

Cette agence d'origine chinoise a su gagner la confiance du tourisme international grâce à ses prestations fiables et de qualité. Vous pouvez faire appel à elle pour des services « secs » (location de voiture, réservation d'hôtel, excursion à la journée...) ou pour des séjours complets de type croisières. Leur site est très clair, vous pouvez tout organiser depuis le web. Mais vous pouvez également vous rendre à l'agence : ils vous donneront toutes les informations nécessaires pour organiser des excursions, même la veille du départ !

A bord d'une felouque.

THE AFRICAN ANGLER

ASSOUAN

✆ +20 122 74 91 892

http://african-angler.net

Cette agence internationale est la plus sérieuse sur le marché pour des croisières entre Assouan et Abou Simbel et sur le lac Nasser. Pionnière dans son domaine, elle propose différentes formules d'excursions : bateau privé, safari d'exploration, sorties de pêche... C'est le moyen idéal pour découvrir les magnifiques paysages désertiques et la biodiversité du lac Nasser peuplé d'oiseaux et de reptiles qui feront le bonheur des enfants ! Safaris menés par une équipe de professionnels très compétente et fort sympathique ! A recommander.

EASYVOYAGE

✆ 08 99 19 98 79

www.easyvoyage.com

Le concept peut se résumer en trois mots : s'informer, comparer et réserver. Des infos pratiques sur plusieurs destinations en ligne (saisonnalité, visa, agenda...) vous permettent de penser plus efficacement votre voyage. Après avoir choisi votre destination selon votre profil (famille, budget...), le site vous offre la possibilité d'interroger plusieurs sites à la fois concernant les vols, les séjours ou les circuits. Grâce à ce moteur performant, vous pouvez réserver directement sur plusieurs bases de réservation (Lastminute, Go Voyages et bien d'autres).

ILLICOTRAVEL

www.illicotravel.com

Illicotravel permet de trouver le meilleur prix pour organiser vos voyages autour du monde. Vous y comparerez billets d'avion, hôtels, locations de voitures et séjours grâce à un métamoteur de recherche en temps réel. Ce site offre des fonctionnalités très utiles comme le baromètre des prix pour connaître les prix les plus compétitifs sur les vols à plus ou moins 8 jours. Le site propose également des filtres permettant de trouver facilement le produit qui répond à tous vos souhaits (escales, aéroport de départ, circuit, voyagiste...).

JETCOST

www.jetcost.com

Jetcost compare les prix des billets d'avion et trouve le vol le moins cher parmi les offres et les promotions des compagnies aériennes régulières et *low cost*. Le site est également un comparateur d'hébergements, de loueurs d'automobiles et de séjours, circuits et croisières. L'interface du site Internet est très simple d'utilisation. Après avoir lancé la recherche, on peut affiner les résultats en fonction de ses choix afin de trouver le vol le plus intéressant, la durée du trajet, les éventuelles escales ou encore l'aéroport d'arrivée.

LILIGO

www.liligo.com

Un des leaders et des pionniers de la formule. Liligo interroge agences de voyages, compagnies aériennes (régulières et low cost), trains (TGV, Eurostar...), loueurs de voitures, mais aussi 250 000 hôtels à travers le monde pour proposer les offres les plus intéressantes en temps réel. Les prix incluent les frais de dossier, d'agence... Une fois la recherche établie et l'offre sélectionnée par l'utilisateur, le comparateur le met directement en relation avec le site marchand. Quelques astuces sont délivrées en ligne pour bénéficier des offres les plus intéressantes.

QUOTATRIP

www.quotatrip.com

QuotaTrip est une nouvelle plateforme de réservation de voyage en ligne qui met en relation des voyageurs à la recherche d'expériences authentiques et uniques et des agences de voyages locales sélectionnées pour leurs compétences et leur sérieux. Le réseau de QuotaTrip couvre près de 200 destinations du monde entier. Le but de ce rapprochement est simple : proposer un séjour entièrement personnalisé aux utilisateurs. QuotaTrip promet ainsi l'assurance d'un voyage serein, sur mesure, sans intermédiaires et sans frais supplémentaires.

SE DÉPLACER

Au niveau des avions, le service intérieur fonctionne plutôt bien avec, cependant, une petite tendance à l'engorgement sur les liaisons très touristiques. Tâchez de réserver votre place le plus tôt possible. Les bus vont partout et sont d'une remarquable efficacité, battant le train en matière de rapidité. Mais ce gain de temps s'accompagne souvent d'un surplus de fatigue étant donné la conduite sportive des chauffeurs, un rien stressante. En ville, les taxis grouillent autant que la police. Il y en a partout. N'en cherchez pas, c'est eux qui vous trouvent. Une chose ne change jamais : ils ne connaissent pas le nom des rues et ne savent pas toujours par où passer. Enfin, il existe deux moyens de se déplacer sur le Nil : en bateau à voile (dahabeya, sandal ou felouque) ou en bateau de croisière. Peu rapide, la voile est un moyen agréable de passer de trois à six jours sur le fleuve avec quelques amis choisis.

EGYPT AIR

19 Midan Saad Zaghloul
ALEXANDRIE
✆ +20 3 486 59 37
www.egyptair.com

Egypt Air (en égyptien : m*asr le-tayyarân*) est la compagnie aérienne nationale d'Égypte. Son siège principale se trouve à l'aéroport international du Caire, sa principale plaque tournante. Offre des services réguliers de transport de passagers et de fret vers plus de 75 destinations au Moyen-Orient, en Europe, en Afrique, en Asie et dans les Amériques. Égyptair est membre de Star Alliance et de l'Organisation arabe des transporteurs aériens. Fondée en juin 1932, la compagnie fait partie des toutes premières compagnies aériennes au monde.

GROUPE DE TAXIS WHATSAPP

LE CAIRE
✆ +20 1 15 55 63 202

Face à la concurrence des applications de chauffeurs privés (Uber, Careem), une centaine de taxi blancs du Caire ont créé un groupe via l'application *whatsapp*. 30 minutes avant de vouloir partir, vous envoyez le point où vous êtes au numéro du groupe *whatsapp* et votre demande sera ensuite transmise au taxi le plus proche. Pour être acceptés dans ce groupe, les chauffeurs de taxi doivent passer un entretien et avoir une voiture en bon état. Un bon moyen d'avoir un service de qualité tout en soutenant l'activité (et une rémunération décente) des taxis.

AVIS

El Salam Street
CHARM EL-CHEIKH
✆ +20 122 794 44 00
www.avisegypt.com

Si vous restez quelques jours à Charm el-Cheikh pour explorer les environs, il est toujours possible de louer une voiture. Le permis international est accepté en Egypte mais attention, il faut être âgé d'au moins 25 ans. La nuit, ne roulez pas trop vite car beaucoup de voitures conduites par des Egyptiens n'ont pas leurs feux allumés... De même, ne vous aventurez pas au-delà des routes et sachez que les véhicules 4X4 nécessitent une autorisation spéciale des autorités égyptiennes. Dans tous les cas, prenez l'assurance maximale qui vous est proposée.

NILE TAXI

LE CAIRE
✆ +20 128 011 8888
Service de taxi-bateau entre 30 et 60 LE la course.

Lancé au départ par la compagnie de chauffeurs privés n°2 au Moyen-Orient, Careem, le service est aujourd'hui indépendant. On réserve sa course par téléphone plusieurs heures à l'avance. On peut embarquer à Maadi, Agouza, Dokki, Zamalek (sur la rive du Sequoia), Garden City (en face du Four Seasons), Manyal. Il vous emmène où vous souhaitez, y compris sur l'ile méconnue et verdoyante de « Dahab » au sud du Caire. Un moyen pratique et confortable de traverser la ville ; le service est professionnel, voire zélé quand le chauffeur met sa casquette de guide !

RESTER

L'Egypte étant une destination soleil à portée de beaucoup et à proximité de la France, ils ne sont pas rares sont ceux qui, après l'avoir visité une fois puis plusieurs fois, s'y sont installés. Travailler en Egypte est possible ; il vous faut alors obtenir un permis de travail auprès du Mogamma au Caire, c'est assez compliqué et très long. Des emplois sont principalement disponibles dans les domaines de l'éducation et du tourisme. Si vous êtes titulaire d'une maîtrise d'Histoire de l'art ou d'Histoire, consultez le site de l'Institut français d'archéologie orientale (www.ifao.egnet.net). Cette structure peut vous donner les renseignements nécessaires si vous souhaitez participer à un chantier de fouilles archéologiques en Egypte. Pour étudier ou poursuivre vos études supérieures, il vous faut prendre contact avec le service des relations internationales de votre université. Préparez-vous alors à des démarches longues.

ACTION CONTRE LA FAIM

14/16, boulevard Douaumont - **PARIS**
✆ 01 70 84 70 84
www.actioncontrelafaim.org
Par téléphone de 9h à 13h et de 14h à 18h.
ONG internationale spécialisée dans la lutte contre la faim dans le monde, active dans les domaines de la nutrition, santé, sécurité alimentaire, de l'eau, de l'assainissement. L'association intervient dans des situations de crise. Le but étant de rendre les populations autonomes d'un point de vue de la nutrition, en apportant une aide concrète et en formant les intervenants locaux qui prendront le relais. Ses missions de volontariat durent de trois mois à un an en Afrique, Asie, Amérique, Europe centrale, dans le Caucase, au Moyen-Orient et dans les Caraïbes.

AGENCE POUR L'ENSEIGNEMENT FRANÇAIS À L'ÉTRANGER

23, place de Catalogne
PARIS
✆ 01 53 69 30 90
www.aefe.fr
Cette agence, sous tutelle du ministère des Affaires étrangères, anime et gère un réseau de près de 500 établissements d'enseignement français à l'étranger, dans près de 140 pays. 370 000 élèves, dont 40 % de Français, fréquentent ces établissements. Offres d'emploi à l'international pour les titulaires de la fonction publique (Education nationale principalement) et informations sur la politique pédagogique, la scolarité et l'orientation émaillent le site Internet de cet organisme.

CIDJ

www.cidj.com
Le Centre d'Information et de Documentation Jeunesse a été créé en 1969, sous la tutelle du ministère de la Jeunesse et des Sports. Le site Internet est bien fait et très complet. La rubrique « Partir à l'étranger » fournit des informations pratiques aux jeunes qui ont pour projet d'aller vivre à l'étranger. Il y a une rubrique spécifique dédiée à chacun des thèmes suivants : travail, étude, stage, volontariat international et séjours linguistiques. Pour vous aider dans vos démarches, vous pouvez avoir un entretien gratuit avec un conseiller du CIDJ.

MINISTÈRE DES AFFAIRES ÉTRANGÈRES

www.diplomatie.gouv.fr
Il est bon d'y jeter un œil avant votre départ pour connaître les formalités de départ et y glaner de bons conseils. Dans la rubrique « Services aux citoyens » vous trouverez un guide de l'expatriation, les démarches à effectuer, les modalités de demandes de documents officiels. Les informations mises à disposition dans l'espace politique, économie et socio-culturel, sont fort utiles pour les personnes qui s'intéressent aux enjeux et réalités du pays.

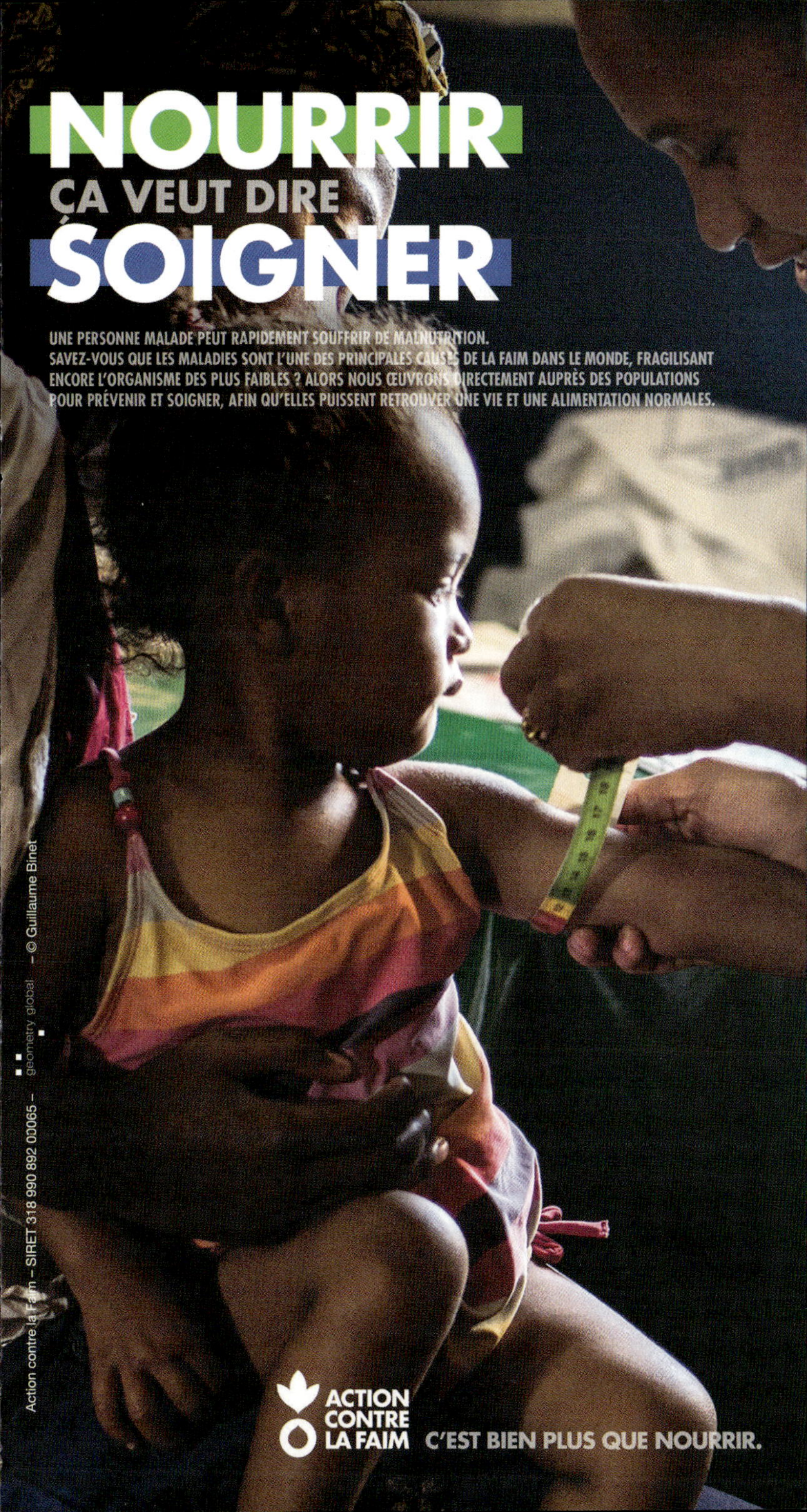
NOURRIR
ÇA VEUT DIRE
SOIGNER
UNE PERSONNE MALADE PEUT RAPIDEMENT SOUFFRIR DE MALNUTRITION.
SAVEZ-VOUS QUE LES MALADIES SONT L'UNE DES PRINCIPALES CAUSES DE LA FAIM DANS LE MONDE, FRAGILISANT ENCORE L'ORGANISME DES PLUS FAIBLES ? ALORS NOUS ŒUVRONS DIRECTEMENT AUPRÈS DES POPULATIONS POUR PRÉVENIR ET SOIGNER, AFIN QU'ELLES PUISSENT RETROUVER UNE VIE ET UNE ALIMENTATION NORMALES.
ACTION CONTRE LA FAIM
C'EST BIEN PLUS QUE NOURRIR.
Action contre la Faim – SIRET 318 990 892 00065 – geometry global – © Guillaume Binet

WEP FRANCE

95, avenue Ledru Rollin
PARIS
✆ 01 48 06 26 26
www.wep.fr

WEP propose plus de 50 projets éducatifs et séjours linguistiques dans une trentaine de pays pour une durée allant de une semaine à 18 mois. Quel que soit votre projet d'études aux Etats-Unis, vous trouverez sur le site de WEP une rubrique qui y sera consacrée : étudier au lycée, dans une université, partir en séjour linguistique, faire une expérience professionnelle dans le cadre d'un stage ou vivre en immersion dans une famille américaine. Possibilité également de planifier des programmes combinés (études et projet humanitaire par exemple).

BUSINESS FRANCE

77, Boulevard Saint-Jacques
PARIS
✆ 01 40 73 30 00
www.businessfrance.fr

L'Agence pour le développement international des entreprises françaises travaille en étroite collaboration avec les missions économiques. Le site Internet recense toutes les actions menées, les ouvrages publiés, les événements programmés et renvoie sur la page du Volontariat International en Entreprise (VIE). Fondée en 2015, cette structure est née de la fusion entre Ubifrance et l'Agence française pour les investissements internationaux. Elle est affiliée au Ministère de l'Europe et des Affaires étrangères et au Ministère de l'Économie et des Finances.

CAPCAMPUS

www.capcampus.com

CapCampus fut l'un des premiers portails étudiants français en ligne. Dans la rubrique dédiée aux stages et aux premiers emplois, vous trouverez aussi des offres pour l'étranger, classées par pays. Celles pour les Etats-Unis ne sont pas très nombreuses, le mieux est de consulter le site régulièrement pour ne pas passer à côtés des offres intéressantes. Le site est également utile pour se familiariser avec la vie aux Etats-Unis, car il propose également toutes les informations pratiques pour bien préparer son départ et son séjour à l'étranger.

CLUB TELI

Les Clarets
SAINT-PIERRE-D'ENTREMONT
✆ 04 79 85 24 63
www.teli.asso.fr

Le Club Teli est une association d'aide à la mobilité internationale créée voici bientôt 30 ans, forte de 4 000 adhérents en France et dans 65 pays. Si vous souhaitez séjourner à l'étranger, quel que soit votre projet, vous trouverez par le biais de ce club des infos et des offres de stages, de jobs d'été et de travail pour francophones. Si vous avez besoin d'aide pour envoyer des candidatures, le Club peut vous aider à mettre votre CV aux normes du pays où vous souhaitez partir. Pour bénéficier de ces aides et informations, il faut adhérer.

VIE - VOLONTARIAT INTERNATIONAL EN ENTREPRISE

www.civiweb.com

Si vous avez entre 18 et 28 ans et êtes ressortissant de l'Espace économique européen, vous pouvez partir en volontariat international en entreprise (VIE) ou en administration (VIA). Il s'agit d'un contrat de 6 à 24 mois rémunéré (avec un renouvellement de 24 mois possible) et placé sous la tutelle de l'ambassade de France. Tous les secteurs et métiers sont concernés et vous bénéficiez d'un statut public protecteur. Offres à consulter sur le site Internet.

INDEX

© AYMAN ZAID

Panorama de pont de Stanley à Alexandrie.

F

G

H

N

O

P

Q

R

S

© JUDYDILLON

Les temples à Abou Simbel.

T

EDITION

Directeurs de collection et auteurs : Dominique AUZIAS et Jean-Paul LABOURDETTE

Auteurs : Céline MAGNIN, Naïma BOURAS, Sylvie DEL COTTO, Ariane LAVRILLEUX, Amandine GLEVAREC, Mathilde LEROY, Baptiste THARREAU, Tanguy REVAULT, Mathias DESHOURS, Romain RISSO, Priscilla PARARD, Charlotte FICHEUX, Yann LE RAZER, Arnaud du BOISTESSELIN, Jean-Paul LABOURDETTE, Dominique AUZIAS et alter

Directeur Editorial : Stéphan SZEREMETA

Rédaction Monde : Caroline MICHELOT, Morgane VESLIN, Pierre-Yves SOUCHET, Natalia COLLIER, Laureen DUCHESNE

Rédaction France : Elisabeth COL, Tony DE SOUSA, Mélanie COTTARD, Audrey VEDOVOTTO

FABRICATION

Responsable Studio : Sophie LECHERTIER assistée de Romain AUDREN

Maquette et Montage : Julie BORDES, Delphine PAGANO

Iconographie et Cartographie : Anne DIOT assistée de Julien DOUCET

WEB ET NUMERIQUE

Directeur Web : Louis GENEAU de LAMARLIERE

Développeurs : Adeline CAUX et Kiril PAVELEK

Intégrateur Web : Mickael LATTES

Webdesigner : Caroline LAFFAITEUR

Community Traffic Manager : Alice BARBIER, Mariana BURLAMAQUI et Vincent PHAM

DIRECTION COMMERCIALE

Directeur commercial : Guillaume VORBURGER assisté de Manon GUERIN

Responsable Régies locales : Michel GRANSEIGNE

Responsables Développement régie inter : Jean-Marc FARAGUET et Guillaume LABOUREUR

Chefs de Publicité Régie internationale : Camille ESMIEU

Chefs de Publicité Régie nationale : Caroline AUBRY, François BRIANCON-MARJOLLET, Perrine DE CARNE MARCEIN

Régie EGYPTE : Camille ESMIEU

DIFFUSION ET PROMOTION

Directrice des Ventes : Bénédicte MOULET assistée d'Aissatou DIOP

Responsable des ventes : Jean-Pierre GHEZ assisté de Nelly BRION

Relations Presse-Partenariats : Jean-Mary MARCHAL

ADMINISTRATION

Président : Jean-Paul LABOURDETTE

Directrice des Ressources Humaines : Dina BOURDEAU assistée de Sandra DOS REIS et Eva BAELEN

Directrice Administrative et Financière : Valérie DECOTTIGNIES

Comptabilité : Jeannine DEMIRDJIAN et Adrien PRIGENT

Recouvrement : Fabien BONNAN assisté de Sandra BRIJLALL et Vinoth SAGUERRE

Responsable informatique : Elie NZUZI-LEBA

PETIT FUTÉ ÉGYPTE

LES NOUVELLES EDITIONS DE L'UNIVERSITE
18, rue des Volontaires - 75015 Paris.
✆ 01 53 69 70 00 - Fax 01 42 73 15 24
Internet : www.petitfute.com
SAS au capital de 1 000 000 € - RC PARIS B 309 769 966
Couverture : Temple d'Abou Simbel à Assouan © nodostudio
Impression : CORLET IMPRIMEUR - 14110 Condé-en-Normandie
Achevé d'imprimer : janvier 2023
Dépôt légal : 04/06/2021
ISBN : 9782305033655

Pour nous contacter par email, indiquez le nom de famille en minuscule suivi de @petitfute.com
Pour le courrier des lecteurs : info@petitfute.com

IMPRIMÉ EN FRANCE